공무원 징계법

Civil Servants Discipline Act

서영득

박영사

머릿글

 이 책의 제목을 「공무원 징계법」이라 하였으나 이런 제명으로 된 법률은 없다. 다양한 징계관련 법령을 하나로 인식하게 함이 징계제도나 운영에 대한 이해를 쉽게 할 수 있다고 생각해 그렇게 하였다. 어떤 의미에서 이 책의 제목은 「공무원 징계관련 법령의 해설」로 함이 옳을지도 모른다. 그동안 공무원뿐만 아니라 공공기관, 사기업체 등 각종 기관에서 수많은 징계절차가 이루어지고 있었으나 이에 대한 체계적인 연구나 법령의 정비 및 판례의 발전이 따라가지 못한 면이 없지 않았다. 그러다보니 징계업무 담당자로서는 마땅히 참고할 만한 표준서가 없었고, 징계대상자는 자신의 불리한 사정을 제대로 변호할 자료가 없어 불이익을 당할 때도 있었다.

 이런 사정을 인식하고 차제에 체계적인 기본서를 만들어보자고 오래전에 결심하였으나 시간과 능력의 부족으로 이제야 빛을 보게 되었다. 그동안 실무적으로 경험하고 고민하였던 점을 이 책에 녹여내려고 노력하였고, 명실공히 징계에 관한 모든 쟁점이 다루어지도록 시도하였다. 그럼에도 부족한 점은 독자 여러분들의 협조로 개선해 나가려고 한다. 여하튼 이 분야에 대한 체계적인 책자가 발간된 것은 최초라고 본다. 비록 제목은 공무원 징계법으로 되어 있으나 공무원에 국한하지 않고 공공기관이나 사기업체 등에서도 두루 활용될 수 있을 것으로 본다. 아울러 이 책자의 발간이 이 분야 연구에 초석이 되었으면 한다.

 징계업무를 취급하는 실무자들이 업무상 긴요하게 활용할 수 있도록 주안점을 두다 보니 이 책의 서술방법은 징계절차의 흐름에 따라 징계의결의 요구, 징계의결(징계위원회), 징계처분, 불복(소청 및 행정소송) 등의 순서로 하였다. 그런 가운데 매 단락마다, 상황별로 부딪칠 수 있는 의문점을 제기하고 바로 해답을 제시함으로써 생동감을 부여해 보았다. 일반적으로 징계관련 업무담당자들은 순환보직으로 인해 일시적으로 맡게 되다 보니 자신이 취급한 징계등 사건에서 향후 절차적·실체적 하자가 거론되지 않을까 우려하는 경우가 많다. 그럴 때마다 문제해결을 위해 이 책이 긴요하게 활용되기를 바란다. 아울러 어쩌다 징계를 당하는 대상자들에게는 징계절차별로 어떻게 대응하는 것이 현명한지, 징계에 따른 위법·부당한 점을 어떻게 파악하고 적절하게 다투어야 하는지를 알 수 있도록 하였다. 징계 관련한 판례의 사실관계를 비교적 자세히 소개한 점도 각기 처한 상황이 다르므로 구체적 경우를 따져보도록 하려는 의도였다.

이 책의 구성은 크게 3편으로 나누어져 있다. 제1편에서는 '징계제도 및 절차에 대한 일반이론'이란 제목하에 징계절차별 이론 및 운영을 실제 징계절차가 진행되는 시간적 흐름에 따라 서술하였다. 덧붙여 징계처분에 대한 기록말소나 징계사면, 직위해제나 탄핵 등 관련쟁점도 빠지지 않도록 하였다. 제2편은 '징계에 대한 소송'이란 제목하에 징계나 징계부가금처분에 대한 소송전반에 대한 쟁점 및 판례를 살펴보았다. 본안소송에 수반되는 집행정지도 상세히 설명하여 실무상 도움이 되도록 하였다. 제3편은 제1편과 제2편에서 다루었던 징계제도의 운영 및 소송이 각 공무원별로 달리 적용되는 경우를 감안해 그 특징이나 차이점을 중심으로 별도로 정리해 이해를 돕도록 하였다. 경우에 따라서는 자신의 신분에 따른 공무원별로 제3편을 먼저 보고 제1편이나 제2편을 읽어도 될 것이다.

사실 우리 공무원들은 대한민국을 선진국으로 도약하게 만든 최대 공헌자들이다. 그럼에도 최근 국가기능의 분산 등으로 인하여 공직 매력이 저하되고, 잦은 정권교체 및 정치적 영향력 확대로 인해 능력과 무관한 인사발탁이나 억울한 책임부여가 발생하고, 공직의 위상 추락이나 개별 공무원의 정책참여 소외 및 영향력 감소에 따른 자긍심 상실 등의 어두운 면도 나타나고 있다. 이에 더하여 종전 정부에서 수행하던 정책에 대해서도 정치적 잣대로 처벌되거나, 정당한 업무수행을 하였음에도 민원이나 언론, 국회로부터 시달리기까지 한다. 그러다 보니 소신 있는 장기적 플랜으로 열심히 일하기보다 무사안일적인 일상에 치우치거나 예산 및 인력부족을 탓하기도 한다. 학생이 줄고 거주자가 줄어도 교육청이나 시·군청의 공무원 수가 늘어나는 현상도 같은 맥락이라고 본다.

공직에 대한 시대적 변화와 더불어 공무원에 대한 징계 건은 늘어가고 있다. 기강의 해이나 복지부동을 탓하기도 하나 공직자에 대한 비난보다는 공직자의 애로를 해소해 주는 제도의 부재도 한 몫을 하고 있다. 과중하거나 편중된 업무부담에 기인하거나 정당한 업무수행과정에서 초래된 감사나 징계조사절차 등에는 법률전문가의 지원도 고려하여야 할 것이다. 적어도 열심히 일하다 보니 문책을 당하거나 자신이 부담하지 않아도 될 책임을 떠안는 잘못은 없도록 해야 할 것이다.

어쩌면 이 책은 공무원 징계법이라기보다 '(불합리한) 공무원 징계를 피하는 법'으로 활용될 수도 있을 것이다. 그런 가운데 모든 공직자가 억울하게 처벌받는 경우가 줄어들고 결국 공무원으로서 자긍심을 갖고 올바른 공직을 수행할 수 있는 풍토가 조성될 수 있을 것으로 본다.

이 책이 완성되기까지 도움을 주신 분들이 수없이 많다. 그분들께 깊이 감사드린다. 특히 출판을 맡아주신 박영사 안종만 회장님과 편집실무자 여러분께 감사드린다.

2025. 3.

저자 변호사 서 영 득

목 차

제2장 징계절차 / 37

제3장 징계에 대한 불복절차 / 335

제4장 징계등처분 기록의 말소 및 징계사면 / 371

제5장 징계와 관련된 제도 / 389

제2편　징계에 대한 소송

제1장 소송개관 / 415

제2장 소송의 대상 / 433

제3장 당사자 / 439

제4장 소송의 제기/심리/판결 / 453

제5장 기존 판결의 구체적 분석 / 487

제6장 집행정지 / 525

제7장 불복절차 ─ 항소, 상고 / 539

제8장 참고 ─ 직위해제처분과 소송 / 541

제3편 각 공무원 구분에 따른 징계제도

제1장 개관 / 545

제2장 각 공무원별 징계제도 특징 / 547

제1편

징계제도 및 절차에 대한 일반이론

제1장

징계책임에 대한 일반론

(케이스 상정)

● 전직 대학교수 성추행 사건(2023. 11. 9.자 신문기사 재구성)

모 대학 A교수가 해외출장중 동행한 대학원생 B를 성추행하였다는 사건으로 형사사건 (강제추행), 민사사건(손해배상), 행정사건(해임처분취소)으로 진행되었는데, 형사사건은 대법원에서 무죄를 선고한 원심판결을 그대로 확정했고, 손해배상소송은 B가 정신적 고통을 호소하며 소 제기하였으나 패소하였고 2심에서 원고가 취하하였다. A는 교원소청 심사위원회에 자신에 대한 해임 처분 취소 청구를 제기하였으나 기각되자 불복해 행정 소송을 제기하였고 1심에서 승소하여 해임처분취소청구가 인용되었으나 대학측은 다시 항소하였다.

발단은, 대학원생 B가 학교에 대자보를 게시하며 A와 외국 학회에 동행하던 중 성추행 피해를 봤다고 주장하면서 시작되었다. 대학 인권센터는 학교 측에 정직 3개월 처분을 권고했지만 B는 이를 받아들일 수 없다며 사건을 공론화하였고, 학생들은 특별위원회를 꾸려 전체 학생총회를 열어 A교수에 대한 파면을 요구했다. B는 A를 검찰에 고소했고, 학생들은 약 한 달간 A의 교수 연구실을 점거하기도 했다. 대학은 강제추행을 이유로 A 를 교수직에서 해임했고 검찰은 같은 혐의로 기소하였다. 그러나 1심 법원은 국민참여재 판으로 열려 A에게 무죄를 선고했는데 배심원들도 만장일치로 무죄 의견을 냈다. 법원은 "피해자 진술이 일관되지 않고 번복되며 사건 직후 보낸 카카오톡 메시지 등에 비춰볼 때 피해자 진술만으로는 합리적 의심의 여지없이 증명됐다고 보기 어렵다"는 등의 이유 로 무죄로 판단했다. 항소심, 대법원도 같은 입장이었다.

● 모대학 부교수 A 성추행 및 성희롱 사건(교원소청심사위 결정문집 기초 재구성)

A는 어느 날 대학내 동아리 회원들과 동아리 회의를 마치고 저녁식사 장소로 이동하는 길에서 학생 B의 어깨에 손을 올린 사실, 나란히 걸으면서 어깨동무를 한 사실, 청구인의 연구실에서 B의 사진을 보고 '예쁘다'고 말한 사실, B와 대화하던 중 '오피스 와이프'라는 단어를 사용한 사실은 모두 인정하면서도, B의 어깨에 손을 올린 것은 공개석상에서 학생들이 보는 가운데 무의식적으로 잠깐 올린 것으로 이를 성희롱으로 보기 어렵고, 어깨동무를 한 것은 남녀 학생 가운데에 대상을 특정하지 아니하고 한 것이므로 이 또한 성적 의도를 가진 것이라고 보기 어려우며, 청구인의 연구실에서 B에게 '예쁘다'라고 말한 것은 단순한 칭찬의 의도로 한 것이고, '오피스 와이프'라는 단어는 직장에서 많은 시간을 보내는 현대 남성들이 같은 업무를 하면서 집에 있는 배우자보다 더욱 자신을 잘 이해해 주는 여성 동료에게 친근감을 느끼는 현상에서 나타난 말로 성적인 표현으로만 사용되는 것은 아니고, 전체적으로 앞으로 잘 해 나가자 라는 취지에서 말한 것이며, '아나운서 중에 불륜을 저지르게 된 커플들도 있다'고 말한 것은 농담으로 표현한 것으로 성희롱에 해당하지 않는다고 주장하였다. 그러나 교원소청심사위원회는 이 사안에서 추행을 인정하여 교원징계위원회에서 결정한 해임처분을 그대로 인정하였다.

● 초등학교 교사 아동학대 사건(2024. 11. 5.자 신문기사 재구성)

경기도의 한 초등학교 2학년 담임교사 A는 오전에 반 학생들을 조별로 나눠 모둠 대표가 나와서 발표하는 수업을 진행했으나 발표자로 뽑힌 한 여학생이 토라져서 발표를 하지 않겠다고 했다. 이후 이어진 병원 놀이와 율동 수업에도 그 여학생은 참여하지 않았다. 점심시간이 되자 A는 아이들을 급식실로 인솔하려고 했지만 그 학생은 가지 않겠다고 버텼다. A가 "야, 일어나" 하며 아이의 손목을 잡아당겼지만, 아이는 의자에 앉아서 꼼짝도 하지 않았다. A는 학부모에게 전화해 "애가 고집을 피우며 버티는데 다칠까 봐 더 힘을 쓸 수가 없다"고 했고, 학부모 동의하에 아이를 교실에 두고 다른 학생들만 급식실로 데리고 갔다.
점심 직후 학생부모가 찾아와 "아이를 잡아당겨 바닥에 내동댕이쳤다. 애가 손목을 다쳤다며 항의했다. 수업 때 상황을 설명했지만, 학부모는 A를 아동 학대 혐의로 경찰에 고소했다. 검찰은 A의 행위가 신체적 학대라며 약식기소했다.
A의 불복으로 사건은 정식재판에 회부되었고, A는 학대 혐의를 적극 부인하며 "선생님이 내동댕이치지 않았다"는 아이들의 진술 등을 증거로 제시했다. 1·2심은 아이를 내동댕이친 부분은 무죄로 보면서도 손목을 잡아 끈 혐의는 인정된다며 벌금 100만원과 40시간의 아동 학대 치료 프로그램 이수 명령을 선고했다. 이 사건으로 A는 교육청으로부터

견책처분의 징계도 받았다.

대법원은 아동 학대 혐의에 대해 유죄판결을 내린 원심을 파기하고, '무죄 취지'로 파기 환송하였다. 기소된 지 5년 만이었다. 대법원은 "A씨는 구두 지시만으로는 목적 달성이 어렵다고 판단해 합리적 재량 범위 내에서 적절하다고 생각하는 '지도 방법'을 택했다며 "교육 활동 참여를 독려한다는 목적에서 이뤄진 지도 행위"라고 했다. 이어 "학교교육에서 교원의 전문성과 교권은 존중돼야 한다며 "A가 피해 아동을 체벌하거나 신체적 고통을 가할 의도가 있었다고 보기 어려운 점 등을 고려하면 이 사건 조치가 초중등교육법 등에 따라 금지된다고 보기 어렵다"고 했다.

☞ 위 세 사건에서 보듯이 징계대상이 된 경우 잘못하였다면 이를 인정하고 용서를 구함이 양형에서 유리하나, 만약 억울하다고 생각한다면 그 사정을 입증하기가 쉽지 않다. 징계사유가 명백히 무효나 취소사유에 해당한다면 보다 손쉬울 수 있으나 징계수위를 두고 후회 없이 증명하고 또 그 결과를 선뜻 받아들이기는 쉽지 않다. 특히 징계처분에 대한 재량권의 일탈·남용 여부에 대해서는 판례가 상당히 구축되어 있다. 공무원인 피징계자에게 징계사유가 있어 징계처분을 할 때 어떠한 처분을 할 것인가는 징계권자의 재량에 맡겨진 것이고, 다만 징계권자가 재량권의 행사로서 한 징계처분이 사회통념상 현저하게 타당성을 잃어 징계권자에게 맡겨진 재량권을 일탈하였거나 남용한 것이라고 인정되는 경우에 한하여 그 처분을 위법하다고 할 수 있으며, 공무원에 대한 징계처분이 사회통념상 현저하게 타당성을 잃었다고 하려면 구체적인 사례에 따라 수행직무의 특성 및 징계의 원인이 된 비위사실의 내용과 성질, 징계에 의하여 달성하려고 하는 행정목적, 징계양정의 기준 등 여러 요소를 종합하여 판단할 때에 그 징계 내용이 객관적으로 명백히 부당하다고 인정할 수 있는 경우라야 한다(대법원 2006. 12. 21. 선고 2006두16274 판결, 1997. 11. 25. 선고 97누14637 판결 등 참조).

이 책을 보면서 위 세 사건의 경우를 머릿속에 상정한 채 읽어 나가면 좀 더 현실성 있게 징계사건 및 절차를 파악할 수 있을 것으로 본다.

제1절 | 공무원제도와 징계책임

1. 공무원의 개념 및 종류

공무원의 개념은 법령에 따라 상이한 면이 있으나 대체로 '국가 또는 공공단체와 공법상 특별한 근로관계를 맺고 공무를 담당하는 인적 구성요소로서 그 신분이나 지위에 있어 사법상 근로자와는 다른 특별한 법적 취급을 받는 자'를 말한다.

공무원은 임명권자에 따라 국가공무원과 지방공무원으로 나누고, 국가공무원법 및 지방공무원법은 업무의 성격에 따라 경력직공무원과 특수경력직공무원으로 구분하고 있다. 국가공무원법에 의하면, 경력직 공무원이란 실적과 자격에 따라 임용되고 그 신분이 보장되며 평생 동안(근무기간을 정하여 임용하는 공무원의 경우에는 그 기간 동안을 말한다) 공무원으로 근무할 것이 예정되는 공무원을 의미하며(국가공무원법1) 제2조 제2항), 특수경력직공무원이란 경력직공무원 외의 공무원으로서 정무직공무원, 별정직공무원을 의미한다(법 제2조 제3항).

● 임명권자에 의한 분류

종류	내용	적용법규
국가공무원	국가에 의해 임명되는 공무원	국가공무원법, 공무원임용령, 국가공무원복무규정, 공무원보수규정, 공무원수당등에관한규정 등
지방공무원	지방자치단체에 의해 임명되는 공무원	지방공무원법, 지방공무원임용령

---

1) 이하 이 책에서 별다른 언급 없이 '법'이라고 하면 국가공무원법을, '영'이라고 하면 공무원징계령을 지칭하기로 한다. 다만 공무원별로 장, 절로 묶어 설명하는 경우에는 당해 장, 절에서 법 및 영이 달리 사용될 수도 있다. 예컨대 법이 지방공무원법으로, 영이 경찰공무원징계령을 언급할 수 있다.

● 업무의 성격에 의한 분류

종류	구분	내용	적용법조
경력직 공무원	일반직 공무원	-기술 · 연구 또는 행정일반에 대한 업무를 담당하는 공무원 ① 행정 · 기술직 ② 우정직 ③ 연구 · 지도직 -일반직공무원 중 특수업무 분야에 종사하는 공무원 ① 전문경력관	국가공무원법 제2조 제2항
	특정직 공무원	담당업무가 특수하여 자격 · 신분보장 · 복무 등에서 특별법이 우선 적용되는 공무원 ① 법관 · 검사 ② 외무공무원 ③ 경찰공무원 ④ 소방공무원 ⑤ 교육공무원 ⑥ 군인 · 군무원 ⑦ 헌법재판소 헌법연구관 ⑧ 국가정보원의 직원 · 경호공무원 등 특수분야의 업무를 담당하는 공무원으로서 다른 법률이 특정직 공무원으로 지정하는 공무원	
특수 경력직 공무원	정무직 공무원	선거, 국회동의에 의하여 임용되는 공무원, 고도의 정책결정업무를 담당하거나 이를 보조하는 공무원으로서 법령에서 정무직으로 지정하는 공무원 ① 대통령, 국회의원, 자치단체장, 지방의회의원 ② 감사원장 · 감사위원 및 사무총장 ③ 국회사무총장 · 차장 · 도서관장 · 예산정책 처장 · 입법조사처장 ④ 헌법재판소 재판관 · 사무처장 및 사무차장 ⑤ 중앙선거관리위원회 상임위원 · 사무총장 및 차장 ⑥ 국무총리 ⑦ 국무위원 ⑧ 대통령비서실장 ⑨ 국가안보실장 ⑩ 대통령경호실장 ⑪ 국무조정실장 ⑫ 처의 처장 ⑬ 각 부의 차관, 청장(경찰청장은 특정직) ⑭ 차관급상당 이상의 보수를 받는 비서관(대통령비서실 수석비서관, 국무총리비서실장, 대법원장비서실장, 국회의장비서실장) ⑮ 국가정보원장, 차장 및 기획조정실장 ⑯ 방송통신위원회 위원장 ⑰ 국가인권위원회 위원 및 상임위원	국가공무원법 제2조 제3항
	별정직 공무원	비서관 · 비서 등 보좌업무 등을 수행하거나 특정한 업무 수행을 위하여 법령에서 별정직으로 지정하는 공무원 ① 비서관 · 비서 ② 정책보좌관 ③ 국회 수석전문위원 ④ 기타 법령에서 별정직으로 지정하는 공무원	

※ 임기제공무원(국가공무원법 제26조의5): 전문지식 · 기술이 요구되거나 임용관리에 특수성이 요구되는 업무를 담당하게 하기 위하여 경력직 공무원을 일정기간 정하여 임용하는 공무원(① 일반임기제 ② 전문임기제 ③ 시간선택제임기제 ④ 한시임기제)이다.

※ 무기계약직(공무직) 근로자: "상시적 지속적으로 공무원의 사무를 보조하기 위하여 기간의 정함이 없는 근로계약을 체결한 자로서 공무원이 아닌 자"로 교육공무직원, 도로보수, 공원 및 녹지관리, 가로수관리, 시설물 및 적치물관리, 환경미화업무, 행정 및 사무보조 등의 사무를 수행하며 공무원

이 아니므로 근로기준법이 적용된다. (판례: 공무원이 아닌 사람들로서 국가 산하 국토교통부 소속 지방국토관리청장과 기간의 정함이 없는 근로계약을 체결하고 지방국토관리청 산하 국토관리사무소에서 도로의 유지·보수 업무를 하는 도로보수원 또는 과적차량 단속 등의 업무를 하는 과적단속원으로 근무하는 사람들의 무기계약직 근로자로서의 고용상 지위는 공무원에 대한 관계에서 근로기준법 제6조에서 정한 사회적 신분에 해당한다고 볼 수 없고, 공무원을 본질적으로 동일한 비교집단으로 삼을 수 없다(대법원 2023. 9. 21. 선고 2016다255941 전원합의체 판결)).

2. 공무원의 지위

공무원은 국민 전체에 대한 봉사자이며, 국민에 대하여 책임을 진다(헌법 제7조). 공무원은 노무의 대가로 얻는 수입에 의존하여 생활한다는 점에서 근로자로서의 성격을 가지지만, 국민 전체에 대한 봉사자로서 공공성, 공정성, 성실성, 중립성 등이 요구되기 때문에 일반 근로자와는 다른 특별한 근무관계에 있다(헌법재판소 2017. 8. 31. 선고 2016헌마404 전원재판부 결정 참조). 공무원과 국가 또는 지방자치단체 사이의 근무관계는 사법상 근로계약으로 형성되는 관계가 아니라 임용주체의 행정처분인 임명행위로 인하여 설정되는 공법상 신분관계이다.

일반 근로자가 사용자에 대하여 취업규칙이 정한 복무규율에 따라 직무상 명령에 복종할 의무 등을 부담하는 것과 달리, 공무원은 국가공무원법 및 지방공무원법 규정에 따라 소속 상관의 직무상 명령에 복종할 의무를 비롯하여 국민 전체의 봉사자로서 친절하고 공정하게 직무를 수행할 의무, 청렴의 의무, 종교중립의 의무 등 헌법과 법령이 정한 다양한 의무를 부담하고, 근무시간 외에도 영리를 목적으로 하는 업무에 종사하지 못하며, 정치운동이 금지되고 집단행위도 원칙적으로 금지된다(국가공무원법 제56조 내지 제66조, 지방공무원법 제48조 내지 제58조). 이처럼 공무원은 업무 내·외적으로 일반 근로자보다 무거운 책임과 높은 윤리성을 요구받는 지위에 있다(대법원 2023. 9. 21. 선고 2016다255941 전원합의체 판결).

3. 직업공무원제도와 징계제도

헌법은 제7조에서 공무원의 헌법상 지위 및 직업공무원제도의 보장에 관한 규정을 두고 있다. 헌법 제7조가 정한 직업공무원제도는 공무원이 집권세력의 논공행상

의 제물이 되는 엽관제도를 지양하고 정권교체에 따른 국가작용의 중단과 혼란을 예
방하며 일관성 있는 공무수행의 독자성을 유지하기 위하여 헌법과 법률에 따라 공무
원의 신분이 보장되는 공직구조에 관한 제도이다.

제1항에서, "공무원은 국민전체에 대한 봉사자이며, 국민에 대하여 책임을 진다."
고 하는데, 여기서 말하는 공무원이란 국민전체에 대한 봉사자로서 국가과제의 수행
을 위하여 국가조직에 편입된 직업의 종사자 즉 모든 공직자를 포괄하는 개념이다.
따라서 국가공무원, 지방공무원 모두를 대상으로 하고, 그 구분에서 경력직공무원이
나 특수경력직공무원을 묻지 않고 모든 공무원을 의미한다. 또한 공무원은 주권자인
국민 전체의 이익을 위하여 봉사하여야 하고 국민에 대하여 정치적, 법적 책임이 있
다. 이에 따라 국가공무원법은 제7장 '복무'에 관한 부분에서 법령을 준수하며 성실
히 직무를 수행해야 할 '성실의무'(제56조), 직무수행시 상관의 직무상 명령에 복종하
여야 하는 '복종의 의무'(제57조), 직장이탈 금지의무(제58조), 친절·공정의 의무(제59
조), 비밀 엄수의 의무(제60조), 청렴의 의무(제61조), 품위유지의 의무(제63조) 등 공
무원의 의무를 규정하고 있다.

제2항에서 "공무원의 신분과 정치적 중립성은 법률이 정하는 바에 의하여 보장된
다."라고 하여 직업공무원제도가 정치적 중립성과 신분보장을 중추적 요소로 하는
민주적이고 법치주의적인 공직제도임을 천명하면서도 구체적 내용을 법률로 정하도
록 위임하고 있다. 이러한 헌법의 위임 및 기속적 방향 제시에 따른 공무원법이 정
한 신분보장·승진 등 인사 운영 관련 규정을 해석·적용할 때에도 헌법상 직업공무
원제도의 취지·목적과 함께 능력주의·성과주의 원칙을 고려하여야 한다(대법원
2024. 1. 4. 선고 2022두65092 판결).

마찬가지로 공무원은 국민전체에 대한 봉사자이기 때문에 신분이 보장되어야 한
다. 국가공무원법 제3조, 제68조, 제78조 등은 공무원에 대한 부당한 휴직, 강임, 면
직, 기타 징계처분의 금지를 규정하고 있다. 동법 제79조는 징계의 종류로, 파면·해
임·강등·정직·감봉·견책(譴責)을 규정한다.

공무원에 대한 징계처분은 공무원관계의 질서를 유지하고 기강을 숙정하여 공무
원으로서의 의무를 다하도록 하기 위하여 과하는 제재이다. 따라서 피징계자에 대하
여 어떠한 처분을 할 것인가 하는 것은 징계권자의 재량에 맡겨진 것이고 다만 징계
권자가 징계권의 행사로서 한 징계처분이 사회통념상 현저하게 타당성을 잃어 징계

권자에게 맡겨진 재량권을 남용한 것이라고 인정되는 경우에 한하여 위법하다(대법원 1983. 6. 28. 선고 83누130 판결).

4. 징계제도의 구조

공무원의 징계와 관련된 국가공무원법 등의 규정을 보면, 국가공무원법 제78조, 제78조의2에서 일정한 비위사유에 해당하면 소속 장관이나 소속 기관의 장에게 그 소속 공무원에 대한 징계를 행하는 권한을 부여하고 있다. 그러나 소속 장관이나 기관장이 그 소속 공무원에 대한 징계여부 및 징계양정을 자의적으로 결정하는 것을 방지하기 위하여 위원의 자격이 엄격하게 제한된 징계위원회를 두도록 하여 징계위원회에서 징계여부 및 징계양정을 결정하도록 하고 있고, 다만 징계위원회에서는 소속 장관 등이 징계의결요구를 하는 경우에 한하여 징계여부 및 징계양정을 결정하도록 하여 공무원의 징계와 관련된 권한을 소속 장관 등과 징계위원회에 배분하고 있다.

그러면 소속 장관 등의 징계위원회에 대한 징계요구가 재량적으로 할 수 있는 자유재량규정인지 의무적으로 해야 하는 의무규정인지 따져보면, 법 제78조 제1항은 공무원이 징계사유에 해당하는 경우에는 "징계의결을 요구하여야 하고…"라고 규정하고 있고, 영 제7조 제1항도 소속공무원이 징계사유가 있다고 인정될 때에는 "관할 징계위원회에 징계의결등을 요구하여야 한다"라고 규정하고 있어, 징계사유가 인정될 때에는 징계를 요구할 수도 있는 재량규정의 형태를 두고 있지 않고, 앞서 본 바와 같이 징계의결요구권자의 자의적인 징계결정을 방지하기 위하여 징계에 관한 의결권을 징계위원회에 두고 있는 사정들을 고려하면 징계의결요구권자는 소속 공무원에게 징계사유가 있다고 인정될 때에는 관할 징계위원회에 반드시 징계를 요구하여야만 하는 의무가 있다고 해석하여야 한다. 그렇다면 소속 장관 등은 우선 그 소속 공무원의 구체적인 행위가 과연 국가공무원법 제78조 제1항에 규정된 징계사유에 해당하는지 여부에 관하여 판단할 재량은 있다고 할 것이나(판단 재량), 징계사유에 해당하는 것이 명백한 경우에는 특별한 사정이 없는 한 반드시 징계위원회에 징계를 요구하여야만 하는 의무가 있다.

징계위원회는 독자적으로 징계의결을 할 수 있고 그에 따라 징계처분이 내려진다. 어떤 징계를 할 것인지는 징계권자의 재량에 의하고 다만 재량권의 한계를 벗어난 처분은 위법하다고 본다. "공무원인 피징계자에게 징계사유가 있어서 징계처분을 하는 경우 어떠한 처분을 할 것인가는 징계권자의 재량에 의할 것이고, 다만 징계권자가 재량권의 행사로서 한 징계처분이 사회통념상 현저하게 타당성을 잃어 징계권자가 재량권을 남용한 것이라고 인정되는 경우에 한하여 그 처분을 위법하다고 할 수 있으며, 공무원에 대한 징계처분이 사회통념상 현저하게 타당성을 잃었다고 하려면 구체적인 사례에 따라 징계의 원인이 된 비위사실의 내용과 성질, 징계에 의하여 달성하려고 하는 행정목적, 징계 양정의 기준 등 여러 요소를 종합하여 판단할 때 그 징계 내용이 객관적으로 명백히 부당하다고 인정할 수 있는 경우라야 하고, 징계권의 행사가 임용권자의 재량에 의한다고 하여도 공익적 목적을 위하여 징계권을 행사하여야 할 공익의 원칙에 반하거나 일반적으로 징계사유로 삼은 비행의 정도에 비하여 균형을 잃은 과중한 징계처분을 선택함으로써 비례의 원칙에 위반하거나 또는 합리적인 사유 없이 같은 정도의 비행에 대하여 일반적으로 적용하여 온 기준과 어긋나게 공평을 잃은 징계처분을 선택함으로써 평등의 원칙에 위반한 경우에 이러한 징계처분은 재량권의 한계를 벗어난 처분으로서 위법하다(대법원 2009. 6. 23. 선고 2006두16786 판결, 대법원 2015. 1. 29. 선고 2014두40616 판결 등 참조)."

제2절 │ 개념 및 구별개념

1. 의의

가. 징계제도의 개념

징계제도는 공무원의 의무 위반에 대하여 공무원관계의 질서 유지를 위해 국가가 그 사용자로서의 지위에서 과하는 행정상 제재에 대한 절차, 내용, 불복 등을 정한 제도이다. 여기서 징계란 소속 기관의 장 등이 공무원관계의 질서를 유지하고 기강을 숙정하여 공무원으로서의 의무를 다하게 하기 위하여 과하는 제재라고 할 것이다. 공무원에 대한 징계는 징계권자가 그의 권한으로 행하는 불리한 처분이기 때문에 객관적이고 공정하게 이루어져야 한다. 또한 그 자체가 쟁송의 대상이 되는 법률

행위이기 때문에 내용적으로나 절차적으로 정당성이 인정되어야 한다.

나. 제도의 취지

헌법상, 공무원은 국민전체에 대한 봉사자이며, 국민에 대하여 책임을 진다(제7조 제1항). 그 책임의 형태가 징계책임과 국가배상책임으로 발현된다. 공무원은 법이 정한 징계사유에 해당하면 징계 회부되어 징계처분을 받게 되며 그때의 행정제재를 징계벌이라 한다. 공무원인 피징계자에게 징계사유가 있어서 징계처분을 하는 경우, 어떠한 처분을 할 것인지는 징계권자의 재량에 맡겨져 있다. 그러나 징계벌로 인한 불이익이 점점 커지는 현실에서 징계회부가 소속장의 정략적 판단에 따라 이루어지고 이에 대한 사실상 불만과 불복이 이어지고 있다. 징계의결요건에 대한 기준, 절차 등이 보다 세밀하고 엄격하게 정비될 필요가 있고 징계위원회의 독립성도 더 철저히 보장되어야 할 것이다.

다. 법적 성질

공무원인 피징계자에게 징계사유가 있어 징계처분을 하는 경우 어떠한 처분을 할 것인가는 징계권자의 재량에 맡겨진 것이고, 다만 징계권자가 재량권의 행사로서 한 징계처분이 사회통념상 현저하게 타당성을 잃어 징계권자에게 맡겨진 재량권을 남용한 것이라고 인정되는 경우에 한하여 그 처분을 위법하다고 할 수 있고, 공무원에 대한 징계처분이 사회통념상 현저하게 타당성을 잃었다고 하려면 구체적인 사례에 따라 징계의 원인이 된 비위사실의 내용과 성질, 징계에 의하여 달성하려고 하는 행정목적, 징계 양정의 기준 등 여러 요소를 종합하여 판단할 때에 그 징계 내용이 객관적으로 명백히 부당하다고 인정할 수 있는 경우라야 하고, 징계권의 행사가 임용권자의 재량에 맡겨진 것이라고 하여도 공익적 목적을 위하여 징계권을 행사하여야 할 공익의 원칙에 반하거나 일반적으로 징계사유로 삼은 비행의 정도에 비하여 균형을 잃은 과중한 징계처분을 선택함으로써 비례의 원칙에 위반하거나 또는 합리적인 사유 없이 같은 정도의 비행에 대하여 일반적으로 적용하여 온 기준과 어긋나게 공평을 잃은 징계처분을 선택함으로써 평등의 원칙에 위반한 경우에 이러한 징계처분은 재량권의 한계를 벗어난 처분으로서 위법하다 할 것이다(대법원 1999. 11. 26. 선고 98두6951). 징계권자는 공무원이 징계사유의 어느 하나에 해당하면 징계 의결을 요구하여야 하고 그 징계 의결의 결과에 따라 징계처분을 하여야 한다(국가공무원법 제78조 제1항). 따라서 징계권자는 징계를 요구할 수도 안할 수도 있는 의미의 결정재량은 부인되나, 징계종류 중에서 어느 것을 선택할 것인지의 선택재량은 인정된다.

라. 공무원의 신분보장에 따른 한계

공무원의 경우 헌법 제7조 제2항에 따라 신분보장이 이루어지므로 공무원에 대한 징계에는 법치주의가 적용된다. 공무원에 대한 징계의 근거규정으로는 공무원 일반에 적용되는 국가공무원법 및 공무원징계령이 있고, 개개 직역별로 징계근거법령이 존재한다. 국가공무원법상 공무원은 형의 선고, 징계처분 또는 국가공무원법에서 정하는 사유에 따르지 아니하고는 본인의 의사에 반하여 휴직·강임 또는 면직을 당하지 아니한다(법 제68조). 다만 공무원이 국가공무원법 등이 정한 징계사유에 해당하면 징계 의결을 요구하여야 하고 그 징계 의결의 결과에 따라 징계처분을 하여야 하나(법 제78조 제1항), 그 경우 징계처분등을 의결하게 하기 위해서는 징계위원회를 두어야 한다(법 제81조 제1항). 이처럼 징계위원회의 의결사항으로 규정한 것은 임용권자의 자의적인 징계운영을 견제하여 공무원의 권익을 보호함과 아울러 징계의 공정성을 담보할 수 있도록 절차의 합리성과 공정한 징계운영을 도모하기 위한 데 입법취지가 있다.

2. 구별 개념

가. 형사벌과의 구별

(1) 징계벌과 형벌의 관계

징계벌은 형벌과 구별되는 독자적 제재이다. 징계벌과 형사벌은 그 권력의 기초, 목적, 내용, 대상 등을 각기 달리하기 때문에 동일 비위에 대하여 징계벌과 형사벌을 병과 하더라도 일사부재리 원칙에 저촉되지 아니한다. 따라서 공무원에게 징계사

유가 인정되는 이상 관련된 형사사건이 아직 유죄로 확정되지 아니하였다고 하더라
도 징계처분을 할 수 있다(대법원 2001. 11. 9. 선고 2001두4184).

(2) 형사절차와 징계절차의 관계

● 비위와 관련하여 형사 입건되어 재판이 계속 중인 때와 수사기관에 의하여 수사가
진행 중인 경우 유죄여부 또는 기소여부가 판명될 때까지 징계절차를 기다려야 하는가.
국가공무원법은, 형사소추 선행의 원칙을 인정하지 아니하고, 예외적으로 징계절차
를 중지할 수 있도록 임의적 조항을 두고 있다(제83조제2항). 따라서 공무원에게 징
계사유가 인정되는 이상 관계된 형사사건의 진행여부와 상관없이 징계처분을 하는
것이 원칙이다.[2] 이는 범죄의 수사 또는 재판은 상당한 시일을 요하므로 그 기간을
기다린다는 것은 공무수행에 막대한 지장을 초래할 우려가 있기 때문이다. 다만, 사
실관계의 확인을 위해서 검찰·경찰, 그 밖의 수사기관에서 수사 중인 사건에 대해
서는 수사개시 통보를 받은 날로부터 징계 의결의 요구나 그 밖의 징계절차를 진행
하지 않을 수 있다(영 제8조의2). 그런데 수사의 종료 통보(공무원 피의사건 처분결과통
보서, 공무원 고소·고발사건 처분결과통보서)를 받았을 때에는 「공무원 비위사건 처리
규정」 제4조에 따라 징계의결 요구를 하여야 하는데 이 경우에는 1개월 이내에 관
할 징계위원회에 징계의결등을 요구하여야 한다.

참고로 「공무원 비위사건 처리규정」 제4조(수사기관이 통보한 공무원 범죄사건 처리
기준)를 보면, 행정기관의 장은 「국가공무원법」 제83조제3항에 따라 공무원의 범죄
사건에 대한 통보를 받은 경우, 다음 각 호의 기준에 따라 처리하도록 한다. 이 경우
제1호 또는 제2호의 경우 해당 사건에 대한 징계 또는 징계부가금 부과를 의결하기
전에 다시 수사 또는 기소되는 경우에는 그 수사 또는 기소 결과에 따라 처리해야
한다.

제1호, 혐의없음 또는 죄가안됨 결정: 내부종결 처리. 다만, 「국가공무원법」상의
징계사유에 해당하는 경우에는 별표 1부터 별표 6까지[3]를 적용한다.

---

2) (참고 기사) 연합뉴스 김준태 기자, 2023. 2. 7.: 자녀 입시비리 등 혐의로 1심에서 유죄 판
　결을 받은 조국 전 법무부장관에 대해 서울대가 교원징계위원회를 개최하려고 하자, 헌법이
　보장한 무죄추정의 원칙을 존중해 법원 확정판결이 있기 전까지 징계 절차를 중지해야 한
　다는 조 전 장관 측의 반대가 있었다.
3) [별표 1] 공무원 비위사건 처리기준, [별표 2] 초과근무수당 및 여비 부당수령 사건 처리기

제2호, 공소권없음 결정, 기소중지 결정 또는 참고인중지 결정 또는 수사중지 결정: 비위의 정도 및 과실의 경중, 고의성 유무 등 사안에 따라 혐의사실이 인정되는 경우에는 별표 1부터 별표 6까지 적용한다.

제3호, 기소유예 결정, 공소제기 결정 및 그 밖의 결정: 별표 1부터 별표 6까지 적용한다.

이처럼, 공무원에게 징계사유가 인정되는 이상 관계된 형사사건이 아직 유죄로 인정되지 아니하였거나 수사기관에서 이를 수사 중에 있다 하여도 징계처분은 할 수 있고(대법원 1984. 9. 11. 선고 84누110), 수사결과 혐의없음, 죄가안됨, 공소권없음, 기소중지, 기소유예 등의 결정이 있어도 징계벌을 과할 수 있다.

● 감사원에서 조사 중인 사건에 대하여 감사원으로부터 조사개시 통보를 받은 경우는 그날부터 징계 의결의 요구나 그 밖의 징계 절차를 진행하지 못한다(국가공무원법 제83조제1항, 지방공무원법 제73조 제1항). 검찰·경찰, 그 밖의 수사기관에서 수사 중인 사건에 대해 수사개시 통보를 한 경우, 통보받은 날부터 징계 의결의 요구나 그 밖의 징계 절차를 진행하지 아니할 수 있도록 하고 있다(제2항). 형사절차와 징계시효에 대해서는 이 책 '징계시효'란에서 자세히 살펴본다.

감사원의 경우와 달리 형사사건으로 조사나 기소 중인 사실에 관해서는 징계절차를 진행할 수 없다는 규정은 없으므로, 비위사건에 관하여 현재 형사사건으로 기소되어 재판계류 중이라 하더라도 형사사건의 귀추를 기다릴 것 없이 징계처분을 할 수 있음은 물론, 징계와 형벌은 그 권력의 기초, 목적, 내용 및 그 사유를 각각 달리하는 것이므로 형사재판의 결과는 징계사유의 인정에 방해가 되지 아니 한다(대법원 1982. 9. 14. 선고 82누46).[4]

준, [별표 3] 청렴의 의무 위반 처리기준, [별표 4] 성 관련 비위 처리기준, [별표 5] 음주운전 사건 처리기준(제3조 관련), [별표 6] 징계부가금 부과 처리기준

4) 교비회계 자금 횡령에 관한 시정명령의 절차적 위법을 다투면서 감사결과통보처분취소를 구하는 소에서도, 일정한 법규위반 사실이 행정처분의 전제사실이 되는 한편 이와 동시에 형사법규의 위반 사실이 되는 경우에 행정처분과 형벌은 각기 그 권력적 기초, 대상, 목적을 달리하고 있으므로 동일한 행위에 관하여 독립적으로 행정처분이나 형벌을 과하거나 이를 병과할 수 있는 것이고, 법규가 예외적으로 형사소추 선행 원칙을 규정하고 있지 아니한 이상 형사판결 확정에 앞서 일정한 위반사실을 들어 행정처분을 하였다고 하여 절차적 위반이 있다고 할 수 없다(대법원 2017. 6. 15. 선고 2015두39156).

(3) 형사재판의 결과와 징계벌

● 형사재판에서의 사실관계의 판단은 징계처벌에서도 존중되어야 한다. 비록 형사판결의 내용적 구속력은 후소의 법원을 구속하지만 종국적으로 법원심리를 염두에 둔다면 징계처벌의 과정도 구속된다고 보아야 한다. 따라서 유죄판결이 확정된 경우 그 유죄판결에 근거하여 징계처벌이 가능하고, 징계처벌하였는데 그와 별도로 형사재판에서 새로운 비위사실이 밝혀진 경우 새로운 사실에 대해 별도의 징계절차를 개시할 수 있다.

● 그런데 **형사재판에서 무죄가 선고된 경우 징계를 할 수 없는가.** 아니다. 판례도, 징계사유인 성희롱 관련 형사재판에서 성희롱 행위가 있었다는 점을 합리적 의심을 배제할 정도로 확신하기 어렵다는 이유로 공소사실에 관하여 무죄가 선고되었다고 하여 그러한 사정만으로 행정소송에서 징계사유의 존재를 부정할 것은 아니다(대법원 2018. 4. 12. 선고 2017두74702). 공무원인 갑이 그 직무에 관하여 뇌물을 받았음을 징계사유로 하여 파면처분을 받은 후 그에 대한 형사사건이 항소심까지 유죄로 인정되었고 그 형사사건에서 갑이 수사기관과 법정에서 금품수수사실을 자인하였으나 그 후 대법원의 파기환송판결에 따라 무죄의 확정판결이 있었다면 위 징계처분은 근거 없는 사실을 징계사유로 삼은 것이 되어 위법하다고 할 수는 있을지언정 그것이 객관적으로 명백하다고는 할 수 없으므로 위 징계처분이 당연무효인 것은 아니다(대법원 1989. 9. 26. 선고 89누4963)라는 판결도 같은 취지이다. 마찬가지로, 벌금 이하의 형을 받거나 면소 또는 무죄판결을 받았다 할지라도 동 비위행위가 징계사유에 해당하는 한 따로 징계절차를 취할 수 있다(대법원 1967. 2. 7. 선고 66누168). 자격정지에 대한 선고유예 판결이 있는 경우 비록 공무원 자격요건의 결격사유가 아니라고 해도 법정 징계절차에 따라 한 파면처분은 적법하다고 보았다(대법원 1978. 9. 1. 선고 78누560).

● **징계처분 후 형사법원에서 번복된 경우 어떻게 처리되나.** 당연무효사유로 보지 않는다. 징계처분 후 징계사유에 대한 형사사건으로 1심에서 유죄판결이 선고되었으나 그 후 항소심에서 무죄판결이 선고되고 이 판결이 대법원에서 확정되었다면 그 징계처분이 근거 없는 사실을 징계사유로 삼은 것이 되어 위법하다고는 할 수 있으나 그 하자가 객관적으로 명백하다고는 할 수 없으므로 징계처분이 당연무효가 되는 것은

아니다(대법원 1994. 1. 11. 선고 93누14752). 징계사유로 문제된 동일한 사실로 기소되어 1심법원에서 유죄판결까지 선고받았다면, 비록 그 후 그 사실에 관하여 무죄판결이 확정됨으로써 위 징계처분이 결과적으로 증거 없이 이루어진 셈이 되었다고 하더라도 이는 결국 증거판단을 잘못하여 사실을 오인한 경우에 불과하고 이러한 위법사유는 취소사유에는 해당될지언정 당연무효사유로는 되지는 않는다(대법원 1992. 5. 22. 선고 91누12196). 뇌물수수의 징계사유로 파면처분을 받은 후 형사사건이 항소심까지 유죄로 인정되고 원고가 수사기관과 법정에서 금품수수 사실을 자인하였으나 대법원의 파기환송판결에 따라 무죄의 확정판결이 있었다면 징계처분은 근거 없는 사실을 징계사유로 삼은 위법이 있다고 할 수는 있을지언정 객관적으로 명백하다고는 할 수 없으므로 징계처분이 당연무효인 것은 아니다(대법원 1989. 9. 26. 선고 89누4963).

● 형사재판의 결과 금고이상의 형의 확정(집행유예 등 포함) 등으로 당연퇴직사유가 발생하면(법 제69조) 공무원 신분관계가 소멸되므로 공무원 신분관계를 전제로 한 징계벌은 과할 수 없다.

나. 주민소환과의 구별

지방자치법 제25조(주민소환) ① 주민은 그 지방자치단체의 장 및 지방의회의원(비례대표 지방의회의원은 제외한다)을 소환할 권리를 가진다. ② 주민소환의 투표 청구권자 · 청구요건 · 절차 및 효력 등에 관한 사항은 따로 법률로 정한다. 이에 따라 주민소환에관한법률이 제정되었다. 주민소환제도는 지방자치제도의 폐단을 막기 위하여 지역주민들에게 선출직 지방공직자를 소환할 수 있도록 권리를 부여한 통제제도로, 주민이 투표를 통하여 선출직 지방공직자의 직을 상실시키는 것을 말한다.

다. 탄핵절차와의 구별

(1) 개념 및 대상

탄핵이란 일반적인 사법절차나 징계절차에 따라 소추하거나 징계하기가 곤란한 행정부의 고위직 공무원이나 법관 등과 같이 신분이 보장된 공무원이 직무상 중대한 비위를 범한 경우에 이를 의회가 소추하여 처벌하거나 파면하는 절차를 말한다(헌재 1996. 2. 29. 93헌마186, 판례집 8-1, 111).

헌법 제65조 제1항은, '대통령·국무총리·국무위원·행정각부의 장·헌법재판소 재판관·법관·중앙선거관리위원회 위원·감사원장·감사위원 기타 법률이 정한 공무원이 그 직무집행에 있어서 헌법이나 법률을 위배한 때에는 국회는 탄핵의 소추를 의결할 수 있다.'고 규정하고 있다.

여기서 '기타 법률이 정한 공무원'(법률상 탄핵소추대상자)은 검찰총장 및 검사(검찰 청법제37조, 제6조), 경찰청장(국가경찰과 지방자치경찰의 조직 및 운영에 관한 법률 제14 조제5항), 국가수사본부장(국가경찰과 지방자치경찰의 조직 및 운영에 관한 법률 제16조), 방송통신위원회 위원장(방송통신위원회 설치 및 운영에 관한 법률 제6조제5항), 각급 선거관리위원회 위원(선거관리위원회법 제9조제2호), 원자력안전위원회 위원장(원자력안전위원회 설치 및 운영에 관한 법률 제6조제5항), 특별검사 및 특별검사보(특별검사의 임명등에 관한 법률 제16조), 공수처장, 차장, 수사처 검사(고위공직자범죄수사처 설치 및 운영에 관한 법률 제14조)이다. 국회의원은 탄핵소추의 대상은 아니다.[5]

헌법 제65조제4항에서 '탄핵결정은 공직으로부터 파면함에 그친다. 그러나, 이에 의하여 민사상이나 형사상의 책임이 면제되지는 아니한다.'고 한다. 탄핵심판제도의 본질에 대하여 형사절차설, 징계절차설, 특별한 헌법재판절차설 등이 있으나 헌법은 탄핵심판의 책임을 법적 책임으로 정하고 있으며, 그 법적 책임으로 민사책임이나 형사책임을 따로 물을 수 있도록 되어 있으며, 탄핵의 대상자를 당해 공직에서 배제시키는 데 목적이 있으므로 징계책임의 성격을 갖는다고 할 것이다.

(2) 탄핵절차와 징계절차의 관계

탄핵절차와 징계절차가 중첩적으로 적용될 수 있는가. 현행법상 법관과 검사 및 경찰청장은 탄핵대상자이자 징계대상자이기도 하다.

---

5) 영국은 의원을 탄핵의 대상으로 한다. 국회의원에 대하여는 별도 제명제도가 존재하므로 국회의 자율권 존중 차원에서 이를 탄핵의 대상으로 삼을 필요가 없다는 견해도 있으나, 다른 공무원의 경우에도 파면, 해임 등의 징계벌로 인해 제명과 같이 신분을 박탈당하는 제도가 있으므로 반드시 그렇다고 보기는 어렵다.

1) 법관에 대해서 보면, 헌법 제106조 제1항은, 법관은 탄핵 또는 금고 이상의 형의 선고에 의하지 아니하고는 파면되지 아니하며, 징계처분에 의하지 아니하고는 정직·감봉 기타 불리한 처분을 받지 아니한다. 이에 따라 법원조직법 제46조 제1항은, 법관은 탄핵결정이나 금고 이상의 형의 선고에 의하지 아니하고는 파면되지 아니하며, 징계처분에 의하지 아니하고는 정직(停職)·감봉 또는 불리한 처분을 받지 아니한다. 법관징계법은 제3조 제1항에서, 법관에 대한 징계처분은 정직·감봉·견책의 세 종류로 한다고 규정하고 있다. 이처럼 법관에 대해서는 징계절차로 파면의 처분이 있을 수는 없다. 그런데 법관에 대해 징계절차로 파면처분을 할 수 없다하지만 이론적으로는 탄핵절차와 징계절차가 동시에 진행될 수도 있을 것이다. 이에 대해 법관징계법 제20조 제1항은, 징계 사유에 관하여 탄핵의 소추가 있는 경우에는 그 절차가 완결될 때까지 징계절차는 정지된다고 하여 탄핵절차에 우선심리권을 부여하고 있다.

2) 검사에 대해 보면, 헌법 제65조 제1항에서 탄핵소추의 대상자로 '기타 법률이 정한 공무원'을 정하고 있으며, 검찰청법 제37조에서, '검사는 탄핵이나 금고 이상의 형을 선고받은 경우를 제외하고는 파면되지 아니하며, 징계처분이나 적격심사에 의하지 아니하고는 해임·면직·정직·감봉·견책 또는 퇴직의 처분을 받지 아니한다.'고 규정하고 있다. 또 검사징계법 제32조 제1항에서는, '징계는 해임(解任), 면직(免職), 정직(停職), 감봉(減俸) 및 견책(譴責)으로 구분한다.' 이처럼 검사 또한 법관과 마찬가지로 징계절차에 의해 파면처분이 내려질 수는 없다. 탄핵절차와 징계절차가 동시에 진행될 경우는 검사징계법 제24조에서, '징계 사유에 관하여 탄핵의 소추 또는 공소의 제기6)가 있을 때에는 그 사건이 완결될 때까지 징계심의를 정지한다.'고 규정하고 있다.

3) 경찰청장에 대한 탄핵절차는 2003. 12. 31.자로 국가경찰과 자치경찰의 조직 및 운영에 관한 법률에 신설되었다. 동 법률 제14조 제5항은, 경찰청장이 직무를 집행하면서 헌법이나 법률을 위배하였을 때에는 국회는 탄핵 소추를 의결할 수 있다고 한다. 따라서 그 근거는 검사와 마찬가지로 헌법 제65조 제1항에서 탄핵소추의 대상자로 '기타 법률이 정한 공무원'에 해당한다고 할 것이다. 그런데 경찰청장의 경우

---

6) 법관도 공소제기가 있을 경우 징계절차가 정지되는 것은 동일하다(법관징계법 제20조제2항).

법관이나 검사와 달리 징계관련 규정에서 파면을 제외하거나 탄핵절차시에 징계심의를 정지하게 하는 등의 규정이 없다. 그러다보니 경찰공무원징계령 제2조 제1호에서 "중징계"란 파면, 해임, 강등 및 정직을 말한다고 하며, 경찰공무원법 제32조 제1항은, 경무관 이상의 경찰공무원에 대한 징계의결은 「국가공무원법」에 따라 국무총리 소속으로 설치된 징계위원회에서 한다고 규정하므로, 이에 의하면 경무관 이상인 치안총감으로 보하는 경찰청장의 경우 그에 대한 징계의결은 국무총리 소속으로 설치된 징계위원회에서 하되 만약 경찰청장을 파면할 경우에는 경찰청장의 제청으로 행정안전부장관과 국무총리를 거쳐 대통령이 하게 되는(경찰공무원법 제33조) 이상한 형태가 초래될 수 있다. 입법의 미비점이다. 이처럼 법상으로는 경찰청장에 대해 탄핵절차와 징계절차가 동시에 진행될 수 있도록 되어 있으나, 현실적으로는 탄핵절차가 우선시될 수밖에 없을 것이다.

(3) 권한행사 정지

헌법 제65조제3항은, 탄핵소추의 의결을 받은 자는 탄핵심판이 있을 때까지 그 권한행사가 정지된다. 국회법은 제134조는, ① 탄핵소추가 의결되었을 때에는 의장은 지체 없이 소추의결서 정본(正本)을 법제사법위원장인 소추위원에게 송달하고, 그 등본(謄本)을 헌법재판소, 소추된 사람과 그 소속 기관의 장에게 송달한다. ② 소추의결서가 송달되었을 때에는 소추된 사람의 권한 행사는 정지되며, 임명권자는 소추된 사람의 사직원을 접수하거나 소추된 사람을 해임할 수 없다.

탄핵소추 의결을 받으면 권한행사가 정지되도록 되어 있는데, 이는 예외적 입법례로서 만약 탄핵소추가 남용된다면 국가기능에 차질을 빚을 수 있는 위험이 있다. 미국, 영국, 프랑스, 독일, 일본 등은 권한행사를 정지시키지 않는다.[7] 독일처럼 탄핵소추시 권한행사가 당연히 정지되는 것이 아니라 가처분제도를 통해 권한행사를 정지시킬 수 있도록 하는 제도를 참고할 만하다.[8]

---

7) 탄핵소추의결로 권한행사가 자동적으로 정지되는 입법례는 핀란드, 칠레, 멕시코 등으로 드물게 인정된다. 그럼에도 핀란드는 대통령에 대한 권한행사의 정지는, 대통령이 반역죄에 대한 혐의로 4분의 3 이상 의원의 찬성으로 소추되는 경우에 해당한다. 이상경, "남발되는 탄핵제도 이대로 괜찮은가", (사)착한법만드는사람들 제20차 세미나 자료집(2024. 11. 29.), 29쪽.

8) 독일 기본법 제61조(연방대통령의 탄핵소추) ① 연방하원 또는 연방상원은 연방대통령이

라. 변상책임과의 구별

공무원의 변상책임이란 공무원이 직무상 의무에 위반하여 국가 또는 지방자치단체에게 재산상의 손해를 끼친 경우에 그 손해를 변상하여야 하는 책임을 말한다. 공무원이 국가 등의 재산에 대하여 손해를 끼친 경우이므로, 공무원의 불법행위로 국민에게 손해를 가한 경우 국가가 배상한 후 해당공무원에게 구상권을 행사하는 공무원의 구상책임과는 다르다.

우리 법제는 변상책임을 회계관계직원에게만 묻고, 그 경우 회계관계직원이 고의 또는 중대한 과실로 법령이나 그 밖의 관계 규정 및 예산에 정하여진 바를 위반하여 손해를 끼친 경우에 변상책임을 지우고 있다(회계관계직원 등의 책임에 관한 법률 제2조, 제4조).

마. 국가배상법 제2조 제2항의 구상권과의 관계

국가배상법 제2조 제1항 본문은 "국가 또는 지방자치단체는 공무원이 그 직무를 집행함에 당하여 고의 또는 과실로 법령에 위반하여 타인에게 손해를 가하거나, 자동차손해배상보장법의 규정에 의하여 손해배상의 책임이 있는 때에는 이 법에 의하여 손해를 배상하여야 한다."고 규정하고 제2항은 "제1항 본문의 경우에 공무원이 고의 또는 중대한 과실이 있는 때에는 국가 또는 공공단체는 그 공무원에게 구상할 수 있다."고 규정하고 있다.

국가배상법 제2조 제1항 본문 및 제2항의 입법 취지는 공무원의 직무상 위법행위로 타인에게 손해를 끼친 경우에는 변제자력이 충분한 국가 등에게 선임감독상 과실 여부에 불구하고 손해배상책임을 부담시켜 국민의 재산권을 보장하되, 공무원이 직

기본법 또는 기타의 연방 법률을 고의적으로 위반한 경우 연방헌법재판소에 탄핵소추할 수 있다. 탄핵소추는 연방하원 재적의원 4분의 1 또는 연방상원의원 재적의원 4분의 1 이상의 찬성으로 발의된다. 탄핵소추 의결에는 연방하원 3분의 2 또는 연방상원의원 3분의 2 이상의 찬성을 요한다. 탄핵소추는 소추기관의 위임을 받은 자가 대표한다. ② 연방헌법재판소는 연방대통령이 기본법 또는 연방 법률을 고의적으로 위반하였다고 확인한 때에는 연방대통령직의 상실을 선고할 수 있다. 탄핵소추의 제기 후에는 연방헌법재판소는 가처분으로 대통령의 직무집행을 정지시킬 수 있다.
독일 연방헌법재판소법 제58조 제4항(생략)

무를 수행함에 있어 경과실로 타인에게 손해를 입힌 경우에는 그 직무수행상 통상 예기할 수 있는 흠이 있는 것에 불과하므로, 이러한 공무원의 행위는 여전히 국가 등의 기관의 행위로 보아 그로 인하여 발생한 손해에 대한 배상책임도 전적으로 국가 등에만 귀속시키고 공무원 개인에게는 그로 인한 책임을 부담시키지 아니하여 공무원의 공무집행의 안정성을 확보하고, 반면에 공무원의 위법행위가 고의·중과실에 기한 경우에는 비록 그 행위가 그의 직무와 관련된 것이라고 하더라도 그와 같은 행위는 그 본질에 있어서 기관행위로서의 품격을 상실하여 국가 등에게 그 책임을 귀속시킬 수 없으므로 공무원 개인에게 불법행위로 인한 손해배상책임을 부담시키되, 다만 이러한 경우에도 그 행위의 외관을 객관적으로 관찰하여 공무원의 직무집행으로 보여질 때에는 피해자인 국민을 두텁게 보호하기 위하여 국가 등이 공무원 개인과 중첩적으로 배상책임을 부담하되 국가 등이 배상책임을 지는 경우에는 공무원 개인에게 구상할 수 있도록 함으로써 궁극적으로 그 책임이 공무원 개인에게 귀속되도록 하려는 것이라고 봄이 합당하다(대법원 1996. 2. 15. 선고 95다38677 전원합의체 판결).

　그렇다면 **징계책임을 지는 공무원에 대해 국가와 별도로 손해배상청구를 할 수 있는가**. 위 판례에 의하면 공무원 개인이 경과실의 경우, 고의·중과실이나 직무행위로 볼 수 있는 경우에는 국가나 공공단체에 대해서만 청구가 가능하고, 고의·중과실이며 직무행위로 볼 수 있는 경우에는 개인에 대한 청구도 가능하다고 할 것이다.

바. 직권면직과의 구별

　1) 직권면직은 공무원에 대하여 일정한 법정 사유가 있는 경우에 본인의 의사와 무관하게 임용권자가 직권으로 행하는 면직처분을 말한다. 직권면직사유는 국가공무원법 제70조제1항에서 직권면직 사유를 규정하고 있다. 3. 직제와 정원의 개폐 또는 예산의 감소 등에 따라 폐직(廢職) 또는 과원(過員)이 되었을 때, 4. 휴직 기간이 끝나거나 휴직 사유가 소멸된 후에도 직무에 복귀하지 아니하거나 직무를 감당할 수 없을 때, 5. 제73조의3제3항에 따라 대기 명령을 받은 자가 그 기간에 능력 또는 근무성적의 향상을 기대하기 어렵다고 인정된 때, 6. 전직시험에서 세 번 이상 불합격한 자로서 직무수행 능력이 부족하다고 인정된 때, 7. 병역판정검사·입영 또는 소집의 명령을 받고 정당한 사유 없이 이를 기피하거나 군복무를 위하여 휴직 중에 있는

자가 군복무 중 군무(軍務)를 이탈하였을 때, 8. 해당 직급·직위에서 직무를 수행하는데 필요한 자격증의 효력이 없어지거나 면허가 취소되어 담당 직무를 수행할 수 없게 된 때, 9. 고위공무원단에 속하는 공무원이 제70조의2에 따른 적격심사 결과 부적격 결정을 받은 때

2) 징계로 인한 파면, 해임처분의 경우 면직이 뒤따르나 직권면직제도와는 다르다. 직권면직제도는 일반적 직무수행능력 결여자를 공직으로부터 배제함으로써 행정능률의 확보를 꾀하려는데 그 목적을 두고 있으나 징계제도는 공무원의 개별적 비위사실에 대한 응징을 통하여 공직사회의 기강을 확립하려는데 그 목적을 두고 있어서 위 두 제도의 목적이 상이하다. 그리하여 면직처분에 대한 시효주장에 대하여 법원은, 위 두 제도의 목적은 상이하다 할 것이므로 징계제도에 적용되는 징계사유의 시효에 관한 규정은 직권면직제도에는 적용 내지 준용될 수 없다 할 것이므로 원고의 이건 면직처분 사유에 관한 시효주장은 이유없다 할 것이고, 또한 피고가 이건 면직처분의 사유로 삼은 것은 원고가 재직기간 중 3회씩이나 직위해제처분을 받았다는 사실 그 자체일 뿐 그 각 직위해제처분의 원인이 되었던 비행을 또다시 이건 면직처분의 사유로 삼은 것은 아님이 분명하므로 원고의 일사부재리원칙위배에 관한 주장역시 이유없다 할 것이다(서울고등법원 1983. 5. 3. 선고 81구4 판결).

직권면직과 해임처분이 이중처벌금지원칙에 위배되지 않는가. 직권면직이란 법에서 정한 일정한 사유가 있는 경우에 본인의 의사와는 관계없이 임용권자의 의사결정에 따라 직권으로 행하는 면직처분을 의미하는 것이고, 해임이란 공무원이 공무원으로서 부담하는 의무를 위반하였을 때, 공무원관계의 질서유지를 위해 공무원법에 따라 공무원에게 가하게 되는 법적 제재인 징계벌 중 공무원관계의 배제를 그 내용으로 하는 것이다. 그런데, 동일한 징계원인으로 거듭 징계될 수 없다는 의미에서의 이중처벌금지의 원칙은 징계벌에도 적용될 여지가 있고, 직권면직처분이 공무원 관계로부터 배제되는 결과를 초래하는 불이익한 처분이라는 점에서는 해임처분과 유사성을 갖는다고 할 것이나, 다른 한편 직권면직처분과 징계벌의 일종인 해임처분은 그 성격 및 사유를 달리하는 것으로서 같은 성질의 처분이라 할 수 없으므로, 동일한 사유로 직권면직처분을 하고 다시 해임처분을 하였다고 하더라도 이중처벌금지의 원칙에 위배된다고 할 수는 없다(부산지방법원 2009. 1. 15. 선고 2008구합3761 판결).

다만 직권면직이 공무원 본인의 의사와는 관계없이 국가의 일방적인 의사에 의하여 공무원의 신분관계를 소멸시킨다는 점에서 보다 신중한 운영이 필요하므로, 임용권자의 자의적인 직권면직의 남용을 방지하여 공무원의 신분보장을 강화하기 위해 위 제3호부터 제8호까지의 규정에 따라 직권면직시킬 경우에는 미리 관할 징계위원회의 "의견"을 들어야 하고, 위 직권면직 사유 중 제5호의 규정에 따라 직권면직시킬 경우는 관할 징계위원회의 "동의"를 얻도록 하고 있다(법 제70조제2항). 이에 수반해 공무원징계령 제23조 제1항은, 법 제70조제2항에 따라 임용권자가 직권 면직에 대한 징계위원회의 의견을 들어야 하는 경우에는 이 영에 따른 경징계 요구사건의 징계 관할에 따라, 징계위원회의 동의를 받아야 하는 경우에는 이 영에 따른 중징계 요구사건의 징계 관할에 따라, 관할 징계위원회에 그 의견 또는 동의를 요구하여야 한다.

3) 징계사유와 직권면직사유는 판단 근거가 다르다. 직권면직사유인 " 직무수행능력의 현저한 부족으로 근무실적이 극히 불량한 때"에 해당하는지 여부를 판단하기 위한 자료가 되어야 할 해당공무원에 대한 근무성적평정의 결과가 불량하다는 아무런 자료도 없는 경우에 있어서 별다른 사유 없이 단기간 내에 감봉 1월의 징계처분을 받고 다시 감봉 6월의 징계처분을 받고 이에 대한 불복의 소가 계류 중인 사실만으로써 이 사유가 곧바로 직무수행능력의 부족을 이유로 한 직권면직사유에 해당한다고 볼 수 없다(대법원 1983. 10. 25. 선고 83누302 판결).

사. 근무성적평정

1) 국가공무원법 제51조(근무성적의 평정) ① 각 기관의 장은 정기 또는 수시로 소속 공무원의 근무성적을 객관적이고 엄정하게 평정하여 인사관리에 반영하여야 한다. ② 제1항에 따른 근무성적평정 결과 근무성적이 우수한 자에 대하여는 상여금을 지급하거나 특별승급시킬 수 있다. ③ 제1항의 근무성적평정에 관한 사항은 대통령령등으로 정한다.

제40조(승진) ① 승진임용은 근무성적평정·경력평정, 그 밖에 능력의 실증에 따른다. 제40조의2(승진임용의 방법) ④ 각급 기관의 장은 대통령령등으로 정하는 바에

따라 근무성적·경력평정, 그 밖에 능력의 실증에 따른 순위에 따라 직급별로 승진 후보자 명부를 작성한다.

근무성적평정과 관련된 대통령 등은, 공무원 성과평가 등에 관한 규정, 지방공무원 평정규칙, 검사복무평정규칙, 교육감 소속 지방공무원 평정규칙, 군근무성적평정 규정, 법원공무원 평정규칙, 선거관리위원회 공무원 평정 규칙, 판사 근무성적 등 평정 규칙, 헌법재판소 공무원 평정 규칙, 헌법연구관 등의 근무성적평정 규칙 등이 있다.

2) 공무원에 대한 근무성적평정이란 공무원이 일정기간 행한 근무실적, 근무태도, 업무추진능력, 조직내부 구성원과의 관계, 이해당사자와의 관계, 발전가능성 등을 객관적으로 측정하여 인사관리의 기초자료로 활용하고 이를 토대로 조직의 능률성을 향상시키고자 하는 평가기능이라고 할 수 있다. 근무성적평정제도는 1961년부터 공직사회에 본격적으로 도입되어 인사행정의 객관적 운영에 많은 영향을 끼쳐 왔다.

3) 근무성적평정이 불량하다고 하더라도 징계사유에 해당하지 않으면 징계위원회에 회부할 수 없다. 국가공무원법 제70조가 정하는 직권면직 사유 중 그 제1항 제2호9)의 직무수행능력의 현저한 부족으로 근무성적이 극히 불량한 때라 함은 공무원의 징계사유를 정하는 위 법 제78조 제1항 각호의 규정에 비추어 정신적, 육체적으로 직무를 적절하게 처리할 수 있는 능력의 현저한 부족으로 근무성적이 극히 불량한 때를 의미하고, 징계사유에 해당하는 명령위반, 직무상의 의무위반 또는 직무태만 및 공무원으로서의 체면이나 위신을 손상하는 행위 등은 이에 해당하지 아니한다(대법원 1986. 3. 11. 선고 85누663 판결).

예를 들면, 4급 승진후보자 역량평가 합격자인 원고에게 단독주택, 공동주택, 오피스텔, 분양권(입주권) 보유현황을 확인하기 위하여 진술을 요구받고 오피스텔 분양권 2건을 누락하여 사실과 다른 진술을 한 경우, 지방공무원법이 '누구든지 임용시험·승진·임용, 그 밖에 인사기록에 관하여 거짓이나 부정하게 진술·기재·증명·채점 또는 보고를 하여서는 아니 된다.'라고 규정하고 있으므로 위 지방공무원에게 징계사유가 인정된다고 보아 강등처분을 하였다. 이에 법원은 이 사건 처분은 징계양정에 있어 현저히 합리성 및 타당성을 잃어 재량권을 일탈·남용한 것으로서 위법

---

9) 국가공무원법 제70조제1항제2호는 1991. 5. 31. 개정시 삭제되었다.

하다고 판단하였는데 그 가운데, 근무성적평정 등에 근거하여 승진한 원고를 주택 보유현황 진술을 사유로 강등하는 것은 승진기준에도 위배되는 것이어서 합리적이라고 볼 수 없다고도 하였다(수원지방법원 2022. 4. 27. 선고 2021구합74052 판결).

아. 당연퇴직

1) 당연퇴직은 공무원으로서 임용될 수 없는 결격사유에 해당할 경우 공무원의 근무관계가 소멸되는 경우를 말한다. 당연퇴직제도는 결격사유가 발생하는 것 자체에 의해 임용권자의 의사표시 없이 결격사유에 해당하게 된 시점에 법률상 당연히 퇴직하는 것이고, 공무원관계를 소멸시키기 위한 별도의 행정처분을 요하지 아니하므로 당연퇴직 사유의 존재는 객관적으로 명확해야 한다(대법원 2011. 3. 24. 선고 2008다92022 판결 참조).

- **국가공무원법 제69조(당연퇴직)** 공무원이 다음 각 호의 어느 하나에 해당할 때에는 당연히 퇴직한다. 1. 제33조 각 호의 어느 하나에 해당하는 경우. 다만, 제33조제2호는 파산선고를 받은 사람으로서 「채무자 회생 및 파산에 관한 법률」에 따라 신청기한 내에 면책신청을 하지 아니하였거나 면책불허가 결정 또는 면책 취소가 확정된 경우만 해당하고, 제33조제5호는 「형법」 제129조부터 제132조까지, 「성폭력범죄의 처벌 등에 관한 특례법」 제2조, 「정보통신망 이용촉진 및 정보보호 등에 관한 법률」 제74조제1항제2호·제3호, 「스토킹범죄의 처벌 등에 관한 법률」 제2조제2호, 「아동·청소년의 성보호에 관한 법률」 제2조제2호 및 직무와 관련하여 「형법」 제355조 또는 제356조에 규정된 죄를 범한 사람으로서 금고 이상의 형의 선고유예를 받은 경우만 해당한다.   2. 임기제공무원의 근무기간이 만료된 경우
- **동법 제33조(결격사유)** 다음 각 호의 어느 하나에 해당하는 자는 공무원으로 임용될 수 없다.
  1. 피성년후견인
  2. 파산선고를 받고 복권되지 아니한 자
  3. 금고 이상의 실형을 선고받고 그 집행이 끝나거나(집행이 끝난 것으로 보는 경우를 포함한다) 집행이 면제된 날부터 5년이 지나지 아니한 자
  4. 금고 이상의 형의 집행유예를 선고받고 그 유예기간이 끝난 날부터 2년이 지나지 아니한 자
  5. 금고 이상의 형의 선고유예를 받은 경우에 그 선고유예 기간 중에 있는 자

6. 법원의 판결 또는 다른 법률에 따라 자격이 상실되거나 정지된 자

6의2. 공무원으로 재직기간 중 직무와 관련하여 「형법」 제355조 및 제356조에 규정된 죄를 범한 자로서 300만원 이상의 벌금형을 선고받고 그 형이 확정된 후 2년이 지나지 아니한 자[10]

6의3. 다음 각 목의 어느 하나에 해당하는 죄를 범한 사람으로서 100만원 이상의 벌금형을 선고받고 그 형이 확정된 후 3년이 지나지 아니한 사람

　가. 「성폭력범죄의 처벌 등에 관한 특례법」 제2조에 따른 성폭력범죄

　나. 「정보통신망 이용촉진 및 정보보호 등에 관한 법률」 제74조제1항제2호 및 제3호에 규정된 죄

　다. 「스토킹범죄의 처벌 등에 관한 법률」 제2조제2호에 따른 스토킹범죄

6의4. 미성년자에 대한 다음 각 목의 어느 하나에 해당하는 죄를 저질러 파면·해임되거나 형 또는 치료감호를 선고받아 그 형 또는 치료감호가 확정된 사람(집행유예를 선고받은 후 그 집행유예기간이 경과한 사람을 포함한다)

　가. 「성폭력범죄의 처벌 등에 관한 특례법」 제2조에 따른 성폭력범죄

　나. 「아동·청소년의 성보호에 관한 법률」 제2조제2호에 따른 아동·청소년대상 성범죄

7. 징계로 파면처분을 받은 때부터 5년이 지나지 아니한 자

8. 징계로 해임처분을 받은 때부터 3년이 지나지 아니한 자

　2) 공무원에 대한 징계처분은 공무원 당연퇴직 규정과는 상관없이 별도로 이루어질 수 있으므로 만약 형사처벌에서 벌금형을 받을 경우 제33조 결격사유나 당연퇴직에는 해당하지 않지만, 징계절차로 '해임' 등의 불이익을 받아 퇴직될 수도 있다.

---

10) 군무원이 업무상횡령죄를 저질렀더라도 폭행죄 등 다른 범죄와 실체적 경합범으로 기소돼 500만원의 벌금형을 확정 받았다면 군무원인사법이 당연퇴직사유로 규정하고 있는 '업무상 횡령죄로 300만원 이상 벌금형을 받은 자'에 해당하지 않는다(대법원 2016. 12. 29. 선고 2014두43806 판결). (관련기사, 법률신문 2017. 2. 16.)

제3절 | 관련 법령 등 총괄 정리

1. 징계와 법률주의

헌법 제7조제2항에서 공무원의 신분은 법률이 정하는 바에 의하여 보장되며, 제78조는 대통령은 법률이 정하는 바에 의하여 공무원을 임면한다고 하며, 임면에는 보직, 전직, 휴직, 징계처분 및 파면이 포함된다. 따라서 징계의 사유와 절차·효력 등은 법률이 직접 규정하여야 하는 것이다. 공무원에 대한 징계근거규정의 기본은 국가공무원법이다.

그 외 공무원의 종류에 따라 지방공무원법, 교육공무원법, 경찰공무원법, 소방공무원법, 외무공무원법, 군인사법, 군무원인사법, 법관징계법, 검사징계법, 국가정보원직원법, 감사원법 등에서 자체 징계조항을 두고 있다. 또한 국가공무원법 이외의 법률에서 국가공무원법상의 징계사유나 절차 등을 준용하는 경우가 있으므로 그 적용에 있어 면밀히 살펴볼 필요가 있다. 한편 국가공무원법상의 징계조항은 공무원징계령(대통령령)에서 구체적으로 규정하고 있다. 같은 대통령령으로 교육공무원징계령, 경찰공무원징계령, 소방공무원징계령, 군인징계령 등이 있다. 그 외 징계관련 대통령령이나 규칙으로, 국가공무원 복무규정, 지방공무원 징계 및 소청 규정, 공무원임용령, 공무원보수규정, 공무원수당규정, 군인사법 시행령, 군무원인사법 시행령, 국가정보원직원법 시행령, 국회인사규칙, 법원공무원규칙, 선거관리위원회공무원규칙, 헌법재판소 공무원 규칙, 감사원 징계규칙, 감사원 감사사무 처리규칙, 공무원 행동강령 등이 있다.

사립학교교원에 대한 징계는 사립학교법에서 규정하고, 교육부령으로 사립학교교원 징계규칙에서 구체화하였는데, 사립학교 교원에 대한 징계기준 및 징계의 감경기준 등에 관하여는 교육공무원징계령이나 교육공무원징계양정등에관한규칙이 아니라 「공무원징계령 시행규칙」 제5조제1항 및 제6조를 준용하도록 하고 있다(동 규칙 제5조).

선거관리위원회 공무원의 경우 선거관리위원회법이 아닌 국가공무원법을 근거로 선거관리위원회공무원규칙에서 세부적으로 정하고 있다.

2. 도표로 보는 신분별 적용 법령

구분	국가공무원	교육공무원	군인/군무원	경찰공무원/해양경찰공무원	소방공무원	지방공무원
법률	-국가공무원법 -행정기본법	-교육공무원법 [소청*]교원의 지위 향상 및 교육활동 보호를 위한 특별법	-군인사법/군무원인사법	-경찰공무원법	-소방공무원법	-지방공무원법
대통령령	-공무원징계령 -공무원 행동강령 -적극행정 운영규정 [소청]소청절차규정	-교육공무원징계령 [소청]교원소청에 관한 규정	-군인징계령/군무원인사법 시행령	-경찰공무원징계령	-소방공무원징계령	-지방공무원 징계 및 소청 규정
총리령/부령/규칙	-공무원징계령 시행규칙	-교육공무원징계양정등에관한규칙				
훈령/예규 등	-공무원 비위사건 처리규정**[대통령훈령] -비위면직(파면·해임)자 공직 재임용 제한에 관한 규정[국무총리 훈령] -적극행정 면책 및 공무원 경고 등 처분에 관한 규정[행정안전부훈령] -국가공무원 복무·징계 관련 예규[인사혁신처예규]	-교육공무원징계 등 기록말소제 시행지침[예규]		-경찰공무원징계령 세부시행규칙[경찰청예규] ※종전, '경찰공무원 징계양정 등에 관한 규칙'은 위 규칙에 흡수됨 -해양경찰공무원 징계양정 등에 관한 규칙 -해양경찰청 부패행위 신고의무 불이행 공무원에 대한 징계처분 규칙	소방공무원 징계양정 등에 관한 규칙	-지방공무원 복무에 관한 예규[행정안전부예규] -(각)지방공무원 징계규칙[자치법규]

* 소청에 관한 법령은 교육공무원, 사립학교교원에게 동일하게 적용

** 다만, 이 규정은 국회, 대법원, 헌법재판소 및 중앙선거관리위원회 소속 공무원은 제외하고 적용한다(동 규정 제2조).

구분	감사원	사립학교교원	법관	검사	국가인권위원회 소속공무원	선거관리위원회 소속공무원
법률	감사원법	사립학교법	법관 징계법	검사 징계법	국가인권위원회법	국가공무원법
대통령령		사립학교법 시행령				
총리령/ 부령/ 규칙	-감사원징계 규칙 *규칙에 규정 되지 않은 사 항은 공무원 징계령, 공무 원인사관련 법령 준용	사립학교 교원 징계규칙 *징계기준 및 징 계의 감경기준 등에 관하여는 「공무원징계 령 시행규칙」 제5조 제1항 및 제6조 준용	법관 징계 규칙 [대법원 규칙]		국가인권위원회 징계규칙 *「공무원징계령」 및 「 공무원징계령 시행규 칙」에서 정한 징계기 준, 징계부과금 부과기 준 등을 따름	선거관리위원회 공무원규칙
훈령/ 예규 등						

구분	외무공무원	국가정보원 직원	국민권익위원회 소속공무원	고위공직자범죄수사처 처장, 차장, 수사처검사	대통령경호처 직원
법률	외무공무원법 *특별한 규정 이 있는 경우 를 제외하고 는 국가공무 원법 적용	국가정보원 직원법	국가공무원법	고위공직자범죄수사처 설치 및 운영에 관한 법 률 *국가공무원법, 검사징 계법	대통령 등의 경호 에 관한 법률
대통령령		국가정보원직 원법 시행령			대통령 등의 경호 에 관한 법률 시행 령
총리령/				고위공직자범죄수사처	

| 부령/
규칙 | | | | 검사 인사규칙 | |
| 훈령/
예규 등 | 재외공관 행정
직원 규정 | | -국민권익위원회
와 그 소속기관
인사관리규정
-국민권익위원회
청원경찰 징계
규정 | | |

구분	국회의원	국회사무처 공무원	법원공무원	별정직공무원	헌법재판소 공무원
법률	국회법	국가공무원법	국가공무원법	국가공무원법 준용	국가공무원법
대통 령령				-별정직공무원 인사규정 -공무원 징계 령 준용	
총리령/ 부령/ 규칙		국회인사규칙	법원공무원규칙 [대법원규칙]		헌법재판소 공무 원 규칙
훈령/ 예규 등		국회사무처 공 무원의 비위사 건 처리내규			

● 지방공무원 징계에 관한 주요 근거 법령

법률	지방공무원법, 지방자치법, 감사원법, 공공감사에 관한 법률, 부패방지 및 국민권익위원회의 설치와 운영에 관한 법률 등
대통령령	지방공무원 징계 및 소청 규정, 지방공무원 임용령, 지방공무원 복무규정, 지방공무원 보수규정, 지방공무원 수당 등에 관한 규정, 지방공무원 인사 기록·통계 및 인사사무 처리 규칙, 지방자치단체에 대한 행정감사규정, 공 무원 행동강령 등
행정안전부령	지방공무원 징계규칙 등
국무총리훈령	비위면직(파면·해임)자 공직 재임용 제한에 관한 규정, 공무원의 직무관련 범죄 고발지침 등

행정안전부예규	지방공무원 인사제도 운영지침 등
자치법규	지방공무원 징계 등에 관한 규칙, 지방공무원 인사규칙, 지방공무원 복무 조례, 지방공무원 비위공직자의 의원면직 처리제한에 관한 규칙, 행정감사 규칙 등

(지방공무원 징계업무편람)

3. 각 징계령 등의 연혁

- 공무원징계령: 1949. 10. 15. 대통령령으로 제정, 시행중이다.

  공무원징계령 시행규칙: 공무원징계양정등에관한규칙으로 1981. 7. 14. 총리령 으로 제정. 공무원징계령시행규칙으로 행정자치부령으로 개정되어 2007. 9. 19.시행. 다시 공무원징계령시행규칙은 법령명은 그대로 하되 총리령으로 개 정되어 2014. 11. 19.부터 시행중이다.

- 지방공무원 징계 및 소청 규정: 1963. 12. 6. 각령으로 제정되었다가, 1973. 8. 8., 대통령령으로 되었다.

  지방공무원 징계규칙: 2015. 11. 19. 행정자치부령으로 제정되어 시행중이다.

- 교육공무원징계령: 1953. 7. 6. 대통령령으로 제정, 시행중이다.

  교육공무원징계양정등에관한규칙: 교육부령으로 1994. 6. 4. 제정, 시행중이다.

- 군인징계령: 2007. 8. 22. 대통령령으로 제정, 시행중이다.

  군인 징계령 시행규칙: 2007. 11. 22. 국방부령으로 제정, 시행중이다.

- 경찰공무원징계령: 1969. 1. 9. 대통령령으로 제정, 시행중이다.

- 소방공무원징계령: 1978. 4. 24. 대통령령으로 제정, 시행중이다.

4. 업무편람

- 2022 징계업무편람, 2022. 9. 인사혁신처
- 2023년도 지방공무원 징계업무편람, 2022. 6. 행정안전부
- 소청심사 업무편람. 2020. 6. 인사혁신처 소청심사위원회
- 사립학교 교원 징계업무 표준 매뉴얼, 2023. 7. 전국시도교육감협의회

제4절 | 도표로 보는 징계업무 절차

● 징계업무를 진행순서에 따라 나누어 보면 다음과 같다.

순서	주요 내용	근거 법령
1. 비위사실 적발	• 소속 부서 감사실 등을 통한 자체입수 • 감사원, 검찰, 경찰, 국무조정실, 정부합동점검반 등으로부터 통보	영 제7조
2. 징계조사	• 징계등 사유에 대한 충분한 조사 실시 • 관계 자료를 첨부하여 관할 징계위원회에 제출	영 제7조제6항
3. 징계등 의결요구	• 통보받은 날로부터 1개월 이내 • 중징계, 경징계로 구분 • 혐의자에게 징계의결요구사유서 사본 및 우선심사 신청서 교부	법 제78조, 영 제7조,제8조
4. 징계위원회를 통한 징계의결	• 관할 징계위원회 · 접수함으로써 징계의결요구 효력발생 · 혐의자주장서 접수 · 사실조사 · 위원회 개최 3일전까지 출석통지 · 의결(접수일로부터 30일 또는 60일 이내) · 심문 및 진술권 부여 · 의결서 등 작성	법 제81조, 영 제12조
5. 징계의결등 통보	• 관할 징계위원회(지체없이 통보) · 징계처분권자 · 징계의결요구권자 · 관계기관(감사원 등)	법 제83조, 영 제18조
5-1. 심사 · 재심사 청구[11]	• 징계의결요구권자 · 징계의결서를 통보받은 날로부터 15일 이내 · 국무총리 소속으로 설치된 징계위원회의 의결: 해당 징계위원회에 재심사 청구 · 중앙행정기관에 설치된 징계위원회(소속기관에 설치된 징계위원회 제외)의 의결: 국무총리 소속으로 설치된 징계위원회에 심사 청구 · 그 외의 징계위원회 의결: 직근 상급기관에 설치된 징계위원회에 심사 청구	법 제82조제2항, 제3항
6. 징계처분	• 징계처분 등의 처분권자	영 제19조

	· 징계의결서를 통보받은 날로부터 15일 이내 · 처분사유설명서 교부	
7. 소청	• 징계처분 등의 사유설명서를 받은 날로부터 30일 이내 소청심사 청구	법 제9조, 소청절차 규정 제2조
8. 행정소송	• 소청결정을 받은 날로부터 90일 이내 행정소송 청구	행정소송법 제18조

● 사립학교 교원의 경우 절차상 약간의 차이가 있다.

교원인사위원회 개최	• 교원인사위원회 심의 • 교원인사위원회 위원장이 임면권자에게 심의결과 보고 (징계사유, 관련증거서류, 교원인사위원회 회의록 첨부)

⇓

교원징계위원회 설치	• 교원징계위원회 설치 및 징계위원 제척 및 기피사유 · 사립학교법 제62조, 제62조의2, 제63조 · 사립학교법시행령 제24조의7, 제24조의10 · 정관 제00조

⇓

징계의결요구	• 임면권자는 교원징계위원회에 징계의결요구 · 사립학교법 제64조 · 사립학교법시행령 제25조 · 정관 제00조 • 징계의결요구의 시효: 징계사유가 발생한 날로부터 3년 이내(정관에 별도 규정 확인)

⇓

징계의결요구 사유 통지	• 징계의결요구권자는 징계의결 요구와 동시 징계대상자에게 징계사유 를 명시한 설명서 송부 · 사립학교법 제64조의2 · 정관 제00조

---

11) 법 제82조 제2항 제3항의 '심사나 재심사 청구'제도는 법 제78조의3 제1항의 '재징계의결 등의 요구'와는 구별되는 개념이다. 후자는, 징계처분이 법원이나 소청심사위원회에서 무효 또는 취소되는 경우 다시 징계의결을 요구하는 것이다. 법 제78조의3 제1항에서 ① 법령의 적용, 증거 및 사실 조사에 명백한 흠이 있는 경우, ② 징계위원회의 구성 또는 징계의결등, 그 밖에 절차상의 흠이 있는 경우, ③ 징계양정 및 징계부가금이 과다(過多)한 사유로 소청 심사위원회 또는 법원에서 징계처분등의 무효 또는 취소(취소명령 포함)의 결정이나 판결 을 받은 경우에는 다시 징계 의결 또는 징계부가금 부과 의결(이하 "징계의결등"이라 한다) 을 요구하여야 한다고 규정하고 있다. 처분권자는 다시 징계의결등을 요구하는 경우에는 소 청심사위원회의 결정 또는 법원의 판결이 확정된 날부터 3개월 이내에 관할 징계위원회에 징계의결등을 요구하여야 하며, 관할 징계위원회에서는 다른 징계사건에 우선하여 징계의 결등을 하여야 한다(법 제78조의3 제2항). 자세한 내용은 이 책 '징계의결요구' 부분에서 상 술한다.

진상조사 및 의견개진	• 교원징계위원회의 진상조사, 징계의결전 본인 진술 청취 　- 2회 이상 서면 소환에도 응하지 않을 경우 예외 ·사립학교법 제65조　·정관 제00조

징계의결	• 징계의결요구서 받은 일로 60일 이내 징계의결[「국가인권위원회법」 　제2조제3호라목에 따른 성희롱 행위 등 성(性) 관련 비위만을 징계사 　유로 하는 경우에는 30일] -30일 범위에서 한번만 연기 가능 ·사립학교법시행령 제24조의10　·정관 제00조 • 징계의결은 재적위원 3분의2 이상의 출석과 재적위원 과반수의 찬성 ·사립학교법 제66조 제3항　·정관 제00조 • 징계위원회에서 징계의결서를 작성하여 임명권자 및 관할청에 통보 ·사립학교법 제66조 제1항, 제2항　·정관 제00조

징계처분결정 통보	• 임명권자는 징계위원회로부터 징계의결 통고받은 날로부터 15일 이 　내에 그 의결내용에 따라 징계처분　-법 제66조의2제2항, 징계의결 　의 재심의 요구받은 경우 예외 • 징계처분의 사유를 기재한 결정서를 해당 교원에게 교부 ·사립학교법 제66조 제4항　·정관 제00조

제2장

징계절차

제1절 | 징계절차 개관

1. 법령에 규정된 징계절차

공무원이 국가공무원법 및 이 법에 따른 명령을 위반하거나, 직무상 의무를 위반하거나 직무태만한 때나 품위손상을 한 경우 징계의결을 요구하여야 하고(국가공무원법 제78조제1항), 그 경우 징계의결요구는 징계위원회에 하여야 하고(법 제82조제1항), 징계위원회에서는 징계의결이 요구된 사건을 심의한 결과 비행의 증명이 있는 때에는 징계벌의 종류와 정도를 양정하여 징계결정을 하여야 한다. 징계위원회는 징계의결등(징계부가금 감면 의결을 포함)을 하였을 때에는 지체 없이 징계등 의결서 또는 징계부가금 감면 의결서의 정본(正本)을 첨부하여 징계의결등의 요구자에게 통보하여야 한다(공무원징계령 제18조). 징계위원회로부터 징계등 의결서 또는 징계부가금 감면 의결서를 받은 처분권자는 받은 날로부터 15일 이내에 징계처분등을 하여야 한다(영 제19조제1항). 처분권자는 징계처분등을 할 때에는 징계처분등의 사유설명서에 징계등 의결서 또는 징계부가금 감면 의결서 사본을 첨부하여 징계처분등의 대상자에게 교부하여야 한다(영 제19조제2항). 동시에 처분권자는 징계처분의 사유가 성폭력범죄 등 법 제75조제2항 각 호의 어느 하나에 해당하는 경우에는 그 피해자에게 징계처분결과의 통보를 요청할 수 있다는 사실을 안내해야 한다(영 제19조제4항).

2. 징계권자, 징계의결요구권자, 징계처분권자

● 국가공무원법 제78조 제1항은 공무원이 징계 사유에 해당할 경우 징계의결을 요구한다고 되어 있고 누가 그 행위를 한다는 주체를 법문에 명확히 하지 않고 있다. 다만 동조 제4항에서, 제1항의 징계 의결 요구는 5급 이상 공무원 및 고위공무원단에 속하는 일반직공무원은 소속 장관이, 6급 이하의 공무원은 소속 기관의 장 또는 소속 상급기관의 장이 한다. 다만, 국무총리·인사혁신처장 및 대통령령등으로 정하는 각급 기관의 장은 다른 기관 소속 공무원이 징계 사유가 있다고 인정하면 관계 공무원에 대하여 관할 징계위원회에 직접 징계를 요구할 수 있다고 하여 징계의결요구권자를 정하고 있다. 그나마 지방공무원법에는 국가공무원법 제78조에 해당하는 제69조에서 징계의결요구권자를 명시하고 있지도 않고 있다. 다만 지방공무원법 제72조제1항에서, 징계처분등은 인사위원회의 의결을 거쳐 임용권자가 한다고 하고 있으나 이는 징계처분권자에 관한 것이다.

● 국가공무원법, 공무원징계령, 교육공무원법, 교육공무원징계령, 경찰공무원징계령, 소방공무원징계령 등에는 징계권자라는 표현이 없다. 그럼에도 인사혁신처 발간 업무편람에는 징계권자라는 용어를 사용하고 있다.[1] 징계권자란 징계권의 존부에 관한 국가의사를 확정시키고 이를 대외적으로 의사표시하는 권한을 가진 원칙적 징계기관을 말한다고 할 수 있다. 그런데 군인사법 제58조는 '징계권자'라는 제목하에, 국방부장관과 각급 부대 또는 기관의 장은 군인인 소속 부하나 그의 감독을 받는 군인에 대하여 다음 각 호의 구분에 따라 징계권을 가진다. 군무원인사법 제38조 또한 '징계권자'라는 제목하에, 군무원에 대한 징계권자에 관하여는 「군인사법」 제58조제1항을 준용하되, 군인과의 계급 대비(對比)는 제4조에 따른다고 한다.

법문상으로는 군인사법 및 군무원인사법을 제외하고는 징계권자라는 용어를 사용하고 있지는 않다. 그럼에도 판결에 따라 징계권자라고 쓰기도 한다. 대구고등법원 1979. 6. 5. 선고 78구92는, 징계권자로서는 징계의결대로 징계처분을 집행한 다음에는 특단의 사정이 없는 한 그 스스로 이를 취소하거나 변경할 수 없다 할 것이고

---

1) 2022 징계업무편람, 93쪽.

이는 징계위원회의 의결내용에 하자가 있는 경우에도 마찬가지라 할 것이다. 대법원 1997. 9. 9. 선고 97다20007은, 학생에 대한 징계가 징계대상자의 소행, 평소의 학업 태도, 개전의 정 등을 참작하여 학칙에 정한 징계절차에 따라서 징계위원들이나 징계권자의 자율적인 판단에 따라 행하여진 것이고, 실제로 인정되는 징계사유에 비추어 그 정도의 징계를 하는 것도 무리가 아니라고 인정되는 경우라면, 비록 그 징계양정이 결과적으로 재량권을 일탈한 것으로 인정된다고 하더라도 이는 특별한 사정이 없는 한 법률전문가가 아닌 징계위원들이나 징계권자가 징계의 경중에 관한 법령의 해석을 잘못한 데 기인하는 것이라고 보아야 하므로, 이러한 경우에는 징계의 양정을 잘못한 것을 이유로 불법행위책임을 물을 수 있는 과실이 없다.

징계권자라는 용어는 군인사법, 군무원인사법에서만 사용하고 있으나 국가공무원법상의 징계의결요구권자와 의미나 권한의 범위에서 차이가 없다고 보인다. 다만 군인사법 등에는 징계권자가 징계위원회의 결정에 대해 감경이나 징계유예 조치를 취할 수 있으므로 국가공무원법상의 징계의결요구권자보다는 더 넓은 권한을 가지고 있는 것은 사실이다.

• 징계처분권자는 징계위원회에서 의결된 징계벌을 집행하는 자를 말한다. 징계위원회의 의결자체는 행정부 내부의 의사표시에 불과한 것으로 징계등 처분권자가 징계의결등 결과에 따라 징계처분 등을 함으로써 비로소 대외적인 징계등 효력이 발생하는 것이다. 국가공무원의 경우, 공무원의 징계처분 등은 징계위원회 의결을 거쳐 징계위원회가 설치된 소속 기관의 장이 하되, 국무총리 소속으로 설치된 징계위원회에서 행한 징계의결등에 대하여는 중앙행정기관의 장이 한다(법 제82조제1항). 다만, 파면과 해임은 징계위원회의 의결을 거쳐 각 임용권자 또는 임용권을 위임한 상급 감독기관의 장이 행한다(법 제82조제1항). 파면과 해임은 공무원의 신분을 박탈하는 행정행위인 만큼 임용의 범위에 속하므로 임용권자 또는 임용권을 적법하게 위임받은 자가 처분하여야 하기 때문이다.

3. 본서의 서술방향

이하에서는 징계가 진행되는 절차에 따라 서술함을 원칙으로 하되, 총괄적으로 살펴보아야 할 징계대상자, 징계사유, 징계시효에 대해서 먼저 언급하고 이어 징계절차의 순서에 따라 서술하기로 한다. 절차는 크게 징계의결요구, 징계의결, 징계처분의 순서이다.

제2절 | 징계대상자

1. 대상

가. 대상 공무원

공무원은 임명권자에 따라 국가공무원과 지방공무원으로 나누고, 국가공무원법 및 지방공무원법은 업무의 성격에 따라 경력직공무원과 특수경력직공무원으로 구분하고 있다. 공무원이라면 모두 징계의 대상이 되는 것이 아니고, 그중 경력직공무원과 특수경력직공무원 중 별정직공무원이 징계의 대상이 된다. 자세한 내용은 앞서 공무원의 개념에서 설명한 바와 같고 여기서는 이해의 편의를 위해 간략히 정리하기로 한다.

---

1. **경력직공무원**

(1) 일반직공무원

- 국가공무원법 소정의 징계절차에 의한다. 다만 감사원 소속 직원의 징계는 감사원법 소정의 징계절차에 의한다(감사원법 제18조의2 및 감사원 징계규칙).
- 지방공무원은 지방공무원법 소정의 징계절차에 의한다.

(2) 특정직공무원

① 법관·검사: 법관징계법, 검사징계법 소정의 각 징계절차에 의한다.

② 경찰공무원: 경찰공무원법 소정의 징계절차에 의하되, 경무관이상의 경찰공무원에 대한 징계의 의결은 국무총리 소속 중앙징계위원회에서 한다(경찰공무원법 제32조 및 제33조).

③ 소방공무원: 소방공무원법 소정의 징계절차에 의하되, 소방준감 이상의 소방공무원에 대한 징계의 의결은 국무총리 소속 중앙징계위원회에서 한다(소

방공무원법 제28조 및 제29조).

④ 외무공무원: 외무공무원법 소정의 징계절차에 의하되, 공사급 이상의 직위
에 재직중이거나 재직하였던 외무공무원에 대한 징계의 의결은 국무총리 소
속 중앙징계위원회에서 한다(외무공무원법 제28조 및 제29조, 외무공무원임용령
제42조).

⑤ 교육공무원/사립학교교원: 교육공무원은 교육공무원법 소정의 징계절차(교
육공무원법 제50조 내지 제52조)에, 사립학 교교원은 사립학교법 소정의 징계
절차에 의한다(사립학교법 제61조 내지 제67조).

⑥ 군인·군무원: 군인사법 및 군무원인사법 소정의 징계절차에 의한다(군인사
법 제56조 내지 제61조 및 군무원인사법 제37조 내지 제43조의2).

⑦ 국가정보원 직원: 국가정보원직원법 소정의 징계절차에 의한다(국가정보원직
원법 제24조 내지 제29조).

⑧ 대통령 경호처 직원: 대통령 등의 경호에 관한 법률 소정의 징계절차에 의
한다(대통령 등의 경호에 관한 법률 제12조).

2. 특수경력직공무원
(1) 별정직공무원
－ 징계사유가 발생하면 직권으로 면직하거나 징계처분 또는 징계부가금 부과
처분을 할 수 있다(별정직공무원 인사규정 제9조의2).
－ 징계사유에 해당하여 별정직공무원을 직권으로 면직하려는 경우에는 미리
면직심사위원회를 구성하여 그 의견을 들어야 한다.
(2) 정무직공무원
－ 징계절차에 대한 규정이 없다(국가공무원법 제3조 및 제83조의3, 공무원징계령
제1조의2).

• 공공기관 임직원에 대해서는 형법을 적용할 때, 또는 특정 행위 예컨대 「형법」
제129조부터 제132조까지의 뇌물관련 규정을 적용할 때에는 공무원으로 의제한다는
등의 조항을 두고 있다. 기관에 따라서는 형사처벌뿐 아니라 복무 자체를 「국가공무
원법」 제7장 복무에 관한 규정을 준용한다며 보다 엄격하게 정하는 경우도 있다. 그
렇다고 하여 공공기관 임직원에 대해 국가공무원법상의 징계조항을 적용할 수는 없

다. 비록 일정 범위에서 공무원관계로 의제하고는 있지만 공무원은 아닌 것이다. 이들에 대해서는 자체 징계시스템을 갖고 있으며, 공공기관알리오(공공기관 경영정보시스템)에서 각 기관의 징계관련제도나 운영에 대한 규정이나 정보를 공시하고 있다.

나. 논란이 되는 영역

(1) 지방자치단체의 장

지방자치단체의 사무에 관한 지방자치단체의 장의 명령이나 처분이 법령에 위반되거나 현저히 부당하여 공익을 해친다고 인정되면 시·도에 대해서는 주무부장관이, 시·군 및 자치구에 대해서는 시·도지사가 기간을 정하여 서면으로 시정할 것을 명하고, 그 기간에 이행하지 아니하면 이를 취소하거나 정지할 수 있다(지방자치법 제188조제1항). 지방자치단체의 장이 법령에 따라 그 의무에 속하는 국가위임사무나 시·도위임사무의 관리와 집행을 명백히 게을리하고 있다고 인정되면 시·도에 대해서는 주무부장관이, 시·군 및 자치구에 대해서는 시·도지사가 기간을 정하여 서면으로 이행할 사항을 명령할 수 있고 해당 지방자치단체의 장이 위 기간에 이행명령을 이행하지 아니하면 그 자치구의 비용부담으로 대집행 또는 행정상·재정상 필요한 조치를 할 수 있다(지방자치법 제189조).

<u>지방자치단체 및 공공기관의 장 및 그 직원은 지방공무원법상 공무원에 해당하므로 이행명령 등을 미이행한 자치구청 및 공공기관의 장 또는 직원인 공무원에 대해 지방공무원법 제69조제1항제2호에 따라 징계의결 요구 및 징계처분을 할 수 있는가.</u> 지방자치단체의 장은 지방공무원법 제2조제3항의 선거로 취임하는 특수경력직공무원에 해당하고, 같은 법 제3조제1항은 특수경력직공무원에 대하여는 이 법 또는 다른 법률에 특별한 규정이 없으면 법령에 규정된 조항에 한정하여 적용하도록 되어 있으나 징계관련 조항은 포함되어 있지 않다. 따라서 특수경력직공무원에 해당하는 지방자치단체나 공공기관의 장은 지방공무원법 제69조제1항제2호에 따른 징계의결 및 징계처분의 대상으로 볼 수 없다.[2] 지방자치제도의 본질을 고려할 때 선거로 선출되는 지방

---

2) 지방공무원법 제73조의3의 다른 법률에 특별한 규정이 있는 경우 외에는 대통령령으로 정하는 바에 따라 특수경력직공무원에 대하여도 이 장의 규정을 준용할 수 있다는 규정을 들며 지방자치단체의 장에게도 징계조항이 적용할 필요가 있다는 견해도 있다(김성호, 지방자

자치단체장은 정치적 심판과 주민소환제도 등으로 해결함이 타당하다고 본다.

그렇다면 <u>행정기관의 장이 지방자치단체 소속 공무원은 징계할 수 있는가</u>. 지방공무원법상 공무원에 대한 징계요구권은 임용권자인 당해 기관의 장에게 있으므로(제6조 제1항, 제8조제1항제4호 참조) 직접 행사할 수는 없지만, 비위를 통보하여 징계하도록 할 수 있다. 즉, 지방공무원 징계 및 소청 규정 제2조 제2항은, 행정기관의 장은 소속 공무원이 아니어 직접 징계의결등을 요구할 수 없는 공무원에게 징계등 사유가 있다고 인정될 때에는 징계의결등의 요구권이 있는 기관의 장에게 그 징계등 사유를 증명할 수 있는 관계 자료를 첨부하여 이를 통보하여야 하고, 통보받은 기관의 장은 타당한 이유가 없으면 1개월 이내에 관할 위원회에 해당 공무원에 대한 징계의결등을 요구하여야 하며, 통보한 행정기관의 장에게 해당 사건의 처리결과를 통보하여야 한다고 규정하므로 이에 따라 행사하면 된다.

(2) 대한법률구조공단의 임직원이 공무원인지(대법원 2023. 4. 13. 선고 2021다 254799 판결)

대한법률구조공단이 그 소속 변호사들에 대해 자신의 정책에 반대하는 집회에 참석하였다는 사유 등으로 불문경고의 징계처분을 하자 원고들이 그 취소를 청구하였는데, 원심은 법률구조법 제32조의 "공단의 임직원은 형법이나 그 밖의 법률에 따른 벌칙을 적용할 때에는 공무원으로 본다."라는 규정을 근거로, 원고들에게 국가공무원법 제84조의2, 제66조 제1항에 따라 직무 외의 일을 위한 집단행동을 하지 않을 의무가 있으므로 위 집회 참석은 정당한 징계사유로 인정된다고 판단하였으나, 대법원은, 공무원과 같은 정도의 신분과 지위가 보장되지 않는 사람에 대해서는 국가공무원법 제66조 제1항이 적용될 수 없어 피고의 임직원인 원고들은 국가공무원법 제66조 제1항의 의무를 부담하지 않으므로 위 집회 참석이 징계사유에 해당한다고 보기 어렵다는 등의 이유를 들어, 원심판결을 파기·환송하였다.

공무원은 국민전체에 대한 봉사자로서 국민에 대하여 책임을 지고, 공무원의 신분과 정치적 중립성은 법률이 정하는 바에 의하여 보장된다(헌법 제7조 제1항, 제2항).

치단체장의 행정책임 확보방안, 한국지방행정연구원 2003. 12. 160쪽). 그러나 위 제73조의 3에서 적용하는 공무원은 특수경력직 공무원 중 정무직공무원이 아닌 별정직공무원을 대상으로 한다(지방공무원 징계 및 소청 규정 제1조의2).

국가공무원법은 공무원의 헌법상 지위를 구현하기 위한 법률로서 공무원의 임용과 승진, 보수, 훈련과 근무성적의 평정, 신분과 권익의 보장, 징계 등을 규정하면서 공무원으로서 각종 의무를 규정하고 있는데, 제66조 제1항에서는 노동운동과 그 밖에 공무 외의 일을 위한 집단행위를 하지 않을 의무를 규정하고 있다. 이러한 헌법과 국가공무원법의 입법 내용과 취지를 고려하면 국가공무원법 제66조 제1항의 의무는 원칙적으로 헌법과 국가공무원법에서 규정하는 책임을 부담하고 이를 위해 신분과 지위가 보장됨을 전제로 국가공무원에게 지우는 의무이다. 따라서 위와 같은 정도의 책임과 신분 및 지위 보장을 받는 정도가 아닌 경우에는 일률적으로 국가공무원법 제66조 제1항이 적용된다고 할 수 없다. 국가공무원법 제66조 제1항이 "공무원은 노동운동이나 그 밖에 공무 외의 일을 위한 집단 행위를 하여서는 아니 된다. 다만, 사실상 노무에 종사하는 공무원은 예외로 한다."라고 규정하면서 사실상 노무에 종사하는 공무원의 경우 위와 같은 의무를 부담하지 않도록 하여 국가공무원법 제66조 제1항의 의무를 모든 공무원이 일률적으로 부담하여야 하는 의무로 규정하지 않은 것도 같은 취지에서 이해할 수 있다.

　대한법률구조공단은 경제적으로 어렵거나 법을 몰라서 법의 보호를 충분히 받지 못하는 사람에게 법률구조를 할 목적으로 설립된 특수목적법인으로 그 임직원의 직무에는 공공성, 공익성이 인정되고, 소속 변호사의 경우 특정직 공무원인 검사에 준하여 급여를 받기는 하나, 피고 임직원의 지위나 직무 성격을 헌법과 법률에서 보장하는 국가공무원과 같은 정도의 것으로 규정하고 있다고 보기 어렵고, 법률구조법 등에서 피고 임직원에게 국가공무원법 제66조 제1항을 직접 적용한다고 규정하고 있지도 않으므로, 대한법률구조공단 임직원이 국가공무원법 제66조 제1항의 의무를 부담한다고 볼 수는 없다. 따라서 법률구조법 제32조의 "공단의 임직원은 형법이나 그 밖의 법률에 따른 벌칙을 적용할 때에는 공무원으로 본다."라는 규정을 근거로 피고 임직원에게 국가공무원법 제84조의2, 제66조 제1항을 적용하는 것은 이들의 구체적인 법적 지위에 대한 고려 없이 이들에 대한 권리를 지나치게 제한하는 것으로서 부당하다(헌법재판소 2017. 9. 28. 선고 2015헌마653 결정 등 참조).

(3) 임용된 시보

국가공무원법 제29조(시보 임용) ① 5급 공무원(제4조제2항에 따라 같은 조 제1항의 계급 구분이나 직군 및 직렬의 분류를 적용하지 아니하는 공무원 중 5급에 상당하는 공무원을 포함한다. 이하 같다)을 신규 채용하는 경우에는 1년, 6급 이하의 공무원을 신규 채용하는 경우에는 6개월간 각각 시보(試補)로 임용하고 그 기간의 근무성적·교육훈련성적과 공무원으로서의 자질을 고려하여 정규 공무원으로 임용한다. 다만, 대통령령[공무원임용령]등으로 정하는 경우에는 시보 임용을 면제하거나 그 기간을 단축할 수 있다. ② 휴직한 기간, 직위해제 기간 및 징계에 따른 정직이나 감봉 처분을 받은 기간은 제1항의 시보 임용 기간에 넣어 계산하지 아니한다. ③ 시보 임용 기간 중에 있는 공무원이 근무성적·교육훈련성적이 나쁘거나 이 법 또는 이 법에 따른 명령을 위반하여 공무원으로서의 자질이 부족하다고 판단되는 경우에는 제68조와 제70조에도 불구하고 면직시키거나 면직을 제청할 수 있다. 이 경우 구체적인 사유 및 절차 등에 필요한 사항은 대통령령등으로 정한다.

이처럼 시보임용기간 중에 있는 공무원도 공무원으로 취급되어 징계처벌의 대상이 된다. 나아가 임용권자 또는 임용제청권자는 시보 임용 기간 중에 있는 공무원이 중징계 사유에 해당하는 비위를 저지르거나 경징계 사유에 해당하는 비위를 2회 이상 저지른 경우 등에 해당하여 정규 공무원으로 임용하기 부적당하다고 인정되는 경우에는 임용심사위원회의 의결을 거쳐 해당 공무원을 면직시키거나 면직 제청할 수 있다(공무원 임용령 제23조). 지방공무원법의 규정도, 시보공무원의 경우 정규공무원과 동일하게 징계처분이 가능하며, 징계에 의한 정직 또는 감봉처분을 받은 기간은 시보임용기간에 산입하지 아니한다(지방공무원법 제28조제2항).

순경으로 임용되어 시보임용기간 중에 있는 경찰공무원 갑이 거짓으로 초과근무 지문등록을 하고 음주운전을 하여 교통사고를 발생케 하였다는 이유로 지방경찰청장이 갑에게 정직 3개월의 징계처분을 한 데 이어 정규임용심사위원회의 의결에 따라 직권면직처분을 한 사안에서, 위 정직처분과 직권면직처분이 사회통념상 현저하게 타당성을 잃어 재량권의 한계를 넘거나 남용이 있는 때에 해당한다고 볼 수 없다고 한 바 있다(대구지방법원 2019. 1. 9. 선고 2018구합23352 판결).

(4) 대학 강사

종전 고등교육법 제14조 제2항은, 학교에 두는 교원은 제1항에 따른 총장이나 학장 외에 교수·부교수 및 조교수로 구분한다. 에서 2012. 1. 26. 개정하여 학교에 두는 교원은 제1항에 따른 총장이나 학장 외에 교수·부교수·조교수 및 강사로 구분한다. 로 개정하여 2013. 1. 1. 시행 예정이었으나 7년간 유예되어 오다가 2018. 12. 18. 다시 개정법이 공포되어 강사의 지위와 처우개선이 이루어지게 되었다.

고등교육법 제14조 제2항은, 학교에 두는 교원은 제1항에 따른 총장이나 학장 외에 교수·부교수·조교수 및 강사로 구분한다.

동법 제14조의2의 일부를 보면,

② 강사는 「교육공무원법」, 「사립학교법」 및 「사립학교교직원 연금법」을 적용할 때에는 교원으로 보지 아니한다. 다만, 국립·공립 및 사립 학교 강사의 임용·신분보장 등에 관하여는 다음 각 호의 규정을 각각 준용한다

    1. 국립·공립학교의 강사에 대하여는 다음 각 목의 규정

        가. 「교육공무원법」 제5조제1항, 제10조, 제10조의3제1항 각 호 외의 부분 본문, 제11조의4제7항, 제23조, 제23조의2, 제25조제2항, 제26조, 제43조, 제47조제1항 단서 및 제48조. 이 경우 「교육공무원법」 제10조의3제1항 각 호 외의 부분 본문 중 "파면·해임"은 "면직"으로 보고, 같은 법 제25조제2항 본문 중 "제1항의 교육공무원을 임용제청할 때에는"은 "제26조에 따라 강사를 임용할 때에는"으로 보며, 같은 법 제26조제1항 중 "조교"는 "강사"로 보고, 같은 법 제43조제2항 중 "징계처분"은 "임용계약에서 정한 사유"로 본다.

        나. 「국가공무원법」 제33조 및 제69조제1호

    2. 사립학교의 강사에 대하여는 다음 각 목의 규정

        가. 「사립학교법」 제23조제2항·제3항, 제53조의2제1항·제2항·제9항, 제53조의4제1항, 제54조, 제54조의3제6항 본문, 제56조 및 제60조. 이 경우 「사립학교법」 제54조의3제6항 본문 중 "파면·해임"은 "면직"으로 보며, 같은 법 제56조제1항 본문 중 "징계처분"은 "임용계약에서 정한 사유"로 본다.

        나. 「국가공무원법」 제33조 및 제69조제1호

⑤ 강사에게는 「교원의 지위 향상 및 교육활동 보호를 위한 특별법」을 적용한다.

위 조항을 간략히 설명하면, 강사도 교원 지위를 부여하여 강사의 지위와 신분보

장을 꾀하였다. 그러나 「교육공무원법」, 「사립학교법」 및 「사립학교교직원 연금법」을 적용할 때에는 교원으로 보지 않는다. 다만 국립·공립 및 사립학교 강사의 임용·신분보장 등에 관련하여 일부 규정을 준용하도록 하여 그 범위를 법에 규정하고 있다. 위 조항에서 정하고 있는 준용 범위를 보면 ① 임용절차와 관련한 규정 일부 (공개채용의 원칙, 교원(대학)인사위원회, 임면보고 등), ② 불체포특권, ③ 의사에 반하는 휴직·면직 등의 금지, ④ 교원소청심사청구권, ⑤ 임용결격사유 및 겸직금지, ⑥ 당연 퇴직 규정, ⑦ 인사기록 및 관리, 정년 등이다.

　교육공무원법 제43조제2항은, 교육공무원은 형의 선고나 징계처분 또는 이 법에서 정하는 사유에 의하지 아니하고는 본인의 의사에 반하여 강임·휴직 또는 면직을 당하지 아니한다고 하며, 같은 취지로 사립학교법 제56조 제1항은, 사립학교 교원은 형(刑)의 선고, 징계처분 또는 이 법에서 정하는 사유에 의하지 아니하고는 본인의 의사에 반하여 휴직이나 면직 등 불리한 처분을 받지 아니한다. 다만, 학급이나 학과의 개편 또는 폐지로 인하여 직책이 없어지거나 정원이 초과된 경우에는 그러하지 아니하다고 하고 있다. 그런데 위 고등교육법 제14조의2제2항에서 "징계처분"은 "임용계약에서 정한 사유"로 본다는 것이다.

　따라서 강사에게는 교육공무원법이나 사립학교법상의 징계제도를 적용하지 않고 강사에 대한 징계제도에 의하여 절차를 진행한다. 다만 고등교육법 제14조의2 제5항에 의거, 강사에게는 「교원의 지위 향상 및 교육활동 보호를 위한 특별법」을 적용하므로, 동법 제6조에서 교원의 신분보장을 규정하고 있어 강사에게도 그대로 적용된다. 제1항은, 교원은 형(刑)의 선고, 징계처분 또는 법률로 정하는 사유에 의하지 아니하고는 그 의사에 반하여 휴직·강임(降任) 또는 면직을 당하지 아니한다. 제2항은, 교원은 해당 학교의 운영과 관련하여 발생한 부패행위나 이에 준하는 행위 및 비리 사실 등을 관계 행정기관 또는 수사기관 등에 신고하거나 고발하는 행위로 인하여 정당한 사유 없이 징계조치 등 어떠한 신분상의 불이익이나 근무조건상의 차별을 받지 아니한다고 각 규정하고 있다.

　강사가 징계처분을 받았을 때에는 소청심사위원회에 소청심사를 청구할 수 있다. 위 교원의 지위향상 및 교육활동보호를 위한 특별법 제9조 제1항은, 교원이 징계처분과 그 밖에 그 의사에 반하는 불리한 처분에 대하여 불복할 때에는 그 처분이 있었던 것을 안 날부터 30일 이내에 심사위원회에 소청심사를 청구할 수 있다. 이 경우에 심사청구인은 변호사를 대리인으로 선임(選任)할 수 있다고 규정하고 있다.

(5) 계약직공무원

2012. 12. 11. 국가공무원법 개정법률은 기능직 및 계약직을 폐지하고, 기능직은 일반직에, 계약직은 일반직 또는 별정직에 통합하여, 공직사회의 통합을 도모하고 합리적이고 효율적인 인사행정 체계를 구축하기 위하여 6개로 세분화된 공무원의 구분 체계에서 기능직과 계약직을 폐지하여 업무성격 중심의 4개의 구분 체계로 단순화 하였다. 종전에는 계약직공무원을 특수경력직공무원의 하나로 구분하였다. 그러다보니 계약직공무원에 대한 채용계약해지의 의사표시의 유효 여부를 판단함에 있어서 이를 일반직 공무원에 대한 징계처분과 같이 보아야 하는지 여부에 대하여, 일반공무원에 대한 징계처분과는 달라서 항고소송의 대상이 되는 처분 등의 성격을 가진 것으로 인정되지 아니하므로 이를 징계해고 등에서와 같이 그 징계사유에 한하여 효력 유무를 판단하여야 하거나, 행정처분과 같이 행정절차법에 의하여 근거와 이유를 제시하여야 하는 것은 아니다라고 보았다(대법원 2002. 11. 26. 선고 2002두 5948 판결). 그러나 개정법 이후에는 일반직 또는 별정직으로 통합되었으므로 논의의 실익이 없다.

(6) 청원경찰

청원경찰은 국가기관 또는 공공단체와 그 관리하에 있는 중요시설 또는 사업장, 국내주재 외국기관, 기타 행정안전부령으로 정하는 중요시설·사업장 또는 장소에 해당하는 기관의 장 또는 시설·사업장 등의 경영자가 소요경비를 부담할 것을 조건으로 경찰의 배치를 신청하는 경우에 그 기관·시설 또는 사업장등의 경비를 담당하게 하기 위하여 배치하는 경찰을 말하며, 청원경찰의 직무는 청원경찰의 배치결정을 받은 자와 배치된 기관·시설 또는 사업장등의 구역을 관할하는 경찰서장의 감독을 받아 그 경비구역안에 한하여 경비 목적을 위하여 필요한 범위 안에서 「경찰관직무집행법」에 의한 경찰관의 직무를 수행한다(청원경찰법 제2조, 제3조).

청원경찰은 청원주와의 고용계약에 의해 법률관계가 형성되므로, 기본적으로 민간인이고 공무원 신분이 아니다[3](청원경찰법 제5조). 청원경찰에 대한 징계는 공무원법령이 아닌 청원경찰법 제5조의2, 청원경찰법시행령 제8조가 적용된다. 위 법령에 따르면, 청원주는 청원경찰에 대한 징계사유로서 ① 법 및 이 영의 규정 또는 이에 의한 명령에 위반한 때, ② 직무상의 의무에 위반하거나 직무를 태만히 한 때, ③ 품위를 손상하는 행위를 한 경우 징계를 할 수 있으며, 관할경찰서장으로부터 징계요청을 받은 때에는 그 해당자에 대하여 징계처분을 하여야 한다. 청원경찰에 대한 징계의 종류는 파면, 감봉, 견책으로 한다.

그러나 국가나 지방자치단체에서 근무하는 청원경찰은 국가공무원법이나 지방공무원법상 공무원은 아니지만 다른 청원경찰과는 달리 임용권자가 행정기관의 장이고, 국가나 지방자치단체에게서 보수를 받으며, 산업재해보상보험법이나 근로기준법이 아닌 공무원연금법에 따른 재해보상과 퇴직급여를 지급받고, 직무상 불법행위에 대하여도 민법이 아닌 국가배상법이 적용되는 등 특징이 있으며, 그 외 임용자격, 직무, 복무의무 내용 등을 종합하여 볼 때, 그 근무관계를 사법상 고용계약관계로 보기는 어렵다. 따라서 지방자치단체장이 지방자치단체에서 근무하는 청원경찰에게 징계로서 한 해임은 행정소송 대상이 되는 처분에 해당한다(대법원 1993. 7. 13. 선고 92다 47564 판결. 부산고등법원 2011. 11. 2. 선고 2011누1870 판결). 따라서 국가나 지방자치단체에 근무하는 청원경찰의 경우 자신에 대한 징계처분의 시정을 구하는 소는 행정소송의 대상이므로 민사소송으로 제기하여서는 안 된다.

2. 재직 중 공무원

국가공무원법상의 징계조항은 각급 기관에서 근무[재직]하는 모든 공무원에게 적용한다.

---

3) 청원경찰의 신분의 주요 요소인 임면, 보수 등에 관한 위 규정들과 이 법의 내용을 전체적으로 종합하여 보면, 결국 이 법은 청원경찰의 신분을 공무원이 아닌 것으로 하고서, 다만 형법 기타 법령에 의한 벌칙의 적용에 있어서만 공무원 신분을 의제하고 있을 뿐임을 알 수 있다. 그러므로 이 법 제10조 제2항의 명문규정에 의하여 공무원으로 의제되는 경우를 제외하고는 청원경찰의 신분이 공무원이 아니라는 것을 알 수 있고 이 법 제5조 제4항 등과 같은 명시적 규정이 있는 경우에 한하여 공무원에 관한 규정을 준용할 수 있을 뿐이라는 것은 위 조항들의 해석상, 그리고 이 법의 입법취지와 전체적 체계상 분명하다(헌재 1999. 5. 27. 97헌마368).

(1) 임용이전에 한 행위나 신분관계가 소멸하였음에도 징계한 경우는 무효

국가공무원법 제1조는, 이 법은 각급 기관에서 근무하는 모든 국가공무원에게 적용할 인사행정의 근본 기준을 확립하여 그 공정을 기함과 아울러 국가공무원에게 국민 전체의 봉사자로서 행정의 민주적이며 능률적인 운영을 기하게 하는 것을 목적으로 한다. 제68조는, 공무원은 형의 선고, 징계처분 또는 이 법에서 정하는 사유에 따르지 아니하고는 본인의 의사에 반하여 휴직·강임 또는 면직을 당하지 아니한다. 다만, 1급 공무원과 제23조에 따라 배정된 직무등급이 가장 높은 등급의 직위에 임용된 고위공무원단에 속하는 공무원은 그러하지 아니하다. 제78조에서 제83조의3까지 징계에 관하여 규정하고 있다. 따라서 징계대상 공무원은 재직 중인 공무원을 말한다.

징계처분은 징계절차를 운영하는 기관 내지 단체와 징계대상자 사이에 신분관계가 존속함을 전제로 하여 내부적으로 구속력 있는 불이익 처분을 가하는 것을 본질로 하고 있으므로, 신분관계가 형성되기 이전 즉 임용이전에 한 행위나 이미 신분관계가 소멸하여 처분에 따른 구속력을 발생할 수 없는 사람에 대한 징계처분을 할 수 없다. 그런 경우에 한 징계처분은 무효이다.[4]

(2) 신분관계가 소멸되었더라도 적용되는 예외

징계처분권자는 절차상 하자 등으로(국가공무원법 제78조의3 제1항 각 사유) 소청심사위원회 또는 법원에서 징계처분등의 무효 또는 취소(취소명령 포함)의 결정이나 판결을 받은 경우에는 다시 징계 의결 또는 징계부가금 부과 의결(이하 "징계의결등"이라 한다)을 요구하여야 하고, 그 경우에는 소청심사위원회의 결정 또는 법원의 판결

---

[4] 유사한 사건을 소개하면, 교육대학 재학 시절 여성의 외모를 비하하는 내용을 담은 책자를 만들었다는 이유로 그 후 초등학교 교사로 임용된 대상자에 대하여 서울시교육청이 교육청 교육공무원 일반징계위원회에 경징계를 요구하여 견책으로 의결되어 처분이 이루어졌고, 교원소청심사위원회에 견책 처분의 취소를 구하는 소청심사를 청구했으나 기각되자 소송을 제기하였는데 1심과 2심은 원고의 청구를 기각하였다. 그러나 대법원은, 책자를 제작한 행위가 국가인권위원회법상 성희롱에 해당하려면 원고가 그 행위를 했을 때 공공기관의 종사자, 사용자 또는 근로자였어야 한다, 그런데 원고는 당시 학생으로서 공공기관의 업무를 수행하는 것이 아니라 계약상 또는 법률상 원인에 의해 공공기관으로부터 일정한 역무를 제공받는 사람이었을 뿐이므로 구 국가인권위원회법 제2조 제3호 (라)목에 따른 성희롱 행위로 볼 수 없다. 그에 해당하지 않는다면 3년의 징계시효가 적용되고 이 사건 징계처분은 징계시효가 경과하여 위법하다고 판단하였다(대법원 2024. 7. 25. 선고 2024두37190 판결).

이 확정된 날부터 3개월 이내에 관할 징계위원회에 징계의결등을 요구하여야 하며, 관할 징계위원회에서는 다른 징계사건에 우선하여 징계의결등을 하여야 한다(국가공무원법 제78조의 3)고 규정하므로, 가사 공무원신분이 소멸되었다하더라도 위와 같은 경우에는 3개월 이내의 기간 동안 징계가 가능하다.

(사안) ① 원고가 1983년경 조교수로 임용된 후 1998년경부터 학교법인 ○○대학교 경영학과의 정교수로 재직하여 오다가 2012. 2. 29. 정년퇴임한 사실, ② 피고 학교법인 ○○대학교가 2010. 11. 10. 원고에 대하여 원고의 품위유지의무, 집단행위금지의무 위반 등을 이유로 해임처분을 하였으나, 원고가 교원소청심사위원회에 제기한 위 해임처분의 취소 청구에 따라 2011. 2. 21. 위 해임처분을 감봉 3월로 변경하는 내용의 결정이 내려진 사실, ③ 이에 대하여 원고와 피고가 각각 교원소청심사위원회를 상대로 위 결정의 취소를 구하는 소송을 제기하였는데, 2013. 2. 28. 원고가 제기한 소송은 원고의 승소로, 피고가 제기한 소송은 피고의 패소로 각 확정된 사실, ④ 그런데 피고가 2013. 5. 1. 원고의 품위유지의무 위반을 이유로 다시 징계하여 원고의 재직기간 마지막 날인 2012. 2. 29.자로 소급하여 견책의 징계처분을 한 사안에서, 대법원은 비록 본안전판단에서 확인의 이익이 없다고 배척하며 원심을 파기하였으나(대법원 2015. 6. 24. 선고 2014다234322 판결), 실은 신분이 소멸하였지만 위 3개월 기간 이내 징계가 가능함을 보여준 것이다.

(3) 임용 이전에 한 행위가 대상이 되는 경우

공무원이 그 임용 이전에 한 행위는 원칙적으로 재직중의 징계사유로 삼을 수 없다 할 것이나, 공무원 임용과 관련된 비위행위와 같이 비록 임용 전의 행위라 하더라도 이로 인하여 임용 후의 공무원으로서의 품위를 손상하게 된 경우에는 국가공무원법 제78조 제1항 제3호(3. 직무의 내외를 불문하고 그 체면 또는 위신을 손상하는 행위를 한 때)[5] 소정의 징계사유로 삼을 수 있다. 공무원이 그 임용과 관련된 비위행위에 의하여 공무원으로 임용되었다면 그 신분을 취득하기까지의 일련의 행위가 국가공무원법상의 징계사유에 해당하므로, 국가공무원법 제83조의2 제1항에서 정하는 징계시효의 기산점도 임용 전의 비위행위시가 아니라 공무원으로 임용된 때로부터 기

---

5) 교육공무원법 제51조 제1항, 사립학교법 제61조 제1항 제3호 등도 동일함.

산하여야 한다(대법원 1996. 3. 8. 선고 95누18536 판결 참조). 임용 전의 행위가 징계대상이 되는 또 하나의 경우가 국가공무원법 제78조 제2항이다. '공무원(특수경력직공무원 및 지방공무원을 포함한다)이었던 사람이 다시 공무원으로 임용된 경우에 재임용 전에 적용된 법령에 따른 징계 사유는 그 사유가 발생한 날부터 이 법에 따른 징계 사유가 발생한 것으로 본다.'

(사안) 국가공무원으로 임용되기 전의 행위는 국가공무원법 제78조 제2항, 제3항의 경우[6] 외에는 원칙적으로 재직중의 징계사유로 삼을 수 없다 할 것이나, 비록 임용전의 행위라 하더라도 이로 인하여 임용후의 공무원의 체면 또는 위신을 손상하게 된 경우에는 위 제1항 제3호의 징계사유로 삼을 수 있다고 보아야 할 것인바, 원고가 장학사 또는 공립학교 교사로 임용해 달라는 등의 인사청탁과 함께 금 1,000만원을 제3자를 통하여 서울시 교육감에게 전달함으로써 뇌물을 공여하였고, 그 후 공립학교 교사로 임용되어 재직중 검찰에 의하여 위 뇌물공여죄로 수사를 받다가 기소되기에 이르렀으며 그와 같은 사실이 언론기관을 통하여 널리 알려졌다면, 비록 위와 같은 뇌물을 공여한 행위는 공립학교 교사로 임용되기 전이었더라도 그 때문에 임용 후의 공립학교 교사로서의 체면과 위신이 크게 손상되었다고 하지 않을 수 없으므로 이를 징계사유로 삼은 것은 정당하다(대법원 1990. 5. 22. 선고 89누7368 판결).

3. 징계대상자에 대한 용어 정리

징계대상이 되는 공무원을 어떻게 부를 것인가에 대해 징계관련 법령은 대부분 징계혐의자[7](공무원징계령 제7조 제7항 제8항, 제10조, 제11조, 제12조, 15조, 제17조의2,

---

6) 국가공무원법 제78조는 종전은, '② 징계에 관하여 다른 법률의 적용을 받는 공무원이 이 법의 징계에 관한 규정을 적용받는 공무원으로 임용된 경우에 임용 이전의 다른 법률에 따른 징계 사유는 그 사유가 발생한 날부터 이 법에 따른 징계 사유가 발생한 것으로 본다. ③ 특수경력직공무원이 경력직공무원으로 임용된 경우에 임용 전의 해당 특수경력직공무원의 징계를 규율하는 법령상의 징계 사유는 그 사유가 발생한 날부터 이 장(章)에 따른 징계 사유가 발생한 것으로 본다.'라고 규정하였으나, 2021. 6. 8. 개정되어 ② 공무원(특수경력직공무원 및 지방공무원을 포함한다)이었던 사람이 다시 공무원으로 임용된 경우에 재임용 전에 적용된 법령에 따른 징계 사유는 그 사유가 발생한 날부터 이 법에 따른 징계 사유가 발생한 것으로 본다. ③ 삭제로 되었다.
7) 징계혐의자라는 용어는 공무원징계령이 제정될 때는 없던 용어인데 그 후 1963. 6. 1. 개정

제18조의2 등)라고 하고, 혹은 비위행위자(공무원징계령시행규칙 제3조)라고 하기도 한다. 판례의 대다수도 징계혐의자라고 표현하나(대법원 2013. 12. 26. 선고, 2011추63 판결. 대법원 1993. 12. 14. 선고, 93누14851 판결. 대법원 1993. 6. 25. 선고, 92누17426 판결. 대법원 1993. 12. 14. 선고, 93누15045 판결 등), 때로는 피징계자라는 표현도 사용한다(대법원 2010. 11. 11. 선고, 2010두16172 판결. 대법원 1991. 2. 12. 선고, 90누5627 판결. 대법원 1993. 9. 10. 선고, 93누5741 판결). 한편 징계처분등의 대상자(영 제19조)라는 표현도 사용하고 있어 이에 비추어 징계대상자라는 용어도 경우에 따라서는 사용할 수도 있을 것이다. 실무에서는 징계혐의자, 피징계자, 징계대상자 등이 혼용되고 있으며 심지어 하나의 징계의결서에서 그 표현이 달리 사용되기도 한다. 엄격히 보면 징계혐의가 있어 징계위원회에 의결요구할 때까지는 징계대상자라는 표현이 더 부합되고, 징계위원회에서 최종 의결될 때에는 징계혐의자라는 표현을 사용하는 것이 신분의 전개상 옳다고 보이나 우리법령에는 징계의결요구서에도 징계혐의자라고 사용하고 있다. 이하 이 책에서도 징계혐의자라는 용어로 주로 사용하기로 한다.

제3절 | 징계사유

1. 징계사유에 대한 규정

(1) 규정

국가공원법 제78조 제1항은 징계 사유를 열거하고 있으며 공무원이 어느 하나에 해당하면 징계 의결을 요구하여야 하고 그 징계 의결의 결과에 따라 징계처분을 하여야 한다. 1. 이 법 및 이 법에 따른 명령을 위반한 경우, 2. 직무상의 의무(다른 법령에서 공무원의 신분으로 인하여 부과된 의무를 포함한다)를 위반하거나 직무를 태만히 한 때, 3. 직무의 내외를 불문하고 그 체면 또는 위신을 손상하는 행위를 한 때

공무원(특수경력직공무원 및 지방공무원을 포함한다)이었던 사람이 다시 공무원으로

되면서 사용되었다.

임용된 경우에 재임용 전에 적용된 법령에 따른 징계 사유는 그 사유가 발생한 날부터 국가공무원법에 따른 징계 사유가 발생한 것으로 본다(제2항). 이 경우 징계시효가 도과하지 않았다면 징계의결요구 하여야 한다. 물론 종전 공무원과 재임용 공무원 사이의 행위에 대해서는 임용과 관련된 비위행위가 아닌 한 적용되지 않는다.

(2) 유의사항

● 징계사유는 과실이 있음으로 충분하고 반드시 고의를 요구하지 않는다. 그렇다면 **고의나 과실이 없는 부주의한 경우도 징계사유가 될 수 있는가.** 될 수 있다. 대법원 1972. 2. 22. 선고 71누200 판결은, 세관원이 입국자의 휴대품 검사시 감시소홀로 인하여 불과 1주일 사이에 2회에 걸쳐 밀수품이 다른 곳으로 빼돌려진 경우, 그 세관원의 부주의는 국가공무원법 제78조 제2호의 징계사유에 해당할 것이나, 세관원이 이를 묵인하였거나 이에 결탁한 흔적을 찾아 볼 수 없어 다만 주의 부족으로 인한 실수에서 온 것으로 볼 이 사건에 있어 파면처분은 그 재량권을 남용한 위법이 있다고 보았다.

● 공무원이 법률이나 시행령, 시행규칙의 위반뿐만 아니라 행정규칙을 위반한 경우에도 징계의 대상이 된다. 행정규칙이란 행정입법의 하나로, 행정조직 내부 또는 공법상의 법률관계에서 그 조직과 활동을 규율하는 일반적·추상적인 명령으로서 법규적 성질을 갖지 않는다. 그러나 공무원은 행정규칙의 대내적인 구속력을 받는 조직구성원이므로 행정규칙을 위반할 경우 조직 내에서 징계처분을 받을 수 있다. 예컨대 검사의 피의사실공표를 형법상의 피의사실공표죄로 의율하기는 쉽지 않을 수 있으나 법무부훈령인 '형사사건의 공보에 관한 규정' 위반으로 징계처분은 할 수 있다.

● 행위자뿐만 아니라 감독자도 감독의무를 태만히 한 경우 징계책임을 면치 못한다. 감독자의 징계사유는 행위자의 비위보다는 감독자로서의 감독의무위반이다. 일반적으로는 행위자가 감독자보다 중하게 문책받을 것이나 업무의 성질이나 관련 정도 등에 따라서는 감독자가 더 중하게 문책받을 수도 있을 것이다.

공무원에게 부하직원의 비위에 대한 감독상의 책임을 지우기 위하여는 당해 공무원이나 부하직원이 구체적으로 어떠한 직무수행상 태만이나 고의가 있었는지 구체적인 감독의무위반 사실을 밝혀 증거에 의하여 이를 인정하여야 하고,[8] 부하직원들

8) 공무원에게 부하직원의 비위에 대한 감독상의 책임을 지우기 위하여는 당해 공무원이나 부

에게 비위사실이 있었다는 사실만으로 감독자가 직무를 태만히 하거나 성실의 의무를 위반한 것으로는 볼 수 없다(대법원 1978. 8. 22. 선고 78누164 판결).[9]

● 징계사유는 공무원의 재직중 행위를 대상으로 하나 경우에 따라서는 임용전 행위가 임용 후의 공무원의 체면 또는 위신을 손상하게 된 경우에는 징계사유가 될 수 있음은 앞서 보았다.

● 징계사유는 발생한 날부터 기산하여 법에서 정한 기간을 도과한 때에는 시효의 도과로 징계의결요구를 할 수 없다(국가공무원법 제83조의2). 그러나 공무원신분이 소멸되었다하더라도 3개월 이내의 기간 동안 징계가 가능한 경우도 있다(국가공무원법 제78조의3).

● 소속공무원에게 징계사유가 있는 때에는 징계의결요구권자는 반드시 징계의결의 요구를 하여야 하고 징계의결의 결과에 따라 징계처분을 하여야 한다.

2. 징계의결요구서나 징계처분서에 기재되는 최종 징계사유

가. 징계의결요구서나 징계처분서 기재

징계의결요구서나 징계처분서에는 최종적 징계사유로 성실 의무(제56조 후단), 품위유지의 의무(제63조), 복종의 의무(제57조), 청렴의 의무(제61조), 법령준수 의무(제56조 전단) 위반 등으로 기재된다. 각종 비위행위가 국가공무원법 제7장 복무규정에

하직원이 구체적으로 어떠한 직무수행상 태만이나 고의가 있었는지 구체적인 감독의무위반 사실을 밝혀 증거에 의하여 이를 인정하여야 할 것인바(당원 1974. 11. 12. 선고 74누163 판결; 1978. 8. 22. 선고 78누164 판결; 1979. 11. 13. 선고 79누245 판결 각 참조), 원심판결은 원고의 구체적 감독책임위반사실을 적시하여 인정하지 않고 막연히 원고가 소외 2에 대한 지휘감독을 소홀히 하였다고만 설시하였을 뿐이니 원심판결에는 지적하는 바와 같은 감독책임에 관한 법리오해나 심리미진 또는 채증법칙위배의 위법이 있다고 할 것이다(대법원 1989. 12. 26. 선고 89누589 판결).

9) 지방공무원의 징계에 관한 어느 법규에도 부하직원에게 파면에 해당하는 비위사실이 있는 경우에는 직접 감독책임이 있는 공무원에게 감독의무를 위반한 것으로 본다는 규정이 없으므로 아무리 부하직원에게 파면에 해당하는 비위사실이나 또는 그 이상의 위법된 행위가 있음이 인정된다 하더라도 이를 감독할 책임이 있는 공무원에게 구체적인 감독의무를 위반한 사실이 증거에 의하여 인정되지 아니하는 이상 비위사실이나 위법행위를 한 공무원이 있는 경우는 그 감독자를 당연히 감독의무를 위반한 자로 볼 수는 없다 할 것이다(대법원 1978. 8. 22. 선고 78누164 판결).

열거된 공무원의 의무를 위반한 것으로 정리된다. 위의 내용 이외에도 국가공무원법
에는 직장이탈 금지(제58조), 친절·공정의 의무(제59조), 종교중립의 의무(제59조의
2), 비밀 엄수의 의무(제60조), 영리 업무 및 겸직 금지(제64조), 정치 운동의 금지(제
65조), 집단 행위의 금지(제66조), 선서의 의무(법 제55조) 위반 등이 있다.

　징계의결요구서의 기재 양식은 보통 1. 징계관련 경과사항 2. 징계의결요구사유
3. 결론 순으로 정리되는데 결론에서 예컨대 "국가공무원법 제63조의 품위유지의무
위반으로 징계의결을 요구한다"라거나, "교육공무원은 교육자로서 학생을 교육할 의
무를 지고 이를 수행함에 있어 학생지도에 성의를 다며 충실한 강의수행과 공정한
평가에 힘쓰고 학생의 수업에 대한 권리가 침해되지 않도록 최선의 노력을 기울여야
함에도 이를 위반하였으므로 이는 교육자로서 성실의무를 위반하였기에 징계의결을
요구한다."라고 기재한다. 비록 음주운전이나 교통사고 발생 후 도주혐의 등의 비위
사실에 대해서도 포괄적 징계사유는 공무원으로서 품위유지의무 위반(또는 성실의무
위반)으로 하는 것이다.

　(사안) 부산지방법원 2013. 4. 12. 선고 2012구합5771 판결: A는 경찰관으로 근무
중 경찰 동료들과 함께 평소 알고 지내던 성매매업소 업주가 운영하는 안마시술소에
서 성 매수를 하였다는 사유로 국가공무원법 제56조(성실 의무), 제57조(복종의 의무),
제63조(품위유지의 의무)를 위반하였다며 같은 법 제78조 제1항 각 호를 적용하여 A
에게 해임의 처분을 하였다. A는 위 징계처분에 불복하여 이를 취소 또는 감경하여
달라고 소청심사를 청구하여 소청심사위원회에서 해임처분을 정직3월로 변경하였다.

나. 항목별 설명

(1) 성실의무(법 제56조 후단)

(가) 개념

● 모든 공무원은 성실히 직무를 수행하여야 한다. 공무원의 성실의무가 공무원에
게 요구되는 가장 기본적이고 중요한 의무로 인정되고 있다.[10] 국가공무원법 제56조

---

10) 성실의 의무는 공무원에게 부과된 가장 기본적인 중요한 의무로서 최대한으로 공공의 이
　익을 도모하고 그 불이익을 방지하기 위하여 전인격과 양심을 바쳐서 성실히 직무를 수행

는 "모든 공무원은 법령을 준수하며 성실히 직무를 수행하여야 한다."라고 규정하고 있다. 이러한 성실의무는 공무원의 가장 기본적이고 중요한 의무로서 최대한으로 공공의 이익을 도모하고 그 불이익을 방지하기 위하여 전인격과 양심을 바쳐서 성실히 직무를 수행하여야 하는 것을 내용으로 한다(대법원 2017. 11. 9. 선고 2017두47472 판결).

법령에 따라서는 성실의무의 내용을 구체적으로 명시하는 경우도 있다. 예컨대 경찰공무원법 제24조, 소방공무원법 제21조는 '경찰·소방공무원의 경우 직무에 관하여 거짓으로 보고나 통보를 하여서는 아니 되고, 직무를 게을리 하거나 유기해서는 아니 된다.'고 규정하고 있다.

● "직무"는 법령에 규정된 의무, 상관으로부터 지시받은 업무내용, 사무분장 규정상의 소관업무 등을 말하며, 감독자의 경우 부하직원에 대한 상사로서의 감독의무를 게을리 하지 않음으로써 부하직원의 비위행위를 사전에 방지하는 노력도 성실 의무에 포함된다.

● 공무원의 성실 의무는 경우에 따라 근무시간 외에 근무지 밖에까지 미칠 수도 있다.

● 국가공무원법 제56조는 성실의무라는 표제 하에 법령을 준수할 의무와 성실히 직무를 수행하여야 할 의무를 규정하고 있는데, 다수견해는, 국가공무원법 제56조 전단의 "법령을 준수하며" 부분은 성실의무와는 구별되는 별도의 법령준수의무로 이해하고 있다.[11]

● 통계에 따르면, 국가공무원에 대한 징계처분 중 성실의무 위반과 품위유지 위반을 이유로 하는 징계가 약 90%에 해당하여 대부분을 차지한다.

(나) 성실의무의 범위

● 성실의무는 다소 윤리적 성격이 있어 그 개념이 불명확하여 어떠한 행위가 성실한 행위이고 아닌지를 구분하기가 쉽지 않다.

● **인정한 판례**

① 증권 거래 등 일반인들에게 영향을 미칠 수 있는 정보가 보도자료에 포함되는

하여야 하는 것을 그 내용으로 하는 것이다(대법원 1989. 5. 23. 선고 88누3161 판결).

11) 이진수, "공무원의 성실의무에 대한 재검토 − 충실의무(Treuepflicht)와의 관계를 중심으로", 행정법이론실무학회 행정법연구, 2020 (60). 4쪽.

경우에, 국민으로서는 마치 그 정보가 행정기관의 검증을 거치거나 합리적 근거에 기초한 것으로서 공적으로 인정받았다고 인식하게 되고 실질적으로 해당 정보가 주식시장에 공시되는 것과 유사한 결과를 초래하므로, 담당 공무원은 해당 정보의 진실성 여부 및 주식시장에 미칠 파급효과 등에 관하여 보다 면밀히 살펴 사실과 다르거나 오해를 낳을 수 있는 정보가 보도자료에 담기지 아니하도록 할 주의의무를 부담한다고 보면서, 공무원이 이러한 주의의무를 다하지 않은 경우 성실의무 위반을 인정하였다(대법원 2017. 12. 22. 선고 2016두38167 판결).

② 서울특별시 강남구청 세무과에서 대치3동 재산세 담당 공무원으로 근무하는 지방공무원이 공한지에 대한 재산세 중과 규정이 신설됨에 따라 재산세를 중과하여야 하는 토지 소유자들의 주민등록번호를 전산 자료로 입력하였어야 함에도 입력하지 않아 합산과세가 되지 않도록 하였고, 그 후에도 주민등록표 등의 열람 또는 관할 동사무소에의 조회 등을 통하여 확인할 수 있었음에도 이를 확인하지 아니한 행위는 지방공무원법 제48조22)의 성실의무 위반이다(대법원 1989. 5. 23. 88누3161 판결).

③ 세월호 사고 당시 진도 연안 해상교통관제센터 센터장으로 근무하던 공무원이 국회로부터 사고 당일의 CCTV 녹화물 자료제출을 요청받자, CCTV 영상자료 파일에 사고 전 3개월분의 영상자료가 저장되어 있고, 여기에 야간에 1명의 관제요원만 근무하는 장면 등이 촬영되어 있음을 확인한 후, 부하직원에게 영상자료 원본 파일을 삭제하도록 지시하여 녹화된 CCTV 영상자료 원본 파일을 삭제하도록 한 행위를, 공무원으로서 최대한으로 공공의 이익을 도모하고 그 불이익을 방지하기 위하여 전 인격과 양심을 바쳐서 성실히 직무를 수행하도록 한 성실의무를 위반한 것이다(대법원 2017. 11. 9. 2017두47472 판결12)).

④ 특정건축물 양성화 업무의 주무국장이 특정건축물 양성화업무를 처리함에 있어 부하 직원에 대한 감독을 소홀히 하는 등 직무상 성실의무를 위배하였다고 할 것

---

12) 세월호 사고 당시 진도 연안 해상교통관제센터 센터장으로 근무하던 원고가 자신에 대한 징계처분의 취소를 구하는 사건에서 대법원은, 공무원의 성실의무 등에 관한 종래의 판례에 따라, 원고가 위 센터에 설치된 CCTV 영상자료 원본 파일을 삭제한 행위에 대하여 무죄판결을 받았다 하더라도, 그 행위가 변칙근무 행태를 은폐하기 위하여 원고의 독단적 판단에 따라 이루어진 것이고, 담당 공무원이 세월호 사고의 원인규명과 수습을 위하여 위 CCTV 영상자료 원본 파일을 수사기관 등에 제출할 것이라는 국민의 기대를 저버린 행위라는 이유로 국가공무원법 제56조의 성실 의무와 국가공무원법 제63조 품위 유지의 의무를 위반한 징계사유에 해당한다고 보았다.

이다(대법원 1987. 4. 14. 선고 86누183 판결).

⑤ 무허가건물 철거업무를 총괄하는 구청주택과장이 동사무소 건설담당직원들이 조사 보고한 내용에 대한 확인 및 동인들의 업무감독을 소홀히 하여 동인들이 허위로 작성하였거나 위조 또는 변조한 서류들을 그대로 믿고 무허가철거보조금을 부당 지급케 하고 시건립 공동주택을 부당 배정케 하였다면 공무원으로서의 성실의무를 다하지 못한 과실이 있다 할 것이다(대법원 1986. 7. 22. 선고 86누344 판결).

⑥ 대학 교수가 총장의 허가 없이 근무시간 중 수차에 걸쳐 사적 용무에 지나지 않는 골프 운동을 하고 총장이 공적으로 비치·관리하는 주간 출강부를 사실과 다르게 작성한 행위는 국가공무원법 제56조, 제58조에서 정한 성실의무 및 직장이탈금지의무를 위반한 행위이다(서울행정법원 2000. 3. 23. 선고 99구3637 판결).

⑦ 경찰공무원인 갑이 법학전문대학원(로스쿨)에 입학한 후 2년 3개월간 육아휴직을 하면서 휴직원과 복무상황 신고서에 로스쿨 재학사실을 기재하지 않고 로스쿨에서 30과목(85학점)을 수강함으로써 육아휴직을 휴직의 목적 외로 사용하여 국가공무원법 제56조의 성실의무 등을 위반하였다는 이유로 지방경찰청장이 갑에게 감봉 1개월의 징계처분을 한 사안에서, 갑이 육아휴직 중 로스쿨에 재학한 행위는 '휴직의 목적 외 사용'으로서 국가공무원법에서 정한 성실의무, 복종의 의무, 품위유지의 의무 위반에 해당하고, 위 처분이 위 처분이 비례·평등의 원칙을 위반하거나 사회통념상 현저하게 타당성을 잃어 징계권자에게 맡겨진 재량권을 남용한 때에 해당하지 않는다(대구지방법원 2018. 10. 5. 선고 2018구합21165 판결).

⑧ 계약담당공무원이 국가계약법령을 위반하여 수의계약을 체결한 행위(대법원 2010. 2. 25. 2009두19144 판결), 청탁을 받고 그 대가로 금원을 교부받은 행위에 대해 성실의무 및 청렴의무위반(대법원 2004. 11. 12. 2002두11813 판결), 교원의 연구부정 행위에 대해 성실의무 및 품위유지의무위반(대법원 2010. 9. 9. 2008다81732 판결) 등이 있다.

● **인정하지 않은 판례**

① 소유권 포기된 민유총기의 관리, 보관, 처분의 업무는 관할경찰서장이 그 책임 하에 행하는 것이라면 시경찰국 보안과소속 총포관계업무 담당자가 관할경찰서의 총포담당공무원으로부터 소유권포기로 관물조치되어 보관중인 엽총을 인출하여 매

각하는 것이 가능하겠느냐는 문의전화를 받고 가능하다고 그릇 답변하였다 하더라도 이는 개인적인 의견을 개진한 것에 불과하여 법적으로 책임질 징계사유가 된다고는 할 수 없다(대법원 1985. 11. 26. 선고 84누435 판결).

② 토지형질변경허가업무 처리를 주관하는 공무원이 건축행위가 불가능한 자투리 땅에 대한 토지형질변경허가를 함에 있어 당해 토지에 건축행위 없을시 동의한다는 조건문언이 삭제된 군 협의 공문사본을 제출받으면서 그 삭제사실을 간과하였다고 하더라도 이러한 사정이 토지형질변경허가를 함에 있어 아무런 장애가 되지 아니하는 것이라면 이를 공무원으로서 성실의무에 위배한 것이라고는 할 수 없다(대법원 1987. 3. 10. 선고 86누580 판결).

③ 민원창구공무원이 소유자미복구 토지대장등본을 발급함에 있어 도의 지시와 실제 내용은 차이가 없고 다만 그 표시방법에 있어 사소한 차이가 있었지만 그 정도로써 곧 도의 지시에 위반되고 토지대장등본 발급담당공무원의 성실의무위반의 징계사유에 해당한다고 할 수 없다(대법원 1992. 9. 14. 선고 91누7606 판결).

(다) 경찰공무원의 경우

① 경찰공무원은 직무를 게을리하거나 유기(遺棄)해서는 아니 된다(경찰공무원법 제24조제2항). 경찰공무원은 직무에 관하여 거짓으로 보고나 통보를 하여서는 아니 된다(제24조제1항). 전시 · 사변, 그 밖에 이에 준하는 비상사태이거나 작전수행 중인 경우 또는 많은 인명 손상이나 국가재산 손실의 우려가 있는 위급한 사태가 발생한 경우, 경찰공무원을 지휘 · 감독하는 사람은 정당한 사유 없이 그 직무 수행을 거부 또는 유기하거나 경찰공무원을 지정된 근무지에서 진출 · 퇴각 또는 이탈하게 하여서는 아니 된다(제25조). 이러한 경찰공무원의 의무위반에 대하여는 벌칙규정까지 두고 있다. 즉, 경찰공무원으로서 전시 · 사변, 그 밖에 이에 준하는 비상사태이거나 작전수행 중인 경우에 제24조제2항 또는 제25조, 「국가공무원법」 제58조제1항을 위반한 사람은 3년 이상의 징역이나 금고에 처하며, 제24조제1항, 「국가공무원법」 제57조를 위반한 사람은 7년 이하의 징역이나 금고에 처한다(제37조제1항).

위와 같은 경찰관의 직무태만 · 직무유기는 성실의무위반의 한 유형이라고 할 것이다. 경찰서 부청문감사관으로 근무하던 중 지구대내 직원간 발생한 성비위 사건에 대해 지구대장에게 여경 A가 피해 여경과 함께 청문감사관실에 신고하였다고 전달

함으로써 신고자의 신원을 노출하고 이로 인해 허위 소문이 확산되어 2차 피해가 발생하였음에도 이에 대한 조치없이 방관하는 등 직무를 태만히 하였다는 징계사건에서, 법원은 '원고의 행위는 성 비위 사건을 담당한 감찰관으로서 관련 규정에서 정하고 있는 주의의무를 위반한 것으로 이는 국가공무원법 제56조에서 정하고 있는 성실 의무를 위반한 것이다.'(서울행정법원 2019. 5. 10. 선고 2018구합6249 판결)라고 판시하였다. 층간소음 다툼으로 흉기를 휘둘러 피해자가 찔려 복도에 유혈이 낭자함에도 겁을 먹고 밖으로 도망 나온 경찰관(막 임용된 경찰공무원)에 대해 성실의무위반으로 해임처분한 것이 정당하다는 판결도 있다(인천지방법원 2023. 7. 6. 선고 2022구합53093 판결).

② 경찰관인 원고는 새벽 4시 30분경 피해자 A의 '동거남과 시비가 있다'는 내용의 신고접수 지령을 받고 A가 거주하는 빌라로 출동하였는데, 동거남 B는 폭행사실을 부인하며 "술에 취해 언성이 높아졌다."라고 말하였고, A는 술에 취하여 제대로 말을 하지 못한 채 B를 주거지 밖으로 내보내 달라는 의미로 손을 흔들었다. 그러자 원고는 B를 주거지 밖으로 퇴거시켜 인근 행정복지센터 쉼터 앞 벤치에 내려주고 파출소로 복귀하였다. 이후 원고는 새벽 6시를 전후하여 A로부터 '동거남이 다시 왔다'는 내용의 신고전화를 받고 위 주거지에 두 차례 더 출동하여 그곳 출입문 앞에서 자고 있는 B를 발견하였으나, 현장에서 A를 대면하지 못하고 전화연결도 되지 않자 B에게 '문 열어달라고 하지 마라. 술이 깨면 들어가라'고 주의를 준 후 파출소로 복귀하였다. 원고가 속한 순찰1팀은 오전 7시 20분경 순찰2팀과 근무교대를 하였고, 순찰2팀 소속 경찰관들은 그 무렵부터 오전 8시경까지 A의 거듭된 신고전화를 받고 위 주거지에 두 차례 더 출동하여 A의 안전을 확인하고 B에게 '소란행위를 계속하면 경범죄로 범칙금 고지서를 발부하겠다'고 경고한 후 복귀하였다. B는 당일 오전 위 주거지 안방 창문의 방범 철조망을 뜯어내고 주거지에 들어가, A가 약 4시간 동안 주거지 출입문을 열어주지 않았다는 이유로 A에게 상해를 가하여 사망에 이르게 하였다. 원고는 위 사건과 관련하여 '가정구성원 간 시비를 인지하였음에도 가정폭력 위험성 조사표를 작성하지 않았고 112시스템상의 사건종별 코드도 정정하지 아니하여 가정폭력 사건에 대한 적절한 후속조치가 이루어지지 않게 되는 등 직무를 태만히 하였다'는 징계사유로 견책의 징계처분을 받았고 소청심사위원회에서 불문경고로 변경하는 결정을 받자, 피고를 상대로 불문경고처분취소 소송을 제기하

였다. 원심은, 원고가 경찰 지침인「가정폭력 단계별 대응 모델 추진 계획」및「가정폭력대응 매뉴얼」을 위반하여 이 사건 각 현장출동 당시 가정폭력 피해자 보호에 만전을 기할 의무를 소홀히 한 잘못이 있으므로 징계사유가 인정된다고 보아, 원고의 청구를 인용한 제1심판결을 취소하고 원고의 청구를 기각하였다. 대법원은 위와 같은 법리를 설시하면서, 원고는 세 차례의 현장출동을 통해 이 사건 신고내용의 실질이 '가정폭력'에 해당할 가능성이 있고 A와 B 사이의 다툼이 가정폭력범죄로 이어질 위험성이 있음을 인지할 수 있었음에도 '가정폭력 위험성 조사표'를 작성하지 아니하였고, 피해자의 진술을 제대로 청취할 수 없는 상태에서 가정폭력범죄의 재발위험성을 판단하는 데 필요한 여타 고려요소에 대한 조사 및 평가를 충실히 하지 아니하였으며, 피해자의 안전을 확보하기 위한 적극적 조치를 강구하는 데에도 소홀하였고, 112시스템상의 사건종별 코드를 '가정폭력'으로 변경하지 아니함으로써 원고가 속한 순찰1팀과 근무교대를 한 순찰2팀으로 하여금 이 사건에 대해 가정폭력 사건임을 전제로 하여 적절한 후속조치를 취할 기회를 놓치게 하였으므로, 국가공무원법 제56조에서 정한 성실의무를 위반하였다고 보아, 원심을 수긍하여 상고를 기각하였다(대법원 2025. 1. 23. 선고 2024두33556판결).

(라) 기타 논의사항

● 어떠한 행위가 성실한 행위이고 어떠한 행위가 불성실한 행위인지가 명확하지 않다. 성실의무 위반 관련 종래 판결을 검토하면, 성실의무 위반의 범위가 포괄적이고 광범위하며 그 유형이 매우 다양하다. 이처럼 성실의무의 개념과 범위가 명확하지 않다면, 헌법상 보장되고 있는 직업공무원제의 본질인 공무원의 신분보장이 무의미하게 될 우려가 있다.

● 공무원은 왜 성실하여야 하는가. 헌법상 공무원은 '국민 전체에 대한 봉사자'로 규정하고 있고, 국가공무원법 제55조에 공무원은 취임할 때에 소속 기관장 앞에서 대통령령등으로 정하는 바에 따라 선서(宣誓)하여야 한다고 하며, 대통령령인 국가공무원 복무규정에 의하면,

"나는 대한민국 공무원으로서 헌법과 법령을 준수하고, 국가를 수호하며, 국민에 대한 봉사자로서의 임무를 성실히 수행할 것을 엄숙히 선서합니다."라는 내용의 선서를 할 의무가 있다는 점을 감안하면, 명문의 규정이 없더라도 성실의무는 공무원

의 의무 중에서 가장 기본이 되는 의무라고 인정할 수 있을 것이다.

● 성실의무는 국가공무원법 제56조에 명시된 의무이므로 성실의무를 위반하면 바로 징계사유가 될 수 있다. 그렇다면 성실한 직무수행은 행위책임인지 결과에 대한 책임인지 논의될 수 있다. 성실한 업무인지를 따질 때 우선 그 결과를 보고 다음으로 그 결과가 도출됨에 있어 어떤 행위를 하여 영향을 주었는지를 함께 고려하여야 할 것이다.

한편 행정기본법 제4조의 '행정의 적극적 추진' 등을 구체적으로 규정한 '적극행정 운영규정' 제16조나 제17조를 보면, '공무원이 적극행정을 추진한 결과에 대해 그의 행위에 고의 또는 중대한 과실이 없는 경우에는 징계 요구 또는 문책 요구 등 책임을 묻지 않거나, 징계의결 또는 징계부가금 부과의결을 하지 않는다.

● 감독자의 경우에도 부하직원에 대한 지도·감독상의 의무를 게을리하여 의무를 위반하였을 경우도 성실의무위반을 이유로 징계처분이 이루어지고 있다. 다만, 공무원에게 부하직원의 비위에 대한 감독상의 책임을 지우기 위하여는 당해 공무원이나 부하직원이 구체적으로 어떠한 직무수행상 태만이나 고의가 있었는지 구체적인 감독의무위반 사실을 밝혀 증거에 의하여 이를 인정하여야 한다(대법원 1989. 12. 26. 선고 89누589 판결).

(2) 품위 유지의 의무(법 제63조)

(가) 개념

공무원은 직무의 내외를 불문하고 그 품위가 손상되는 행위를 하여서는 아니 된다. 여기서 "품위"라 함은 공직의 체면, 위신, 신용을 유지하고, 주권자인 국민의 수임을 받은 국민 전체 봉사자로서의 직책을 다함에 손색이 없는 몸가짐을 뜻하는 것으로서, 직무의 내외를 불문하고, 국민의 수임자로서의 직책을 맡아 수행해 나가기에 손색이 없는 인품을 말한다(대법원 2017. 4. 13. 선고 2014두8469 판결). 구체적으로 어떠한 행위가 품위손상행위에 해당하는지는 수범자인 평균적인 공무원을 기준으로 구체적 상황에 따라 건전한 사회통념에 따라 판단하여야 한다(대법원 2017. 11. 9. 선고 2017두47472 판결). 공무원이 모든 국민에게 보장된 기본권을 행사하는 행위를 하였다 할지라도 그 권리행사의 정도가 권리를 인정한 사회적 의의를 벗어날 정도로 지나쳐 주권자인 국민의 입장에서 보아 바람직스럽지 못한 행위라고 판단되는 경우라면 공무원의 그와 같은 행위는 그 품위를 손상하는 행위에 해당한다고 할 것이다 (대법원 1987. 12. 8. 선고 87누657 판결).

(나) 범위

● "직무의 내외"를 불문하므로 음주운전·성매매·불건전한 이성교제·도박·폭행·마약투여 등과 같이 비위사실이 공무집행과 관련된 것이 아니더라도 공무원으로서의 체면 또는 위신을 손상한 때에는 징계사유에 해당된다 할 것이다.

● 주권자인 국민의 수임자로서의 직책을 맡아 수행해 나가기에 손색이 없는 인품을 말하는 것이며, 공무원으로서 갖추어야 할 품위에는 사적인 행위까지 포함한다. 판례도, 국민으로부터 널리 공무를 수탁하여 국민 전체를 위해 근무하는 공무원의 지위를 고려할 때 공무원의 품위손상행위는 본인은 물론 공직사회에 대한 국민의 신뢰를 실추시킬 우려가 있으므로 지방공무원법 제55조는 국가공무원법 제63조와 함께 공무원에게 직무와 관련된 부분은 물론 사적인 부분에 있어서도 건실한 생활을 할 것을 요구하는 '품위유지의무'를 규정하고 있다(대법원 1998. 2. 27. 선고 97누18172 판결). 이 사건은 공무원이 출장근무 중 근무장소를 벗어나 유원지에 가서 동료 여직원의 의사에 반하여 성관계를 요구하다가 그 직원에게 상해를 입힌 경우, 비록 강간치상죄는 무죄가 되었다 하더라도 공무원의 품위손상행위에는 해당한다고 본 사례이다.

● 그러나 공무원의 사생활에서의 비행은 공직수행에 직접 관련이 있거나 공직의 사회적 평가를 훼손할 염려가 있는 경우에 한하여 인정된다. 육군사관학교 생도 갑이 주말 외박 시 원룸에서 여자친구와 수차례 성관계를 하여 품위유지의무를 위반하였다는 등의 이유로 육군사관학교장이 갑에게 퇴학처분을 한 사안에서, 육군사관학교 생도생활예규 제35조(남녀 간의 행동 시 준수사항) 제6항에서 정한 '동침 및 성관계 금지규정'에 의하면 도덕적 한계를 위반한 성관계, 남녀 간의 동침은 성 군기 위반행위로서 제재대상이라고 해석하여야 하는데, 갑의 경우 결혼을 전제로 교제하는 사이인 점, 쌍방의 동의하에 영외에서 동침하고 성관계를 한 점 등을 고려할 때, 갑의 동침 및 성관계는 개인의 내밀한 자유 영역에 속할 뿐 성 군기를 문란하게 하거나 사회의 건전한 풍속을 해친다고 보기 어려워 징계사유에 해당하지 않는다(서울행정법원 2013. 7. 5. 선고 2013구합2426 판결). 반면에 공무원의 비위사실이 공무집행과 관련된

것이 아니라 그 소속 노동조합지부의 직무와 관련된 것이라 하여도 공무원으로서의 체면 또는 위신을 손상한 때에 해당하면 국가공무원법상의 징계사유에 해당한다고 하였다(대법원 1982. 7. 13. 선고 80누198 판결).

● **인정한 판례**

① 공무원이 외부에 자신의 상사 등을 비판하는 의견을 발표하는 행위는 그것이 비록 행정조직의 개선과 발전에 도움이 되고, 궁극적으로 행정청의 권한행사의 적정화에 기여하는 면이 있다고 할지라도, 국민들에게는 그 내용의 진위나 당부와는 상관없이 그 자체로 행정청 내부의 갈등으로 비춰져, 행정에 대한 국민의 신뢰를 실추시키는 요인으로 작용할 수 있고, 특히 발표 내용 중에 진위에 의심이 가는 부분이 있거나 표현이 개인적인 감정에 휩쓸려 지나치게 단정적이고 과장된 부분이 있는 경우에는 그 자체로 국민들로 하여금 공무원 본인은 물론 행정조직 전체의 공정성, 중립성, 신중성 등에 대하여 의문을 갖게 하여 행정에 대한 국민의 신뢰를 실추시킬 위험성이 더욱 크므로, 그러한 발표행위는 공무원으로서의 체면이나 위신을 손상시키는 행위에 해당한다(대법원 2017. 4. 13. 선고 2014두8469 판결).

② 교육공무원의 신분인 교원에게도 적용되는 국가공무원법 제63조는 "공무원은 직무의 내외를 불문하고 그 품위가 손상되는 행위를 하여서는 아니 된다."라고 규정하고 있다. 교원은 항상 사표가 될 품성과 자질의 향상에 힘쓰며 학문의 연찬과 교육의 원리와 방법을 탐구, 연마하여 학생의 교육에 전심전력하여야 하는 점을 고려할 때 교원에게는 일반 직업인보다 더 높은 도덕성이 요구됨은 물론이고, 교원의 품위손상행위는 본인은 물론 교원사회 전체에 대한 국민의 신뢰를 실추시킬 우려가 있다는 점에서 보다 엄격한 품위유지의무가 요구된다(대법원 2019. 12. 24. 선고 2019두48684 판결).

③ 초등학교 교사가 학부모로부터 학생문제로 상담요청을 받고 수차례에 걸쳐 술 등의 향응을 제공받고, 음란한 내용의 비디오테이프를 빌려 주었으며, 두 차례에 걸쳐 합계 금 200,000원의 현금을 받고, 술에 취한 학부모와 새벽 3시경까지 공원에 함께 있는 등의 행위로 인하여 물의를 일으킨 것은 국가공무원법 제61조 제1항 소정의 청렴의무와 같은 법 제63조 소정의 품위유지의무를 위반한 것이라는 이유로, 그러한 비위사실을 들어 한 해임처분은 정당하다(대법원 1997. 4. 25. 선고 96누17479 판결).

④ 도핑검사의 공정성과 신뢰 확보는 도핑검사 업무의 중요한 가치이고, 도핑검사

의 공정성과 신뢰는 검사관이 수행하는 도핑검사 업무의 공정성과 이에 대한 신뢰를 바탕으로 이루어지는바, 검사관이 검사장소에 늦게 도착한 것은 운영규정에서 정한 성실의무를 위반한 것이고, 술 냄새가 나는 상태로 도핑검사장에 도착하여 도핑검사를 하려고 하였다는 것만으로도 도핑검사의 공정성과 신뢰를 훼손할 우려가 있는 행위라고 보기에 충분하여 운영규정에서 정한 품위유지의무를 위반한 것이며, 검사관 업무를 수행하는 기회에 시료채취 업무의 수행에 지장을 주거나 지장을 줄 수 있는 정도로 음주를 한 것은 도핑검사관의 서약을 위반한 것이라고 봄이 타당하므로, 갑이 운영규정의 자격 취소 규정에 위반하는 행위를 하였다고 판단하고 검사관 자격 취소 결정을 한 위 처분이 재량권을 일탈·남용한 것으로서 위법·부당하다고 볼 수 없다(서울고등법원 2021. 11. 3. 선고 2020누60781 판결).

⑤ 국립대학교 교수 갑이 강의 중 "노무현은 전자개표기 사기극으로 당선된 가짜 대통령이다. 자네들이 노무현 전자개표기 사기극 사건을 맡은 대법관이라면 어떻게 판결문을 쓸 것인지 리포트로 제출하라."라고 발언하고, 인터넷 사이트에 유사한 내용의 게시물을 게재한 행위에 대하여 총장이 징계위원회의 의결에 따라 갑에게 파면 처분을 한 사안에서, 갑이 위 행위를 통하여 대한민국 제16대 대통령 선거에서 전자 개표기를 조작하는 등 사기적 수단으로 망인이 당선된 것이 확실한 사실인 것처럼 단정적으로 허위의 사실을 적시하고, 학생들의 양심 및 사상의 자유를 심각하게 침해함과 동시에 사회적 논란을 일으켰으며, 망인의 인격을 존중하지 아니한 모멸적인 어휘와 표현방법으로 망인에게 모욕을 가하였으므로 위 행위는 국가공무원법이 정한 징계사유(성실의무 위반, 품위유지의무 위반)에 해당한다(부산지방법원 2017. 10. 19. 선고 2017구합986 판결).

⑥ 공무원(경찰공무원, 교사, 군인 포함)이 문신이나 피어싱을 한 경우.[13] 참고로 독일의 경우를 정리한 글[14]에 의하면, 남자 세관원에 대해 제복착용 시 귀걸이를 하는 것을 일반적으로 금지하는 것이 적법하고 기본법 제2조 제1항(인격의 자유로운 발현에 관한 기본권)에 반하지 않는 것으로 판단되었다(BVerwGE 84,252; BVerfG NJW 1991,1477). 경찰관에 대해 제복착용 시 샤넬 디자이너 라거펠트식의 꽁지머리(Lagerfeld-Zopf)를

---

13) 이투데이, "문신했다고 감봉 3개월?…다른 나라는 공무원 문신 허용할까". 홍인석 기자 2020. 2. 6.
14) 법률신문, 연구논단 "공직자의 신체는 온전히 자신의 것인가?" 김중권, 연구논단 2020. 2. 24.

하지 말도록 한 지시는 인격의 자유로운 발현에 관한 기본권을 침해하는 것으로 여겨졌다(VGH Kassel NJW 1996, 1164). 또한 제복을 입은 경찰관은 머리카락이 상의 셔츠의 깃을 넘을 수 없다는 복무규율은 기본법 제2조 제1항(인격의 자유로운 발현에 관한 기본권)에 반하는 것으로 판시되었지만(BVerwGE 125,85), 군인의 경우에는 남자군인은 두발이 눈과 귀를 덮지 않고 상의군복의 셔츠의 깃보다 짧아야 한다는 두발 규정은 합헌으로 보면서, 아울러 여자군인에 대해 남자군인과 다른 기준을 적용한 것은 용인하였다(BVerwGE 149,1).

● **인정하지 않은 판례**

① 공무원노동조합 전임자 갑이 노동조합 관련 행사에서 민중의례 실시를 주도하여 공무원의 복종의무와 품위유지의무를 위반하였다는 이유로 소속 기관의 장이 갑을 정직처분한 사안에서, 공무원에 대하여 민중의례 실시를 금지한 명령이 갑의 노동조합 활동에 관한 한 복종의무를 발생시키는 유효한 직무상 명령으로 볼 수 없어 갑이 민중의례를 주도한 행위를 복종의무 위반이라는 징계사유로 삼을 수 없고, 민중의례를 정치적인 의사표현과 결부시키지 아니하고 정당한 노동조합 활동 범위 내에서 의례적인 방식으로 실시하는 한 공무원의 직무 집행이나 전체 공직사회에 대한 국민의 신뢰가 실추된다고 보기 어려운 점 등을 종합해 보면, 갑의 행위가 공무원의 품위를 손상하는 행위에 해당하지 않는다고 본 원심판단은 정당하다(대법원 2013. 9. 12. 선고 2011두20079 판결).

(다) 기타 논의사항

● **품위유지의무위반조항이 명확성의 원칙과 과잉금지의 원칙에 위배되는지 여부:**

국가공무원법 제63조에 규정된 품위유지의무란 공무원이 직무의 내외를 불문하고, 국민의 수임자로서의 직책을 맡아 수행해 나가기에 손색이 없는 인품에 걸맞게 본인은 물론 공직사회에 대한 국민의 신뢰를 실추시킬 우려가 있는 행위를 하지 않아야 할 의무라고 해석할 수 있고, 수범자인 평균적인 공무원이 구체적으로 어떠한 행위가 여기에 해당하는지를 충분히 예측할 수 없을 정도로 규정의 의미가 모호하다거나 불분명하다고 할 수 없으므로 위 규정은 명확성의 원칙에 위배되지 아니하고, 또한 적용범위가 지나치게 광범위하거나 포괄적이어서 공무원의 표현의 자유를 과도하게 제한한다고 볼 수 없으므로, 위 규정이 과잉금지의 원칙에 위배된다고 볼 수 없다(대법원 2017. 4. 13. 선고 2014두8469 판결).

(3) 복종의 의무(법 제57조)

(가) 개념

공무원은 직무를 수행할 때 소속 상관의 직무상 명령에 복종하여야 한다. "소속 상관"이라 함은 그 기관의 장 또는 보조기관인지의 여부에 관계없이 해당 공무원의 직무에 관하여 실질적인 지휘·감독권을 가진 자를 말하므로 기관의 장뿐만 아니라 보조기관인 상관과 기타 지휘·감독권을 가지는 상급자를 포함한다. "직무상 명령" 은 특별한 규정이 있는 경우 외에는 구술이나 문서 등 어느 형식에 의하여도 무방하나 직무상 명령은 일정한 요건을 갖추어야 하는데, 정당한 권한을 가진 소속 상관이 발(發)하여야 하고, 부하의 직무 범위에 관한 명령이어야 하며,15) 그 형식이 법정 절차를 구비하여야 하고, 그 내용이 법률상 실현가능하고 적법한 것이어야 한다. 따라서 직무명령이 위의 요건 중 어느 하나에라도 흠이 있는 경우에는 위법 또는 부당한 것이 될 수 있다. 공무원이 그 직무를 수행함에 있어 상관은 하관에 대하여 범죄행위 등 위법한 행위를 하도록 명령할 직권이 없는 것이며, 또한 하관은 소속 상관의 적법한 명령에 복종할 의무는 있으나 명백히 위법 내지 불법한 명령인 때에는 이는 벌써 직무상의 지시명령이라 할 수 없으므로 이에 따라야 할 의무는 없다(대법원 1999. 4. 23. 선고 99도636 판결 등 참조). 한편 부하는 상사의 명령에 대하여 의견을 진술할 수 있고 위법한 직무상 명령에는 복종을 거부하여야 한다.16) 그러나 단순히

---

15) 상급자가 하급자에게 발하는 직무상의 명령이 유효하게 성립하기 위하여는 상급자가 하급자의 직무범위 내에 속하는 사항에 대하여 발하는 명령이어야 하는 것인바, 검찰총장이 검사에 대한 비리혐의를 내사하는 과정에서 해당 검사에 게 참고인과 대질신문을 받도록 담당부서에 출석할 것을 지시한 경우, 검찰총장의 위 출석명령은 "검찰총장은 대검찰청의 사무를 맡아 처리하고 검찰사무를 통할하며 검찰청의 공무원을 지휘·감독한다."고 규정한 검찰청법 제12조 제2항을 근거로 하고 있으나, 위 규정은 검찰총장이 직무상의 명령을 발할 수 있는 일반적인 근거규정에 불과하고, 구체적으로 그러한 직무상의 명령이 유효하게 성립하기 위해서는 하급자인 그 검사의 직무범위 내에 속하는 사항을 대상으로 하여야 할 것인데, 그 검사가 대질신문을 받기 위하여 대검찰청에 출석하는 행위는 검찰청법 제4조 제1항에서 규정하고 있는 검사의 고유한 직무인 검찰사무에 속하지 아니할 뿐만 아니라, 또한 그 검사가 소속 검찰청의 구성원으로서 맡아 처리하는 이른바 검찰행정사무에 속한다고 볼 수도 없는 것이고, 따라서 위 출석명령은 그 검사의 직무범위 내에 속하지 아니하는 사항을 대상으로 한 것이므로 그 검사에게 복종의무를 발생시키는 직무상의 명령이라 고 볼 수는 없다(대법원 2001.8.24, 선고 2000두7704 판결).

법령해석상의 견해 차이에 불과하다든지 직무상 명령이 부당하다고 인정되는 데 불과한 경우에는 그에 대한 종국적 판단과 책임소재가 상사에게 있는 만큼 이에는 복종하여야 하며, 이에 불복종할 경우에는 징계사유가 될 수 있다.

(나) 범위

● 국가공무원법 제57조는, 공무원은 직무를 수행할 때 소속 상관의 직무상 명령에 복종하여야 한다고 규정하고 있는바, 공무원의 어떤 행위가 소속 상관의 직무상 명령에 위반된 것인지 여부를 판단하기 위해서는 해당 관청이 행하는 공무의 종류, 당해 직무상 명령이 발하여진 동기, 상황, 추구하는 공익의 내용, 당해 직무의 성질, 담당 공무원의 재량 또는 판단여지의 존부 등을 종합적으로 고려하여 판단하여야 할 것이다(서울고법 2014. 7. 15. 선고 2013누25193 판결).

● 상관의 직무명령이 적법하고 타당한 것일 때에는 부하직원은 당연히 그러한 명령에 따라 직무를 수행하여야 한다. 그러나 상관의 위법한 직무명령에 의하여 업무를 수행할 경우 그 결과에 대해서는 위법한 직무명령을 발한 상관은 물론이고 그 명령에 의거하여 업무를 수행한 부하공무원의 책임 또한 면하지 못한다.[17]

● **인정한 판례**

① 노조전임자 제도를 둔 취지는 노동조합 활동의 자율성 확보를 위한 것이라고 할 것이므로 합법적인 노동조합활동의 범위 내에서 행동하는 한 노조전임자에게 노동조합에 속하지 아니한 소속상관의 직무상 명령에 따를 의무가 있다고 할 수는 없을 것이나, 합법적인 조합활동의 범위를 벗어나 불법행위에 가담하는 경우까지 노동조합의 자율성 확보의 필요성 등을 내세워 소속상관의 정당한 직무상 명령에 불복할 수는 없다고 할 것이다. 따라서 이 사건 파업이 불법파업으로 인정되고, 위 원고들이

---

16) 대법원 1988. 2. 23. 선고 87도2358 판결.
17) "호적담당 공무원인 원고가, 부정한 목적을 위하여 호적부를 변조하려고 수차에 걸쳐 시도한 사실이 있는 자의 호적부에 변조사실이 있음을 알고도 즉시 이를 상사에게 보고하고 위 변조된 호적부를 별도 관리하는 등 적절한 조치를 취하지 아니하고 이틀 후에야 비로소 호적계장에게 이를 말함으로써, 그 사이에 허위내용의 호적등본 2통이 발급되었으며, 또 원고가 상급자인 시민봉사실장의 종용과 결재에 따라 허위내용의 호적정정신청서를 작성, 행사하였다 하더라도 이에 관여하여 허위공문서작성 및 동 행사에 책임이 있는 이상, 원고에 대한 징계해임 처분은 적법하고 거기에 재량권의 남용 또는 일탈의 위법이 없다."(대법원 1991. 10. 22, 선고 91누3598 판결).

철도청장이 내린 직장 복귀명령에도 불구하고 그 최종복귀시한인 2003. 6. 29. 22:00 까지 노조사무실 등 지정된 장소에 복귀하지 아니한 것은 국가공무원법 제57조 소정의 복종의무를 위반한 것이 된다(서울고등법원 2006. 6. 15. 선고 2005누14440 판결).

- ● 인정하지 않은 판례

① 공무원노동조합 전임자 갑이 노동조합 관련 행사에서 민중의례 실시를 주도하여 공무원의 복종의무와 품위유지의무를 위반하였다는 이유로 소속 기관의 장이 갑을 정직처분한 사안에서, 공무원에 대하여 민중의례 실시를 금지한 명령이 갑의 노동조합 활동에 관한 한 복종의무를 발생시키는 유효한 직무상 명령으로 볼 수 없어 갑이 민중의례를 주도한 행위를 복종의무 위반이라는 징계사유로 삼을 수 없다(앞서 본 대법원 2013. 9. 12. 선고 2011두20079 판결 참고).

② 경찰병원장이 소속 수간호사 갑에 대하여 '환자 배정과 관련하여 원무팀에서 배정하는 대로 받고 부당하게 이를 거부하지 말라'는 취지의 지시를 했음에도, 입원이 결정되어 병동과 병실이 배정된 아기 환자의 보호자에게 다른 병동으로 병실 이전을 유도하는 말을 하는 등으로 국가공무원법 제56조, 제57조를 위반하였다는 이유로 견책처분을 한 사안에서, 제반 사정에 비추어 갑이 아기 환자의 보호자에게 "이 병동은 지금 볼거리 감염환자가 많은데 괜찮겠어요?"라고 말하는 등의 행위를 한 것은 의료종사자로서 환자에 대한 설명의무를 이행한 것으로 보일 뿐 환자의 신속하고 편안한 입원을 방해하거나 병원의 위상과 신뢰를 해하는 성실의무 위반 행위에 해당한다고 보기 어렵고, 간호지원담당관 등의 지시에 위반하여 환자배정을 간접적으로 거부한 것에 해당한다고 보기 어려우므로, 갑의 행위는 국가공무원법 제56조의 성실의무나 제57조의 복종의무에 위배된다고 보기 어렵다(서울고등법원 2014. 7. 15. 선고 2013누25193 판결).

③ 상명하복에 의한 지휘통솔체계의 확립이 필수적인 군의 특수성에 비추어 군인은 상관의 명령에 복종하여야 한다. 구 군인복무규율(2009. 9. 29. 대통령령 제21750호로 개정되기 전의 것) 제23조 제1항은 그와 같은 취지를 규정하고 있다. 군인이 일반적인 복종의무가 있는 상관의 지시나 명령에 대하여 재판청구권을 행사하는 경우에는 재판청구권이 군인의 복종의무와 외견상 충돌하는 모습으로 나타날 수 있다. 그러나 상관의 지시나 명령 그 자체를 따르지 않는 행위와 상관의 지시나 명령은 준수하면

서도 그것이 위법·위헌이라는 이유로 재판청구권을 행사하는 행위는 구별되어야 한다. 법원이나 헌법재판소에 법적 판단을 청구하는 것 자체로는 상관의 지시나 명령에 직접 위반되는 결과가 초래되지 않으며, 재판절차가 개시되더라도 종국적으로는 사법적 판단에 따라 위법·위헌 여부가 판가름 나므로 재판청구권 행사가 곧바로 군에 대한 심각한 위해나 혼란을 야기한다고 상정하기도 어렵다. 상관의 지시나 명령을 준수하는 이상 그에 대하여 소를 제기하거나 헌법소원을 청구하였다는 사실만으로 상관의 지시나 명령을 따르지 않겠다는 의사를 표명한 것으로 간주할 수도 없다. 종래 군인이 상관의 지시나 명령에 대하여 사법심사를 청구하는 행위를 무조건 하극상이나 항명으로 여겨 극도의 거부감을 보이는 태도 역시 모든 국가권력에 대하여 사법심사를 허용하는 법치국가의 원리에 반하는 것으로 마땅히 배격되어야 한다. 따라서 군인이 상관의 지시나 명령에 대하여 재판청구권을 행사하는 경우에 그것이 위법·위헌인 지시와 명령을 시정하려는 데 목적이 있을 뿐, 군 내부의 상명하복관계를 파괴하고 명령불복종 수단으로서 재판청구권의 외형만을 빌리거나 그 밖에 다른 불순한 의도가 있지 않다면, 정당한 기본권의 행사이므로 군인의 복종의무를 위반하였다고 볼 수 없다(대법원 2018. 3. 22. 선고 2012두26401 전원합의체 판결).[18]

④ 검찰총장이 검사에 대한 비리혐의를 내사하는 과정에서 해당 검사에게 참고인과 대질신문을 받도록 담당부서에 출석할 것을 지시한 경우, 검찰총장의 그 출석명령이 그 검사에게 복종의무를 발생시키는 직무상의 명령에 해당하는지 여부: 상급자가 하급자에게 발하는 직무상의 명령이 유효하게 성립하기 위하여는 상급자가 하급자의 직무범위 내에 속하는 사항에 대하여 발하는 명령이어야 하는 것인바, 검찰총장이 검사에 대한 비리혐의를 내사하는 과정에서 해당 검사에게 참고인과 대질신문을 받도록 담당부서에 출석할 것을 지시한 경우, 검찰총장의 위 출석명령은 "검찰총장은 대검찰청의 사무를 맡아 처리하고 검찰사무를 통할하며 검찰청의 공무원을 지휘·감독한다."고 규정한 검찰청법 제12조 제2항을 근거로 하고 있으나, 위 규정은 검찰총장이 직무상의 명령을 발할 수 있는 일반적인 근거규정에 불과하고, 구체적으로 그러한 직무상의 명령이 유효하게 성립하기 위해서는 하급자인 그 검사의 직무범

---

18) 국방부장관이 '군 내 불온서적 차단대책 강구(지시)'를 하달하자 군법무관들이 2009년 3월 18일 지휘계통을 통한 건의 절차를 거치지 않고 헌법소원을 제기하자 군 기강을 문란케 하였다는 등의 사유로 징계처분을 받았던 사안이다.

위 내에 속하는 사항을 대상으로 하여야 할 것인데, 그 검사가 대질신문을 받기 위하여 대검찰청에 출석하는 행위는 검찰청법 제4조 제1항에서 규정하고 있는 검사의 고유한 직무인 검찰사무에 속하지 아니할 뿐만 아니라, 또한 그 검사가 소속 검찰청의 구성원으로서 맡아 처리하는 이른바 검찰행정사무에 속한다고 볼 수도 없는 것이고, 따라서 위 출석명령은 그 검사의 직무범위 내에 속하지 아니하는 사항을 대상으로 한 것이므로 그 검사에게 복종의무를 발생시키는 직무상의 명령이라고 볼 수는 없다(대법원 2001. 8. 24. 선고 2000두7704 판결).

(4) 법령준수의무(제56조 전문)

(가) 개념

모든 공무원은 직무를 수행함에 있어 법령을 준수하며 성실히 직무를 수행하여야 한다(국가공무원법 제56조). 여기에서의 법령은 헌법, 법률과 법규명령·행정규칙뿐만 아니라 자치법규를 포함한 모든 성문법, 나아가 불문법까지를 포함한 실정법 전체를 의미한다. 다만 법적인 절차를 거쳐 공포되어 효력을 발생한 법령에만 구속되는 것이고 입법예고 단계에 있는 법령안, 공포는 되었으나 시행이 되지 않아 효력을 발생하지 아니한 법령에는 구속되지 않는다.

(나) 범위

● 공무원이 법령에 위반하여 직무를 수행할 경우 그 행위는 위법한 행위로서 취소 또는 무효가 될 수 있고, 경우에 따라 공무원 개인의 형사책임, 민사책임, 징계책임이 거론될 수 있다.

● 어떠한 법령이 상위법령에 저촉된다고 판단되는 경우 공무원이 자신의 판단에 따라 법령의 적용을 배제할 권한은 있는가. 자신의 의견을 상관에게 제시하거나 유권해석기관에 질의를 할 수는 있어도 스스로 법해석을 할 권한은 없다고 할 것이다.

● 인정한 판례

① 국세청공무원상벌규정은 국세청 및 산하관서 소속공무원이 내국세 등의 부과징수업무와 관련하여 국가공무원법상의 의무위반행위를 저질렀을 경우의 처벌기준을 내부적으로 정한 지침에 지나지 않는 것이므로 비위사실이 그 지침이 정한 징계기준에 미달한다하여 국가공무원법상의 징계사유에도 해당하지 않는 것이라고 볼

수는 없다(대법원 1988. 12. 27. 선고 88누5907 판결).

(5) 청렴의 의무(법 제61조)

(가) 개념

● 공무원은 직무와 관련하여 직접적이든 간접적이든 사례·증여 또는 향응을 주거나 받을 수 없으며(제1항), 직무상의 관계가 있든 없든 그 소속 상관에게 증여하거나 소속 공무원으로부터 증여를 받아서는 아니 된다(제2항).

● 이 규정의 취지는 공무원이 직무와 관련하여 사전에 부정한 청탁을 받고 직무상 부정행위를 하는 것을 방지하려는데 그치는 것이 아니고, 사전에 부정한 청탁이 있었는지의 여부나 금품수수의 시기 등을 가릴 것이 없이 공무원의 직무와 관련한 금품수수행위를 방지하여 공무원의 순수성과 직무행위 불가매수성(不可買收性)을 보호하여 공무원의 직무집행의 적정성을 보장하려는 데에 있다(대법원 1992. 11. 27. 선고 92누3366 판결). 이 의무의 위반은 징계사유가 될 뿐 아니라 형사상의 증·수뢰죄를 구성할 수도 있다(형법 제129조, 제132조).

● 여기서 "직무"란 자신의 담당업무는 물론, 타인 소관범위 내에 속하는 업무도 자신의 영향력을 행사하여 공정한 업무처리를 저해할 수 있는 한 이에 포함된다. "직무와 관련하여"라 함은 해당 공무원이 직무의 결정권을 갖고 있지 않더라도 그 직무행위와 밀접한 관계가 있는 경우 및 사실상 관리하는 직무행위도 포함된다(대법원 1992. 11. 27. 선고 92누3366 판결).

(나) 범위

● 공무원에 대한 징계처분이 사회통념상 현저하게 타당성을 잃었는지 여부는 구체적인 사례에 부딪혀 수행직무의 특성, 징계의 원인된 비위사실의 내용과 성질, 징계에 의하여 달성하려는 행정목적, 징계양정의 기준 등 여러가지 요소를 종합하여 판단하여야 할 것이며, 특히 금품수수의 경우는 수수액수, 수수경위, 수수시기, 수수 이후 직무에 영향을 미쳤는지 여부 등이 고려되어야 할 것이다(대법원 1991. 7. 23. 선고 90누8954 판결).

● 영득의 의사로 금품을 수수한 후 이를 반환하였다 하더라도 청렴의 의무 위반에는 영향이 없으며, 한편 적극적으로 상대방에게 금품을 요구하여 그 대가로 직무

와 관련된 불법적인 이익을 줄 것을 제안한 경우 돈을 받지 않았다 하더라도 징계책임을 물을 수 있다. 그러나 뇌물을 받는다는 것은 영득의 의사로 금품을 받는 것을 말하므로, 뇌물인지 모르고 받았다가 뇌물임을 알고 즉시 반환하거나 또는 증뢰자가 일방적으로 뇌물을 두고 가므로 나중에 기회를 보아 반환할 의사로 어쩔 수 없이 일시 보관하다가 반환하는 등 영득의 의사가 없었다고 인정되는 경우라면 뇌물을 받았다고 할 수 없다. 그러나 피고인이 먼저 뇌물을 요구하여 증뢰자로부터 돈을 받았다면 피고인에게는 받은 돈 전부에 대한 영득의 의사가 인정된다(대법원 2017. 3. 22. 선고 2016도21536 판결). 이 사건은 뇌물임을 모르고 받은 경우이며, 또 일방적으로 뇌물을 두고 가므로 어쩔 수 없이 일시 보관하다가 반환한 예외적인 경우이다.

● 공무원의 금품수수 행위가 직무상 관련이 없다 하더라도 공무원으로서 지켜야 할 성실의무를 저버리고 공무원의 품위를 손상하는 행위를 저지른 것으로서 징계사유에 해당한다(대법원 1985. 5. 14. 선고 84누575 판결).

● 공무원이 뇌물을 받는 데에 필요한 경비를 지출한 경우 그 경비는 뇌물수수의 부수적 비용에 불과하여 뇌물의 가액과 추징액에서 공제할 항목에 해당하지 않는다(대법원 1999. 10. 8. 선고 99도1638 판결 참조). 뇌물을 받는 주체가 아닌 자가 수고비로 받은 부분이나 뇌물을 받기 위하여 형식적으로 체결된 용역계약에 따른 비용으로 사용된 부분은 뇌물수수의 부수적 비용에 지나지 않는다(대법원 2011. 11. 24. 선고 2011도9585 판결 참조).

● **(의례상의 대가 여부)** 공무원이 그 직무의 대상이 되는 사람으로부터 금품 기타 이익을 받은 때에는 그것이 그 사람이 종전에 공무원으로부터 접대 또는 수수받은 것을 갚는 것으로서 사회상규에 비추어 볼 때에 의례상의 대가에 불과한 것이라고 여겨지거나, 개인적인 친분관계가 있어서 교분상의 필요에 의한 것이라고 명백하게 인정할 수 있는 경우 등 특별한 사정이 없는 한 직무와의 관련성이 없는 것으로 볼 수 없고, 공무원의 직무와 관련하여 금품을 수수하였다면 비록 사교적 의례의 형식을 빌려 금품을 주고받았다 하더라도 그 수수한 금품은 뇌물이 된다(대법원 2002. 7. 26. 선고 2001도6721 판결 등 참조).

(6) 선서의 의무(법 제55조)

공무원은 취임할 때에 소속 기관장 앞에서 대통령령 등으로 정하는 바에 따라 선서(宣誓)를 하여야 한다.

> ※ **국가공무원 복무규정(대통령령)** 제2조 및 국가공무원 복무규칙(총리령) 제2장 선서에서 공무원 선서방식, 절차 등 그 밖에 필요한 사항을 정함.

> ※ **선서문(국가공무원 복무규정 제2조2항[별표1])**
> 나는 대한민국 공무원으로서 헌법과 법령을 준수하고, 국가를 수호하며, 국민에 대한 봉사자로서의 임무를 성실히 수행할 것을 엄숙히 선서합니다.

(7) 직장 이탈 금지(법 제58조)

(가) 개념

● 공무원은 소속 상관의 허가나 정당한 사유가 없으면 직장을 이탈하지 못하며(제1항), 수사기관이 공무원을 구속하려면 그 소속 기관의 장에게 미리 통보하여야 한다. 다만, 현행범은 그러하지 아니하다(제2항). 여기서 '직장'이란 공무원이 소속되어 근무하고 있는 공간개념으로서의 부서라고 보아야 할 것이다. 공무원은 근무시간에 소속 직장 안에서 직무수행에 최선을 다해야 하고 근무시간이 지난 후에 비로소 직장을 떠날 수가 있다. 이 의무는 근무시간 중에 성립하는 것이나 시간외 근무명령이 있는 경우에도 성립할 수 있다.

● 이 의무의 위배는 징계사유가 될 뿐만 아니라 경우에 따라 형법상 직무유기죄를 구성할 수도 있다(형법 제122조).

● 수사기관이 공무원을 구속하고자 할 때에는 현행범을 제외하고는 미리 그 소속 기관의 장에게 통보하여야 하는데, 이는 공무원이 구속되어 직무를 수행하기 곤란한 경우 결원보충을 미리 준비하고 해당 공무원의 직무상 인계인수 등을 차질 없이 행할 수 있도록 할 필요가 있기 때문이다.

● 직위해제 처분을 받은 공무원은 단순히 그 보직이 해제된 것에 불과하고, 공무원관계가 종료된 것은 아니어서 출근의무가 당연히 면제된다고 볼 수 없다. 다만, 직위해제 사유와 목적 등을 종합적으로 고려하여 필요한 경우 임용권자는 자택대기를 명할 수도 있을 것이다.

(나) 범위

● **인정한 판례**

① 대학 교수로서의 본연의 업무는 학기당 부여된 담당강의를 완수하는 것에 그

치는 것이 아니라 학생을 교육·지도하고, 진리 탐구를 위한 나름의 학문연구활동을 성실히 수행해 나가는 것을 포함한다 할 것이므로 대학 교수가 총장의 허가 없이 근무시간 중 수차에 걸쳐 사적 용무에 지나지 않는 골프 운동을 하고 총장이 공적으로 비치·관리하는 주간출강부를 사실과 다르게 작성한 행위는 국가공무원법 제56조, 제58조에서 정한 성실의무 및 직장이탈금지의무를 위반한 행위를 이유로 감봉 3월에 처하는 징계처분을 내린 것은 징계재량권을 일탈·남용한 것이 아니다(서울행정법원 2000. 3. 23. 선고 99구3637 판결).

- **무단결근**

① 사직원을 제출하였다 하더라도 임용권자에 의하여 수리되어 면직될 때까지는 근무의무가 있는데 원고가 사직원이 수리되어 면직되지 아니한 상태에서 수뢰혐의로 구속될 것을 두려워하여 출근치 아니한 것은 공무원으로서 직장이탈금지의무에 위반한 것이다(대법원 1985. 6. 25. 선고 85누52 판결).

② 사직원을 제출하였다 하더라도 임용권자에 의하여 수리되어 면직될 때까지는 근무의무가 있는데 원고가 사직원이 수리되어 면직되지 아니한 상태에서 수뢰혐의로 구속될 것을 두려워하여 출근치 아니한 것은 공무원으로서 직장이탈금지의무에 위반한 것이다(대법원 1985. 6. 25. 선고 85누52 판결).

③ 공무원이 그 법정 연가일수의 범위 내에서 연가를 신청하였다고 할지라도 그에 대한 소속 행정기관의 장의 허가가 있기 이전에 근무지를 이탈한 행위는 특단의 사정이 없는 한 국가공무원법 제58조에 위반되는 행위로서 징계사유가 된다(대법원 1996. 6. 14. 선고 96누2521 판결).

④ 총파업 행위의 목적 내지 경위를 고려하더라도, 소위 전국공무원노동조합의 결의에 따른 이 사건 총파업 참가를 위하여 소속 학교장의 허가 없이 무단결근을 한 행위는 지방공무원법 제50조 제1항에 의하여 금지되는 '무단직장이탈행위'에 해당한다(대법원 2007. 5. 11. 선고 2006두19211 판결).

- **직위해제 기간 중의 출근의무 여부**

① 국가공무원법상 직위해제는 일반적으로 공무원이 직무수행능력이 부족하거나 근무성적이 극히 불량한 경우, 공무원에 대한 징계절차가 진행 중인 경우, 공무원이 형사사건으로 기소된 경우 등에 있어서 당해 공무원이 장래에 있어서 계속 직무를 담당하게 될 경우 예상되는 업무상의 장애 등을 예방하기 위하여 일시적으로 당해

공무원에게 직위를 부여하지 아니함으로써 직무에 종사하지 못하도록 하는 잠정적인 조치로서의 보직의 해제를 의미한다(대법원 2003. 10. 10. 선고 2003두5945 판결). 징계의결 요구 중인 자에 대한 직위해제의 경우에는 대기명령 또는 교육훈련에 대하여는 아무런 규정도 두지 않고 있으나, 근로자가 직위해제를 당한 경우 단순히 직위의 부여가 금지된 것일 뿐이고 근로자와 사용자의 근로관계가 당연히 종료되는 것은 아니라고 할 것이므로 대기발령을 받지 않았다거나 교육훈련 또는 특별한 연구과제를 부여받지 않았다고 하여 당연히 출근의무가 소멸되는 것이 아니라고 할 것이다(서울행정법원 2017. 8. 11. 선고 2015구합76223 판결 참조).

(8) 친절 · 공정의 의무(법 제59조)

● 공무원은 국민 전체의 봉사자로서 친절하고 공정하게 직무를 수행하여야 한다. 공무원은 공·사를 분별하고 인권을 존중하며 친절·공정하고 신속·정확하게 업무를 처리하여야 한다(국가공무원복무규정 제4조). 친절 공정의 의무나 품위유지의 의무는 국민의 수임자, 봉사자 공복으로서 그 소임을 다함에 공명정대하여 사사로운 고용관계에 있어서의 노무제공의무와는 달리 그 직무의 청렴 공정성을 담보하는 윤리적, 도덕적 성격을 띠고 있다(대법원 1985. 10. 22. 선고 85누250 판결). 친절의 의무와 공정의 의무는 함께 규정되어 있으나 그 적용에 있어서는 달리 적용되기도 한다. 교도소 계약 담당공무원이 미결관구실 증축공사와 관련하여 최저가 견적서를 제출하여 선정된 건설회사를 배제하고 탈락된 업체 중 특정 건설회사를 상대로 재차, 3차 견적서를 제출하게 하여 수의계약을 체결한 행위와 2인 이상의 견적서를 받지 않고 2천만 원을 초과하는 변호인접견실 증축공사를 수의계약으로 체결한 행위는 국가공무원법의 성실의무 및 공정의 의무를 위반한 행위로 보았다(대법원 2010. 2. 25. 선고 2009두19144 판결).

● **인정한 판례**

① 수사경찰관인 공무원으로서는 고소사건을 배당받아 아직 고소인 진술조차 받지 않은 상황에서 야심한 시간에 수사방향을 당사자에게 알려 추가고소를 하라던가 사건수사와는 직접 관련이 없는 것으로 보일 뿐만 아니라 그 내용자체가 고소인의 범법행위임을 암시하는 듯한 언동을 고소인에게 하는 것은 그 직무집행의 공정성을

의심케 하고 나아가 그 청렴성을 해하여 공무원의 품위를 손상케 하는 것이라고 할 것임에도 불구하고 이와 같은 원고의 소위를 들어 수사결과 나타난 사실을 바탕으로 수사에 필요한 것으로서 경찰공무원으로서의 품위유지 또는 친절 공정의 의무를 위반하였다고 할 수 없다고 판시한 원심조치는 우선 채증법칙에 위반하여 사실을 오인하였을 뿐만 아니라 나아가 징계사유에 해당하는 공무원의 법률상 또는 신분상 의무에 관한 법리를 오해하였다고 할 것이다(대법원 1985. 10. 22. 선고 85누250 판결).

  ② 소청결정사례집 등에 나타는 사안으로, 전화로 체납 독려과정에서 민원인으로부터 거친 항의와 막말을 들었다는 이유로 거친 말로 맞대응하고 민원 절차에 따라 업무를 추진하면 됨에도 납부하지 않으면 압류할 수 밖에 없다며 부담을 주는 행위를 한 것은 친절공정의 의무에 위반된다며 견책처분을, 기자의 사건 문의에 대하여 성의 없는 답변을 하고, 계속되는 질문에 짜증을 내면서 불친절하게 답변을 하였으며, 이외에도 모두 9건의 불친절 등의 민원을 상습적으로 받아 물의 야기케 하는 등의 비위가 있다며 견책 처분을, 국도상에서 교통단속 근무를 하던 중, 공무집행방해 혐의가 인정되는 운전자를 지구대로 연행하는 과정에서 약 10분간에 걸쳐 물리력을 행사하고 지구대에서 불필요하게 수갑을 채우게 하는 등 물의를 야기하여 견책처분을 받은 경우 등이 있다. 이 외에도 행정절차 안내를 문의하는 민원인에 대하여 절차설명을 추상적이고 막연하게 하여 이를 이해하지 못한 민원인이 재차 문의하자 답변을 아니 하거나 반말로 함으로써 민원을 야기하는 경우 등이 친절·공정의 의무위반에 해당되어 징계사유가 될 수 있다.

  (9) 종교중립의 의무(법 제59조의2)

  ● 공무원은 직무를 수행할 때 종교 등에 따른 차별 없이 공정하게 업무를 처리하여야 하고(제1항), 소속 상관이 종교와 관련하여 중립적인 직무수행을 저해하는 지시를 한 경우에는 이에 따르지 않을 수 있다(제2항). 헌법이 보장하는 종교의 자유와 평등권 침해를 예방하고 정교분리의 원칙에 따른 정부와 종교의 바람직한 역할구분 및 협력관계를 재정립하여 국가발전과 국민화합에 기여하고자 하는 취지에서 공무원은 종교 편향 없이 직무를 수행하도록 법적의무를 부여한 것이고, 이에 위반될 경우 징계사유가 된다.
  ● 국가나 지방자치단체에서 크리스마스나 석탄일 즈음에 시청 등을 장식하는 행

위에 대해 종교중립의 의무를 위반한 것 아닌가. 아니다. 관련 판례를 소개하면, '오늘날 종교적인 의식 또는 행사가 하나의 사회공동체의 문화적인 현상으로 자리잡고 있으므로, 어떤 의식, 행사, 유형물 등이 비록 종교적인 의식, 행사 또는 상징에서 유래되었다고 하더라도 그것이 이미 우리 사회공동체 구성원들 사이에서 관습화된 문화요소로 인식되고 받아들여질 정도에 이르렀다면, 이는 정교분리원칙이 적용되는 종교의 영역이 아니라 헌법적 보호가치를 지닌 문화의 의미를 갖게 된다. 그러므로 이와 같이 이미 문화적 가치로 성숙한 종교적인 의식, 행사, 유형물에 대한 국가 등의 지원은 일정 범위 내에서 전통문화의 계승·발전이라는 문화국가원리에 부합하며 정교분리원칙에 위배되지 않는다'(대법원 2009. 5. 28. 선고 2008두16933 판결).

- **(군종장교의 종교중립의무 위반 여부에 대한 판결)**

① 군대 내에서 군종장교는 국가공무원인 참모장교로서의 신분뿐 아니라 성직자로서의 신분을 함께 가지고 소속 종단으로부터 부여된 권한에 따라 설교·강론 또는 설법을 행하거나 종교의식 및 성례를 할 수 있는 종교의 자유를 가지는 것이므로, 군종장교가 최소한 성직자의 신분에서 주재하는 종교활동을 수행함에 있어 소속종단의 종교를 선전하거나 다른 종교를 비판하였다고 할지라도 그것만으로 종교적 중립을 준수할 의무를 위반한 직무상의 위법이 있다고 할 수 없다(대법원 2007. 4. 26. 선고 2006다87903 판결).

(10) 비밀 엄수의 의무(법 제60조)

(가) 개념

공무원은 재직(在職) 중은 물론 퇴직(退職) 후에도 직무상 알게 된 비밀을 엄수(嚴守)하여야 한다. "직무상 알게 된 비밀"은 자신이 처리하는 직무에 관한 비밀뿐만 아니라 직무와 관련하여 알게 된 비밀도 포함된다. 비밀엄수의무는 재직 중은 물론 퇴직 후에도 지켜져야 하는 의무임에 특징이 있다. 이 의무의 위반은 징계사유가 될 뿐 아니라 법령에 의한 직무상 비밀을 누설한 경우에는 형사상의 피의사실공표죄, 공무상비밀누설죄를 구성할 수 있다(형법 제126조 및 제127조).

(나) 범위

- **무엇이 비밀인가:** 법령에 의하여 비밀사항으로 정해진 사항, 관계기관이 비밀문

서로 분류해 놓은 사항뿐만 아니라, 사안의 성질상, 객관적으로 비밀임이 명백한 사항, 비밀로서 보호할 만한 가치가 있는 사항도 그에 포함된다고 할 것이다. 공무원이 지켜야 할 비밀은 공무원의 직무상 소관범위에 속하는 비밀사항을 포함해 공무원이 직무를 수행하는 과정에서 알게 된 모든 비밀적인 업무 내용 즉 행정내부에서 생산된 것은 물론 행정객체인 개인과 법인의 비밀적인 사항까지 포함된다. 구체적 내용은 국가공무원 복무규정에서도 정리해 두었다. 동 규정 제4조의2(비밀 엄수) 공무원이거나 공무원이었던 사람은 직무상 알게 된 다음 각 호의 사항을 타인에게 누설하거나 부당한 목적을 위하여 사용해서는 아니 된다. 다만, 법령에 따라 공개하는 경우는 제외한다. 1. 법령에 따라 비밀로 지정된 사항 2. 정책 수립이나 사업 집행에 관련된 사항으로서 외부에 공개될 경우 정책 수립이나 사업 집행에 지장을 주거나 특정인에게 부당한 이익을 줄 수 있는 사항 3. 개인의 신상이나 재산에 관한 사항으로서 외부에 공개될 경우 특정인의 권리나 이익을 침해할 수 있는 사항 4. 그 밖에 국민의 권익 보호 또는 행정목적 달성을 위하여 비밀로 보호할 필요가 있는 사항

● **직무상 비밀사항의 판단기준:** 국가공무원법상 직무상 비밀이라 함은 국가 공무의 민주적, 능률적 운영을 확보하여야 한다는 이념에 비추어 볼 때 당해 사실이 일반에 알려질 경우 그러한 행정의 목적을 해할 우려가 있는지 여부를 기준으로 판단하여야 하며, 구체적으로는 행정기관이 비밀이라고 형식적으로 정한 것에 따를 것이 아니라 실질적으로 비밀로서 보호할 가치가 있는지, 즉 그것이 통상의 지식과 경험을 가진 다수인에게 알려지지 아니한 비밀성을 가졌는지, 또한 정부나 국민의 이익 또는 행정목적 달성을 위하여 비밀로서 보호할 필요성이 있는지 등이 객관적으로 검토되어야 한다(대법원 1996. 10. 11, 선고 94누7171 판결).

● **비밀엄수의무와 증인·감정인:** 공무원은 이 의무를 지는 까닭에 법원 기타 법률상의 권한을 가진 관청의 증인 또는 감정인이 되어 직무상의 비밀에 대하여 신문을 받는 때에는 소속공무소(소속 관청) 또는 감독관공서(감독 관청)의 승낙(동의)을 받아야 한다(형사소송법 제147조, 민사소송법 제306조). 따라서, 소속 관서장의 허가를 받지 아니한 사항에 대하여는 증언을 거부할 수 있다.

● **비밀엄수의무와 사적이익 추구:** 공직자는 공직을 이용하거나 업무처리 중 알게 된 비밀을 이용하여 사적 이익을 추구하거나 개인이나 기관·단체에 부정한 특혜를 주어서는 아니 되며, 재직 중 취득한 정보를 부당하게 사적으로 이용하거나 타인으

로 하여금 부당하게 사용하게 한 경우에는 "성실 의무" 위반 및 "비밀 엄수의 의무" 위반에 해당할 수 있다.

(다) 판결

● **인정한 판례**

① 유흥접객업소 퇴폐영업행위특별단속반원에 편입되어 그 단속계획을 알게 되자 고고클럽주인에게 미성년자출입 등 퇴폐행위특별단속계획을 사전에 전화로 알려 주어 단속 당일에 고고클럽의 영업을 아니 하게 하였다면, 위와 같은 비위는 경찰공무원법 소정의 징계사유에 해당한다(대법원 1983. 4. 26. 선고 83누9 판결).

② 세무공무원이 제3자를 고용하여 고정보수를 지급하면서 1년여에 걸쳐 그의 공적 업무를 처리하게 하였다면 이는 국가공무원법 제56조(성실 의무), 제60조(비밀 엄수의 의무)에 위배되므로 이를 이유로 한 징계 파면 처분은 타당하다(대법원 1981. 7. 28. 선고 81누33 판결).

● **인정하지 않은 판례**

① 원고가 검사관 또는 선수 등이 있는 자리에서 검사관 배정 및 수당, 여비 등에 관하여 불만을 토로한 사실은 인정된다. 원고의 위와 같은 행위가 도핑검사관으로서의 비밀엄수의무를 위반한 것인지에 관하여 보건대, 원고가 공개하였다는 검사관 배정 방법은 장거리에 검사관 배정을 받았다는 것으로 검사관의 구체적인 배정 순번과 방법 등 도핑검사에 대한 공정성과 신뢰를 훼손할 염려가 있는 사항이라고 보기 어렵고, 원고가 공개하였다는 검사관 수당, 여비 등도 도핑검사관의 수당, 여비 등이 적다는 것으로 수당, 여비 등의 구체적인 금액 등을 공개한 것도 아니었다. 원고의 위와 같은 행위는 검사관의 배정, 수당 등에 관한 단순한 불만을 토로한 것에 불과할 뿐, 도핑검사에 대한 공정성과 신뢰를 훼손할 염려가 있는 행위로서 검사관 서약 또는 이 사건 운영규정의 비밀엄수의무를 위반하였다고 보기 어렵다(서울고등법원 2021. 11. 3. 선고 2020누60781 판결).

② 은행감독원의 자료는 이미 국회에 제출되어 공개된 것이고, 법령상 개선사항은 추상적 의견에 불과한 것이어서 비밀이라 할 수 없으며, 개별법인의 비업무용 부동산 보유 실태 역시 오늘날과 같은 고도 정보사회에 있어서 일반인에게 알려지지 않은 비밀인지 의문일 뿐 아니라, 나아가 위 감사보고서는 감사자료로 분류된 이상 최

종적으로 종결된 것이지 이를 중간단계에 있는 내부보고용 문서라고 볼 수 없어 특별한 사정이 없는 한 이에 기초한 추후의 감사를 전제로 하여 비밀로서 보호할 필요도 인정되지 않으므로 결국 이 사건 보고서는 그 내용이나 성격으로 보아 국가공무원법 제60조 소정의 직무상 비밀에 해당하지 아니한다(대법원 1996. 10. 11. 선고 94누7171 판결).

(11) 영예 등의 제한(법 제62조)

● 공무원이 외국정부로부터 영예나 증여를 받을 경우에는 대통령의 허가를 받아야 한다. "외국정부"는 우리나라와의 국교수립 여부에 관계없이 국제법상 주권을 가진 독립된 국가의 정부를 말한다. 한편 공직자윤리법(제15조 및 제16조)과 동 시행령(제28조)은, 공무원이나 그 가족이 외국으로부터 선물(대가 없이 제공되는 물품 및 그 밖에 이에 준하는 것을 말하되, 현금은 제외한다)을 받거나 그 직무와 관련하여 외국인에게 선물을 받으면 지체 없이 소속 기관·단체의 장에게 신고하고 그 선물을 인도하여야 한다. 신고할 선물의 가액은 100달러 이상이거나 또는 10만원 이상의 선물에 한한다.

(12) 영리 업무 및 겸직 금지(법 제64조)

(가) 개념

● 공무원은 공무 외에 영리를 목적으로 하는 업무에 종사하지 못하며 소속 기관장의 허가 없이 다른 직무를 겸할 수 없다. "영리 업무"란 계속적으로 재산상의 이득을 취하는 행위를 말한다. 따라서 재산상 이득을 얻었다고 하더라도 행위의 "계속성"이 없으면 영리 업무가 아니다. 공로연수, 휴직, 징계처분기간(정직 또는 강등) 중에 있는 공무원도 공무원 신분을 보유하고 있는 이상 영리 업무 금지 및 겸직허가에 관한 규정을 적용받는다. 영리업무 금지에 대해 국가공무원 복무규정 제25조19)에

---

19) 제25조(영리 업무의 금지) 공무원은 다음 각 호의 어느 하나에 해당하는 업무에 종사함으로써 공무원의 직무 능률을 떨어뜨리거나, 공무에 대하여 부당한 영향을 끼치거나, 국가의 이익과 상반되는 이익을 취득하거나, 정부에 불명예스러운 영향을 끼칠 우려가 있는 경우에는 그 업무에 종사할 수 없다. 1. 공무원이 상업, 공업, 금융업 또는 그 밖의 영리적인 업무를 스스로 경영하여 영리를 추구함이 뚜렷한 업무 2. 공무원이 상업, 공업, 금융업 또는 그 밖에 영리를 목적으로 하는 사기업체(私企業體)의 이사·감사 업무를 집행하는 무한책임사

자세하다.

- 공무원이 영리 업무에 해당되지 아니하는 다른 직무를 겸직하고자 할 때에는 소속 기관의 장(고위공무원단에 속하는 공무원의 경우에는 임용제청권자, 3급 이하 공무원의 경우 등에는 임용권자)의 사전허가를 받아야 하고, 소속 기관의 장도 담당 직무 수행에 지장이 없는 경우에 한하여 허가할 수 있다(국가공무원 복무규정 제26조). 이처럼 어떤 행위가 영리행위인지 또는 겸직허가를 받아야하는지의 여부는 당해 공무원이 소속되어 있는 장의 판단사항이다.

(나) 범위

- 영리 업무는 위 국가공무원 복무규정 제25조 제1호에서 제4호까지 예시된 종사할 수 없는 업무가 무조건 금지되는 것은 아니며, 그 업무에 종사함으로써 공무원의 직무 전념·능률의 저해, 공무에 대한 부당한 영향, 국가의 이익과 상반되는 이익의 취득 또는 정부에 대한 불명예스러운 영향을 초래할 우려가 있는 경우에 그러한 업무에 종사하는 것이 금지된다(국가공무원 복무·징계 관련 예규 제9장).

- 공무원이 지속적으로 강의료 등의 대가를 받고 타 기관에 강의(이하 "외부강의"라함)를 하는 것도 「국가공무원 복무규정」 제25조에 따라 공무원의 직무상 능률의 저해, 공무에 대한 부당한 영향, 국가의 이익과 상반되는 이익의 취득 또는 정부에 대한 불명예스러운 영향을 초래할 우려가 있는 경우에는 금지된다.

- **인정한 판례**

① 초등학교 교사인 원고가 인터넷 신문에 글을 연재하고, 매월 1회 스피치 강사로 활동하는 것은 계속성 있는 업무로 소속 기관장의 허가를 받아야 함이 타당한바, 원고의 위와 같은 행위는 소속 기관장의 허가 없이 다른 직무를 한 것으로 겸직금지의무를 위반하였다고 봄이 상당하다. 바디라이프코칭 활동에 대하여 살펴건대, 원고가 자기열정개발연구소에서 개인별 코칭을 강조하는 홍보물을 직접 제작하여 3개월마다 총 10회에 걸쳐 회원을 모집하고, 25만 원에서 75만원의 비교적 높은 금액의 회비를 받은 점, 원고는 동호회 활동이라고 주장하나 이와 같이 볼만한 자료가 없는 점 등에 비추어 보면, 원고가 영리를 목적으로 하는 업무에 종사하였다고 봄이 상당

원·지배인·발기인 또는 그 밖의 임원이 되는 것 3. 공무원 본인의 직무와 관련 있는 타인의 기업에 대한 투자 4. 그 밖에 계속적으로 재산상 이득을 목적으로 하는 업무

하다(울산지방법원 2021. 9. 9. 선고 2020구합8181 판결).

② 원고는 부사관으로 단국대 천안캠퍼스 학군단 행정관으로 근무하면서 특공무술대학연맹을 만들어 회장직을 수행하면서 교관 등의 구성원들이 학생들을 대상으로 교육을 하고 그에 대한 대가를 지급받았는바, 영리추구행위의 정도에 관하여는 별론으로 하더라도, 이 사건 단체는 일종의 영리단체라고 봄이 상당하다고 할 것인바, 그렇다면 원고가 군인으로 근무하면서 영리단체의 회장직을 겸직함으로써 군인복무규율 제16조 본문(군인은 군무외의 영리를 목적으로 하는 업무에 종사하거나 다른 직무를 겸할 수 없다)을 정면으로 위반하였다고 할 것이므로, 이에 관한 징계사유는 충분히 인정된다고 할 것이다. 설령 원고의 주장처럼 이 사건 단체가 영리행위를 하지 않았다고 하더라도 군인복무규율 제16조 단서는 그러한 경우에도 겸직을 위해서는 국방부장관의 허가를 얻어야 한다고 규정하고 있는바, 원고는 이 사건 단체의 회장직을 겸직하면서도 국방부장관으로부터 겸직에 관한 허가를 받지 않았으므로, 원고는 어느 모로 보나 군인복무규율 제16조를 위반하였다고 할 것이다(대전지방법원 2013. 3. 27. 선고 2012구합3080 판결).

③ 서울고법은 대학교 교직원으로 근무하던 A가 B학교법인을 상대로 낸 파면처분 무효확인 등 청구소송에서 원고일부승소 판결한 1심을 취소하고 최근 원고패소 판결했다(2020나2015018). 장모 명의로 회사를 설립해 자기가 근무하는 대학의 용역사업을 따내는 등 영리를 취한 교직원을 파면한 것은 정당하다는 판결이다. 대학교에서 교직원으로 근무하던 A는 장모 명의로 설립한 소프트웨어 개발 회사를 통해 총 6억원의 매출을 올리는 등 영리활동을 했다는 이유로 파면처분 하였다. 학교 측은 A가 자신의 지위를 이용해 부당이득을 취했다고 주장했고, A는 회사를 스스로 경영하거나 영리를 추구한 적이 없다고 맞섰다. 재판부는 "A는 공공적인 성격이 강한 사립학교의 직원으로서, 사립학교법과 교육공무원법 및 국가공무원법상 사립학교 교원 또는 공무원의 복무에 관한 규정이 준용된다며 "따라서 A는 영리를 목적으로 하는 업무에 종사하지 못하고 임용권자의 승인 없이 타 기관에서 보수를 받는 직을 겸할 수 없다"고 밝혔다. "그런데도 A는 장모 명의로 회사를 설립해 B법인이 수행하는 교육사업과 관련이 있는 소프트웨어 개발 사업 등을 영위하면서 B법인과의 거래관계를 통해 영리를 추구했다며 "이는 영리업무 및 겸직을 금지한 관련 법률 및 B법인의 정관과 직원인사규정 등에 정면으로 배치될 뿐만 아니라 처음부터 B법인과

이해관계가 충돌하는 상황을 초래하고 B법인의 직원이라는 지위를 사적인 이익을 도모하는 데 이용하고자 했다는 의심을 받기에 충분하다"고 설명했다. 그러면서 "A 가 장기간 근무해왔고, 회사를 통해 B법인에게 학생경력개발시스템을 무상으로 제 공한 점 등 다소 참작할 만한 사정도 있지만, 파면처분이 공익, 비례의 원칙 등에 위 반해 징계권자에게 맡겨진 재량권을 남용하거나 한계를 일탈한 것이라 단정할 수 없 다"고 판시했다(2021. 3. 22. 법률신문 박미영 기자, "장모 명의로 회사 설립 후 근무하는 학교 용역 따낸 교직원 파면 정당").

● **인정하지 않은 판례**

① 지방공무원법 제56조 및 「영리업무의 한계 및 사실상 노무에 종사하는 지방공 무원의 범위에 관한 건」(대통령령) 제2조 제1호에 의하면 공무원으로서 겸직이 금지 되는 영리업무는 영리적인 업무를 공무원이 스스로 경영하여 영리를 추구함이 현저 한 업무를 의미하고 공무원이 여관을 매수하여 임대하는 행위는 영리업무에 종사하 는 경우라고 할 수 없다(대법원 1982. 9. 14. 선고 82누46 판결).

(13) 정치 운동의 금지(법 제65조)

(가) 개념

● 공무원은 정당 그 밖의 정치단체의 결성에 관여하거나 이에 가입할 수 없고(제 1항), 선거에서 특정 정당 또는 특정인을 지지하거나 반대하기 위한 행위를 하여서 는 아니 되며(제2항), 다른 공무원에게 이에 위배되는 행위를 하도록 요구하거나, 정 치적 행위에 대한 보상 또는 보복으로서 이익 또는 불이익을 약속하여서는 아니 된 다(제3항).

● **제2항에서 규정한 선거에서 특정 정당 또는 특정인을 지지 또는 반대하기 위한 행위 로 금지되는 내용**: 1. 투표를 하거나 하지 아니하도록 권유 운동을 하는 것, 2. 서명 운동을 기도(企圖)·주재(主宰)하거나 권유하는 것, 3. 문서나 도서를 공공시설 등에 게시하거나 게시하게 하는 것, 4. 기부금을 모집 또는 모집하게 하거나, 공공자금을 이용 또는 이용하게 하는 것, 5. 타인에게 정당이나 그 밖의 정치단체에 가입하게 하거나 가입하지 아니하도록 권유 운동을 하는 것

● **그 외 금지되는 정치적 행위의 범주:** 국가공무원 복무규정 제27조[20])에서 규정하고 있다.

(나) 당원 또는 발기인

공무원이 ① 정당에 가입하는 행위, ② 정당의 발기인이 되거나 정당의 결성에 관여하는 행위는 금지된다.

● 국가공무원이 정당의 발기인 및 당원이 될 수 없도록 규정한 국가공무원법 제65조 제1항의 정당가입에 관한 금지 또는 제84조의 처벌 조항들이 헌법에 위반되지 않는다며 합헌결정을 하였다(헌법재판소 2004. 3. 25. 2001헌마710 결정 및 2014. 3. 27. 2011헌바42 결정).[21])

---

20) 제27조(정치적 행위) ① 법 제65조의 정치적 행위는 다음 각 호의 어느 하나에 해당하는 정치적 목적을 가진 것을 말한다. 1. 정당의 조직, 조직의 확장, 그 밖에 그 목적 달성을 위한 것, 2. 특정 정당 또는 정치단체를 지지하거나 반대하는 것, 3. 법률에 따른 공직선거에서 특정 후보자를 당선하게 하거나 낙선하게 하기 위한 것
② 제1항에 규정된 정치적 행위의 한계는 제1항에 따른 정치적 목적을 가지고 다음 각 호의 어느 하나 에 해당하는 행위를 하는 것을 말한다. 1. 시위운동을 기획·조직·지휘하거나 이에 참가하거나 원조하는 행위, 2. 정당이나 그 밖의 정치단체의 기관지인 신문과 간행물을 발행·편집·배부하거나 이와 같은 행위를 원조하거나 방해하는 행위, 3. 특정 정당 또는 정치단체를 지지 또는 반대하거나 공직선거에서 특정 후보자를 지지 또는 반대하는 의견을 집회나 그 밖에 여럿이 모인 장소에서 발표하거나 문서·도서·신문 또는 그 밖의 간행물에 싣는 행위, 4. 정당이나 그 밖의 정치단체의 표지로 사용되는 기(旗)·완장·복식 등을 제작·배부·착용하거나 착용을 권유 또는 방해하는 행위, 5. 그 밖에 어떠한 명목으로든 금전이나 물질로 특정 정당 또는 정치단체를 지지하거나 반대하는 행위
21) 헌재 결정의 요지는, '이 사건 정당가입 금지조항은 국가공무원이 정당에 가입하는 것을 금지함으로써 공무원이 국민 전체에 대한 봉사자로서 그 임무를 충실히 수행할 수 있도록 정치적 중립성을 보장하고, 초·중등학교 교원이 당파적 이해관계의 영향을 받지 않도록 교육의 중립성을 확보하기 위한 것이므로, 목적의 정당성 및 수단의 적합성이 인정된다. 공무원의 정치적 행위가 직무 내의 것인지 직무 외의 것인지 구분하기 어려운 경우가 많고, 공무원의 행위는 근무시간 내외를 불문하고 국민에게 중대한 영향을 미치므로, 직무 내의 정당활동에 대한 규제만으로는 입법목적을 달성하기 어렵다. 또한 정당에 대한 지지를 선거와 무관하게 개인적인 자리에서 밝히거나 선거에서 투표를 하는 등 일정한 범위 내의 정당관련 활동은 공무원에게도 허용되므로 이 사건 정당가입 금지조항은 침해의 최소성 원칙에 반하지 않는다. 정치적 중립성, 초·중등학교 학생들에 대한 교육기본권 보장이라는 공익은 공무원들이 제한받는 사익에 비해 중대하므로 법익의 균형성 또한 인정된다. 따라서 이 사건 정당가입 금지조항은 과잉금지원칙에 위배되지 않는다. 이 사건 정당가입 금지조항이 초·중등학교 교원에 대해서는 정당가입의 자유를 금지하면서 대학의 교원에게 이를 허용한다 하더라도, 이는 기초적인 지식전달, 연구기능 등 양자 간 직무의 본질과 내용, 근무 태양이 다른 점을 고려한 합리적인 차별이므로 평등원칙에 위배되지 않는다.'는 것이다.

- 그러나 제65조 후문의, "그 밖의 정치단체"의 결성에 관여하거나 이에 가입할 수 없다는 조항에서 "그 밖의 정치단체"에 관한 부분은, 그 밖의 정치단체가 무엇인가에 대하여 규범 내용을 확정할 수 없는 불명확한 개념을 사용하고 있어, 표현의 자유를 규제하는 법률조항, 형벌의 구성요건을 규정하는 법률에 대하여 헌법이 요구하는 명확성원칙의 엄격한 기준을 충족하지 못하고, 정치적 표현의 자유 및 결사의 자유를 침해한다는 등의 이유로 위헌으로 판단하였다(헌재 2020. 4. 23. 2018헌마551).[22]
- 정당발기인, 당원 등 정치활동을 금지하는 자(정당법 제22조)[23]

(다) 정당 후원회 후원금

정당 후원회에 대한 후원금은 당비와 다르므로 허용되어야 한다는 견해도 있다. 정당 후원회와 정치단체와는 근본적 차이점이 있다고 보는 입장이다. 그러나 판결은 이 경우에도 국가공무원법상 공무원의 정치적 중립성 등을 위반하여 징계사유에 해당한다고 본다.

· **유의사항:** 공무원이라고 하여 모두 징계의 대상이 되는 것이 아니고, 그중 경력직공무원과 특수경력직공무원 중 별정직공무원이 징계의 대상이 된다. 즉 정무직공

---

22) 이 사건은 교육공무원법상의 교원, 초중등교육법상의 교원, 사립학교법상의 교원들이, 정당법 제22조 제1항 단서 제1호 본문 중 '국가공무원법 제2조 제2항 제2호에 규정된 교육공무원'에 관한 부분 및 제22조 제1항 단서 제2호 중 '사립학교의 교원'에 관한 부분, 국가공무원법 제65조 제1항 중 '국가공무원법 제2조 제2항 제2호에 규정된 교육공무원'에 관한 부분이 청구인들의 정당설립 및 가입의 자유 등을 침해한다고 주장하면서 헌법소원심판을 청구하였는데, 헌재는, 국가공무원법 제65조 제1항 중 '국가공무원법 제2조 제2항 제2호의 교육공무원 가운데 초·중등교육법 제19조 제1항의 교원은 정당의 결성에 관여하거나 이에 가입할 수 없다.'는 부분은 합헌으로, '그 밖의 정치단체의 결성에 관여하거나 이에 가입할 수 없다.' 부분은 위헌으로 판단한 것이다.
23) 정당법 제22조제1항 1.「국가공무원법」 제2조(공무원의 구분) 또는 「지방공무원법」 제2조(공무원의 구분)에 규정된 공무원. 다만, 대통령, 국무총리, 국무위원, 국회의원, 지방의회의원, 선거에 의하여 취임하는 지방자치단체의 장, 국회 부의장의 수석비서관·비서관·비서·행정보조요원, 국회 상임위원회·예산결산특별위원회·윤리특별위원회 위원장의 행정보조요원, 국회의원의 보좌관·비서관·비서, 국회 교섭단체대표의원의 행정비서관, 국회 교섭단체의 정책연구위원·행정보조요원과 「고등교육법」 제14조(교직원의 구분)제1항·제2항에 따른 교원은 제외한다. 2.「고등교육법」 제14조제1항·제2항에 따른 교원을 제외한 사립학교의 교원, 3. 법령의 규정에 의하여 공무원의 신분을 가진 자, 4.「공직선거법」 제18조제1항에 따른 선거권이 없는 사람

무원은 국가공무원법상의 징계대상에 포함되지 않는다.[24] 예컨대 국가인권위원회 상임위원은 정무직공무원이므로 징계의 대상이 되지 않는다. 그러나 국가인권위원회 소속 공무원은 징계대상이다(국가인권위원회법 제17조, 국가인권위원회 징계규칙).

① 원고들이 일정한 기간 매월 일정 금액을 CMS 이체방식으로 정치자금법 및 구 정치자금에 관한 법률이 정한 후원회가 아닌 민주노동당의계좌로 이체한 사실이 인정되는 이상, 그 금원의 성격이 당비이든 후원금이든 이는 국가공무원법 제56조, 제65조를 위반하여 정치자금을 기부하고 이로써 금전으로 정당을 지지한 것이어서 징계사유에 해당한다(청주지방법원 2012. 6. 14. 선고 2011구합1257 판결).

② 원고가 ▽▽▽당에 5회에 걸쳐 각 10,000원씩 합계 50,000원을 금융결제원을 매개로 한 CMS 이체방식을 통하여 ▽▽▽당 계좌로 이체하여 정치자금을 기부한 사실을 인정할 수 있다. 원고의 이러한 행위는 정치자금법 제45조를 위반하여 정치자금을 기부하고, 금전으로 정당을 지지한 행위이므로 구 국가공무원법 제65조 제4항, 구 국가공무원 복무규정(2011. 7. 4. 대통령령 제23010호로 개정되기 전의 것) 제27조 제2항 제4호를 위반하여 공무원이 정치적 행위를 한 것으로서 국가공무원법 제56조, 제63조, 제65조를 위반한 징계사유에 해당한다(부산지방법원 2012. 12. 20. 선고 2012구합3751 판결).

(라) 인정한 판례

① 교원이 한일협정 비준을 집단적으로 반대하는 성명을 발표하는데 주도적 역할을 하였다면 이는 교원이 정치운동을 한 경우에 해당된다(대법원 1967. 1. 24. 선고 66다2282 판결).

② 국가공무원인 원고가 민주회복국민선언대회에 정치인 등 70여명과 함께 참석하여 반정부투쟁 등으로 말미암아 구속당하고 있는 인사들의 사면, 석방 등을 집단적으로 주장하고 범국민적 운동을 벌인다는 취지 아래 민주회복국민회의(가칭)을 발족하기로 하는 내용의 이른바 국민선언을 채택하고 원고도 이에 서명한 사실과 민주

---

24) 국가공무원법 제3조는 특수경력직공무원(정무직 포함)에 대해 다른 법률에 특별한 규정이 있는 경우에만 일부 조항이 제한적으로 적용된다고 규정하며 이에 따라 정무직공무원은 징계절차에서 배제되어 있다. 다만 정무직공무원은 신분보장이 되지 않으므로 관련법률에 따라 직권면직 등의 방식으로 공직에서 배제할 수 있다. 방송통신위원회 위원장이나 국가인권위원회 상임위원의 퇴진을 둘러싸고 논란이 된바 있다(관련 언론기사 인용은 생략).

회복국민회의의 창립총회가 개최되어 그 기구가 구성된 사실이 인정되고, 원고의 이와 같은 행위는 정치단체의 결성에 관여하면서 이에 가입하여 정치적 행위를 한 것으로 이는 국가공무원법 제56조, 제65조, 복무규정 제27조에 위반하여 징계사유에 해당된다(대법원 1981. 12. 22. 선고 80누499 판결).

③ 국가공무원법 제65조 제1항은 "공무원은 정당이나 그 밖의 정치단체의 결성에 관여하거나 이에 가입할 수 없다."라고 정하고 있고, 제2항은 "공무원은 선거에서 특정 정당 또는 특정인을 지지하거나 반대하기 위한 다음의 행위를 하여서는 아니된다."라고 정하면서 제5호에서 "타인에게 정당이나 그 밖의 정치단체에 가입하게 하거나 가입하지 아니하도록 권유 운동을 하는 것"을 금지하고 있다. 공직선거법은 '선거'에 관한 정의규정을 별도로 두고 있지는 않으나, 2005. 8. 4. 법률 제7681호로 개정하면서 제6장의2를 신설하여 정당의 후보자 추천을 위한 당내경선에 관한 규정을 두고 있다. 한편 지방공무원법은 국가공무원법과 마찬가지로 공무원의 정치운동을 금지하는 규정을 두고 있는데, 제57조 제2항 제5호는 "타인에게 정당이나 그 밖의 정치단체에 가입하게 하거나 가입하지 아니하도록 권유하는 것"을 금지하고 있다.

위와 같은 국가공무원법, 지방공무원법, 공직선거법 등의 체계와 내용, 국가공무원법이 공무원의 정치적 중립성을 선언한 취지에 비추어 보면, 정당의 후보자 선출을 위한 당내경선도 국가공무원법 제65조 제2항에서 금지하는 '선거'의 범위에 포함되고, 국가공무원이 타인에게 정당이나 그 밖의 정치단체에 가입하게 하거나 가입하지 않도록 권유하는 것을 넘어서 조직적·계획적으로 위와 같은 행위를 해야만 위 규정에 위반되는 것은 아니다. 위와 같은 행위를 하면서 반드시 공무원의 지위를 이용해야만 하는 것도 아니다(대법원 2018. 5. 11. 선고 2018도4075 판결).

(14) 집단 행위의 금지(법 제66조)

(가) 개념

● 공무원은 노동운동이나 그 밖에 공무 외의 일을 위한 집단 행위를 하여서는 아니 된다. 다만, 사실상 노무에 종사하는 공무원은 예외로 한다(제1항). 제1항 단서에 규정된 공무원으로서 노동조합에 가입된 자가 조합 업무에 전임하려면 소속 장관의 허가를 받아야 한다(제3항). 허가에는 필요한 조건을 붙일 수 있다(제3항).

이 조항의 근거는, 국가공무원법이 제66조제1항에서 "공무원은 노동운동이나 그

밖에 공무 외의 일을 위한 집단행위를 하여서는 아니 된다."고 하여 공무원의 언론
·출판의 자유와 집회·결사의 자유를 제한하고 공무원에 대하여 공무 외의 일을 위
한 집단행위를 금지하고 있는 것도 공무원의 집단행동이 공무원 집단의 이익을 대변
함으로써 국민전체의 이익추구에 장애가 될 소지가 있기 때문이고, 이는 국민전체의
봉사자라는 공무원의 특수한 신분에서 나오는 의무의 하나를 규정한 것이라고 할 것
이다(헌법재판소 2007. 8. 30. 2003헌바51 결정).

● '노동운동'이란 단결권, 단체교섭권, 단체행동권을 의미한다. 공무원의 경우 비
록 헌법에 근거하여 노동3권은 원칙상 금지되나, 공무원의 근무환경 개선, 업무능률
향상 및 고충처리 등을 위한 직장협의회의 설립과 운영에 관한 기본적인 사항을 규
정하기 위하여 '공무원직장협의회의 설립·운영에 관한 법률'이 제정되어 있다. 협의
회에 가입할 수 있는 공무원의 범위는 정해져 있다(동법 제3조). 또한 '공무원의 노동
조합 설립 및 운영 등에 관한 법률'이 제정되어, 비록 단결권, 단체교섭권, 단체행동
권은 인정되지 않지만 공무원의 노동기본권을 보장하기 위하여 6급 이하 공무원의
노동조합 가입허용 등을 규정하고 있다. 한편 '교원의 노동조합 설립 및 운영 등에
관한 법률'에서 교원에 대해서는 「국가공무원법」 제66조제1항 및 「사립학교법」 제
55조에도 불구하고 교원의 단결권과 단체교섭권이 보장되는 특례를 두었다. 다만,
쟁의행위는 금지된다.

● '공무 외의 일을 위한 집단행위'란 공무원들이 하는 모든 집단행위를 의미하는
것이 아니라, 언론·출판·집회·결사의 자유를 보장하고 있는 헌법 제21조제1항, 공
무원에게 요구되는 헌법상의 의무 및 이를 구체화한 국가공무원법의 취지, 국가공무
원법상의 성실의무 및 직무전념의무 등을 종합적으로 고려하여 '공익에 반하는 목적
을 위한 행위로서 직무전념의무를 해태하는 등의 영향을 가져오는 집단적 행위'라고 해석
된다(대법원 2017. 4. 13. 선고 2014두8469 판결).[25]

---

25) 헌법재판소는 국가공무원법 제66조 제1항 본문 중 '그 밖에 공무 외의 일을 위한 집단행위'
부분의 위헌청구에 대해 이를 합헌으로 판단하면서 법원의 해석을 존중하고 있다. 법원은
이 사건 조항을 '공익에 반하는 목적을 위하여 직무전념의무를 해태하는 등의 영향을 가져
오는 집단적 행위'라고 한정 해석하고 있다. 이때 공익은 '개인 또는 특정 단체나 집단의 이
익이 아니라 일반 다수 국민의 이익 내지는 사회공동의 이익', 직무전념의무란 '불편부당한
입장에서 자신이 맡은 업무에 성실히 임하는 것', 집단행위란 '공무에 대한 국민의 신뢰에
손상을 가져올 수 있는 다수의 결집된 행위'를 각 의미하므로 이 사건 조항은 명확성원칙에
위반되지 아니한다(헌재 2020. 4. 23. 2018헌마550).

● "사실상 노무에 종사하는 공무원"의 구체적인 범위는 국가공무원 복무규정 제28조에 규정하고 있다.

국가공무원 복무규정 제28조: 법 제66조에 따른 사실상 노무에 종사하는 공무원은 과학기술정보통신부 소속 현업기관의 작업 현장에서 노무에 종사하는 우정직공무원(우정직공무원의 정원을 대체하여 임용된 일반임기제공무원 및 시간선택제일반임기제공무원을 포함한다)으로서 다음 각 호의 어느 하나에 해당하지 아니하는 공무원으로 한다. 1. 서무ㆍ인사 및 기밀 업무에 종사하는 공무원, 2. 경리 및 물품출납 사무에 종사하는 공무원, 3. 노무자 감독 사무에 종사하는 공무원, 4. 「보안업무규정」에 따른 국가보안시설의 경비 업무에 종사하는 공무원, 5. 승용자동차 및 구급차의 운전에 종사하는 공무원

● 제66조가 사실상 노무에 종사하는 공무원에 대하여서만 근로3권을 보장하고 그 이외의 공무원들에 대하여는 근로3권의 행사를 제한함으로써 일반근로자 또는 사실상 노무에 종사하는 공무원의 경우와 달리 취급하는 것은 헌법 제33조 제2항에 그 근거를 두고 있을 뿐 아니라 합리적인 이유가 있다 할 것이므로 헌법상 평등의 원칙에 위반되는 것이 아니다(헌재 1992. 4. 28. 90헌바27).

(나) 범위

● '집단행위'에 해당하기 위한 요건: 공무원들의 어느 행위가 국가공무원법 제66조제1항에 규정된 '집단행위'에 해당하려면, 그 행위가 반드시 같은 시간, 장소에서 행하여져야 하는 것은 아니지만, 공익에 반하는 어떤 목적을 위한 다수인의 행위로서 집단성이라는 표지를 갖추어야만 한다고 해석함이 타당하다. 따라서 여럿이 같은 시간에 한 장소에 모여 집단의 위세를 과시하는 방법으로 의사를 표현하거나 여럿이 단체를 결성하여 그 단체 명의로 의사를 표현하는 경우, 실제 여럿이 모이는 형태로 의사표현을 하는 것은 아니지만 발표문에 서명날인을 하는 등의 수단으로 여럿이 가담한 행위임을 표명하는 경우 또는 일제 휴가나 집단적인 조퇴, 초과근무 거부 등과 같이 정부활동의 능률을 저해하기 위한 집단적 태업 행위로 볼 수 있는 경우에 속하거나 이에 준할 정도로 행위의 집단성이 인정되어야 국가공무원법 제66조 제1항에 해당한다고 볼 수 있다(대법원 2017. 4. 13. 선고 2014두8469 판결).

● 인정한 판례

① '공무 외의 일을 위한 집단행위'에 해당한다고 본 사안: 공무원인 교원의 경우에도 정치적 표현의 자유가 보장되어야 하지만, 공무원의 정치적 중립성 및 교육의

정치적 중립성을 선언한 헌법정신과 관련 법령의 취지에 비추어 정치적 표현의 자유는 일정한 범위 내에서 제한될 수밖에 없고, 이는 헌법에 의하여 신분이 보장되는 공무원인 교원이 감수하여야 하는 한계이다. 더구나 공무원인 교원의 정치적 표현행위가 교원의 지위를 전면에 드러낸 채 대규모로 집단적으로 이루어지는 경우에는 그것이 교육현장 및 사회에 미치는 파급력을 고려한 평가가 요구된다. 따라서 공무원인 교원이 집단적으로 행한 의사표현행위가 국가공무원법이나 공직선거법 등 개별 법률에서 공무원에 대하여 금지하는 특정의 정치적 활동에 해당하는 경우나, 특정 정당이나 정치세력에 대한 지지 또는 반대의사를 직접적으로 표현하는 등 정치적 편향성 또는 당파성을 명백히 드러내는 행위 등과 같이 공무원인 교원의 정치적 중립성을 침해할 만한 직접적인 위험을 초래할 정도에 이르렀다고 볼 수 있는 경우에, 그 행위는 공무원인 교원의 본분을 벗어나 공익에 반하는 행위로서 공무원의 직무에 관한 기강을 저해하거나 공무의 본질을 해치는 것이어서 직무전념의무를 해태한 것이라 할 것이므로, 국가공무원법 제66조 제1항에서 금지하는 '공무 외의 일을 위한 집단행위'에 해당한다고 보아야 한다. 여기서 어떠한 행위가 정치적 중립성을 침해할 만한 직접적인 위험을 초래할 정도에 이르렀다고 볼 것인지는 일률적으로 정할 수 없고, 헌법에 의하여 정치적 중립성이 요구되는 공무원 및 교원 지위의 특수성과 아울러, 구체적인 사안에서 당해 행위의 동기 또는 목적, 시기와 경위, 당시의 정치적·사회적 배경, 행위 내용과 방식, 특정 정치세력과의 연계 여부 등 당해 행위와 관련된 여러 사정을 종합적으로 고려하여 판단하여야 한다(대법원 2012. 4. 19. 선고 2010도6388 전원합의체 판결).

② 장관주재의 정례조회에서의 집단퇴장행위는 공무원으로서 직무에 관한 기강을 저해하거나 기타 그 본분에 배치되는 등 공무의 본질을 해치는 다수인의 행위라 할 것이므로 비록 그것이 건설행정기구의 개편안에 관한 불만의 의사표시에서 비롯되었다 하더라도 공무외의 집단적 행위에 해당되어 주도적 역할을 한 공무원에 대하여 정직1월 처분을 한 것은 적정한 것으로 보여진다(대법원 1992. 3. 27. 선고 91누9145 판결).

③ 지방공무원 복무조례개정안에 대한 의견을 표명하기 위하여 전국공무원노동조합 간부 10여 명과 함께 시장의 사택을 방문한 위 노동조합 시지부 사무국장에게 지방공무원법 제58조에 정한 집단행위 금지의무를 위반하였다는 등의 이유로 징계권자가 파면처분을 한 사안에서, 그 징계처분이 사회통념상 현저하게 타당성을 잃거나

객관적으로 명백하게 부당하여 징계권의 한계를 일탈하거나 재량권을 남용하였다고 볼 수 없다(대법원 2009. 6. 23. 선고 2006두16786 판결).

④ 공무원인 교원이 집단으로 행한 의사표현행위가 국가공무원법이나 공직선거법 등 개별 법률에서 공무원에 대하여 금지하는 특정의 정치적 활동에 해당하는 경우나, 특정 정당이나 정치세력에 대한 지지 또는 반대의사를 직접적으로 표현하는 등 정치적 편향성 또는 당파성을 명백히 드러내는 행위 등과 같이 공무원인 교원의 정치적 중립성을 침해할 만한 직접적인 위험을 가져올 정도에 이르렀다고 볼 수 있는 경우에, 그 행위는 공무원인 교원으로서의 본분을 벗어나 공익에 반하는 행위로서 공무원으로서의 직무에 관한 기강을 저해하거나 공무의 본질을 해치는 것이어서 직무전념의무를 해태한 것이라 할 것이므로, 국가공무원법 제66조 제1항이 금지하는 '공무 외의 일을 위한 집단행위'에 해당한다고 보는 것이 타당하다. 그리고 사립학교 교원의 복무에 관하여 국·공립학교의 교원에 관한 규정이 준용되고[구 사립학교법(2012. 1. 26. 법률 제11216호로 개정되기 전의 것, 이하 같다) 제55조], 사립학교 교원이 직무상의 의무에 위반한 경우 등은 징계사유에 해당하므로(구 사립학교법 제61조 제1항), 사립학교 교원이 국가공무원법 제66조 제1항이 금지하는 '공무 외의 일을 위한 집단행위'에 참여한 때에는 징계사유에 해당한다(대법원 2013. 6. 27. 선고 2009추206 판결).

⑤ 헌법재판소에 [군인의 지위 및 복무에 관한 기본법 제31조(집단행위의 금지) ① 군인은 다음 각 호에 해당하는 집단행위를 하여서는 아니 된다. 제5호 군무와 관련된 고충사항을 집단으로 진정 또는 서명하는 행위]에 대해 위헌확인을 구하는 헌법소원이 제기되었다. 청구인은, 군무에 영향을 주기 위한 단체행동이나 상관에게 항명하는 행위가 아닌, 단순히 군무와 관련된 고충사항을 집단으로 진정 또는 서명하는 행위까지 집단행위라는 이유로 일률적·전면적으로 금지하는 것은 침해의 최소성에 반하고 법익균형성도 인정되지 않아 결국 과잉금지원칙을 위반하여 청구인의 표현의 자유와 결사의 자유를 침해한다고 주장하였다.

헌재는, 심판대상조항은 군조직의 질서 및 통수체계를 확립하여 군의 전투력을 유지, 강화하고 이를 통하여 국가의 안전보장과 국토방위를 달성하기 위한 것이다. 특수한 신분과 지위에 있는 군인의 집단행위에 대하여는 보다 강화된 기본권 제한이 가능한 점, 단순한 진정 또는 서명행위라 할지라도 각종 무기와 병력을 동원할 수 있는 군대 내에서 이루어지는 집단행위는 예측하기 어려운 분열과 갈등을 조장할 수 있는 점, 위와 같은 행위는 정파적 또는 당파적인 것으로 오해 받을 소지가 커서 그로부터 군 전체가 정치적 편향성에 대한 의심을 받을 수 있는 점, 군무와 관련된 고충사항이 있는 경우 집단으로 진정 또는 서명하지 않고도 문제를 제기할 수 있는 방법들이 이미 군인복무기본법에 마련되어 있는 점 및 심판대상조항을 통하여 군조직의 고도의 질서 및 규율을 유지하고 국가 안전보장과 국토방위에 기여한다는 공익의 중요성 등을 종합하면, 심판대상조항은 과잉금지원칙을 위반하여 청구인의 표현의 자유를 침해하지 않는다고 결정하였다(헌재 2024. 4. 25. 2021헌마1258).

- **인정하지 않은 판례**

① 대대장의 비리를 국민신문고에 제보하였다는 이유로 강등과 정직의 징계처분을 내린 것은 위법하다. 수도방위사령부에서 행정보급관으로 근무하던 A와 B는 대대장인 C의 비위 혐의를 국민신문고에 제보하여 복종의무위반(상관음해) 등의 혐의로 각각 파면과 강등의 징계처분을 받고 육군본부에 항고심사를 청구하였는데, 항고심사위원회는 C를 대상으로 한 비위사실들이 대부분 사실이거나 부대 내 다수의 사람들이 알고 있는 것을 주된 내용으로 한 것이어서 음해 자체에 해당하지 않는다는 이유 등으로 상관음해에 대해 혐의 없음 결정을 하였고, 집단행위금지의무위반 및 법령준수 의무위반(기타)의 점만 인정하여 A에게는 강등, B에게는 정직 3개월의 징계처분을 의결하였다. 서울행정법원은, 「군인복무규율」 제38조가 금지하고 있는 '군무 외의 집단행위'란 군인으로서 군복무에 관한 기강을 저해하거나 기타 그 본분에 배치되는 등 군무의 본질을 해치는 특정목적을 위한 다수인의 행위로서 '단체'의 결성단계에는 이르지 않은 상태에서의 행위를 말한다고 하였다(대법원 1991. 4. 23. 선고 90누4839 판결 참조). 따라서 군인에게 금지되는 집단행위는 군무가 아닌 어떤 일을 위하여 군인들이 하는 모든 집단행위를 의미하는 것이 아니라, '공익에 반하는 목적을 위한 행위로서 직무전념의무를 해태하는 등의 영향을 가져오는 집단적 행위'로 해석된다고 보았다. 또한 재판부는 이를 전제로 A와 B가 대대장인 C의 비위 혐의를 감찰에 제보할 것을 제의하거나 A가 C의 거동 등에 대한 자료수집 및 보고를 받고 다른 자로 하여금 국민권익위원회에 민원을 제기하게 하는 행위는 「군인의 지위 및 복무에 관한 기본법」 제31조 제1항 및 「육군본부 병영 생활규정」 제6조 제1항 제1호 내지 제5호에서 열거하고 있는 집단행위에 명시적으로 부합하지 않는 점 등에 비추어 보면, 집단행위금지의무위반의 징계사유는 동 규정들이 금지하고 있는 집단행

위에 해당하지 않아 인정되지 않는다고 판단하였다(서울행정법원 2017. 12. 15. 선고 2017구합73969 판결).

(15) 적극행정의무(행정기본법 제4조)

(가) 규정

● 행정기본법 제4조(행정의 적극적 추진) ① 행정은 공공의 이익을 위하여 적극적으로 추진되어야 한다. ② 국가와 지방자치단체는 소속 공무원이 공공의 이익을 위하여 적극적으로 직무를 수행할 수 있도록 제반 여건을 조성하고, 이와 관련된 시책 및 조치를 추진하여야 한다. ③ 제1항 및 제2항에 따른 행정의 적극적 추진 및 적극행정 활성화를 위한 시책의 구체적인 사항 등은 대통령령으로 정한다.

● 행정기본법시행령 제2조(행정의 적극적 추진) 「행정기본법」(이하 "법"이라 한다) 제4조에 따른 행정의 적극적 추진과 적극행정 활성화를 위한 시책의 구체적인 사항 등에 관하여는 「적극행정 운영규정」 및 「지방공무원 적극행정 운영규정」에서 정하는 바에 따른다.

● 적극행정 운영규정 제19조(소극행정 예방 및 근절) 징계의결등 요구권자는 소속 공무원의 소극행정이 발생한 경우 징계 관계 법령에 따라 징계의결등을 요구하는 등 필요한 조치를 해야 한다.

● 지방공무원 적극행정 운영규정 제18조(소극행정 예방 및 근절) 징계의결등 요구권자는 소속 공무원의 소극행정이 발생한 경우 징계 관계 법령에 따라 징계의결등을 요구하는 등 필요한 조치를 해야 한다.

(나) 취지

● 2021. 3. 23. 행정기본법이 제정되면서 적극행정의무를 신설하였고, 하위 법령인 '적극행정운영규정(대통령령)'에서 소극행정에 대해 징계의결을 요구할 수 있도록 하였다. 이에 대해 국가공무원법에서 '공무원의 성실 직무 수행의무'를 규정하고 있으므로 적극행정 조항을 따로 규정하는 것은 체계상 맞지 않고, 행정의 기본원칙이라기보다 정책적 구호에 가깝다는 비판이 있다. 그러나 공직사회의 복지부동(伏地不動)을 타파하기 위해 적극행정이라는 기본원칙을 '행정의 행위규범'으로서 포섭할 수 있는 것이고 나아가 이미 2019. 8. 6. 제정된 '적극행정 운영규정'의 법적 근거를 제

공하는 역할도 있다고 본다.

● 소극행정을 직접적 이유로 징계처분이 내려진 경우는 아직 없다. 다만 적극행정으로 인한 감경사유로 작용하고 있는 경우는 있다.

3. 판결 등을 통해 본 구체적 징계사유

가. 성 관련 비위 사건

(1) 처리방향

● 성 관련 비위 사건에 대하여 징계절차를 엄격히 하고 징계양정 기준을 강화하고 있는데 이는 성 관련 비위가 지속적으로 증가하고 있을 뿐 아니라 공무원으로서의 품위유지의무에 어긋나는 비위해위에 해당하여 처벌 강화와 재발방지 등을 위한 제도의 보완이 필요하다는 사회적 공감대를 반영한 것이다.

공무원의 성폭력 비위행위에 대하여 강화된 징계양정기준이 비례의 원칙에 어긋나거나 합리성을 갖추지 못하였는지 여부가 문제된 사안(교육공무원 사건)에서 대법원은, 교원에게 고도의 직업윤리의식 내지 도덕성이 요구될 뿐만 아니라 직무의 내외를 불문하고 가중된 품위유지의무를 부담하여야 한다는 점, 특히 교원이 성폭력의 비위행위를 저지를 경우 이는 품위유지의무를 중대하게 위반한 것으로서 본인은 물론 교원사회 전체에 대한 국민의 신뢰를 실추시킬 우려가 크므로 해당 교원이 비위행위에 상응하는 불이익을 받지 아니하고 교육자로 서의 직책을 그대로 수행하도록 하는 것은 적절하지 않다는 점, 강화된 징계양정 기준이 도입될 당시의 사회적 상황 및 성폭력범죄 행위에 대한 일반 국민의 법감정 등 여러 가지 요소들을 종합적으로 고려하였을 때, 비례의 원칙에 어긋나거나 합리성을 갖추지 못하였다고 단정할 수 없다(대법원 2019. 12. 24. 선고 2019두48684 판결)[26]고 판시하였다.

---

26) 초등학교 교감인 원고가 회식을 마치고 귀가하던 길에 여성인 택시운전기사를 강제추행하였음을 사유로 피고가 원고에게 해임처분을 내린 사안에서, 원심은 원고에 대한 해임처분이 재량권을 일탈·남용하여 위법하다고 보았으나 대법원은 위와 같은 법리를 토대로 위 해임처분이 재량권을 일탈·남용한 것으로 볼 수 없음을 이유로 원심판결을 파기환송한 사례이다. 이 사건 비위행위는 원고가 심야에 피해자의 택시에 승객으로 탑승하여 운전 중이던 피해자의 성적으로 민감한 신체 부위를 기습적으로 만지는 방법으로 강제추행한 것으로서, 당시 피해자는 상당한 정신적 충격과 성적 수치심을 느낀 나머지 택시운행을 중지하고 원고

● 성폭력이란 상대방의 의사에 반하여 이루어지는 성적 언동으로 상대의 성적 자기결정권을 침해하는 모든 행위를 말한다. 공무원징계령 시행규칙 [별표 1의4]에서 "성폭력범죄"란 「성폭력범죄의 처벌 등에 관한 특례법」 제2조에 따른 성폭력범죄를 말한다고 규정하나, 성폭력에 관한 법률로는 그 외에도 형법, 군형법, 아동·청소년의 성보호에 관한 법률, 성폭력 방지 및 피해자보호 등에 관한 법률 등이 있다. 성폭력과 성희롱은 상대방이 원치 않는 성적 언동 등으로 성적 자기결정권을 침해하는 행위로서 법률로 금지되어 있는 행위라는 점에서 공통점이 있으나, 전자는 범죄로서 처벌의 대상이 됨이 원칙이나 후자는 조직내 성문화의 건전성을 도모하고 성희롱의 예방 및 근절을 목적으로 한다는 점에서 차이가 있다.

● 성폭력사건이 수사기관에서 조사 중이라고 할 때 조사대상이 된 "성폭력범죄" 행위가 업무와 관련하여 발생한 경우에는 성희롱에도 해당하게 되고, 기관은 「양성평등기본법」, 「남녀고용평등법」 등에 따라 성희롱 발생 사실을 인지한 경우 지체 없이 조사할 의무를 부담하므로, 기관 내 성희롱 고충처리 절차에 따라 상담 및 조사절차 등을 진행해야 한다. 비록 성폭력 범죄의 성립여부에 대한 조사 및 판단은 검찰과 법원에 의하여 이루어지지만, 이 경우에도 기관 내 피해자 보호를 위한 조치는 이루어져야 한다.[27]

(2) 성 관련 비위 징계기준(공무원징계령 시행규칙 [별표 1의4])

비위의 정도 및 과실 여부 비위의 유형	비위의 정도가 심하고 고의가 있는 경우	비위의 정도가 심하고 중과실이거나, 비위의 정도가 약하고 고의가 있는 경우	비위의 정도가 심하고 경과실이거나, 비위의 정도가 약하고 중과실인 경우	비위의 정도가 약하고 경과실인 경우
1. 성폭력범죄				
가. 미성년자 또는 장애인 대상 성폭력범죄	파면	파면-해임	해임-강등	강등
나. 업무상 위력 등에 의한	파면	파면-해임	해임-강등	강등-정직

에게 즉시 하차를 요구하였던 것으로 보인다. 이러한 비위행위의 내용 및 경위 등에 비추어 보면, 피해자가 사회경험이 풍부하다거나 상대적으로 고령인 점 등을 내세워 사안이 경미하다거나 비위의 정도가 중하지 않다고 가볍게 단정 지을 것은 아니다.

27) 여성가족부, "직장 내 성희롱·성폭력 사건처리 매뉴얼" 2021. 7. 16쪽.

성폭력범죄				
다. 공연(公然)음란행위	파면	파면-해임	강등-정직	감봉
라. 통신매체를 이용한 음란행위	파면	파면-해임	강등-정직	감봉
마. 카메라 등을 이용한 촬영 등 행위	파면	파면-해임	강등-정직	감봉
바. 가목부터 마목까지 외의 성폭력범죄	파면	파면-해임	강등-정직	감봉-견책
2. 「양성평등기본법」 제3조제2호에 따른 성희롱	파면	파면-해임	강등-정직	감봉-견책
3. 「성매매알선 등 행위의 처벌에 관한 법률」 제2조제1항제1호에 따른 성매매	파면-해임	해임-강등	정직-감봉	견책

※ 비고
1. 제1호에서 "성폭력범죄"란 「성폭력범죄의 처벌 등에 관한 특례법」 제2조에 따른 성폭력범죄를 말한다.
2. 제1호나목에서 "업무상 위력 등"이란 업무, 고용이나 그 밖의 관계로 인하여 자기의 보호 또는 감독을 받는 사람에 대하여 위계 또는 위력을 행사한 경우를 말한다.
3. 제1호라목에서 "통신매체를 이용한 음란행위"란 「성폭력범죄의 처벌 등에 관한 특례법」 제13조에 따른 범죄에 해당하는 행위를 말한다.
4. 제1호마목에서 "카메라 등을 이용한 촬영 등 행위"란 「성폭력범죄의 처벌 등에 관한 특례법」 제14조에 따른 범죄에 해당하는 행위를 말한다.

(3) 성 관련 징계의 특이점

(가) 엄한 징계기준

성 관련 비위 사건의 징계기준 일반 징계사유보다 엄한 기준이 적용된다.

(나) 군인에 대한 특칙

1) 군인징계령시행규칙 제2조제1호가목에 따른 [별표1의3]에 의하면, 징계심의대상자가 장교, 준사관 및 부사관인 경우 징계위원회는 다음 각 목의 가중 및 감경 사유가 있는지 여부를 확인하여 제2호의 개별기준에 따라 징계의결에 반영하여야 한다.
  • **가중사유:** 1) 피해자가 하급자인 경우로서 상급자의 지위를 이용한 경우 2) 피

해자가 미성년자 또는 장애인인 경우 3) 피해자에게 극도의 성적 수치심을 느끼도록 한 경우 4) 다수의 피해자가 있는 경우 5) 동종의 전력이 있는 경우 6) 그 밖에 비행 사실의 정도 및 동기와 그 결과 등을 고려하여 가중할 필요가 있다고 판단하는 경우

• **감경사유:** 1) 미수에 그친 경우 2) 피해자가 처벌을 원하지 아니하는 의사표시를 한 경우 3) 그 밖에 비행사실의 정도 및 동기와 그 결과 등을 고려하여 감경할 필요가 있다고 판단하는 경우

2) 위 [별표1의3]의 개별기준에 성폭력 묵인·방조행위를 한 경우 징계 대상자가 되며 그 경우 지휘관과 그 밖의 사람으로 나누어, 지휘관에게 더 엄한 양정을 적용한다.

(다) 상훈법에 의한 공적 등에 의한 감경기준의 예외

• **국가공무원의 경우:** '공무원징계령 시행규칙' 제4조 제2항에 징계사유가 다음 각 호의 어느 하나에 해당하는 경우에는 해당 징계를 감경할 수 없다. 2.「성폭력범죄의 처벌 등에 관한 특례법」제2조에 따른 성폭력범죄, 3.「성매매알선 등 행위의 처벌에 관한 법률」제2조제1항제1호에 따른 성매매, 4.「양성평등기본법」제3조제2호에 따른 성희롱, 9. 성 관련 비위 또는「공무원 행동강령」제13조의3에 따른 부당한 행위를 은폐하거나 필요한 조치를 하지 않은 경우

• **교육공무원의 경우:** '교육공무원 징계양정 등에 관한 규칙' 제4조 제1항은 징계위원회는 징계의결이 요구된 사람에게 공적이 있는 경우에는 징계를 감경할 수 있다고 하면서도 제2항에서 징계를 감경할 수 없다는 조항을 두며 제4호에서「교육공무원법」제52조 각 호의 어느 하나에 해당하는 성관련 비위로 징계의 대상이 된 경우를 들고 있다.

• **군인의 경우:** '군인 징계령 시행규칙' 제3조제1항에 의하면, 상훈법에 따른 훈장 또는 포장을 받은 공적이 있거나 일정한 표창을 받은 공적이 있는 경우 감경의결할 수 있도록 함에도, 제2항에서 5.「군형법」제2편제15장 강간과 추행의 죄, 6.「성폭력범죄의 처벌 등에 관한 특례법」제2조의 성폭력범죄, 7.「성매매알선 등 행위의 처벌에 관한 법률」제2조제1항제1호의 성매매, 8.「양성평등기본법」제3조제2호의 성희롱 등에 대해서는 감경사유로 삼을 수 없다.

(라) 절차의 특이성

① **고충심의위원회 설치:** 성희롱·성폭력 사건의 피해자는 임용권자 등에게 인사상

담 또는 고충 심사를 청구할 수 있으며, 청구받은 자는 지체 없이 인사상담 및 고충 심사를 실시하며, 임용권자 등은 정보 누설 등 피해가 발생하지 않도록 조치하여야 한다. 피해자가 성희롱·성폭력 사건과 관련 임용권자 등으로부터 인사상 불이익을 받은 경우 피해자 또는 제3자 등은 신고할 수 있다(성희롱·성폭력 근절을 위한 공무원 인사관리규정 제4조).[28]

② **징계위원의 구성:** 징계 사유가 「성폭력범죄의 처벌 등에 관한 특례법」 제2조에 따른 성폭력범죄, 「양성평등기본법」 제3조제2호에 따른 성희롱의 어느 하나에 해당하는 징계 사건이 속한 중앙징계위원회나 보통징계위원회의 회의를 구성하는 경우에는 피해자와 같은 성별의 위원이 위원장을 제외한 위원 수의 3분의 1 이상 포함되어야 한다(영 제4조제7항 및 제5조제6항).

③ **징계의결요구시 첨부 자료:** 징계의결을 요구할 때 관계 자료를 첨부하여 징계위원회에 제출하여야 하는데, 「성폭력범죄의 처벌 등에 관한 특례법」 제2조에 따른 성폭력범죄, 「양성평등기본법」 제3조제2호에 따른 성희롱의 어느 하나에 해당하는 경우 '정신건강의학과의사, 심리학자, 사회복지학자 또는 그 밖의 관련 전문가가 작성한 별지 제1호의3서식의 전문가 의견서'를 첨부하여야 한다(영 제7조제6항제8호).

④ **징계 및 징계부가금 시효:** 「성매매알선 등 행위의 처벌에 관한 법률」 제4조에 따른 금지행위, 「성폭력범죄의 처벌 등에 관한 특례법」 제2조에 따른 성폭력범죄, 「아동·청소년의 성보호에 관한 법률」 제2조제2호에 따른 아동·청소년대상 성범죄, 「양성평등기본법」 제3조제2호에 따른 성희롱에 해당하는 징계사유인 경우 10년이라는 긴 징계시효가 적용된다(법 제83조의2제1항).

(마) 성 관련 징계의 급증과 대응방법

성 관련 비위사건에서 대부분의 비위자는 성추행 등의 의사를 갖고 있지 않았고 그 정도를 성추행이라고 할 수 없다거나 피해자도 당시에 용인하는 등 별 저항이 없었다는 등의 억울함을 이야기한다. 그러나 징계위원회나 재판에서는 오히려 반성하지 않는다고 더 가혹한 처분이나 처벌을 받는다.[29] 신속한 합의와 반성이 요구된다.

---

28) 처리절차에 대해서는, 여성가족부, '공공부문 성희롱·성폭력사건의 처리 매뉴얼', 2023. 1. 참고.
29) (기사) 2024. 8. 24. MBN, 김유민기자, '성매매·성폭력으로 지난해 국가직 공무원 104명 강제 퇴직'
　　지난해 성매매, 성폭력, 성희롱 등 성 비위를 저지른 중앙부처 국가직 공무원 104명이 파면·해

(바) 손해배상청구

성관련 비위사건은 징계나 형사책임과 별개로 손해배상청구가 함께 이루어지는 경우가 빈번하다. 관련 판결을 소개하면, '원고는 C대학교 대학원의 대우교수로 피고는 같은 대학의 교수로 대학원장으로 재직하였는데 피고가 원고에게 2회에 걸쳐 강제추행 및 성희롱을 하였다. 이러한 피고의 강제추행 및 성희롱으로 원고는 상당한 정신적 고통을 받았다는 이유로 위자료 1,000만 원을 청구하였고 700만원이 인용되었다. 핀결에서 인정된 사실관계는, 대학원 신입생 MT에서 피고는 원고의 어깨를 팔로 감싸듯이 끌어안고, 이를 피해 다른 자리로 간 원고를 따라 가 손으로 원고의 목 뒷부분을 잡고, 원고의 옆에 가까이 다가가 손으로 옆구리를 만지거나 꼬집었다. 참석하였던 대학원생 2명은 익명으로 성상담센터에 탄원서를 제출하였는데 거기에 MT에서 피고가 원고의 팔과 손을 불필요하게 만지고 원고 등에게 반복적으로 언어 성희롱을 하였다는 내용이 들어있다. 원고에게 F와 사귀라고 하였는데, 원고와 F는 업무를 통해 알게 된 사이로 보일 뿐이고 그 둘이 사귀라고 하는 농담을 허용할 정도의 관계로 피고가 파악할 만한 아무런 근거를 찾을 수 없어 피고의 변명은 납득할 수 없다(서울중앙지방법원 2018. 1. 30. 선고 2015가단5165921 판결).'

(4) 유형별 검토

(가) 성추행

A. 개념

• 추행이란 객관적으로 일반인에게 성적 수치심이나 혐오감을 일으키게 하고 선량한 성적 도덕관념에 반하는 행위로서 피해자의 성적 자유를 침해하는 것을 의미한다. 이에 해당하는지 여부는 피해자의 의사, 성별, 연령, 행위자와 피해자의 이전부터의 관계, 그 행위에 이르게 된 경위, 구체적 행위태양, 주위의 객관적 상황과 그 시대의 성적 도덕관념 등을 종합적으로 고려하여 신중히 결정되어야 한다. 그리고 강제추행죄 등의 성립에 필요한 주관적 구성요건요소는 고의만으로 충분하고, 그 외에 성욕을 자극·흥분·만족시키려는 주관적 동기나 목적까지 있어야 하는 것은 아니다(대법원 2015. 7. 23. 선고 2014도17879 판결, 대법원 2020. 12. 24. 선고 2020도7981

임 등의 징계를 받고 강제 퇴직한 것으로 국감자료를 통해 드러났다. (이하 생략)

판결 등 참조).

• 여성에 대한 추행에서 신체부위에 따라 본질적인 차이가 있다고 볼 수 없다(대법원 2004. 4. 16. 선고 2004도52 판결 참조). 피고인이 부하(군인)인 피해자에게, 업힐 것을 요구하거나 물 속으로 들어오게 하거나 키를 잴 것 등을 요구하면서 피해자의 신체를 접촉하는 행위는 그 행위태양에 비추어 객관적으로 성적 수치심을 일으키게 할 수 있는 행위이다(대법원 2021. 6. 3. 선고 2019도12110 판결).

B. 인정한 판례

① 지방공기업 5급으로 근무하던 자로서 피고 중앙노동위원회위원장의 피고보조참가인으로 소송진행하였는 바, 참가인은 2011. 10. 27. 23:10경 지인들과 음주 후 귀가하기 위해 부평구청역 개찰구를 통과하여 지나가다가 20대 여성 피해자의 가슴을 주무르는 방법으로 1회 만졌다. 피해자의 남자친구가 참가인을 따라가 참가인과 함께 역무실로 동행한 후 피해 당시 상황에 관한 씨씨티브이(CCTV)를 함께 확인하려고 하던 중, 참가인은 역무실 밖으로 나와 도주하였다. 위 사안 이외 직원 폭행 등의 사유를 포함하여 위 지방공기업 인사위원회에서 해임으로 의결하였고, 참가인이 초심판정에 불복하여 중앙노동위원회에 부당해고구제 재심신청을 하여 받아들여졌는데 다시 위 지방공기업이 부당해고구제재심판정취소를 구하였고, 이에 법원은 이 사건 해임이 징계재량권을 일탈·남용한 것이라고 볼 수 없다고 하였다(서울행정법원 2013. 7. 25. 선고 2012구합38046 판결).

② 군대서 이등병 동기 엉덩이 1초 만졌다면…법원 "성추행"(연합뉴스 손현규 기자 2024. 07. 29.) (요약) 군대에서 성적인 목적 없이 이등병 동기의 엉덩이를 잠깐 만졌더라도 성추행에 해당한다는 법원 판단이 나왔다. A는 서로 안지 얼마 되지도 않았는데 자신을 위해 흡연장까지 따라나선 B에게 "고맙다"고 말하면서 엉덩이를 1초가량 만졌다. 법원은 동성끼리 성적인 의도가 없었더라도 엉덩이를 만졌다면 성추행이라고 판단했다. 다만 A의 유죄를 인정하면서도 형의 선고는 유예했다.

③ 신고자보호의무 위반:

원고는 공군에서 근무하는 준위계급의 군인인데, 군인등강제추행으로 수사를 받고 있는 A와 통화하면서 합의를 위해 신고자가 누구인지 알아봐 달라며 3명의 이름을 거론하였고 이에 그 중 한명을 찾아가 신고한 인원인지 여부를 확인하였다는 징계사유로 정직 1월의 징계처분을 받았다. 징계처분취소를 구하는 원고에 대해 법원은, '원고는 평소 알고 지내던 A가 고소취하를 통해 현재 수사 중인 성추행 형사사건에 대응하려 한다는 점을 알면서도 그의 부탁을 받고 신고자 중 한 명으로 언급된 이수영(가명)을 만나 그의 신고 여부를 알아내려고 함과 동시에 다른 신고자들인 서아름(가명), 이경선(가명)의 인적사항을 공개한바, 군인복무기본법의 신고자 비밀보장과 신고자 보호 규정의 취지를 고려할 때, 그 행위의 심각성이 결코 가볍다고 보기 어렵다. 구 국방부 군인·군무원 징계업무처리 훈령(국방부훈령 제2564호) 제12조 [별표 6]에 따르면, 신고자 등 보호의무위반사건의 처리기준은 (i) 신고자 등 관련 내용을 동의 없이 공개한 경우에는 파면~해임(가중), 강등(기본), 정직~감봉(감경)으로, (ii) 신고자 등 색출 지시, 시도, 색출의 경우에는 파면~해임(가중), 해임(기본), 강등~정직(감경)으로 정하고 있는바, 위 처분기준이 그 자체로 관련 법령에 위배된다거나 현저히 합리성이 결여된 것이라고 보이지 않는다(대구지방법원 2023. 7. 6. 선고 2022구합23397 판결).

C. 인정하지 않은 판례

① 피고인이 운전 연수 차량 안에서 운전 연수를 받던 피해자의 운전이 미숙하다는 이유로 피해자의 오른쪽 허벅지를 1회 밀쳐 피해자를 강제로 추행하였다는 공소사실 등으로 기소된 사안에서, 원심은, 피해자의 진술에 신빙성이 있고, 피고인이 피해자의 허벅지를 밀친 사실 자체는 인정하고 있으며, 이러한 행위는 일반인에게 성적 수치심이나 혐오감을 일으키고 피해자의 성적 자유를 침해한 것으로 강제추행에 해당한다는 등의 이유로 이 부분 공소사실을 유죄로 판단하였다. 그러나 대법원은 i) 피고인과 피해자의 관계, 피해자가 피고인에게서 운전 연수를 받던 과정에서 있었던 일들도 추행행위 해당 여부와 피고인의 추행의 고의 유무를 판단함에 있어 고려의 대상이 되고, ii) 피해자는 수사기관 및 법정에서 피고인이 주먹으로 피해자의 오른쪽 허벅지를 1회 소리가 날 정도로 세게 때렸다고 하면서 그 이유에 관하여 운전 연수 중 피해자가 피고인의 지시대로 운전을 하지 못했을 때 피고인이 화가 나서 때린 것이라고 진술하였으며, iii) 피고인이 그 무렵 운전 연수를 받던 피해자나 제3자에 대해 보인 동일한 행위 태양을 고려하면 피고인이 주먹으로 피해자의 허벅지 부위를 밀친 행위에 대해 피고인의 폭행 가능성 내지 폭행의 고의를 배제한 채 곧바로 추행

의 고의를 추단하기는 어렵고, iv) 피해자는 제1심법정에서 '피고인이 피해자의 허벅지를 때린 느낌이었는지 피해자의 신체에 손을 대고 싶었던 느낌이었는지'를 묻는 판사의 질문에 대하여 '알지 못한다'는 취지로 대답한 점에 비추어 보면, 이 부분 범행이 추행행위에 해당한다는 점 및 당시 피고인에게 추행의 고의가 있었다는 점이 합리적인 의심을 할 여지가 없을 정도로 확신을 갖게 할 만큼 증명되었다고 단정하기 어렵다고 보아, 이 부분 공소사실을 유죄로 인정한 원심을 파기·환송하였다(대법원 2024. 8. 1. 선고 2024도3061 판결).

② A와 B는 같은 대학 같은 과 학생들로 펜션으로 엠티(MT)를 갔는데 B가 성추행을 당하였다고 신고하여 조사후 대학교총장은 A에게 성희롱·성폭력 행위를 이유로 유기정학 3주의 징계처분을 하였다. B는 옷 속으로 손을 넣어 가슴을 만진 것이라고 함에 반해 A는 B를 부축하는 과정에서 신체적 접촉을 한 것이라고 주장하였는데, 재판부는 사실관계가 불명확하고 이에 대한 충분한 조사가 이루어지지 않았다고 보았다. '징계 여부 및 정도를 심의, 의결한 학생생활지도위원회에서 위원들 사이에 논의된 내용을 비롯한 이상의 내용에 비추어 보면 피고가 과연 원고의 성희롱·성폭력행위를 구체적으로 어떠한 내용으로 파악하고 이 사건 처분을 한 것인지 불분명하고, 피고가 원고의 성희롱·성폭력 행위의 내용과 정도를 구체적으로 고려하여 징계양정을 하였다고 보기 어렵다. 그렇다면 피고는 징계권을 행사함에 있어, 특히 징계 정도를 결정함에 있어 마땅히 고려해야 할 사항을 누락한 것이라 할 것이고, 이는 재량권의 불행사 또는 해태에 해당하는바(재량권의 불행사와 재량의 해태는 이러한 하자를 이유로 처분이 취소된 후 행정청이 판결의 취지에 따라 재량권을 제대로 행사하여 다시 처분할 수도 있다) 이 사건 처분은 재량권을 일탈·남용한 것으로서 위법하다'(인천지방법원 2023. 10. 5. 선고 2023구합50848 판결).

(나) 성희롱
A. 개념
성희롱은 「양성평등기본법」, 「국가인권위원회법」, 「남녀고용평등법」 등에서 규율하고 있다. 성희롱이란 업무, 고용, 그 밖의 관계에서 국가기관·지방자치단체, 각급학교, 공직유관단체 등 공공단체의 종사자, 직장의 사업주·상급자 또는 근로자가 ① 지위를 이용하거나 업무 등과 관련하여 성적 언동 또는 성적 요구 등으로 상대방에게 성적 굴욕감이나 혐오감을 느끼게 하는 행위, ② 상대방이 성적 언동 또는 요구 등에 따르지 아니한다는 이유로 불이익을 주거나 그에 따르는 것을 조건으로 이익 공여의 의사표시를 하는 행위를 하는 것을 말한다[양성평등기본법 제3조 제2호, 남녀고용평등과 일·가정 양립 지원에 관한 법률 제2조 제2호, 국가인권위원회법 제2조 제3호 (라)목 등 참조].

여기에서 '성적 언동'이란, 남녀 간의 육체적 관계나 남성 또는 여성의 신체적 특징과 관련된 육체적, 언어적, 시각적 행위로서 사회공동체의 건전한 상식과 관행에 비추어 볼 때, 객관적으로 상대방과 같은 처지에 있는 일반적이고도 평균적인 사람으로 하여금 성적 굴욕감이나 혐오감을 느끼게 할 수 있는 행위를 의미한다. 성희롱이 성립하기 위해서는 행위자에게 반드시 성적 동기나 의도가 있어야 하는 것은 아니지만, 당사자의 관계, 행위가 행해진 장소 및 상황, 행위에 대한 상대방의 명시적 또는 추정적인 반응의 내용, 행위의 내용 및 정도, 행위가 일회적 또는 단기간의 것인지 아니면 계속적인 것인지 여부 등의 구체적 사정을 참작하여 볼 때, 객관적으로 상대방과 같은 처지에 있는 일반적이고도 평균적인 사람으로 하여금 성적 굴욕감이나 혐오감을 느낄 수 있게 하는 행위가 있고, 그로 인하여 행위의 상대방이 성적 굴욕감이나 혐오감을 느꼈음이 인정되어야 한다(대법원 2018. 4. 12. 선고 2017두74702 판결).

'성희롱'을 정의한 규정에서의 '지위를 이용하거나 업무 등과 관련하여'라는 요건은 포괄적인 업무관련성을 나타낸 것으로서 업무수행의 기회나 업무수행에 편승하여 성적 언동이 이루어진 경우뿐 아니라 권한을 남용하거나 업무수행을 빙자하여 성적 언동을 한 경우도 이에 포함되고, 어떠한 성적 언동이 업무관련성이 인정되는지 여부는 쌍방 당사자의 관계, 행위가 행해진 장소 및 상황, 행위의 내용 및 정도 등의 구체적 사정을 참작하여 판단하여야 한다(대법원 2006. 12. 21. 선고 2005두13414 판결 등 참조).

실무상, 신체접촉이 없는 언어적 성희롱은 형사처벌의 대상은 아니며 징계대상이 될 뿐이다. 물론 전화 등의 통신수단을 이용하였다면 '통신매체이용음란죄'등으로 처벌받을 수 있다.

B. 인정한 판례

① 육군 주임원사로 근무하던 갑이 같은 부대 여군 대위 을에게 손을 잡자는 태도를 취하고, "결혼할 남자친구가 있다고 치면 이왕이면 비싼 모텔이 좋지 않나요?"라

고 말하는 등 성 군기를 위반하여 품위를 손상하는 행위를 하였다는 이유로 군인사법 제56조에 따라 근신 3일의 징계처분을 받은 사안에서, 갑이 특별히 악수를 청할 상황이 아닌데도 여성인 을에게 손을 잡자는 태도를 취한 것은 단순히 원사가 상사인 대위에게 악수를 청한 행위가 아니라 사회통념상 을을 여성으로 대하며 성적 의미가 담긴 행동으로 한 것이고, 을에게 한 발언은 남녀 간의 성행위가 연상되는 발언이므로, 갑의 행동과 발언은 모두 객관적으로 상대방에게 성적 굴욕감이나 혐오감을 느낄 수 있게 하는 '성희롱'으로서 성 군기 위반행위에 해당하고, 징계권자가 갑의 행동과 발언의 수위가 높지 않고 반복하여 자주 행한 것이 아니었던 점 등을 참작하여 근신 처분을 택한 것은 적정하므로, 징계처분에 재량권을 일탈·남용한 위법이 없다(춘천지방법원 2015. 11. 20. 선고 2015구합4646 판결).

② 육군 원사 A가 같이 근무하는 7급 군무원 B에게 i) 핸드크림을 건넸으나 거부하자 괜찮다며 왼쪽 팔 안쪽 부위를 잡아당긴 점, ii) 대화중 '누가 보면 나랑 주무관이랑 정분났다고 하겠어, 누가 보면 사귄다고 하겠네'라고 한 점, iii) 성적 불쾌감을 느끼게 하는 시선으로 피해자의 전신 또는 가슴 부위를 약 1−2분간 쳐다본 점 등의 징계사유로 감봉3월의 징계처분을 받고 항고하였으나 기각되자 징계처분취소의 소송을 제기한 사건이다. 법원의 판단은, 성희롱에 해당하며 '업무 등과 관련한 언동'이라고 보았다. 법원의 판단에서 주목할 점은, i) 성희롱에 해당하기 위하여 반드시 가해자가 피해자보다 직위가 높아야 하는 것은 아니다. ii) 일반적으로 왼쪽 팔을 건드리는 행위는 '성적 언동'에 해당하지 않을 수도 있다. 그러나 원고와 피해자가 같은 부대에서 근무하게 되어 알게 된 관계였던 점, 원고가 피해자를 알게 된지 3일밖에 지나지 않았던 점, 피해자가 원고로부터 핸드크림을 받지 않겠다는 의사를 표시하였음에도 이를 건네는 과정에서 이루어진 행위인 점 등 당사자의 관계, 행위가 이루어진 상황, 원고가 건드린 피해자 왼쪽 팔의 부위 등 구체적 사정에 비추어, 피해자의 입장에서는 원고가 피해자의 왼쪽 팔 안쪽을 잡아당긴 행위 또한 '성적 언동'으로 볼 수 있다.라고 판시한 것이다(의정부지방법원 2022. 7. 12. 선고 2021구합12652 판결).

③ 원고는 사립대학교 전임강사로 피해자1에게 뽀뽀해주면 추천서 써 주겠다, 뒤에서 안는 듯한 포즈로 지도하거나, 남자 친구와 왜 사귀나 나랑 사귀자라고 하는 등, 피해자2에게는 피해자의 의자에 같이 앉거나 자신의 무릎에 피해자를 앉히려 하

였고, 연구실에서 연애하자, 어머니를 소개시켜 달라고 하거나, 입고 있던 가슴부분의 남방 단추가 떨어지려 할 때 원고가 불필요하게 단추를 만지는 등, 피해자3에게는 엉덩이를 손으로 툭툭치거나, 단둘이 있을 때 팔을 벌려 안거나, MT에서 자고 있던 피해자의 볼에 2차례 뽀뽀를 하는 등의 징계사유로 해임처분을 받았다. 소청심사위원회에서도 청구기각하자, 원고는 교원소청심사위원회결정취소를 구하는 소를 제기하였고 법원은 기각하였다. 주목할 점은, i) 피해자 2(고소제기하지 않음)가 확인서를 작성한 때부터 관련 형사 사건의 수사 단계를 거쳐 법정에 이르기까지 원고의 이러한 행위를 장난으로 받아들였고 이로 인하여 성적 수치심을 느끼지는 않았다고 진술하여 원고의 행위들을 성희롱으로 보지 않았다. 그러나 성희롱이 성립하기 위하여는 행위자에게 반드시 성적 동기나 의도가 있어야 하는 것은 아니지만, 객관적으로 상대방과 같은 처지에 있는 일반적이고도 평균적인 사람으로 하여금 성적 굴욕감이나 혐오감을 느낄 수 있게 하는 행위가 있고, 그로 인하여 행위의 상대방이 성적 굴욕감이나 혐오감을 느꼈음이 인정되어야 한다(대법원 2015. 2. 12. 선고 2014두43004 판결 등 참조)는 점에서 피해자 2에 대한 행위도 성희롱에 해당한다. ii) 징계사유의 존부에 대한 다툼 끝에 일부가 인정되지 않았는데(예컨대, 길에서 마주칠 때 팔을 벌리고 서 있는 행위가 포옹을 강요한 행위로 볼 순 없다는 점 등), 이에 대해 '수 개의 징계사유 중 일부가 인정되지 않더라도 인정되는 다른 일부 징계사유만으로도 해당 징계처분의 타당성을 인정하기에 충분한 경우에는 그 징계처분을 유지하여도 위법하지 아니하다 (대법원 2002. 9. 24. 선고 2002두6620 판결, 대법원 2010. 2. 25. 선고 2009두19144 판결 등 참조).'고 판시하였다(서울행정법원 2017. 1. 20. 선고 2015구합76889 판결).[30]

---

30) 위 판결은 서울고등법원이 대부분의 징계사유를 인정하지 않으면서 취소되었다(2017. 11. 10. 선고 2017누34836 판결). 그러나 대법원은 '성인지 감수성'을 제시하며 원심을 파기환송 하였다(2018. 4. 12. 선고 2017두74702 판결).
이 부분 대법원의 판결요지를 보면, "법원이 성희롱 관련 소송의 심리를 할 때에는 그 사건이 발생한 맥락에서 성차별 문제를 이해하고 양성평등을 실현할 수 있도록 '성인지 감수성'을 잃지 않아야 한다(양성평등기본법 제5조 제1항 참조). 그리하여 우리 사회의 가해자 중심적인 문화와 인식, 구조 등으로 인하여 피해자가 성희롱 사실을 알리고 문제를 삼는 과정에서 오히려 부정적 반응이나 여론, 불이익한 처우 또는 그로 인한 정신적 피해 등에 노출되는 이른바 '2차 피해'를 입을 수 있다는 점을 유념하여야 한다. 피해자는 이러한 2차 피해에 대한 불안감이나 두려움으로 인하여 피해를 당한 후에도 가해자와 종전의 관계를 계속 유지하는 경우도 있고, 피해사실을 즉시 신고하지 못하다가 다른 피해자 등 제3자가 문제를 제기하거나 신고를 권유한 것을 계기로 비로소 신고를 하는 경우도 있으며, 피해사실을

C. 인정하지 않은 판례

① 성희롱적 언행에 대해 비행사실의 일부는 인정되나, 일부 직원들의 제보로 해당 내용이 언론사를 통해 보도되면서 그 파장이 그 비위행위 자체의 중대성에 비하여 크게 확대된 측면이 있고, 실제 보도된 내용 중 상당 부분이 징계사유로 인정되지 않은 점을 감안하면 해임이라는 중징계를 함에 있어 주요하게 고려하는 것은 적절하지 않다. 또 장기간 복무한 점을 고려하면 해임처분으로 인해 원고가 입는 경제적, 사회적 불이익은 매우 크다고 보아 해임처분을 취소한 사례(서울행정법원 2020. 8. 14. 선고 2019구합65153 판결).

② 대학교수인 원고의 성희롱 사건에서, 원고의 성희롱 행위가 반복적, 지속적으로 행하여졌다고 볼만한 사정은 보이지는 않는 점, 원고는 대학교에 임용된 이후 형사처벌이나 징계처분을 받은 전력이 없고, 약 15년간 교수로 성실히 근무하면서 우수교원으로 표창을 받거나 저술활동을 하는 등 교수 본연의 연구활동에 충실했던 것으로 보이는 점 등을 종합하여 보면, 원고에게 교원으로서의 신분 박탈에 더하여 파면 처분을 함으로써 경제적 불이익 등을 가하여야 할 필요까지 인정된다고 보기는 어렵다. 따라서 피고가 원고에 대하여 이 사건 파면을 한 것은 이 사건 각 징계사유의 내용 및 비위의 정도에 비하여 과중하여 비례원칙에 위배된다(대전지방법원 2021. 2. 4. 선고 2019구합105541 판결).

③ 피해자가 현장에 없는 가운데 성적 언동을 한 경우: 원고는 육군중사인데 훈련장에서 피해자 여자 하사 B의 남자친구인 A에게 'B하사와 데이트는 어떻게 하나, 방 잡고 잤냐, 남자하고 여자하고 한방에서 자면 아무 일 없을 수 있냐, 손만 잡고 잤냐, B하사랑 진도를 어디까지 갔냐'의 말을 하였고 이로인해 B하사에게 성적 굴욕감 내지 혐오감을 느끼게 하였다며 징계의결요구되어 항고심에서 정직1월로 결정되었다(영내폭행혐의 포함). 원고는 하사 A에게 징계대상사실을 발언한 적은 있으나, 이는 하사 B에 대한 성희롱이 되지 않는다며 징계처분취소소송을 제기하였다.

신고한 후에도 수사기관이나 법원에서 그에 관한 진술에 소극적인 태도를 보이는 경우도 적지 않다. 이와 같은 성희롱 피해자가 처하여 있는 특별한 사정을 충분히 고려하지 않은 채 피해자 진술의 증명력을 가볍게 배척하는 것은 정의와 형평의 이념에 입각하여 논리와 경험의 법칙에 따른 증거판단이라고 볼 수 없다."
환송판결은 다시 서울고등법원에서 1심을 인정하여 원고의 항소를 기각하는 판결을 하였다(2018. 9. 12. 선고 2018누42469 판결).

상대방에게 직접적으로 한 말만이 성희롱의 태양인 '성적 언동'이 되는 것은 아니나, 상대방에게 직접적으로 발언을 한 경우나 상대방이 있는 자리에서 발언을 한 경우와 이 사건과 같이 상대방이 없는 자리에서 발언을 한 경우를 동일하게 볼 수는 없다. 특히 이 사건 발언은 원고가 A에게 성관계 여부를 묻는 내용이 결과적으로 그와 연인관계인 하사 B의 성관계 여부를 묻는 결과가 된 것에 불과하다. 또 함께 있던 하사에 의하면, 원고가 그 분위기를 풀기 위해 장난스럽게 말을 하던 와중에 나온 것이라고 진술하고 있다. 하사 B가 A로부터 이 사건 발언을 전해 듣고서 불쾌감을 느낄 수는 있겠으나, 이 사건 발언의 내용, 이 사건 발언의 경위, 이 사건 발언이 행해진 장소와 상황 등 제반사정을 고려하면 이 사건 발언이 객관적으로 상대방과 같은 처지에 있는 일반적이고도 평균적인 사람으로 하여금 성적 굴욕감이나 혐오감을 느낄 수 있게 하는 발언이라고 보기는 어렵다(의정부지방법원 2022. 8. 23. 선고 2021구합11840 판결).

D. 성인지 감수성

위 대법원 2018. 4. 12. 선고 2017두74702 판결부터 '성인지 감수성'이란 용어가 등장하며 성관련범죄의 판단에 있어 중요한 기준이 되고 있다. 원문은 gender sensitivity이다. 번역상으로는 '성별 감각'이 옳으나 유엔 여성대회에서 사용된 후 통용되다 보니 여성학 연구결과나 감성적 의미를 가미하여 번역된 것으로 보인다.

성인지 감수성에 대해 판례는 직접적 정의를 내린 바는 없고 앞서 본 판결에서 법원이 성희롱 관련 소송의 심리를 할 때에는 그 사건이 발생한 맥락에서 성차별 문제를 이해하고 양성평등을 실현할 수 있도록 '성인지 감수성'을 잃지 않아야 한다고 판시하여, 성인지 감수성은 '성희롱 관련 소송의 심리를 할 때에 그 사건이 발생한 맥락에서 성차별 문제를 이해하고 양성평등을 실현할 수 있도록 하는 것'이라고 간접적으로 정의를 내렸다고 볼 수 있다. 옮기면, '법원이 성희롱 관련 소송의 심리를 할 때에는 그 사건이 발생한 맥락에서 성차별 문제를 이해하고 양성평등을 실현할 수 있도록 '성인지 감수성'을 잃지 않아야 한다(양성평등기본법 제5조 제1항 참조). 그리하여 우리 사회의 가해자 중심적인 문화와 인식, 구조 등으로 인하여 피해자가 성희롱 사실을 알리고 문제를 삼는 과정에서 오히려 부정적 반응이나 여론, 불이익한 처우 또는 그로 인한 정신적 피해 등에 노출되는 이른바 '2차 피해'를 입을 수 있다는 점을 유념하여야 한다. 피해자는 이러한 2차 피해에 대한 불안감이나 두려움으로 인하여 피해를 당한 후에도 가해자와 종전의 관계를 계속 유지하는 경우도 있고, 피해사실을 즉시 신고하지 못하다가 다른 피해자 등 제3자가 문제를 제기하거나 신고를 권유한 것을 계기로 비로소 신고를 하는 경우도 있으며, 피해사실을 신고한 후에도 수사기관이나 법원에서 그에 관한 진술에 소극적인 태도를 보이는 경우도 적지 않다. 이와 같은 성희롱 피해자가 처하여 있는 특별한 사정을 충분히 고려하지 않은 채 피해자 진술의 증명력을 가볍게 배척하는 것은 정의와 형평의 이념에 입각하여 논리와 경험의 법칙에 따른 증거판단이라고 볼 수 없다(위 2017두74702 판결).

향후 성인지 감수성의 구체적 기준이 정립될 필요가 있다.

(다) 성매매

A. 개념

성매매알선 등 행위의 처벌에 관한 법률 제2조제1항제1호에서, "성매매"란 불특정인을 상대로 금품이나 그 밖의 재산상의 이익을 수수(收受)하거나 수수하기로 약속하고 성교행위나 구강, 항문 등 신체의 일부 또는 도구를 이용한 유사 성교행위에 해당하는 행위를 하거나 그 상대방이 되는 것을 말한다. 공무원이 위 행위를 범한 경우 형사처벌 이외에 징계를 받을 수 있다.

B. 인정한 판례

① 원고는 경장으로 근무하는 경찰관으로 관내 성매매업소에서 동료경찰관이 지불하여 함께 성매수를 한 사유에 대해 해임의 처분을 하였다. 원고는 소청심사를 청구하였고 소청심사위원회는 정직3월로 변경하였다. 원고는 징계처분취소의 소를 제기하였으나 법원은, i) 원고는 경찰공무원으로서 업무의 특성상 고도의 청렴성과 품위유지가 요구되는 점, ii) 이 사건 징계사유의 내용이 단속대상인 성매매업소에서 성매매를 하는 등 경찰로서의 품위를 손상한 것으로서 불법성 및 비난가능성이 매우 높은 점, iii) 소청심사위원회는 이 사건이 단순성매매 비위행위로서 취중에 이루어진 사정과 원고의 평소 근무태도 등을 반영하여 해임 처분을 정직 3월 처분으로 감경한 점, 그 밖에 이 사건 처분에 이르게 된 경위, 징계에 의하여 달성하려고 하는 행정목적 등을 종합하여 보면, 원고가 주장하는 여러 사정을 감안하더라도 이 사건 처분이 객관적으로 부당하다거나 사회통념상 현저하게 타당성을 잃어 재량권을 일

탈·남용하였다고 할 수 없다(부산지방법원 2013. 4. 12. 선고 2012구합5771 판결).

(라) 성폭력범죄의처벌등에관한특례법위반(성적목적다중이용장소침입)

원고는 중등 교사로 한국○○대학교에 교원연수 파견 중이었다. 원고는 수차례 위 한국○○대학교 융합과학관 2층 여자화장실에서 여장한 자신의 모습을 휴대폰으로 촬영하여 그 무렵 인터넷 디시인사이드 여장갤러리에 게시하기 위하여 여자교복을 입는 등 여장을 하고 위 화장실에 들어가 사진을 촬영하였고, 그 무렵 이 사건 갤러리에 그 사진을 게시하였다. 검찰청으로부터 성폭력범죄의처벌등에관한특례법위반(성적목적다중이용장소침입)으로 기소유예처분을 받았으나 징계위원회에 회부되어 해임처분을 받았다. 원고는 해임처분취소를 구하는 소송에서, 자신은 어려서부터 자신의 성 정체성에 대한 혼란과 사람들로부터 소외감과 고립감을 느끼던 중 이 사건 갤러리에 여장한 사진을 올려 위 갤러리 내 사람들로부터 인정을 받게 되자 위 갤러리에 올릴 사진을 촬영하기 위하여 여장을 하고 한국○○대학교 소재 여자화장실에 들어가기는 하였으나 이는 단순히 여장한 자신의 모습을 촬영하기 위하여 사람이 없는 여자화장실에 들어갔던 것이고, 화장실에 들어가서도 세면대에서 사진을 찍기 위해 잠시 머물렀을 뿐, 화장실 내에서 용변칸에 들어가 다른 사람들을 훔쳐보거나 노출 등을 하지도 않았는바, 원고는 자신의 성적 욕망을 만족시킬 목적으로 위 여자화장실에 침입하지 아니하였으므로, 이 사건 징계사유는 존재하지 아니한다고 주장하였다.

법원은, '성폭력범죄의 처벌 등에 관한 특례법 제12조의 성적목적다중이용장소침입죄는 자기의 성적 욕망을 만족시킬 목적으로 일정한 다중이용장소에 침입하거나 같은 장소에서 퇴거의 요구를 받고 응하지 아니한 경우에 성립하는 범죄로, 다중이용장소의 평온과 그 다중이용장소를 이용하는 불특정 다수의 성적 자기결정권 내지 성적 자유 및 일반적 인격권, 사회의 건전한 성풍속 확립 등을 그 보호법익으로 하는 이른바 위험범이므로, 범행 당시 반드시 피해자가 존재하거나 그의 성적 자기결정권이나 성적 자유가 침해되어야 하는 것은 아니다. 한편, '성적 욕망'에는 성행위나 성관계를 직접적인 목적이나 전제로 하는 욕망뿐만 아니라, 상대방에게 성적 욕망을 불러일으키거나 상대방을 성적으로 비하·조롱하는 등 상대방에게 성적 수치심을 줌으로써 자신의 심리적 만족을 얻고자 하는 욕망도 포함된다고 보아야 한다(대법원 2018. 9. 13. 선고 2018도9775 판결 등 참조). 나아가 피해자가 성적 자유를 침해당

했을 때 느끼는 성적 수치심은 부끄럽고 창피한 감정으로만 나타나는 것이 아니라 분노·공포·무기력·모욕감 등 다양한 형태로 나타날 수 있는바, 성적 수치심의 의미를 협소하게 이해하여 부끄럽고 창피한 감정이 표출된 경우만을 그 보호의 대상으로 한정하는 것은 성적 피해를 당한 피해자가 느끼는 다양한 피해 감정을 소외시키고 피해자로 하여금 부끄럽고 창피한 감정을 느낄 것을 강요하는 결과가 될 수 있으므로, 피해 감정의 다양한 층위와 구체적인 범행 상황에 놓인 피해자의 처지와 관점을 고려하여 성적 수치심이 유발되었는지 여부를 신중하게 판단해야 한다(대법원 2020. 12. 24. 선고 2019도16258 판결 등 참조).'며 원고가 이 사건 징계사유와 같이 이 사건 갤러리에 자신의 여장한 모습을 촬영한 사진을 올리기 위하여 여장을 하고 여자화장실에 들어가 자신의 여장한 모습을 촬영하고, 나아가 그 사진을 위 갤러리에 게시하기까지 한 것은 원고 자신의 성적 욕망을 만족시킬 목적으로 이루어진 행위라고 할 것이고, 원고가 여자화장실에 들어갈 당시 그 화장실을 이용하고 있는 사람이 없었다거나 원고가 오로지 여장한 자신의 모습을 촬영하기 위하여 들어갔다고 하더라도 달리 볼 수 없다(광주지방법원 2022. 6. 9. 선고 2021구합13322 판결)고 판시하였다.

(마) 카메라등 촬영[31]

① 원고는 피해자와 성관계를 갖던 중 피해자 몰래 나체 상태인 피해자의 신체를 촬영하였으며, 촬영한 횟수가 2회에 이른다는 점에서 이 사건 비위행위는 성적 욕망 또는 수치심을 유발할 수 있는 사람의 신체를 그 의사에 반하여 촬영한 것으로서 성폭력범죄의처벌등에관한특례법 제14조 제1항의 성폭력범죄에 해당한다고 봄이 타당하다. 원고에 대한 해임처분이 재량권을 일탈·남용한 경우에 해당한다고 볼 수 없다(수원고등법원 2020. 12. 23. 선고 2020누12502 판결).

② 원고는 초등학교 교사로 제직 중, 버스정류장에서 버스를 기다리고 서 있던 피해여성의 뒤쪽에서 휴대전화로 치마 속을 촬영하였다. 이에 경기도 교육감은 해임처분을 하였다. 법원은, 원고는 버스정류장에서 짧은 치마를 입은 피해여성의 뒤쪽으로 접근하여 의자에 앉은 다음 휴대전화를 꺼내어 30초 가량 자신의 얼굴을 촬영하

---

31) 2021. 8. 27. 공무원징계령 시행규칙 개정에서, 통신매체를 이용한 음란행위 및 카메라 등을 이용한 신체의 불법 촬영 등에 대한 별도의 징계기준을 신설하면서 해당 비위에 대한 최소 징계기준을 강화하는 등 성폭력범죄에 대한 징계기준을 세분화·체계화하고, 성 관련 비위 피해자 등에게 2차 피해를 입힌 경우에 대한 징계기준을 신설하였다.

다가 순간적으로 피해여성의 다리 사이로 휴대전화를 집어넣어 치마 속을 촬영한 사실, 피해여성의 치마 속이 촬영된 시간은 1－2초에 이르며 원고는 위 시간동안 자신의 휴대전화를 응시하고 있었던 사실, 피해여성과 함께 있던 남자친구가 원고의 촬영사실을 발견하고 경찰에 신고하였고, 이로 인하여 원고가 수원지방법원 안산지청에서 성폭력처벌법위반(카메라등이용촬영)죄로 기소유예 처분을 받은 사실(위 검찰청 2018년 형제29878호)을 인정할 수 있다. 위 인정사실에 의하면, 이 사건 비위행위는 성적 수치심을 유발할 수 있는 다른 사람의 신체를 그 의사에 반하여 촬영한 행위로서 구 성폭력처벌법 제14조 제1항의 성폭력범죄에 해당한다고 봄이 타당하다. 해임처분의 징계양정에 대해서도 재량권을 일탈·남용한 경우에 해당한다고 볼 수 없다(수원고등법원 2020. 8. 19. 선고 2020누10568 판결)고 보았다.

(바) 2차 피해[32]

① 원고는 초등학교 교장으로 피해교사가 성관련 피해 면담을 하였으나, 적절한 사건조사 및 피해자보호조치를 취하지 않아 성실의무를 위반한 점 및 '가해교사는 자숙하고 해서 시골에서 지금 혼자 있어요', '두 사람이 음주사건으로 인해서 품위유지 의무를 위반하여 왔는데 그래도 약자인 피해교사를 배려하자고 생각하여 원하는 요구사항을 들어주고 최대한 조치를 했다'는 등의 발언을 하여 2차 피해를 입혀 품위유지의무를 위반한 점 등의 징계사유로 정직 1월의 처분을 받았다(다만, 법원의 최종판단은 징계양정기준에 비해 과하여 재량권의 일탈 남용이 있다고 보았다)(인천지방법원 2022. 6. 17. 선고 2021구합55948 판결).

위 판결에서 교육부 매뉴얼상 교직원 간 성희롱·성폭력 사건 처리 지침을 소개하고 있는데, '성희롱 사안이 학교 내 성고충상담창구 상담 등을 통하여 인지된 경우, 성고충상담원은 피해 및 가해 교직원을 상담하여 사안에 대한 공식 조사 및 심의 절차 진행 여부를 판단한다. 그 결과 ㉮ 조사가 필요한 경우에는 피해 교직원으로부터 접수신청서를 작성·제출받아 조사 및 성고충심의위원회 개최 등의 절차를 진행하고, ㉯ 피해 교직원이 가해 교직원과의 화해를 통한 해결을 원하는 경우 성고충상담 창구의 중재로 당사자 간 화해로 사건을 종결한다. 위 ㉯의 방법으로 사건을 처리하

---

32) 2차 피해에 대하여는 「여성폭력방지기본법」에 상세하다. 제3조제3호에서 정의를, 제14조에서 피해자의 2차 피해로부터 보호받을 권리 등을 규정하고 있다.

는 경우 주의사항으로 '중재과정에서 가해교직원과 피해교직원을 대면시키지 않음', '성급한 중재를 시도하거나, 가해교직원에 대한 과도한 요구는 화해를 저해할 수 있으므로 주의하도록 함', '사실관계를 어느 정도 파악한 후에 피해 교직원의 의사를 존중하는 방향으로 중재가 이루어지도록 함'을 정하고 있다. 한편, 위 ㉮, ㉯ 절차와 무관하게 초기대응으로 '필요 시 가해 교직원 긴급격리 조치'를 하거나, 피해 교직원 지원을 위한 '다각적이고 적극적인 보호 조치'를 하여야 한다는 내용이다.

② 이 사건 징계사유는 성 비위 사건의 피해자와 신고자의 신원에 관하여 비밀을 유지할 의무가 있는 감찰관인 원고가 신고자의 신원을 노출함으로써 신고자에 대한 허위소문이 발생·유포되어 2차 피해가 발생된 것이다. 원고가 피해자와 신고자가 속해 있는 지구대의 책임자인 지구대장에게 신고자의 신원을 알려주게 된 경위에 대해서 비록 참작할 사유가 있다고 하더라도 성 비위 사건이 대부분 은밀하게 이루어지고 그 신고 역시 주변의 도움이 없이는 사실상 곤란한 점, 이 사건 징계사유 발생 전부터 피고가 성 비위 사건의 피해자 및 신고자의 신원 노출 방지 등에 관한 대책을 마련하여 시행하고 있었던 점 등 이 사건 징계사유의 발생 경위와 내용 및 그 이후 원고의 대처 정도, 피해자와 신고자의 신원이 노출됨으로써 발생된 2차 피해로 인하여 그들이 입은 정신적인 고통 등을 고려할 때 원고는 그 기준에 맞는 견책 처분을 받았고, 피고가 정한 위 징계양정 기준이 불합리하다고 보이지도 않는다(서울행정법원 2019. 5. 10. 선고 2018구합6249 판결).

(사) 기타

① 성비위행위 관련 징계에서 징계대상자에게 피해자의 '실명' 등 구체적인 인적사항이 공개되지 않은 경우: 성비위행위의 경우 각 행위가 이루어진 상황에 따라 그 행위의 의미 및 피해자가 느끼는 불쾌감 등이 달라질 수 있으므로, 징계대상자의 방어권을 보장하기 위해서 각 행위의 일시, 장소, 상대방, 행위 유형 및 구체적 상황이 다른 행위들과 구별될 수 있을 정도로 특정되어야 함이 원칙이다. 그러나 각 징계혐의사실이 서로 구별될 수 있을 정도로 특정되어 있고, 징계대상자가 징계사유의 구체적인 내용과 피해자를 충분히 알 수 있다고 인정되는 경우에는 징계대상자에게 피해자의 '실명' 등 구체적인 인적사항이 공개되지 않는다고 하더라도, 그와 같은 사정만으로 징계대상자의 방어권 행사에 실질적인 지장이 초래된다고 볼 수 없다. 특히

성희롱 피해자의 경우 2차 피해 등의 우려가 있어 실명 등 구체적 인적사항 공개에 더욱 신중히 처리할 필요가 있다는 점에서 더욱 그러하다(대법원 2022. 7. 14. 선고 2022두33323 판결).

② 피해자임을 주장하는 사람이 성폭행 등의 피해를 입었다고 신고한 사실에 대하여 무고죄가 성립하는지 여부를 판단할 때 고려되어야 할 사항(대법원 2024. 5. 30. 선고 2021도2656 판결 [무고[33]]): 성폭행이나 성희롱 사건의 피해자가 피해사실을 알리고 문제를 삼는 과정에서 오히려 피해자가 부정적인 여론이나 불이익한 처우 및 신분 노출의 피해 등을 입기도 하여 온 점 등에 비추어 보면, 성폭행 피해자의 대처 양상은 피해자의 성정이나 가해자와의 관계 및 구체적인 상황에 따라 다르게 나타날 수밖에 없다. 따라서 개별적, 구체적인 사건에서 성폭행 등의 피해자가 처하여 있는 특별한 사정을 충분히 고려하지 않은 채 피해자 진술의 증명력을 가볍게 배척하는 것은 정의와 형평의 이념에 입각하여 논리와 경험의 법칙에 따른 증거판단이라고 볼 수 없다(대법원 2018. 4. 12. 선고 2017두74702 판결, 대법원 2018. 10. 25. 선고 2018도 7709 판결 등 참조).

위와 같은 법리는, 피해자임을 주장하는 사람이 성폭행 등의 피해를 입었다고 신고한 사실에 대하여 증거불충분 등을 이유로 불기소처분되거나 무죄판결이 선고된 경우 반대로 이러한 신고내용이 객관적 사실에 반하여 무고죄가 성립하는지 여부를 판단할 때에도 마찬가지로 고려되어야 한다. 따라서 개별적, 구체적인 사건에서 피해자임을 주장하는 사람이 처하였던 특별한 사정을 충분히 고려하지 아니한 채 진정

---

33) 피고인이 '피무고자가 2001. 12.경 논술지도를 빙자하여 당시 고등학교 2학년인 피고인을 강간하여 상해를 입히는 등 그 무렵부터 2017. 8.경까지 피고인을 상습으로 강간하였고, 피고인의 의사에 반하여 피고인의 나체나 성관계 모습을 촬영하였으며, 피고인으로부터 거액을 갈취하였다'는 내용으로 피무고자를 허위 고소하였다는 무고로 기소된 사안에서, 원심은, 피고인이 작성한 일기, 이메일이나 피무고자 사이에 주고받은 문자메시지, 촬영된 사진이나 동영상 등을 근거로, 피고인과 피무고자가 연인관계이고 피고인과 피무고자의 성관계 등은 모두 합의에 의한 것이라는 이유로 이를 유죄로 판단하였다. 대법원은 피고인과 피무고자 사이에 애초에 형성된 관계, 피고인이 피무고자와 최초에 성관계를 가지게 된 경위와 내용, 이후 피무고자와 사이에 유지된 관계의 내용, 피고인이 피무고자와 헤어지기로 한 다음 피고인의 사진이나 동영상 유출과 같은 협박 등 피무고자가 보인 태도, 피고인이 피무고자 사이에서 오랜 기간 처해있었던 특별한 사정과 이에 대한 피고인의 구체적이고 일관된 진술 등에 비추어 볼 때, 피고인의 고소사실이 객관적 진실에 반하는 허위사실이라는 점에 대한 적극적 증명이 이루어졌다고 보기 어렵다고 보아, 이와 달리 공소사실을 유죄로 판단한 원심을 파기·환송하였다.

한 피해자라면 마땅히 이렇게 하였을 것이라는 기준을 내세워 성폭행 등의 피해를 입었다는 점 및 신고에 이르게 된 경위 등에 관한 변소를 쉽게 배척하여서는 아니 된다(대법원 2019. 7. 11. 선고 2018도2614 판결 등 참조).

나. 청렴, 부패관련

① 원고는 지방교육청에서 지방기술서기관으로 근무하던 중 직무관련자인 창호 제조업체의 A로부터 4회에 걸쳐 주류 등 975,000원을 수수하였고, 29회에 걸쳐 식사 등 1,062,910원 상당의 향응을 제공받았고, A에게 공사 현장소장의 휴대전화번호와 교육시설지원단의 직제표를 제공하여 개인정보보호법을 위반하였다는 징계사유로 대구광역시교육청 인사위원회에 회부되어 지방공무원법 제48조(성실의 의무), 제53조(청렴의 의무) 및 대구광역시 교육청 공무원 행동강령 제14조(금품 등의 수수 금지)를 위반하였다는 이유로 해임 및 징계부가금 3배에 처한다는 징계의결이 있었고, 이에 따라 대구광역시교육감은 그대로 처분하였다. 소청심사위원회에서도 기각되고 법원쟁송에서도 기각되었다(대구지방법원 2019. 3. 20. 선고 2018구합24966 판결).

② 서울행정법원은 A검사가 법무부장관과 서울고검장을 상대로 낸 견책처분 취소 소송에서 원고패소 판결했다. A검사는 2017년 1억7500만원을 대출받아 배우자의 주식계좌에 송금하고 배우자가 이 돈을 포함해 1억9000여만원으로 주식을 산 혐의로 징계를 받았다. 이러한 의혹은 2019년 A검사가 승진 대상자에 올라 재산관계를 검증하는 과정에서 불거졌다. A검사는 대검찰청 예규인 '금융투자상품 거래금지 및 재산내역 제출에 관한 지침'을 어겼다는 이유로 2020년 11월 견책 처분을 받았다. A검사는 "주식 거래는 배우자에 의한 것이고, 배우자와 주식거래를 공모한 사실이 없어 지침을 위반한 것이 아니다"라고 주장하면서 소송을 냈다.

재판부는 "A검사와 배우자는 경제적 효과를 공동으로 누릴 의사에서 이 사건 주식을 취득한 것으로 보인다며 "직접 주식 매수 주문을 하고 금액을 결제하는 행위를 하거나 매매 행위자와 구체적으로 공모한 경우에만 지침을 위반한 것이라고 볼 수 없다"고 밝혔다. 이어 "투자일임 계약으로 매매하는 등 대검 예규에서 정한 예외 사유에 해당하지 않는 이상 징계 사유에 해당한다"고 보았다(서울행정법원 2022. 1. 18. 선고 2021구합516542 판결).

다. 청탁금지법 위반

① 청탁금지법은 공직자등의 공정한 직무수행을 저해하는 부정청탁 관행을 근절하고, 공직자등의 금품등의 수수행위를 직무관련성 또는 대가성이 없는 경우에도 제재가 가능하도록 하여 공직자등의 공정한 직무수행을 보장하고 공공기관에 대한 국민의 신뢰를 확보한다는 중대한 목적을 위하여 형사법상의 뇌물죄로 포섭할 수 없는 부분까지 광범위하게 규율하고자 제정되었다. 이와 같은 청탁금지법의 입법취지나 각 금지규정의 내용에 비추어 볼 때 청탁금지법에서 정한 직무관련성을 '금품등 제공자를 상대로 한 직접적인 업무를 담당하는 경우'로 좁게 인정할 경우 청탁금지법의 입법취지가 몰각되거나 법적 제한이 잠탈될 우려가 있음은 자명하다. 따라서 금품등 제공자를 상대로 한 직접적인 업무를 담당하는 경우만이 아니라 담당하는 업무의 성격상 금품등 제공자에 관한 정보나 의견을 제시하는 등으로 직접적인 업무를 담당하는 자에게 영향을 줄 수 있는 업무를 담당하거나 그러한 위치에 있는 공직자등의 경우 역시 금품 등 제공자와 직무관련성이 있는 자에 해당한다고 봄이 상당하다. 마찬가지로, 공직자등과 직접적인 업무 관계에 있는 상대방뿐만 아니라 그 상대방과의 관계 등에 비추어 그 상대방에 관한 정보나 의견을 제시하는 등으로 공직자등에게 영향을 줄 수 있는 금품 등 제공자의 경우에도 역시 공직자등과 직무관련성이 있는 자에 해당한다고 봄이 상당하다(광주지방법원 2021. 4. 29. 선고 2020구합14922 판결).

② 구 부정청탁 및 금품등 수수의 금지에 관한 법률(2021. 12. 16. 법률 제18581호로 개정되기 전의 것) 제8조 제3항 제6호는 직무와 관련된 공식적인 행사에서 주최자가 참석자에게 '통상적인 범위'에서 제공하는 숙박을 수수가 금지되는 금품 등의 범위에서 제외하고 있다. 여기에서 '통상적인 범위'란 사회통념상 일상적인 예를 갖추는 데 필요한 정도를 의미하는 것으로, 공직자 등에게 제공된 숙박이 통상적인 범위 내에 있는지는, 숙박이 제공된 공식적인 행사의 목적과 규모, 숙박이 제공된 경위, 동일 또는 유사한 행사에서 어떠한 수준의 숙박이 제공되었는지 등을 종합적으로 고려하여 판단해야 한다(대법원 2023. 3. 30. 선고 2022두59783 판결).

③ 청탁금지법 제8조는 '금품등의 수수 금지'라는 제목 아래 제1항에서 "공직자등은 직무 관련 여부 및 기부·후원·증여 등 그 명목에 관계없이 동일인으로부터 1회에 100만 원 또는 매 회계연도에 300만 원을 초과하는 금품등을 받거나 요구 또는

약속해서는 아니 된다."라고 규정하고, 제5항에서 "누구든지 공직자등에게 또는 그 공직자등의 배우자에게 수수 금지 금품등을 제공하거나 그 제공의 약속 또는 의사표시를 해서는 아니 된다."라고 규정한다. 그리고 그 제3항 각호에서는 위와 같이 수수를 금지하는 금품등에 해당하지 않는 경우를 열거하면서 제1호에서 "공공기관이 소속 공직자등이나 파견 공직자등에게 지급하거나 상급 공직자등이 위로·격려·포상 등의 목적으로 하급 공직자등에게 제공하는 금품등"을 규정하고 있다. 청탁금지법 제22조 제1항은 '제8조 제1항을 위반한 공직자등'(제1호)과 '제8조 제5항을 위반하여 같은 조 제1항에 따른 수수 금지 금품등을 공직자등 또는 그 배우자에게 제공하거나 그 제공을 약속 또는 의사표시를 한 자'(제3호)를 처벌하도록 규정하고 있다.

청탁금지법의 입법목적, 금품등 수수 금지 및 그 처벌규정의 내용과 체계, 처벌규정의 소극적 구성요건에 관한 제8조 제3항 제1호의 규정 내용 등을 종합하여 보면, 제8조 제3항 제1호에서 정한 '상급 공직자등'이란 금품등 제공의 상대방보다 높은 직급이나 계급의 사람으로서 금품등 제공 상대방과 직무상 상하관계에 있고 그 상하관계에 기초하여 사회통념상 위로·격려·포상 등을 할 수 있는 지위에 있는 사람을 말하고, 금품등 제공자와 그 상대방이 직무상 명령·복종이나 지휘·감독관계에 있어야만 이에 해당하는 것은 아니다(대법원 2018. 10. 25. 선고 2018도7041 판결).

라. 직권남용

① 형법 제123조의 직권남용권리행사방해죄는 공무원이 직권을 남용하여 사람으로 하여금 의무 없는 일을 하게 하거나 사람의 권리행사를 방해한 때에 성립하는 범죄이다. 여기에서 '직권남용'이란 공무원이 그 일반적 직무권한에 속하는 사항에 관하여 직권의 행사에 가탁하여 실질적, 구체적으로 위법·부당한 행위를 하는 경우를 의미하는 것으로서, 공무원이 그의 일반적 권한에 속하지 않는 행위를 하는 경우인 지위를 이용한 불법행위와는 구별된다(대법원 1991. 12. 27. 선고 90도2800 판결, 대법원 2009. 1. 30. 선고 2008도6950 판결 등 참조).

이러한 규정들의 취지, 목적, 체계 및 법리 등에 비추어 보면, 형사처벌과 징계처분은 그 목적, 절차, 내용, 효과 등이 서로 다르므로, 징계사유인 성실의무 위반행위에 해당하기 위하여 반드시 형법상 직권남용권리행사방해죄의 요건을 모두 충족할 필요까지는 없다고 보이고, 공무원이 그 지위를 이용하여 사람으로 하여금 의무 없는 일을 하게 하거나 사람의 권리행사를 방해하는 등의 행위가 사회상규에 비추어 정당한 것으로 보기 어려운 정도에 이르면 인정된다고 해석함이 타당하다(수원지방법원 2022. 9. 8. 선고 2021구합66679 판결).

② 원고는 보병사단 대대장으로 근무하던 중 소속대에서 병사들에게 종교활동에 참석하지 않은 경우 생활관 및 담당구역 청소 등을 시키거나 포상심의에서 불이익을 주겠다고 말함으로써 대대장의 직권을 남용하여 소속대 병사들의 종교의식 참여를 강요받지 않을 권리를 침해하였다는 등의 사유로 징계처분을 받았다. 원고는 특정종교를 강요하지 않았고 병사들의 군 생활 적응을 위한 배려라고 주장하였다. 그러나 법원은, 원고가 권한을 남용하여 소속대 병사들로 하여금 자기의 의사에 반하여 종교의식에 참여하도록 강요한 것이라고 판단하였다(수원지방법원 2020. 11. 12. 선고 2020구합61080 판결).

③ 서울중앙지방법원 형사수석부장판사로 재직하던 피고인이 계속 중인 사건의 재판에 관여하였다는 이유로 직권남용권리행사방해죄로 기소된 사안에서, 직권남용권리행사방해(이하 '직권남용'이라 한다)죄는 공무원이 일반적 직무권한에 속하는 사항에 관하여 직권의 행사에 가탁하여 실질적, 구체적으로 위법·부당한 행위를 한 경우에 성립하는데, 여기에서의 '직권남용'이란 공무원이 일반적 직무권한에 속하는 사항에 관하여 그 권한을 위법·부당하게 행사하는 것을 뜻한다. 어떠한 직무가 공무원의 일반적 직무권한에 속하는 사항이라고 하기 위해서는 그에 관한 법령상 근거가 필요하다(대법원 2019. 8. 29. 선고 2018도14303 전원합의체 판결, 대법원 2021. 3. 11. 선고 2020도12583 판결) 등의 법리를 원용하면서, 피고인의 행위는 부당하거나 부적절한 재판관여행위에 해당하나, 재판관여행위가 피고인의 일반적 직무권한에 속하는 사항에 관하여 직권을 행사하는 모습으로 이루어진 것은 아닌 점, 피고인의 재판관여행위가 담당재판장, 담당판사의 권한 행사를 방해하였다고 볼 수 없는 점, 피고인의 재판관여행위가 담당재판장, 담당판사 등에게 의무 없는 일을 하게 한 것으로 볼 수 없는 점, 피고인의 재판관여행위와 결과 사이에 상당인과관계가 인정되지 않는 점 등을 이유로 공소사실을 무죄로 판단한 원심판단을 수긍한 사례(대법원 2022. 4. 28. 선고 2021도11012 판결)는 비록 형사사건이지만 참고할 만하다.

마. 공무원 행동강령 위반

① 경찰관이 유흥주점 업주들로부터 금품 및 향응을 제공받았다는 시유로 견책처분을 받았다. 이에 불복하여 소송을 제기하였으나 법원은, 경찰청 공무원 행동강령및 '대상업소 접촉금지 제도'에 직접적으로 위배되는 행위로서, 경찰공무원에게는 그업무의 특성상 일반인이나 다른 공무원들에 비해 더욱 높은 도덕성과 준법정신이 요구되는 점에 비추어 보면, 이 사건 징계사유는 경찰공무원으로서의 품위를 크게 손상하고, 그 직위를 계속 수행토록 하는 것이 부당한 경우에 해당함이 충분히 인정된다(서울행정법원 2022. 7. 15. 선고 2022구합55293 판결).

② 원고는 주 베트남 대사로 근무하였고, 원고부부와 삼성방문단이 베트남 현지 기업인 썬그룹으로부터, 인터콘티넨털 호텔에서의 3박 4일 숙박을 무료로 제공받았다는등의 사유로 해임처분을 받았다. 원심은 해임처분취소 판결(2020누67287)을 하였으나대법원은, 썬그룹 측으로부터 1박당 200달러 수준의 예산으로는 인터콘티넨털 호텔에서의 숙박이 어렵다는 안내를 받자, 삼성방문단이 자신의 친구이기 때문에 썬그룹으로부터 특별한 대접을 받게 하고 싶다고 하면서, 할인된 가격으로 인터콘티넨털 호텔에서의 숙박을 다시 추진하였고, 그 결과 원고의 희망대로 인터콘티넨털 호텔에서 삼성전자의 현직 임원에 대하여는 무료 숙박이, 전직 임원에 대하여는 할인된 가격으로 숙박이 제공되었음을 알 수 있다. 그렇다면 원고의 위와 같은 행위는, 두 기업 사이의만남에 소요되는 경비의 비용부담에 관한 의견을 개진한 것에 불과하다고 볼 수 없고,자신의 직책에서 유래하는 사실상의 영향력을 행사하여 썬그룹으로 하여금 삼성방문단에 대하여 재화 또는 용역을 정상적인 관행에서 벗어나 제공하도록 청탁한 행위에해당한다. 원고는 「공무원 행동강령」제11조 제3항 제5호를 위반하였으므로, 이와 달리 본 원심의 판단에는 위 「공무원 행동강령」의 적용범위에 관한 법리를 오해하여 판결에 영향을 미친 잘못이 있다(대법원 2023. 3. 30. 선고 2022두59783 판결).

바. 공무원이 외부에 자신의 상사 등을 비판하는 의견을 발표하는 행위 등

① 공무원이 외부에 자신의 상사 등을 비판하는 의견을 발표하는 행위는 그것이비록 행정조직의 개선과 발전에 도움이 되고, 궁극적으로 행정청의 권한행사의 적정

화에 기여하는 면이 있다고 할지라도, 국민들에게는 그 내용의 진위나 당부와는 상관없이 그 자체로 행정청 내부의 갈등으로 비춰져, 행정에 대한 국민의 신뢰를 실추시키는 요인으로 작용할 수 있고, 특히 발표 내용 중에 진위에 의심이 가는 부분이 있거나 표현이 개인적인 감정에 휩쓸려 지나치게 단정적이고 과장된 부분이 있는 경우에는 그 자체로 국민들로 하여금 공무원 본인은 물론 행정조직 전체의 공정성, 중립성, 신중성 등에 대하여 의문을 갖게 하여 행정에 대한 국민의 신뢰를 실추시킬 위험성이 더욱 크므로, 그러한 발표행위는 공무원으로서의 체면이나 위신을 손상시키는 행위에 해당한다(대법원 2017. 4. 13. 선고 2014두8469 판결).

② 정권을 비판하는 글을 페이스북에 올린 고위공직자의 경우: 문화체육관광부 A 국장이 당시 정권의 반일(反日)선동 외교, 탈(脫)원전 정책, 한미동맹 흔들기 등을 비판하는 글들을 페이스북에 올렸다가 성실의무·품위유지의무 위반 등을 이유로 징계위원회에 회부되어 파면 처분을 받았다. 이에 대해 A국장이 파면처분취소소송을 제기, 1심 및 2심에서 모두 승소했고 2심 판결 후 문체부가 상고를 포기, 확정됐다. 법원은 "A 국장이 성실의무와 품위유지 의무를 위반한 것은 맞지만 파면처분은 과하다"는 것이었다. 판결확정 후 문체부는 새로운 징계 처분을 위해 다시 징계위원회를 열어 A국장에게 해임 결정을 내렸다(월간조선, 배진영 기자, 2022. 6. 15. '정권 비판하다 파면됐던 전 문체부 A국장, 다시 열린 징계위에서는 해임' 기사 참고).

사. 판결불이행

처분등을 취소하는 확정판결은 그 사건에 관하여 당사자인 행정청과 그 밖의 관계행정청을 기속한다(행정소송법 제30조제1항). 그럼에도 해당 공무원이 당해 판결에 따라 이행을 하지 않을 경우 손해배상이나 징계책임 등을 물을 수 있을 것이다. 다만 아직까지 판결불이행으로 징계책임을 물은 사례는 없다. 참고로 프랑스의 경우 행정판사는 공법인(국가, 지방자치단체, 공공시설(établissements publics)의 3가지 유형)에 대한 간접강제 결정에 따른 배상금 지불판결과 이행명령 판결을 할 권한이 있고, 행정기관은 행정판사의 이행명령을 따라야 한다.[34]

---

34) 박재현, "프랑스의 공법인의 판결 불이행 책임", 부산대학교 법학연구소, 법학연구, 2009, Vol.49 (2), 133−153쪽.

아. 악성 민원인을 끌어내는 행위

시청 민원실에서 소란을 피운 민원인을 바깥으로 끌어낸 공무원의 행위는 정당한 공무집행인지, 소란을 피운 민원인이 공무집행방해죄에 해당하는지에 대해, 원심은 시청 청사 내 주민생활복지과 사무실에 술에 취한 상태로 찾아가 소란을 피우던 민원인을 밖으로 데리고 나가는 행위는 직무집행에 해당한다고 보기 어렵다며 무죄를 선고하였다. 그러나 대법원은 원심을 파기하였는데, '시청 청사 내 주민생활복지과 사무실에 술에 취한 상태로 찾아가 소란을 피우던 피고인을 소속 공무원 갑과 을이 제지하며 밖으로 데리고 나가려 하자, 피고인이 갑과 을의 멱살을 잡고 수회 흔든 다음 휴대전화를 휘둘러 갑의 뺨을 때림으로써 시청 공무원들의 주민생활복지에 대한 통합조사 및 민원 업무에 관한 정당한 직무집행을 방해하였다는 공소사실로 기소된 사안에서, 지방공무원법 제51조, 제75조의2, 민원 처리에 관한 법률 제5조 제2항 등에 비추어 시청 주민생활복지과 소속 공무원이 주민생활복지과 사무실에 방문한 피고인에게 민원 내용을 물어보며 민원 상담을 시도한 행위, 피고인의 욕설과 소란으로 정상적인 민원 상담이 이루어지지 않고 다른 민원 업무 처리에 장애가 발생하는 상황이 지속되자 피고인을 사무실 밖으로 데리고 나간 행위는 민원 안내 업무와 관련된 일련의 직무수행으로 포괄하여 파악함이 타당한 점, 행위 당시의 구체적 상황에 기초를 두고 객관적·합리적으로 판단해 보면, 담당 공무원이 피고인을 사무실 밖으로 데리고 나가는 과정에서 피고인의 팔을 잡는 등 다소의 물리력을 행사했더라도, 이는 피고인의 불법행위를 사회적 상당성이 있는 방법으로 저지한 것에 불과하므로 위법하다고 볼 수 없는 점, 소란을 피우는 민원인을 제지하거나 사무실 밖으로 데리고 나가는 행위도 민원 담당 공무원의 직무에 수반되는 행위로 파악함이 타당하고 직무권한의 범위를 벗어난 행위라고 볼 것은 아닌 점 등을 종합하면, 피고인의 행위는 시청 소속 공무원들의 적법한 직무집행을 방해한 행위에 해당하므로 공무집행방해죄를 구성한다'고 판시하였다(대법원 2022. 3. 17. 선고 2021도13883 판결). 악성 민원인을 대처함에 있어 잘못하여 징계처벌이라고 받을까 두려워하는 입장에서 위 판결은 참고가 된다 할 것이다.

자. 정치적 중립의무

경기도의 한 시(市) 공무원 A씨는 지난 2월 초등학교 동창 28명이 모인 단체 카카오톡방에서 특정 국회의원 예비 후보를 언급하며 '전폭적인 지지를 바라네'라는 글을 올렸다. 그는 작년 12월부터 지난 4월 총선 전까지 3개월간 이 후보의 SNS(소셜미디어) 게시글에 106차례 '좋아요'를 눌렀다. 지지 댓글도 세 번 작성한 것으로 조사됐다. A씨는 행정안전부 감찰에 적발돼 중징계를 받게 됐다. 또 다른 시 공무원 B씨는 작년 12월부터 올 3월까지 국회의원 예비 후보 등의 소셜미디어 게시글에 102번 '좋아요'를 클릭해 경징계를 받게 됐다.

행정안전부는 7일 이러한 내용의 22대 국회의원 선거(총선) 특별감찰 결과를 공개했다. 행안부는 작년 12월 말부터 총선 전날인 지난 4월 9일까지 약 3개월간 전국 지방자치단체 공무원들의 선거 개입, 중립 의무 위반 등에 대한 특별감찰을 실시했다. 그 결과, 총 39건의 법 위반 사례를 적발했다. 이 중 총선 관련 법 위반 사례는 21건이었다. 행안부는 이와 관련해 2명을 파면·해임·강등·정직 등 중징계 처분할 것을 소속 지자체에 요청했다. 2명은 감봉·견책 등 경징계, 19명은 훈계 요청했다. 가장 흔한 사례는 A씨나 B씨처럼 특정 후보의 소셜미디어 글에 '좋아요'를 누르거나 지지 댓글을 단 경우였다.

이 외에 한 도청 공무원은 지난 2월 국회의원 예비 후보의 지지 모임에 참석해 예비 후보, 지지자들과 '축 당선'이라는 문구가 적힌 케이크를 나눠 먹은 사실이 드러나 중징계 처분을 받게 됐다. 한 시 홍보팀장은 작년 12월 시장의 치적을 담은 시정 소식지를 시내 모든 가구와 관련 기관 등에 총 2만 3,000부 배포한 사실이 적발됐다. 공직선거법에 따르면, 선거를 앞두고는 선거에 영향을 줄 수 있는 시정 소식지를 배포할 수 없다. 한 구의회 소속 공무원은 올 1월 구의회 의장의 지시로 구청 출입기자 8명에게 특정 예비 후보의 예비 후보 등록 일정을 안내하는 문자를 보냈다가 훈계 처분을 받게 됐다.

이번 특별감찰 과정에서는 청탁금지법 위반, 초과근무수당 부당 수령 등 사례도 18건 적발됐다. 한 시 공무원은 작년 11월 시설 보수 공사를 할 업체를 선정하는 과정에서 시의원의 청탁을 받고 특정 업체를 밀어주기 위해 심의위원회 위원들을 포섭한 사실이 드러났다. 행안부는 이 공무원을 청탁금지법 위반 혐의로 경찰에 수사 의뢰할 것을 소속 시에 요청했다(2024. 6. 8. 조선일보 "총선 후보 SNS에 '좋아요' 누른 공무원 중징계", 안준현 기자, A10면).

차. 재난사고

① 소위 '세월호 사건'에서 원고는 당시 해양경찰청 서해지방해양경찰청 경비안전과 진도 연안 해상교통관제센터(Coastal Vessel Traffic Service Center, 이하 '진도 VTS'라 한다)에서 해상교통관제센터장으로 근무하였다. 사건 후 감사원은 해양경찰청장에게 '원고가 i) 세월호 사고 당시 세월호와 교신하면서 파악한 정보를 서해지방해양경찰청 상황실에만 보고하고 출동 중인 함정, 헬기 등 구조세력에 전파하지 아니하여 적절한 구조 활동이 이루어지지 못하게 하였고, ii) 진도 VTS 관제요원들이 진도 VTS 관제 구역을 2개 섹터로 분할하고 섹터별로 관제요원을 지정하여 책임관제를 시행하도록 한 근무명령과 다르게 2011. 4.경부터 야간에 1섹터 관제요원이 1, 2섹터를 모두 관제하는 변칙근무를 하였음에도 원고가 그에 관한 복무감독을 소홀히 하였으며, iii) 관제요원의 변칙근무를 은폐하기 위하여 진도 VTS 내 CCTV 카메라를 관제석이 보이지 않는 바다 방향으로 돌려놓은 채 운영하다가 세월호 사고 이후 위와 같은 사실이 밝혀질 것을 우려하여 CCTV를 철거하고, CCTV 녹화 영상을 삭제하는 등'의 비위행위를 저질렀고, 이는 국가공무원법 제56조(성실 의무)를 위반하여 국가공무원법 제78조 제1항의 징계사유에 해당한다는 이유로 원고에 대하여 해임의 징계처분을 할 것을 요구하였다. 서해해양경비안전본부장은 원고에 대하여 국가공무원법 제78조 제1항에 따라 강등의 징계처분을 하였다. 원고가 제기한 소청심사위원회에서 정직 3월로 결정되었고 그 후 정직처분취소소송에서 원심은 원고의 비위행위의 정도에 비하여 처분이 과중하다며 원고 승소 판결하였다(광주고등법원 2017. 5. 18. 선고 2016누5128 판결). 그러나 대법원은, '공무원에 대한 징계처분이 사회통념상 현저하게 타당성을 잃었는지는 구체적인 사례에 따라 직무의 특성, 징계의 원인이 된 비위사실의 내용과 성질, 징계에 의하여 달성하려고 하는 행정목적, 징계양정의 기준 등 여러 요소를 종합하여 판단할 때 징계내용이 객관적으로 명백히 부당하다고 인정할 수 있는 경우라야 한다. 징계권자가 내부적인 징계양정기준을 정하고 그에 따라 징계처분을 하였을 경우 정해진 징계양정기준이 합리성이 없다는 등의 특별한

사정이 없는 한 당해 징계처분이 사회통념상 현저하게 타당성을 잃었다고 할 수 없다.'며 원심을 파기하였다(대법원 2017. 11. 9. 선고 2017두47472 판결).

② 행정안전부는 2020. 10. 23. '코로나19 확산방지를 위한 이·통장 등 단체여행 자제 협조 요청'이라는 제목으로 가을철 야외활동 증가에 따른 코로나19 감염 확산 방지를 위해 단체여행을 자제할 것을 권고하는 공문을 발송하였다. 원고는 B자치단체 소속 공무원으로 위 공문을 공람만 하고 B자치단체 내 읍면동에 별도로 배부하지는 않았다. 원고는 '모범 이·통장 연수'를 추진하기로 계획하여 D의 인솔 아래 연수를 실시하였는데 그 중 한명이 코로나에 감염되어 이로인해 감염자가 확대되고 진단검사 비용이 147,126,000원 지출되고 국민신문고 등에 이 사건 연수와 관련한 공무원들의 처벌을 요구하는 민원이 다수 제기되었다. 이에 따라 원고는 징계위원회에 회부되어 감봉1월의 처분을 받고 소청을 제기하였으나 기각하였다.

원고의 감봉1월처분 취소소송에 대해 법원은, 원고가 이 사건 연수를 계획·실시한 행위는 공무원의 품위를 손상하는 행위에 해당하지 않는다고 봄이 타당하므로, 이 사건 징계처분은 징계사유가 인정되지 않아 위법하다. 공무원이 개인적 목적이나 동기 없이 해당 행정행위에 필요한 정보를 충분히 수집·조사하고 검토하는 절차를 거친 다음 행정목적 달성에 부합한다고 합리적으로 신뢰하여 그 실시를 결정한 것이라면 설령 본래 의도에 맞지 않는 결과가 초래되었다고 하더라도, 이러한 행정행위에 윤리적, 도덕적 비난가능성이 있다고 보기 어려울 뿐만 아니라 직무의 청렴·공정성이 손상됐다고 볼 수 없다(창원지방법원 2022. 6. 16. 선고 2021구합53892 판결).

카. 직장내 괴롭힘 행위[35]

① 정부가 마련한 '공공분야 갑질 근절을 위한 가이드라인'에서는 '갑질'을 '사회·경제적 관계에서 우월적 지위에 있는 사람이 권한을 남용하거나 우월적 지위에서 비롯되는 사실상의 영향력을 행사하여 상대방에게 행하는 부당한 요구나 처우'라고 정의한다. 그리고 '갑질'의 유형을 법령 등 위반, 사적이익 요구, 부당한 인사, 비인격적 대우, 기관 이기주의, 업무 불이익, 부당한 민원응대 등으로 분류하고 있다. 그

---

35) (기사) 2024.9.18. 연합뉴스, 이상서 기자, '직장 내 괴롭힘으로 징계받은 공무원, 1년 새 30% 늘었다'

중 '비인격적 대우'는 하급자 등에게 욕설·폭언·폭행·불필요한 신체접촉 등 모욕적 언행을 하는 것으로 되어 있다. 원고의 위와 같은 언동36)은 위 가이드라인에서 정하는 '비인격적 대우'에 해당한다고 보아야 한다(서울고등법원 2024. 5. 30. 선고 2023누62801 판결).

② A대학에서 행정실 주임으로 근무하던 B씨는 부하직원인 C씨에게 직장 내 괴롭힘을 가했다는 이유로 감사실 조사를 받았고, A대학은 B씨를 해임했다. B씨가 C씨에게 "모태 솔로지?", "왜 그렇게 밥을 많이 먹냐" 등 인격 모독성 혹은 정신적 스트레스를 주는 발언을 지속했다는 점과 근무시간에 종종 엎드려 잤다는 근무태만 등이 징계사유였다. B씨는 이에 불복해 A대학 총장에게 징계의결에 대한 재심을 청구했으나 기각되자 "부당해고"라고 주장하며 서울지방노동위원회에 구제신청을 냈지만 역시 기각됐다. B씨는 이후 중앙노동위원회에 재심을 신청했다. 중노위는 "징계사유는 인정되나, 징계사유에 비해 양정이 지나쳐 해고는 부당하다며 B씨의 손을 들어줬다. A대학을 운영하는 학교법인은 이같은 중노위 판정에 불복해 소송을 냈다. 1심은 "이 사건은 업무를 사실상 지도·감독하던 B씨가 C씨의 업무처리에 관한 문제점을 지적하는 과정에서 발생된 것으로 보이고, B씨는 C씨의 외모를 비하하거나 사적인 문제들을 지적하는 등 업무와 무관한 부적절한 발언을 했으나 그 내용 등에 비춰 욕설이나 폭언의 정도에까지 이르렀다고 보기는 어렵다며 "B씨의 행위는 A대학 직원취업규칙에 열거된 직장 내 괴롭힘 행위의 유형들 중 해임사유에 이를 정도로 '극히 심한 때'에 해당한다고 보기 어렵다"고 밝혔다. 또 "B씨의 근무태만 행위로 A대학의 업무에 지장이 초래됐다거나 손해가 발생됐다고 인정할만한 자료가 제출되지 않은 점 등을 종합하면 근무태만 행위 역시 해임사유에 이를 정도라고 볼 수 없다"면서 "징계양정이 과중하므로 부당하다"고 판시했다. 항소심인 서울고등법원 역시 1심 판단이 옳다고 봤다(서울고등법원 2022. 4. 1. 선고 2021누53711)(2022. 4. 7. 법률신문, "'모태솔로?' 부하직원에 비하 발언… 법원 "해임은 지나쳐"" 한수현 기자).

---

36) 원고는 외교부 E 총영사관 영사 겸 E문화원 원장으로 임용되어 근무하던 중 문화원 행정직원 B에게 퇴직강요 등 부적절한 언행, 욕설·폭언 및 인격비하 등 비인격적 대우, 성희롱 방임 및 2차가해 등의 사유로 감봉1월의 징계처분을 받은 사건이다(원심: 서울행정법원 2023. 10. 5. 선고 2022구합50199 판결).

타. 표절

① 대법원 2016. 10. 27. 선고 2015다5170 판결에서 표절 여부의 판단 기준을 잘 제시하고 있으므로 판결의 요지를 그대로 옮긴다.[37)]

[1] 해당 분야의 일반지식이 아닌 타인의 저작물 또는 독창적 아이디어를 적절한 출처표시 없이 자기 것처럼 부당하게 사용하는 행위는 연구부정행위로서 전형적인 표절에 해당한다. 저술의 성격 내지 학문 분야에 따라 요구되는 출처표시의 정도에 차이가 있을 수는 있으나, 출처의 표시는 저작물의 이용 상황에 따라 합리적이라고 인정되는 방법으로 하여야 한다(저작권법 제37조 참조). 외국 문헌을 직접 번역하여 자기 저술에 인용하는 경우에는 외국 문헌을 출처로 표시하여야 하고, 외국 문헌의 번역물을 인용하는 경우에는 합리적인 방식에 의하여 외국 문헌을 원출처로, 번역물을 2차 출처로 표시하여야 한다. 타인과의 공저인 선행 저술 중 일부를 인용하여 단독 저술을 할 때는 원칙적으로 출처표시의무를 부담하고, 공저가 편집저작물이나 결합저작물에 해당하는 경우라도 자신의 집필 부분을 넘어 다른 공저자의 집필 부분을 인용하는 경우에는 출처표시의무를 부담한다.

[2] 저자의 저술에 적절한 인용표기 없이 타인의 저술이 인용된 부분이 있는 경우이더라도 언제나 타인의 저술을 베껴 저자 자신의 것처럼 하려는 인식 내지 의사가 있었다고는 볼 수 없지만, 저자가 저술의 본문에 출처표시 없이 타인의 저술을 인용하여 저자의 저술과 타인의 저술을 구별하기 어려운 부분이 상당한 정도에 이르는 경우에는 설령 서문이나 참고문헌 등 본문 이외의 부분에 포괄적·개괄적으로 피인용물을 표시하였더라도 특별한 사정이 없는 한 타인의 저술을 베껴 저자 자신의 것처럼 하려는 인식과 의사가 추단되고, 종전의 관행에 따랐다는 사정만으로 책임을 면할 수 없다. 학문적 저술에 대한 표절은 학계의 정상적인 검증을 방해하고 독창적 연구와 학문 발전의 선순환을 가로막아 폐해가 표절을 당하는 피인용물의 저자뿐만

---

37) 이 사건은 정부출연기관의 연구원으로 채용되었다가 제출서류 중 학위논문에 대한 표절시비가 있었고 그에 따라 학위논문 교체가 이루어진 사실을 전제로, 원심(서울고등법원 2014. 12. 19. 선고 2014나22248 판결)은 표절 의혹이 제기된 상황에서 출처 표시를 보강한 이 사건 수정논문을 작성하여 관련 기관에 제출하였다는 사정만으로는 원고에게 고용관계를 계속할 수 없을 정도로 책임 있는 사유가 있다고 볼 수 없다며 원고승소판결하였으나, 대법원은 해고사유가 있다는 취지로 원심을 파기하고 환송하였다.

아니라 독자, 논문 심사 기관, 저자의 소속 기관, 학계 등에 광범위하게 나타나게 되므로, 저자가 타인의 선행 저술을 적절한 출처표시 없이 자기 것처럼 사용하는 경우 타인이 이에 동의하였다는 사정만으로는 표절의 성립이 부정되지 아니한다.

[3] 학문이나 사상의 심화·발전 과정에서 저자 자신의 선행 연구물의 일부를 이용하는 것은 학문의 속성상 당연하고, 저자가 자신의 선행 저술을 이용하여 새로운 저술을 하면서 선행 저술의 존재를 출처로 표시할 때는 타인의 저술을 인용하는 경우에 비하여 요구되는 출처표시의 수준이 완화되나, 자신의 선행 저술의 존재를 아예 밝히지 아니하는 경우에는 학계, 독자 등이 선행 저술 부분까지도 후행 저술의 연구 성과인 것처럼 기만당하게 되어 후행 저술의 연구업적에 대한 과장된 평가가 이루어지고, 후행 저술에 대한 적정한 검증이 이루어질 수 없게 된다. 저자 자신의 선행 저술을 이용하여 새로운 저술을 하면서 선행 저술의 존재를 일정한 출처표시를 통하여 밝혔더라도 후행 저술에 새롭게 가미된 부분이 독창성이 없거나 새로운 것으로 인정받기 어려워 해당 학문 분야에의 기여도가 없는 경우에는 후행 저술을 새로운 저작물로 인식한 독자들의 기대를 저버리는 것이 된다. 이와 같은 경우는 모두 이른바 '자기표절'로서 비전형적 표절 내지 표절에 준하는 연구부정행위로 평가할 수 있다.

[4] 표절 여부가 문제 되는 저작물의 작성 시기와 표절 여부의 판정 시기 사이에 시간적 간격이 존재하는 경우 특별한 사정이 없는 한 저작물 작성 시점의 연구윤리에 따라 표절 여부를 판정하여야 한다. 연구윤리는 사회통념이나 학계의 인식 등에 기초하여 연구자가 준수하여야 할 보편적·통상적인 기준을 의미하고, 반드시 성문의 연구윤리규정에 한정되지 아니한다. 성문의 연구윤리규정에 특정 행위를 표절로 보는 조항이 도입되기 이전에 연구자가 그러한 행위를 하였더라도 이러한 사정만으로 그 행위를 표절로 볼 수 없는 것은 아니다.

[5] 특정 논문의 표절 여부가 문제 되는 경우 일차적으로는 해당 학문 분야에서 자체적으로 논문의 표절 여부를 판정하게 되나, 논문의 표절을 원인으로 별도의 법률관계가 형성되고 그 법률관계에 관한 다툼이 발생하여 사법심사의 대상이 된 경우에는 논문의 표절 여부에 관한 최종적인 판정 권한이 법원에 있으므로, 법원은 저자의 소속 기관이나 논문 심사 기관, 학술단체 등의 논문 표절 여부에 관한 판정에 구속되지 아니하고 합리적인 방법으로 표절 여부를 심사하여야 하고, 다만 그 과정에

서 해당 분야의 전문가들의 의견을 참조할 필요는 있다.

[6] 고등교육법 제35조 제2항, 고등교육법 시행령 제44조, 제51조 본문의 내용과 취지에 비추어 보면, 박사학위를 취득하고자 하는 사람은 박사학위 논문에 대한 심사 절차가 진행 중인 단계에서는 논문 지도 교수의 지도 및 심사위원들의 오류 지적에 따른 보완 과정에서 논문 수정본을 작성하여 심사위원들에게 다시 제출하는 것이 당연하나, 일단 논문 심사가 종료되어 박사학위 논문의 최종본을 제출하고 박사학위 수여까지 이루어진 후에는, 논문의 내용이나 이에 대한 검증에 아무런 영향을 미치지 아니하는 사소한 오·탈자의 정정이라면 혹시 허용될 수 있을지 몰라도 학위수여기관 등에 박사학위 논문의 수정본을 제출하여 당초의 박사학위 논문과 교체하는 행위는 허용되지 아니한다. 이는 당초의 박사학위 논문 중 선행 저술의 인용 부분에 누락되었던 출처표시를 새로 추가하려는 경우에도 마찬가지이다.

[7] 근로기준법 제23조 제1항은 사용자는 근로자에게 정당한 이유 없이 해고하지 못한다고 하여 해고를 제한하고 있으므로, 해고사유가 인정되더라도 사회통념상 고용관계를 계속할 수 없을 정도로 근로자에게 책임 있는 사유가 있는 경우에 한하여 해고의 정당성이 인정된다. 이는 근로자의 채용조건으로 일정 수준 이상의 학위 소지자일 것을 요구하여 근로자가 이와 관련하여 학위 논문을 제출한 경우 학위 논문에 표절 등 연구부정행위의 하자가 있음을 이유로 해고하는 때도 마찬가지이다. 이 때 사회통념상 고용관계를 계속할 수 없을 정도인지는 학위 논문 전체를 기준으로 한 연구부정행위의 정도, 사용자가 사전에 학위 논문의 하자를 알았더라면 근로계약을 체결하지 아니하였거나 적어도 동일 조건으로는 계약을 체결하지 아니하였으리라는 등 고용 당시의 사정뿐 아니라, 고용 이후 해고에 이르기까지 근로자가 종사한 근로의 내용과 기간, 학위 논문의 하자로 근로의 정상적인 제공에 지장을 초래하는지, 학위 논문의 하자가 드러남으로써 노사 간 및 근로자 상호 간 신뢰관계의 유지나 안정적인 기업 경영과 질서유지에 미치는 영향 그 밖에 여러 사정을 종합적으로 고려하여 판단하여야 한다.

국책연구기관이 연구원의 채용조건으로 해당 분야의 박사학위 소지자일 것을 요구하고 박사학위 논문을 제출하도록 하는 것은 단순히 학위 소지를 증명하는 데 그치지 아니하고 해당 분야의 연구능력 및 전문지식과 함께 연구원으로서의 진정성과 정직성, 연구 환경에 대한 적응성 등을 판단하기 위한 자료를 확보하고, 나아가 상호 간 신뢰관계의 형성과 안정적인 연구 환경의 유지 등을 도모하고자 하는 데에도 목적이 있는 것으로서, 이는 고용계약의 체결뿐 아니라 고용관계의 유지에서도 중요한 고려요소가 된다. 따라서 고용계약서나 인사관리규정에서 연구원이 채용 당시 제출한 박사학위 논문에 부정 또는 하자가 있는 때를 해고사유로 특히 명시하고 있는 경우, 이를 이유로 해고하는 것은 채용 당시 및 이후의 제반 사정에 비추어 보더라도 사회통념상 현저히 부당하지 아니하다면 정당성이 인정된다.

  ② 표절여부가 논의의 대상은 아니나, 표절로 인해 총장직을 사임하였다 하여 당연히 교수직을 상실한다고 볼 수 없다는 판결: 사립대학인 갑 대학교의 교원인사규정에 '교원으로 재직 중에 총장으로 임명된 자가 총장직의 퇴임 사유가 발생한 경우에는 퇴직일 익일에 총장 임용 직전의 교원으로 임용된 것으로 본다'는 내용의 임용특례규정이 신설되기 전에, 위 대학교 교수로 재직 중 총장에 취임하였다가 논문 표절 등 문제로 총장직을 사퇴한 을이 학교법인을 상대로 교수직위확인 등을 구한 사안에서, 교원의 신분을 엄격하게 보장하고 있는 갑 대학교의 교원인사규정과 학교법인의 정관, 사립학교법 제56조 제1항 및 제2항, 교원지위향상을 위한 특별법 제6조 제1항 등 관련 규정의 내용과 취지, 갑 대학교가 위 임용특례규정을 신설한 취지, 교육공무원법 제24조 제7항의 내용 등을 종합할 때, 을이 총장으로 임명될 당시 '대학 교원으로 재직 중이던 교수가 대학의 장으로 임용된 경우 교수 신분의 유지 여부와 교원직 복귀 여부'에 관한 명시적인 규정이 없었더라도 특별한 사정이 없는 한 그로 인해 교수의 직을 당연히 상실하는 것은 아니고, 또한 제반 사정에 비추어 총장직을 사퇴할 당시 교수의 직까지 사퇴한다는 의사표시를 하였다고 볼 수도 없으므로, 을은 위 대학교 교수의 직을 그대로 유지하고 있다고 봄이 상당하다(수원지방법원 2012. 1. 17. 선고 2011가합14674 판결).

파. 보안사고

  ① 원고는 A사단 B대대 정보보안업무부사관으로 근무하였는데, 대대 지원과장 대위 C로부터 보관용 비밀 3건 등이 담겨있는 비밀 usb를 잃어버렸다는 사실을 들은 후 사단에 위치한 안보지원사령부에 보고하지 않았다는 사유로 감봉1월의 징계처분을 받았고 항고하여 견책으로 변경되었다.

징계처분취소를 구하는 소송에서 법원은, '사실에 기반한 신속·정확한 보고는 군명령체계의 핵심이다. 특히 이 사건과 같이 군사상 비밀이 포함되어 있는 저장매체 등을 분실한 경우 이를 알려서 그에 걸맞은 대책을 강구하는 것이 필요하다. 원고는 최초 사실대로 보고할 것을 주장하였다 하더라도 결과적으로 비밀 USB 분실 사실을 은폐하는 데 일부 가담하였으므로, 그에 상응하는 징계가 불가피하다.'며 원고청구를 기각하였다(수원지방법원 2023. 8. 10. 선고 2022구합78525 판결).

하. 이해충돌방지

① 공직자의 이해충돌 방지법이 2021. 5. 18. 제정되어 시행되고 있다. 동법 제1조(목적)는, 이 법은 공직자의 직무수행과 관련한 사적 이익추구를 금지함으로써 공직자의 직무수행 중 발생할 수 있는 이해충돌을 방지하여 공정한 직무수행을 보장하고 공공기관에 대한 국민의 신뢰를 확보하는 것을 목적으로 한다. 제26조(징계)는, 공공기관의 장은 소속 공직자가 이 법 또는 이 법에 따른 명령을 위반한 경우에는 징계처분을 하여야 한다고 규정하고 있다.

신문기사를 보면, 이 법률의 소관부서인 국민권익위원회는 20개 지방의회를 대상으로 2022년 7월부터 올해 8월까지 이해충돌 방지제도 운영 실태를 점검해 이해충돌방지법 위반이 의심되는 사례 총 2318건을 확인했다. 모 지방자치시는 한 시의원의 배우자가 33.3%의 출자지분을 보유하고 있는 회사 지분 매도 전까지 총 194건·약 11억 5천만여원의 수의계약을 체결한 것으로 파악했다(2024. 11. 27. 매일신문, "이해충돌방지 위반 권익위 조사서 확인" 이수현기자 기사 참고).

거. 직무상 비밀 또는 미공개정보를 이용한 부당행위

2021. 8. 27. 공무원징계령 시행규칙을 개정하여 제4조제2항13호에 '직무상 비밀 또는 미공개정보를 이용한 부당행위'를 삽입하여 감경할 수 없는 사유의 하나로 신설하였다. 공무원이 직무상 비밀이나 미공개 정보를 사적 이익을 위해 이용하거나 제3자로 하여금 이용하게 하는 행위를 중대비위로 규정한 것이다. 고의가 있는 경우에는 해임·파면 등 공직에서 퇴출시키고 경미한 경우에도 중징계를 할 수 있도록

하였다. 이는 미공개정보 등을 이용한 부당행위를 엄정하게 징계함으로써 해당 행위를 예방하기 위하여 직무상 비밀 또는 미공개정보를 이용한 부당행위에 대한 별도의 징계기준을 신설하고 해당 비위에 대해서는 공적이 있는 경우에도 징계를 감경할 수 없도록 한 것이다. 종전, 별도 기준 없이 성실의무 위반, 비밀 엄수 의무 위반 등으로 적용해 오던 것을 명확히 하였다.

너. 대학수학능력시험 또는 모의시험과 관련한 비위

대학수학능력시험이나 수능 모의평가 출제에 참여한 교사가 사설 학원에 문제를 파는 등 시험의 공정성을 해치는 행위를 하여 사회적 문제가 되자 교육부는 2024. 6. 28. 교육공무원 징계양정 등에 관한 규칙을 일부 개정하여 징계기준의 하나로 신설하였다.[38]

종래 시험문제의 유출, 학생의 성적 조작과 학생생활기록부의 허위 기재 등에 관한 징계 양정은 명확하게 규정되어 있으나 입시 부정 및 대학수학능력시험 또는 모의시험 출제·검토 경력을 활용한 사교육 관련 영리행위(홍보, 문제판매 등)를 하거나 이를 숨기고 대학수학능력시험 및 모의시험의 출제과정에 참여하는 등 시험의 공정성을 해치는 비위는 규정되어 있지 않으므로, 해당 비위의 양정을 명확화하여 입시 공정성 확립을 지원하고 징계제도 운영의 형평을 기하고자 함이 개정이유였다. 징계기준의 제1호마목 및 바목으로 신설하였다.

---

38) 이번 개정안은 현 정부 들어 수능이나 모의평가 출제에 참여했던 현직 고등학교 교사들이 대형 입시학원에 문제를 만들어 팔아 수억원을 벌어들인 사례들이 적발되면서 추진됐다. 적발된 사례 중엔 '출제 모임'을 만들어 조직적으로 문제를 팔거나, 탈세를 위해 가족 명의로 출판사를 차린 경우도 있었다. 현행 징계 규칙에는 시험 문제 유출, 성적 조작에 대한 징계 기준은 적혀 있지만 사교육과 관련된 영리 행위 등으로 시험 공정성을 해치는 행위에 대한 징계 규정이 명확히 없어 이번에 관련 항목을 추가하기로 한 것이다(2024. 5. 6. 조선일보, 윤상진 기자, "수능·모의평가 출제 교사, 학원에 문제 팔면 '파면' 조치").

비위의 정도 및 과실 / 비위의 유형	비위의 정도가 심하고 고의가 있는 경우	비위의 정도가 심하고 중과실인 경우 또는 비위의 정도가 약하고 고의가 있는 경우	비위의 정도가 심하고 경과실인 경우 또는 비위의 정도가 약하고 중과실인 경우	비위의 정도가 약하고 경과실인 경우
1. 성실의무 위반 마. 대학수학능력시험 또는 모의시험의 출제·검토 경력을 활용하여 사교육과 관련한 영리행위를 하거나 사교육과 관련한 영리행위를 한 사실을 숨기고 대학수학능력시험 또는 모의시험의 출제에 참여하는 등 대학수학능력시험 또는 모의시험과 관련한 비위	파면	해임	해임-강등-정직	감봉-견책
바. 학생 선발 과정 및 그 결과를 왜곡하여 특정인의 합격 여부에 부당한 영향을 미치는 행위 등 「고등교육법」 제2조 각 호에 따른 학교 및 같은 법 제29조에 따른 대학원, 「초·중등교육법」 제2조 제3호에 따른 고등학교 및 이에 준하는 각종학교의 입학 또는 편입학과 관련한 비위	파면	해임	해임-강등-정직	감봉-견책

더. 교사의 체벌

① 초·중등교육법 시행령 제31조 제8항, ○○중학교 학교규칙 제37조에 의하면, 학생의 교육을 위해 필요한 지도를 할 때에는 학칙으로 정하는 바에 따라 훈육·훈계 등의 방법으로 하되, 도구, 신체 등을 이용하여 학생의 신체에 고통을 가하는 방법을 사용해서는 안 된다고 규정하고 있다. 그럼에도 불구하고 원고는 이를 위반하여 손이나 발, 도구 등을 이용하여 피해학생들의 신체에 고통을 가하는 체벌을 가하였고, 그 횟수도 적지 않다. 원고는 교육적인 목적으로 위와 같은 체벌행위를 한 것이라고 주장하나, 학생들에 대한 지도의 필요성이 일부 있었다고 하더라도, 이 사건

징계사유 기재와 같이 학생들의 신체를 접촉하는 것은 관련 법규 및 학칙에 위배된 것으로 교육적 지도의 한계를 넘은 행위에 해당하는 점, 원고의 위와 같은 체벌행위는 예외적·일시적으로 이루어졌던 것이 아니라 ○○중학교에 부임한 이후 2013.경부터 2014.경 동안 반복적으로 이루어졌던 것으로 보이는 점 등을 종합하면, 원고의 행위는 교사로서의 품위유지의무를 위반한 행위에 해당한다(견책처분, 광주지방법원 2021. 12. 24. 선고 2021구합548 판결).

② 교원은 항상 사표가 될 품성과 자질의 향상에 힘쓰고 학문의 연찬과 교육 원리의 탐구 및 학생 교육에 전심전력하여야 한다는 점에서 일반 직업인보다 높은 도덕성이 요구되고 그 품위손상행위는 본인은 물론 교원 사회 전체에 대한 국민의 신뢰를 실추시킬 우려가 있는 점에서 보다 엄격한 품위유지의무를 부담하고 있으며, 이는 사립학교의 교원이라고 하여 달리 볼 수 없다(대법원 2000. 10. 13. 선고 98두8858 판결 등 참조). 그런데 원고는 중학교 교원으로서의 직분과 의무를 망각한 채 상당한 기간에 걸쳐 자신이 지도하는 여러 명의 학생들을 상대로 신체적·정서적 학대행위를 하였는바, 원고의 이러한 행위는 교원으로서의 품위를 중대하게 손상시키는 것으로서 교원 사회 전체에 대한 국민의 신뢰를 실추시킬 우려가 있는 행위에 해당한다. 원고의 신체적·정서적 학대행위로 인하여 피해학생들은 상당한 신체적 및 정신적 고통을 느꼈을 것으로 보이는바, 원고의 이러한 행위가 학생들에게 미치는 부정적인 영향을 고려할 때 그 자체로 비난가능성이 매우 크고 그에 대한 엄중한 징계가 불가피하다(다른 사유와 합쳐 해임처분, 서울행정법원 2022. 5. 13. 선고 2021구합62737 판결).

③ 초등학교 교사인 원고는 아동들이 모두 있는 가운데 아동들을 강제로 추행할 수 있을지 의문이고, 아동들을 일부 체벌하였으나 이는 훈육차원에 불과하였으나, 법원은 교사에게는 일반 직업인보다 높은 도덕성이 요구되고 교원의 비위행위는 본인은 물론 교원사회 전체에 대한 국민의 신뢰를 실추시킬 우려가 있을 뿐만 아니라 그 행위의 부정적인 영향력 내지 파급력이 지도 하에 있는 아동들에게 미칠 우려가 크므로, 교사의 비위행위에 대한 징계양정에서는 이러한 특수성을 엄중히 고려할 필요가 있다. 원고는 교사로서 자신의 직분과 의무를 망각한 채 우월적인 지위에서 다수의 아동들을 상대로 학대행위를 하였는데, 원고의 이러한 비위행위는 상당한 기간에 걸쳐 지속적으로 이루어졌는바, 아직 미성숙한 아동들의 지적 성숙, 정체성 확립 및 정서 형성에 상당히 부정적인 영향을 끼쳤을 것으로 보인다(파면처분, 울산지방법

원 2020. 12. 17. 선고 2019구합976 판결).

러. 위임전결규정에 따른 문제

① 원고는 공군 준사관으로 근무하고 있던 중 동료들과 2022. 1. 5.(수) 18:00경부터 19:40경까지 외래자숙소인 C에서 소속 대대장에게 보고하지 않은 채 음주를 동반한 회식을 함으로써 당시 2022. 1. 3.부터 1. 16.까지 적용되었던 부대관리지침가운데 「최대 4인까지 사적모임 허용」 및 「영내 단결활동의 경우 대대장급 이상 부대(서)장 승인 하 30여 명까지 가능」에 해당하는 지침을 위반하여 군인으로서 지켜야할 복종의무(지시불이행)를 위반했음'을 이유로 견책처분했다. 이 사건 견책처분 절차중 피고의 법무실장 소외 D가 징계위원 지정 및 징계심의위원회 의결내용에 대해원결정 확인 조치를 전결로 처리했다.

원고는 징계권자가 해야 하는 ① 징계의결요구 ② 기타 징계권자의 조치를 징계권자인 피고가 아닌 법무실장 D가 한 절차적 하자가 있어 이 사건 견책처분은 위법하다고 주장하였으나 법원은, '행정 효율과 협업 촉진에 관한 규정 제2조에 의하면군(軍)의 기관을 포함한 행정기관의 행정업무 운영에 관하여 다른 법령에 특별한 규정이 있는 경우를 제외하고는 위 규정에서 정하는 바에 따르고, 위 규정 제10조 제2항에 의하면 행정기관의 장은 업무의 내용에 따라 보조기관 또는 보좌기관이나 해당업무를 담당하는 공무원으로 하여금 위임전결하게 할 수 있으며, 그 위임전결 사항은 해당 기관의 장이 훈령이나 지방자치단체의 규칙으로 정한다. 위 법령에 따르면,이 사건 전결규정은 비행단의 장인 피고가 업무를 담당 공무원(실장)으로 하여금 위임전결하게 한 것으로서 행정 효율과 협업 촉진에 관한 규정 제10조 제2항에 그 근거가 있다. 따라서 앞서 본 바와 같이 이 사건 전결규정에 근거해 법무실장인 D의 전결로 기타 징계권자의 조치를 했더라도 절차적 하자가 있다고 할 수 없다. 이 부분 원고의 주장은 이유 없다(광주지방법원 2023. 6. 30. 선고 2022구합13695 판결).[39]

---

[39] 그러나 법원은 다른 사유로 처분취소를 하였다. 즉, 국방부 군인·군무원 징계업무 처리훈령 제72조 제1항 제1호 나목은 징계심의대상자가 정부 표창 규정에 따른 국무총리 이상의 표창을 받은 경우 징계권자는 징계위원회의 징계결정을 한 단계의 범위 내에서 감경할 수있고, 견책 의결된 경우로서 극히 경미한 사안 등 특별한 경우에 한하여 불문으로 감경할수 있다고 정하고 있고, 원고가 국군의 날 유공으로 국무총리 공로표창을 받은 사실을 인정

② 검찰청법 제7조의2 제2항은 검찰총장, 각급 검찰청의 검사장 및 지청장(이하 '검찰청의 장'이라 한다)은 소속 검사의 직무를 다른 검사에게 이전할 수 있는 것으로 규정하고 있다. 그런데 같은 조 제1항은 검찰청의 장은 자신의 직무를 소속 검사에게 위임할 수 있는 것으로 규정하고 있고, 여기의 직무에는 같은 조 제2항에서 정한 직무이전에 관한 직무도 포함되므로, 검찰청의 장은 소속 검사에게 검사 직무의 이전에 관한 직무를 위임할 수 있다.

원래 검사 직무의 위임·이전 및 승계에 관한 규정은 상명하복의 검사동일체 원칙을 규정하고 있던 검찰청법 제7조에 함께 있었다. 그런데 위 조항이 2004. 1. 20. 법률 제7078호로 개정되면서 상명하복이 검찰사무에 관한 지휘·감독으로 완화됨과 아울러 검사는 구체적 사건과 관련된 상급자의 지휘·감독의 적법성 또는 정당성에 대하여 이의를 제기할 수 있다는 규정이 새로이 추가되었고, 검사 직무의 위임·이전 및 승계에 관한 규정을 신설된 제7조의2에 옮겨 별도로 두게 되었다.

이러한 검찰청법의 개정 취지와 목적, 규정 체계에 비추어 보면, 검사가 구체적 사건과 관련된 상급자의 지휘·감독의 적법성 또는 정당성에 대하여 이의한 상황에서 검찰청의 장이 아닌 상급자가 이의를 제기한 사건에 관한 검사의 직무를 다른 검사에게 이전하기 위해서는 검사 직무의 이전에 관한 검찰청의 장의 구체적·개별적인 위임이나 그러한 상황에서의 검사 직무의 이전을 구체적이고 명확하게 정한 위임규정 등이 필요하다고 보아야 한다(대법원 2017. 10. 31. 선고 2014두45734 판결).[40)]

할 수 있고, 원고에 대한 징계의결 요구 당시 공적 사항이 공란인 확인서가 제출된 사실은 앞서 보았으므로, 이 사건 견책처분은 징계위원회의 심의과정에 반드시 제출되어야 하는 원고의 위 공적이 제시되지 않은 상태에서 결정된 것으로 그 징계양정이 결과적으로 적정한지와 상관없이 관계 법령이 정한 징계절차를 지키지 아니한 것으로서 위법하다고 하여 피고의 견책처분을 취소하였다.

40) 원고는 서울중앙지방검찰청 공판부 검사로 근무하던 중 어느 날 법정에서 피고인 소외 1에 대한 공소사실에 관하여 무죄의견을 진술하였는데, 사전에 무죄구형 의견을 피력하고 '구형변경 의견서'를 상신하였으나 이를 검토한 공안2부장이 달리 지시하였으나 계속 따르지 않자 이에 대해 공안2부장은 같은 부 소속 소외 2 검사에게 담당하도록 지시하여 원고는 더 이상 위 사건에 관여할 수 없게 되었으나 무단으로 공판에 참석하려 무죄구형을 하였던 것이다. 따라서 이 사건에서는 서울중앙지방검찰청 검사장이 아닌 공판2부장이 원고에 대하여 직무이전명령을 발한 것이 적법한 것인지가 논란이 되었다. 원심(서울고등법원 2014. 11. 6. 선고 2014누45361 판결)에서도, '검사의 직무분담은 검사들이 담당하는 여러 직무들을 직무의 종류, 내용, 성질에 따라 분류하여 개개의 검사들에게 각각 특정 직무들을 계속적·전문적으로 담당케 하도록 사무를 분담시키는 것으로서 특정 구체적 사건들을 검사들

머. 지휘·감독책임

① 광역수사대 팀장으로 근무하던 경찰공무원 갑이 부하직원과 음주 회식을 하던 중 부하직원이 만취상태로 운전하여 귀가하는 것을 방임하고 그 직원의 음주교통사고 사실을 상관에게 지연 보고하여 직무를 태만히 한 행위가 국가공무원법상 성실의무를 위반하여 같은 법 제78조 제1항 제1호, 제2호에 해당한다는 이유로 지방경찰청장이 갑에 대하여 견책처분을 한 사안에서, 부하직원이 자리를 비운 사실을 확인한 후 귀가하고 있던 부하직원과 3회 전화 통화를 하였다거나 대리운전비용을 팀 운영비에서 사용하라고 말했다는 사실만으로는 팀장으로서 음주운전을 하지 않도록 적극적으로 확인하여야 할 관리·감독의무를 충분히 이행한 것으로 보기 어려운 점 등에 비추어 보면 갑이 직근 상급자이자 1차 감독책임자로서 부하직원에 대한 충분한 감독책임을 다하지 못하였고, 보고 지연의 경위 등에 비추어 보면 갑이 부하의 비위사실을 즉시 상관에게 보고하여야 할 의무를 위반하여 국가공무원법 제56조의 성실의무를 위반하였으며, 처분을 통하여 달성하고자 하는 공직기강 확립이나 경찰공무원 전체에 대한 국민적 신뢰 회복 등의 공익에 비하여 갑에게 지나치게 가혹한 결과가 초래되었다거나 처분이 형평의 원칙 또는 비례원칙 등에 위배되어 현저히 타당성을 잃어 재량권의 범위를 벗어났다고 보기 어렵다(의정부지방법원 2017. 6. 22. 선고 2016구합10010 판결).

② 군인의 경우 좀 더 엄격한 지휘·감독책임이 요구된다(자세한 내용은 '군인/군무원의 징계' 부분에서 서술한다). 사안을 소개하면, 원고는 육군 중령으로 수도방위사령부의 대대장이었는데, 소속 하사가 자살하였다. 원고가 망인에 대한 관리 및 지휘권을 적절히 행사하지 않았다고 판단하여 징계위원회에 회부되어 근신 10일의 징계처분을 받았고, 원고가 불복하여 항고하였고 육군본부 항고심사위원회는 견책으로 변경하는 의결을 하였다. 원고는, 육군규정 941 사고예방 및 처리규정은 자살우려 간

___

에게 배분하는 것이 아니라 계속적으로 담당하게 될 사무를 일반적·추상적으로 배분하는 것에 그치고 구체적인 사건을 분담된 직무에 따라 검사로 하여금 담당하게 하는 것은 별개의 위임이 있어야 할 것이다. 그러므로 직무분담권이 부장검사에 위임되었다고 하더라도 구체적인 사건을 담당하는 검사를 배제하고 다른 검사로 하여금 그 사건을 담당하게 하는 직무이전명령은 직무분담권의 위임만으로는 가능하다고 할 수 없다.'고 하여 공판2부장은 사건배당지침에 따라 이 사건 직무이전명령을 행사할 수 없다고 보았다.

부의 분류 및 관리를 신상관리위원회가 복무적응도 검사결과 등을 종합하여 이를 결정하도록 규정하고 있고, 망인을 자살우려자 및 신상관리위원회 평가대상에서 제외한 것도 원고가 아닌 신상관리위원회가 위 규정에 따라 총 28회의 결산을 거쳐 복무적응도 검사결과, 망인에 대한 면담 및 관찰결과 등을 종합하여 결정한 것이다. 망인이 명백히 자살 우려가 있는 취약간부에 해당함에도 원고가 임의로 망인을 자살우려자 및 신상관리위원회 평가대상에서 제외한 사실이 없으므로, 이 사건 징계사유는 존재하지 않는다고 주장하였다. 그러나 법원은, '원고는 망인을 신상관리위원회의 관리대상에서 제외한 것은 신상관리위원회가 의결을 통해 결정한 것이므로 원고에게는 그 책임이 없다고 주장하나, 원고는 대대장으로서 소속 장병들을 총괄하여 관리하고 군기사고를 예방할 최종 책임이 있을 뿐 아니라, 신상관리위원회의 위원장으로서 위 위원회를 주관하고, 자살우려간부에 대한 신상관리 확인관의 지위에 있으므로, 신상관리위원회가 정확한 정보에 기초하여 장병의 신상에 대하여 적정한 심의를 할 수 있도록 이를 관리, 감독, 확인할 의무가 있다고 할 것임에도, 망인이 원고가 보임되기 불과 3개월 전에 자살을 시도한 적이 있다는 사실조차 인지하지 못한 상태에서 신상관리위원회를 주관하였다고 판단되고, 신상관리위원회가 부실한 복무적응도 검사결과에 기초하여 자살우려 고위험군에 해당하는 망인을 관리대상에서 제외하는 결정을 함에 있어 적절한 관리, 감독, 확인의 의무를 다하지 않았다고 판단된다.'며 원고의 주장을 배척하였다(서울행정법원 2019. 12. 20. 선고 2019구합50199 판결).

4. 징계사유의 시효

가. 징계시효제도의 의의

시효란 일정한 사실상태가 일정기간 계속된 경우에, 진정한 권리관계와 일치하는지 여부를 묻지 않고 그 사실상태를 존중하여 권리의 취득 또는 소멸의 법률효과를 방생시키는 제도를 말한다. 징계시효란 징계사유가 발생한 후 징계권을 행사하지 않은 채 일정기간이 지난 경우 징계를 할 수 있는 권리가 소멸되는 제도를 말한다.

"징계시효제도는 공무원에게 징계사유가 발생하더라도 징계권자가 그에 따른 징계절차를 진행하지 않거나 못한 상태가 일정기간 계속되면, 그것의 적법 또는 타당성을 묻지 않고 그 상태를 존중하여 징계를 하지 못하게 함으로써 징계권 행사에 제한을 가하려는 것으로서, 공무원의 신분을 보호하여 공직의 안정성을 보장하는 제도"라고 파악하고 있다.[41]

공무원이 국민전체의 봉사자로서 직무를 수행하기 위한 직업공무원제의 확립을 위해 공무원에 대한 신분보장 등과 함께 공무원 징계절차의 엄격성을 요구하는 것과는 달리, 징계시효제도는 근로자로서 공무원의 생존권보장의 차원에서 인정되는 것으로 본다.

참고로 공무원이 아닌 일반 근로관계의 경우, 「근로기준법」 등 현행 노동관계법령에서 징계시효에 대한 규정을 전혀 두지 않고 있으며, 취업규칙 등 개별 사업장 내의 자치규범에 징계시효와 관련된 내용을 포함시킬 지의 여부는 전적으로 사용자의 의사에 달려있어 근로자의 지위를 불안정하게 하고 있다.[42]

나. 징계시효 제도에 관한 규정[43]

- 국가공무원법 제83조의2
- 지방공무원법 제73조의2
- 교육공무원법 제52조

---

41) 헌법재판소 2012.6.27, 자 2011헌바226 결정. 대법원 1998. 6. 12. 선고 97누16084 판결, 대법원 2008. 7. 10. 선고 2008두2484 판결 등
42) 이에 대한 문제점 및 개선책은, 김경태, "징계의 시효와 관련된 몇 가지 문제점", 원광대학교 법학연구소 『원광법학』 제32권 제4호 (2016.12)에 자세하다.
43) 1949. 8. 12. 「국가공무원법」 제정 당시에는 징계시효에 관한 규정이 없었다. 징계사유에 해당하면 언제라도 징계가 가능했으며, 중한 비위는 징계를, 경한 비위는 불문에 붙이는 등 자의적으로 운영되는 측면이 있었다. 이러한 문제점을 인식하여 이후 1963. 5. 29. 「공무원 징계령」을 개정하는 과정에서 징계의결의 요구는 징계사유가 발생한 날로부터 1년을 경과한 때에는 이를 하지 못하도록 하는 내용으로 징계사유의 시효를 규정하였고(제21조), 1963. 10. 23. 동 징계령의 개정시 징계시효 기간을 2년으로 연장한 바 있다. 1973. 2. 5. 「국가공무원법」의 개정 시 제83조의2를 신설하여 현행과 같은 징계시효에 관한 법률적 근거를 마련하였다.

국가공무원에 대한 징계시효 기간 개정 연혁(개정일 기준)

- 1963. 6. 1.   「공무원징계령」에 비위유형에 관계없이 1년으로 징계시효 신설
- 1963. 10. 23.   「공무원징계령」의 징계시효 연장(1년 → 2년)
- 1973. 2. 5.   「국가공무원법」 징계시효 2년 신설
- 1991. 5. 31.   금품·향응 수수 및 공금횡령·유용 시효연장(2년 → 3년)
- 2008. 12. 31.   금품·향응 수수 및 공금횡령·유용 시효연장(3년 → 5년)
- 2012. 3. 21.   일반 비위에 대한 징계시효 연장(2년 → 3년)
- 2021. 6. 8.   성비위 징계시효 연장(3년 → 10년),   ※ '21. 12. 9. 시행

다. 징계시효 기간

1) 국가공무원법은 제83조의2에서 징계 및 징계부가금 부과 사유의 시효를 규정하며, 제1항에서 징계의결의 요구는 각 호의 대상에 따라 징계 등 사유가 발생한 날로부터 10년, 5년, 3년의 기간 내에 할 수 있음을 명시하고 있다. 예컨대 소속 직원이 금품을 수수하거나 국가 예산을 횡령한 경우 그 공무원은 5년의 징계시효가 적용되나 그 직원의 상급자는 감독책임 여부에 따라 직무태만 등이 거론될 수 있고 그 경우 징계시효는 3년이다.[44]

- **징계 등 사유가 다음 각 목의 어느 하나에 해당하는 경우: 10년**[45]
  - 가. 「성매매알선 등 행위의 처벌에 관한 법률」 제4조에 따른 금지행위
  - 나. 「성폭력범죄의 처벌 등에 관한 특례법」 제2조에 따른 성폭력범죄
  - 다. 「아동·청소년의 성보호에 관한 법률」 제2조제2호에 따른 아동·청소년대상 성범죄
  - 라. 「양성평등기본법」 제3조제2호에 따른 성희롱
- **징계 등 사유가 제78조의2제1항 각 호의 어느 하나에 해당하는 경우: 5년**
  - * 제78조의2 제1항 :
1. 금전, 물품, 부동산, 향응 또는 그 밖에 대통령령으로 정하는 재산상 이익을 취득하거나 제공한 경우

---

44) 사회적 변화에 따라 공무원에 대한 징계시효가 점차 늘어나고 있으며 이는 공직의 안정성이라는 측면에서 반드시 바람직하다고는 볼 수 없다(서울경제신문, 성채윤 기자, 2024. 6. 18. "입시비리 교원 '파면'…징계시효도 10년으로 연장" 기사 참고).

2. 다음 각 목에 해당하는 것을 횡령(橫領), 배임(背任), 절도, 사기 또는 유용(流用)한 경우

　가.「국가재정법」에 따른 예산 및 기금

　나.「지방재정법」에 따른 예산 및 「지방자치단체 기금관리기본법」에 따른 기금

　다.「국고금 관리법」 제2조제1호에 따른 국고금

　라.「보조금 관리에 관한 법률」 제2조제1호에 따른 보조금

　마.「국유재산법」 제2조제1호에 따른 국유재산 및 「물품관리법」 제2조제1항에 따른 물품

　바.「공유재산 및 물품 관리법」 제2조제1호 및 제2호에 따른 공유재산 및 물품

　사. 그 밖에 가목부터 바목까지에 준하는 것으로서 대통령령으로 정하는 것

　* 공무원징계령 제17조의2 제1항: 국가공무원법 제78조의2 제1항 제1호에서 "대통령령으로 정하는 재산상 이익"이란 다음 각 호의 어느 하나에 해당하는 것을 말한다.

1. 유가증권, 숙박권, 회원권, 입장권, 할인권, 초대권, 관람권, 부동산 등의 사용권 등 일체의 재산상 이익

2. 골프 등의 접대 또는 교통·숙박 등의 편의 제공

3. 채무면제, 취업제공, 이권(利權)부여 등 유형·무형의 경제적 이익

● **그 밖의 징계 등 사유에 해당하는 경우: 3년**

　2) 2012. 3. 21. 개정법률[법률 제11392호] 전에는 징계시효가 2년(금품 및 향응 수수, 공금의 횡령·유용의 경우에는 5년)이었고, 법률 공포 후 3개월 후 시행에 따라 2012. 6. 21. 이후 발생한 비위에 한하므로 징계사유가 그 전에 발생한 경우에는 종전 규정에 따라 시효기간이 2년(또는 5년)이다. 마찬가지로 2021. 6. 8. [법률 제18237호] 개정법률 전에는 징계시효가 3년(제78조의2제1항 각 호의 어느 하나에 해당하

---

45) (보도: 뉴시스, 2021. 5. 21. '성범죄 공무원 징계시효 3년 → 10년… 개정안 본회의 통과', 양소리 기자) 국회는 본회의에서 상정된 '지방공무원법 일부개정법률안' '국가공무원법 일부개정법률안'을 이견 없이 통과시켰다. 두 개정안은 성폭력·성매매·성희롱 등 성 관련 비위의 징계시효를 기존 3년에서 10년까지 늘리는 것을 골자로 한다. 성범죄로 형사처벌을 받은 공무원이 징계시효가 지났다는 이유로 소속 기관에서 징계를 피하는 상황을 해소하기 위해서다. 성 비위와 같이 중대한 비위에 대한 소청 감경은 더 까다로워진다. 현재는 징계처분의 종류에 관계없이 출석 위원 2분의 1 이상 합의가 있으면 감경할 수 있었지만 앞으로는 중징계의 경우 출석 위원 3분의 2 이상 합의가 있어야 한다.

는 경우에는 5년)이고, 법률 공포 후 6개월 후 시행에 따라 2021. 12. 9. 이후 발생한 비위에 적용되므로 징계사유가 2021. 12. 8. 이전에 발생한 경우에는 종전 규정에 따라 시효기간이 3년(또는 5년)이다. 위 개정법률 부칙 제7조에 "이 법 시행 전에 징계 등 사유가 발생한 경우 그 징계시효에 관하여는 제83조의2제1항의 개정규정에도 불구하고 종전의 규정에 따른다."고 하여 징계시효 연장에 관한 경과조치를 두었다. 즉, 국가공무원법은 징계사유의 시효에 관한 제83조의2항에 대하여 매번 법률을 개정하면서 징계시효를 연장하였는데, 그때마다 법률은 부칙으로 법 시행 전에 징계사유가 발생한 경우에는 종전의 규정에 의한다고 명시하여 장래효만을 인정하였다(서울고등법원 2014. 2. 13. 선고 2013누7577 판결).

라. 징계시효의 기산점

1) 국가공무원법은 '징계사유가 발생한 날'을 징계시효의 기산일로 삼고 있다(대법원 2019. 10. 18. 선고 2019두40338 판결 참조). 법 제83조의2 제1항에 의거 징계의결 등의 요구는 징계 등 사유가 발생한 날부터 일정 구분에 따른 기간이 지나면 하지 못한다. 따라서 징계권자가 징계사유의 존재를 알게 되었을 때로 볼 수 없다(대법원 2022. 2. 17. 선고 2021두51256 판결).

2) 여기서 "징계사유가 발생한 날"은 비위행위가 종료된 때를 의미한다. 비위가 계속적으로 행하여진 일련의 행위라면 설사 그 중에 징계의결시 시효기간이 경과한 것이 일부 있다 할지라도 그 징계시효의 기산점은 위 일련의 행위중 최종의 것을 기준하여야 한다(대법원 1986. 1. 21. 선고 85누841 판결). 일정기간 동안에 행하여진 비위가 포괄하여 하나의 징계사유를 구성하는 경우에는 그 징계사유의 시효기간은 그 비위가 행하여진 최종일을 기산일로 한다(서울고등법원 1980. 1. 15. 선고 77구40).

3) 국고금을 횡령한 자가 이를 변상하지 아니하고 있더라도 이는 횡령의 결과인 위법상태가 지속되고 있는 것에 불과하므로 '징계사유가 발생한 날'은 횡령행위가 있은 날이라고 할 것이고, 횡령한 금원을 변상한 날이라고 볼 수 없다(대법원 1990. 4. 10. 선고 90누264).

4) 공무원이 아닐 때 부정한 청탁을 하여 임용된 경우, 징계사유가 발생한 날을 어떻게 볼 것인가. 국가공무원 임용과 관련하여 부정한 청탁과 함께 뇌물을 공여하고 공무원으로 임용되었다면 그 신분을 취득하기까지의 일련의 행위가 국가공무원법상의 징계사유에 해당되므로 징계시효의 기산점은 뇌물을 공여한 때가 아니라 공무원으로 임용된 때로부터 기산하여야 할 것이다(대법원 1990. 5. 22. 선고 89누7368). 공무원 임용 전 부정행위는 징계사유가 될 수 없으나 부정한 청탁으로 임용된 경우, 즉 임용과 관련된 비위행위는 임용된 때로부터 징계시효가 기산된다는 것이다.

5) 징계처분이 취소된 후에 하는 새로운 징계의결 요구의 성질은 새로운 징계의결의 요구가 아닌 기 징계처분의 내용을 일부 수정하는 것에 불과한 것으로 징계사유가 발생한 날로부터 시효가 도과하더라도 재징계 의결을 요구할 수 있다(대법원 1980. 8. 19. 선고 80누189).[46] 이처럼 다시 징계를 하는 경우에는 최초 징계의결을 요구한 때를 징계시효 기산점으로 보아야 한다. 징계양정의 과다를 이유로 법원의 판결에 의하여 그 처분이 취소된 후 처분청이 새로이 징계종류를 경감하여 징계의결을 요구한 때에는 이는 새로운 징계의결의 요구가 아니고 이미 적법하게 요구된 징계의결의 내용을 수정한 것이므로 징계시효기간 계산은 당초 징계의결요구한 시점을 기준으로 한다. 교원에 대한 징계처분이 교육부 교원징계재심위원회의 재심결정에 의하여 취소됨에 따라 재징계를 하는 경우에도 그 징계시효는 최초 징계의결을 요구한 때를 기준으로 삼아야 한다(대법원 1999. 2. 5. 선고 97누19335).

마. 징계시효 계산방법

- 징계시효 기간의 계산방법은 민법 제155조 내지 제161조의 규정에 따라 계산한다.[47]

---

46) 적법한 시효기간내에 파면처분을 하였으나 행정소송에서 징계양정의 과다를 이유로 그 처분이 취소되자 다시 그 징계종류를 경감하여 징계의결의 요구를 하였다면 이는 징계의결의 새로운 요구가 아니라 이미 적법하게 징계의결이 요구된 징계처분의 내용을 일부 수정하는 것에 불과한 것이므로 징계사유가 발생한 날로부터 2년이 경과된 후에도 이를 할 수 있다(대법원 1980. 8. 19. 선고 80누189).

47) 징계요구기간의 계산에 관하여는 특별한 규정이 없으므로 보충적으로 그 계산방법을 규정하고 있는 민법 제155조, 제157조의 규정에 따라 징계사유가 발생한 초일은 기간계산에 산

기간은 역에 의하여 계산하며 징계사유 발생 초일은 산입하지 않고 기간 말일의 종료로 기간이 만료한다. 다만 기간의 말일이 토요일 또는 공휴일에 해당한 때에는 기간은 그 익일로 만료한다.

● 징계시효기간의 계산은 징계의결요구일로부터 역산하며, 일단 징계의결을 요구하면 시효는 정지되는 바, 이때의 징계의결요구일은 징계의결요구서가 관할징계위원회에 도달(접수)된 때를 말한다.

바. 징계시효에 대한 특칙

(1) 감사원의 조사 또는 수사기관의 수사 중인 사건

● 임용권자는 소속공무원에게 징계사유가 있다고 인정될 때에는 "지체 없이" 관할 징계위원회에 징계의결을 요구하여야 한다. 그럼에도 국가공무원법 제83조는 감사원과 검찰·경찰, 그 밖의 수사기관이 조사나 수사를 시작한 경우 징계의결 요구를 진행할 수 없는 경우를 규정하는데 ① 감사원에서 소속기관의 장에게 조사개시 통보를 한 경우, 통보받은 날부터 징계 의결의 요구나 그 밖의 징계 절차를 진행하지 못하고(제1항), ② 검찰·경찰, 그 밖의 수사기관에서 수사 중인 사건에 대해 수사개시 통보를 한 경우, 통보받은 날부터 징계 의결의 요구나 그 밖의 징계 절차를 진행하지 아니할 수 있도록 하고 있다(제2항).[48] 자체감사 등 감사원이나 수사기관이 아닌 기관의 조사 또는 수사는 위 징계절차중지 사유에 해당되지 아니한다.

감사원이나 행정기관에서의 조사의 경우에는 징계절차를 진행하지 못하도록 하면서, 수사기관에서의 수사의 경우에는 징계절차를 진행하지 아니할 수 있다고 한 것은, 전자의 경우 그 조사 자체가 징계와 관련된 것이므로 중복조사를 피하고 징계의

입하지 아니한다고 해설할 것이다(대법원 1972. 12. 12. 선고 71누149).

[48] 군인징계령에는 국가공무원법과 달리 감사원뿐만 아니라 각 수사기관에서의 통보의 경우에도 징계절차를 진행하여서는 아니 되는 것으로 규정하고 있으며 다만 예외를 두고 있다.
군인징계령 제8조(징계등 절차의 중지) ① 감사원이나 군검찰, 군사경찰, 그 밖의 수사기관이 군인의 비행사실에 대한 조사나 수사를 개시하거나 마친 때에는 10일 이내에 그 군인의 소속 또는 감독 부대나 기관의 장에게 그 사실을 통보하여야 한다.
② 제1항에 따른 통보가 있는 경우에는 통보를 받은 날부터 징계의결등의 요구 그 밖에 징계등 절차를 진행하여서는 아니 된다. 다만, 수사기관의 조사나 수사의 지연 등 특별한 사유가 있는 경우에는 징계등 절차를 진행할 수 있다.

적정성과 통일성을 기하기 위해 그 결과를 기다리는 것이 필요하지만, 후자의 경우에는 징계 그 자체가 목적이 아니라 범죄의 혐의를 밝혀 형사처벌을 받게 하려는 것이 주된 목적이므로 징계를 함에 있어 수사결과를 반드시 기다려야 할 필요는 없기 때문이다.

감사원 조사와 달리 수사 중인 사건에 대하여 징계절차를 진행하지 아니할 수 있도록 한 것은, 전문수사기관의 수사결과에 따라 징계사유를 정확히 판단하여 적정한 징계를 하기 위한 것이다. 즉, 문제되는 사건을 수사한 뒤 충분한 증거를 통해 사실관계를 파악하여 비위사실과 징계 간에 비례원칙이 적용될 수 있게 하기 위한 것이다.

● 이 경우 **시효기간 산정은 어떻게 하나.** 감사원에서 조사 중임을 사유로 또는 검찰, 경찰 등 수사기관에서 수사 중임을 사유로 징계절차를 진행하지 못하여 3년(법 제78조의2제1항 각 호의 어느 하나에 해당하는 경우에는 5년, 법 제83조의2 제1항 제1호에 따른 성비위인 경우에는 10년)이 경과하거나, 그 잔여기간이 1월 미만인 경우에는 징계시효 기간은 <u>그 조사나 수사의 종료통보를 받은 날로부터 1월이 경과한 날에 만료</u>되는 것으로 본다(법 제83조의2 제2항).[49][50]

여기서 "조사종료의 통보를 받은 날"이라 함은 법 제83조 제3항 및 감사원 감사사무 처리규칙 제28조, 감사원법 제32조 제1항에 의한 징계요구를 한 때에는 조사종료의 통보를 한 것으로 보고, 소속 장관 등이 감사원법 제36조제2항의 규정에 의한 재심의를 청구한 경우에는 당해 재심의 사건에 대한 감사원의 처리결과 통보를 받은 날을 조사종료통보를 받은 날로 본다. 한편 감사원에서 조사 중인 사건이더라도 조사개시통보가 없는 경우에는 징계의결의 요구 기타 징계절차를 진행하지 못할 사유가 없으므로 법 제83조의2 제2항의 적용을 받지 아니한다. 또 수사로 말미암아 징계절차를 밟지 않고 중지한 경우 "그 사유가 종료한 날"이라 함은 수사가 종료한 날을 말하는 것이다(대법원 1978. 10. 31. 선고 78누250). 실무적으로는 "수사의 종료의

---

49) 군인사법 제60조의3 제2항, 군무원인사법 제41조 제2항도 같은 취지.
50) 징계 혐의자가 수사를 받게 돼 징계절차가 중단된 경우 이 사실을 당사자에게 통보하지 않았더라도 징계시효가 자동 연장되도록 한 구 지방공무원법 제73조제2항이 헌법에 어긋나 적법절차원칙에 어긋나는지. 헌재는, '징계혐의자는 수사가 종료되는 장래 어느 시점에서 징계절차가 진행될 수 있다는 점을 충분히 예측하여 대비할 수 있고, 수사가 종료되어 징계절차가 진행되는 경우에도 징계혐의자는 관련 법령에 따라 방어권을 충분히 보호받을 수 있다.'며 합헌 결정을 하였다(헌재 2017. 6. 29. 2015헌바29).

통보를 받은 날"이라 함은 검찰사건사무규칙 제103조 제5항의 규정에 의한 '공무원 등 피의사건 결정결과통보서' 또는 '공무원 등 고소·고발사건 결정결과통보서'를 받은 날을 의미하며, 형사사건에 대한 확정판결이 있을 때를 의미하는 것은 아니다.

이처럼 조사 또는 수사 중인 사건에 대해 징계절차를 진행하지 아니하는 경우 징계시효가 연장되도록 한 것은, 적정한 징계를 위해 징계절차를 진행하지 아니할 수 있도록 한 것이 오히려 징계를 방해하게 되는 불합리한 결과를 막기 위해서이다.

(2) 수사개시 통보에 따라 징계절차를 중지하는 결정을 하면서 징계혐의자에게 통보하지 않은 경우

공무원징계령 제8조의2 제1항은, 행정기관의 장은 법 제83조제3항에 따라 수사개시 통보를 받으면 지체 없이 징계의결등의 요구나 그 밖에 징계등 절차의 진행 여부를 결정해야 한다. 이 경우 같은 조 제2항에 따라 그 절차를 진행하지 않기로 결정한 경우에는 이를 징계등 혐의자에게 통보해야 한다고 한다. 그렇다면 <u>행정청이 수사개시 통보를 받고 징계절차를 중지하면서 공무원징계령 제8조의2에 따라 징계혐의자에게 그 사실을 통보하지 않았다면 징계시효가 중단되지 않는다고 보아야 할 것인가</u>. 이에 대해 대구지방법원 2015. 4. 8. 선고 2014구합23057 판결은 그렇다고 판단한 바 있다. 그 이유는 2011. 1. 24. 대통령령 제22633호로 공무원징계령이 개정되면서, 그 개정이유가 수사개시의 통보로 행정기관이 징계절차를 중지하는 결정을 하면서 이를 통보하지 않으면 징계혐의자가 알지 못하는 상태에서 징계시효가 연장되는 불이익이 발생할 수 있으므로 수사개시 통보에 따라 징계절차를 중지하는 결정을 하는 경우에는 징계혐의자에게 그 사실을 통보하여 자기방어권을 보장하도록 하기 위한 것이라며, 종전에 없던 법문인 '그 사실을 징계등 혐의자에게 통보하여야 한다'를 추가한 것이기 때문이라고 보았다.

그러다 헌법재판소 2017. 6. 29. 선고 2015헌바29 결정에서, 국가공무원법 제83조의2와 유사한 지방공무원법 제73조의2에서 징계시효 연장을 규정하면서 징계절차를 진행하지 아니함을 통보하지 아니한 경우에는 징계시효가 연장되지 않는다는 예외규정을 두지 않았다고 하더라도 적법절차원칙에 위배되지 아니한다고 하였다. '수사 중인 사건에 대해 징계절차를 진행하지 아니하는 경우 징계시효가 연장되도록 한 것은, 적정한 징계를 위해 징계절차를 진행하지 아니할 수 있도록 한 것이 오히려 징계를 방해하게 되는 불합리한 결과를 막기 위해서이다. 수사 중인 사건에 대하여 징계절차를 진행하지 아니하더라도 징계혐의자는 수사가 종료되는 장래 어느 시점에서 징계절차가 진행될 수 있다는 점을 충분히 예측하여 대비할 수 있고, 수사가 종료되어 징계절차가 진행되는 경우에도 징계혐의자는 관련 법령에 따라 방어권을 충분히 보호받을 수 있다. 수사 중인 사건에 대해 징계절차를 진행하지 아니하는 경우 일률적으로 징계시효가 연장되도록 한 것은, 수사결과를 기다려 공무원에 대한 적정한 징계가 이루어지게 함으로써 한편으로는 인사권자의 자의적인 징계처분을 막아 징계혐의자의 권익을 보호하고, 다른 한편으로는 징계혐의자의 비위사실에 상응하는 제재를 부과하기 위함이다. 이러한 공정한 징계제도 운용이라는 이익은, 징계혐의자가 징계절차를 진행하지 아니함을 통보받지 못하여 징계시효가 연장되었음을 알지 못함으로써 입는 불이익보다 크다고 할 것이다.'

이처럼 수사개시 통보 후 징계절차를 중지하면서 이 사실을 징계혐의자에게 통보하지 않은 것은 그 업무 담당자에게 별도의 책임을 물을 수 있을지언정, 징계시효 그 자체가 중단되지 않는다고는 할 수 없다. 즉 중단된다.

(3) 지방공무원법에서의 특이점

● 지방공무원법 제73조 제1항은, 감사원에서 조사 중인 사건이나 각 행정기관에서 대통령령으로 정하는 바에 따라 조사 중인 사건에 대하여는 제3항에 따른 조사개시 통보를 받은 날부터 징계의결 요구나 그 밖의 징계절차를 진행하지 못한다. 이처럼 '각 행정기관에서 대통령령으로 정하는 바에 따라 조사 중인 사건'에 대해서도 징계절차를 중지하도록 하고 있다. 여기서 대통령령인 지방공무원 징계 및 소청 규정 제16조의3 제1항에서, "각 행정기관에서 대통령령으로 정하는 바에 따라 조사 중인 사건"이란 「지방자치단체에 대한 행정감사규정」 제2조에 따른 감사 중인 사건을 말한다고 한다.

● 지방공무원 징계에 대하여는 지방공무원법 제9장(제69조 내지 제73조의3) 및 '지방공무원 징계 및 소청 규정'(이하 '지방공무원징계령'이라 한다)에서 규정하고 있다. 국가공무원법이나 지방공무원법에는 수사기관에서의 수사를 이유로 징계절차를 진행하지 아니할 때 그 사실을 징계혐의자에게 통보하는 규정이 없다. 그러나 2012. 12. 12. 대통령령 제24227호로 개정·공포되어 같은 날 시행된 「지방공무원 징계 및 소

청 규정」제16조의3 제2항에서는, 임용권자가 수사개시 통보를 받으면 지체 없이 징계의결 등의 요구나 그 밖에 징계 등 절차의 진행 여부를 결정하고, 그 사실을 징계 등 혐의자에게 통보하여야 한다고 규정하고 있다. 국가공무원에 대하여 규율하는 '공무원징계령'은 이보다 앞선 2011. 1. 24. 대통령령 제22633호로 개정될 때 징계 절차 진행 여부를 징계혐의자에게 통보하여야 한다는 규정을 두었다.

(4) 재징계 등과 시효문제

예컨대 경찰관이 피의자로부터 금품을 받아 파면처분 되었다가 재량권 남용을 이유로 한 파면무효 확정판결을 받은 후 다시 같은 사유로 해임처분을 받은 경우 적법하다(서울고등법원 1997. 1. 24. 선고 96구23834). 그 경우 징계사유가 발생한 날로부터 시효기간이 산정되므로 다시 징계할 시점에는 이미 시효가 도과되었을 수도 있다. 이런 경우 징계시효는 어떻게 처리되나. 징계위원회의 구성·징계의결 등, 그 밖에 절차상의 흠이나 징계양정 및 징계부가금의 과다를 이유로 소청심사위원회 또는 법원에서 징계처분의 무효 또는 취소의 결정이나 판결을 한 때에는 징계사유의 시효기간이 경과하거나 잔여기간이 3월 미만인 경우에도 그 결정 또는 판결이 확정된 날로부터 3개월 이내에 다시 징계의결을 요구할 수 있다(법 제83조의2 제3항).[51] 예컨대 처분통지의 하자 등의 사유로 절차적 흠결로 원처분에 대해 무효판결이 난 이후 그 절차를 보완하여 다시 징계를 하려는데 시효기간이 도과되었을 경우에 판결확정일로부터 3개월 이내에는 다시 징계를 할 수 있다는 것이다.

이처럼 행정소송 등에 의하여 징계처분이 취소된 후에 하는 새로운 징계의결의 요구의 성질에 대해서는 징계의결의 새로운 요구가 아니라 이미 적법하게 징계의결이 요구된 징계처분의 내용을 일부 수정하는 것에 불과한 것으로 보아 징계사유가 발생한 날로부터 일정 시효기간이 경과된 후에도 이를 할 수 있다고 한다(대법원 1980. 8. 19. 선고 80누189 판결).

징계처분권자의 재징계기한을 3개월 이내에 끝내어야 한다는 규정은 훈시규정이라고 보아야 하므로, 그에 정한 기한이 지나서 재징계의결을 하였다고 하더라도 <u>징계시효기간 내에 징계의결을 요구한 이상</u>, 재징계처분이 위법하게 되는 것은 아니

---

51) 지방공무원법 제73조의2 제3항, 군인사법 제60조의3 제3항, 군무원인사법 제41조 제3항도 같은 취지.

다. 그리고 공무원에 대한 징계처분이 재심결정에 의하여 취소됨에 따라 재징계를
하는 경우에도 그 징계시효는 최초 징계의결을 요구한 때를 기준으로 삼아야 한다
(최초 징계의결 요구시)(대법원 1999. 2. 5. 선고 97누19335 판결).

사. 징계시효의 중단

　법은 징계시효의 정지나 중단에 대하여 통일된 규정을 두고 있지 않다. 그러나 앞
서 본 바와 같이 국가공무원법 제83조는 감사원과 검찰·경찰, 그 밖의 수사기관이
조사나 수사를 시작한 경우 징계의결 요구를 진행할 수 없는 경우를 규정하여 ① 감
사원에서 소속기관의 장에게 조사개시 통보를 한 경우, 통보받은 날부터 징계 의결
의 요구나 그 밖의 징계 절차를 진행하지 못하고(제1항), ② 검찰·경찰, 그 밖의 수
사기관에서 수사 중인 사건에 대해 수사개시 통보를 한 경우, 통보받은 날부터 징계
의결의 요구나 그 밖의 징계 절차를 진행하지 아니할 수 있도록 하고 있다(제2항).[52]
이것이 일종의 시효중단 사유이다. 그러다 감사원이나 수사기관이 그 조사나 수사를
종료한 경우 그동안 진행 못한 징계사안이 여전히 시효가 남아있다면 그대로 징계절
차를 진행하면 되나 이미 징계시효기간이 도과되거나 그 잔여기간이 1개월이 채 남
지 않았다면 그때는 징계시효 기간을 그 조사나 수사의 종료통보를 받은 날로부터
1월이 경과한 날에 만료되는 것으로 연장해 준 것이다(법 제83조의2 제2항). 바꾸어
말하면 감사원의 조사나 수사기관의 수사통보는 징계시효 중단 사유가 되고, 조사나
수사종료 통보는 징계시효 중단에 대한 종료 사유인 것이다. 이 경우 감사원의 징계
사유 적발사실만으로 징계사유의 시효기간이 중단되는지, 또는 수사기관이 수사를
하는 사실만으로 중단되는지 여부에 대해, 국가공무원의 징계사유가 되는 비위사실
이 그 소속청 자체에 의하여 각지(覺知)된 것이 아니고 감사에 의하여 비로소 적발된

---

52) 군인징계령에는 국가공무원법과 달리 감사원뿐만 아니라 각 수사기관에서의 통보의 경우에
　도 징계절차를 진행하여서는 아니 되는 것으로 규정하고 있으며 다만 예외를 두고 있다.
　군인징계령 제8조(징계등 절차의 중지) ① 감사원이나 군검찰, 군사경찰, 그 밖의 수사기관
　이 군인의 비행사실에 대한 조사나 수사를 개시하거나 마친 때에는 10일 이내에 그 군인의
　소속 또는 감독 부대나 기관의 장에게 그 사실을 통보하여야 한다.
　② 제1항에 따른 통보가 있는 경우에는 통보를 받은 날부터 징계의결등의 요구 그 밖에 징
　계등 절차를 진행하여서는 아니 된다. 다만, 수사기관의 조사나 수사의 지연 등 특별한 사
　유가 있는 경우에는 징계등 절차를 진행할 수 있다.

경우에는 국가공무원법 제83조 제1항의 경우와 같이 볼 수 없어서 위 징계사유 적발사실만으로서는 징계사유의 시효진행기간이 중단된다고 볼 수 없다(대법원 1978. 9. 12. 선고 78누231 판결).

공무원 A가 직무와 관련하여 금품을 수수하여 수사기관에서 수사개시 통보를 하였고 그 후 어느 시점에 수사종료통보를 받았다. 그 경우 1개월이내 징계를 하였어야 함에도 이를 못한 채 시간이 지났는데, 징계시효가 도과된 어느 시점에 그 내용이 언론보도된 경우 징계시효 적용을 어떻게 할 것인가. 수사종료통보를 받은 때로부터 1월이 경과한 시점에 위 비위행위에 대한 징계시효는 만료되었고, 위 복무규정이나 인사규정에 근거가 없는 이상 위 징계시효가 일정 기간 정지되거나 중단되는 것으로 볼 수는 없고, 대상자의 금품수수행위가 나중에 언론에 보도되었다고 하는 우연한 사정에 의하여 새로운 징계사유가 생긴 것으로 보거나 그 언론보도 등의 시점을 새로운 징계시효의 기산점으로 볼 것은 아니다(대법원 2008. 7. 10. 선고 2008두 2484 판결 참고).

국가공무원법 제83조의2 제3항은, 징계위원회의 구성·징계의결등, 그 밖에 절차상의 흠이나 징계양정 및 징계부가금의 과다(過多)를 이유로 소청심사위원회 또는 법원에서 징계처분등의 무효 또는 취소의 결정이나 판결을 한 경우에는 제1항에서 정해진 시효기간이 지나거나 그 남은 기간이 3개월 미만인 경우에도 그 결정 또는 판결이 확정된 날부터 3개월 이내에는 다시 징계의결등을 요구할 수 있다. 위 특칙 또한 징계시효의 중단에 대해 규정한 것으로 보아야 한다.

아. 관련문제

(1) 징계시효가 도과한 비위행위를 이후 별건 징계시 양형자료로 활용할 수 있는지

징계시효가 완성되면 징계권은 소멸된다. 따라서 징계시효가 경과한 시점에서 이뤄진 징계는 당연히 무효로 된다. 그런데 징계시효가 도과된 비위행위를 일정기간 지난 후 별건의 징계를 하면서 양형자료로 활용할 수 있는지가 거론될 수 있다. 대법원은 "징계처분에서 징계사유로 삼지 아니한 비위행위라도 징계종류 선택의 자료로서 피징계자가 당해 징계처분 사유 전후에 저지른 비위행위 사실 등은 징계양정에서의 참고자료로 삼을 수 있다”라고 본다. 근로자의 어떤 비위행위가 징계사유로 되어 있느냐 여부는 구체적인 자료들을 통하여 징계위원회 등에서 그것을 징계사유로 삼았는가 여부에 의하여 결정되어야 하는 것이지 반드시 징계결의서나 징계처분서에 기재된 취업규칙이나 징계규정 소정의 징계근거 사유만으로 징계사유가 한정되는 것은 아닐 뿐만 아니라(대법원 1996. 9. 20. 선고 95누15742 판결, 1997. 3. 14. 선고 95누16684 판결 등 참조), 징계처분에서 징계사유로 삼지 아니한 비위행위라고 하더라도 징계종류 선택의 자료로서 피징계자의 평소의 소행과 근무성적, 당해 징계처분 사유 전후에 저지른 비위행위 사실 등은 징계양정에 있어서의 참작자료로 삼을 수 있는 것이다(대법원 2002. 5. 28. 선고 2001두10455 판결). 따라서 피징계자의 평소의 소행, 근무성적, 징계처분 전력 이외에도 당해 징계처분사유 전후에 저지른 징계사유로 되지 아니한 비위사실도 징계양정에 있어서의 참작자료가 될 수 있고, 징계사유로 되지 아니한 피징계자의 경영진에 대한 고소행위, 상사에 대한 결례 및 폄훼행위의 방법과 내용, 그리고 이들 행위로 인한 직장질서 문란 및 경영진의 명예실추 결과 등 제반 징계양정 사유를 참작하여 사회통념상 사용자와의 신뢰관계를 반복적으로 훼손하여 근로관계를 계속할 수 없는 중대한 사유가 있다고 본 사례도 있다(대법원 1998. 5. 22. 선고 98다2365 판결). 그러나 원래의 징계처분에서 징계사유로 삼지 아니한 징계사유를 재심절차에서 추가하는 것은 추가된 징계사유에 대한 재심의 기회를 박탈하는 것으로 되어 특별한 사정이 없는 한 허용되지 아니하는 것이므로(대법원 1996. 6. 14. 선고 95누6410 판결 참조), 재심절차에서 추가된 징계사유임이 기록상 명백한 피고의 회장, 사무총장 및 총무부장에 대한 원고의 고소행위와 피고의 회장에 대한 결례 및 비난행위는, 그것들이 비위사실로 인정된다면 징계양정의 참작자료가 될 것일 뿐, 독립적인 징계사유로 삼을 수는 없다고 할 것이다(위 대법원 1998. 5. 22. 선고 98다2365 판결).

그런데 위 사정이 공무원에게도 그대로 적용될 것인가. 그대로 적용된다. “공무원인 피징계자에게 징계사유가 있어 징계처분을 하는 경우 어떠한 처분을 할 것인지는 징계권자의 재량에 맡겨진 것이고, 징계처분에서 징계사유로 삼지 아니한 비위행위라고 하더라도 징계종류 선택의 자료로서 피징계자의 평소의 소행과 근무성적, 당해 징계처분 사유 전후에 저지른 비위행위 사실 등은 징계양정에 있어서의 참작자료로 삼을 수 있으며, 다만 징계권자가 그 재량권의 행사로서 한 징계처분이 사회통념상 현저하게 타당성을 잃어 징계권자에게 맡겨진 재량권을 남용한 것이라고 인정되는 경우에 한하여 그 처분을 위법한 것이라 할 것이고, 공무원에 대한 징계처분이 사회통념상 현저하게 타당성을 잃었다고 하려면 구체적인 사례에 따라 직무의 특성, 징계의 원인이 된 비위사실의 내용과 성질, 징계에 의하여 달성하려고 하는 행정목적, 징계 양정의 기준 등 여러 요소를 종합하여 판단할 때에 그 징계 내용이 객관적으로 명백히 부당하다고 인정되는 경우라야 한다"(서울행정법원 2010. 4. 23. 선고 2009구합14781 판결).

(2) 공무원이 자신의 신분을 숨기고 형사절차가 진행되다가 징계시효가 도과된 이후 발각된 경우[53]

공무원이 음주운전으로 적발되어 수사 및 재판을 받는 과정에서 자신의 신분을 회사원이라고 속여 확정판결을 받고 수년이 흘렀는데 그 후 그 사실이 밝혀졌으나 징계시효 기간이 도과한 경우 그 공무원을 다시 징계할 수 있는지, 대법원은 할 수 없다고 판단하였다(대법원 2021. 12. 16. 선고 2021두48083 판결). 하급심은, 신분을 속여 처벌받은 사실을 보고하지 않은 점은 내부규정상 보고조항 위반 부분은 징계사유가 인정되고, 원고가 보고의무를 이행할 때까지 징계시효가 기산된다고 볼 수 없으므로 그 징계시효는 경과하지 않은 것으로 보아 성실의무 또는 복종의무위반으로 징계함을 인정하였다(대구고등법원 2021. 7. 23. 선고 2021누2439 판결).[54][55]

---

53) 조선일보 김윤주 기자, 2021. 9. 9. "성추행 재판 받으며 3년간 신분 속여… 서울대 교수로 강단 서다 뒤늦게 파면." 위 기사에 의하면, 국립대학교수 A는 성추행 혐의로 경찰 조사받으며 사업가로 속여 집행유예를 선고받았다가 범행 후 2년6개월 만에 알려져 파면처분되었는데 그동안 교단에 서고 부교수로 승진까지 하였다.

54) 부사관으로 근무하던 중 음주운전으로 적발되었으나 신분을 속이고 확정판결을 받았고 그 사실이 9년 후에 발각된 사안에서, 지시위반으로 다시 징계할 수 있는가에 대해서 자신의 형사처분 보고의무를 부여한 이유는 매 진급심사시 심사자료로 활용하기 위한 것이므로 그 대상자가 징계 거론되던 시점 마지막 진급시점 이후로는 그 의무가 발생 내지 유지된다고 볼 수 없다고 보아 3년의 징계시효가 경과된 것으로 보았다. 다만 보고의무를 명시해 둔 규정위반은 시효가 계속된다고 보았고, 그러다보니 지시위반은 시효완성, 규정위반은 시효존속의 결과가 되어 과연 해당 징계가 적법한지 거론되었으나, 여러 개의 징계사유 중 일부가 인정되지 않더라도 인정되는 다른 일부 징계사유만으로 해당 징계처분의 타당성을 인정하기에 충분한 경우에는 그 징계처분을 유지하여도 위법하지 않다(대법원 2019. 11. 28. 선고 2017두57318 판결 등 참조)고 보아 대상 징계처분은 적법하다고 판단하였다.

55) 음주운전에 대해서는 징계시효 기간이 지났으므로 다시 징계할 수 없다. 징계시효의 기산점

같은 취지의 대법원 2022. 3. 11. 선고 2021두56190 판결에서도 원심판결이 징계시효의 기산점에 관한 법리를 오해하여 판결 결과에 영향을 미친 잘못이 있다며 파기, 환송하였다. 경위를 보면, 육군 부사관 A가 군인 신분을 숨기고 음주운전으로 400만원의 약식명령을 받았으나 징계권자 등에게 보고하지 않았고, 육군은 육군규정의 보고조항과 육군지시 신고조항 위반으로 정직3월의 징계처분을 하였다. 원심은 육군지시 신고조항 위반 부분은 징계사유가 인정되지 않거나 징계시효가 지났지만, 육군규정 보고조항 위반의 징계사유는 인정되고 원고가 징계권자에게 위 약식명령 확정사실을 보고할 때까지는 징계시효가 기산되지 않으므로 징계시효도 지나지 않았다고 보아 이 사건 처분이 적법하다고 판단하였으나 대법원은 육군규정 보고조항 위반의 징계시효가 지나지 않았다는 원심의 판단은 잘못이라 판단하였다. '군인사법이 징계시효 제도를 둔 취지는 군인에게 징계사유에 해당하는 비위가 있더라도 그에 따른 징계절차를 진행하지 않았거나 못한 경우 그 사실상태가 일정 기간 계속되면 그 적법·타당성 등을 묻지 아니하고 그 상태를 존중함으로써 군인 직무의 안정성을 보장하려는 데 있다. 징계시효는 원칙적으로 징계사유가 발생한 때부터 기산되는 것이지, 징계권자가 징계사유를 알게 되었을 때부터 기산된다고 볼 수 없다. 육군 부사관은 육군참모총장이 발령한 육군규정을 준수할 직무상의 의무가 있다. 따라서 민간법원에서 형사처벌이 확정된 부사관은 육군규정 보고조항에 따라 지체 없이 상당한 기간 내에 징계권자에게 그 사실을 보고하여야 한다. 위 기간 내에 보고하지 아니하면 그 기간이 경과함으로써 곧바로 징계사유가 발생하고, 그때부터 징계시효가 기산된다고 보아야 한다(대법원 2021. 12. 16. 선고 2021두48083 판결 참조). 그런데도 원심은 육군규정 보고조항 위반의 징계시효가 원고가 징계권자에게 위 약식명령 확정 사실을 보고한 때부터 기산될 수 있다고 보고, 원고의 징계시효 경과 주장을 배척하였다. 이러한 원심의 판단에는 징계시효의 기산점에 관한 법리를 오해하여 판결 결과에 영향을 미친 잘못이 있다.'[56]

은 원칙적으로 징계사유가 발생한 때이고(대법원 2019. 10. 18. 선고 2019두40338 판결 참조), 징계권자가 징계사유의 존재를 알게 되었을 때로 볼 수는 없으며(대법원 2014. 10. 30. 선고 2012두25552 판결), 징계사유가 계속적으로 행하여진 일련의 행위일 경우 그 징계시효의 기산점은 그 최종적인 행위 시를 기준으로 삼아야 한다(대법원 1986. 1. 21. 선고 85누841 판결 등 참조). 따라서 음주운전으로 적발된 시점부터 징계시효가 진행되어 그 기간이 도과된 이상 다시 음주운전으로 징계할 수는 없다.

참고로 공무원이 자신의 신분을 무직 등으로 속이고 처벌받은 후 징계를 받게 된 경우(위에서와 달리 당해 비위의 시효가 남아 있는 경우) 신분을 속인 점을 징계처분 사유에 포함한 경우 적법한가. 해양경찰공무원이 음주운전 후 신분을 회사원으로 숨겼다가 그 후 적발되었고 음주운전 및 신분은폐 등의 사유로 강등처분을 한 경우 적법하다고 한 바 있고(서울행정법원 2017. 8. 11. 선고 2017구합52740 판결), 교육청 공무원이 음주운전 후 무직으로 신분을 속여 기소유예처분을 받은 사실이 나중에 알려져 견책처분을 하였는데 그 공무원이 음주운전 단속절차 위반을 이유로 헌법재판소에 위 기소유예처분의 취소를 구하는 헌법소원을 제기해 취소결정을 받아내 결국 검찰청은 혐의없음 처분을 하게 되었는데, 이를 근거로 무효를 다투었다. 법원은 행정처분이 당연무효라고 하기 위하여는 처분에 위법사유가 있다는 것만으로는 부족하고 하자가 법규의 중요한 부분을 위반한 중대한 것으로서 객관적으로 명백한 것이어야 하며, 이건 징계는 검사가 한 기소유예처분에 기한 것이고, 헌법재판소에서 사후에 기소유예를 취소하여 결과적으로 수사가 잘못되었다는 것이 밝혀지게 되었으나, 이 사건 처분 당시에는 헌법재판소가 지적한 음주운전단속 중의 절차 위반 등의 문제점은 알려지지 않았기 때문에 그 하자가 명백한 것이라고 볼 수 없고, 오히려, 이 사건 처분사유에는 원고가 수사를 받을 때에 공무원의 신분을 은폐한 사실도 포함되어 있었기 때문에 처분의 근거는 있었다(창원지방법원 2017. 12. 19. 선고 2017구합51370 판결). 위 판결은 위 대법원 2021. 12. 16. 선고 2021두48083 판결 등이 나오기 이전 것들로, 대법원 판결의 취지를 고려하면 징계양정에 있어서의 참작자료로 삼을 수는 있으나 신분은폐 등으로 독자적 징계사유로 삼을 수는 없다고 할 것이다.

(3) 수사기관이 징계사유를 통보하였음에도 징계를 미루어 일부나 전부의 시효가 도과된 경우

소속기관의 장 등은 공무원이 징계사유에 해당하면 징계의결요구를 하여야 한다(국가공무원법 제78조). 한편 감사원이나 수사기관은 징계의결등 요구권을 갖지 아니하는 공무원에 대해서 징계등 사유가 있다고 인정할 때에는 징계의결등 요구권을 갖

---

56) 관련기사, 법조신문, 장두리 기자, 2022. 4. 6., '음주운전 벌금형 4년 숨긴 군인... 대법 "시효 지나 징계 못해."'

는 행정기관의 장에게 그 징계등 사유를 증명할 수 있는 관계 자료를 첨부하여 통보하여야 한다(공무원징계령 제7조 제2항). 징계등 사유를 통보받은 행정기관의 장은 타당한 이유가 없으면 1개월 이내에 관할 징계위원회에 징계의결등을 요구하여야 한다(제3항). 이 경우 통보받은 소속 행정기관의 장은 반드시 징계를 요구하여야 하는가. 징계의결요구권을 갖는 소속기관의 장은 통보받은 자료 등을 토대로 소속 공무원의 구체적인 행위가 과연 징계사유에 해당하는지에 관하여 판단할 재량을 갖는다고 할 것이지만, 통보받은 자료 등을 통해 징계사유에 해당함이 객관적으로 명백하다고 확인되는 때에는 상당한 이유가 없는 한 1월 이내에 징계의결을 요구할 의무가 있다고 보아야 한다. 따라서 통보받은 자료 등을 통해 징계사유에 해당함이 객관적으로 명백하고, 달리 징계의결을 요구하지 아니할 상당한 이유가 없는데도 1월 이내에 관할 징계위원회에 징계의결을 요구하지 아니하면, 이는 재량권의 한계를 벗어난 것으로서 위법할 뿐만 아니라 법령에서 부여된 구체적인 작위의무를 수행하지 아니한 경우에 해당할 수 있다. 이때 징계사유에 해당함이 객관적으로 명백한지 및 상당한 이유가 있는지는 징계사유에 해당한다고 통보받은 구체적인 사실관계의 내용과 그에 대한 법적 평가, 증거 자료의 구비 정도, 징계의 필요성이나 적절성, 징계의결요구를 유보하는 데에 합당한 이유가 있었는지 등을 관계 자료가 통보된 때로부터 1월이 경과하는 시점을 기준으로 객관적이고 합리적인 방법으로 판단하여야 한다(대법원 2013. 6. 27. 선고 2011도797 판결 참조). 위 판결에서 다른 행정기관의 장으로부터 징계의결요구를 받았음에도 징계의결요구를 유보한 행위를 두고 그 동기, 경위, 사회적 상황 등을 종합하면 직무유기죄에 해당하지는 않는다고 보았다.

그런데 <u>수사기관 등이 징계사유를 통보하였음에도 징계를 미루어 일부나 전부의 시효가 도과된 경우 어떻게 처리할 것인가</u>. 앞서 본 바와 같이 다른 행정기관의 장으로부터 징계사유 통보를 받은 경우에도 소속기관의 장은 여전히 통보받은 사유가 징계사유에 해당하는지 여부에 관하여 판단할 재량이 있고, 나아가 상당한 이유가 있는 한 징계의결요구를 하지 아니할 재량을 가지고 있다. 예컨대 신중한 결정을 위하여 사법부의 최종 판단시까지 징계의결요구를 유보할 수도 있다. 그러나 징계위원회에 징계의결을 요구하지 아니할 상당한 이유가 없음에도 징계의결을 요구하지 않아 징계시효가 도과되었다면 위법하다고 할 것이다. 이와 관련하여 서울대 총장이 직권남용, 선거법 위반 등 혐의로 재판에 회부되었음을 통보받은 A교수에 대해 징계를 미루어 일부 시효가 완성되었음을 이유로 교육부가 서울대총장에 대해 징계의뢰한 바 있다.57) 서울대이사회는 해당총장에 대해 주의처분(징계항목이 아님)을 내렸지만 서울대는 교육부의 총장 경징계 요구가 정당한지를 두고 행정심판을 제기한 바 있다.58)

(4) 이중징계와 시효

하나의 비위사실에 대해 수차례 징계를 할 수는 없다. 동일한 징계원인으로 거듭 징계될 수 없다는 의미에서의 이중처벌금지의 원칙은 징계벌에도 적용될 여지가 있다. 그러나 징계시효가 지난 비위행위도 징계양정에 있어서 참작자료로 할 수 있는 바(대법원 1999. 11. 26. 선고 98두10424 판결 참조), 과거 징계전력을 징계양정의 참작자료로 하였을 뿐 이를 이유로 원고를 징계한 것은 아닐 경우, 이중징계에 해당하지 않는다(서울행정법원 2008. 3. 13. 선고 2007구합34705 판결).

(5) 참고 - 공공기관 감사와 시효

공공감사에 관한 법률 제24조(징계 또는 문책사유의 시효정지)59) ① 중앙행정기관등의 장은 특정사건에 대한 조사를 개시한 때와 이를 종료한 때에는 10일 이내에 자체감사대상기관의 장에게 그 사실을 통보하여야 한다. ② 제1항에 따라 조사 개시의 통보를 받은 기관·단체의 장은 감사가 진행 중인 특정사건에 대하여는 제1항에 따른 조사 개

---

57) 조선일보 김은경 기자 2022. 6. 10. A11면, '"서울대, 조국·이진석 징계 미뤄"… 일부 혐의는 이미 시효 지났다'.
58) 국립대학법인 서울대학교 설립·운영에 관한 법률 제15조 제3항은, 국립대학법인 서울대학교 교직원의 자격·임면·복무, 신분보장·사회보장 및 징계에 관하여 이 법에서 정하지 아니한 사항은 「사립학교법」을 준용한다. 한편 사립학교법은 공무원법과 달리 수사기관등이 통보를 하는 경우 1개월이내 징계하도록 하는 규정이 없다. 다만 사립학교법 제66조의3은 ① 감사원, 검찰·경찰, 그 밖의 수사기관은 사립학교 교원에 대한 조사나 수사를 시작하였을 때와 마쳤을 때에는 10일 이내에 해당 교원의 임용권자에게 그 사실을 통보하여야 한다. ② 감사원에서 조사 중인 사건에 대해서는 제1항에 따른 조사 개시 통보를 받은 날부터 징계의결의 요구나 그 밖의 징계 절차를 진행할 수 없다. ③ 검찰·경찰, 그 밖의 수사기관에서 수사 중인 사건에 대해서는 제1항에 따른 수사 개시 통보를 받은 날부터 징계의결의 요구나 그 밖의 징계 절차를 진행하지 아니할 수 있다.
59) 시효의 중단은 일정한 중단사유가 발생한 경우 이미 경과한 시효기간의 효력을 백지화하고 처음부터 새로 시효기간을 진행시키는 것이고, 시효의 정지는 일정한 정지사유가 발생한 경우 그 정지사유가 존재하는 동안 시효의 진행을 멈추게 하였다가 그 사유가 없어지면 다시 진행시키는 것, 즉 이미 진행한 시효기간의 효력을 인정하는 것을 말한다. 따라서 이 경우에는 시효의 중단이라고 보아야 할 것이다.

시의 통보를 받은 날부터 징계 또는 문책 절차를 진행하지 못한다. ③ 제2항에 따라 징계 또는 문책 절차를 진행하지 못하여 법령 또는 해당 기관·단체가 정한 징계 또는 문책 사유의 시효기간이 만료되거나 시효의 남은 기간이 1개월에 못 미치게 될 때에는 그 시효기간은 제1항에 따른 조사종료의 통보를 받은 날 또는 제23조제2항에 따라 처분 요구 또는 조치사항을 통보받은 날(제25조제1항에 따라 재심의를 신청하였을 때에는 그 결과를 통보받은 날을 말한다)부터 1개월이 경과한 날에 만료되는 것으로 본다.

중앙행정기관의 장은 특정사건에 대하여 공공기관을 조사할 수 있고 그 경우 조사 중임을 사유로 징계절차를 진행하지 못하여 시효기간이 만료되거나 시효의 남은 기간이 1개월에 못 미치게 될 때에는 그 시효기간은 조사종료의 통보를 받은 날 또는 공공감사에 관한 법률 제23조제2항에 따라 처분 요구 또는 조치사항을 통보받은 날(공공감사에 관한 법률 제25조 제1항에 따라 재심의를 신청하였을 때에는 그 결과를 통보받은 날을 말한다)부터 1개월이 경과한 날에 만료되는 것으로 본다는 것이다.

제4절 | 징계의결의 요구(징계청구권)

1. 징계의결요구

가. 법령

국가공무원법 제78조 제1항: 공무원이 다음 각 호의 어느 하나에 해당하면 징계의결을 요구하여야 하고 그 징계 의결의 결과에 따라 징계처분을 하여야 한다. 1. 이 법 및 이 법에 따른 명령을 위반한 경우, 2. 직무상의 의무(다른 법령에서 공무원의 신분으로 인하여 부과된 의무를 포함한다)를 위반하거나 직무를 태만히 한 때, 3. 직무의 내외를 불문하고 그 체면 또는 위신을 손상하는 행위를 한 때

나. 징계의결요구권이란

- 국가공무원법 등에서 정한 징계권한을 가진 자는, 어떤 공무원에게 비리나 의

무위반의 징계혐의 사실이 있어 이에 대한 징계 등의 절차를 개시할 필요가 있는 경우 징계의 절차를 개시하도록 요구하여야 하며 이를 징계의결요구권이라 한다.

1) 이 경우 국가공무원법 등에서 정한 징계의결요구를 행사할 권한을 가진 자가 누구인지
2) 징계권자는 해당 공무원의 징계혐의 인정시 징계의결요구를 반드시 하여야 하는지
3) 징계권자의 징계의결요구 원인이 법령위반, 직무상 의무위반 등 이외에 민원에 의해서도 가능한지
4) 징계권자는 징계혐의자에 대한 징계조사를 실시할 수 있는지, 그 경우 어떤 절차적 준수사항과 제약이 있는지 등의 의문이 일응 제기될 수 있다.

뒤에서 살펴본다.

● 징계의결요구권자는 소속 공무원 등이 징계사유에 해당하는 이상 당연히 징계권을 행사할 수 있는 것이며, 그 공무원의 소속단체에 별도의 징계처분을 규정하고 있다 하여 징계권행사가 배제되거나 제한을 받는 것은 아니다.[60]

다. 징계의결요구의 법적 성질

(1) 징계사유 있을 때는 징계의결 요구하여야

● 징계권자는 소속 공무원의 구체적 행위가 징계사유에 해당하면 이에 대한 충분한 조사를 한 다음 특별한 사정이 없는 한 지체 없이 징계의결요구를 하여야 할 직무상 의무가 있다.[61]

● 징계사유 있음에도 징계의결 요구하지 않은 경우 형사책임/징계책임 여부:

---

60) 공무원이 국가공무원법상의 징계사유에 해당하는 이상 징계권자는 당연히 국가공무원법에 기한 징계권을 행사할 수 있는 것이고 그 공무원이 소속한 노동조합의 규약에 임원들의 직무상 부정행위에 대하여 별도의 징계처분을 규정하고 있다하여 위 징계권자의 징계권행사가 배제되거나 제한되는 것이 아니다(대법원 1982. 7. 13. 선고 80누198 판결).

61) 징계권자이자 임용권자인 지방자치단체장은 소속 공무원의 구체적인 행위가 과연 지방공무원법 제69조제1항에 규정된 징계사유에 해당하는지 여부에 관하여 판단할 재량은 있지만, 징계사유에 해당하는 것이 명백한 경우에는 관할 인사위원회에 징계를 요구할 의무가 있다(대법원 2007. 7. 12. 선고 2006도1390 판결).

① 징계사유 있음에도 징계의결 요구하지 않은 경우 징계책임을 질 수 있다. 징계권자이자 임용권자인 지방자치단체장은 소속 공무원의 구체적인 행위가 과연 지방공무원법 제69조 제1항에 규정된 징계사유에 해당하는지 여부에 관하여 판단할 재량은 있다고 할 것이지만, 징계사유에 해당하는 것이 명백한 경우에는 관할 인사위원회에 징계를 요구할 의무가 있다고 보아야 할 것이다(대법원 2007. 7. 12. 선고 2006도1390 판결 등 참조).[62)]

② 지방자치단체장이 전국공무원노동조합이 주도한 파업에 참가한 소속 공무원들에 대하여 관할 인사위원회에 징계의결요구를 하지 아니하고 가담 정도의 경중을 가

---

62) B자치단체 회계과장이었던 C는 2017. 9. 23. 지역축제의 음식부스를 방문하였는데, 음식부스에서 주문을 받거나 음식을 나르는 업무를 하던 B자치단체 소속 7급 공무원인 피해자에게 '주모'라고 수차례 호명하고 피해자에게 '주모, 여기로 잠깐 와봐.'라고 부른 후 '이건 팁이다.'라고 말하면서 피해자가 두르고 있던 앞치마와 가슴 사이에 손을 집어넣어 1만 원을 주었다.
피해자는 곧바로 음식부스 내 음식을 조리하는 장소로 가서 울음을 터트렸고, 평소 친하게 지내던 주무관에게 피해사실을 알렸다. B자치단체 여성가족과는 직장내 성희롱 사건으로 판단된다는 내용의 '직장내 성희롱 사건 발생 상황 보고'를 작성하였다.
B자치단체 기획감사실은 2017. 10. 10. C의 이 사건 언행이 지방공무원법 제55조(품위유지의 의무)를 위반하여 같은 법 제69조 제1항 제3조의 징계사유에 해당한다는 내용의 '비위공무원 조치계획서'를 작성하여 당시 B자치단체 부시장이었던 원고와 시장 G에게 보고하였는데, 원고는 위 조치계획서에 결재하였으나 시장 G는 결재하지 아니하였다.
원고는 2017. 11. 29.부터 B자치단체장 권한대행을 하게 되었고, B자치단체 기획감사실이 2017. 12. 1. 원고에게 위 '비위공무원 조치계획서'에 결재를 요청하였으나 원고가 결재를 거부하였다. 행정안전부 감사관실의 감찰관이 2017. 12. 30. B자치단체를 방문하여 위 '비위 공무원 조치계획서'를 확인한 후 B자치단체 기획감사실 담당 공무원들에게 비위 공무원에 대한 징계의결 요구를 하지 않으면 상급기관의 감사대상이 되므로 시장 권한대행인 원고에게 다시 징계의결 요구할 것을 요청하도록 권고하였다. 이에 B자치단체 기획감사실은 2018. 1. 2. C의 이 사건 언행이 징계사유에 해당한다는 내용의 비위(성희롱)공무원 조치 관련 보고서를 작성하여 결재를 요청하였으나, 원고가 결재를 거부하였고 오히려 기획감사실 소속 F 주사보에게 C에 대하여 '훈계 처분'을 하는 내용으로 계획서를 다시 작성할 것을 지시하였다. B자치단체 기획감사실은 2018. 1. 29. C에 대하여 훈계 처분을 하는 것이 타당하다는 내용으로 비위공무원 조치계획서를 다시 작성하여 원고에게 보고하였고, 원고가 위 조치계획서에 최종결재를 하였다. 결국 C는 훈계 처분을 받았고, 승진까지 하였다.
C의 이 사건 언행은 성희롱에 해당하므로, B자치단체장 권한대행이었던 원고는 특별한 사유가 없는 한 행위자에 대한 무관용의 원칙에 따라 C에 대한 징계 등 제재절차가 이루어지도록 하여야 했다. 결국 원고에 대하여 중징계(정직) 의결 요구가 있었고, 전라북도 인사위원회는 이보다 가벼운 감봉 3월의 징계처분을 의결하였고, 피고 전라북도는 위 의결대로 이 사건 처분을 하였다(전주지방법원 2019. 11. 20. 선고 2019구합306 판결).

려 자체 인사위원회에 징계의결요구를 하거나 훈계처분을 하도록 지시한 행위가 직
무유기죄를 구성하지 않는다(대법원 2007.7.12. 선고 2006도1390 판결).63) 교육공무원
징계령 제6조 제3항, 제4항은 교육공무원에게 징계사유가 있음을 알게 된 수사기관
의 장 등으로 하여금 해당 교육공무원에 대한 징계의결요구권을 가지고 있는 교육기
관 등의 장에게 징계사유를 증명할 수 있는 관계 자료를 통보함으로써 징계절차의
원활한 진행이 가능하도록 하는 한편, 징계의결요구권자에 의한 자의적인 징계운영
을 견제하려는 데에 그 취지가 있다. 그러므로 이 경우에도 징계의결요구권을 갖는
교육기관 등의 장은 통보받은 자료 등을 토대로 소속 교육공무원의 구체적인 행위가
과연 징계사유에 해당하는지에 관하여 판단할 재량을 갖는다고 할 것이지만, 통보받은
자료 등을 통해 징계사유에 해당함이 객관적으로 명백하다고 확인되는 때에는 상당한
이유가 없는 한 1월 이내에 징계의결을 요구할 의무가 있다고 보아야 한다. 따라서 통
보받은 자료 등을 통해 징계사유에 해당함이 객관적으로 명백하고, 달리 징계의결을
요구하지 아니할 상당한 이유가 없는데도 1월 이내에 관할 징계위원회에 징계의결을
요구하지 아니하면, 이는 재량권의 한계를 벗어난 것으로서 위법할 뿐만 아니라 법령
에서 부여된 구체적인 작위의무를 수행하지 아니한 경우에 해당할 수 있다. 다만, 징
계사유에 해당함이 객관적으로 명백한 경우 등 특별한 사정이 없는 한 징계사유를 통
보받은 날로부터 1개월 내에 징계요구를 하지 않았다는 것만으로 곧바로 직무를 유기
한 것에 해당한다고 볼 수는 없다(대법원 2013. 6. 27. 선고 2009추206 판결).

(2) 징계의결요구는 독자적 처분이라 할 수 없어 징계의결요구에 대해 행정
소송 등으로 다툴 수 없다

처분은 외부에 대한 직접적인 법적효과를 발생시키는 행위여야 하므로 징계의결
요구 자체는 외부효과성, 직접효과성을 결여하고 있기 때문에 처분이라 할 수 없다.

---

63) 직무유기죄는 공무원이 법령·내규 등에 의한 추상적 충근의무를 태만히 하는 일체의 경우에
성립하는 것이 아니라, 직장의 무단이탈이나 직무의 의식적인 포기 등과 같이 국가의 기능을
저해하고 국민에게 피해를 야기시킬 구체적 위험성이 있고 불법과 책임비난의 정도가 높은
법익침해의 경우에 한하여 성립하는 것이므로(대법원 2005. 5. 12. 선고 2003도4331 판결
등 참조), 어떠한 형태로든 직무집행의 의사로 자신의 직무를 수행한 경우에는 그 직무집행
의 내용이 위법한 것으로 평가된다는 점만으로 직무유기죄의 성립을 인정할 것은 아니다(대
법원 2003. 10. 24. 선고 2003도3718 판결, 2004. 10. 28. 선고 2004도5259 판결 등 참조).

물론 징계처분은 외부적 효력을 갖기 때문에 행정행위에 해당한다.

대법원도, 갑 시장이 감사원으로부터 감사원법 제32조에 따라 을에 대하여 징계의 종류를 정직으로 정한 징계 요구를 받게 되자 감사원법 제36조 제2항에 따라 감사원에 징계 요구에 대한 재심의를 청구하였고, 감사원이 재심의청구를 기각하자 을이 감사원의 징계 요구와 그에 대한 재심의결정의 취소를 구하고 갑 시장이 감사원의 재심의결정 취소를 구하는 소를 제기한 사안에서, 징계 요구는 징계 요구를 받은 기관의 장이 요구받은 내용대로 처분하지 않더라도 불이익을 받는 규정도 없고, 징계 요구 내용대로 효과가 발생하는 것도 아니며, 징계 요구에 의하여 행정청이 일정한 행정처분을 하였을 때 비로소 이해관계인의 권리관계에 영향을 미칠 뿐, 징계 요구 자체만으로는 징계 요구 대상 공무원의 권리·의무에 직접적인 변동을 초래하지도 아니하므로, 행정청 사이의 내부적인 의사결정의 경로로서 '징계 요구, 징계 절차 회부, 징계'로 이어지는 과정에서의 중간처분에 불과하여, 감사원의 징계 요구와 재심의결정이 항고소송의 대상이 되는 행정처분이라고 할 수 없고, 감사원법 제40조 제2항을 갑 시장에게 감사원을 상대로 한 기관소송을 허용하는 규정으로 볼 수는 없고 그 밖에 행정소송법을 비롯한 어떠한 법률에도 갑 시장에게 '감사원의 재심의 판결'에 대하여 기관소송을 허용하는 규정을 두고 있지 않으므로, 갑 시장이 제기한 소송이 기관소송으로서 감사원법 제40조 제2항에 따라 허용된다고 볼 수 없다고 하였다(대법원 2016. 12. 27. 선고 2014두5637 판결).

(3) 도교육청 교육국장 및 그 하급자인 장학관, 장학사에 대한 징계의결요구는 국가사무이다

교육공무원 징계사무의 성격, 권한의 위임에 관한 교육공무원법령의 규정 형식과 내용 등에 비추어 보면, 국가공무원인 도교육청 교육국장 및 그 하급자인 장학관, 장학사에 대한 징계는 국가사무이고, 그 일부인 징계의결요구의 신청 역시 국가사무에 해당한다. 따라서 교육감이 담당 교육청 소속 국가공무원인 도교육청 교육국장 및 그 하급자들에 대하여 하는 징계의결요구 신청 사무는 기관위임 국가사무라고 보아야 한다(대법원 2015. 9. 10. 선고 2013추517 판결). 마찬가지로 담당 교육청 소속 국가공무원인 교사에 대한 교육감의 징계의결요구 사무는 국가위임사무이다(대법원 2013. 6. 27. 선고 2009추206 판결).

(4) 기타 법적 쟁점

가) 징계의결요구기간이 있는지 여부:

징계의결요구권자는 징계사유가 발생하면 이에 대한 충분한 조사를 한 다음, 특별한 사정이 없는 한 지체 없이 징계의결요구를 할 직무상 의무가 있다.[64]

나) 비위사실 중 일부만 징계의결요구할 수 있나:

앞서 본 바와 같이 징계사유가 있으면 원칙상 징계의결요구하여야 하나 여러 사정을 감안하여 회부여부를 판단할 재량을 가지므로, 경우에 따라서는 일부에 대해서만 징계의결할 수 있다.

다) 징계항목을 정해서 징계의결 요구할 수 있는지:

징계의결등 요구권자의 의견을 적을 때에는 요구하는 징계의 종류를 중징계 또는 경징계로 구분하여 적고(영 제7조제1항), 참고할 수 있도록 공무원 징계의결등 요구서에 별표 2에 따른 업무의 성질에 따른 업무 관련도, 징계 등 혐의자의 혐의 당시 직급, 비위행위가 공직 내외에 미치는 영향, 수사 중 공무원 신분을 감추거나 속인 정황, 평소 행실, 뉘우치는 정도, 규제개혁 및 국정과제 등 관련 업무 처리의 적극성 또는 그 밖의 정상을 구체적으로 밝히고 관계 증거자료를 첨부하고(제2항), 징계 감경 사유에 해당된다고 인정하는 경우에는 이를 증명하는 관련 자료를 첨부하여 징계의 감경의결을 요청할 수 있다(제3항). 그러나 징계항목을 정해서 징계의결을 요구할 수는 없다. 다만 감사원에서 요구한 경우 구체적인 징계의 종류를 적어야 한다(제1항 후문).

---

64) 징계사유의 시효를 정한 지방공무원법 제73조의2 제1항의 규정은 공무원에게 징계사유에 해당하는 비위가 있더라도 그에 따른 징계절차를 진행하지 않았거나 못한 경우 그 사실상 태가 일정 기간 계속되면 그 적법·타당성 등을 묻지 아니하고 그 상태를 존중함으로써 공직의 안정성을 보장하려는 취지이지, 임용권자가 징계시효기간 내에만 징계의결요구를 하면 된다는 취지로는 해석되지 아니하고, 오히려 지방공무원 징계 및 소청규정 제2조 제1항, 제6항에서 임용권자는 징계사유에 대한 충분한 조사를 한 후 소속공무원에게 징계사유가 있다고 인정될 때에는 "지체 없이" 관할 인사위원회에 징계의결을 요구하여야 한다고 규정한 취지에 비추어 볼 때, 임용권자는 징계사유가 발생하면 이에 대한 충분한 조사를 한 다음, 특별한 사정이 없는 한 지체 없이 징계의결요구를 할 직무상 의무가 있다(대법원 2007. 7. 12. 선고 2006도1390 판결).

라) 징계의결요구를 사법부의 최종 판단시까지 유보할 수 있는지: 있을 수 있다.

국가공무원법 제83조가 징계절차를 진행하지 않을 수 있는 경우를 규정하면서 감사원에서 조사 중인 사건, 검찰·경찰, 그 밖의 수사기관에서 수사 중인 사건 외에 '재판'을 따로 규정하지 않은 것은 신속한 징계를 통해 공무수행이 장기간 불안정한 상태로 남게 되는 것을 막기 위한 것일 수 있다. 그런데 공무원징계령 제7조제3항에서(교육공무원징계령 제6조제4항도 동일) '징계등 사유를 통보받은 행정기관의 장은 타당한 이유가 없으면 1개월 이내에 관할 징계위원회에 징계의결등을 요구하여야 한다'고 하여 타당한 사유가 있으면 징계의결등을 요구하지 않을 수 있음을 밝히고 있다. 징계절차개시에 있어 징계사유에 대한 1차적인 판단재량이 징계의결요구권자에게 부여되어 있는 점을 고려하면, 타당한 사유의 유무는 징계재량권의 일탈·남용의 법리와 동일 내지 유사하게 해석함이 상당하다. 즉, 사법부의 최종 판단시까지 징계의결요구를 유보한 행위가 재량권의 일탈·남용에 해당하기 위해서는, 구체적인 사례에 따라 징계의 원인이 된 비위사실의 내용과 성질, 징계에 의하여 달성하려고 하는 행정목적, 징계양정의 기준 등 여러 요소를 종합하여 판단할 때 징계의결요구를 유보한 행위가 객관적으로 명백히 부당하다고 인정할 수 있는 경우라야 한다(수원지방법원 2010. 7. 27. 선고 2010고합95 판결). 즉, 다른 행정기관의 장으로부터 징계사유 통보를 받은 경우에도 교육기관의 장은 여전히 통보받은 사유가 징계사유에 해당하는지 여부에 관하여 판단할 재량이 있고, 나아가 상당한 이유가 있는 한 징계의결요구를 하지 아니할 재량을 가지고 있다(서울고등법원 2011. 1. 6. 선고 2010노2212 판결).

2. 징계의결요구권자

가. 개념

국가공무원법 제78조 제1항은 '공무원이 다음 각 호의 어느 하나에 해당하면 징계의결을 요구하여야 하고 그 징계 의결의 결과에 따라 징계처분을 하여야 한다.'고 규정하여 누가 징계의결을 요구하는지를 명확히 하고 있지 않다. 그러나 동조 제4항에서, 5급 이상 공무원 및 고위공무원단에 속하는 일반직공무원은 소속 장관이, 6급 이하의 공무원은 소속 기관의 장 또는 소속 상급기관의 장이 징계의결 요구한다고 하여 징계의결 요구하는 자를 규정하고 있다. 그런데 징계의결요구 이전에 소속원의 비위에 대해 자체 조사를 하거나 또는 상급기관 등으로부터 통보받은 비위사건에 대해 타당한 이유를 검토하거나(공무원징계령 제7조제3항) 충분한 조사(제6항)를 하여야 한다. 이 경우 소속 장관등의 지위를 두고 징계의결요구권자의 범주에 포함시켜야 하는지 아니면 별개의 지위를 부여하여야 하는지 논의될 수 있다.

징계의결요구 이전의 지위를 징계권자라고 하여 별도로 규정하는 군인사법이나 군무원인사법이 있거나 또는 공무원징계업무편람(2022 징계업무편람, p.93.)이나 일부 판결[65]에서 법령상 용어를 별도로 두지 않음에도 '징계권자'라는 표현을 쓰고 있다. 그러나 징계권자는 궁극적으로 징계의결요구권자를 포섭하는 용어이고, 징계의결을 요구하기 위해서는 징계조사 등이 필요하므로 징계의결요구권자의 권한과 지위도 징계권자와 동일하므로 함께 사용해도 무방하나, 법령상 용어의 통일적 사용을 위해 특별히 따로 사용할 필요가 있는 경우를 제외하고는 본서에서는 징계의결요구권자 로 표현하기로 한다.[66]

지방공무원의 징계와 관련해서는 징계의결요구권자를 '임용권자'로 표현하기도 한 다(지방공무원 징계 및 소청 규정 제2조제1항). 감사원법 제32조 제1항은, '감사원은 「국가공무원법」과 그 밖의 법령에 규정된 징계 사유에 해당하거나 정당한 사유 없 이 이 법에 따른 감사를 거부하거나 자료의 제출을 게을리한 공무원에 대하여 그 소 속 장관 또는 임용권자에게 징계를 요구할 수 있다.'고 하는데 이때는 징계의결요구 권이 아니라 징계요구권이므로 별개의 개념이다.

한편 징계의결권자는 국가공무원법 제82조제1항에 비추어, 징계의 의결은 징계위 원회가 행한다고 하므로 징계위원회가 징계의결권자 내지 징계의결기관이라고 보아 야 한다. 징계처분권자는 징계위원회에서 의결된 징계벌을 집행하는 자를 말하며 국 가공무원법 제82조제1항에서 규정하고 있다.

---

65) 국가공무원법상의 징계사유에 해당하는 이상 징계권자는 당연히 국가공무원법에 기한 징계 권을 행사할 수 있는 것이며 비위행위자가 소속한 노동조합 임원들의 직무상 부정행위에 대하여 별도의 징계처분을 규정하고 있다하여 징계권자의 징계권행사가 배제되거나 제한을 받아야 한다고 볼 수 없다(대법원 1982. 7. 13. 선고 80누198 판결).

66) 검사징계법 제7조는 징계청구권자라는 용어를 사용하고 있다(법문에서는 '검찰총장은 징계 를 청구하여야 한다'라고 표현함). 법관징계법 또한 징계청구권자라는 용어를 사용한다(법 제7조에서 제7조의3까지).

나. 징계의결요구권자의 종류

징계 의결 요구는 5급 이상 공무원 및 고위공무원단에 속하는 일반직공무원은 소속 장관이, 6급 이하의 공무원은 소속 기관의 장 또는 소속 상급기관의 장이 한다. 다만, 국무총리·인사혁신처장 및 대통령령등으로 정하는 각급 기관의 장은 다른 기관 소속 공무원이 징계 사유가 있다고 인정하면 관계 공무원에 대하여 관할 징계위원회에 직접 징계를 요구할 수 있다(법 제78조제4항). 겸임공무원에 대해서는 본직기관(本職機關) 의 장이 징계의결등을 요구하여야 한다(영 제7조제1항). 파견공무원의 경우는 파견근무자의 본래 소속 기관의 장이,[67] 주재관은 외교부장관이 징계의결 요구한다.[68]

구분	징계의결요구권자	관할 징계위원회
고위공무원단 소속 공무원, 5급이상 공무원과 연구관 및 지도관 등	소속 장관 (법 제78조제4항, 영 제7조제1항)	중앙징계위원회 (영 제7조제1항)
6급이하 공무원, 연구사 및 지도사 등	소속 기관의 장 또는 소속 상급기관의 장 (법 제78조제4항, 영 제7조제1항)	• 중앙징계위원회 - 중앙행정기관 소속(본부) 공무원의 중징계요구사건 • 보통징계위원회: 기타

다. 징계의결요구권이 없는 자의 징계의결요구

무권한자에 의한 징계의결요구는 그 자체에 중대하고 명백한 하자가 있어 당연무효라고 보아야 하며 무효행위가 유효행위로 전환된다거나 하자의 치유가 허용될 수 없다(서울고등법원 1982. 11. 16. 선고 82구333 판결).[69]

---

67) 국가공무원 복무규정 제7조(파견근무) ② 다른 기관에서 파견근무하는 사람이 그 파견 기간 중에 징계 사유에 해당하게 되었을 때에는 파견받은 기관의 장은 그 파견근무자의 소속 기관의 장에게 그 사실을 통보하여야 한다.
68) 재외공무원 복무규정 재13조제4항: 외교부장관은 주재관에게 징계사유가 발생하여 징계의 결의 요구를 하고자 하는 때에는 관계기관의 장과 협의하여야 한다.
69) 서울시 산하 구청 근무 지방행정주사(6급)가 관내 식당허가관련 금품수수의 사유로 징계파 면되었는데, 그 과정에 구청장이 징계의결요구권자로 징계의결요구 하였고, 동 위원회가 파면의결을 하자 서울특별시장이 파면처분의 발령을 하였고 구청장은 같은 날 그 명의로 징

● **같은 취지 판결:** 감사원 소속 부감사관(5급) 갑이 교통대책 변경업무 등에 부당하게 개입하였다는 등의 이유로 감사원장이 국가공무원법 제78조 제1항 제1호, 제2호에 따라 갑을 파면하는 처분을 한 사안에서, 감사원 소속 5급 공무원에 대한 징계에 관하여는 감사원법 제18조의2가 우선적으로 적용되어 대통령에게 징계권한이 있으므로 감사원 소속 5급 공무원인 갑에 대하여 한 감사원장의 위 파면처분은 권한 없는 자가 한 것으로서 위법하다(대법원 2019. 4. 11. 선고 2018두49383 판결).

3. 징계개시의 구조

징계를 개시하는 경우는 ① 소속 장관이나 소속기관의 장(또는 소속 상급기관의 장) 등이 징계의결을 요구하는 경우(법제78조제4항 본문), ② 국무총리·인사혁신처장 등이 다른 기관 소속 공무원에 대해 직접 징계를 요구하는 경우(법제78조제4항 단서), ③ 타 소속 공무원에 대한 징계사유 통보(영제7조제2항) 및 이에 따른 징계의결요구, ④ 감사원의 징계요구에 따른 징계의결요구, ⑤ 예외적으로, 절차적하자 등의 이유로 법원에서 무효나 취소 판결(소청심사위원회에서 결정도 동일)을 받은 후 그 하자를 치유하여 다시 징계의결하는 경우 등이 있다.

가. 소속 장관이나 소속 기관장(또는 소속 상급기관의 장)이 징계의결을 요구하는 경우

● 소속 장관이나 소속 기관장이 직접 비위사실을 파악하는 경우(수사상 내사에 해

계처분의 사유설명서를 송부하고 동시에 서울특별시장 명의의 발령통지를 하였다. 이에 대해 법원은, 서울특별시의 구청소속 6급 이하의 지방공무원에 대한 징계는 그 권한의 일부가 서울특별시의 규칙이 정하는 바에 따라 산하 구청장에게 위임되어 있지 않는 한 모두 임용권자인 서울특별시장의 권한에 속하고 따라서 그 징계절차는 임용권자인 서울특별시장이 관할구청의 인사위원회에 징계의결요구를 하여 그 의결을 거쳐서 다시 서울특별시장이 징계처분을 하도록 되어 있음이 명백하므로 이 사건 징계처분은 위법하다고 보았다. 동시에 구청장에게 징계의결요구권이 없다고 하더라도 사후에 서울특별시장이 파면처분을 하였으므로 구청장의 징계의결요구는 사후에 유효한 행위로 전환되었거나 또는 추인된 것으로 보아야 한다는 주장에 대해서 무권한자에 의한 징계의결요구는 당연 무효라고 보아야 하며 이러한 경우 무효행위가 유효행위로 전환된다거나, 하자의 치유가 허용될 수 없다.

당)와 소속 감찰부서 등으로부터 비위사실을 보고받는 경우가 있다. 소속기관장 등은 언론보도, 진정, 제보 등으로부터 공무원의 비위사실을 알고 직접 확인하거나 또는 소관부서나 감사부서에서 확인하도록 할 수 있다.

그런데 때로는 징계대상자에 대한 서면에 의한 비위 제보가 없었음에도 대상자에 대한 비위사실을 찾아내기 위하여 조사를 개시하는 등 보복성 조치라며 절차상 하자를 주장하는 경우가 있다. 그러나 서면 비위제보가 없다고 하더라도 감찰부서나 법무부서에서 정상적 절차로 징계사유를 인지한 경우 위법하다고 할 수 없다(서울행정법원 2023. 1. 20. 선고 2022구합50168 판결 참고).

● 그 과정에서 징계의결요구권자가 훈계나 경고 등으로 마무리하였는데 나중에 사정의 변경에 따라 다시 징계의결요구하는 경우가 발생할 수 있다. 이때 징계의결요구가 일사부재리의 원칙에 어긋나는 것은 아닌지, 또 징계의결요구를 하였다가 사정에 의해 다시 이를 철회할 수 있는가, 그럴 경우 절차나 효력은 어떠한지 문제될 수 있다. 공무원의 직무상 의무 위반 또는 직무태만의 사안이 경미하면 '주의·경고' 조치를 하고, 사안이 중대 또는 반복된 경우에는 징계의결요구함이 일반적이다. 여기서 주의·경고는 징계감경으로 하는 경고와는 다르다. 징계사유에 해당하여 징계의결요구할 수준에 이르지 않은 경우에 취하는 것이다. 따라서 다시 징계위에 회부된다고 하여 일사부재리에 해당하지 않는다.

징계의결요구권자가 징계의결요구를 철회할 수 있는가. 가능하나 다만 제한이 있는 경우가 있다. 뒤에서 상술한다.

나. 국무총리 · 인사혁신처장 등이 다른 기관 소속 공무원에 대해 직접 징계를 요구하는 경우

(1) 국무총리 등이 직접 징계요구할 수 있는 경우

국무총리·인사혁신처장 및 대통령령등으로 정하는 각급 기관의 장이 다른 기관 소속 공무원이 징계 사유가 있다고 인정하여 관계 공무원의 관할 징계위원회에 직접 징계를 요구할 수 있다(법 제78조 제4항 단서).

(2) 대통령이나 국무총리의 명령에 따른 감사 결과 징계등 사유가 있다고 인정되는 경우

공무원징계령 제8조에 의하면, 대통령이나 국무총리의 명령에 따른 감사 결과 징계등 사유가 있다고 인정되는 공무원에 대해서는 제7조제1항부터 제3항(소속장관이나 기관장이 징계하거나 타 행정기관의 장으로부터 통보받아 징계하는 경우)까지의 규정에도 불구하고 국무총리가 직접 관할 징계위원회에 징계의결등을 요구할 수 있도록 하였다 (제1항). 이 경우 국무총리가 징계의결등을 직접 요구하였으면 소속 중앙행정기관의 장에게 그 사실을 통보하여야 한다(제2항). 국무총리는 직접 징계의결등을 요구하는 것이 적당하지 아니하다고 인정되면 소속 중앙행정기관의 장에게 그 징계등 사유를 통보하고(제3항), 통보받은 행정기관의 장은 지체 없이 관할 징계위원회에 징계의결등을 요구하여야 하고 해당 사건의 처리 결과를 국무총리에게 보고하여야 한다(제4항).

다. 타 소속 공무원에 대한 징계사유 통보 – 감사원, 수사기관, 그 밖에 다른 기관

● 공무원징계령 제7조 제2항은, 행정기관의 장이 자신의 소속이 아니라서 징계의결등 요구권을 갖지 아니하는 공무원에 대해 징계등 사유가 있다고 인정할 때에는 징계의결등 요구권을 갖는 행정기관의 장에게 그 징계등 사유를 통보하여야 하고, 그 경우 이를 증명할 수 있는 다음 각 호의 어느 하나에 해당하는 관계 자료를 첨부하여야 한다. 1. 감사원에서 조사한 사건의 경우에는 공무원 징계처분 또는 징계부가금 부과처분 요구서, 혐의자·관련자에 대한 문답서 및 확인서 등 조사기록, 2. 수사기관에서 수사한 사건의 경우에는 공무원 범죄처분 결과통보서, 공소장, 혐의자·관련자·관련증인에 대한 신문조서 및 진술서 등 수사기록, 3. 그 밖에 다른 기관의 경우에는 징계등 혐의 사실통보서 및 혐의 사실을 증명할 수 있는 관계 자료

● 감사원, 수사기관, 그 밖에 다른 기관에서 해당 공무원의 징계사유를 통보할 수 있고,[70] 특히 감사원이 해당 공무원에 대해 파면요구를 하는 경우에는 감사원법

---

70) 법무부령인 검찰사건사무규칙 제103조, 경찰청훈령인 범죄수사규칙 제46조에서 구체적으로 규정하고 있다. 다만 위 규정의 적용 대상인 공공기관의 임직원(공공기관의 운영에 관한 법

제32조에 상세히 규정하고 있고 이를 다음 항목에서 별도로 정리한다.

● 이처럼 징계등 사유를 통보받은 행정기관의 장은 타당한 이유가 없으면 1개월 이내에 관할 징계위원회에 징계의결등을 요구하여야 하고(제3항), 징계의결등을 요구한 기관의 장은 징계등 사유를 통보한 행정기관의 장에게 해당 사건의 처리 결과를 통보하여야 한다(제4항).

● 수사기관, 감사원 등이 해당 공무원의 재직 중 징계사유를 들어 퇴직 후 근무하는 단체에 징계의뢰할 수 있는지. 아니다. 사법행정권 남용 의혹 사건으로 기소돼 3년이 넘도록 1심 재판을 받고 있는 A가 법원을 퇴직하였음에도 검찰이 대한변협에 징계를 요구한 사건이 있었다.[71] 이 건은 징계시효도 논란이 되나 징계혐의 사실의 일시가 변호사 등록 이전의 법관 재직중 행위임이 명백하므로 변호사법상 징계사유에 해당하지 않는다고 보아 각하처리되었다.

라. 감사원의 징계요구

(1) 징계요구

감사원은 감사원법 제32조 제1항에 의거, 「국가공무원법」과 그 밖의 법령에 규정된 징계 사유에 해당하거나 정당한 사유 없이 이 법에 따른 감사를 거부하거나 자료의 제출을 게을리한 공무원에 대하여 그 소속 장관 또는 임용권자에게 징계를 요구할 수 있다. 제1항에 따른 징계 요구 중 파면 요구를 받은 경우 요구를 받은 날부터 10일 이내에 해당 징계위원회 또는 인사위원회 등에 그 의결을 요구하여야 하며, 중앙징계위원회의 의결 결과에 관하여는 인사혁신처장이, 그 밖의 징계위원회등의 의결 결과에 관하여는 해당 징계위원회등이 설치된 기관의 장이 그 의결이 있는 날부터 15일 이내에 감사원에 통보하여야 한다(제2항). 이런 의미에서 감사원은 사실상

률 제53조의2), 지방 공사 또는 공단의 임직원(지방공기업법 제80조의2), 지방자치단체 출자·출연 기관의 임직원(지방자치단체 출자·출연 기관의 운영에 관한 법률 제34조의2)의 경우에는 직무와 관련된 사건에 관한 조사나 수사를 시작한 때와 이를 마친 때에 통보하도록 하여 차이점이 있다. 이 점을 개선하자는 국민권익위원회의 법무부 등에 개선 방안 권고가 있었다(법률신문, "수사기관, 공공기관 직원 성범죄·음주운전 수사사실 소속기관에 통보" 안재명 기자, 2021. 7. 14.).

71) 법률신문, "검찰, 돌연 변협에 임종헌 변호사 징계요구 논란" 강한 기자, 2022. 2. 28.

징계의결요구권을 가지는 것과 마찬가지이다. 감사원이 징계를 요구할 경우 징계의
결요구권자는 징계위원회에 그 의결을 요구하면 되고 감사원이 지정한 대로 징계항
목으로 의결을 요구하여야 하는 것은 아니다. 다만,「감사원법」제32조 제1항 및 제
10항에 따라 감사원장이「국가공무원법」제79조에서 정한 징계의 종류를 구체적으
로 지정하여 징계요구를 한 경우에는 해당 징계의 종류를 구체적으로 기재하여야 한
다(공무원징계령 제7조제6항).

(2) 심의 또는 재심의

감사원은 제1항에 따라 파면 요구를 한 사항이 파면 의결이 되지 아니한 경우에
는 제2항의 통보를 받은 날부터 1개월 이내에 해당 징계위원회등이 설치된 기관의
바로 위 상급기관에 설치된 징계위원회등(바로 위 상급기관에 설치된 징계위원회등이 없
는 경우에는 해당 징계위원회등)에 직접 그 심의 또는 재심의를 요구할 수 있다(제3항).
제3항의 심의 또는 재심의 요구를 받은 해당 징계위원회등은 그 요구를 받은 날부터
1개월 이내에 심의 또는 재심의 의결을 하고 그 결과를 지체 없이 해당 징계위원회
등의 위원장이 감사원에 통보하여야 한다(제4항).

(3) 소청심사의 경우

감사원으로부터 제1항에 따른 파면 요구를 받아 집행한 파면에 대한 소청(訴請) 제
기로 소청심사위원회 등에서 심사 결정을 한 경우에는 해당 소청심사위원회의 위원장
등은 그 결정 결과를 그 결정이 있은 날부터 15일 이내에 감사원에 통보하여야 한다
(제5항). 감사원은 제5항의 통보를 받은 날부터 1개월 이내에 그 소청심사위원회 등이
설치된 기관의 장을 거쳐 소청심사위원회 등에 그 재심을 요구할 수 있다(제6항).

(4) 집행부정지원칙

제2항부터 제6항까지의 규정에 따른 기간에는 그 징계 의결이나 소청 결정은 집
행이 정지된다(제7항).

(5) 문책요구 또는 해임 요구되는 경우

감사원은 법령에서 정하는 징계 규정의 적용을 받지 아니하는 사람으로서 법령

또는 소속 단체 등이 정한 문책 사유에 해당한 사람 또는 정당한 사유 없이 이 법에 따른 감사를 거부하거나 자료의 제출을 게을리한 사람에 대하여 그 감독기관의 장 또는 해당 기관의 장에게 문책을 요구할 수 있다(제8항). 제8항의 경우에 감사원은 법령 또는 소속 단체 등이 정한 문책에 관한 규정의 적용을 받지 아니하는 단체 등의 임원이나 직원의 비위(非違)가 뚜렷하다고 인정하면 그 임용권자 또는 임용제청 권자에게 해임을 요구할 수 있다(제9항).

(6) 징계종류 지정 가능

제1항 또는 제8항에 따라 징계 요구 또는 문책 요구를 할 때에는 그 종류를 지정할 수 있다. 문책의 종류는 징계의 종류에 준한다(제9항). 제1항·제8항 또는 제9항에 따라 징계 요구 또는 문책 요구나 해임 요구를 받은 기관의 장은 감사원이 정한 날까지 해당 절차에 따라 처분을 하여야 한다(제10항).

(7) 제8항 및 제9항 적용 판례

감사원이 한국방송공사에 대한 감사를 실시한 결과 사장 갑에게 부실 경영 등 문책사유가 있다는 이유로 한국방송공사 이사회에 갑에 대한 해임제청을 요구하였고, 이사회가 임시이사회를 개최하여 감사원 해임제청요구에 따른 문책사유와 방송의 공정성 훼손 등의 사유를 들어 갑에 대한 해임제청을 결의하고 대통령에게 갑의 사장직 해임을 제청함에 따라 대통령이 갑을 한국방송공사 사장직에서 해임한 사안에서, 감사원이 한국방송공사를 감사한 결과 감사원법 제32조 제9항을 적용하여 갑에 대한 해임제청을 요구하였고, 한국방송공사의 사장은 공사의 대표자로서 방송의 목적과 공적 책임, 방송의 공정성과 공익성을 실현하는 등 공사의 공적 책임을 실현할 지위에 있고 그 직무수행의 한 요소로서 재정운영을 부실하게 하였다면 이를 해임사유로 삼을 수 있으므로, 감사원법 제32조 제9항, 방송법 제44조, 제51조 제1항 등을 해임사유에 관한 근거 법령으로 볼 수 있다고 한 사례(대법원 2012. 2. 23. 선고 2011두5001 판결).

(8) 감사원의 징계 요구와 재심의결정은 항고소송의 대상이 되는 행정처분이라고 할 수 없다(대법원 2016. 12. 27. 선고 2014두5637 판결)[72]

위 조항에 의하면, 징계요구를 받은 기관의 장이 요구받은 내용대로 징계를 하여야 한다거나 징계처분을 하여야 한다고 규정하지 않고, 징계요구를 받은 기관의 장이 징계절차에 회부하지 않더라도 그에게 과태료나 형사처벌 등의 제재나 불이익을 부과하는 내용이 없으므로 감사원의 징계요구가 행정청의 인사권한 등 구체적 권리·의무에 직접적인 법률의 변동을 일으키는 법률적 구속력을 발생시킨다고 보기 어렵다. 감사원의 징계요구는 중간처분에 불과하여 항고소송의 대상이 되는 행정처분이라고 할 수 없고 따라서 감사원으로부터 징계할 것을 요구받은 행정청에게는 원고능력 및 원고적격이 거론될 수 없다.

(9) 재심의 청구

감사원으로부터 제32조에 따른 징계를 요구받은 소속 장관, 임용권자나 임용제청권자, 감독기관의 장 또는 해당 기관의 장은 그 처분 요구나 권고·통보가 위법 또는 부당하다고 인정할 때에는 그 처분 요구나 권고·통보를 받은 날부터 1개월 이내에 감사원에 재심의를 청구할 수 있다(감사원법 제36조제2항). 한편 감사원의 재심의 판결(재심의 결정을 이렇게 표현함)에 대하여는 감사원을 당사자로 하여 행정소송을 제기

---

72) 甲 시장이 감사원으로부터 감사원법 제32조에 따라 乙에 대하여 징계의 종류를 정직으로 정한 징계 요구를 받게 되자 감사원법 제36조 제2항에 따라 감사원에 징계 요구에 대한 재심의를 청구하였고, 감사원이 재심의청구를 기각하자 乙이 감사원의 징계 요구와 그에 대한 재심의결정의 취소를 구하고 甲 시장이 감사원의 재심의결정 취소를 구하는 소를 제기한 사안에서, 징계 요구는 징계 요구를 받은 기관의 장이 요구받은 내용대로 처분하지 않더라도 불이익을 받는 규정도 없고, 징계 요구 내용대로 효과가 발생하는 것도 아니며, 징계 요구에 의하여 행정청이 일정한 행정처분을 하였을 때 비로소 이해관계인의 권리관계에 영향을 미칠 뿐, 징계 요구 자체만으로는 징계 요구 대상 공무원의 권리·의무에 직접적인 변동을 초래하지도 아니하므로, 행정청 사이의 내부적인 의사결정의 경로로서 '징계 요구, 징계 절차 회부, 징계'로 이어지는 과정에서의 중간처분에 불과하여, 감사원의 징계 요구와 재심의결정이 항고소송의 대상이 되는 행정처분이라고 할 수 없고, 감사원법 제40조 제2항을 甲 시장에게 감사원을 상대로 한 기관소송을 허용하는 규정으로 볼 수는 없고 그 밖에 행정소송법을 비롯한 어떠한 법률에도 甲 시장에게 '감사원의 재심의 판결'에 대하여 기관소송을 허용하는 규정을 두고 있지 않으므로, 甲 시장이 제기한 소송이 기관소송으로서 감사원법 제40조 제2항에 따라 허용된다고 볼 수 없다(대법원 2016. 12. 27. 선고 2014두5637 판결).

할 수 있다(감사원법 제40조제2항)고 하므로 해당 기관의 장에게 감사원이 재심의 결정을 내린 경우 행정처분으로 다툴 수 있는가. 앞서 2014두5637 판결에서 감사원의 징계 요구와 재심의결정이 항고소송의 대상이 되는 행정처분이라고 할 수 없고, 행정청이 제기한 소송이 기관소송으로서 감사원법 제40조 제2항에 따라 허용된다고 볼 수 없다고 판시하였다. 다만 '재심의 결정' 자체에 위법사유가 있는 경우에는 감사원을 당사자로 하여 행정소송을 제기할 수 있다고 할 것이다(이른바 재결주의).

마. 재징계의결 등의 요구 - 절차적 하자 등에 따른 치유 후 재징계의결 요구

● 징계처분이 법원이나 소청심사위원회에서 무효 또는 취소되는 경우가 있다. 국가공무원법 제78조의3 제1항에서 ① 법령의 적용, 증거 및 사실 조사에 명백한 흠이 있는 경우, ② 징계위원회의 구성 또는 징계의결등, 그 밖에 절차상의 흠이 있는 경우, ③ 징계양정 및 징계부가금이 과다(過多)한 사유로 소청심사위원회 또는 법원에서 징계처분등의 무효 또는 취소(취소명령 포함)의 결정이나 판결을 받은 경우에는 다시 징계 의결 또는 징계부가금 부과 의결(이하 "징계의결등"이라 한다)을 요구하여야 한다고 규정하고 있다. 다만 위 ③의 징계양정 및 징계부가금이 과다(過多)한 사유로 무효 또는 취소의 결정이나 판결을 받았으나 원 징계항목이 감봉이나 견책처분에 해당할 경우에는 징계의결을 다시 요구하지 아니할 수 있다.

처분권자는 다시 징계의결등을 요구하는 경우에는 소청심사위원회의 결정 또는 법원의 판결이 확정된 날부터 3개월 이내에 관할 징계위원회에 징계의결등을 요구하여야 하며, 관할 징계위원회에서는 다른 징계사건에 우선하여 징계의결등을 하여야 한다(법 제78조의3 제2항). 3개월이내 재징계처분을 하도록 한 것은 달리 강행규정이 없어 훈시규정으로 보아 3개월이 지나도 다시 징계요구 할 수 있다고 보아야 할 것이다. 그러나 징계시효 도과 등에 유의하여야 한다.

● 법 제83조의2 제3항에서 징계위원회의 구성ㆍ징계의결등, 그 밖에 절차상의 흠이나 징계양정 및 징계부가금의 과다(過多)를 이유로 소청심사위원회 또는 법원에서 징계처분등의 무효 또는 취소의 결정이나 판결을 한 경우에는 법이 정한 징계시효 기간이 지나거나 그 남은 기간이 3개월 미만인 경우에도 그 결정 또는 판결이 확정된 날부터 3개월 이내에는 다시 징계의결등을 요구할 수 있다고 하여 사실상 시효

기간을 3개월 범위에서 연장시켜 준 것이다.

● 재징계에 따른 징계처분의 효력발생은 재징계 절차에 의한 징계처분일로부터 발생하며, 이때 징계처분일자를 최초 징계처분일로 소급시켜서는 아니 된다.

바. 지방공무원 제도의 다른 점

지방공무원법은 임용권자가 징계의결을 요구하도록 한다(지방공무원법 제6조제1항, 제69조제1항). 다시 말해 국가공무원법에서 인정하는 국무총리 · 인사혁신처장 등이 다른 기관 소속 공무원에 대해 직접 징계를 요구하는 경우가 없다. 국무총리 등이 직접 징계를 요구할 수 있는 제도는 1965년 공무원징계령 개정때 처음 도입되어 1973년 국가공무원법에 그대로 반영된 이래 지금까지 운영되고 있다. 다만 감사원의 징계의결요구 제도는 지방공무원에게도 그대로 적용된다(지방공무원 징계 및 소청 규정 제2조제6항 단서).

사. 기타 징계 요구 또는 권고할 수 있는 경우

(1) 국민권익위원회

● **공직자 행동강령 위반시 징계처분:**
부패방지 및 국민권익위원회의 설치와 운영에 관한 법률 제8조(공직자 행동강령) ① 제7조에 따라 공직자가 준수하여야 할 행동강령은 대통령령 · 국회규칙 · 대법원규칙 · 헌법재판소규칙 · 중앙선거관리위원회규칙 또는 공직유관단체의 내부규정으로 정한다. ③ 공직자가 제1항에 따른 공직자 행동강령을 위반한 때에는 징계처분을 할 수 있다. ④ 제3항에 따른 징계의 종류, 절차 및 효력 등은 당해 공직자가 소속된 기관 또는 단체의 징계관련 사항을 규정한 법령 또는 내부규정이 정하는 바에 따른다.

● **제62조의3(신분보장 등의 조치 결정 등)** ① 위원회는 조사 결과 신분보장신청인이 신고등을 이유로 불이익조치(제2조제7호아목 및 자목에 해당하는 불이익조치는 제외한다)를 받았거나 받을 것으로 예상되는 경우에는 소속기관장등에게 30일 이내의 기간을 정하여 다음 각 호의 신분보장 등 조치를 취하도록 요구하는 결정(이하 "신분보장등조치결정"이라 한다)을 하여야 하며, 소속기관장등은 정당한 사유가 없으면 이에 따라야 한다.[73] ④ 위원회는 신분보장등조치결정을 하는 경우에는 신고등을

이유로 불이익조치를 한 자의 징계권자에게 그에 대한 징계를 요구할 수 있다.

- **제64조(신고자의 비밀보장)** ① 누구든지 이 법에 따른 신고자라는 사정을 알면서 그의 인적사항이나 그가 신고자임을 미루어 알 수 있는 사실을 다른 사람에게 알려주거나 공개 또는 보도하여서는 아니 된다. 다만, 이 법에 따른 신고자가 동의한 때에는 그러하지 아니하다. ④ 위원회는 제1항을 위반하여 신고자의 인적사항이나 신고자임을 미루어 알 수 있는 사실을 다른 사람에게 알려주거나 공개 또는 보도한 사람의 징계권자에게 그 사람에 대한 징계 등 필요한 조치를 요구할 수 있다.

- **제66조(책임의 감면 등)** ② 공공기관의 장은 신고등과 관련하여 발견된 위법행위 등을 이유로 관계 법령 등에 따라 신고자에게 징계나 불리한 행정처분을 하는 경우 그 징계나 불리한 행정처분을 감경 또는 면제할 수 있다. ③ 신고등과 관련하여 발견된 위법행위 등을 이유로 신고자에게 징계를 하거나 불리한 행정처분을 하는 경우 위원회는 신고자의 징계권자나 행정처분권자에게 그 징계나 행정처분의 감경 또는 면제를 요구할 수 있다. 이 경우 요구를 받은 자는 정당한 사유가 있는 경우 외에는 그 요구에 따라야 한다. ④ 신고등의 내용에 직무상 비밀이 포함된 경우에도 다른 법령, 단체협약 또는 취업규칙 등의 관련 규정에 불구하고 직무상 비밀준수의무를 위반하지 아니한 것으로 본다. ⑤ 위원회는 제1항에 따른 신고자의 범죄행위에 관한 형사재판 또는 신고등으로 인한 징계나 불리한 행정처분과 관련된 소송에 대하여 법원의 요청이 있거나 필요하다고 인정할 때에는 법원의 담당 재판부에 의

---

73) 부패방지권익위법 제2조 제7호 (사)목에서 불이익조치의 한 유형으로 규정한 '직무에 대한 부당한 감사'에 해당하는지 여부는 관계 법령에서 정하고 있는 직무 감사의 목적, 범위 및 절차, 직무 감사의 실시 경위, 직무 감사 실시에 앞서 감사권자가 인지한 비위행위의 내용, 직무 감사 실시 과정에서 확인된 비위행위의 위법·부당의 정도, 부패행위 신고자의 절차적 방어권 보장 여부 및 그 정도 등을 종합적으로 고려하여 판단하여야 한다. 만일 해당 기관의 통상적인 직무 감사 실시 경위 및 유형 등에 비추어 직무 감사에 이를 정도의 위법·부당함이 없음에도 직무 감사가 실시되었거나 직무 감사 과정에서 부패행위 신고자에게 절차적 방어권이 충분히 보장되지 않았다면, 이는 부패방지권익위법 제2조 제7호 (사)목에서 규정하고 있는 불이익조치의 한 유형인 직무에 대한 부당한 감사에 해당할 여지가 크다. 원고 소속 공무원인 피고보조참가인이 부패행위 신고를 한 이후 원고가 이 사건 직무감사를 실시하고, 피고보조참가인에 대하여 이 사건 중징계의결 요구 및 직위해제 그리고 성과연봉 통보를 하자, 피고보조참가인이 피고에게 신분보장 등 조치를 신청하였고, 피고는 원고에게 피고보조참가인에 대한 신분보장 등의 조치결정을 하였음. 이에 원고는 피고를 상대로 위 조치결정의 취소를 구하는 소를 제기하였다. 대법원은, 이 사건 직무감사가 불이익조치의 한 유형인 직무에 대한 부당한 감사에 해당하지 아니하고, 피고의 부패행위 신고와 이 사건 중징계의결 요구 및 직위해제 그리고 성과연봉 통보 사이에 인과관계의 추정이 번복되었다고 판단하여 원고 승소로 판단한 원심을 수긍하여 피고와 피고보조참가인의 상고를 모두 기각하였다(대법원 2023. 7. 13. 선고 2023두35623 판결).

견을 제출할 수 있다.

(2) 국가인권위원회

● **국가인권위원회법 제45조(고발 및 징계권고)** ② 위원회가 진정을 조사한 결과 인권침해 및 차별행위가 있다고 인정하면 피진정인 또는 인권침해에 책임이 있는 사람을 징계할 것을 소속기관등의 장에게 권고할 수 있다. ④ 제2항에 따라 위원회로부터 권고를 받은 소속기관등의 장은 권고를 존중하여야 하며 그 결과를 위원회에 통지하여야 한다.[74]

● **제55조(불이익 금지와 지원)** ① 누구든지 이 법에 따라 위원회에 진정, 진술, 증언, 자료 등의 제출 또는 답변을 하였다는 이유만으로 해고, 전보, 징계, 부당한 대우, 그 밖에 신분이나 처우와 관련하여 불이익을 받지 아니한다.

(3) 공직자윤리위원회

● **제8조의2(심사결과의 처리)** ① 공직자윤리위원회는 제8조에 따른 등록사항의 심사(제9조의2에 따른 재심사를 포함한다) 결과 다음 각 호의 어느 하나에 해당하면 제2항에 따른 필요한 조치를 하여야 한다.

1. 등록대상재산을 거짓으로 기재한 경우
2. 등록대상재산을 중대한 과실로 빠트리거나 잘못 기재하는 경우
3. 허위의 자료를 제출하거나 거짓으로 소명하는 등 불성실하게 재산등록을 하거나 심사에 응한 경우
4. 직무상 알게 된 비밀 또는 소속 기관의 미공개정보를 이용하여 재물 또는 재산상 이익을 취득한 사실이 인정된 경우

② 제1항의 필요한 조치는 다음 각 호의 어느 하나에 해당하는 조치로 한다.

---

74) (사안) 원고는 경찰관으로 술이 취해 아파트 주차장에 누워있던 소외에 대한 신고를 받고 출동해 확인하던 중 실랑이와 몸싸움이 벌어지자, 공무집행방해 혐의로 위 소외인을 현행범 체포하였다. 위 공무집행방해 혐의에 대해 불기소처분이 내려졌고, 오히려 위 소외인의 진정에 따라 국가인권위원회는 해당 경찰서장에게 '위법한 체포 등으로 인한 인권침해가 인정된다'는 이유로 원고에 대한 징계 등의 조치를 권고하는 결정 및 통지를 하였고, 이에 따라 경찰서장은 원고에 대해 국가공무원법상 성실의무, 품위유지의무 위반을 이유로 불문경고 처분을 하였다. 원고는 국가인권위원회를 피고로 '국가인권위원회 징계 권고 결정 취소 청구의 소'를 제기하였으나 원심은 원고가 소청심사청구를 하지 않은 점등을 들어 원고에게 이 사건 처분의 취소를 구할 법률상 이익이 없다고 판단하였고 대법원도 그대로 인정하였다(대법원 2022. 1. 27. 선고 2021두40256 판결).

  1. 경고 및 시정조치, 2. 제30조에 따른 과태료 부과, 3. 일간신문 광고란을 통한 허위등록사실의 공표, 4. 해임 또는 징계의결 요구

⑤ 공직자윤리위원회는 제2항에 따른 조치를 하였을 때에는 등록기관의 장이나 그 밖의 관계 기관의 장에게 통보하여야 한다.

- **제14조의5(주식백지신탁 심사위원회의 직무관련성 심사 등)** ① 공개대상자등 및 그 이해관계인이 보유하고 있는 주식의 직무관련성을 심사·결정하기 위하여 인사혁신처에 주식백지신탁 심사위원회를 둔다.

⑨ 주식백지신탁 심사위원회는 주식의 직무관련성 유무를 심사하기 위하여 필요하면 공개대상자등에게 자료 제출을 요구하거나 서면질의를 할 수 있다.

⑪ 주식백지신탁 심사위원회 또는 등록기관의 장은 공개대상자등이 제6항에 따른 심사청구 또는 제14조의4제1항 각 호의 행위를 기한 내에 하지 못하거나 제9항에 따른 요구 또는 질의에 거짓으로 자료를 제출하거나 정당한 사유 없이 자료 제출을 거부하는 경우에는 관할 공직자윤리위원회에 통보하여야 하며, 통보를 받은 공직자윤리위원회는 해당 공개대상자등에 대하여 다음 각 호의 어느 하나의 조치를 하여야 한다.

  1. 경고 및 시정조치, 2. 제30조에 따른 과태료 부과, 3. 해임 또는 징계의결 요구

- **제22조(징계 등)** 공직자윤리위원회는 공무원 또는 공직유관단체의 임직원이 다음 각 호의 어느 하나에 해당하면 이를 사유로 해임 또는 징계의결을 요구할 수 있다.

  1. 제5조제1항을 위반하여 재산등록을 하지 아니한 경우

  2. 제5조제1항, 제6조제1항·제2항, 제6조의3, 제7조, 제10조제2항 또는 제11조제1항에 따른 재산등록, 변동사항 신고 등을 정당한 이유 없이 대통령령으로 정하는 기간 내에 마치지 아니한 경우

  3. 제6조제1항(10월부터 12월까지 중 등록의무자가 되어 같은 항에 따른 재산 변동사항을 신고하는 경우의 변동사항 신고에 관한 같은 조 제3항을 포함한다)·제8항, 제6조의2 및 제11조제1항을 위반하여 변동사항 신고 또는 거래내역 신고를 하지 아니하거나 소명자료의 첨부 등을 하지 아니한 경우

  4. 제8조제13항에 따른 공직자윤리위원회의 소명 요구에 대하여 거짓으로 소명하거나 거짓 자료를 제출한 경우

  5. 제8조제14항을 위반하여 정당한 사유 없이 소명 또는 자료 제출을 하지 아니한 경우

  6. 제10조제3항(제11조제2항에서 준용하는 경우를 포함한다)을 위반하여 허가 없이 등록사항을 열람·복사하거나 이를 하게 한 경우

  7. 제12조제1항(제6조의2제4항 및 제11조제2항에서 준용하는 경우를 포함한다)을

위반하여 허위등록 등 불성실하게 재산등록을 한 경우

8. 제12조제2항(제6조의2제4항 및 제11조제2항에서 준용하는 경우를 포함한다)을 위반하여 공직자윤리위원회 등의 등록사항 심사에 응하지 아니한 경우

9. 제13조(제6조의2제4항 및 제11조제2항에서 준용하는 경우를 포함한다)를 위반하여 재산등록사항을 이 법에서 정한 목적 외의 용도로 이용한 경우

10. 제14조(제6조의2제4항, 제11조제2항 및 제14조의4제6항에서 준용하는 경우를 포함한다)를 위반하여 재산등록사항을 다른 사람에게 누설한 경우

11. 제14조의4제1항을 위반하여 신고를 하지 아니한 경우

12. 제14조의4제1항 각 호의 행위 또는 제14조의5제6항에 따른 주식의 직무관련성 심사청구를 기한 내에 하지 못하는 경우

13. 제14조의5제9항에 따른 요구 또는 질의에 거짓으로 자료를 제출하거나 정당한 사유 없이 자료 제출을 거부하는 경우

14. 제14조의6을 위반하여 주식을 취득하거나 신고를 하지 아니한 경우

15. 제14조의7제1항 본문을 위반하여 신탁재산의 관리·운용·처분에 관한 정보의 제공을 요구한 경우

16. 제14조의7제2항을 위반하여 신탁재산의 관리·운용·처분에 관여한 경우

17. 제14조의10제2항을 위반하여 주식백지신탁계약을 해지한 경우

18. 백지신탁한 주식 또는 보유하고 있는 주식과 관련한 직무를 회피할 수 있음에도 불구하고 제14조의11제1항을 위반하여 해당 주식과 관련한 직무에 관여하였거나 제14조의11제4항을 위반하여 신고를 하지 아니한 경우

19. 제15조를 위반하여 외국에서 받은 선물 또는 외국인에게 받은 선물을 신고 또는 인도하지 아니한 경우

20. 제18조의4제2항을 위반하여 청탁 또는 알선을 받은 사실을 소속 기관의 장에게 신고하지 아니한 경우(같은 조 제4항에 따라 부정한 청탁 또는 알선으로 인정된 경우로 한정한다)

21. 제18조의5제1항을 위반하여 취업을 위한 청탁행위를 한 경우

(4) 주민감사청구

지방자치법 제21조 제1항은 일정 수 이상의 주민은 지방자치단체와 그 장의 권한에 속하는 사무의 처리가 법령에 위반되거나 공익을 현저히 해친다고 인정되면 감독청에 감사를 청구할 수 있다고 규정하고 있다. 다만 대법원은 주민들이 주민감사를

청구하거나 주민소송을 제기하는 단계에서는 '해당 사무의 처리가 법령에 반하거나 공익을 현저히 해친다고 인정될 것이 아니라 인정될 가능성'을 주장하는 것으로 족하다고 본다(대법원 2020. 6. 25. 선고 2018두67251 판결). 주민감사청구가 있으면 주무부장관이나 시·도지사 등이 별도 감사를 실시하여 관련 공무원을 징계처벌하는 경우가 있다.

4. 징계의결요구절차

가. 징계의결요구권자의 조치

(1) 징계의결을 위한 조치

● 해당 공무원이 징계사유가 있음을 근거로 징계의결등을 요구할 때에는 징계등 사유에 대한 충분한 조사를 한 후에 그 증명에 필요한 관계 자료를 첨부하여 관할 징계위원회에 제출하여야 한다. 그 경우 징계의결요구권자는 중징계 또는 경징계로 구분하여 요구하여야 한다(공무원징계령 제7조제6항). 지방공무원에 대해서도 마찬가지이다(지방공무원 징계 및 소청 규정 제2조 제6항).

● 여기서 징계의결등을 요구할 때란, ① 5급이상공무원등(고위공무원단에 속하는 공무원을 포함한다)에 대해서는 소속 장관이, 6급이하공무원등에 대해서는 해당 공무원의 소속 기관의 장 또는 소속 상급기관의 장이 관할 징계위원회에 징계의결등을 요구하는 경우(영 제7조제1항), ② 감사원, 수사기관, 그 밖의 기관으로부터 징계등 사유를 통보받은 행정기관의 장이 1개월 이내에 관할 징계위원회에 징계의결등을 요구한 경우(제3항), ③ 보통징계위원회가 설치된 행정기관의 장(중앙행정기관의 장은 제외한다)이 징계등 사건의 내용이 중대하거나 그 기관에 설치된 징계위원회에서는 공정한 의결을 못할 우려가 있다고 인정하여 바로 위 상급행정기관에 설치된 보통징계위원회에 징계의결등을 요구한 경우(제5항)이다.

● **징계등 사유에 대한 충분한 조사**

공무원징계령 제7조제6항은 자체조사, 감사원이나 수사기관, 그 밖의 다른 기관으로부터 통보받은 경우에 징계등 사유에 대한 충분한 조사를 한 후에 그 증명자료를 첨부하여 징계위원회에 제출하도록 하고 있다. 그러면서 감사원이나 수사기관, 그 밖의 다른 기관으로부터 통보받은 경우는 타당한 이유가 없으면 1개월 이내에 징계위에 회부하도록 하며, 감사원장이 징계의 종류를 구체적으로 지정하여 징계요구한 경우에는 구체적으로 정하여 징계요구하여야 한다고 한다. 통보받은 경우 충분한 조사를 한 후에 징계위에 회부한다는 내용은 국가공무원징계령뿐 아니라 지방공무원징계령, 경찰공무원징계령, 군인징계령에서도 그대로이다. 다만, 소방공무원징계령과 교육공무원징계령은 다른 행정기관으로부터 통보를 받은 경우 징계사유에 대한 충분한 조사를 하도록 하는 등의 명시적인 규정이 없다. 그러나 징계절차에 있어 교육공무원이나 소방공무원만 차별취급할 합리적인 이유가 없으므로 이는 입법의 불비로 보인다.[75)

(2) 재심의청구

감사원은 「국가공무원법」과 그 밖의 법령에 규정된 징계 사유에 해당하거나 정당한 사유 없이 감사원법에 따른 감사를 거부하거나 자료의 제출을 게을리한 공무원에 대하여 그 소속 장관 또는 임용권자에게 징계를 요구할 수 있다(감사원법 제32조제1항). 그런데 감사원으로부터 이처럼 징계처분을 요구받은 소속 장관, 임용권자나 임용제청권자, 감독기관의 장 또는 해당 기관의 장은 그 처분 요구나 권고·통보가 위법 또는 부당하다고 인정할 때에는 그 처분 요구나 권고·통보를 받은 날부터 1개월 이내에 감사원에 재심의를 청구할 수 있다(감사원법 제36조제2항). 감사원 스스로도 징계처분 요구가 위법 또는 부당함을 발견하였을 때에는 이를 직권으로 재심의할 수 있다(제39조제2항).

재심의를 청구할 때에는 재심의청구서에 의하여 한다. 감사원은 재심의 청구가 필요한 요건을 갖추지 못하였을 때에는 이를 각하하고, 재심의 청구가 이유 없다고 인정하면 이를 기각하고 재심의 청구가 이유 있다고 인정하면 그 처분 요구를 취소하거나 그 내용을 변경한다(제38조).[76)

---

75) 수원지방법원 2010. 7. 27. 선고 2010고합95 판결 참고.
76) 조선일보, 김경필 기자, 2023. 7. 27. '감사원 천안함 재조사 등 윗선 부당지시, 그대로 따른 실무진도 책임'. "천안함 폭침 사건에 대한 '재조사'를 추진했던 군사망사고진상규명위원회(진상규명위) 직원들이, "재조사 결정이 부당했다"는 감사원의 감사 결과와 징계 요구에 불복해 재심의를 청구했으나 감사원이 청구를 기각했다. 감사원은 '부당한 일이라는 것을 알면서도 상급자의 뜻에 맞춰주기 위해 했다면 책임을 면할 수 없다'고 판단했다."

재심의한 사건에 대하여는 또다시 재심의를 청구할 수 없으나, 감사원이 직권으로 재심의한 것에 대하여는 재심의를 청구할 수 있다. 감사원의 재심의 판결에 대하여는 감사원을 당사자로 하여 행정소송을 제기할 수 있으나 그 효력을 정지하는 가처분결정은 할 수 없다(제40조 제2항). 그러나 대법원은 감사원의 징계 요구와 재심의 결정이 항고소송의 대상이 되는 행정처분이라고 할 수 없다고 판시하였다(앞서 본 대법원 2016. 12. 27. 선고 2014두5637판결 참고).

나. 징계조사

(1) 범위 및 원칙

(가) 범위

징계의결요구권자는 징계의결등을 요구할 때에는 징계등 사유에 대한 충분한 조사를 하여야 하고, 그 경우 징계조사업무 담당자를 활용하여 조사하게 한다.[77] 징계업무담당자란 소속 기관내 감사 또는 감찰부서, 군인이나 군무원의 경우 징계조사관(군법무관, 인사담당장교 등) 등이 된다. 특정 사건을 위해 일시적으로 징계조사담당자를 임명 또는 지명할 수 있는가. 충분한 조사를 위해 필요하다면 가능하다고 할 것이다. 법원도 "구 검사징계법 등 관련 법령에서, 검사에 대한 징계를 청구할 때, 그 징계사유 유무를 확인하는 방법을 제한하고 있지 않은 이상, 반드시 감찰을 통해 확인한 비위혐의에 대해서만 징계를 청구할 수 있다고는 볼 수 없고, 감찰절차가 아닌 다른 방법으로 징계사유를 확인하여 징계를 청구한다고 하더라도, 이를 그 자체로서 위법하다고 볼 수는 없다."(서울고등법원 2023. 12. 19. 선고 2021누65721 판결)고 한 바 있다.

---

77) 징계의결요구 전에 징계조사를 하도록 하고 있다. 보통 징계조사담당자가 조서 작성, 진술서 징구, 자료 확보 등의 방법으로 징계혐의자를 조사한다. 징계위원회 또한 심의전 사실조사를 할 수 있다(공무원징계령 제12조제3항). 징계조사절차도 수사절차와 유사하게 이루어지고 있으나 이에 대한 적법성을 담보하거나 징계혐의자의 권익을 보장할 만한 법령의 규정을 찾아보기 어렵다. 일부 훈령등에서 절차적인 내용을 규정하기도 하지만 징계조사절차에 대한 일반 규정이 없다. 징계혐의자의 인권보호와 방어권 보장을 위하여 혐의자 진술, 참고인조사, 증거수집, 증거능력, 관련기관 협조 등을 포괄하는 징계조사에 대한 법령정비가 요구된다.

(나) 원칙

1) 적법절차 준수

헌법 제12조 제1항은 "누구든지 법률에 의하지 아니하고는 체포·구속·압수·수색 또는 심문을 받지 아니하며, 법률과 적법한 절차에 의하지 아니하고는 처벌·보안처분 또는 강제노역을 받지 아니한다."라고 하여 적법절차원칙을 규정하고 있다. 적법절차원칙은 형사소송절차에 국한하지 않고 모든 국가작용에 대하여 문제된 법률의 실체적 내용이 합리성과 정당성을 갖추고 있는지 여부를 판단하는 기준으로 적용되므로(헌법재판소 1992. 12. 24. 선고 92헌가8 전원재판부 결정 등 참조), 국민에게 부담을 주는 행정작용에 있어서도 적법절차원칙이 준수되어야 한다(대법원 2012. 10. 18. 선고 2010두12347 전원합의체 판결 등 참조). 따라서 징계처분은 공무원에게 부담을 주는 행정작용이므로, 이에 관하여 행정기관이 행한 감찰조사 절차, 처분 절차, 소청심사 절차 및 소송 절차에서의 행위 등이 헌법상 적법절차원칙에 위배되는지 여부도 살펴보아야 한다(헌법재판소 2016. 12. 29. 선고 2015헌바280 전원재판부 결정, 서울고등법원 2020. 9. 10. 선고 2020누38579 판결 등 참조).

그런데 윤석열 검찰총장 징계사건에서, 징계청구에 앞서 감찰이 이루어지면서 감찰 여부 및 비위혐의에 대한 고지 및 그에 대한 해명 기회 부여 없이 사실상 감찰을 진행하였을 경우 절차상 하자가 있다는 원고의 주장에 대해, 관련 법령상 감찰에 앞서 감찰 대상자에게 그가 감찰 대상자인지 및 비위혐의가 무엇인지 고지하여야 한다는 명시적 규정이 없고, 감찰은 수사나 징계에 이르기 전 단계의 조사에 지나지 않으므로, 헌법상 적법절차의 원칙을 근거로 그에 대하여 법령이나 행정규칙에서 규정하지 아니한 절차까지 이행하도록 요구할 근거는 없다…. 더구나 감찰은 수사나 징계 이전 단계의 조사로서, 그 자체로 원고에게 불이익을 준다기보다는 수사 또는 징계라는 후속 절차를 통해 장래에 불이익으로 이어질 수 있을 뿐이고, 그 후 이 사건 징계청구에 관한 사건 심의 과정에서 이 사건 징계청구사유에 대한 의견을 진술할 기회를 원고에게 부여하여, 원고가 실제로 상세히 의견을 진술한 이상, 가사 원고의 주장처럼, 그가 감찰에 앞서 사전 고지를 받은 내용이 다소 불충분한 면이 있다 하더라도, 그러한 사정만으로 감찰 자체가 헌법상 적법절차 원칙을 위반한 것이라고 보기는 어렵다고 판단하였다(서울고등법원 2023. 12. 19. 선고 2021누65721 판결).[78]

---

78) 법무부 감찰규정(법무부훈령) 제19조(조사결과의 처리) ① 비위조사결과 범죄혐의가 있다

2) 진술거부권

헌법 제12조제2항은 모든 국민은 형사상 자기에게 불리한 진술을 강요당하지 아니한다고 하여 국민의 기본권으로서 진술거부권을 인정하고 있다. 여기서 "진술"이라함은 생각이나 지식, 경험사실을 정신작용의 일환인 언어를 통하여 표출하는 것을 의미한다. 진술거부권은 현재 피의자나 피고인으로서 수사 또는 공판절차에 계속 중인 자 뿐만 아니라 장차 피의자나 피고인이 될 자에게도 보장되며, 형사절차뿐 아니라 행정절차나 국회에서의 조사절차 등에서도 보장된다. 또한 진술거부권은 고문 등 폭행에 의한 강요는 물론 법률로써도 진술을 강요당하지 아니함을 의미한다(헌법재

고 판단되는 경우 수사기관에 고발 또는 수사의뢰하여야 한다. ② 비위조사결과 징계사유가 있다고 인정되는 경우 징계처리절차가 진행될 수 있도록 필요한 조치를 취한다. ③ 비위조사결과 범죄혐의나 징계사유에 해당되더라도 사안이 중하지 아니한 경우 업무처리 당시 제반사정에 비추어 상당한 사유가 있다고 인정되거나, 조사대상자의 업무처리 실적이나 평소 근무태도 등을 감안하여 제1,2항에 따라 처리하지 아니하고 서면으로 경고 조치를 할 수 있다. ④ 비위조사결과 징계시효가 완성되었거나 징계사유에 이르지 아니하는 경우라도 다시는 그러한 일이 없도록 촉구하기 위하여 주의조치를 할 수 있다. ⑤ 제3항 내지 제4항의 경우 법무부장관은 감찰관 또는 감찰조사대상자의 소속 기관장으로 하여금 위의 각 조치를 하도록 지시할 수 있다. ⑥ 비위조사결과 비위사항이 경미한 경우 제1,2항의 규정에도 불구하고 대상자의 공적, 평소 근무태도 등을 감안하여 자료존안 후 종결처리 할 수 있다. 한편 위 규정 제4조는 법무부 감찰위원회규정에 따라 중요사항 감찰에 대하여는 법무부 감찰위원회의 자문을 받아야 한다고 되어 있었는데, 검찰총장을 징계하면서 '자문을 받을 수 있다'라고 개정하고 이에 따라 법무부 감찰에 대한 감찰위원회 심의는 이 사건 징계청구 후 1주일 후에 이루어졌다. 원고 검찰총장은, 개정 규정은 그 개정 과정의 절차적 위법이 중대하여 무효이고, 설령 그렇지 않다 하더라도, 법무부 감찰을 그 시행일 이전에 이미 개시한 이상, 그에 대하여는 종전 규정을 적용해야 한다. 대통령령인 「법무부감찰위원회 규정」 제2조 제1항 제3호에 따르면, 법무부 감찰위원회는 중요 감찰·감사 사건의 조사방법·결과 및 그 조치에 관한 사항을 토의하고, 위원장은 토의결과에 따른 의견을 법무부장관에게 제시하며, 필요한 조치를 권고할 수 있는바, 같은 조 제2항 제1호는 검사에 대한 감찰 사건을 '중요 감찰사건' 중 하나로 들고 있었으므로, 법무부 감찰은 감찰위원회의 사전 자문(諮問)을 당연히 거쳤어야 함에도, 이를 거치지 않아 위법하다고 주장하였다. 법원은 '설령 종전 규정에 따라 법무부 감찰 전에 반드시 감찰위원회의 사전 자문을 거치는 것이 원칙이라 하더라도, 종전 규정은 법규성이 없는 행정규칙으로서, 내부적 구속력만 있을 뿐이어서, 설령 이를 위반하였더라도, 이 사건 징계청구 자체가 위법하게 된다고 보기는 어렵다["대검찰청 감찰위원회 운영 규정"(2019. 12. 31. 대검찰청 훈령 제264호)을 위반한 대검찰청 감찰위원회의 심의·의결에 따라 검찰총장이 검사에 대한 징계를 청구하였어도, 그에 따른 징계처분이 위법하지는 않다고 본 서울행정법원 2022. 1. 18. 선고 2021구합51652 판결(우리 법원 2023. 1. 10. 선고 2022누33523 항소기각 판결 및 그에 대한 상고제기기간의 도과로 확정) 참조]'고 판단하였다.

판소 1997. 3. 27. 96헌가11).

징계절차에서도 진술거부권의 원칙은 적용되며 뒤에 소개하는 서울고등법원 2014. 12. 11. 선고 2014누52574 판결에서는 징계조사에서 진술거부권을 행사하는 것보다 더한 아예 참석조차 하지 않은 경우에, "징계절차의 출석을 거부함으로써 자신의 방어권을 포기할 수 있는 권리를 갖는다"고 판시하였다.79) 이는 1심이 "진술거부권이 인정되지만 자신에게 불리한 진술을 물어볼 것에 대비해 '정당한 출석 지시' 자체를 거부할 수 있는 권리까지 포함된다고 볼 수 없다"고 한 판결을 파기한 것이다.

그런데 징계의결요구 자체는 행정행위(처분)가 아니고 또 사립학교 교원의 경우 학교법인 또는 사립학교 경영자에 의하여 임면되는 것으로서 사립학교 교원과 학교법인의 관계를 공법상의 권력관계라고는 볼 수 없으므로 사립학교 교원에 대한 학교법

---

79) 한편 아래의 판결에서 감사대상자가 감사를 거부한 행위를 두고 징계사유를 구성한다고 보았다. 그러나 이는 법에 정해진 감사가 실시되는 기간에 거부할 수 없음을 법령상 인정한 경우로 특정 비행사건을 조사함에 있어 진술거부권 행사와는 구별된다.

"국가공무원법 제56조는 "모든 공무원은 법령을 준수하며 성실히 직무를 수행하여야 한다." 라고 규정하여 공무원에게 법령을 준수하여 직무를 수행할 의무를 부여하고 있다. 그리고 지방교육자치에 관한 법률 제3조에 의하여 준용되는 지방자치법 제167조, 제171조, 제171 조의2 규정에 따르면, 교육부장관의 시·도교육청에 대한 감사는 기관위임사무에 대해서만 가능한 것이 아니라 자치사무의 법령위반 사항에 대해서도 허용된다. 또한 지방자치법 제 171조의2 제3항의 위임에 따라 마련된 구 지방자치단체에 대한 행정감사규정(2013. 3. 23. 대통령령 제24425호로 개정되기 전의 것)은 감사제도의 실효성을 제고하기 위하여, ① 교육부장관의 '출석·답변의 요구, 관계 서류·장부 및 물품 등의 제출 요구'에 관한 조치권한(제11조 제1항 제1호, 제2호), ② 감사활동 수행자의 확인서 징구 권한, 문답서 작성 권한(제12조 제1항, 제2항), ③ 교육부장관의 질문서에 기초한 답변서 징구 권한(제12조 제3항) 을 각각 규정하고 있고, 교육부장관으로부터 '출석·답변의 요구, 관계 서류·장부 및 물품 등의 제출 요구'를 받은 자는 정당한 사유가 없으면 그 요구에 따라야 할 의무를 규정하고 있다(제11조 제3항).

이러한 감사절차에 관한 관계 법령의 규정 내용, 형식 및 입법 취지 등을 고려할 때, <u>감사대상 시·도교육청 소속 공무원은 교육부장관이나 감사활동 수행자의 감사활동에 협조할 의무를 부담한다고 해석함이 타당하다</u>. 따라서 이 부분 징계대상자들이 이러한 법령상 의무를 위반하여 감사를 거부한 행위는 징계사유를 구성한다고 보아야 한다(대법원 2015. 9. 10. 선고 2013추517 판결). 참고로 위 판결을 기초로 공무원 아닌 근로자에 대하여 **근로관계에서의 위법행위 여부 등에 관한 사용자의 조사에 협조할 의무를 부담한다고 보았다.** "감사절차에 관한 관계 법령의 규정 내용, 형식 및 입법 취지 등을 고려할 때, 감사대상 공무원은 감사활동 수행자 등의 감사활동에 협조할 의무를 부담한다(대법원 2015. 9. 10. 선고 2013추517 판결 참조). 이와 마찬가지로 근로자도 근로계약에 부수하는 신의칙상 의무로서 근로관계에서 발생한 위법행위 여부 등에 관한 사용자의 조사에 협조할 의무를 부담한다." (대법원 2021. 11. 25. 선고 2019두30270 판결).

인의 해임처분을 취소소송의 대상이 되는 행정청의 처분으로 볼 수 없음에도(교원징계재심위원회에 재심청구를 하고 교원징계재심위원회의 결정에 불복하여 행정소송을 제기하는 방법은 있음), 헌법상의 진술거부권은 인정된다(위 2014누52574 판결이 그런 취지임).

(2) 징계조사의 절차

● 징계대상자에 대하여는 소환에 의한 서면조사가 일반적이나 방문조사도 가능하다. 징계조사자는 대상자에 대해 진술조서를 받을 수 있고 조서작성 종료 후에는 조서의 내용을 확인하게 하고 대상자로부터 서명, 날인을 받아야 한다. 경우에 따라서는 대상자로부터 자술서를 받을 수도 있다. 또 대상자가 제출하는 진술서, 확인서, 탄원서 등은 수령 후 첨부하여야 한다. 증거조사를 위해 필요시에는 현장조사, 참고인조사, 관계기관 조사촉탁의뢰, 관련기관으로부터 자료나 증거물 제출 요청 등을 활용할 수 있다. 참고인으로부터 진술조서를 받을 수도 있고 작성방법은 징계혐의자와 동일하다. 혐의 내용에 대해 통보받은 외부 조사기록 또는 수사기록에 대해서도 재차 검토 및 조사가 가능하다 할 것이다.

● **기타 논란이 될 수 있는 부분**

① 압수수색이 가능한가: 법원의 영장을 청구할 수 있는 기관이 아니므로 압수수색은 불가능하다. 다만 조사 시 임의제출을 유도하여 조사를 진행함이 일반적이다. 구속영장은 당연히 부인된다.

② 통신조회나 금융조회가 가능한가: 영장 청구 기관이 아니므로 할 수 없다. 만약 당사자의 동의를 받아 진행할 수 있는가. 그것도 불가능하다. 통화내역조회나 DNA 검사 요구, 전문기관 분석 또는 감정의뢰 통보 등을 임의로 제출받아 조사 시에 활용할 수 있을 것이다.

③ 불법수집여부에 휘말릴 증거 사용 금지: 사안에 따라서 불법으로 연구실을 침입하여 절취한 증거들을 토대로 징계사유를 인정한 위법이 있다는 주장이 있었다(다만, 이 사건은 주장하는 내용을 징계사유로 삼지 않음이 명백해 채택되지 않았다. 서울고등법원 1998. 4. 23. 선고 97구838 판결). 이처럼 불법수집증거여부를 면밀히 검토하여야 한다.

④ 징계조사시 대상자로부터 진술서, 문답서, 진술조서 등을 받게 되는데 이때 대상자가 서명·날인을 거부하는 경우가 있다. 형사절차와는 다르므로 대상자가 징계

사유를 인지한 상태에서 그 내용을 반박하고 자신의 주장을 소명할 수 있는 기회를 가졌다면 위법하다고 할 수 없다. 징계절차는 전체로서 하나의 절차로서 파악하여야 하고 그 절차의 정당성도 징계 과정 전부에 관하여 판단되어야 하고 진술서 등의 날인거부 하나만을 별도로 절차 위반의 하자로 다루는 것은 아니다.

- **조사기간**

내사한 경우는 특별한 규정은 없으나 감사원, 수사기관, 그 밖의 다른 기관 등으로부터 통보받은 행정기관의 장은 타당한 이유가 없으면 1개월 이내에 관할 징계위원회에 징계의결등을 요구하여야 한다(공무원징계령 제7조 제3항). 위 1개월도 훈시규정이므로 합리적 이유가 있으면 연장할 수 있다. 내사 사건의 경우에도 불안정한 지위를 계속하게 함은 공무원의 신분보장적 측면에서 바람직하지 않으므로 신속히 처리되어야 할 것이다.

(3) 징계조사 후 조치

징계조사자나 부서에서 징계조사결과 징계 혐의 사실이 인정되지 않을 경우에는 징계의결요구권자에게 징계의결 불요구 건의를 할 수 있다. 행정청의 내부적 행위로 달리 법문이 없더라도 가능하다 할 것이다. 조사결과 혐의사실은 인정되나 사안이 경미하거나 훈계정도의 조치로 충분하다고 판단할 경우 징계의결 불요구 또는 징계의결불요구와 동시에 경고나 주의 등을 조치하도록 건의할 수 있는가. 이것도 가능하다 할 것이다.

(4) 징계조사와 법적 문제

(가) 징계조사의 위법성 여부

① 광주지방법원 2021. 6. 10. 선고 2020구합12902 판결: 부인

원고는 해군상사로서 부대 근무중 병사들에게 사적심부름을 시키는 등의 비위행위로 감봉 1개월의 징계처분을 받고 항고하여 견책처분이 이루어졌다. 이 사건 부대는 소속 병사 9명을 상대로 근무시 간부들로부터 부당한 피해를 받은 적이 있는지 여부 등에 관하여 익명으로 설문조사를 실시하였고 그 결과 원고의 비행사실이 적발되었는데, 원고는 이 사건 징계절차는 원고에 대한 징계를 하겠다는 의도로 비행사실에 대한 조사가 이루어지는 등 공정하게 진행되지 못하였다고 주장하였다. 그러나

법원은 다음과 같은 사정들에 비추어 보면, 원고의 비행사실에 대한 조사 등이 공정하게 진행되지 않았다는 이유로 이 사건 징계절차가 위법하다고 보기는 어렵다고 판단하였다. i) 설문조사는 익명으로 이루어졌고, 설문조사의 내용도 병영부조리에 관한 일반적인 내용으로 특별히 원고를 염두에 두지 않았으며, 이 사건에서 설문조사를 실시하였던 것이 위법·부당하다고 볼만한 사정이 없다. ii) 징계권자는 소속 부하 또는 감독을 받는 군인의 비행사실을 발견한 경우 비행사실이 징계등 사유에 해당하는지 여부에 관하여 조사를 하여야 하므로, 위 설문조사에서 원고의 비행사실이 의심되는 사정이 확인된 이상 주임원사 등이 병사들을 상대로 원고의 비행사실 여부를 확인하는 것은 당연한 조치이고, 그러한 조치가 위법·부당한 것이라 보기 어렵다. iii) 증인은 이 법정에서 병사들이 작성한 진술서(사실확인서)와 관련하여 주임원사가 진술서(사실확인서)의 작성을 강요하지 않았고, 원고의 처벌을 원한다면 자세히 써달라는 이야기를 하였을 뿐 실제 작성하는 것에는 관여하지 않았다는 취지로 증언하였다.

② **대법원 2022. 7. 14. 선고 2022두33323 판결**

원고는 검찰공무원인데 검찰청에서 원고의 비위행위(성희롱, 우월적 지위·권한을 남용한 부당행위, 공용물의 사적 사용)에 관하여 자체 감찰을 실시한 후 모 검찰청 검사장은 원고에 대한 징계의결을 요구하였다. 대검찰청 보통징계위원회는 원고가 국가공무원법 제63조의 품위유지의무를 위반하였음을 이유로 해임의 징계를 의결하였고 이에 검찰총장은 해임처분을 하였다. 원고는 이건 해임처분취소소송에서 원고의 방어권을 침해하여 절차적인 위법이 있다고 주장하였다.

경위를 보면, 피고는 재판과정에서 감찰조사 과정에서 작성된 피해자 등의 진술서에 신원이 특정되는 것을 원하지 않는다는 피해자 등의 의사를 반영하는 차원에서, 개인의 신상정보에 관한 부분 및 피해자 등의 구체적인 진술이 드러나는 부분을 모두 삭제한 상태로 제출하였다. 원고는 비위사실별로 '추정'되는 피해자를 특정하면서, '추정 피해자'가 제출한 탄원서의 내용과 피고가 제출한 증거의 불일치나 증거관계의 미흡함을 들어 개별 비위사실에 대하여 다투었고, 위와 같이 혐의사실에 부합되지 않는 내용이 다수 확인되었고, 피해자 등의 진술과 상반되거나 과장된 내용이 확인되므로 이 사건 징계사실이 사실에 근거하여 확정되었다고 볼 수 없다고 주장하였다. 이에 법원은 석명을 통하여 '피고의 주장사실을 보완하는 내용과 상대방의 주장에 대응하는 논거를 구체적으로 정리한 준비서면을 제출하고, 필요한 경우 이에 관한 증거를 제출할 것'을 명하였다. 다시 피고는 피해자 등을 실명으로 특정하지 않더라도 원고의 방어권 보장에 문제없다는 취지로 답변하면서, 혹여나 있을지 모를 원고의 보복행위나 그에 대한 피해자 등의 두려움을 비롯한 2차 피해를 방지하기 위하여 피해자 등이 실명 등으로 특정되는 증거자료를 제출하지는 않겠다는 입장을 밝혔다. 원심은, 위와 같은 사정을 포함하여 이 사건 처분은 절차적 정당성이 결여되었을 뿐만 아니라, 실체법적으로도 그 징계사유에 대한 증명이 이루어졌다고 볼 수 없어 위법하여 취소되어야 한다고 판시하였다(서울고등법원 2022. 1. 13. 선고 2020누 52759 판결).

그러나 대법원은, "성비위행위의 경우 각 행위가 이루어진 상황에 따라 그 행위의 의미 및 피해자가 느끼는 불쾌감 등이 달라질 수 있으므로, 징계대상자의 방어권을 보장하기 위해서 각 행위의 일시, 장소, 상대방, 행위 유형 및 구체적 상황이 다른 행위들과 구별될 수 있을 정도로 특정되어야 함이 원칙이다. 그러나 각 징계혐의사실이 서로 구별될 수 있을 정도로 특정되어 있고, 징계대상자가 징계사유의 구체적인 내용과 피해자를 충분히 알 수 있다고 인정되는 경우에는 징계대상자에게 피해자의 '실명' 등 구체적인 인적사항이 공개되지 않는다고 하더라도, 그와 같은 사정만으로 징계대상자의 방어권 행사에 실질적인 지장이 초래된다고 볼 수 없다. 특히 성희롱 피해자의 경우 2차 피해 등의 우려가 있어 실명 등 구체적 인적사항 공개에 더욱 신중히 처리할 필요가 있다는 점에서 더욱 그러하다."며 원심을 파기, 환송하였다.

(나) 징계조사 불출석이 무조건 징계사유가 되는 것은 아니다

서울고법은 징계대상자가 조사위원회와 징계위원회에 불참했다는 이유로 징계를 하는 것은 부당하다며, 징계절차에 출석을 거부함으로써 자신의 방어권을 포기하는 것도 징계대상자의 권리라고 하였다. 판결문에서 "헌법이 보장하고 있는 형사절차에서의 진술거부권은 행정절차 등에서도 보장되며 이는 고문 등 폭행에 의한 강요는 물론 법률로써도 진술을 강요당하지 않을 것을 의미한다." "일반적으로 징계사유로 인정될 만한 비위 혐의를 받는 자라 하더라도 그에 대한 징계절차의 출석을 거부함으로써 자신의 방어권을 포기할 수 있는 권리를 갖는다." "징계 대상인 A씨가 이미 자신의 혐의에 대한 입장을 설명한 서면 자료를 제출한 만큼 이사회에 무조건 출석하도록 요구하는 것은 A씨의 인격적 자율권 내지 자기 결정권을 합리적 이유 없이

침해한다고 볼 여지가 충분하다"며 A씨가 이사회 출석 요구에 불응한 것은 징계사
유로 삼을 수 없다 고 판시하였다(서울고등법원 2014. 12. 11. 선고 2014누52574 판결).
이 사건을 보면, 루터교학원 이사회는 A씨가 총장대행 시절 저지른 비위행위를 파악
하기 위해 조사위원회를 구성해 A씨로부터 서면 답변을 제출받았다. 이사회는 징계
심의를 위해 A씨에게 조사위와 이사회 출석을 요구했으나 A씨가 거듭 불응하자 "이
사회에 출석하라는 이사회와 이사장, 총장의 지시에 불응했다며 감봉 1월의 징계 처
분을 내렸다. 이후 A씨는 교원소청심사위에 소청심사를 청구해 감봉처분 취소 결정
을 받았고, 이에 불복한 학원 측은 법원에 소송을 냈다. 1심은 "A씨에게 진술거부권
이 인정되지만 자신에게 불리한 진술을 물어볼 것에 대비해 학교 측의 '정당한 출석
지시' 자체를 거부할 수 있는 권리까지 포함된다고 볼 수 없다며 원고승소 판결을
내렸으나 항소심에서 1심을 취소하고 확정된 건이다. 그러나 이건은 무조건적인 조
사위원회 출석을 거부한 것이 아니라 서면 답변을 제출한 경우라 사안에 따라 획일
적으로 적용하기는 어렵다.

　참고로 감사절차에 관한 관계 법령의 규정 내용, 형식 및 입법 취지 등을 고려할
때, 감사대상공무원은 감사활동 수행자 등의 감사활동에 협조할 의무를 부담하며 소
속 공무원이 이러한 법령상 의무를 거부한 경우에는 징계사유에 해당한다(대법원
2015. 9. 10. 선고 2013추517 판결). 마찬가지로 근로자도 근로계약에 부수하는 신의칙
상 의무로서 근로관계에서 발생한 위법행위 여부 등에 관한 사용자의 조사에 협조할
의무를 부담한다(대법원 2021. 11. 25. 선고 2019두30270 판결). 징계를 위한 감사조사
등에 합리적 이유 없이 불출석함은 징계사유가 될 수 있다.

(다) 참고인 조사에서 서명·날인이 없어 진정성립이 인정되지 않는 참고인 진술청 취를 근거로 징계절차에 나간 경우

　진정성립의 인정근거가 될 수 있는 당사자의 서명·날인 등이 없는 문서를 근거로
징계절차를 진행하였고, 보안교육을 함께 들었던 목격자가 충분히 있음에도 참고인
들에 대하여 충분한 조사를 하지 않는 등 실체적 진실 발견을 위하여 노력해야 하는
공무원의 법규상, 조리상 의무에 위배하여 원고의 방어권을 침해한 절차적 위법이
있다는 원고 주장에 대해 법원은, 이 사건 <u>징계절차는 형사사건이 아닌 군 내부의
징계사건으로서 형사소송법 또는 군사법원법상 증거능력에 관한 규정이 적용되지</u>

<u>않으므로, 참고인 진술 청취보고에 진술자의 서명, 날인이 없다고 하여 이를 기초로 징계절차에 나아간 것이 위법하다고 볼 수는 없다.</u> 또한 피고는 이 사건 징계처분에 앞서 신고자 3명을 조사한 후 당시 교육을 받았던 훈련병 중 피해자와 특별한 친분 관계가 없는 4명의 훈련병을 무작위로 선정하여 그 진술을 청취하고, 훈련병들뿐만 아니라 징계대상사실 보고를 받은 소대장, 중대장 및 B사단 신병교육대대 지휘관인 G 등 간부들의 진술도 청취한 후 징계절차에 나아갔으므로, 참고인들에 대하여 충분한 조사 없이 이 사건 징계처분을 하였다고 볼 수도 없다. 이 부분 원고 주장은 이유 없다(의정부지방법원 2022. 5. 12. 선고 2021구합11437 판결).

다. 징계의결요구

(1) 개관

공무원징계령 제7조 제6항: 제1항·제3항 및 제5항에 따라 징계의결등을 요구할 때에는 징계등 사유에 대한 충분한 조사를 한 후에 그 증명에 필요한 다음 각 호의 관계 자료를 첨부하여 관할 징계위원회에 제출하여야 하고, 중징계 또는 경징계로 구분하여 요구하여야 한다. 다만, 「감사원법」 제32조제1항 및 제10항에 따라 감사원장이 「국가공무원법」 제79조에서 정한 징계의 종류를 구체적으로 지정하여 징계요구를 한 경우에는 해당 징계의 종류를 기재하여야 한다.

여기서 "공무원 징계의결등 요구서를 관할 징계위원회에 제출하여야 한다"의 의미는 징계의결등 요구 의사표시의 효력발생시기가 관할 징계위원회에 징계의결요구서가 접수된 때라는 것이고, 징계시효기간의 계산은 관할 징계위원회에 제출된 날로부터 역산하여야 한다.

(2) 첨부서류

(가) 법령상 요구되는 서류

1. 별지 제1호 서식의 공무원 징계의결등 요구서

2. 공무원 인사 및 성과 기록 출력물

3. 다음 각 목의 사항에 대해 총리령으로 정하는 확인서

　　가. 비위행위 유형

　　나. 징계등 혐의자의 공적(功績) 등에 관한 사항

　　다. 그 밖에 인사혁신처장이 징계의결등 요구를 위해 필요하다고 인정하는 사항

4. 혐의 내용을 증명할 수 있는 공문서 등 관계 증거자료

5. 혐의 내용에 대한 조사기록 또는 수사기록(영 제7조제2항)

- 자체조사건: 자체조사결과보고서, 혐의자 및 관련자에 대한 문답서, 자인서 또는 확인서

- 수사기관 통보건: 공무원 범죄처분 결과통보서, 공소장, 혐의자 · 관련자 · 관계증인에 대한 신문조서 및 진술서 등 수사기록[80]

- 그 밖에 다른 기관 통보: 징계혐의사실통보서 및 혐의사실을 입증할 수 있는 관계자료

6. 관련자에 대한 조치사항 및 그에 대한 증거자료

7. 관계 법규, 지시문서 등의 발췌문

8. 징계등 사유가 다음 각 목의 어느 하나에 해당하는 경우에는 전문가가 작성한 별지 제1호의3서식의 전문가 의견서

　　가. 「성폭력범죄의 처벌 등에 관한 특례법」 제2조에 따른 성폭력범죄

　　나. 「양성평등기본법」 제3조제2호에 따른 성희롱

(나) 성관련 외부 전문가 참여

- 징계등 사유가 성폭력범죄 또는 성희롱일 경우 징계의결 요구시에는 피해자의 피해 상태 등을 반영한 성관련 외부전문가의 의견서를 첨부하여야 한다(영 제7조제6항).

---

80) 위 규정에도 불구하고 수사기관은 범죄처분 결과통보서만 송부함이 일반적이다. 그러다보니 징계의결요구권자나 징계위원회에서 범죄사실의 개요만 파악할 수 있을뿐 비위사실에 대한 증거관계를 자세히 살펴볼 수 없는 한계가 있다. 실무에서는 대상자를 징계위원회에 출석시킨 후 질문함으로써 그 경위를 파악하고 있으나 미흡한 면이 있다. 징계요구기관의 장이나 징계위원회에서는 혐의자와 관계되는 증거자료에 대한 열람 또는 확인을 의뢰할 필요가 있으며 이에 대해 수사기관은 개인정보보호를 침해하지 않는 범위에서 적극 협조하여야 할 것이다. 대법원 1984. 4. 10. 선고 82누511 판결에서 '원고에 대한 파면처분의 취소청구사건에서 원심이 인용한 을 제4호증은 원고가 이 사건 비위사실과 같은 공소사실로 1심에서 유죄판결을 받은 내용에 불과하므로 같은 사유로 인한 징계처분의 당부를 다투는 이 사건에서는 <u>그 기초가 되는 증거관계를 살펴봄이 없이 만연히 위 형사판결의 내용만에 의하여 비위사실을 인정할 수는 없다고 할 것이다.</u>'라고 한 바 있다. 이 사건은 원고의 비위사실을 인정할 만한 자료가 없는 가운데 관련인의 진술이 엇갈린 경우로 증거를 소상히 밝힐 필요가 있다는 것이었다.

• 대상: 「성폭력범죄의 처벌 등에 관한 특례법」 제2조에 따른 성폭력범죄 및 「양성평등기본법」 제3조제2호에 따른 성희롱

• 성관련 전문가: 정신건강의학과의사, 심리학자, 사회복지학자 또는 그 밖의 관련 전문가

• 성폭력 및 성희롱 징계사건에서 해당 피해자가 관련 사건에 대한 진술을 거부할 경우에도 이와는 별도로 성관련 외부전문가 의견서는 반드시 첨부하여야 한다.

(다) 위 제3호의 확인서 기재 방법

1) 비위유형: 감경제외 대상인지 여부(시행규칙 제4조제2항)

① 금품관련 비위 해당여부 ② 성폭력·성매매·성희롱 비위 해당여부 ③ 음주운전 비위 해당여부 ④ 「공직자윤리법」 위반 여부

2) 징계부가금 해당여부

3) 감경대상 공적 유무 및 감경대상 비위 해당여부 등(시행규칙 제3조의2, 제4조제1항 및 제3항)

① 감경대상 공적

② 성실·능동적 업무처리과정에서의 과실로 인한 비위 해당여부

4) 혐의자의 평소 행실

5) 그 밖의 사항 기재

(라) 기타 유의할 점

증거자료의 구비를 소홀히 하거나 자료의 불완전 또는 불충분으로 인해 혐의사실의 심리에 지장이 없도록 위 법령상 첨부자료 외에도 필요하다면 충분한 증빙자료를 첨부하도록 하여야 한다.

(3) 우선심사신청

(가) 제도

징계의결등 요구권자는 신속한 징계절차 진행이 필요하다고 판단되는 징계등 사건에 대하여 관할 징계위원회에 우선심사(다른 징계등 사건에 우선하여 심사하는 것)를 신청할 수 있다(영 제11조의3).

(나) 대상

① 징계의결등 요구권자는 정년(계급정년을 포함한다)이나 근무기간 만료 등으로 징계등 혐의자의 퇴직 예정일이 2개월 이내에 있는 징계등 사건에 대해서 신속한 징계절차 진행이 필요하다고 판단한 경우

② 징계등 혐의자가 혐의사실을 모두 인정하고 우선심사를 신청한 경우

(다) 절차

1) 우선심사 신청서 교부:「공무원징계령」제7조제7항에 의거 징계의결등 요구권자가 징계의결등 요구서 사본을 혐의자에게 송부할 경우에는「공무원징계령 시행규칙」별지 제2호서식의 우선심사 신청서를 함께 교부.

2) 우선심사 신청: 징계의결등 요구권자 또는 징계등 혐의자는 관할 징계위원회에 우선심사 신청.

3) 우선심사 여부 결정: 우선심사 신청서를 접수한 징계위원회는 특별한 사유가 없으면 해당 징계등 사건을 우선심사해야 한다. 다만 징계위원회에서 우선심사가 부적당한 사안이라고 결정할 경우에는 신청자(요구권자 또는 혐의자)에게 통보하고 당초 접수순에 따라 심사함.

(4) 다른 기관 통보건에 대한 처리

• 영 제7조제2항에 규정된 감사원, 수사기관, 그 밖의 다른 기관으로부터 징계등 사유를 통보받은 행정기관의 장은 타당한 이유가 없으면 1개월 이내에 관할 징계위원회에 징계의결등을 요구하여야 한다(영제7조제3항).

• 감사원, 수사기관, 그 밖의 다른 기관으로부터 징계등 사유를 통보받아 징계의결등을 요구한 기관의 장은 위 징계등 사유를 통보한 행정기관의 장에게 해당 사건의 처리 결과를 통보하여야 한다(영제7조제4항).

(5) 징계의결요구시 실무상 체크사항

징계의결등을 요구할 때에는 징계등 사유에 대한 충분한 조사를 한 후에 그 증명에 필요한 다음 각 호의 관계 자료를 첨부하여 관할 징계위원회에 제출하여야 한다(공무원징계령 제7조제6항본문). 따라서 실무자는 아래의 자료가 제대로 구비되었는지

철저히 점검하여야 한다.[81] 예컨대 감경사유로 작용하는 공적확인서를 제출하지 않은

---

81) 인사혁신처 발간, 2022 징계업무편람, 104 – 105쪽에 상세하여 그대로 옮긴다.
  (1) 비위유형: 감경제외 대상인지 여부(시행규칙 제4조제2항)
    ① 금품관련 비위 해당여부(법 제78조의2제1항 각 호의 어느 하나에 해당하는지 여부)
    ② 성폭력·성매매·성희롱 비위 해당여부
      • 「성폭력범죄의 처벌 등에 관한 특례법」 제2조에 따른 성폭력범죄
      • 「성매매알선 등 행위의 처벌에 관한 법률」 제2조제1항제1호에 따른 성매매
      • 「양성평등기본법」 제3조제2호에 따른 성희롱
    ③ 음주운전 비위 해당여부
      • 「도로교통법」 제44조제1항에 따른 음주운전 또는 같은 조 제2항에 따른 음주측정
  에 대한 불응
    ④ 「공직자윤리법」 제8조의2제1항제4호 또는 제22조에 따라 등록의무자에 대하여 재
      산등록 및 주식의 매각·신탁과 관련한 의무 위반 등으로 징계의결이 요구된 경우
      인지 여부
  (2) 징계부가금 해당여부
    • 징계부가금 부과 대상여부 및 형사관계 및 변상책임 이행상황
  (3) 감경대상 공적 유무 및 감경대상 비위 해당여부 등(시행규칙 제3조의2, 제4조 제1항
      및 제3항)
    ① 감경대상 공적
      • 「상훈법」에 따른 훈장 또는 포장을 받은 공적
      • 「정부표창규정」에 따라 국무총리 이상의 표창(공적에 대한 표창만 해당)을 받은 공
        적. 다만, 비위행위 당시 「공무원징계령」 제2조제2항제3호 각 목에 따른 공무원은
        중앙행정기관장인 청장(차관급 상당 기관장을 포함) 이상의 표창을 받은 공적
      • 「모범공무원규정」에 따라 모범공무원으로 선발된 공적
      ※ 이 경우 상장 또는 감사장은 제외됨에 유의
    ② 성실·능동적 업무처리과정에서의 과실로 인한 비위 해당여부
      • 국가적으로 이익이 되고 국민생활에 편익을 주는 정책 또는 소관 법령의 입법목
        적을 달성하기 위하여 필수적인 정책 등을 수립·집행하거나, 정책목표의 달성을
        위하여 업무처리 절차·방식을 창의적으로 개선하는 등 성실하고 능동적으로 업
        무를 처리하는 과정에서 발생한 것으로 인정되는 경우
      • 국가의 이익이나 국민생활에 큰 피해가 예견되어 이를 방지하기 위하여 정책을
        적극적으로 수립·집행하는 과정에서 발생한 것으로서 정책을 수립·집행할 당시
        의 여건 또는 그 밖의 사회통념에 비추어 적법하게 처리될 것이라고 기대하기가
        극히 곤란했던 것으로 인정되는 경우
      ※ 각 호 모두 해당하는 경우 고의 또는 중과실에 의하지 않은 것으로 추정함.
      1. 징계등 혐의자와 비위 관련 직무 사이에 사적인 이해관계가 없을 것
      2. 대상 업무를 처리하면서 중대한 절차상의 하자가 없었을 것
    ③ 직무와 관련이 없는 사고로 인한 비위 해당여부
      • 감경 제외 대상이 아닌 비위 중 직무와 관련이 없는 사고로 인한 비위로서 사회통
        념에 비추어 공무원의 품위를 손상하지 아니하였다고 인정되는 경우
  (4) 혐의자의 평소 행실

경우 절차적 위법사유가 될 수 있다.

---

1. 별지 제1호 서식의 공무원 징계의결등 요구서

2. 공무원 인사 및 성과 기록 출력물

3. 다음 각 목의 사항에 대해 총리령으로 정하는 확인서

가. 비위행위 유형

나. 징계등 혐의자의 공적(功績) 등에 관한 사항

다. 그 밖에 인사혁신처장이 징계의결등 요구를 위해 필요하다고 인정하는 사항

4. 혐의 내용을 증명할 수 있는 공문서 등 관계 증거자료

5. 혐의 내용에 대한 조사기록 또는 수사기록

6. 관련자에 대한 조치사항 및 그에 대한 증거자료

7. 관계 법규, 지시문서 등의 발췌문

8. 징계등 사유가 다음 각 목의 어느 하나에 해당하는 경우에는 정신건강의학과의사, 심리학자, 사회복지학자 또는 그 밖의 관련 전문가가 작성한 별지 제1호의3서식의 전문가 의견서

가. 「성폭력범죄의 처벌 등에 관한 특례법」 제2조에 따른 성폭력범죄

나. 「양성평등기본법」 제3조제2호에 따른 성희롱

라. 징계의결요구서

(1) 의결서의 기재내용

● **공무원징계령 [별지 제1호 서식] 공무원 징계의결 또는 징계부가금 부과 의결 요구서**

1. 인적 사항

2. 징계 사유

3. 징계의결 또는 징계부가금 부과 의결 요구권자의 의견

  ● 주의·경고 횟수, 직무수행 태도 등을 구체적으로 기재

 (5) 그 밖의 사항 기재

  ● 규제개혁이나 국정과제의 추진과정에서 발생한 비위 해당여부

  ● 퇴직 예정일(정년, 계급정년, 근무기간 만료 등)

  ● 그 밖의 정상 참작사항

(2) 기재시 유의사항

징계사유는 6하 원칙에 의거 비위사실을 구체적으로 기술하되 징계대상자가 2인 이상인 경우 각 혐의자별로 징계사유를 구분하여 작성한다.

(3) 징계요구권자의 의견 기재 요령(영 제7조 및 시행규칙 제7조)

• 징계의결등 요구권자가 징계의결등 요구서에 의견을 적을 때에는 요구하는 징계의 종류를 중징계 또는 경징계로 구분하여 적고, 징계부가금의 배수(倍數)를 적어야 한다. 다만, 「감사원법」 제32조제1항 및 제10항에 따라 감사원장이 「국가공무원법」 제79조에서 정한 징계의 종류를 구체적으로 지정하여 징계요구를 한 경우에는 해당 징계의 종류를 구체적으로 기재하여야 한다(영 제7조제6항).

• 징계위원회가 징계등 사건을 의결할 때에 참고할 수 있도록 공무원 징계의결등 요구서에 별표 2에 따른 업무의 성질에 따른 업무 관련도, 징계 등 혐의자의 혐의 당시 직급, 비위행위가 공직 내외에 미치는 영향, 수사 중 공무원 신분을 감추거나 속인 정황, 평소 행실, 뉘우치는 정도, 규제개혁 및 국정과제 등 관련 업무 처리의 적극성 또는 그 밖의 정상을 구체적으로 밝히고 관계 증거자료를 첨부해야 한다.

• 징계 감경 사유에 해당된다고 인정하는 경우에는 이를 증명하는 관련 자료를 첨부하여 징계의 감경의결을 요청할 수 있다.

(4) 혐의자에 대한 송부

• 징계의결등 요구권자는 징계의결등을 요구하면서 동시에 제6항의 공무원 징계의결등 요구서 사본을 징계등 혐의자에게 송부하여야 한다. 다만, 징계등 혐의자가 그 수령을 거부하는 경우에는 그러하지 아니하다(영 제7조제7항).

• 위 규정의 취지 및 기재 범위: 징계혐의자로 하여금 어떠한 사유로 징계에 회부되었는가를 사전에 알게 함으로써 징계위원회에서 그에 대한 방어준비를 하게 하려는 데에 있고, 징계의결요구서와 함께 징계대상자에게 송부되는 징계사유 설명서 등에 기재한 징계혐의사실은 그 내용이 상세하고 구체적이지 않다고 하더라도 징계대상자가 언제, 어디서, 어떻게 징계사유에 해당하는 행위를 하였는지를 알 수 있는 정도로 특정이 가능하여 징계혐의자가 징계위원회에서 방어권을 행사하는 데에 지

장이 없을 정도이어야 할 것이다.

• 참고로 어느 정도로 기재하여야 하는지: 부산지방법원 2010. 6. 18. 선고 2010구합1195 판결에서, 지방검찰청 직원A가 성실의무, 친절의무 등 위반으로 징계의결 요구된 사안에서, 징계사유 중 아래 내용은 비위행위의 일시·장소가 구체적으로 적시되어 있지 아니할뿐더러 특정이 불가능한 불가피한 사정이 있다고 보이지 않으므로, 이러한 사유들은 적법한 징계사유가 될 수 없다고 보았다. ① 혐의자는 2008. 6. 9.부터 2009. 2. 4.경까지 위 공판과에서 보석 및 구속적부심 업무를 맡아 근무하면서 평소 업무시간 중 음악을 틀어놓고 인터넷이나 성경책을 보거나 목사의 설교를 듣거나 자주 이석을 하는 등으로 동료직원들의 근무 분위기를 저해하고 또한 동료직원들의 휴가 또는 부재 중 업무대행 관련하여 다른 직원들의 업무를 기피하는 등으로 업무에 불성실한 사실이 있다. ② 위 ①항의 기간 동안 위 공판과에서 여자선배를 대할 때에는 여동생을 대하듯 무시하고, 계장, 과장과 대화를 나눌 때에는 한 쪽 주머니에 손을 넣고 대화를 나누는 등 예의에 벗어난 행동을 수시로 하여 왔고, 민원인들과 대화를 나눌 때에는 "그것도 모르냐"는 등으로 무시하는 말투로 인해 민원인들의 원성을 야기시켜 왔으며, 법원 직원들과 업무상 통화시에는 강압적이고 무시하는 말투로 자주 언성을 높이고 싸운 적이 있는 등으로 평소 부적절한 언행을 일삼아 왔던 사실이 있다. ③ 2008. 11. 일자불상경 병원진료 또는 은행거래를 위해 무단으로 수회 자리를 비웠다가 소속 담당과장 C로부터 장시간 무단외출을 이유로 1회 경고를 받았던 사실이 있다. ⑧ 2009. 2. 4.부터 현재까지 위 석방지연 사유로 공판과에서 수사지원과로 전보된 후 'ㅇㅇ교회'라는 신흥종교에 심취하여 사무실에서는 대부분 일과시간을 성경공부로 보내는 등으로 동료직원들의 근무분위기를 저해함은 물론 특히, 인터넷 네이버 토론실에 종교관련 글을 게재하였다가 이를 삭제한 운영자와 전화로 다투는 등 업무에 불성실한 사실이 있다.

• 공무원징계의결요구서 사본의 송부 없이 진행된 징계절차의 효력: 공무원징계령 제7조 제7항에 의하면 징계의결요구권자는 징계위원회에 징계의결을 요구함과 동시에 징계사유와 요구하는 징계종류 등을 기재한 공무원징계의결요구서 사본을 징계혐의자에게 송부하도록 되어 있는바, 이 규정의 취지는 징계혐의자로 하여금 어떠한 사유로 징계에 회부되었는가를 사전에 알게 함으로써 징계위원회에서 그에 대한 방어

준비를 하게 하려는 것으로 징계위원회에 출석하여 진술할 수 있는 권리와 함께 징계혐의자의 방어권 보장을 위한 주요규정으로서 강행규정이므로 징계의결요구서 사본의 송부 없이 진행된 징계절차는 징계혐의자의 방어권 준비 및 행사에 지장이 없었다거나 징계혐의자가 이의 없이 징계위원회에 출석하여 변명하였다는 등의 특단의 사정이 인정되지 않는 이상 위법하다(대법원 1993. 6. 25. 선고 92누17426 판결).[82]

징계의결요구서의 사본의 송부와 징계처분장의 교부는 다르다. 징계의결요구는 처분이 아니므로 독자적 행정소송의 대상이 되지 않으나, 징계처분은 처분이므로 그 경우 행정절차법 제24조 제1항에 의하여 문서로 하여야 한다. 따라서 징계의결요구서 사본의 송부는 절차적 하자 관점에서 검토되고 방어권 준비 및 행사에 지장이 없었다거나 이의 없이 징계위원회에 출석하여 변명하였다는 사정이 있으면 위법성이

---

82) 그러나 위 판결의 결론은 방어권행사에 지장이 없어 위법하지 않다는 원심을 수긍한 것이다. 원심은, 피고가 위 규정에 의한 징계의결요구서 사본을 원고에게 송부하지 않은 사실을 인정하면서도, 원고가 징계위원회 개최일 이전에 이미 징계혐의사실 중 일부 비위사실과 같은 내용의 범죄사실로 구속기소되어 공소장부본을 수령하였으며, 기소되었음을 이유로 한 직위해제처분을 받았고 그 사유설명서도 수령하였으며 징계혐의사실 모두를 시인하는 취지의 경위서를 피고에게 제출한 사실 등을 인정할 수 있으므로 원고로서는 징계위원회 개최 전에 이미 징계혐의사실을 잘 알고 있어서 징계의결요구서 사본을 송달받지 않았다 하더라도 그로 인하여 방어권행사에 조금이라도 지장을 받았다고 보아지지 아니하므로 이 사건 징계처분을 취소할 만한 절차상의 위법이 있다 할 수 없고, 구 국가공무원법 제14조 제5항(1991.5.31.법률 제4384호로 삭제되기 전의 것)의 규정취지에 비추어 이러한 절차상의 하자는 징계처분을 취소할 만한 위법이 될 수 없다고 판시하였다. 기록에 의하여 원심이 채택한 증거관계를 살펴보면 원심의 위와 같은 사실인정은 수긍이 가는 바, 이와 같은 사실관계라면 원고에게는 징계절차에 있어서 방어권 준비 및 행사에 지장이 없었다는 특단의 사정이 인정된다 하겠으므로 이 사건 징계처분을 취소할 만한 절차상의 위법이 있다고 할 수 없다고 한 원심의 판단은 정당하다.
같은 취지의 수원지방법원 2017. 4. 4. 선고 2016구합67456 판결은 다음과 같다.
피고가 징계위원회에 원고에 대한 징계의결을 요구하면서 동시에 징계의결 등 요구서의 사본을 원고에게 송부하지 않은 사실은 피고가 자인하고 있다. 그러나 공무원징계령 제7조 제7항에 위반하여 징계의결 등 요구서 사본의 송부 없이 징계절차가 진행되었다고 하더라도 그로 인하여 징계혐의자의 방어권 준비 및 행사에 지장이 없었다거나 징계혐의자가 이의 없이 징계위원회에 출석하여 변명하였다는 등의 특단의 사정이 인정된다면 그 징계절차상의 하자가 있다고 할 수 없는바(위 92누17426 판결 참조), 원고는 2016. 3. 4. 제51보병사단 법무부에서 이 사건 징계사유와 관련하여 조사를 받은 사실, 제51보병사단 징계위원회 위원장은 2016. 3. 9. 원고에게 출석통지를 하면서 출석사유로 이 사건 징계사유를 기재한 사실, 원고는 별다른 이의 없이 징계위원회에 출석하여 변명을 한 사실을 인정할 수 있으므로, 비록 피고가 원고에게 징계의결 등 요구서 사본을 송부하지 않았다고 하더라도 원고의 방어권 준비 및 행사에는 아무런 지장이 없었던 것으로 보인다.

없는 것으로 보는 것이다.

(5) 징계의결요구서 기재의 오류

징계조사내용과 일치하지 않거나 심지어 상반된 내용으로 징계의결요구서를 기재하거나 또는 이의 수정을 요구하여 수정된 징계의결요구서가 작성되었음에도 착오로 그전 징계의결요구서를 징계위원회에 제출한 경우 등에서 징계절차의 효력이 문제될 수 있다. 징계절차의 적법성이란 기준에서 그 범위를 현저히 벗어나 징계의결에 영향을 줄 정도였다면 절차적 하자로 다툴 수 있을 것이다.

이에 대한 판결은 흔치 않으나, 징계의결요구서에 적용법령을 잘못 기재하여 개정전 규정에 따라 처분을 한 경우 위법한지 여부가 다루어진 사안이 있다. 원고는 충북 영동군 청원경찰에 임용된 후 영동군 상수도사업소에서 근무하면서, 수도사용자들의 사용료 납부 편의 등을 위하여 개설된 영동군 상수도사업소 명의의 계좌를 관리하면서 사용자들이 위 계좌에 사용료를 입금하면 이를 출금하고 납부고지서를 재발행하여 대신 납부해주는 업무를 담당하며 일정금액을 횡령하였고 이에 지방공무원법 제69조 제1항 제1호를 적용하여 원고를 파면에 처하는 처분을 하였다가, 시간이 상당히 경과한 후 원고에게 이 사건 처분의 적용규정을 '지방공무원법 제69조 제1항 제1호'에서 '청원경찰법 제5조의2 제1항 제1호'로 변경한다는 내용을 통지하였다. 이에 원고는 피고는 청원경찰법 제5조의2, 청원경찰법 시행령 제8조, 개정된 영동군 청원경찰 징계 규정 및 위 규정이 준용하는 청원군 지방공무원징계양정에 관한 규칙에 따라 파면, 해임, 정직, 감봉, 견책의 5단계 징계기준을 적용하여야 했음에도 공금횡령에 관하여 그 비위의 정도, 과실 여부와 관계없이 필요적으로 파면하도록 한 개정 전 규정에 따라 이 사건 처분을 하였는바, 이 사건 처분은 징계양정 과정에서 고려하여야 할 요소를 누락한 상태에서 이루어진 것이므로 위법하다고 주장하였다. 법원은 ① 비록 피고가 구 징계 규정을 첨부하여 원고에 대한 징계의결을 요구하였더라도, 영동군 인사위원회는 원고에 대하여 영동군 지방공무원 징계양정에 관한 규칙 제2조 및 [별표 1]을 적용하여 파면처분을 의결한 것으로 보이고, 이는 원고에게 적용되는 이 사건 징계 규정 제4조에 따른 것으로서 적법한 것인 점, ② 이 사건 징계 규정이 준용하는 지방공무원 징계 및 소청 규정 제2조 제6항에 의하면 행정기관의 장은 인사위원회에 중징계 또는 경징계로 구분하여 징계요구를 하는 것이 원칙이나, 감사원장이 징계의 종류를 구체적으로 지정하여 징계요구를 한 경우에는 예외로 하고 있으므로, 피고가 인사위원회에 원고에 대한 파면처분의 의결을 요구한 것에 어떠한 위법이 있다고 할 수 없는 점, ③ 아래에서 보는 바와 같이 이 사건 처분은 피고의 징계재량권의 범위에서 이루어진 것으로 인정되는 점 등을 고려할 때, 이 사건 처분이 근거 규정을 잘못 적용함으로써 징계양정 과정에서 고려하여야 할 요소를 누락한 상태에서 이루어진 것이라고는 보이지 않으므로, 원고의 이 부분 주장은 이유 없다고 판단하였다(청주지방법원 2012. 12. 6. 선고 2012구합1407 판결).

마. 징계의결요구절차의 중단

(1) 감사원에서의 조사

소속 기관의 장은 감사원으로부터 소속공무원에 대한 조사개시통보를 받은 날로부터 징계의결의 요구, 그 밖의 징계절차를 진행하지 못한다(법 제83조제1항).

(2) 검찰 · 경찰 기타 수사기관에서의 수사

수사기관으로부터 소속공무원에 대한 수사개시통보를 받으면 징계의결의 요구, 기타 징계절차를 진행하지 아니할 수 있다(법 제83조제2항).[83] 감사원으로부터 조사개시통보를 받은 경우 징계절차를 중단하여야 하는 것과는 다른 점이다.

(3) 중앙행정기관의 자체조사

중앙행정기관등의 장으로부터 특정사건에 대한 조사 개시의 통보를 받은 기관 · 단체의 장은 감사가 진행 중인 특정사건에 대하여는 조사 개시의 통보를 받은 날부터 징계 또는 문책 절차를 진행하지 못한다(공공감사에 관한 법률 제24조제2항). 중앙

---

[83] 국가정보원직원법 제28조는 징계에 회부하여야 할 사건이 형사사건으로 수사 중인 경우에는 그 사건에 대하여 제23조제3항에 따른 수사 시작의 통보를 받은 날부터 징계의결 요구나 그 밖의 징계 절차를 진행하지 아니할 수 있다. 한편 구 중앙정보부직원법[법률 제1511호, 시행 1963. 12. 17.] 제42조는 징계에 회부하여야 할 사건이 형사사건으로 수사 중인 때에는 그 사건에 대하여 징계절차를 진행하지 못한다. 군인사법 제59조의3 제3항은 군검찰, 군사법경찰관, 그 밖에 수사기관이 수사 중인 사건에 대하여는 제1항에 따른 수사 개시 통보를 받은 날부터 징계의결등의 요구나 그 밖의 징계처분 절차를 진행하지 아니할 수 있다.

행정기관등의 장은 특정사건에 대한 조사를 개시한 때와 이를 종료한 때에는 10일 이내에 자체감사 대상기관의 장에게 그 사실을 통보하여야 한다(제1항).

(4) 감사원, 검찰·경찰, 그 밖의 수사기관의 통보의무

• 감사원과 검찰·경찰, 그 밖의 수사기관은 조사나 수사를 시작한 때와 이를 마친 때에는 10일 내에 소속 기관의 장에게 그 사실을 통보하여야 한다(법 제83조 제3항).

• 행정기관의 장(징계의결 요구권자)은 감사원과 검찰·경찰, 그 밖의 수사기관으로부터 조사나 수사개시 통보를 받으면 지체 없이 징계의결의 요구나 그 밖에 징계절차의 진행 여부를 결정하여야 한다(영 제8조의2 제1항 전문). 다만 검찰·경찰, 그 밖의 수사기관으로부터 수사개시 통보를 받은 경우 징계 절차를 진행하지 아니할 수 있으며(법 제83조 제2항), 이처럼 그 절차를 진행하지 않기로 한때는 이를 징계등 혐의자에게 통보해야 한다(영 제8조의2 제1항 후문).

바. 징계의결요구의 철회

• 징계의결등 요구는 아무런 하자 없이 적법하게 접수되었으나 그 후 발생된 사정으로 징계의결등 요구권자가 징계의결 전에 징계위원회에 대하여 징계의결등 요구의 효력을 소멸시키는 의사표시를 말한다.

• 징계의결등 요구권자가 소속 공무원에 대하여 징계의결등 요구를 하였다가 이를 철회한 경우에도 징계사유가 인정되는 한 다시 징계의결 요구할 수 있다.

• 징계의결등 요구중인 공무원에게 새로운 비위사실이 드러났을 경우 또는 징계사유가 변동되었을 경우에 징계의결등 요구권자는 징계의결등 요구서를 철회한 다음 다시 징계의결등을 요구할 수 있다. 징계권자가 경찰관에 대하여 징계요구를 하였다가 이를 철회하고 다시 징계요구를 하여 파면결의를 한 경우 경찰공무원징계령에 이를 금지한 조문이 없으므로 그 징계절차는 적법하다(대법원 1980. 5. 13. 선고 79누388 판결).

• 징계의결등 요구가 징계위원회에 접수된 이후 사정에 의해 의결요구의 효력을 소멸시키는 행위이므로 징계의결을 처음부터 보류하는 절차와는 다르다.

사. 징계의결요구와 징계위원회의 관계

(1) 우선심사 신청

"징계의결등 요구권자가 신속한 징계절차 진행이 필요하다고 판단하거나 징계혐의자의 퇴직 예정일이 임박하여(2개월 이내) 우선심사를 신청한 경우" 또는 "징계등혐의자가 혐의사실을 모두 인정하고 우선심사를 신청한 경우"에는 징계위원회에서 다른 징계등 사건에 우선하여 심사할 수 있는 하도록 하고 있다(영 제11조의3). 이 제도는 징계등 혐의자의 불안정한 지위를 조기 해소하고 징계운영의 효율성을 높이고자 도입하였다.

우선심사를 신청하려는 자는 「공무원징계령 시행규칙」 별지 서식의 우선심사 신청서를 관할 징계위원회에 제출해야 한다(제4항). 우선심사 신청서를 접수한 징계위원회는 특별한 사유가 없으면 해당 징계등 사건을 우선심사해야 한다(제5항). 징계위원회에서 우선심사가 부적당한 사안이라고 결정할 경우에는 신청자(요구권자 또는 혐의자)에게 통보하고 당초 접수순에 따라 심사하면 된다.

(2) 징계위원회의 반려

징계의결등 요구권자로부터 접수한 징계의결요구가 요건불비 등의 이유가 있을 때 징계위원회는 직권으로 징계의결요구를 반려할 수 있고 이로 인해 징계의결요구의 효력은 소멸된다. 반려사유로는 ① 해당 징계위원회의 관할이 아닌 경우, ② 징계대상이 아닌 자에 대해 징계등을 요구한 경우, ③ 새로이 중요한 증거가 발견되어 징계의결등이 불필요하게 된 경우, ④ 징계등 요건이 명확히 불비 되어 징계심리가 곤란하다고 인정되는 경우 등을 들 수 있다. 징계위원회의 반려는 반드시 징계위원회를 개최하여 결절할 필요 없이 위원회의 간사가 결정할 수 있다고 본다.

(3) 징계위원회는 징계의결 요구된 징계사유만을 심리대상으로 하는지

원칙적으로 징계위원회는 징계의결 요구권자에 의하여 징계의결이 요구된 징계사유가 아닌 사유를 들어 징계의결 할 수 없다. 이책 징계위원회 항목에서 상세히 설명한다.

(4) 징계의결요구권자가 징계심의에 관여할 수 있는지 여부

의견을 제시할 수는 있으나 관여할 수는 없다.

(5) 징계위원회의 심의 기일 지정에 대한 하자 유무

징계의결요구권자가 직접 징계위원회의 심의 기일을 특정일로 정하거나 심의기일을 변경·지정하는 것은 실질적으로 사건심의에 중대한 영향을 미치는 절차상 행위를 강행함으로써 징계의결요구권자의 제척규정을 위반한 것으로 볼 수 있다. 징계청구자 제척규정의 취지는 징계청구자가 징계 사건의 심의에 관여하지 못하게 함으로써 징계절차의 공정성 및 객관성을 담보하려는 것인데, 심의기일에 행하는 구체적인 심사 및 의결은 아니라도, 실질적으로 사건심의에 중대한 영향을 미치는 절차상 행위를 징계청구자가 할 수 있다고 본다면, 징계청구자 제척규정의 입법취지를 몰각하는 결과가 되어 부당하며, 심의기일을 언제로 지정할지는 징계혐의자의 방어권 행사, 특히 방어 준비에 필요한 시간의 확보와 밀접한 관련이 있어, 실질적으로 사건심의에 중대한 영향을 미치는 절차상 행위에 해당한다(서울고등법원 2023. 12. 19. 선고 2021누65721 판결).

그런데 위 건은 검사징계건으로 검찰총장에 대한 징계청구권자인 법무부장관이 심의기일을 변경·지정한 경우로 검사징계법 제17조 제2항에는 징계청구권자는 사건심의에 관여하지 못한다는 제척규정이 있으므로 위와 같은 결론이 가능하지 않은가라고 할 수 있다. 그러나 징계권자는 독립된 심의기관인 징계위원회에 징계의결을 요구하여야 하고 징계의결에 대해서는 징계처분권자는 그대로 집행을 하여야 하므로 징계의결요구권자가 징계기일을 직접 정하는 것은 공정한 사건 심의에 영향을 미친다 할 것이다.

5. 징계대상자에 대한 신분조치

가. 직위해제처분

• 직위해제란 해당 공무원에게 직위를 계속 보유하게 하는 데 장애가 되는 사유

가 있는 경우에 그 공무원의 신분은 보유하게 하면서 직무를 잠정적으로 박탈하는 행위를 말한다. 국가공무원법 제73조의3에서, 임용권자는 다음 각 호의 어느 하나에 해당하는 자에게는 직위를 부여하지 아니할 수 있다. 2. 직무수행 능력이 부족하거나 근무성적이 극히 나쁜 자, 3. 파면·해임·강등 또는 정직에 해당하는 징계 의결이 요구 중인 자, 4. 형사 사건으로 기소된 자(약식명령이 청구된 자는 제외한다), 5. 고위공무원단에 속하는 일반직공무원으로서 제70조의2제1항제2호부터 제5호까지의 사유로 적격심사를 요구받은 자, 6. 금품비위, 성범죄 등 대통령령으로 정하는 비위 행위로 인하여 감사원 및 검찰·경찰 등 수사기관에서 조사나 수사 중인 자로서 비위의 정도가 중대하고 이로 인하여 정상적인 업무수행을 기대하기 현저히 어려운 자

- 직위해제 여부는 임용권자의 재량에 속한다.
- 직위해제에 대하여는 별도의 항목에서 상세히 다룬다.

나. 전보 및 승진 제한/명예전역선발취소

- 징계의결요구로 인해 징계위원회에 회부중인 공무원은 징계처분으로 인한 신분상의 변동이 예상되므로 징계위원회 관할을 달리하는 기관으로 전보시키거나 징계의결되기 전에 승진시키지 않도록 주의하여야 한다. 군인의 경우 명예전역선발취소 사유가 된다. 국방인사관리훈령 제250조에서 명예전역 선발대상은 20년 이상 근속한 중장 이하의 장교, 준사관 및 부사관으로서 다음 각 호에 해당하는 자로 한다. 그러나 명예전역 심사일 현재 다음 각 호에 해당되는 자는 명예전역수당지급 대상자 선발에서 제외한다며 다음의 해당사항을 적시하고 있다. 1. 징계처분 요구중인 자, 징계의결 요구중인 자 또는 징계처분 된 자. 다만 기록말소된 자는 제외, 2. 형사사건으로 기소중인 자이거나, 유죄판결이 확정된 자. 다만 약식명령이 청구된 경우와 형이 실효된 자는 제외, 3. 감사원 등 감사기관과 검찰, 경찰 등 수사기관에서 비위 조사나 수사 중인 자,[84] 4. 「군인사법」 제39조에 의거 전역이 보류된 자, 5. 각 군

---

84) 감사기관과 수사기관에서 비위 조사나 수사 중임을 사유로 한 명예전역 선발취소 결정은 특별한 사정이 없는 한 아직 명예전역이나 전역을 하지 않은 상태에 있는 명예전역 대상자가 그 처분 대상임을 전제한다고 보는 것이 타당하다(대법원 2019. 5. 30. 선고 2016두49808 판결).

명예전역심사위원회에서 명예전역수당지급이 부적합하다고 의결된 자

  • 공무원임용령 제32조 제1항은, 공무원이 징계의결요구를 받은 경우 승진임용될 수 없다는 승진임용의 제한규정을 두고 있다.[85] 법원도, 고용노동부 보통승진심사위원회가 지방고용노동청 행정주사로 근무하던 갑을 5급 공무원 일반승진 임용후보자로 추천하기로 의결하였다가, 교통사고처리특례법 위반의 사실로 갑에 대한 징계의결이 요구되자 갑에 대한 5급 승진내정을 취소한다고 의결하였고, 고용노동부장관이 징계의결 요구가 된 경우 승진임용될 수 없다는 공무원임용령 제32조 제1항 제1호 등에 따라 갑에게 5급 승진내정을 취소한다고 통지한 사안에서, 공무원임용령 제32조 제1항 제1호가 모법의 위임범위를 벗어나거나 평등원칙 및 비례원칙에 위배된다고 볼 수 없으므로, 이에 근거한 위 처분이 적법하다고 판단한 바 있다(서울행정법원 2022. 9. 23. 선고 2021구합87842 판결).

다. 징계대상자의 퇴직 제한[86]

(1) 규정

● 국가공무원법

제78조의4(퇴직을 희망하는 공무원의 징계사유 확인 및 퇴직 제한 등) ① 임용권자 또는 임용제청권자는 공무원이 퇴직을 희망하는 경우에는 제78조제1항에 따른 징계사유가 있는지 및 제2항 각 호의 어느 하나에 해당하는지 여부를 감사원과 검찰·경찰 등 조사 및 수사기관(이하 이 조에서 "조사 및 수사기관"이라 한다)의 장에게 확인하여야 한다.

---

85) 공무원임용령 제32조(승진임용의 제한) ① 공무원이 다음 각 호의 어느 하나에 해당하는 경우에는 승진임용될 수 없다.
   1. 징계처분 요구 또는 징계의결 요구, 징계처분, 직위해제, 휴직(질병휴직 중 「공무원 재해 보상법」에 따른 공무상 질병 또는 부상으로 인한 휴직자를 제35조의2제1항제4호 또는 제5호에 따라 특별승진임용하는 경우는 제외한다) 또는 시보임용 기간 중에 있는 경우
86) 회사원과 같은 근로관계는 공무원과 달리 사용자와 근로자간에 합의에 따라 이루어지는 계약관계이다. 따라서 특별한 법률규정이나 서로 합의된 계약종료사유가 아닌 한, 근로관계의 종료도 사용자와 근로자가 서로 합의해야 성립하는 것이 원칙이다. 비위행위가 적발되어 징계대상이 될 가능성이 크거나 징계절차에 들어간 종업원이 사직서를 제출한 경우에는, 사직서제출과 무관하게 징계절차는 그대로 진행되고, 만약 징계절차에서 징계해고(파면) 결정이 내려지면 징계결정에서 정한 날에 퇴직절차가 이루어지고 그에 따른 손해배상책임이나 형사고발 등의 조치가 이어질 수도 있다.

② 제1항에 따른 확인 결과 퇴직을 희망하는 공무원이 파면, 해임, 강등 또는 정직에 해당하는 징계사유가 있거나 다음 각 호의 어느 하나에 해당하는 경우(제1호·제3호 및 제4호의 경우에는 해당 공무원이 파면·해임·강등 또는 정직의 징계에 해당한다고 판단되는 경우에 한정한다) 제78조제4항에 따른 소속 장관 등은 지체 없이 징계의결등을 요구하여야 하고, 퇴직을 허용하여서는 아니 된다.

1. 비위(非違)와 관련하여 형사사건으로 기소된 때, 2. 징계위원회에 파면·해임·강등 또는 정직에 해당하는 징계 의결이 요구 중인 때, 3. 조사 및 수사기관에서 비위와 관련하여 조사 또는 수사 중인 때, 4. 각급 행정기관의 감사부서 등에서 비위와 관련하여 내부 감사 또는 조사 중인 때

③ 제2항에 따라 징계의결등을 요구한 경우 임용권자는 제73조의3제1항제3호에 따라 해당 공무원에게 직위를 부여하지 아니할 수 있다.

④ 관할 징계위원회는 제2항에 따라 징계의결등이 요구된 경우 다른 징계사건에 우선하여 징계의결등을 하여야 한다.

⑤ 그 밖에 퇴직을 제한하는 절차 등 필요한 사항은 대통령령등으로 정한다.

● **공무원징계령**

제23조의2(퇴직을 희망하는 공무원의 징계사유 확인 등) ① 임용권자 또는 임용제청권자는 공무원이 퇴직을 희망하는 경우에는 지체 없이 서면으로 감사원과 검찰·경찰 등 조사 및 수사기관의 장에게 해당 공무원이 법 제78조제1항 각 호에 따른 징계사유가 있는지 및 법 제78조의4제2항 각 호의 어느 하나에 해당하는지 여부에 대한 확인을 요청해야 한다.

② 제1항에 따라 확인 요청을 받은 기관의 장은 요청받은 날부터 10일 이내에 임용권자 또는 임용제청권자에게 확인 결과를 서면으로 통보해야 한다.

③ 제1항 및 제2항에서 규정한 사항 외에 퇴직 제한 절차 등에 필요한 사항은 인사혁신처장이 정한다.

● **지방공무원법**

제69조의4(퇴직을 희망하는 공무원의 징계사유 확인 및 퇴직 제한 등) ① 임용권자는 공무원이 퇴직을 희망하는 경우에는 제69조제1항에 따른 징계사유가 있는지 및 제2항 각 호의 어느 하나에 해당하는지 여부를 감사원과 검찰·경찰 등 조사 및 수사기관(이하 이 조에서 "조사 및 수사기관"이라 한다)의 장에게 확인하여야 한다.

② 제1항에 따른 확인 결과 퇴직을 희망하는 공무원이 파면, 해임, 강등 또는 정직에 해당하는 징계사유가 있거나 다음 각 호의 어느 하나에 해당하는 경우(제1호·제3호 및 제4호의 경우에는 해당 공무원이 파면·해임·강등 또는 정직의 징계에 해당한다고

판단되는 경우에 한정한다) 임용권자는 지체 없이 징계의결등을 요구하여야 하고, 퇴직을 허용하여서는 아니 된다.

1. 비위(非違)와 관련하여 형사사건으로 기소된 때, 2. 인사위원회에 파면·해임·강등 또는 정직에 해당하는 징계 의결이 요구 중인 때, 3. 조사 및 수사기관에서 비위와 관련하여 조사 또는 수사 중인 때, 4. 각급 행정기관의 감사부서 등에서 비위와 관련하여 내부 감사 또는 조사 중인 때

③ 관할 인사위원회는 제2항에 따라 징계의결등이 요구된 경우 다른 징계사건에 우선하여 징계의결등을 하여야 한다.

④ 그 밖에 퇴직을 제한하는 절차 등 필요한 사항은 대통령령으로 정한다.

● **지방공무원 징계 및 소청 규정**

제14조의2(퇴직을 희망하는 공무원의 징계사유 등 확인) ① 임용권자는 공무원이 퇴직을 희망하는 경우에는 지체 없이 서면으로 감사원과 검찰·경찰 등 조사 및 수사기관의 장에게 해당 공무원이 법 제69조제1항 각 호에 따른 징계사유가 있는지 및 법 제69조의4제2항 각 호의 어느 하나에 해당하는지 여부에 대한 확인을 요청해야 한다.

② 제1항에 따라 확인을 요청받은 기관의 장은 요청받은 날부터 10일 이내에 임용권자에게 확인 결과를 서면으로 통보해야 한다.

● **군인사법**

제35조의2(지원 또는 본인의 의사에 따른 전역의 제한) ① 임용권자 또는 임용권을 위임받은 자(이하 이 조에서 "임용권자등"이라 한다)는 제7조제1항에 따라 의무복무기간을 마치기 전에 전역을 지원하거나 제35조제1항 및 제2항에 따라 전역을 원하는 장교, 준사관 및 부사관(지원에 의하지 아니하고 임용된 하사는 제외한다. 이하 이 조에서 같다)이 다음 각 호의 어느 하나에 해당하는 때에는 전역시켜서는 아니 된다. 다만, 제1호, 제3호 및 제4호의 경우에는 그 비위의 정도가 제57조제1항 후단에 따른 중징계에 해당한다고 판단되는 경우로 한정한다.

1. 비위(非違)와 관련하여 형사사건으로 기소된 때, 2. 제58조의2에 따른 징계위원회에 중징계에 해당하는 사유로 징계의결이 요구 중인 때, 3. 감사원이나 군검찰, 군사법경찰관, 그 밖의 수사기관(이하 이 조에서 "수사기관등"이라 한다)에서 비위와 관련하여 조사 또는 수사 중인 때, 4. 각급 부대 및 기관의 감사부서 등에서 비위와 관련하여 내부 감사 또는 조사가 진행 중인 때

② 임용권자등은 장교, 준사관 및 부사관이 제7조제1항에 따라 의무복무기간을 마치기 전에 전역을 지원하거나 제35조제1항 및 제2항에 따라 전역을 원하는 때에는 해당 장교, 준사관 및 부사관이 제1항에 따른 전역 제한 대상에 해당하는지를 수사기관등의 장

에게 확인하여야 한다. 이 경우 확인요청을 받은 수사기관등의 장은 요청받은 날부터 10일 이내에 해당 사실을 통보하여야 한다.

③ 그 밖에 장교, 준사관 및 부사관에 대한 의무복무기간을 마치기 전의 전역 및 본인의 의사에 따른 전역의 제한에 필요한 사항은 대통령령으로 정한다.

- 교육공무원법에는 이와 관련된 규정이 없다.

(2) 원칙

임용권자 또는 임용제청권자는, 공무원이 퇴직을 원할 경우는 해당 공무원이 1) 파면, 해임, 강등 또는 정직에 해당하는 징계사유가 있거나, 2) 비위(非違)와 관련하여 형사사건으로 기소된 때, 3) 징계위원회에 파면·해임·강등 또는 정직에 해당하는 징계 의결이 요구 중인 때, 4) 조사 및 수사기관에서 비위와 관련하여 조사 또는 수사 중인 때, 5) 각급 행정기관의 감사부서 등에서 비위와 관련하여 내부 감사 또는 조사 중인 때에는 퇴직을 허용하여서는 안 되고 지체 없이 징계의결등을 요구하여야 한다. 다만 위 2), 4), 5)의 경우에는 해당 공무원이 파면·해임·강등 또는 정직의 징계에 해당한다고 판단되는 경우에 한정한다. 임용권자 또는 임용제청권자는 공무원이 퇴직을 희망하는 경우에는 지체 없이 서면으로 감사원과 검찰·경찰 등 조사 및 수사기관의 장에게 해당 공무원이 법 제78조제1항 각 호에 따른 징계사유가 있는지 및 법 제78조의4제2항 각 호의 어느 하나에 해당하는지 여부에 대한 확인을 요청해야 한다.

각종 비위를 저지르고 공무원연금 수령 감액 등 징계에 따른 손해를 피하고자 '꼬리 자르기'식으로 사표를 내고 퇴직해 버리는 공직자들의 행위를 방지하기 위해 2015년 12월에 신설된 조항이다.

(3) 관련문제

(가) 징계대상자가 사직원을 내면 무조건 받아 주어야 하나: 아니다

공무원은 원에 의해 공무원을 그만둘 수 있고 이를 의원면직이라고 한다. 구별개념으로 직권면직이 있다. 공무원이 그만두겠다고 사직의사를 밝혔다고 하더라도 공무원 관계가 소멸되는 것은 아니고 이에 대한 면직처분이 있어야만 비로소 면직의 효과가 발생하게 된다. 위 규정에 따라 임용권자 또는 임용제청권자는, 법 제78조의4의 퇴직

제한 사유가 있는지 확인하여 해당 사항이 있을 경우 퇴직을 허용하여서는 안 된다.

(나) 공무원이 징계 등을 우려해 일정시기까지 수리를 보류해 줄 것을 당부하면서 작성일자를 기재 않은 사직서를 제출한 경우 행정청이 바로 그 사직서를 수리하여 행한 면직처분의 당부

국가 또는 지방자치단체의 공무원이 사직의 의사를 표시하여 의원면직처분을 하는 경우에 그 사직의 의사표시는 그 법률관계의 특수성에 비추어 객관적으로 표시된 바를 존중하여야 할 것이므로, 공무원이 사회적 물의로 징계파면이 될 경우 퇴직금조차 받지 못하게 될 것을 우려하여 일정시기까지 사표수리를 보류해 줄 것을 당부하면서 작성일자를 기재하지 아니한 사직서를 작성 제출한 경우, 행정청이 그 시기까지 기다리지 않고 바로 그 사표를 수리하고 면직처분을 하였다 하여 그 면직처분에 하자가 있다고 할 수 없다(대법원 1986. 8. 19. 선고 86누81).

(다) 징계사유가 있는데 징계처분 않고 사직원을 수리하여 의원면직처분한 후 직권으로 의원면직처분을 취소하고 다시 징계절차를 밟은 경우

징계사유가 있는 공무원에 대하여 징계처분을 하지 아니하고 그가 제출한 사직원을 수리하여 의원면직처분을 하였다 하더라도 그 자체에 어떠한 하자가 있다고 볼 수 없으므로, 그 후 직권으로 의원면직처분을 취소하고 직위해제 후 파면처분을 하였다면, 위 의원면직처분을 취소한 처분은 아무런 하자도 없는 행정행위를 취소한 것이 되어 위법하고, 직위해제처분과 파면처분은 그 대상인이 공무원의 신분을 유지하는 것을 전제로 하므로, 위 의원면직취소처분이 위법하여 그 취소청구를 인용하는 이상 위 직위해제처분과 파면처분 역시 위법하다(광주고등법원 1991. 5. 16. 선고 90구911).

(라) 징계처분을 받은 공무원이 자진 퇴직한 경우 징계처분취소소송 구할 소의 이익 여부

징계처분으로서 감봉처분이 있은 후 1여년 근무 후 공무원이 자진 퇴직하여 신분이 상실된 경우에도 위법한 감봉처분의 취소가 필요한 경우에는 위 감봉처분의 취소를 구할 소의 이익이 있다. 감봉처분이 취소되면 징계처분으로 삭감된 급료의 회복을 구할 이익이 있으므로 자진퇴직 하여 공무원의 신분이 상실되었다 해서 곧 소송의 이익이 상실되었다고 단정할 수 없다(대법원 1977. 7. 12. 선고 74누147 판결).

(마) 공무원이 감사기관이나 상급관청 등의 강박에 의하여 사직서를 제출한 경우, 그 강박의 정도와 당해 사직서에 터 잡은 면직처분의 효력

사직서의 제출이 감사기관이나 상급관청 등의 강박에 의한 경우에는 그 정도가 의사결정의 자유를 박탈할 정도에 이른 것이라면 그 의사표시가 무효로 될 것이고 그렇지 않고 의사결정의 자유를 제한하는 정도에 그친 경우라면 그 성질에 반하지 아니하는 한 의사표시에 관한 민법 제110조의 규정을 준용하여 그 효력을 따져보아야 할 것이나, 감사담당 직원이 당해 공무원에 대한 비리를 조사하는 과정에서 사직하지 아니하면 징계파면이 될 것이고 또한 그렇게 되면 퇴직금 지급상의 불이익을 당하게 될 것이라는 등의 강경한 태도를 취하였다고 할지라도 그 취지가 단지 비리에 따른 객관적 상황을 고지하면서 사직을 권고·종용한 것에 지나지 않고 위 공무원이 그 비리로 인하여 징계파면이 될 경우 퇴직금 지급상의 불이익을 당하게 될 것 등 여러 사정을 고려하여 사직서를 제출한 경우라면 그 의사결정이 의원면직처분의 효력에 영향을 미칠 하자가 있었다고는 볼 수 없다(대법원 1997. 12. 12. 선고 97누 13962 판결).

(바) 퇴직 제한 대상자의 총선 출마

앞서 본 바와 같이 징계절차 등이 진행될 경우 퇴직이 제한된다. 그러나 공직선거법에는 '총선에 출마하려는 공무원은 90일 전에 사직해야 한다'고만 되어 있고 이에 대해 대법원은 2021년 4월 "오로지 공무원의 사직원 접수 시점만을 기준으로 후보자 등록 가능 여부를 판단해야 한다"고 판결하였다.[87] '선거 90일 전'에 사직원만 제출하면 출마할 수 있다는 취지이다. 법 감정상으로는 비위나 감찰을 받는 공직자의 경우, 총선 출마를 제한하는 입법 정비가 필요하다고 본다.

---

87) (관련기사) 조선일보, 이슬비 기자, 2024. 1. 1. A10면 '사표 수리 안됐는데 줄줄이 "총선 출마"… 금배지에 눈먼 검사들'.
중앙일보, 하준호 기자, 2022. 1. 25. '문 정부 마지막 검찰 인사, 대장동·김건희 수사팀장 유임'.

제5절 | 징계의결 ― 징계위원회

1. 개요

가. 절차

• 공무원의 징계는 반드시 징계위원회의 의결을 거쳐 위원회가 설치된 소속 기관의 장(직근 상급기관이 없는 징계위원회의 의결에 대하여는 중앙행정기관의 장)이 행하도록 한다. 이러한 징계위원회를 두는 이유는 인사권자의 자의적 징계운영을 견제하여 징계대상자의 권익을 보호하고 공정한 징계운영을 도모하는 데 있다. 징계위원회의 성격은 의결기관이라고 하여야 할 것이고, 징계권자는 징계위원회의 의결에 기속되어 징계의결된 양정을 변경(중한 벌을 과하는 것은 물론 감경조치를 취하는 변경 포함)할 수 없다.

따라서 징계위원회의 의결은 일종의 준사법적 행정행위로서 특별한 규정이 있는 경우를 제외하고는 원칙적으로 재의·재심할 수 없으며, 성질상 확정력(불가변력)을 발생시킨다고 보아야 하므로 징계위원회 스스로도 이를 변경할 수 없는 것이다.

징계위원회의 성격상 징계위원회에서 의견진술의 기회를 부여하지 아니하거나 위원회 구성상의 하자 등이 있을 경우 특별한 사정이 없는 한 부적법한 것으로 무효임을 면치 못한다(국가공무원법 제81조 제3항 참조).[88]

• 해당 공무원에게 징계사유가 있을 경우 징계권자는 징계조사 등을 거쳐 징계심의위원회에 징계의결을 요구하여야 하고 그 징계 의결의 결과에 따라 징계처분을 하여야 한다.

---

88) 단체협약상 회사의 징계위원회의 성격이 의결기관이 아닌 심의기관이고, 징계는 징계위원회의 심의를 거쳐 임명권자가 하는 것이라고 하더라도 징계위원회의 심의결과는 임명권자의 징계 여부 결정에 중요한 자료로써 결정적 영향을 미친다고 할 것이므로, 회사가 징계위원회 개최통지를 하지 아니함으로써 단체협약이 징계대상자에게 주도록 규정한 소명의 기회를 주지 아니한 채 개최된 징계위원회의 심의결과에 의거하여 임명권자가 한 징계해고처분은 징계절차에 위배한 부적법한 징계권의 행사로서 무효라고 보아야 한다(대법원 1993. 7. 13. 선고 92다50263 판결).

나. 법적 성격

• 준사법적 의결기구

공무원관계의 내부질서유지를 위해 공무원에 대한 행정적 제재가 필요하여 징계제도를 운용하고 있다. 징계벌은 형벌에 못지않게 신분상·경제상 불이익을 받게 되므로 그 절차가 공정하고 합법적으로 진행되어야 한다. 그에 따라 인사권자의 결정이 미치지 못하는 징계위원회를 독자적으로 두어 심의·의결하게 하며, 인사권자는 그 의결에 따르도록 하고 있는 것이다.

• 독자적 의결기구

징계위원회가 징계의결요구사항에 대해 반드시 징계의결을 하여야만 하는 것은 아니다. 비록 징계의결요구권자가 징계위원회에 중징계 또는 경징계로 구분하여 요구할 수 있으나 모든 결정은 징계위원회가 독자적으로 판단하는 것이다.

2. 징계위원회

가. 설치

징계위원회는 중앙징계위원회와 보통징계위원회로 구분하여 설치하고 있다. 중앙징계위원회는 국무총리 소속으로 설치하고(영 제3조제1항), 보통징계위원회는 중앙행정기관에 설치하는 것을 원칙으로 하나 예외적인 경우 중앙행정기관의 장이 소속기관에도 설치할 수 있다. 중앙행정기관의 장이 필요하다고 인정하여 그 소속기관에도 보통징계위원회를 설치하는 경우, 해당 소속기관 보통징계위원회 설치 및 관할 등에 대한 규정을 사전에 마련하여야 한다(영 제3조제3항).

나. 관할

(1) 징계위원회 관할에 대한 일반적 규정

징계위원회	관할(징계대상)	관련법령
중앙징계위원회	다음 각 호의 징계 또는 법 제78조의2에 따른 징계부가금 (이하 "징계부가금"이라 한다) 사건을 심의 · 의결 1. 고위공무원단에 속하는 공무원의 징계 또는 징계부가금 (이하 "징계등"이라 한다) 사건 1의2. 다음 각 목의 어느 하나에 해당하는 공무원(이하 "5급이상공무원등"이라 한다)의 징계등 사건 　가. 5급 이상 공무원 　나. 전문경력관 가군 　다. 연구관 및 지도관 　라. 우정2급 이상 공무원 　마. 나급 이상 전문임기제공무원(시간선택제전문임기제공무원을 포함한다) 　바. 5급 이상 일반직공무원의 보수에 상당하는 보수를 받는 별정직공무원 　사. 수석전문관 및 전문관 2. 다른 법령에 따라 중앙징계위원회에서 징계의결 또는 징계부가금 부과 의결(이하 "징계의결등"이라 한다)을 하는 특정직공무원의 징계등 사건 3. 대통령이나 국무총리의 명령에 따른 감사 결과 국무총리가 징계의결등을 요구한 다음 각 목의 어느 하나에 해당하는 공무원(이하 "6급이하공무원등"이라 한다)의 징계등 사건 　가. 6급 이하 공무원 　나. 전문경력관 나군 및 다군 　다. 연구사 및 지도사 　라. 우정3급 이하 공무원 　마. 다급 이하 전문임기제공무원(시간선택제전문임기제공무원을 포함한다) 　바. 한시임기제공무원 　사. 6급 이하 일반직공무원의 보수에 상당하는 보수를 받는 별정직공무원 4. 중앙행정기관 소속의 6급이하 공무원등에 대한 중징계 또는 중징계 관련 징계부가금(이하 "중징계등"이라 한	공무원징계령 제2조 제2항

	다) 요구사건	
보통징계위원회	**6급이하공무원등의 징계등 사건(제2항제3호의 징계등 사건은 제외한다)을 심의·의결** 그런데 6급이하공무원등에 대한 중징계등 요구사건은 중앙행정기관에 설치된 징계위원회에서 심의·의결한다. 다만, 제2항제3호·제4호에 따라 중앙징계위원회의 관할로 된 경우에는 그러하지 아니하다.	공무원징계령 제2조 제3항

※ 별정직 국가공무원에 대한 징계 및 징계부가금 부과 처분에 필요한 사항은 공무원징계령 및 별정직 공무원 인사규정에서 정하는 바에 따른다.

(2) 신분별 특성에 따른 기타 징계위원회의 관할

징계위원회 종류		관할(징계대상)	관련법령
교육공무원	대학의장 징계위원회	• 대학의 장 및 부총장	교육공무원 징계령 제2조
	특별 징계위원회	• 대학의 단과대학장, 국립의 전문대학의 장 및 전문대학에 준하는 각종학교의 장 • 「교육공무원법」 제51조제1항에 따라 징계의결을 요구한 기관의 장이 「국가공무원법」 제82조제2항 또는 지방공무원법 제72조제2항에 따라 청구한 심사 및 재심사 사건의 해당 교육공무원 • 교육부와 그 소속기관에 근무하는 교수·부교수·조교수·장학관·교육연구관 • 일반징계위원회를 설치하지 아니한 학교 또는 교육행정기관에서 근무하는 교육공무원	
	일반 징계위원회	• 위 징계위원회 관할이 아닌 자 • 시·군·구 교육행정기관 일반징계위원회는 소속교사에 대한 경징계 또는 경징계 관련 징계부가금 부과 사건에 한함	
경찰공무원 (경찰청, 해양경찰청)	중앙 징계위원회	• 총경·경정 ※경무관 이상은 국무총리 소속으로 설치된 징계위원회	경찰공무원 징계령 제4조
	보통 징계위원회	• 해당 징계위원회가 설치된 경찰기관 소속 경감 이하의 경찰공무원	

		• 경정이상 경찰공무원을 장으로 하는 경찰서, 경찰기동대·해양경찰서 등 총경 이상의 경찰공무원을 장으로 하는 경찰기관 및 정비창: 소속 경위 이하의 경찰공무원 • 의무경찰대 및 경비함정 등 경찰청장 또는 해양경찰청장이 지정하는 경감 이상의 경찰공무원을 장으로 하는 경찰기관: 소속 경사 이하의 경찰공무원	
소방 공무원	소방청	• 소방청 소속 소방정 이하의 소방공무원 • 소방청 소속기관의 소방정 또는 소방령인 소방공무원(국립소방연구원의 경우 소방정인 소방공무원) • 소방정인 지방소방학교장 ※ 소방준감 이상은 국무총리 소속으로 설치된 징계위원회	소방공무원 법 제28조, 소방공무원 징계령 제2조
	시·도	• 시·도지사가 임용권을 행사하는 소방공무원	
	중앙소방학교 및 중앙119구조 본부	• 소속 소방경 이하의 소방공무원	
	국립소방 연구원	• 소속 소방령 이하의 소방공무원	
	지방소방학교· 서울종합방재 센터, 소방서, 119특수대응 단 및 소방체험관	• 소속 소방위 이하의 소방공무원	
군인 징계위원회		• 현역에 복무하는 장교, 준사관(準士官), 부사관(副士官) 및 병(兵) • 사관생도(士官生徒), 사관후보생, 준사관후보생 및 부사관후보생 • 소집되어 군에 복무하는 예비역 및 보충역	군인사법 제2조
군무원 징계위원회		군무원(일반직군무원, 임기제일반군무원, 전문군무경력관)	군무원인사 법 제37조
외무공무원 징계위원회		• 대통령령으로 정하는 공사급 이상의 직위에 재	외무공무원

		직 중이거나 재직한 외무공무원을 제외한 외무공무원	법 제28조
국가정보원 직원	고등 징계 위원회	• 1급부터 5급까지의 직원 및 전문관 • 「국가공무원법」 제82조제2항에 따라 청구된 심사 또는 재심사 • 「공무원징계령」 제2조제2항제1호의2마목에 따른 나급 이상 전문임기제 공무원에 상당하는 임기제직원	국가정보원 직원법 시행령 제30조
	보통징계 위원회	• 6급이하의 직원 및 임기제직원	
대통령 경호처 직원	고등 징계 위원회	• 1급 내지 5급 직원 • 6급 이하 직원에 대한 중징계사건	대통령 등의 경호에 관한 법률 제12조 및 시행령 제30조
	보통징계 위원회	• 6급 이하 직원에 대한 경징계사건	

(3) 사법부/입법부 및 그 외 독립된 기구의 공무원에 대한 징계위원회의 관할

징계위원회 종류		관할(징계대상)	관련법령
법관징계위원회		법관	법관징계법 제4조
법원 공무원	고등 징계위원회	• 일반직 5급이상, 연구관	법원공무원 규칙 제92조
	보통 징계위원회	• 일반직 6급 이하, 연구사	
검사징계위원회		검사	검사징계법 제4조
헌법 재판소 직원	헌법연구관 징계위원회	• 헌법연구관	헌법재판소 공무원 규칙 제104조

	고등 징계위원회	• 5급 이상 공무원, 연구관, 전문경력관 가군, 나 급 이상인 전문임기제 공무원 및 시간제전문임 기제 공무원	
	보통 징계위원회	• 6급 이하 공무원 등	
국회 공무원	중앙 징계위원회	• 5급 이상 공무원, 연구관, 전문경력관 가군, 5급 이상 공무원에 상당하는 전문임기제공무원 (시 간제전문임기제공무원 포함) 및 5급 이상 공무 원의 보수에 상응하는 별정직공무원	국회인사 규칙 제54조
	보통 징계위원회	• 6급 이하 공무원, 연구사, 전문경력관 나군 이 하, 6급 이하 공무원에 상당하는 전문임기제공 무원 (시간제전문임기제공무원 포함), 한시임기 제공무원 및 6급 이하 공무원의 보수에 상응하 는 별정직공무원	
감사원 직원	고등 징계위원회	• 고위감사공무원단에 속하는 공무원 • 5급 이상 일반직공무원 등 (5급 이상 일반직공무원, 전문경력관 가군, 연구 관, 나급 이상 전문임기제공무원, 5급 상당 이상 별정직 공무원	감사원 징계규칙 제3조
	보통 징계위원회	• 6급 이하 공무원 등	
선거관 리위원 회	고등 징계위원회	• 5급 이상 공무원(연구관, 전문경력관 가군, 전문임 기제 및 시간제전문임기제 나급 이상 공무원, 5급 이상 공무원의 보수에 상응하는 별정직공무원)	선거관리 위원회 공무원규칙 제144조
	보통 징계위원회	• 6급 이하 공무원(연구사, 전문경력관 나군 이하 공무원, 전문임기제 및 시간제전문임기제 다급 이하 공무원, 한시임기제공무원, 6급 이하 공무 원의 보수에 상응하는 별정직공무원)	

(4) 관할에 대한 구체적 설명

1) '6급 이하 공무원 등'에 대한 중징계등 요구사건은 영 제2조제2항제3호·제4호
에 따라 중앙징계위원회의 관할로 된 경우 외에는 중앙행정기관에 설치된 징계위원
회에서 심의·의결한다(영 제2조제4항).

2) 2명 이상이 관련된 징계등 사건으로서 관련자의 관할 징계위원회가 다를 때에는 관련자의 관할 징계위원회 중 최고 상급기관에 설치된 징계위원회(관련자가 중앙징계위원회의 관할로 된 경우에는 중앙징계위원회)에서 심의·의결한다. 또 소속을 달리하는 동일직급의 공무원이 관련된 징계사건으로 관할 징계위원회가 서로 대등한 경우에는 그 바로 위 상급기관(바로 위 상급기관이 서로 다른 경우에는 2단계 위의 상급기관)에 설치된 보통징계위원회에서 심의·의결한다.[89] 위 두 경우에도, 관할 징계위원회에서 관련자에 대한 징계등을 분리하여 심의·의결하는 것이 타당하다고 인정하는 경우에는 징계위원회의 의결에 따라 관련자에 대한 징계등 사건을 공무원징계령 제2조 제2항부터 제4항까지의 규정에 따른 관할 징계위원회로 이송할 수 있다(영 제2조제5항).

3) 보통징계위원회가 설치된 행정기관의 장(중앙행정기관의 장은 제외)은 징계등 사건의 내용이 중대하거나 그 기관에 설치된 징계위원회에서는 공정한 의결을 못할 우려가 있다고 인정할 때에는 바로 위 상급행정기관에 설치된 보통징계위원회에 징계의결등을 요구할 수 있다(영 제7조제5항).

(5) 법적 쟁점

1) 관할을 위반하여 징계의결한 경우, 이는 권한 없는 징계의결이 되어 이를 근거로 한 징계처분은 무효이다.

2) 징계가중으로 인해 중징계가 예상되는 경우 관할 징계위원회는 어디인가

'6급이하공무원 등'에 대하여 중징계등 요구사건은 중앙행정기관에 설치된 징계위원회서 심의·의결(중앙징계위원회의 관할로 된 경우 제외)하도록 되어 있다. 그런데 경징계 대상에 해당하는 공무원이 공무원징계령 시행규칙 제5조에 의해 가중의결될 것이 예상되는 경우 징계의결요구권자가 미리 가중적용하여 징계의결을 요구하여야

---

89) • 다수인 관련사건으로 병합 심리·의결하여 징계처분한 후 법원의 취소확정판결에 따라 당초의 관련사건이 분리되어 하위직위자(또는 상위직위자)에 대해서만 재징계를 하게 된 경우 해당 임용권자가 새로이 양정을 지정하여 징계의결요구를 하여야 하므로 일반원칙에 따라 본래의 관할 징계위원회에서 심리·의결하여야 한다.
　• 국가공무원과 지방공무원이 관련된 사건이거나 동일 사건에 관련된 다수인이 소속 중앙행정기관을 달리하는 경우에는 다수인 관련사건으로 볼 수 없으므로 징계의결요구권자별로 관할 징계위원회에 징계의결 요구하여야 한다. (공무원 징계업무편람 81쪽)

하는지. 그렇지 않다. 징계가중 여부는 징계위원회에서 판단하는 것이므로 징계의결 요구권자는 원 징계사유만을 기초로 관할을 정하여야 한다.

다. 징계위원회의 구성[90)

(1) 위원장 및 위원

종류	원칙	구성		준수사항
		위원장	위원	
중앙 징계 위원회	위원장 1명 포함 17명 이상 33명 이하의 공무원 위원과 민간위원 으로 구성	인사 혁신처장	• 공무원 위원: 국무총리가 정하는 직위에 근무하는 사람 • 민간위원: 다음 각 호의 어느 하나에 해당하는 사람 1. 법관, 검사 또는 변호사로 10년 이상 근무한 사람 2. 대학에서 법학 또는 행정학을 담당하는 부교수 이상으로 재직 중인 사람 3. 공무원으로서 중앙징계위원회의 위원으로 임명될 수 있는 직위에 근무하고 퇴직한 사람 4. 민간부문에서 인사·감사 업무를 담당하는 임원급 또는 이에 상응하는 직위에 근무한 경력이 있는 사람	• 특정 성(性)이 민간위원 수의 10분의 6을 초과하지 않도록 해야 함. • 회의는 위원장과 위원장이 회의마다 지정하는 8명의 위원으로 구성하되, 이 중 민간위원이 5명이상 포함되어야 하며, 법 제82조제2항제1호에 따라 재심사를 청구한 사건이 속한 회의는 위원장을 제외한 위원의 과반수가 당초 심의·의결에 참여하지 않은 위원으로 구성되어야 함 • 징계 사유가 성폭력범죄, 성희롱에 해당하는 징계 사건이 속한 회의를 구성하는 경우에는 피해자와 같은 성별의 위원이 위원장을 제외한 위원 수의 3분의 1 이상 포함되어야 함
보통 징계 위원회	위원장 1명을 포함하여	• 해당 위원회가 설치된	• 공무원위원: 징계등 대상자보다 상위계급(고위공무원단에 속하는 공	• 민간위원의 수는 위원장을 제외한 위원 수의 2분의 1 이상이어야 함.

90) 징계위원 선정에 있어 공정성이 문제된다. 외부위원을 위촉해서 이런 문제를 해소하려고 하나 그 외부위원 위촉마저 공무원조직에 우호적인 위원으로 선택할 우려가 있다. 전문성과 독립성을 갖춘 위원이 위촉될 수 있도록 제도적 개선이 필요하다.

9명 이상 15명 이하의 공무원 위원과 민간위원으로 구성	기관의 장의 다음 순위인 사람(직급을 기준으로 정하되, 같은 직급의 경우에는 직위를 설치하는 법령에 규정된 직위의 순위를 기준으로 정함)이 된다(영 제5조제2항). 다만, 중앙행정기관에 설치된 보통징계위원회의 위원장은 고위공무원단 또는 이에 상당하는 특정직공무원 직위 중에서 중	무원을 포함한다)의 소속 공무원 중에서 해당 기관의 장이 임명하되, 특별한 사유가 없으면 최상위인 사람부터 차례로 임명하여야 한다. • 민간위원: 다음 각 호의 어느 하나에 해당하는 사람 1. 법관, 검사 또는 변호사로 5년 이상 근무한 사람 2. 대학에서 법학 또는 행정학을 담당하는 조교수 이상으로 재직 중인 사람 3. 공무원으로 20년 이상 근속하고 퇴직한 사람[퇴직 전 5년부터 퇴직할 때까지 소속되었던 적이 있는 중앙행정기관(그 소속기관에 소속되었던 경우를 포함한다) 또는 소속기관(소속 중앙행정기관 또는 소속 중앙행정기관의 다른 소속기관에 소속되었던 경우를 포함한다)의 경우에는 퇴직일부터 3년이 경과한 사람을 말한다] 4. 민간부문에서 인사·감사 업무를 담당한 임원급 또는 이에 상응하는 직위에 근무한 경력이 있는 사람	• 상위직급자로 징계위원회 구성이 곤란할 경우에는 바로 상위의 행정기관에 설치된 징계위원회로 징계의결요구를 하여야 함.(영 제3조제4항) • 회의는 위원장과 위원장이 회의마다 지정하는 6명의 위원으로 구성하되, 이중 민간위원이 4명이상 포함되어야 한다(영 제5조제5항). • 징계 사유가 성폭력범죄, 성희롱에 해당하는 징계사건이 속한 회의를 구성하는 경우에는 피해자와 같은 성별의 위원이 위원장을 제외한 위원 수의 3분의 1 이상 포함되어야 한다.

		앙행정기관의 장이 임명할 수 있다(영 제5조제2항).		

(2) 사무직원(간사)(영 제6조)

각급 징계위원회에 간사 몇 명을 둔다. 중앙징계위원회의 간사는 5급 이상 공무원(고위공무원단에 속하는 공무원을 포함한다) 중에서 인사혁신처장이 임명한다. 보통징계위원회의 간사는 소속 일반직공무원(외교부 및 그 소속 기관의 경우에는 외무공무원) 중에서 해당 기관의 장이 임명한다.

(3) 법적 쟁점

1) 공무원징계령 제5조제2항(현행 제5조제3항)에서 규정한 보통징계위원회의 위원으로 임명하도록 되어 있는 "징계대상이 될 자보다 상위급류의 소속공무원"에는 국가공무원이나 지방공무원 여하를 구별할 것이 아니다(대법원 1971. 2. 23. 선고 70누151 판결).

2) 검사징계법 제5조에 따르면, 법무부장관이 징계위원회의 위원장이 되고(제1항), 법무부차관(제2항 제1호)은 당연직 위원이 된다. 그 나머지 위원들은 법무부장관이 지명규정에 따라 지명하거나(검사 2명) 위촉규정에 따라 위촉한다(변호사, 법학교수 및 '학식과 경험이 풍부한 사람' 각 1명씩). 통상의 검사 징계에서는 문제가 없으나, 검찰총장에 대한 징계는 징계위원회의 위원장이기도 한 법무부장관이 청구하는 것이므로(검사징계법 제7조 제3항), 징계청구자인 법무부장관이 징계 사건을 심의할 징계위원회를 구성한다는 점에서 문제될 수 있다. 그런데 검사징계법상 징계위원회는 미리 구성하여 상설(常設)하는 것으로서, 위원들은 각 그 재임 중 발생하는 모든 징계 사건의 심의에 참여하는 것이지 특정한 개별 징계 사건의 심의를 위하여 그때마다 징계위원회를 새로 구성하는 것이 아니고, 특히 제척·기피 등 공정성을 담보할 제도를 따로 두고 있으므로, 위촉규정과 지명규정을, 법무부장관이 징계청구 전에 해당 징계 사건을

전혀 염두에 두지 않고 사전에 지명 또는 위촉을 통하여 징계위원회를 미리 구성하도록 정한 것[징계위원회 구성의 사전성(事前性)]으로 해석하는 한, 검찰총장에 대한 징계 사건에서도 징계 사건 처리의 공정성이나 객관성을 침해한다고 보기는 어렵다.

그러나 법무부장관이 징계청구 후, 위원의 신규 위촉·지명 등으로 사건심의를 맡을 징계위원회의 구성을 변경하거나 위원장 직무를 대리할 위원을 지정하는 것이 헌법상 적법절차의 원칙에 반하는지는 여전히 문제로 남는다. 이에 대해 법원은, 징계 청구자인 법무부장관은, 자신이 청구한 징계 사건과 관련하여 징계위원회의 위원장으로서 사건심의 등 관련 직무를 수행할 수 없음은 물론, 위촉규정과 지명규정에 따라 위원을 새로 위촉·지명함으로써 해당 징계 사건을 심의할 징계위원회 구성에 변동을 가져오는 행위를 할 수 없다고 보았다(서울고등법원 2023. 12. 19. 선고 2021누 65721 판결 참고).

라. 징계위원회의 직무

(1) 위원장

징계위원회의 위원장은 위원회를 대표하고 위원회의 사무를 총괄하며, 회의를 소집하고 그 의장이 된다(영 제13조). 위원장도 표결권을 가진다(영 제13조제3항). 위원장이 부득이한 사유로 직무를 수행할 수 없을 때에는 위원장이 미리 지정한 위원, 먼저 임명받은 위원의 순서로 그 직무를 대행한다(영 제14조). 부득이한 사유 외에도 제척, 기피로 인해 직무수행을 할 수 없을 경우에도 위원장 직무대리가 행한다. 간사는 위원장의 명을 받아 징계등에 관한 기록이나 그 밖의 서류의 작성 및 보관에 관한 사무에 종사하도록 되어 있어(영 제6조제4항), 위원장은 기록등에 서명하여야 한다. 위와 같은 사유로 직무를 대행할 경우에는 위원장은 징계의결과정에 관여하지 않았으므로 당연히 징계기록에 위원장으로서 서명·날인할 수 없다.

(2) 위원

징계위원회의 구성원으로서 출석한 징계등 혐의자에게 혐의내용에 관하여 심문을 행하고 필요하다고 인정할 때에는 관계인의 출석을 요구하여 심문할 수 있다(영 제11조).

(3) 간사

간사는 위원장의 명을 받아 징계등에 관한 기록이나 그 밖의 서류의 작성 및 보관에 관한 사무에 종사하며(영 제6조제4항), 위원회가 필요하다고 인정할 경우 사실조사를 할 수 있다(영 제12조제3항). 이처럼 간사의 직무는 위원장을 보좌하는 것이나 의결권은 없다.

마. 위원의 제척 · 기피 · 회피

(1) 법령

공무원징계령 제15조 ① 징계위원회의 위원이 다음 각 호의 어느 하나에 해당하는 경우에는 해당 징계등 사건의 심의 · 의결에서 제척(除斥)된다. 1. 징계등 혐의자와 친족 관계에 있거나 있었던 경우, 2. 징계등 혐의자의 직근 상급자이거나 징계사유가 발생한 기간 동안 직근 상급자였던 경우,[91] 3. 해당 징계등 사건의 사유와 관계가 있는 경우

② 징계등 혐의자는 위원장이나 위원 중에서 불공정한 의결을 할 우려가 있다고 인정할 만한 상당한 사유가 있을 때에는 그 사실을 서면으로 밝히고 기피를 신청할 수 있다.[92]

③ 징계위원회의 위원장 또는 위원은 제1항에 해당하면 스스로 해당 징계등 사건의 심의 · 의결을 회피하여야 하며, 제2항에 해당하면 회피할 수 있다.

④ 제2항의 기피신청이 있을 때에는 재적위원 과반수의 출석과 출석위원 과반수의 찬성으로 기피 여부를 의결한다. 이 경우에 기피신청을 받은 사람은 그 의결에

---

[91] 1. 징계사건과 관련하여 경고처분을 받은 징계등 혐의자의 직상감독자가 징계위원으로서 징계의결에 참여한 것은 위법한 징계의결이며 이를 근거로 한 징계처분은 무효임(총무처 소청결정 94-190).
　　2. 징계사유가 된 사안에 대하여 진정서 접수시 결재하였고 처리과정에서 중간보고를 받는 등 사건처리에 있어서 감독자의 위치에 있던 자가 징계위원으로 참석하여 심의 · 의결한 징계의결은 명백히 하자있는 위법한 의결임(총무처 소청결정 93-360).
[92] 실무상 기피규정이 있음에도 많이 활용되고 있지 않으며, 그나마 기피신청이 받아들여지는 경우도 많지 않다. 다만 권리의식의 신장에 따라 활용이 점차 확대되고 있는 것으로 보인다.

참여하지 못한다.

(2) 제척 또는 기피로 인한 위원 부족시 임시위원 임명 또는 위촉

• 보통징계위원회에서 제척·기피·회피의 사유로 위원장을 포함한 위원 5명 이상이 출석할 수 없게 되었을 때에는 위원 5명 이상이 출석할 수 있도록 그 위원회 설치기관의 장에게 임시위원의 임명을 요청하여야 한다. 이 경우에 임시위원을 임명할 수 없으면 그 징계의결등의 요구는 철회된 것으로 보고 상급행정기관의 장에게 그 징계의결등을 신청하여야 한다(영 제15조제5항). 법령은 중앙징계위원회 위원 부족시 임시위원 임명 또는 위촉에 대해서는 규정하고 있지 않다.

• 지방자치단체의 장과 지방의회의 의장은 인사위원회 위원의 제척·기피·회피 등으로 심의·의결에 참여할 수 있는 위원 수가 지방공무원법 제10조제2항에 따른 인사위원회 회의 구성원 수의 3분의 2에 미달하는 때에는 그 구성원 수의 3분의 2가 될 때까지 임시위원을 임명 또는 위촉하여 해당 심의·의결에 참여하도록 하여야 한다(지방공무원법 제10조의3 제1항).

• 교육공무원징계령 제13조 제5항은, 일반징계위원회의 위원장은 제척·기피 또는 회피로 위원장을 포함한 위원 5명 이상이 출석할 수 없게 된 경우에는 위원 5명 이상이 출석할 수 있도록 그 징계위원회의 설치기관의 장에게 임시위원의 임명을 요청해야 한다. 이 경우 임시위원을 임명할 수 없을 때에는 그 징계등 의결의 요구는 철회된 것으로 보고 그 징계위원회의 설치기관의 장은 교육부장관에게 그 징계등 의결의 요구를 신청해야 한다.

• 사립학교법 시행령 제24조의11 제3항은, 사립학교 교원징계위원회 위원에 대한 제척 또는 기피로 교원징계위원회의 출석위원이 재적위원의 3분의 2에 미달되어 징계사건을 심리할 수 없게 된 때에는 교원징계위원회의 위원장은 위원의 수가 재적위원수의 3분의 2 이상이 될 수 있도록 위원의 임명권자 또는 위촉권자에게 임시 위원의 임명 또는 위촉을 요청하여야 한다.

(3) 기피신청의 남용

피징계자가 징계위원 전원 또는 대부분에 대하여 동시에 기피신청을 함으로써 징계위원회를 구성할 수 없거나 징계위원회의 결정 자체가 불가능한 경우, 기피신청이 징계절차의 지연을 목적으로 함이 명백한 경우 등에는 신청 자체가 기피신청권의 남용에 해당하여 부적법하므로, 이러한 신청은 허용될 수 없다. 따라서 이러한 경우에는 기피신청의 대상이 된 징계위원이 기피결정에 관여하는 것이 금지되지 않는다. 나아가 기피신청이 징계절차의 지연을 목적으로 함이 명백한 경우에 해당하는지는 징계에 이르게 된 경위, 징계위원회 출석 여부 등 피징계자가 징계절차에서 취한 행태, 기피신청의 시기와 횟수, 기피신청으로 주장하는 기피사유의 내용 등을 종합적으로 고려하여 판단하여야 한다(대법원 2015. 11. 27. 선고 2015다34154 판결).

(4) 기피제도에 따른 법적 쟁점

(가) 기피 여부를 묻는 시기

징계위원회 개최 후 바로 위원의 제척·기피·회피 여부를 물어야 한다. 이를 누락한 경우 바로 절차상 하자로 무효로 된다고 할 수는 없으나, 적어도 제척이유가 있는 위원이 관여한 징계위원회는 절차상 하자로 무효로 된다고 보아야 하므로 그 불고지도 전체적으로 보아 절차상 하자여부를 판단하여야 할 것이다.

(나) 징계위원에 대한 수 개의 기피신청이 있는 경우, 기피신청을 당한 징계위원이 다른 위원에 대한 기피의결에 참여할 수 있는지

기피신청은 원래 징계위원 개개인에 대한 것으로서 기피신청에 대한 의결 역시 기피신청에 대하여 개별적으로 이루어지는 것이므로, 징계위원에 대한 수 개의 기피신청이 있는 경우라도 신청을 당한 징계위원은 자신에 대한 의결에만 참여할 수 없을 뿐 다른 사람에 대한 의결에는 참여할 수 있다. 그러나 기피사유가 공통의 원인에 기인하는 경우에는 자신에 대한 의결뿐만 아니라 다른 사람에 대한 의결에도 참여할 수 없다. 그런데, 피징계자가 징계위원 전원 또는 대부분에 대하여 동시에 기피신청을 함으로써 징계위원회를 구성할 수 없거나 징계위원회의 결정 자체가 불가능한 경우, 기피신청이 징계절차의 지연을 목적으로 함이 명백한 경우 등에는 신청 자체가 기피신청권의 남용에 해당하여 부적법하므로, 이러한 신청은 허용될 수 없다. 따라서 이러한 경우에는 기피신청의 대상이 된 징계위원이 기피결정에 관여하는 것이 금지되지 않는다. 나아가 기피신청이 징계절차의 지연을 목적으로 함이 명백한 경우에 해당하는지는 징계에 이르게 된 경위, 징계위원회 출석 여부 등 피징계자가 징계절차에서 취한 행태, 기피신청의 시기와 횟수, 기피신청으로 주장하는 기피사유의 내용 등을 종합적으로 고려하여 판단하여야 한다(대법원 2015. 11. 27. 선고 2015다34154 판결).

(다) 기피신청을 받은 징계위원이 기피신청에 관한 의견을 진술할 기회를 부여받을 수 있나

공무원징계령 제15조제1항에서 징계위원회의 위원이 제척사유에 해당하는 경우에는 해당 징계등 사건의 심의·의결에서 제척(除斥)된다고 한다. 반면에 제4항에서 기피신청이 있을 때에는 재적위원 과반수의 출석과 출석위원 과반수의 찬성으로 기피 여부를 의결하고, 기피신청을 받은 사람은 그 의결에 참여하지 못한다. 따라서 기피신청을 받은 징계위원은 의결에 참여하지 못한다는 것이지 자신의 의견을 진술할 기회가 박탈당하지는 않는다. 기피신청을 받은 징계위원이 기피신청에 관한 자신의 의견을 진술할 기회를 부여받지 못한 채 징계혐의자의 일방적인 주장만을 기초로 하여 기피 여부에 관한 결정을 하게 된다면 이는 불합리하다.[93] 기피 대상이 된 위원이 기피 여부를 의결하는 자리에 일시 참석하여 기피신청에 대한 의견을 개진하여도, 기피 여부 의결의 효력에 영향은 없을 것이나, 이는 어디까지나 심의에 참여하는 위원의 자격이 아닌, 기피신청의 상대방 자격에서 한 행위일 뿐, 기피 여부에 대한 위원회의 논의에 참여한 것이 아니라고 보아야 한다(서울고등법원 2023. 12. 19. 선고 2021누65721 판결).

그렇다면 **기피 대상 위원이 위원회에 출석하여 자신의 의견을 진술할 수는 없는가**. 공무원징계령 등에는 이를 금지하는 조항이 따로 없으나,[94] 기피신청을 받은 자가 기피 여부의 의결 전 논의에 참여함으로써 기피 여부에 관한 위원회의 공식 의사를 형성하는 데 관여할 수 있도록 하는 것은 적법절차의 원칙에 정면으로 반한다고 본다.

---

93) 민사소송법 제46조 제2항은 '기피신청을 받은 법관은 기피 재판에 관여하지 못하나, 의견을 진술할 수 있다'고 정하고 있고, 형사소송법 제20조 제2항도 '기피신청을 당한 법관은 기피신청에 대한 의견서를 제출하여야 한다'고 정하고 있는바, 기피신청을 당한 법관에게 의견 진술 기회를 부여하고 있는 것도 위와 같은 취지로 보인다(서울행정법원 2021. 10. 14. 선고 2020구합88541 판결).

94) 다만 6급 이하 검찰공무원에게 적용하는 대검찰청 보통징계위원회 운영지침 제15조 제6항 단서, 제13조 제4항은 기피 대상 위원은 해당 심의·의결에 참석할 수도, 의견진술, 행정절차 등 일체의 과정에 관여할 수도 없다고 규정하고 있다.

따라서 의견진술을 할 수 없다. 그런 의미에서 뒤에서 보는 바와 같이 출석위원의 수에서도 제외되어야 할 것이다. 다만 예외가 있다. 앞서 본 바와 같이, 징계혐의자가 위원 전원이나 대부분을 상대로 동시에 기피신청을 함으로써 기피 여부의 결정 자체가 불가능한 경우 등에는 신청 자체가 기피신청권의 남용에 해당하여 부적법하므로, 기피신청의 대상이 된 위원도 기피신청 기각 의결에 관여할 수 있다.

(라) 기피신청에 관한 의결의 의사정족수 및 의결정족수 충족 여부

기피 여부의 판단은 기피신청을 받은 사람을 제외한 위원으로 구성된 당해 징계위원회에서 결정한다. 그런데 영 제15조 제4항에서 기피신청이 있을 때에는 재적위원 과반수의 출석과 출석위원 과반수의 찬성으로 기피 여부를 의결한다고 하므로 의결을 위한 의사정족수와 의결정족수에 대한 충족 여부가 문제될 수 있다. 기피 신청이 있을 경우 기피신청을 받은 사람은 그 의결에 참여하지 못한다(위 4항 후문). 따라서 기피신청을 받은 위원을 출석한 위원수에 포함할 수 있는지가 문제된다. 그런데 영 제15조 제1항에서 제척대상 위원은 '해당 징계등 사건의 심의·의결에서 제척(除斥)된다'고 한 반면, 기피의 경우 4항에서 '기피여부의 의결에 참여하지 못한다'고 하여 제척의 경우와 달리 기피의 경우 심의에는 참여할 수 있는 것처럼 해석할 수도 있다. 그러나 기피신청을 받은 자가 기피여부의 의결전 심의에 관여한다는 것은 위원회의 의사형성에 영향을 줄 수 있어 기피제도의 취지를 몰각하게 할 수 있는 위험이 있다. 기피의 경우 심의에 참여할 수 있고 결과적으로 출석위원의 수에 포함하게 된다면 가령 어떤 위원을 제척의 사유가 있다는 이유로 기피신청한 경우에 제척의 절차를 밟으면 출석위원에 불포함 함에도 기피절차에 의하면 출석위원의 수로 되는 이상한 결론에 이르게 된다(서울고등법원 2023. 12. 19. 선고 2021누65721 판결).[95] 기피

---

[95] 다만 위 판결의 1심 법원은 달리 해석하였다. "영 제15조 제4항 전단에서 정하고 있는 '재적위원 과반수의 출석'은 기피신청에 관한 심의가 성립되기 위한 필요최소한의 참석인원인 의사정족수를, '출석위원 과반수의 찬성'은 기피신청에 관한 의결을 성립시키기 위한 최소한의 찬성수인 의결정족수를 의미한다고 할 것인바, 영 제15조 제4항 후단은 기피신청을 받은 징계위원이 기피신청에 관한 의결을 위한 의사정족수 산정의 기초가 되는 출석위원에서 제외된다는 의미가 아니라, 의결정족수 산정의 기초가 되는 출석위원에서만 제외된다는 의미라고 봄이 타당하다. 그리고 기피신청을 받은 징계위원이 해당기피신청에 관한 의결 과정에서 일시적으로 퇴장하였다고 하더라도, 기피신청에 관한 의결을 위한 의사정족수 산정의 기초가 되는 출석위원에서 제외된다고 할 수도 없다(서울행정법원 2021. 10. 14. 선고 2020구합88541 판결 참고)."

대상 위원은 해당 심의·의결에 참석할 수 없고 따라서 출석위원수에 포함할 수 없어 의사정족수 산정에서 제외하여야 할 것이다.

다만 앞서 본 바와 같이 징계혐의자가 위원 전원이나 대부분을 상대로 동시에 기피신청을 함으로써 기피 여부의 결정 자체가 불가능한 경우 등에는 신청 자체가 기피신청권의 남용에 해당하여 부적법하므로, 기피신청의 대상이 된 위원도 기피신청 기각 의결에 관여할 수 있고 따라서 출석위원수에 포함하여야 한다.

(마) 기피신청을 위해 징계위원회 전에 위원의 명단 공개를 정보공개청구할 수 있나

징계혐의자는 기피신청의 적절한 행사를 위하여 사건심의를 시작하기 전에 징계위원의 명단을 미리 요구할 수 있나. 공무원징계령 제20조는 징계위원회의 심의·의결의 공정성을 보장하기 위하여 다음 각 호의 사항은 공개하지 아니한다며 제2호에서 '징계위원회의 회의에 참여할 또는 참여한 위원의 명단'을 예시하고 있다. 군인징계령 제14조의2도 동일하다. 즉, 국가공무원법, 공무원징계령 및 공무원징계령 시행규칙 등 관련 법령 어디에서도 징계혐의자에 대한 징계위원 명단 제공에 관한 사항을 규정하고 있지 않다.

그러나, 위원은 징계위원회의 구성원이고, 징계위원회의 구성은 불편부당한 결정 주체의 보장이라는, 헌법상 적법절차 원칙의 핵심 요소와 밀접한 관련을 맺고 있는 것이며, 만일 사건심의에 참여할 경우 공정한 징계결정을 기대하기 어려운 사정이 있는 위원이 있다면, 기피신청을 통하여 그를 사건심의에서 미리 배제함으로써 징계사항을 결정하는 주체의 불편부당성을 확보하여야 할 것이다(서울고등법원 2023. 12. 19. 선고 2021누65721 판결). 이처럼 징계혐의자는 징계위원회에 참석한 징계위원의 명단을 확인함으로써 징계위원회가 적법하게 구성되었는지 여부 및 징계위원의 제척·기피사유 등을 판단할 수 있으므로, 징계위원의 명단이 공개되어야 할 필요성이 있는 점, 심의대상자는 징계위원회에 출석하여 징계위원의 명단을 직접 확인할 수도 있는 점 등을 고려할 때 공개됨이 마땅하다. A의 징계절차가 종료된 이후 '징계기록목록 및 징계기록 일체(단, 성명, 주민등록번호, 주소, 전화번호 등 진술인의 개인정보와 관련된 부분을 제외)'를 공개하여 달라고 청구하였으나, 공공기관의 정보공개에 관한 법률 제9조 제1항 제5호 등에 해당한다는 이유로 A의 진술 부분만 공개하고 나머지 부분은 비공개하는 정보부분비공개결정을 한 사안에서, 비공개정보는 위 조항에서

정한 비공개대상정보에 해당하지 않으므로 위 처분이 위법하다고 판단하였다(서울고
등법원 2022. 1. 26. 선고 2021누38248 판결). 따라서 공무원징계령 제20조에도 불구하
고 위원의 명단공개는 하여야 한다.

그렇다면 **사전에 명단을 제공하지 않은 것이 절차상 하자가 될 수 있는가**. 정당한 사
유 없이 제공하지 않은 경우는 절차상 하자가 될 수 있다. 그러나 '절차상 하자의 유
무는 해당 절차 단계 전체를 통틀어 판단하여야 하는 것인데, 징계위원회가 징계청
구에 관한 사건심의를 제1차 심의기일에 종결한 것이 아니라 나흘 후에 제2차 심의
기일을 지정하여 속행한 이상, 적어도 제1차 심의기일이 끝나기 전에 위원 명단을
파악하고, 제2차 심의기일 전까지 위원들의 면면을 모두 살펴 조사한 뒤 기피신청을
할 수 있는 충분한 시간과 기회가 있었고, 또 실제로도 기피신청을 하였으므로, 제1
차 심의기일 전에 위원 명단을 미리 제공하지 아니한 것이 잘못이라 하여도, 그 부
분만 따로 떼어 처분의 취소사유에 해당하는 절차상 하자로 볼 수는 없다.'고 본 사
례도 있다(위 서울고등법원 2023. 12. 19. 선고 2021누65721 판결).

바. 징계위원의 배제 및 해촉

(1) 징계위원 배제

징계의결요구권자는 징계위원이 될 수 없다. 국가공무원법 및 공무원징계령은 징
계의결요구권자와 징계위원회를 분리 운영하고 있다. 따라서 징계의결요구권자는 징
계위원이 될 수 없다. 그런데 인사혁신처장은 자신의 부서의 소속원에 대해 징계의
결요구할 수 있으며 동시에 중앙징계위원회의 위원장이 될 수 있다. 그런 경우는 영
제15조제1항 3호의 '해당 징계등 사건의 사유와 관계가 있는 경우'로 보아 제척사유
가 된다 할 것이다. 검사징계법의 경우, 위원회의 징계심의는 검찰총장의 청구에 의
하여 시작하고(동법 제7조제1항), 위원장은 법무부장관이 된다(제5조제1항). 그런데 검
찰총장에 대한 징계는 법무부장관이 징계청구권자가 되도록 되어 있어(제7조제3항)
법무부장관은 위원장의 제척사유가 된다. 검사징계법은, 명문으로 징계를 청구한 사
람은 사건심의에 관여하지 못한다(제17조제2항)고 규정하고 있다. 따라서 법무부장관
이 검찰총장에 대해 징계를 청구한 경우에는 그 징계 사건의 징계위원회의 구성을

변경하거나 위원장 직무대리를 지정하는 행위는 헌법상 적법절차의 원칙에 반한다
고 본다. 이처럼 징계청구자인 법무부장관은, 자신이 청구한 징계 사건과 관련하여,
징계위원회의 위원장으로서 사건심의 등 관련 직무를 수행할 수 없음은 물론, 위촉
규정과 지명규정에 따라 위원을 새로 위촉·지명함으로써 해당 징계 사건을 심의할
징계위원회 구성에 변동을 가져오는 행위를 할 수 없다고 보아야 한다(서울고등법원
2023. 12. 19. 선고 2021누65721 판결).

(2) 징계위원회 민간위원의 해촉

국무총리 또는 보통징계위원회가 설치된 행정기관의 장은 민간위원으로 위촉된 징
계위원회의 위원이 다음 각 호의 어느 하나에 해당하는 경우에는 해당 위원을 해촉(解
囑)할 수 있다. 다만, 제4호에 해당하는 경우에는 해촉하여야 한다(영 제5조의3).

1. 심신장애로 인하여 직무를 수행할 수 없게 된 경우, 2. 직무와 관련된 비위사실이
있는 경우, 3. 직무태만, 품위손상이나 그 밖의 사유로 인하여 위원으로 적합하지 아니
하다고 인정되는 경우, 4. 제15조제1항(제척)에 해당하는 데에도 불구하고 회피하지 아
니한 경우, 5. 위원 스스로 직무를 수행하는 것이 곤란하다고 의사를 밝히는 경우

사. 징계위원에 대한 정보공개청구 관련 이슈

(1) 징계처분 취소사건에서 청구를 기각하는 판결이 확정된 경우에도 징계위
원 성명 등에 대한 정보공개청구 가능한가

가능하다. 견책의 징계처분을 받은 갑이 사단장에게 징계위원회에 참여한 징계위
원의 성명과 직위에 대한 정보공개청구를 하였으나 위 정보가 공공기관의 정보공개
에 관한 법률 제9조 제1항 제1호, 제2호, 제5호, 제6호에 해당한다는 이유로 공개를
거부한 사안에서, 비록 징계처분 취소사건에서 갑의 청구를 기각하는 판결이 확정되
었더라도 이러한 사정만으로 위 처분의 취소를 구할 이익이 없어지지 않고, 사단장이
갑의 정보공개청구를 거부한 이상 갑으로서는 여전히 정보공개거부처분의 취소를 구
할 법률상 이익이 있다(대법원 2022. 5. 26. 선고 2022두33439 판결)[96]고 판시하였다.

---

96) 원고는 2020. 6. 24. 피고로부터 품위유지의무 위반 등을 이유로 감봉 1개월의 징계처분을

받았다. 원고는 2020. 7. 8. 군인사법 제60조에 따라 이 사건 징계처분에 대하여 항고를 제기하였다. 원고는 2020. 12. 30. 피고에게 징계위원회에 참여한 각 징계위원의 성명과 직위(이하 '이 사건 정보'라고 한다)에 대한 정보공개청구를 하였으나, 피고는 2021. 1. 12. 이 사건 정보가 「공공기관의 정보공개에 관한 법률」 제9조 제1항 제1호, 제2호, 제5호 및 제6호에 해당한다는 이유로 공개를 거부하는 처분을 하였다(이하 '이 사건 처분'이라고 한다).

한편 육군규정 180 제9조 제6항은 "성폭력 등 사건에 대한 징계위원회 및 항고심사위원회에는 여성 위원이 1명 이상 포함되어야 한다(피해자가 남군·남군무원 등인 경우에는 제외한다). 다만 부득이한 사유가 있어 여성 위원을 임명할 수 없는 경우 징계권자는 구체적인 사유를 명시하여 별지 제1호 서식에 따라 육군참모총장에게 사전 승인을 받아야 한다."라고 규정하고 있다. △△△사령부 징계항고심사위원회는 2021. 10. 8. 징계위원회의 구성에 육군규정 180 제9조 제6항을 준수하지 않은 절차상 하자가 있다는 이유로 이 사건 징계처분을 취소하는 결정을 하였고, 이에 따라 피고는 2021. 10. 25. 이 사건 징계처분을 취소하였다.

원심은, 원고가 징계위원회 구성에 절차상 하자가 있는지 여부를 확인하기 위해 이 사건 정보인 징계위원의 성명과 직위에 대한 공개를 청구하였다고 주장하고 있는데, 그 항고 절차를 통하여 징계위원회의 구성에 하자가 있음을 알게 되었으므로 이 사건 정보의 공개를 청구한 목적은 이미 달성된 것으로 볼 수 있고, 이 사건 징계처분이 절차상 하자를 이유로 취소된 이상 위 징계처분을 다툴 필요도 없어 이 사건 정보의 공개를 구할 법률상 이익이 없다는 이유로, 이 사건 소가 부적법하다고 판단하였다.

그러나 대법원은 다음과 같은 이유로 원심판결을 파기, 환송하였다.

국민의 정보공개청구권은 법률상 보호되는 구체적인 권리이므로, 공공기관에 대하여 정보의 공개를 청구하였다가 공개거부처분을 받은 청구인은 행정소송을 통하여 그 공개거부처분의 취소를 구할 법률상의 이익이 있고, 공개청구의 대상이 되는 정보가 이미 공개되어 있다거나 다른 방법으로 손쉽게 알 수 있다는 사정만으로 소의 이익이 없다거나 비공개결정이 정당화될 수 없다(대법원 2007. 7. 13. 선고 2005두8733 판결, 대법원 2010. 12. 23. 선고 2008두13101 판결 등 참조). 또한, 청구인이 공공기관에 대하여 정보공개를 청구하였다가 거부처분을 받은 이상, 그 자체로 공개거부처분의 취소를 구할 법률상 이익이 인정되고, 그 외에 추가로 어떤 법률상 이익이 있을 것을 요하지 않는다(대법원 2003. 12. 12. 선고 2003두8050 판결, 대법원 2004. 9. 23. 선고 2003두1370 판결 등 참조).

견책의 징계처분을 받은 갑이 사단장에게 앞서 본 사실관계를 이러한 법리에 비추어 살펴보면, 비록 이 사건 징계처분에 대한 항고 절차에서 원고가 징계위원회 구성에 절차상 하자가 있다는 점을 알게 되었다거나 이 사건 징계처분이 취소되었다고 하더라도, 그와 같은 사정들만으로 이 사건 처분의 취소를 구할 법률상 이익이 없다고 볼 수 없고, 피고가 원고의 정보공개청구를 거부한 이상 원고로서는 여전히 그 정보공개거부처분의 취소를 구할 법률상 이익을 갖는다고 할 것이다. 그런데도 원심은 이와 다른 전제에서 이 사건 정보의 공개를 구할 법률상 이익이 없다는 이유로 이 사건 소가 부적법하다고 판단하였다. 이러한 원심 판단에는 정보공개거부처분 취소청구의 법률상 이익 내지 소의 이익에 관한 법리를 오해하여 판결에 영향을 미친 잘못이 있다.

(2) 정보공개 범위

1) 징계처분을 받은 부사관 A가 항고제기 중에 자신의 징계사건의 '징계기록 목록 및 징계기록 일체(단 성명, 주민등록번호, 주소, 전화번호 등 진술인의 개인정보와 관련된 부분을 제외)'를 공개해 달라고 청구하였으나 피고 행정청이 징계기록중 A의 진술부분만 공개한 사건에서 법원은 아래를 근거로 행정청의 비공개처분은 위법하여 취소하여야 한다고 판단하였다(서울고등법원 2022. 1. 26. 선고 2021누38248 판결 참조).

① 행정청은, 군인 징계령 제14조의2 각호에서는 징계위원회 심의·의결의 공정성을 보장하기 위하여 그 회의를 비공개하며, 회의에 참여할 위원 또는 참여한 위원의 명단, 징계위원회 회의에서 위원이 발언한 내용이 적힌 문서, 그 밖에 징계위원회의 심의·의결의 공정성을 해칠 우려가 있는 사항을 비공개하도록 규정하고 있다. 따라서 이 사건 비공개정보 중 징계의결기록, 징계심의의결서 및 투표용지는 인사관리 등 내부 의사결정절차와 관련된 사항으로서 공개될 경우 징계위원회의 공정한 업무 수행에 현저한 지장을 초래한다고 인정할 만한 상당한 이유가 있는 정보에 해당하므로, 정보공개법 제9조 제1항 제5호에 따라 비공개되어야 한다고 주장하였다. 그러나 법원은, 군인 징계령은 대통령령으로 정보공개법 제9조 제1항 제1호에서 정한 '명령'에 해당하기는 하나, 그 위임규정인 군인사법 제61조는 '징계위원회 및 항고심사위원회의 구성·운영과 징계절차, 징계부가금 부과절차 및 항고절차, 그 밖에 징계처분 등의 시행 등을 위하여 필요한 사항'을 대통령령으로 정하도록 위임하고 있을 뿐 정보공개에 관하여 하위입법에 의하도록 위임한다는 취지가 전혀 나타나 있지 않다. 따라서 군인 징계령 제11조, 제14조의2 등은 '정보의 공개에 관하여 법률의 구체적인 위임 아래 제정된 법규명령'에 해당한다고 볼 수 없으므로, 정보공개법 제9조 제1항 제1호에서 정한 '다른 법률에서 위임한 명령'에 해당하지 않는다고 보았다.

② 정보공개법 제9조제1항 제4호의 '진행 중인 재판에 관련된 정보와 범죄의 예방, 수사, 공소의 제기 및 유지, 형의 집행, 교정, 보안처분에 관한 사항으로서 공개될 경우 그 직무수행을 현저히 곤란하게 하거나 형사피고인의 공정한 재판을 받을 권리를 침해한다고 인정할 만한 상당한 이유가 있는 정보'에 해당하지 않는다. 또 제6호 본문의 '해당 정보에 포함되어 있는 성명·주민등록번호 등 개인에 관한 사항으로서 공개될 경우 사생활의 비밀 또는 자유를 침해할 우려가 있다고 인정되는 정보'

에 해당한다고 보이지도 않는다.

③ 정보공개법 제9조 제1항 제5호에서 규정하고 있는 '공개될 경우 업무의 공정한 수행에 현저한 지장을 초래한다고 인정할 만한 상당한 이유가 있는 경우'에 해당하는지. 징계의결기록은 i) 징계위원회 회의에 참석한 징계위원의 직위, 계급, 성명 및 서명, ii) 징계위원회 의결내용, iii) 징계권자 조치, iv) 승인권자 조치로 이루어져 있고, 징계심의(심사)의결서는 징계심의대상자의 인적사항, 징계건명, 징계심의대상사실, 심의개요 등으로 이루어져 있는데 그중 심의개요는 징계심의대상자 및 증인 출석 여부, 징계심의대상사실의 검토, 증거의 요지, 징계심의대상자의 진술, 정상참작의 경우 그 인정요지, 의결방법, 의결내용 및 결론으로 이루어져 있다. 또한 투표용지는 투표용지 양식에 개별 징계위원이 징계종류의 '해당란' 및 '기간란'에 동그라미 등을 표시하거나 기간을 기재함으로써 자신의 의견을 표명한 내용으로 이루어져 있다. 이 사건 비공개정보 중 징계심의의결서 및 투표용지는 공개될 경우 징계위원회의 공정한 업무 수행에 현저한 지장을 초래한다고 인정할 만한 상당한 이유가 있는 정보에 해당한다고 보기 어렵다.

④ 징계위원회 회의에 참석한 징계위원의 직위, 계급 및 성명을 확인함으로써 징계위원회가 적법하게 구성되었는지 여부 및 징계위원의 제척·기피사유 등을 판단할 수 있으므로, 원고에게 위 징계위원의 직위, 계급 및 성명이 공개되어야 할 필요성이 있다. 더욱이 심의대상자는 징계위원회에 출석하여 위 징계위원회 위원의 직위, 계급 및 성명을 직접 확인할 수도 있다. 또한 징계위원회 회의에 참석한 징계위원의 직위, 계급 및 성명은 이미 원고에 대한 징계절차가 종료된 이상 그것이 공개되더라도 징계 업무의 공정한 수행에 현저한 지장을 초래한다고 보기 어려울 뿐 아니라, 장래의 동종 업무에 대하여도 공정한 수행에 현저한 지장을 초래할 것이라고 보기 어렵다.

2) 정보공개의 대상을 폭넓게 인정하고 있다. 위 군인징계령을 근거로 한 판결에 비추어 공무원징계령이 적용될 경우도 동일하다. 구체적으로 언급되지 않은 징계위원회 회의록도 공개대상이 된다(광주지방법원 2021. 11. 10. 선고 2020구단11384 판결). 당연히 징계위원회 종료 후 징계위원 명단 등에 대한 정보공개청구도 가능하다.

3) 한편 정보공개법 제9조 제1항 본문은 '공공기관이 보유·관리하는 정보는 공개대상이 된다'고 규정하면서 그 단서 제1호에서는 '다른 법률 또는 법률에서 위임한

명령(국회규칙·대법원규칙·헌법재판소규칙·중앙선거관리위원회규칙·대통령령 및 조례로 한정한다)에 따라 비밀이나 비공개 사항으로 규정된 정보'는 이를 공개하지 아니할 수 있다고 규정하고 있는바, 그 입법 취지는 비밀 또는 비공개 사항으로 다른 법률 등에 규정되어 있는 경우는 이를 존중함으로써 법률 간의 마찰을 피하기 위한 것이라고 할 것이고, 여기에서 '법률에서 위임한 명령'은 '정보의 공개에 관하여 법률의 구체적인 위임아래 제정된 법규명령(위임명령)'을 의미한다고 보아야 한다(대법원 2006. 10. 26. 선고 2006두11910 판결, 대법원 2010. 6. 10. 선고 2010두2913 판결 등 참조). 따라서 위에서 살펴본 군인징계령이나 공무원징계령이 아닌 국회법, 국회규칙 등에서 비공개정보대상으로 규정한 경우에는 공개하지 아니한다(서울행정법원 2020. 7. 24. 선고 2019구합74799 판결 참조).

아. 징계위원의 변경 또는 교체

징계위원이 구성되어 위원회의 심의절차가 진행 중에 위원의 개인적 사유로 사임할 수 있다. 이런 경우 정족수에 지장이 없을 경우 원 위원회 구성이 그대로 갈 수 있으나 정족수에 미달될 경우 변경절차를 밟아야 한다. 또는 민간위원의 해촉사유가 생겨(영 제5조의3) 변경되어야 하는 경우도 있다. 징계위원 변경이나 교체는 가능하다. 다만 징계혐의자의 방어권에 지장이 있어서는 안 될 것이다. 예컨대 징계 심의를 마치고 의결만 남은 상태에서 변경된 경우 새로운 위원은 징계혐의자에 대한 심문이나 혐의자의 진술청취 없이 의결만 하게 되는 문제가 있다. 또 징계혐의자로서는 변경된 위원에 대한 기피신청 여부도 판단할 수 있어야 할 것이다. 징계위원의 변경이나 교체가 적법절차의 원칙에 위배되지 않도록 운영되어야 할 것이며 징계의결에 주요변수가 될 경우에는 징계혐의자에게 통보하여 다시 진술할 기회를 부여하여야 할 것이다. 심의에는 참여하지 않은 위원이 의결에만 참여하거나 징계혐의자의 진술을 청취하지 않은 위원이 의결에 참여함은 절차상 하자로 무효가 될 수 있다.[97]

---

97) 피청구인 교원징계위원회에서 청구인의 진술을 청취하지 아니한 위원이 참여하여 징계의결을 한 것은, 진술청취를 결한 위원들을 제외하고서도 의결정족수가 충족된다고 하더라도 교원징계위원회의 심의·의결 과정에서 위원 1명의 의견이 다른 위원들의 판단에 큰 영향을 미칠 수 있는 점을 고려해 볼 때, 이 부분은 사립학교법 제65조 제1항을 위반한 절차상 하자가 있다고 하겠다(교원소청 2008-22).

위원의 변경, 교체시에는 위원장은 새로이 구성된 위원에게 그간의 사건의 정리, 증거관계 등에 대한 설명을 하여야 할 것이다.[98] 징계의결요구권자가 자신이 징계의 결요구한 사건에서는 징계위원의 변경, 교체 등의 징계위원구성의 변동을 가져오는 행위를 할 수 없음은 앞서 검찰총장 징계건에서 살펴본 바와 같다.

3. 징계위원회의 심의

가. 준수사항

징계위원회는 공정하고 적법한 절차에 의거 심의하여야 한다.

징계위원회에서 심의하는 기간은 별도로 정해져 있지 않다. 다만 공무원징계령 제 9조에서 징계의결등의 기한을 정하고 있다. 즉, ① 징계위원회는 징계의결등 요구서 를 접수한 날부터 30일(중앙징계위원회의 경우는 60일) 이내에 징계의결등을 해야 한 다. 다만, 부득이한 사유가 있을 때에는 해당 징계위원회의 의결로 30일(중앙징계위 원회의 경우는 60일)의 범위에서 그 기한을 연기할 수 있다. ② 징계의결등이 요구된 사건에 대한 징계등 절차의 진행이 법 제83조에 따라 중지된 경우 그 중지된 기간은 제1항의 징계의결등의 기한에 포함하지 아니한다.

따라서 징계위원회는 그 기간 내에 의결하면 되고 심의 기한이나 횟수 등에는 제한이 없다. 실무에서는 위 징계의결기한은 훈시규정으로 보고 반드시 지켜지는 것은 아니다.

나. 사실조사

징계위원회가 징계혐의 사실에 대하여 필요하다고 인정할 때에는 소속직원으로 하여금 사실조사를 하게 하거나 특별한 학식, 경험이 있는 자에게 검정 또는 감정을 의뢰할 수 있고, 소속직원으로 하여금 사실조사를 하게 하기 위하여 필요하다고 인

---

98) 형사소송에서는 공판개정 후 판사의 경질이 있을 경우 공판절차를 갱신하여야 한다(형사소 송법 제301조)는 공판절차의 갱신제도를 두고 있다. 이 경우 재판장은 피고인에게 진술거부 권을 고지하고 검사에게 공소사실, 죄명 및 적용법조를 낭독하게 하고, 피고인에게는 공소사 실의 인정여부에 대한 진술기회를 부여하고, 갱신전의 공판기일에서 증거조사된 서류 등에 대해 다시 증거조사를 하도록 하고 있다(형사소송규칙 제144조). 징계에 따른 불이익을 고려 할 때, 이러한 공판절차 갱신에 준하여 징계위원 변경 후 절차를 진행할 필요가 있다.

정할 때에는 징계등 혐의자에게 출석을 명하거나 징계의결등 요구권자에게 관련 자료의 제출을 요구할 수 있다(영 제12조 제3항 및 제4항).

다. 심의 대상 및 심의방법

(1) 심의 대상

심의 대상은 징계의결요구사항이다. 그러나 징계위원회에서는 징계혐의자에 대한 징계의결요구서에 기재된 징계사유에 한정되는 것은 아니고, 징계사유로 삼지 아니한 비위행위라고 하더라도 징계종류 선택의 자료로서 피징계자의 평소의 소행과 근무성적, 당해 징계처분 사유 전후에 저지른 비위행위 사실 등은 징계양정에 있어서의 참작자료로 삼을 수 있다(대법원 2002. 5. 28. 선고 2001두10455 판결).

(2) 징계사유의 특정

일반적으로 징계사유의 특정은 그 비위사실을 다른 사실과 구별될 정도로 적시하면 족하고 그 비위사실이 해당법률 등 어떤 조문을 위반한 경우에 해당하는가에 관하여 해당조문을 일일이 적시할 것을 요구하는 것은 아니더라도(대법원 2005. 3. 24. 선고 2004두14380 판결 등 참조), 징계대상행위를 특정하도록 하는 것은 징계대상자로 하여금 어떠한 행위에 대하여 징계가 이루어졌는지를 알 수 있도록 함으로써 징계의 공정성을 기하고 그로 하여금 변명과 소명자료를 제출할 수 있도록 하기 위한 것이므로, 그러한 목적을 달성할 수 있는 범위 내에서 징계사유로 된 사실관계와 이에 해당하는 의무위반의 사유가 무엇인지를 인식할 수 있을 정도로 구체적으로 특정되어야 한다. 적어도 징계대상자의 방어권 보호의 관점에서 각 행위의 일시, 장소, 구체적 상황이 특정되어야 한다. 이와 달리 징계대상행위가 특정되지 아니한 경우에는 징계대상자가 징계위원회에 출석하여 변명과 소명자료를 충분히 제출할 수 없게 되어 징계절차가 일방적으로 진행되어 절차적 정의가 제대로 실현되지 않는 결과가 된다(광주지방법원 2021. 6. 10. 선고 2020구합12902 판결).[99]

---

[99] 징계위원회에서는 위 인정사실 사)항의 징계의결서의 '3. 징계 등 혐의사실'과 같이 구체적인 행위의 일시, 장소, 상대방을 특정되지 않은 '의무병 5명'을 상대방으로 하는 징계혐의사실이 심의되었고, 1) 징계처분서에는 앞서 본 바와 같이 구체적인 행위의 일시, 장소, 상대

(3) 심의방법

• 징계위원회는 위원 및 징계등혐의자가 출석하여 진행함이 원칙이나 경우에 따라 원격영상회의 방식을 활용할 수 있다. 원격영상회의는 출석자가 징계위원회에 직접 출석하기 어려운 특별한 사정이 있는 경우 개최하며, 징계위원장이 필요하다고 인정하거나 징계등 혐의자 또는 징계의결등 요구자의 신청에 대해 징계위원장이 필요하다고 인정하는 경우에 한해 실시한다.

• 영 제12조의2(원격영상회의 방식의 활용) ① 징계위원회는 위원과 징계등 혐의자, 징계의결등 요구자, 증인, 피해자 등 법 및 이 영에 따라 회의에 출석하는 사람(이하 이 항에서 "출석자"라 한다)이 동영상과 음성이 동시에 송수신되는 장치가 갖추어진 서로 다른 장소에 출석하여 진행하는 원격영상회의 방식으로 심의·의결할 수 있다. 이 경우 징계위원회의 위원 및 출석자가 같은 회의장에 출석한 것으로 본다. ② 징계위원회는 제1항에 따라 원격영상회의 방식으로 심의·의결하는 경우 징계등 혐의자 및 피해자 등의 신상정보, 회의 내용·결과 등이 유출되지 않도록 보안에 필요한 조치를 해야 한다. ③ 제1항 및 제2항에서 규정한 사항 외에 원격영상회의의 운영에 필요한 사항은 인사혁신처장이 정한다.

라. 징계혐의자의 출석

(1) 원칙

징계혐의자는 자신이 원하지 않는 한 징계위원회에 출석하여 그 의견을 진술하고 변명하는 등 방어의 기회가 부여되어야 한다. 공무원징계령 제10조 제1항에 '징계혐의자에게 출석을 명할 때에는…'이라고 하거나 검사징계법 제9조에 '위원장은… 징계혐의자의 출석을 명할 수 있다.'고 되어 있어 임의적 선택사항이라고 보면 안 된다.

방을 특정하지 않은 채 '의무병 2명'을 상대방으로 하는 징계혐의사실이 징계사유를 구성한다고 기재되어 있는바, 2) 위와 같은 과정에 비추어 보면, 이 사건 징계절차에서 원고에 대한 징계혐의가 특정되었다고 보기 어렵고, 이에 따라 원고는 징계사유를 구성하는 징계혐의사실을 파악하기 어려웠을 것으로 보이며, 그에 따라 징계사유에 대한 충분한 진술 기회를 부여받았다고 보기 어렵다고 하여 원고에 대한 징계처분을 취소하였다.

영 제10조제1항의 출석통지 규정은 징계등 혐의자의 방어권 보장을 위한 주요규정이므로 이를 위반하면 징계처분의 절차상 하자로 인하여 무효 또는 취소될 수 있으므로 유의하여야 한다.

(2) 통지 방법

• 징계위원회가 징계등 혐의자의 출석을 명할 때에는 별지 제2호 서식에 따른 출석통지서로 한다. 출석통지서는 징계위원회 개최일 3일 전에 징계등 혐의자에게 도달되도록 하여야 한다(영 제10조 제1항). 이 경우 징계위원회는 출석통지서 사본을 징계등 혐의자의 소속 기관의 장에게 송부하여야 하며, 소속 기관의 장은 징계등 혐의자를 출석시켜야 한다(제1항). 만약 최초 통보된 징계위원회를 연기한 경우에는, 다시 개최되는 위원회에 출석하도록 3일전에 출석통지를 하여야 한다.

• 징계위원회는 징계등 혐의자의 주소를 알 수 없거나 그 밖의 사유로 출석통지서를 징계등 혐의자에게 직접 송부하는 것이 곤란하다고 인정될 때에는 제1항의 출석통지서를 징계등 혐의자의 소속 기관의 장에게 송부하여 전달하게 할 수 있다. 이 경우 출석통지서를 받은 기관의 장은 지체 없이 징계등 혐의자에게 전달한 후 전달 상황을 관할 징계위원회에 통지하여야 한다(제2항). 이처럼 징계등 혐의자 소속 기관의 장이 간접적으로 출석통지서를 전달할 때 징계등 혐의자가 출석통지서의 수령을 거부하면 출석통지서 전달 상황을 징계위원회에 통지할 때 수령을 거부한 사실을 증명하는 서류도 첨부하여야 한다(제8항).

• 징계등 혐의자가 해외 체류, 형사사건으로 인한 구속, 여행, 그 밖의 사유로 징계의결등 요구서 접수일부터 50일 이내에 출석할 수 없을 때에는 서면으로 진술하게 하여 징계의결등을 할 수 있다. 이 경우에 서면으로 진술하지 아니할 때에는 그 진술 없이 징계의결등을 할 수 있다(제5항).

• 출석통지서 관보게재: 징계등 혐의자가 있는 곳이 분명하지 아니할 때에는 관보를 통해 출석통지를 한다. 이 경우에는 관보에 게재한 날부터 10일이 지나면 그 출석통지서가 송달된 것으로 본다(제6항).

(3) 출석을 원하지 않을 경우

징계위원회는 징계등 혐의자가 그 징계위원회에 출석하여 진술하기를 원하지 않

을 때에는 출석 진술 포기서를 제출하게 하여 기록에 첨부하고 서면심사만으로 징계
의결등을 할 수 있다(제3항). 이 경우 징계등 혐의자가 정당한 사유서를 제출하지 아
니하면 출석을 원하지 아니하는 것으로 보아 그 사실을 기록에 남기고 서면심사에
따라 징계의결등을 할 수 있다(제4항). 때론 징계혐의자가 현재 진행되고 있는 자신
의 형사재판결과를 볼 때까지 연기해 달라며 출석을 거부하는 경우가 있다. 징계위
원회는 독자적으로 판단할 수 있으므로 그러한 요구에 응하여야 하는 것은 아니다.
그러나 사실관계가 불명확하여 재판결과를 기다릴 필요가 있다고 판단하여 연기할
수도 있다. 그럴 경우 징계시효 등을 잘 살펴야 할 것이다.

• 징계등 혐의자가 출석통지서 수령을 거부한 경우에는 징계위원회에 출석하여
진술할 권리를 포기한 것으로 본다. 다만, 징계등 혐의자는 출석통지서의 수령을 거
부한 경우에도 해당 징계위원회에 출석하여 진술할 수 있다(제7항).

(4) 법적 쟁점

(가) 출석 통지 없이 한 징계심의 절차의 위법 여부

종전 대법원은 징계심의대상자에 대한 출석통지는 징계심의대상자로 하여금 징계
심의가 언제 개최되는가를 알게 함과 동시에 자기에게 이익되는 사실을 진술하거나
증거자료를 제출할 기회를 부여하기 위한 조치에서 나온 강행규정이므로 위 출석통
지 없이 한 징계심의 절차는 위법하다(대법원 1985. 10. 8. 선고 84누251 판결)고 하였
다.[100] 그러나 법원의 판단의 대상으로 한 것은 경찰공무원이었고, 경찰공무원징계
령 제12조제1항은, 종전(대통령령 제13437호, 1991. 7. 30.)에는 '징계위원회는 징계심
의대상자에게 출석하도록 통지하여야 한다.'고 하였으나 그 후 개정하여 '징계위원회
가 징계심의대상자의 출석을 요구할 때에는 출석통지서로 한다'고 하였다. 현재 공
무원징계령과 같은 형식이다.

징계혐의자에 대한 출석통지 없이 한 징계심의절차는 무조건 위법하다고 해석할
필요는 없다고 본다. 징계혐의자는 징계위원회에 출석하여 자신의 방어권을 행사할
수 있었다면 달리 보아야 할 것이다.[101] 따라서 징계혐의자에 대한 출석통지는 징계

---

100) 같은 취지로 대전지방법원 2015. 5. 20. 선고 2014구합2982 판결.
101) 일반적으로 징계절차는 공무원에게 징계사유에 해당하는 비위가 있을 경우 먼저 징계혐의
　　자에게 사전고지절차에 해당하는 징계의결요구서 사본을 송부하고 특정기일을 정하여 청

혐의자로 하여금 징계위원회가 언제 개최되는가를 알게 함과 동시에 자기에게 이익
되는 사실을 진술하거나 증거자료를 제출할 기회를 부여하기 위한 조치에서 나온 강
행규정이라 할 것이므로 위 출석통지 없이 한 징계심의절차는 위법하다. 그러나 출
석통지서 없이 진행된 징계절차에서 징계혐의자의 방어권 준비 및 행사에 지장이 없
었다거나 징계혐의자가 이의 없이 징계위원회에 출석하여 변명하였다는 등의 특단의
사정이 인정되면 위법하지 않다고 할 것이다. 그런 의미에서 법령은 출석통지서로 통
지하도록 하고 있으나 판례는 그 외 방법으로 통지됨도 가능하다고 보는 것이다.

(사안) 징계위원회가 징계권자로부터 징계의결 요구도 받기 전에 징계혐의자에게
구두로 징계조치사실을 알렸을 뿐 서면에 의한 출석통지를 한 바 없고 징계위원회가
아닌 징계권자의 감독관실 직원에 의하여 확인서와 포기서를 받아 놓고 막바로 징계
의결을 하였음은 징계혐의자에게 진술의 기회를 박탈한 것이 되고 따라서 이에 기한
징계처분은 그 절차가 위법하여 취소를 면할 수 없다(대구고법 1978. 2. 14. 선고 77구
142 제3민사부판결).

(나) 서면 이외의 방법으로 통지할 수 있나

대법원은 가능하다고 본다. 원고에 대한 징계위원회의 출석요구가 전화로 통고되
었다 하더라도 원고가 징계위원회의 통고를 받고 출석하여 그 의견을 진술하고 변명
하는 등 방어의 기회가 충분히 부여된 사실이 인정된다면 위 사유만으로 징계처분을
취소할 사유가 되지 않는다 할 것이다(대법원 1984. 5. 15. 선고 83누714 판결). 출석통
지는 소정의 서면에 의하지 아니하더라도 구두, 전화 또는 전언 등의 방법에 의하여
징계혐의자에게 전달되었으면 출석통지로서 족하며 구두로 통보할 경우에도 반드시
징계혐의자 본인에게 직접 통보되어야 한다고 할 필요는 없다(대법원 1992. 7. 14. 선
고 91누9961 판결).

문절차에 해당하는 징계위원회를 소집하면 징계혐의자가 징계위원회에 출석하여 자신의
권익을 보호하기 위하여 진술하거나 증거를 제출할 수 있고 징계위원회는 관련 자료와 진
술 내용을 모두 종합하여 적정한 징계양정을 결정하는 것으로 진행되고 이러한 절차가 진
행되는 과정에서 징계대상자의 권익이 침해되지 않도록 하여야 할 것인데, 징계대상자의
권익침해 여부는 징계절차의 개개의 단계별로 판단할 것이 아니라 징계절차가 진행되는
전체과정을 종합적으로 고찰하여야 할 것이고, 때로는 징계에 이르게 된 경위 등도 고려될
수 있다(청주지방법원 2006. 4. 20. 선고 2005구합1263 판결).

(다) 출석통지서가 반드시 송달되어야 하는지

징계대상 교원에 대한 위 "가"항의 진술권 보장을 위하여는 서면에 의한 소환방법으로 징계위원회에 출석할 기회를 2회 이상 부여하는 것으로서 족하고, 반드시 소환절차에 있어 출석통지서를 2회 이상 송달하여야 하는 것은 아니며, 미리 해당 교원이 1차의 징계위원회에 불참할 경우를 대비하여 1차와 2차의 징계위원회 개최일시와 장소를 구체적으로 지정하여 각 해당 출석통지서를 동시에 송달하더라도 양자의 위원회 개최일정이 특별히 시간적 여유를 두지 않고 촉박하게 지정고지된 경우가 아닌 한 그러한 통지방법도 무방하다(대법원 1993. 5. 14. 선고 93다3745 판결).

(라) 출석통지서를 발송하여 출석하였으나 징계위원회에서 진술하지 않은 경우

단체협약 등에서 당사자에게 징계사유와 관련한 소명기회를 주도록 규정하고 있는 경우에도 그 대상자에게 그 기회를 제공하면 되는 것이지 소명 그 자체가 반드시 이루어져야 하는 것은 아니다(대법원 2007. 12. 27. 선고 2007다51758 판결 등 참조).

(마) 징계혐의자를 대리하여 변호사가 출석하여 진술할 수 있는지

행정절차법 제12조 제1항 제3호, 제2항, 제11조 제4항 본문에 따르면, 당사자 등은 변호사를 대리인으로 선임할 수 있고, 대리인으로 선임된 변호사는 당사자 등을 위하여 행정절차에 관한 모든 행위를 할 수 있다고 규정되어 있다. 위와 같은 행정절차법령의 규정과 취지, 헌법상 법치국가원리와 적법절차원칙에 비추어 징계와 같은 불이익처분절차에서 징계심의대상자에게 변호사를 통한 방어권의 행사를 보장하는 것이 필요하고, 징계심의대상자가 선임한 변호사가 징계위원회에 출석하여 징계심의대상자를 위하여 필요한 의견을 진술하는 것은 방어권 행사의 본질적 내용에 해당하므로, 행정청은 특별한 사정이 없는 한 이를 거부할 수 없다(대법원 2018. 3. 13. 선고 2016두33339 판결).

만약 징계절차에서 징계심의대상자가 대리인으로 선임한 변호사가 징계위원회 심의에 출석하여 진술하는 것을 막은 경우 위법하여 취소되어야 하는지. 육군3사관학교의 사관생도에 대한 징계절차에서 징계심의대상자가 대리인으로 선임한 변호사가 징계위원회 심의에 출석하여 진술하려고 하였음에도, 징계권자나 그 소속 직원이 변호사가 징계위원회의 심의에 출석하는 것을 막았다면 징계위원회 심의·의결의 절차적 정당성이 상실되어 그 징계의결에 따른 징계처분은 위법하여 원칙적으로 취소되어야 한다. 다만 징계심의대상자의 대리인이 관련된 행정절차나 소송절차에서 이미 실질적인 증거조사를 하고 의견을 진술하는 절차를 거쳐서 징계심의대상자의 방어권 행사에 실질적으로 지장이 초래되었다고 볼 수 없는 특별한 사정이 있는 경우에는, 징계권자가 징계심의대상자의 대리인에게 징계위원회에 출석하여 의견을 진술할 기회를 주지 아니하였더라도 그로 인하여 징계위원회 심의에 절차적 정당성이 상실되었다고 볼 수 없으므로 징계처분을 취소할 것은 아니다(위 대법원 판결).

(바) 변호사 아닌 자가 대리할 수 있는지

국가공무원법이나 공무원징계령 등에 변호사가 징계위원회에 대리인으로 참석할 수 있는지에 대해서 명문 규정은 없다. 다만 국가공무원법에 징계처분에 대해 소청심사를 청구할 수 있고 그 경우 변호사를 대리인으로 선임할 수 있다고 하여(법 제76조 제1항), 소청심사에서는 변호사를 대리인으로 할 수 있음을 분명히 하고 있다. 한편 법관징계법 제15조에서는, 피청구인은 변호사를 변호인으로 선임하여 징계사건에 대한 보충진술과 증거제출을 하게 할 수 있다. 다만, 위원회의 허가를 받은 경우에는 변호사가 아닌 사람을 특별변호인으로 선임할 수 있다. 검사징계법 제12조는, 징계혐의자는 변호사 또는 학식과 경험이 있는 사람을 특별변호인으로 선임(選任)하여 사건에 대한 보충진술과 증거 제출을 하게 할 수 있다고 규정한다. 비록 국가공무원법 등에 징계위원회에 변호사를 대리인으로 할 수 있는지 명문화되어 있지는 않지만, 소청심사와 징계위원회를 달리 볼 이유가 없으므로 징계위원회에서도 가능하다고 할 것이다. 대법원은 징계심의대상자가 선임한 변호사가 징계위원회에 출석하여 징계심의대상자를 위하여 필요한 의견을 진술하는 것은 방어권 행사의 본질적 내용에 해당하므로, 행정청은 특별한 사정이 없는 한 이를 거부할 수 없다고 한다(대법원 2018. 3. 13. 선고 2016두33339 판결). 마찬가지로 변호사 아닌 자가 징계위원회에 출석하여 대리할 수 있는지에 대해서도 규정이 없다. 검사나 법관의 징계와 달리 규정이 없음에도 위원회에서 허락하기는 쉽지 않을 것이다. 실무에서는 명확한 법적 근거가 없으므로 일반적으로 허용하지 않고 있으나, 간혹 동료, 선배라며 징계혐의자를 위해 징계심의위원회에 출석하여 진술을 하는 경우가 있다. 이 경우도 대리인이 아니라 탄원인의 입장에서 위원장의 허락을 받고 진술의 기회를 부여받은 것에 불과하다.

마. 심문권과 진술권

(1) 심문권

징계위원회는 절차에 따라 출석한 징계등 혐의자에게 혐의 내용에 관한 심문을 하고 필요하다고 인정할 때에는 관계인의 출석을 요구하여 심문할 수 있다(영 제11조 제1항).

(2) 진술권

• 징계등혐의자: 징계위원회는 징계등 혐의자에게 충분한 진술을 할 수 있는 기회를 주어야 한다. 진술 기회를 주지 아니한 의결은 무효로 한다(국가공무원법 제81조, 제13조제2항).

징계등 혐의자는 의견서(별지 제2호의2서식) 또는 구술로 자기에게 이익이 되는 사실을 진술하거나 증거를 제출할 수 있다. 징계위원회 출석과 무관하게 진술하거나 증거를 제출할 수 있다.

• 징계의결등 요구권자: 징계의결등 요구자 및 신청자는 징계위원회에 출석하여 의견을 진술하거나 서면으로 의견을 진술할 수 있다. 다만, 중징계등 요구사건의 경우에는 특별한 사유가 없는 한 징계위원회에 출석하여 의견을 진술해야 한다(제4항).

징계의결등 요구자 및 신청자는 「감사원법」 제32조제1항 및 제10항에 따라 감사원이 파면, 해임, 강등 또는 정직 중 어느 하나의 징계처분을 요구한 사건에 대해서는 징계위원회 개최 일시·장소 등을 감사원에 통보하여야 한다(제5항). 감사원은 제5항에 따른 통보를 받은 경우 소속 공무원의 해당 징계위원회 출석을 관할 징계위원회에 요청할 수 있으며, 관할 징계위원회는 출석 허용 여부를 결정하여야 한다(제6항).

• 진술거부권의 고지: 진술거부권에 있어서 진술이란 형사상 자신에게 불이익이 될 수 있는 진술이므로 범죄의 성립과 양형에서의 불리한 사실 등을 말하는 것이고, 그 진술 내용이 자기의 형사책임에 관련되는 것임을 전제로 한다(헌법재판소 2014. 9. 25. 선고 2013헌마11결정 참조).

진술거부권은 자기부죄거부의 특권에서 유래하는 권리로서, 피고인 또는 피의자가 공판절차나 수사절차에서 법원 또는 수사기관의 신문에 대하여 형사상 자신에게 불리한 진술을 거부할 수 있는 권리로 묵비권이라고도 하는바, 헌법이 진술거부권을 기본적 권리로 보장하는 것은 형사피의자나 피고인의 인권을 형사소송의 목적인 실체적 진실발견이나 구체적 사회정의의 실현이라는 국가적 이익보다 우선적으로 보호함으로써 인간의 존엄성과 생존가치를 보장하고, 나아가 비인간적인 자백의 강요와 고문을 근절하려는 데 있다. 이러한 진술거부권은 형사절차에서만 보장되는 것은 아니고 행정절차이거나 국회에서의 질문 등 어디에서나 그 진술이 자기에게 형사상 불리한 경우에는 묵비권을 가지고 이를 강요받지 아니할 국민의 기본권으로 보장되며, 이는 고문 등 폭력에 의한 강요는 물론 법률에 의하여서도 진술을 강요당하지 아니함을 의미한다(대법원 2015. 5. 28. 선고 2015도3136 판결 등 참조).

징계위원회가 개최되면 위원장은 징계혐의자에 대해, '진술을 하지 않더라도 불이익을 받지 않는다. 진술거부권을 포기하고 행한 진술은 징계혐의의 증거로 사용될 수 있다'라는 취지를 고지하고, 진술거부권을 행사할 것인지, 변호인의 조력을 받아 심의에 응할 것인지를 확인하여야 한다.

• 진술권의 포기: 징계혐의자는 자유로이 진술권을 포기할 수 있다. 포기한 경우 징계위원회는 계속 진술기회를 부여하거나 출석통지를 하여야 하나. 징계위원회가 징계혐의자에게 징계위원회의 출석통지서를 송부하여 충분한 진술을 할 수 있는 기회를 부여하려고 하였음에도 징계혐의자가 진술권을 포기하거나 출석통지서의 수령을 거부하여 진술권을 포기한 것으로 보게 되는 경우 징계위원회가 그 후에는 징계혐의자에게 징계위원회에의 출석통지를 할 필요 없이 서면심사만으로 징계의결할 수 있다(대법원 1993. 12. 14. 선고 93누14851 판결).

• 진술권을 박탈한 것으로 볼 수 있는지 여부: 사립학교 교원들에 대한 징계사건을 심리하기 위하여 개최된 징계위원회에서 징계위원들이 징계대상자의 수효가 많은 관계로 장황한 발언을 피하고 능률적인 절차진행을 위하여 징계대상자들로 하여금 각 10분 정도 내에 발언을 마치고 보충진술은 서면으로 하도록 요청함에 따라 징계대상자들도 이의 없이 이에 응하여 발언을 한 다음 대부분이 답변서로 미진한 점을 밝힌 경우, 징계위원회가 징계대상자들의 진술권을 박탈한 것이라고 할 수 없다(대법원 1998. 8. 21. 선고 96누12320 판결).

(3) 증인심문 청구

• 징계등 혐의자는 증인의 심문을 신청할 수 있으며, 이 경우 징계위원회는 그 채택 여부를 결정하여야 한다(영 제11조제3항). 증인 채택 여부는 징계위원회의 결정사항이다.[102] 징계위원회가 관련규정에서 정한 절차에 따라 기각결정을 하였다면, 정당한 징계를 받을 권리 및 증명에 관한 권리를 부당하게 침해하였다고 볼 여지가 없으면 절차상 하자가 있다고 할 수 없다.[103]

징계위원회는 증인심문 이외에도 직권으로 또는 징계혐의자나 특별변호인의 청구에 의하여 감정(鑑定)을 명하고 행정기관이나 그 밖의 기관에 대하여 사실의 조회 또는 서류의 제출을 요구할 수 있다. 검사징계법 제13조, 법관징계법 제16조에는 명문으로 상세히 규정하고 있다.

• **징계위원회에 제출된 진술서를 탄핵하기 위해 증인 심문 청구를 요구하였으나 이를 거부한 경우 원고의 방어권을 침해한 것인지.**

징계위원회는 제1차 심의기일에서 증인으로 채택한 A가 제2차 심의기일에 일방적으로 불출석하면서 제출한 진술서를 증거로 채택하고서도, 그 신빙성을 탄핵하기 위하여 A에 대한 증인 심문이 필요하다는 원고의 청구를 기각함으로써, 원고의 방어권을 침해하였다는 사건에서, 법원은 심의기일에 증인을 심문할지 말지는 기본적으로는 징계위원회의 재량에 속하는 것이고, 그저 징계위원회에서 징계혐의자가 청구한 증인 심문을 채택하지 않았다는 사정만으로 징계절차에 어떠한 위법이 생기는 것은

---

102) 징계위원회에서 원고의 감사원 사무총장 등에 대한 증인심문신청을 채택하지 아니한 사실은 당사자 사이에 다툼이 없는바, 같은 령 제11조는 징계혐의자가 증인의 심문을 신청하였을 경우에는 징계위원회에서 그 채택 여부를 결정하도록 규정하고 있으나 이는 징계위원회가 징계사유의 심리를 위하여 합리적으로 판단하여 결정할 사항이지 징계대상자의 신청을 반드시 받아들여야 하는 것이 아니므로 증인심문을 하지 아니한 채 이루어진 위 징계절차가 위법하다고 할 수 없다(서울고등법원 1994. 4. 27. 선고 91구15869 판결).

103) 대법원은, 징계위원회가 징계혐의자의 증인심문 신청에 대하여 명시적으로 채택 여부를 결정하지 아니한 채 징계심의절차를 종결하고 징계의결을 하였다면 그 증인을 심문하지 아니하기로 묵시적으로 결정된 것으로 보아야 할 것이므로, 징계위원회가 증인심문 신청에 대하여 명시적으로 채택 여부를 결정하지 아니하고 징계의결을 하였다는 사유만으로 그 징계의결절차가 위법한 것이라고 볼 수 없다(대법원 1993. 12. 14. 선고 93누15045 판결)라고 판시하였다. 그러나 징계위원회가 증인채택여부에 대한 정당한 절차를 거치지 않았다면 절차상 위배가 문제될 수 있다. 다만 그 경우에도 절차 전반을 통해 위법 여부를 판단하여야 할 것이다.

아니다. 그렇더라도 증인 심문이 징계위원회의 권한이라는 이유만으로 언제나 적법절차 원칙에 위반하지 않는다고 볼 수도 없다. 징계혐의자가 진술 증거의 증명력 탄핵을 위하여 그 원진술자에 대한 증인 심문을 청구하였을 때, 이를 거부한 징계위원회의 조치가 징계혐의자의 방어권을 침해한 것인지는, 구체적 사건에서, ① 진술 내용의 중대성, 즉, 그것이 징계사유를 인정하는 데 기여하는 정도, ② 그 진술의 성격(직접 경험한 사실의 진술인지, 전문 진술이나 전문가로서 한 진술인지 등), ③ 원진술자가 징계혐의자에 대하여 대립적(對立的) 위치에 있는지, ④ 그 진술이 부정확한 내용을 포함하고 있을 가능성 및 만일 포함하고 있을 경우 당해 징계 사건의 심의 및 의결 결과에 영향을 미칠 가능성, ⑤ 원진술자가 증인으로 심의기일에 출석하지 아니한 이유 또는 진술 증거 탄핵을 위한 징계혐의자의 증인 심문 청구를 징계위원회가 거부한 이유, ⑥ 반대증거의 제출 등 대체적 탄핵 수단의 존부 및 징계위원회가 징계 사건의 심의 과정에서 이를 실제로 제공하였거나 징계혐의자에게 징계위원회 이전 단계에서라도 이를 활용할 기회가 있었는지, ⑦ 징계 절차 지연의 가능성 및 정도를 포함하여 증인 심문을 실시하는 것이 징계위원회에 미칠 절차적 부담, ⑧ 심의기일에 출석하여 증인 심문에 응하는 것이 원진술자에게 미칠 부담 유무 및 정도, 그러한 부담이 징계혐의자가 원인이 된 것인지 등을 두루 살펴, 개별적으로 판단할 것이다.104)

(4) 피해자 진술권

징계위원회는 중징계등 요구사건의 피해자가 신청하는 경우에는 그 피해자에게 징계위원회에 출석하여 해당 사건에 대해 의견을 진술할 기회를 주어야 한다(영 제11조의2). 다만, ① 피해자가 이미 해당 사건에 관하여 징계의결등 요구과정에서 충분히 의견을 진술하여 다시 진술할 필요가 없다고 인정되는 경우, ② 피해자의 진술로 인하여 징계위원회 절차가 현저하게 지연될 우려가 있는 경우에 해당하는 경우에는 그렇지 않다.

---

104) 서울고등법원 2023. 12. 19. 선고 2021누65721 판결에서는, 이상의 사정에 근거해 원고로서는 A에 대한 증인 심문을 통하여 그가 작성한 진술서의 증명력을 탄핵하여야 할 긴절(緊切)한 필요성이 있었다고 할 것이며, 징계위원회가 객관적으로 합리적인 사유 없이 A에 대하여 원고가 청구한 증인 심문을 거부한 것은 원고의 방어권을 보장하지 아니함으로써 헌법상 적법절차의 원칙을 위반하였다고 봄이 마땅하다고 판단하였다.

(5) 변호인의 조력

징계심의대상자가 선임한 변호사가 징계위원회에 출석하여 징계심의대상자를 위하여 필요한 의견을 진술하는 것은 방어권 행사의 본질적 내용에 해당하므로, 행정청은 특별한 사정이 없는 한 이를 거부할 수 없다(대법원 2018. 3. 13. 선고 2016두 33339 판결).

다만 사립학교 교원(대학교 전임강사)의 해임처분취소소송에서, 원고가 선임한 변호사를 대동하여 교원징계위원회에서 진술할 수 있도록 요청하였으나 교원징계위원회에서 이를 받아들이지 아니하여 결국 원고가 변호사의 동석 없이 교원징계위원회에 출석하여 진술한 사실을 두고 절차적 하자를 주장하였는데, 서울행정법원은 교원징계위원회에서 원고가 선임한 변호사의 출석과 진술을 허용하지 아니하였다고 하더라도 사립학교법 제65조 제1항, 참가인 정관 제68조 제1항에 규정된 징계대상자의 진술권 내지 방어권이 보장되지 아니한 절차상 하자가 인정된다고 볼 수 없다고 판시하였다(서울행정법원 2019. 9. 6. 선고 2018구합70325 판결).[105]

---

105) 사립학교 교원은 학교법인 또는 사립학교경영자가 임면하고(사립학교법 제53조, 제53조의 2), 그 임면은 사법상 고용계약에 의하며, 사립학교 교원은 학생을 교육하는 대가로 학교법인 등으로부터 임금을 지급받으므로 학교법인 등과 사립학교 교원의 관계는 원칙적으로 사법상 법률관계에 해당한다(대법원 1996. 7. 30. 선고 95다11689 판결 참조). 비록 임면자가 사립학교 교원의 임면에 대하여 관할청에 보고하여야 하고, 관할청은 일정한 경우 임면권자에게 그 해임 또는 징계를 요구할 수 있는 등(사립학교법 제54조) 학교법인 등에 대하여 국가 등의 지도·감독과 지원 및 규제가 행해지고, 사립학교 교원의 자격, 복무 및 신분을 공무원인 국·공립학교 교원에 준하여 보장하고 있지만, 이 역시 이들 사이의 법률관계가 사법상 법률관계임을 전제로 그 신분 등을 교육공무원의 그것과 동일하게 보장한다는 취지에 다름 아니다. 따라서 학교법인 등의 사립학교 교원에 대한 인사권의 행사로서 징계 등 불리한 처분은 사법적 법률행위의 성격을 가진다(대법원 1995. 11. 24. 선고 95누 12934 판결, 대법원 2014. 7. 24. 선고 2014도6377 판결, 헌법재판소 2006. 2. 23. 선고 2005헌가7·2005헌마1163 전원재판부 결정 등 참조).
행정절차법 제12조 제1항 제3호, 제2항, 제11조 제4항 본문은, 당사자 등은 변호사를 대리인으로 선임할 수 있고, 대리인으로 선임된 변호사는 당사자 등을 위하여 행정절차에 관한 모든 행위를 할 수 있다고 규정하고 있다. 그러나 앞서 본 바와 같이 원칙적으로 학교법인과 사립학교 교원의 관계는 사법상 법률관계에 해당하고 학교법인의 사립학교 교원에 대한 징계처분은 사법적 법률행위의 성격을 가지는 점, 징계처분을 받은 사립학교 교원은 교원소청심사위원회에 대한 심사청구와 그 결정에 대한 행정소송을 제기하지 아니하고 그 처분을 한 학교법인을 상대로 한 민사소송을 제기하여 다툴 수 있는 점 등을 고려하여 보면, 학교법인의 정관 등 징계절차에 관한 규정에 별도의 정함이 없는 한 사립학교 교원

바. 서면심사

(1) 진술하기를 원하지 않는 경우

징계위원회는 징계등 혐의자가 그 징계위원회에 출석하여 진술하기를 원하지 않을 때에는 출석 진술 포기서를 제출하게 하여 기록에 첨부하고 서면심사만으로 징계의결등을 할 수 있다(영 제10조제3항). 징계위원회가 출석통지한 이후 징계혐의자로부터 제출받은 출석 진술 포기서여야 한다. 혐의자가 출석하여 진술함이 없다는 것이지 기타 징계절차는 출석 진술한 경우와 다름이 없다.

(2) 정당한 사유서를 제출하지 않는 경우

징계등 혐의자가 정당한 사유서를 제출하지 아니하면 출석을 원하지 아니하는 것으로 보아 그 사실을 기록에 남기고 서면심사에 따라 징계의결등을 할 수 있다(영 제10조제4항).106)

(3) 기타 사유로 50일 이내 출석 불가능한 경우

징계등 혐의자가 해외 체류, 형사사건으로 인한 구속, 여행, 그 밖의 사유로 징계의결등 요구서 접수일부터 50일 이내에 출석할 수 없을 때에는 서면으로 진술하게 하여 징계의결등을 할 수 있다. 이 경우에 서면으로 진술하지 아니할 때에는 그 진

에 대한 징계에 관하여는 사립학교법에서 정한 징계절차의 규정이 적용되는 외에 위와 같이 행정절차법에서 정한 절차적 규정이 유추적용된다고 볼 수 없다.
다만 사립학교법 제65조 제1항 본문에서 '교원징계위원회는 징계의결을 행하기 전에 본인의 진술을 들어야 한다.'라고 규정한 취지는 사립학교 교원에 대한 징계절차에 있어 징계대상 교원으로 하여금 징계혐의사실에 대한 변명을 위하여 징계위원회에 출석하여 자신에게 이익 되는 진술을 할 수 있는 기회를 주어 방어권을 보장하기 위한 것으로 해석되므로(대법원 1998. 8. 21. 선고 96누12320 판결 참조), 교원징계위원회에 사립학교 교원이 선임한 대리인의 출석을 허용하지 아니한 것이 제반 사정에 비추어 실질적으로 해당 교원의 방어권 행사에 지장을 초래하여 징계절차의 절차적 정당성을 상실할 정도에 이른 경우에는 달리 보아 절차적 하자를 인정할 여지가 있을 것이다.
106) 무단결근중인 원고에 대하여 2회에 걸쳐 출석통지서를 송부하였으나 원고가 정당한 사유 없이 출석하지 아니하였으므로 출석을 원하지 아니하는 것으로 보고 서면심사에 의하여 문제의 징계절차를 적법하게 진행한 사실등을 인정한 조치에는 채증법칙을 어겨 사실을 오인한 위법사유가 없다(대법원 1973. 5. 22. 선고 73누52 판결).

술 없이 징계의결등을 할 수 있다(영 제10조제5항).

사. 기록 열람 · 등사 청구권

형사소송법 제35조제1항은, '피고인과 변호인은 소송계속 중의 관계 서류 또는 증거물을 열람하거나 복사할 수 있다.'라고 규정하고 있다. 피고인으로서는 수사기관에서 수사하고 있는 수사서류에 대해 열람 · 복사를 청구할 수 없으므로, 공판절차의 진행에 있어서는 예상되는 쟁점을 정리하고 효율적인 방어를 위해서는 증거서류나 증거물에 대한 열람 · 등사가 긴요하다. 이는 공판절차의 신속한 진행과 공정한 재판 이념에도 부합하는 것이다.

그런데 징계관련 법령에는 기록 열람 · 등사 청구권에 관한 규정이 없다. 현실적으로 정보공개청구를 통해 해결할 수밖에 없다(공공기관의 정보공개에 관한 법률 제5조제1항).[107]

---

[107] 서울고등법원 2023. 12. 19. 선고 2021누65721 판결 사건에서, 원고가 징계위원회 개최 전에 징계기록 열람 · 등사신청 등에 관한 정보공개청구를 하였으나 징계위원회는 원고에게 징계기록 중 일부를 제공하였다. 다시 원고는 징계기록의 목록 및 징계기록 중 열람 · 등사를 거부하는 부분과 그 거부사유를 밝혀달라고 요청하였고 징계위원회는 원고에게 징계기록 전부에 대하여 열람만 허용하였다. 이에 대해 원고는 징계위원회가 사건심의 당시 징계기록을 제공하지 않아 원고의 방어권을 침해함으로써, 적법절차의 원칙을 위반하였다고 주장하였다. 법원은 국가공무원법과 공무원징계령 및 동 시행규칙 등 관련 법령에서도 징계협의자의 징계기록에 대한 열람 · 등사청구권을 따로 규정하고 있지 않다. 「공공기관의 정보공개에 관한 법률」(이하 정보공개법)에 의하면 징계위원회는 그 자체가 정보공개법의 적용을 받는 '공공기관'이므로, 원고는 국민의 자격에서 징계위원회가 보유 · 관리하는 정보의 공개를 서면 또는 구두로 청구할 수 있으며(같은 법 제5조 제1항, 제10조 제1항), 이에 대하여 징계위원회는 청구를 받은 날부터 10일 이내에 공개 여부를 결정하여야 한다(같은 법 제11조 제1항). 징계위원회는 정보공개법 제9조 제1항 단서 각 호에 해당하는 사유가 있으면 공개를 거부할 수 있으나, 그렇지 않은 한, 이를 공개하여야 하며, 특히 청구인인 원고가 공개를 청구한 정보의 '사본 또는 복제물의 교부를 원하는 경우', 이를 반드시 교부하여야 한다(제13조 제2항). 이런 관점에서 볼 때, 징계위원회가 원고가 공개를 요구한 정보인 징계기록의 열람은 허용하면서도 등사는 거부한 것은 그 자체로서 정보공개법을 위반한 것으로 볼 수 있지만, 정보공개법에 따른 정보의 열람 · 등사 · 복제는 국민의 알권리를 보장하고 국정(國政)에 대한 국민의 참여와 국정 운영의 투명성을 확보하기 위한 수단이지(정보공개법 제1조), 그 자체로서는 검사 징계의 사건 심의에서 거쳐야 하는 '절차'라고 볼 수 없다. 따라서 징계위원회가 정보공개법 소정의 '공공기관'으로서 같은 법을 위반한 것이 이 사건 처분의 효력에 영향을 미치는 절차상 하자라고 볼 수는 없다.

아. 심의와 관련된 부수적 사항

(1) 회의의 비공개 및 비밀누설 금지

징계위원회의 심의·의결의 공정성을 보장하기 위하여 징계위원회의 회의, 징계위원 회의 회의에 참여할 또는 참여한 위원의 명단, 징계위원회의 회의에서 위원이 발언 한 내용이 적힌 문서(전자적으로 기록된 문서를 포함) 등은 공개하지 아니하도록 규정하고 있다(영 제20조). 그러나 위 영에도 불구하고 정보공개법에 의해 정보공개의 대상 됨은 앞서 제척사유 등에서 살펴본 바와 같다.

징계위원회의 회의에 참여한 사람은 직무상 알게 된 비밀을 누설해서는 아니 된다(영제21조).

(2) 회의 참석자의 준수사항

징계위원회 회의에 참석하는 사람은 녹음기·카메라·휴대전화 등 녹음·녹화·촬영이 가능한 기기, 흉기 등 위험한 물건, 그 밖에 징계사건의 심의와 관계없는 물건을 소지할 수 없다. 또한, 녹음·녹화·촬영 또는 중계방송, 회의실 내의 질서를 해치는 행위, 다른 사람의 생명·신체·재산 등에 위해를 가하는 행위를 해서는 안 된다(영 제22조).

(3) 회의록 작성

징계위원회 간사는 위원장의 명을 받아 징계등에 관한 기록이나 그 밖의 서류의 작성 및 보관에 관한 사무를 행한다(영 제6조제4항). 회의록에는 회의의 명칭, 개최기관, 일시 및 장소, 참석자 및 배석자 명단, 진행순서, 상정 안건, 발언 요지, 결정 사항 및 표결 내용에 관한 사항이 포함되어야 한다. 실무에서는 징계위원회 회의록 작성 등을 위해 위원장이 녹음을 하는 것에 대해 이의가 없는지 묻고 녹음하는 것이 일반적이다.

자. 법적 문제

(1) 징계의결시 징계사유로 삼지 않은 사항을 심의사항으로 포함한 경우

징계위원회(항고심사위원회 포함)에서 징계사유로 삼지 않은 내용을 포함하여 심의·의결할 수 없다. 당연히 징계처분의 당부는 징계위원회에서 징계사유로 삼은 사유에 의하여 판단하여야 하고 징계위원회에서 거론되지 아니한 징계사유를 포함시켜 징계처분의 당부를 판단할 수 없다(대법원 1988. 12. 13. 선고 86다204, 86다카1035 판결).

(2) 징계의결요구하지 않은 사항을 포함하여 심의할 수 있는 예외적 경우

징계위원회는 징계의결 요구권자에 의하여 징계의결이 요구된 징계사유 아닌 사유를 들어 징계의결을 할 수 없다. 그러나 징계사유로 삼은 징계의결이 징계요구 없는 사항에 대한 것이라 할 수 없을 정도로 연관성이 있다면 비록 징계의결요구 사유가 아니라도 함께 의결할 수 있다.

예컨대 아래 사안처럼 징계의결요구권자가 요구한 것보다 많은 무단결근 일수를 징계사유로 한 징계의결이지만, 적어도 무단결근을 인정하고 있는 판시에는 출근명령에 위반하여 출근치 아니하였다는 취지도 포함되어 있다고 볼 수 있어 적법한 판단으로 보았다. 즉, 징계위원회는 징계의결요구권자에 의하여 징계의결이 요구된 징계사유 아닌 사유를 들어 징계의결을 할 수는 없으나 징계의결요구시까지의 무단결근을 징계사유로 한 징계의결요구가 있는 경우 그 무단결근이 징계의결을 할 때까지 계속되고 있었다면 소관 징계위원회가 최초에 요구된 일수보다 많은 무단결근일수를 징계의결사항으로 하였다 하여도 이는 무단결근이라는 기초사실의 동일성에 변함이 없고 또 원고들의 방어권행사에 무슨 지장을 주는 것이 아니므로 징계요구 없는 사항에 대한 것이라고 할 수는 없다(대법원 1984. 9. 25. 선고 84누299 판결).

(3) 징계의결요구에 포함되지 아니한 징계사유의 존재 여부

군인 징계의 경우 징계조사관이 징계권자에게 작성·보고한 '징계혐의 사실조사결과 보고서'의 '건의'란 및 '징계권자의 조치'란에, "제1의 가항은 (징계시효 도과로) 징계의결 불요구, 제1의 나, 다항, 제2~6항은 징계의결요구"라고 기재되어 있고, '징계의결요구' 항목에 중사 H에 대한 가혹행위에 해당하는 '제1의 라항'이 기재되어 있지 않았다. 그러나 원고에게 교부된 '징계의결등 요구 고지서', '출석통지서' 등에는 징계혐의사실로, 중사 H에 대한 가혹행위는 포함되어 있었고, 원고는 중사 H에 대한 가혹행위가 포함된 '징계의결등 요구 고지서' 등을 교부받은 후, 징계혐의사실에 중사 H에 대한 가혹행위가 포함되어 있음을 전제로 징계절차에 대응하였고, 위 가혹행위가 포함된 것에 대하여 별다른 이의를 제기하지 않았다. 원고는 징계의결 요구에 포함되지 아니한 '중사 H에 대한 가혹행위'를 징계사유로 삼은 이 사건 징계처분은 위법하여 취소되어야 한다고 하였으나 법원은, 단순한 착오로 인한 기재누락으로 볼 수 있다고 하였다(대구고등법원 2023. 12. 8. 선고 2023누11567 판결). 그러나 위 사안에서는 원고에게 교부된 '징계의결등 요구 고지서' 등에 이미 가혹행위가 포함되어 있고 징계혐의자가 그 사실을 알고 징계절차에 대응한 점을 고려해 법원이 단순 착오라고 볼 수 있다고 판단하였으나, 만약 그런 사실도 없이 완전히 새로운 항목을 징계사유로 삼은 경우에는 위법하다고 할 것이다.

(4) 미확정 판결문의 증거사용 여부

징계위원회에서 사실관계를 파악하면서 1, 2심 판결문의 사실관계를 증거로 인정하여 판단할 수 있는가. 가능하다고 본다. 노동조합 총무부장인 원고가 불법파업을 주동하였다고 인정하여 해고한 사건에 대한 부당노동행위구제재심판정취소소송에서 법원은, 판결서 중에서 한 사실판단을 그 사실을 증명하기 위하여 이용하는 것을 불허하는 것이 아니어서 이를 이용하는 경우에는 판결서도 그 한도 내에서는 보고문서라 할 것이고, 판결이 확정되지 아니한 것이라고 하여 증거로 사용될 수 없다고는 할 수 없고 다만 그 신빙성이 문제될 수 있을 뿐이다(대법원 1995. 4. 28. 선고 94누11583 판결)라고 판시한 바 있다.

(5) 증거판단을 그르쳐서 징계사유를 인식한 위법이 동 징계처분의 무효사유인지 여부(대법원 1981. 7. 28. 선고 80누84 판결)

원고가 이 건 징계사유로 문제된 잘못으로 인하여 법원의 형사재판까지 받았다면(1심은 유죄) 비록 위 징계처분이 결과적으로 증거 없이 이루어진 셈이 되었다 하여도 이는 결국 증거판단을 그르쳐서 사실을 오인한 경우에 불과하고, 이와 같은 위법사유는 징계처분의 취소사유는 될지언정 당연무효사유는 되지 않는다.

(6) 징계위원회에서의 자백

자백한 경우 형사법적으로는 반드시 감면사유인데(형법 제153조 등), 징계위원회에 출석해 자백한 경우 이를 어떻게 처리할 것인가. 법령상 감경사유로 정하고 있지는 않고 있다. 다만 징계위원회에서 양형의 참작사유로 삼을 수 있다. 법원도, '지방공무원법, 지방공무원 징계 및 소청규정, 지방공무원법 징계규칙, B 소속지방공무원 징계양정에 관한 규칙 등 지방공무원의 징계기준과 관련된 제반 규정을 살펴보아도 피징계자의 자수 여부를 감경사유로 정하고 있지 아니하므로, 위 인사위원회 및 교육소청심사위원회가 이 사건 처분에 관한 심의·의결을 하면서 원고의 자수 사실을 참작하지 않았다고 하여 위법하다고 할 수는 없다'(울산지방법원 2017. 4. 20. 선고 2016구합6409 판결)고 한 바 있다. 그러나 징계부가금 부과시 자수를 적절히 활용할 수 있어 감경사유로 정하는 것을 고려해 볼 만하다고 본다.

4. 징계의결(징계위원회의 결정)

가. 징계의결의 의의 및 성질

징계의결이란 징계위원회에서 심의를 마치고 위원들의 의견에 따라 합의하여 징계위원회의 결정을 하는 절차를 말한다. 징계위원회의 의결은 일정한 쟁송절차를 거쳐 행해지는 사법적 성질의 행정행위로서 그 성질상 법률상 인정된 별도의 불복절차를 거치지 않고는 취소 또는 변경될 수 없다. 따라서 준사법적 행정행위의 성질상 실질적 확정력(불가변력)이 발생하므로 가령 징계위원회에서 징계혐의자가 진술한 내용이 허위로 판명되었을 경우라고 하더라도 징계위원회 스스로 이를 변경할 수 없다.[108]

---

108) 징계권자로서는 징계의결대로 징계처분을 집행한 다음에는 특단의 사정이 없는 한 그 스스로 이를 취소하거나 변경할 수 없다 할 것이고 이는 징계위원회의 의결내용에 하자가 있는 경우에도 마찬가지라 할 것이다(대구고등법원 1979. 6. 5. 선고 78구92 판결).

나. 의결 방법 - 징계의결의 정족수

1) 보통징계위원회는 위원 5인 이상의 출석과 출석위원 과반수의 찬성으로 의결하되, 의견이 나뉘어 출석위원 과반수의 찬성을 얻지 못한 경우에는 출석위원 과반수가 될 때까지 징계등 혐의자에게 가장 불리한 의견에 차례로 유리한 의견을 더하여 가장 유리한 의견을 합의된 의견으로 본다(영 제12조제1항). 중앙징계위원회는 위원장 1명을 포함하여 17명 이상 33명 이하의 위원으로 구성하므로, 위원 9명 이상의 출석과 출석위원 과반수의 찬성으로 의결한다. 예컨대 보통징계위원회에 5명이 출석하여 각 정직 2월, 정직 1월, 감봉 3월, 감봉 2월, 감봉 1월의 의견으로 나뉘어졌다면 정직 2월부터 인원을 차례로 더하여 과반수가 되는 의견은 감봉 3월이므로 징계의결은 감봉 3월로 한다. 실무에서는 종종 서로 간 의견을 개진하고 조율하다가 최종적으로는 전원일치의 의견으로 합의하여 감봉 3월로 정리하기도 하나, 자칫 공정성 시비에 휘말릴 수 있다.

2) 의결은 공무원징계령 제12조 제2항 별지 제3호 서식의 '징계등 의결서'로 작성한다.

3) 서면의결할 수 있는 경우(영 제12조제6항):
• 징계위원회는 영 제12조제1항에도 불구하고 다음 각 호의 어느 하나에 해당하는 사항에 대해서는 서면으로 의결할 수 있다. 1. 제2조제5항 단서에 따른 징계등 사건의 관할 이송에 관한 사항, 2. 제9조제1항 단서에 따른 징계의결등의 기한 연기에 관한 사항
• 징계위원회는 일정한 기한을 정하여 서면으로 심의·의결하되, 기한의 말일을 회의를 개최한 날로 본다(국가공무원 복무·징계 관련 예규 제12장 징계).

4) 원격영상회의 방식의 활용
징계위원회는 위원이 동영상과 음성이 동시에 송수신되는 장치가 갖추어진 서로 다른 장소에 출석하여 진행하는 원격영상회의 방식으로 의결할 수 있다(영 제12조의2 제1항).

5) 반드시 무기명 투표를 하여야 하나
군인징계령 제14조제4항은, 징계위원회의 의결은 무기명 투표로 한다고 하고 있

으나, 공무원징계령 등 징계관련 법령에는 명확한 규정이 없다.

무기명 비밀투표 방식은 징계위원들의 자유로운 의사 형성을 보장하면서 징계 대상자를 절차적으로 보호하는 역할도 겸하고 있어 바람직하다 할 것이다. 위 군인징계령의 규정에도 불구하고 무기명 비밀투표로 진행되지 않았다며 절차적 하자를 인정한 하급심 판결(대구지방법원 2023. 6. 22. 선고 2022구합22752 판결)에 대해 그 후 항소심에서 징계회의록에 무기명비밀투표로 행하여졌음이 밝혀져 1심 판결이 취소된 케이스도 있다(대구고등법원 2023. 12. 8. 선고 2023누11567 판결). 공무원징계법상 무기명 투표방식을 요구하는 명문 규정은 없더라도 공정한 절차를 위해 무기명으로 진행하는 것이 옳다고 본다.

6) 참고로 기관에 따라서는 징계위원회 의결결과 가부동수인 때에는 위원장이 결정한다는 내용으로 소속기관 복무규칙 등에 정하는 경우가 있다. 이는 위 공무원징계령 제12조 제1항에 비추어 위법이 아닌지 거론된 바 있다. 사건은 법률공단 소속 변호사들이 대한법률구조공단을 상대로 한 징계무효확인소송에서 주장하였으나, 법원은 이러한 규정이 비민주적이어서 무효에 해당한다고 보기 어렵고, 공무원이 아닌 원고들에게 공무원징계령을 적용할 수 없으므로, 원고들의 주장은 이유 없다(대구고등법원 2023. 10. 4. 선고 2023나12747 판결)고 판단하였다.

다. 징계의결의 범위

① 징계위원회는 징계의결등 요구된 사항에 대하여 심리·의결할 수 있다. 다만 기본적인 사실관계의 동일성에 변함이 없는 한 징계의결등 요구사유와 징계의결 사항간의 차이가 발생하는 사안에 대해 위법이 아니라는 것이 판례이다.[109] 공무원징계령도 징계위원회가 징계등 사건을 의결할 때에는 징계등 혐의자의 혐의 당시 직급, 징계등 요구의 내용, 비위행위가 공직 내외에 미치는 영향, 평소 행실, 공적(功績), 뉘우치는 정도 또는 그 밖의 정상을 참작해야 한다고 하고 있다(제17조).

② 징계의결요구권자가 징계위원회의 징계심의 당일 오전에 징계요구사실을 변경하고 징계사유를 추가하는 내용의 추가의견서를 제출하였다면 이는 징계혐의자의

---

109) 앞서 본 대법원 1984. 9. 25. 선고 84누299 판결 참고.

소명할 권리를 박탈하고 징계의결요구권자가 징계의결에 실질적으로 관여한 것으로 무효인지.

징계위원회는 어디까지나 징계의결 요구권자에 의하여 징계의결이 요구된 징계사유를 심리대상으로 하여 그에 대하여만 심리·판단하여야 하고, 징계의결이 요구된 징계사유를 근본적으로 수정하거나 징계의결 이후에 발생한 사정 등 그 밖의 징계사유를 추가하여 징계의결을 할 수는 없다(대법원 2012. 1. 27. 선고 2010다100919 판결 등 참조). 다만 징계의결이 요구된 당초의 징계사유와 기본적 사실관계의 동일성이 인정되는 한도 내에서는 징계사유를 추가하거나 변경할 수 있다. 여기에서 기본적 사실관계의 동일성 유무는 징계사유를 법률적으로 평가하기 이전의 구체적인 사실에 착안하여 그 기초가 되는 사회적 사실관계가 기본적인 점에서 동일한지 여부에 따라 결정된다(대법원 2010. 12. 9. 선고 2010두12514 판결 등 참조)(대구고등법원 2023. 10. 4. 선고 2023나12747 판결).[110]

이처럼 징계위원회의 징계심의 당일 오전에 징계요구사실을 변경하고 징계사유를 추가하는 내용의 추가의견서를 제출하였다고 하여 무조건 무효사유가 되는 것이 아니고, 최초 징계의결을 요구하면서 제시한 징계사유와 비교할 때 그 기초가 되는 사회적 사실관계가 기본적인 점에서 동일하여 징계의결 요구 후에 새로운 징계사유를 추가하였다거나 징계의결에 관여하였다고 볼 수 없다면 무효사유로 볼 수 없다.

③ 징계위원회는 징계의결 요구권자의 요구양정 수준 또는 의견에 기속받지 않고 징계의결 할 수 있다. 다만 징계의결요구권자는 징계위원회의 의결이 가볍다고 인정하면 그 처분을 하기 전에 직급 상급기관에 설치된 징계위원회에 심사나 재심사를 청구할 수 있으며(법 제82조제2항), 심사 또는 재심사청구 여부는 징계의결을 요구한 기관의 장의 재량행위에 해당한다.

---

110) 이건은 법률구조공단 변호사들이 법률구조공단을 상대로 한 징계무효확인의 소인바, 파기환송심인 대구고등법원은 아래와 같이 판시하였다. ① 이 사건 불문처분의 징계사유는, 피고 이사장이 원고들에 대한 징계의결을 요구하면서 제시한 징계사유와 비교할 때 그 기초가 되는 사회적 사실관계가 기본적인 점에서 동일한 점, ② 피고 이사장이 제출한 위 추가의견서의 내용은 대체적으로 징계대상자들의 주장에 대한 반박이나 사실관계의 보충에 불과한 점, ③ 피고 징계위원회는 추가의견서에 기재된 원고들 품위유지위반의 점에 대해서는 최초의 징계의결요구서에 포함된 징계사유가 아님을 이유로 심리 대상에서 제외한 점 등을 종합하면, 피고 이사장이 징계의결 요구 후에 새로운 징계사유를 추가하였다거나 징계의결에 관여하였다고 볼 수 없으므로, 원고들의 이 부분 주장은 이유 없다.

라. 징계의결의 기한

징계위원회는 징계의결등 요구서를 접수한 날부터 30일(중앙징계위원회의 경우는 60일) 이내에 징계의결등을 해야 한다. 다만, 부득이한 사유가 있을 때에는 해당 징계위원회의 의결로 30일(중앙징계위원회의 경우는 60일)의 범위에서 그 기한을 연기할 수 있다(영 제9조제1항). 징계의결의 기한을 규정한 것은 신속한 징계의결을 도모하고 그에 따른 후임자의 충원 등에 의해 행정작용이 계속적으로 원활히 행해지도록 하는 등으로 행정법관계의 장기간에 걸친 불안정 상태를 방지하려는 것을 주안으로 하는 훈시적 규정이고 징계의결기한이 지나서 징계의결을 하였다 하여 관계자의 책임문제는 별문제로 하고 징계의결이 위법한 것은 아니다. 이는 징계혐의자가 무한정의 신분적 불안정 상태에 빠져 있게 하는 것으로부터 벗어나게 하려는 취지에서 규정한 징계사유의 시효와는 다르다(대법원 1993. 2. 23. 선고 92누16096 판결).

징계의결등이 요구된 사건에 대한 징계등 절차의 진행이 법 제83조[111])에 따라 중지된 경우 그 중지된 기간은 제1항의 징계의결등의 기한에 포함하지 아니한다.

마. 징계의결의 종류

징계는 파면·해임·강등·정직·감봉·견책(譴責)으로 구분하여 의결한다(법 제79조). 파면, 해임, 강등, 정직을 중징계로, 감봉, 견책을 경징계로 구분한다(영 제1조의3). '징계법정주의'에 의해 법령이 명확히 규정하고 있지 않은 징계내용은 허용되지 않는다. 법령에 규정되어 있지 않은 징계항목을 임의로 채택해 예컨대 사과편지를 쓰게 하거나 봉사활동을 강제하거나 할 수는 없다.[112]

---

111) **제83조(감사원의 조사와의 관계 등)** ① 감사원에서 조사 중인 사건에 대하여는 제3항에 따른 조사 개시 통보를 받은 날부터 징계 의결의 요구나 그 밖의 징계 절차를 진행하지 못한다. ② 검찰·경찰, 그 밖의 수사기관에서 수사 중인 사건에 대하여는 제3항에 따른 수사개시 통보를 받은 날부터 징계 의결의 요구나 그 밖의 징계 절차를 진행하지 아니할 수 있다. ③ 감사원과 검찰·경찰, 그 밖의 수사기관은 조사나 수사를 시작한 때와 이를 마친 때에는 10일 내에 소속 기관의 장에게 그 사실을 통보하여야 한다.
112) 대법원 2022. 12. 1. 선고 2022두39185 판결에서 이 부분 최초로 판단하였다.
원고(중학교 재학생)는 수업 중 화장실을 간다고 하면서 당시 수업 교사의 허락을 받고

• **공무원 종류에 따른 징계의결의 종류**

구분	국가/지방/교육공무원/경찰공무원/군무원	군인	법관	검사	국회의원
법령	국가공무원법 제79조/ 지방공무원법 제70조/ 교육공무원징계령 제1조의2/ 경찰공무원징계령 제2조/ 군무원인사법제39조	군인사법 제57조	법관 징계법 제32조	검사 징계법 제3조	국회법 제163조
종류	· 중징계: 파면, 해임, 강등, 정직 · 경징계: 감봉, 견책	• **장교,준사관, 부사관** · 중징계: 파면, 해임, 강등,	정직, 감봉, 견책	해임, 면직. 정직, 감봉,	공개회의에서의 경고, 공개회의에서의 사과,

교실 밖으로 나왔다가, 복도에서 휴대전화를 사용하여 카카오톡 메신저로 문자메시지를 주고받다가 3학년 생활지도 담당 교사에게 적발되었다. 생활지도 담당교사(이하 '해당 교사')는 원고에게 휴대전화 제출을 요청하였으나 원고는 생활지도 담당 교사를 쳐다보지도 아니하고 대답하지도 아니한 채 계속하여 휴대전화를 사용하였다. 이에 생활지도 담당 교사는 원고에게 '생활지도교사로서 지도를 하는 것이고, 지도를 듣지 아니하면 지시 불이행이 된다'라는 취지로 경고하면서 두 번 더 휴대전화를 제출할 것을 요청하였으나 원고는 휴대전화를 제출하지 아니하였다.

해당 교사는 학생부장교사를 데려왔고, 학생부장교사가 원고에게 사실 확인을 하는 중에도 원고는 휴대전화를 사용하면서 대답하지 아니하였고, 해당 교사는 학생부장교사에게 사안을 설명하고 학생부장교사가 원고에게 '휴대전화를 제출하라'는 취지로 말하는 중에도 원고는 휴대전화를 제출하지 아니하였다.

이에 피고(○○중학교장)는 '수업 시간 중 핸드폰 휴대 및 사용, 교사 지시 불이행 및 지도 불응'을 이유로 원고에게 ○○중학교 학교생활 규정 제8조 제2항, 제3항, ○○중학교 학생생활협약 1. 제3항, 강원도교육청 교권침해사안 처리 규정 제4조 제4호에 따라 교내봉사 2시간(교내환경정화활동 1시간, 사과편지작성 1시간)의 징계처분을 하였다.

참고로 초·중등교육법 시행령 제31조 제1항은 학생징계의 유형으로서 학교 내의 봉사(제1호), 사회봉사(제2호), 특별교육이수(제3호), 1회 10일 이내 및 연간 30일 이내의 출석정지(제4호), 퇴학처분(제5호)을 규정하고 있다.

대법원은 학생징계에서의 폭넓은 재량을 인정하면서도 법령상 명문 규정이 없는 징계처분을 엄격히 금지하였다. 이와 관련하여 대법원은 문언적·체계적 해석을 통하여 대상판결에서 불이익처분인 학생징계와 관련한 ○○중학교 학교생활규정 제19조 제1항에서 규정하고 있는 '학교 내의 봉사'에는 '사과편지작성'이 포함되는 것으로 판단하지 않았다. 그리고 더 나아가 ○○중학교 학교생활규정 제31조 제2항에서 '반성문 작성'이 포함되어 있으나, 이는 징계 외의 지도방법의 하나로 규정된 것이어서, 이를 근거로 명문의 규정이 없이도 '학교 내의 봉사'의 징계내용으로 '사과편지작성'이 가능하다고 해석할 수도 없는 것으로 판단하였다. 즉 대상판결에서는 법령의 명시적 근거 없이 학생징계의 범위를 확대해석할 수 없는 것으로 판단하였다.

		정직 · 경징계: 감봉, 근신, 견책 **· 병** 강등, 군기교육, 감봉, 휴가단축, 근신, 견책		견책	30일(또는 90일)이내 의 출석정 지, 제명
비고	교육공무원과 경찰공무 원의 경우 징계의 종류 를 각 징계령에서 규정 하고 있어 바람직하지 않다	단순위헌, 2017 헌바157,2018헌 가10(병합), 2020. 9. 24. 구 군인사법 제57조 제2항 중 '영창'에 관한 부분은 헌법 에 위반된다. ☞폐지됨			

5. 징계양정

가. 징계등 양정의 의의

징계등 양정이란 법령에 규정된 징계 항목의 종류와 범위내에서 징계위원회가 징계혐의자에 대하여 결정할 징계벌의 종류와 양을 정하는 것을 말한다. 비록 공무원인 피징계자에게 징계사유 등이 있어 징계등 처분을 하는 경우 어떠한 처분을 할 것인가 하는 것은 징계권자의 재량에 맡겨진 것이지만, 징계권자가 위 재량권의 행사로서 한 징계처분이 사회통념상 현저하게 타당성을 잃어 징계권자에게 재량권을 남용한 것이라고 인정되는 경우에는 그 처분은 위법한 것이 된다.[113] 따라서 징계등의 양정에 있어서는 재량권의 한계가 준수되어야 하고, 또한 징계위원회가 징계등 사건

[113] 공무원인 피징계자에게 징계사유가 있어서 징계처분을 하는 경우 어떠한 처분을 할 것인가는 징계권자의 재량에 맡겨진 것이고, 다만 징계권자가 재량권의 행사로서 한 징계처분이 사회통념상 현저하게 타당성을 잃어 징계권자에게 맡겨진 재량권을 남용한 것이라고 인정되는 경우에 한하여 그 처분을 위법하다 할 것인데, 공무원에 대한 징계처분이 사회통념상 현저하게 타당성을 잃었다고 하려면 구체적인 사례에 따라 징계의 원인이 된 비위사실의 내용과 성질, 징계에 의하여 달성하려고 하는 행정목적, 징계 양정의 기준 등 여러 요소를 종합하여 판단할 때에 그 징계 내용이 객관적으로 명백히 부당하다고 인정할 수 있는 경우라야 한다(대법원 2010. 11. 11. 선고 2010두16172 판결).

을 심의·의결함에 있어서 각급 징계위원회간에 징계등 양정의 형평을 유지하고 징계등의 공정성을 확보하기 위하여 일정한 판단기준이 필요하다. 이에 따라 공무원징계령 시행규칙 제2조 제1항에서, 징계위원회는 징계 또는 징계부가금 혐의자의 비위(非違)의 유형, 비위의 정도 및 과실의 경중과 혐의 당시 직급, 비위행위가 공직 내외에 미치는 영향, 수사 중 공무원 신분을 감추거나 속인 정황, 평소 행실, 공적(功績), 뉘우치는 정도, 규제개혁 및 국정과제 등 관련 업무 처리의 적극성 또는 그 밖의 정상 등을 고려하여 별표 1의 징계기준, 별표 1의2의 초과근무수당 및 여비 부당수령 징계기준, 별표 1의3의 청렴의 의무 위반 징계기준, 별표 1의4의 성 관련 비위 징계기준, 별표 1의5의 음주운전 징계기준 및 별표 1의6의 징계부가금 부과기준에 따라 징계 또는 징계부가금 사건을 의결해야 한다고 징계양정 기준을 제시하고 있다. 따라서 징계위원회가 법정의 징계종류 중 어느 것을 선택하느냐 하는 것은 구체적인 그 징계사유의 내용과 성질이 그 표준이 됨은 물론이나 그전에 어떠한 사유로 어떠한 종류의 징계처분을 몇 번이나 받은 사실이 있는가의 점도 그 징계종류 선택에 있어서의 자료가 되며, 징계종류선택의 자료로서 피징계자인 공무원의 평소의 소행과 근무성적 등도 참작하여야 하므로 당해 징계양정에 있어서의 참작자료가 될 수 있다(대법원 1991. 2. 12. 선고 90누5627 판결).[114]

나. 징계 양정과 재량권의 한계

징계권의 행사가 임용권자의 재량에 맡겨진 것이라고 하여도 공익적 목적을 위하여 징계권을 행사하여야 할 공익의 원칙에 반하거나 일반적으로 징계사유로 삼은 비

---

114) 구청 건축과의 준공검사업무 담당공무원인 원고가 신축건물에 무단 용도변경 등 위반사항이 있어 2회에 걸쳐 준공검사신청을 반려하였음에도 불구하고 관계법령에 따른 시정명령 등 필요한 조치를 하지도 아니하고, 준공검사를 하는 과정에서 위반사항의 시정여부를 제대로 확인하지도 아니한 채 실효성 없는 건축주의 각서만 받고 건물이 적법하게 건축된 것으로 상사에게 보고한 소위는 성실의무 위반의 정도나 직무태만의 정도에 있어서 결코 가볍지 아니하며, 원고가 전에 받은 견책처분이나 이 사건 징계사유 발생 후에 받은 감봉 1월의 처분도 준공검사등에 관련한 비위를 사유로 한 것으로서 이 사건 징계사유까지 3회의 동종의 비위행위가 단기간 내에 이루어졌으니 원고의 근무경력등 제반사유를 감안하더라도 원고에 대한 해임처분이 사회통념상 현저히 타당성을 잃어 그 재량권의 범위를 넘어 이를 남용한 것이라고 할 수 없다.

행의 정도에 비하여 균형을 잃은 과중한 징계처분을 선택함으로써 비례의 원칙에 위반하거나 또는 합리적인 사유 없이 같은 정도의 비행에 대하여 일반적으로 적용하여 온 기준과 어긋나게 공평을 잃은 징계처분을 선택함으로써 평등의 원칙에 위반한 경우에 이러한 징계처분은 재량권의 한계를 벗어난 처분으로 위법하다(대법원 2004. 6. 25. 선고 2002다51555 판결).

다. 징계등 양정의 기준

(1) 원칙

• 징계위원회는 징계 또는 징계부가금 혐의자의 비위(非違)의 유형, 비위의 정도 및 과실의 경중과 혐의 당시 직급, 비위행위가 공직 내외에 미치는 영향, 수사 중 공무원 신분을 감추거나 속인 정황, 평소 행실, 공적(功績), 뉘우치는 정도, 규제개혁 및 국정과제 등 관련 업무 처리의 적극성 또는 그 밖의 정상 등을 고려하여 별표 1의 징계기준, 별표 1의2의 초과근무수당 및 여비 부당수령 징계기준, 별표 1의3의 청렴의 의무 위반 징계기준, 별표 1의4의 성 관련 비위 징계기준, 별표 1의5의 음주운전 징계기준 및 별표 1의6의 징계부가금 부과기준에 따라 징계 또는 징계부가금(이하 "징계등"이라 한다) 사건을 의결해야 한다(공무원징계령 시행규칙 제2조 제1항).

• 2018. 5. 30. 시행 공무원징계령 시행규칙 개정에서 '적극행정 등에 대한 징계면제' 조항을 신설하였다. 당시 개정이유를 보면, 징계위원회에서 징계의결 등을 할 때 고려할 요인으로 수사 중 공무원 신분을 감추거나 속인 정황을 새롭게 추가하고, 적극적으로 업무를 처리하는 과정에서 발생한 비위 등으로서 고의·중과실이 없는 경우에는 필요적으로 징계의결 또는 징계부가금 부과 의결을 면제하도록 하며, 공직사회에서의 성희롱 예방 대책의 일환으로서 성희롱에 대한 징계기준을 강화하는 등 현행 제도의 운영상 나타난 일부 미비점을 개선·보완하려는 것이다.

(2) 감독자 등

(가) 감독자 등의 책임

징계위원회가 징계등 사건을 의결할 때에는 비위와 부조리를 척결함으로써 공무집행의 공정성 유지와 깨끗한 공직사회의 구현 및 기강 확립에 주력하고, 그 의결 대상이 다음 각 호의 어느 하나에 해당하는 경우에는 그 비위행위자는 물론 각 호에 규정된 사람에 대해서도 엄중히 책임을 물어야 한다. 1. 의결 대상이 직무와 관련한 금품수수 비위 사건인 경우: 해당 비위와 관련된 감독자 및 그 비위행위의 제안·주선자, 2. 부작위 또는 직무태만으로 국민의 권익을 침해하거나 국가 재정상의 손실을 발생하게 한 비위 사건인 경우: 해당 비위와 관련된 감독자(공무원징계령 시행규칙 제2조 제2항).

(나) 비위행위자와 감독자에 대한 문책기준

① 같은 사건에 관련된 행위자와 감독자에 대해서는 업무의 성질 및 업무와의 관련 정도 등을 참작하여 별표 2의 비위행위자와 감독자에 대한 문책기준에 따라 징계의결등을 하여야 한다. ② 제1항에도 불구하고 별표 2에 따른 문책 정도의 순위 1에 해당하지 아니하는 사람이 다음 각 호의 어느 하나에 해당하는 경우에는 징계의결등을 하지 아니할 수 있다. 1. 해당 비위를 발견하여 보고하였거나 이를 적법·타당하게 조치한 징계등 사건, 2. 비위의 정도가 약하고 경과실인 징계등 사건, 3. 철저하게 감독하였다는 사실이 증명되는 감독자의 징계사건(공무원징계령 시행규칙 제3조).

※ 별표 2

비행위자와 감독자에 대한 문책기준(제3조 관련)

업무의 성질		업무 관련도	비위 행위자 (담당자)	직근 상급 감독자	2단계 위의 감독자	최고 감독자 (결재권자)
정책 결정 사항	중요사항 (고도의 정책사항)	고의 또는 중과실이 없는 경우	-	3	2	1
		고의 또는 중과실이 있는 경우	4	3	2	1
	일반적인 사항		3	1	2	4
단순 반복 업무	중요 사항		1	2	3	4
	경미한 사항		1	2	3	

단독 행위	1	2		

* 비고

1. 1, 2, 3, 4는 문책 정도의 순위를 말한다.
2. "고도의 정책사항"이란 국정과제 등 주요 정책결정으로 확정된 사항 및 다수 부처 관련 과제로 정책조정을 거쳐 결정된 사항 등을 말한다.
3. 고의 또는 중과실이 없는 경우란 제3조의2 제2항에 해당하는 경우를 말한다.

(다) 관련 판례

① 공무원에게 부하직원의 비위에 대한 감독상의 책임을 지우기 위하여는 당해 공무원이나 부하직원이 구체적으로 어떠한 직무수행상 태만이나 고의가 있었는지 구체적인 감독의무 위반사실을 밝혀 증거에 의하여 이를 인정하여야 한다(대법원 1989. 12. 26. 선고 89누589 판결).

② 4국 11과를 관장하는 ○○시 도시정비국장이 부하직원인 기안자, 계장, 과장의 순위로 품의되는 결재서류의 위조여부까지 확인하기는 매우 어려운 형편이라면 직근 상급자인 도시정비계장조차 발견하지 못한 결재서류의 위조 또는 변조에 대하여 국장에게 이를 발견하지 못한 감독상의 책임을 물어 징계의 사유로 삼을 수 없다(대법원 1989. 2. 14. 선고 87누733 판결).

③ 공무원에게 부하직원의 비위에 대한 감독책임을 지우기 위하여는 구체적인 감독의무위반사실을 밝혀 증거에 의하여 이를 인정하여야 할 것인바, 기록에 의하면 토지대장등본의 발급업무는 민원창구담당직원의 전결사항이고, 다만 중요하거나 이례에 속하는 것은 의견을 붙여 상사의 결재를 받아야 하며 그 규정에 의하여 전결한 사항에 대하여는 전결한 자가 상급자에 대하여 책임을 지게 되어 있고, 미등기 또는 미복구토지의 소유자가 변경등록된 토지에 대하여 등본발급신청을 하는 경우 계장이나 정규직원이 조서를 대조하여 소유권변경사실을 확인 후에 등본을 발급하도록 되어 있으며, 원고가 과장으로 있는 구청 지적과의 인원구성은 지적과장 밑에 지정계장과 지적계장이 각각 1명, 그 이외에 정규직원이 7명, 고용직이 7-8명 가량 있고, 그 업무는 토지대장등본과 도시계획확인원발급외에도 소송수행, 외국인토지취득관리, 부동산매매 및 교환계약서 검인, 토지분할, 측량검사 등 광범위한 사실, 문제가 된 성남시 소유라는 이 사건 토지 4필지에 대하여 소유자미복구로토지대장등본

이 발급된 것은 1990.1.19 하루사이에 일어났고, 그 당시의 민원창구담당자는 정규 직원으로서 창구담당을 한지 4개월 이상이 된 사실 등을 인정할 수 있는바, 위 인정 사실과 토지대장등본의 발급은 비교적 단순한 업무라는 점을 아울러 고려하면, 위 토지 4필지에 대하여 이와같이 토지대장등본이 잘못 발급되었다고 하더라도 토지대 장등본발급담당자의차상급자에 해당하는 원고에게 그 부하직원의 토지대장등본의 발급업무를 제대로 학인, 감독하지 아니한 잘못이 있다고 할 수는 없을 것이다(대법 원 1992. 9. 14. 선고 91누7606 판결).

④ 교장으로 근무하던 원고가 학교인근토지를 교육감으로부터 공유재산의 관리를 위임받아 있던 중 그 토지 위에 A가 건설자재 적치장으로 사용하고 있음을 묵인한 결과, 공유재산 관리업무에 대한 감독을 철저히 하지 않았다며 견책의 징계처분을 받았다. 법원은, 비록 견책이 경징계에 해당한다 하더라도 이 사건 처분은 지나치게 가혹하여 재량권을 벗어나거나 남용한 것으로서 위법하다고 판단하였다. 즉, 공무원 징계령 시행규칙 제3조 관련 [별표 2]는 '정책 결정사항' 중 중요 사항(고도의 정책사 항)의 경우 최고감독자(결재권자)(1순위), 2단계 위의 감독자(2순위), 직상 감독자(3순 위), 비위행위자(담당자)(4순위) 순으로 문책 정도의 순위를 정하고 있고, 일반적인 사 항인 경우 직상 감독자(1순위), 2단계 위의 감독자(2순위), 비위행위자(담당자)(3순위), 최고감독자(결재권자)(4순위) 순으로 문책 정도의 순위를 정하고 있다. 원고는 이 사 건 학교의 교장으로서 '최고감독자(결재권자)'의 지위에 있으므로 문책 정도의 순위는 4순위에 해당한다. 한편 원고가 부임한 후 현장조사 등을 실시한 결과 비로소 위 무 단전대 사실이 밝혀지게 된 점 등에 비추어 보면 원고의 이 사건 비위행위는 성실하 고 능동적으로 업무를 처리하는 과정에서 과실로 생긴 경우에 해당한다고 봄이 타당 하고, 이 경우 구 교육공무원 규칙 제4조 제3항에 따라 징계를 감경할 수 있다. 따 라서 이 사건 비위행위는 공유재산 관리업무를 제대로 수행하지 아니한 것으로 구 교육공무원 규칙 제2조 [별표] 징계기준 중 '1. 사. 그 밖의 성실의무 위반'에 해당하 고, 위 2), 3)에서 본 사정들에 비추어 '비위정도가 약하고 경과실인 경우'에 해당한 다고 봄이 타당한바, 위 징계기준에서 정한 징계는 견책이고, 구 교육공무원 규칙 제4조 제1항 제2호, 제3항, 제4항, 구 공무원징계령 시행규칙 제4조 제2항 [별표 3] 에 따라 '견책'을 감경하면 '불문(경고)'이 된다(수원지방법원 2016. 6. 8. 선고 2015구합 70318 판결 정리).

(3) 적극행정 등에 대한 징계면제(영 시행규칙 제3조의2)

1) 징계면제되는 경우

위에서 본 징계양형 기준에도 불구하고 징계위원회는 고의 또는 중과실에 의하지 않은 비위로서 다음 각 호의 어느 하나에 해당되는 경우에는 징계의결 또는 징계부가금 부과 의결(이하 "징계의결등"이라 한다)을 하지 아니한다. 1. 불합리한 규제의 개선 등 공공의 이익을 위한 정책, 국가적으로 이익이 되고 국민생활에 편익을 주는 정책 또는 소관 법령의 입법목적을 달성하기 위하여 필수적인 정책 등을 수립·집행하거나, 정책목표의 달성을 위하여 업무처리 절차·방식을 창의적으로 개선하는 등 성실하고 능동적으로 업무를 처리하는 과정에서 발생한 것으로 인정되는 경우, 2. 국가의 이익이나 국민생활에 큰 피해가 예견되어 이를 방지하기 위하여 정책을 적극적으로 수립·집행하는 과정에서 발생한 것으로서 정책을 수립·집행할 당시의 여건 또는 그 밖의 사회통념에 비추어 적법하게 처리될 것이라고 기대하기가 극히 곤란했던 것으로 인정되는 경우.

2) 고의 또는 중과실에 의하지 않은 것으로 추정되는 경우

징계위원회는 징계등 혐의자가 다음 각 호의 사항에 모두 해당되는 경우에는 해당 비위가 고의 또는 중과실에 의하지 않은 것으로 추정한다. 1. 징계등 혐의자와 비위 관련 직무 사이에 사적인 이해관계가 없을 것, 2. 대상 업무를 처리하면서 중대한 절차상의 하자가 없었을 것

3) 자체감사기구로부터 사전에 받은 의견대로 업무를 처리한 경우

징계등 혐의자가 감사원이나 「공공감사에 관한 법률」 제2조제5호에 따른 자체감사기구(이하 "자체감사기구"라 한다)로부터 사전에 받은 의견대로 업무를 처리한 경우에는 징계의결등을 하지 않는다. 다만, 대상 업무와 징계등 혐의자 사이에 사적인 이해관계가 있거나 감사원이나 자체감사기구가 의견을 제시하는 데 필요한 정보를 충분히 제공하지 않은 경우에는 그렇지 않다.

4) 적극행정위원회가 제시한 의견대로 업무를 처리한 경우

징계등 혐의자가 「적극행정 운영규정」 제13조에 따라 같은 영 제11조에 따른 적

극행정위원회(이하 "적극행정위원회"라 한다)가 제시한 의견대로 업무를 처리한 경우에는 징계의결등을 하지 않는다. 다만, 대상 업무와 징계등 혐의자 사이에 사적인 이해관계가 있거나 적극행정위원회가 심의하는 데 필요한 정보를 충분히 제공하지 않은 경우에는 그렇지 않다.

5) 기타 징계면제사유

징계위원회는 i) 제4조제2항에 따른 감경 제외 대상이 아닌 비위이고 ii) 직무와 관련이 없는 사고로 인한 비위로서 iii) 사회통념에 비추어 공무원의 품위를 손상하지 아니하였다고 인정되는 경우에는 징계의결등을 하지 않을 수 있다.

라. 징계의 감경

(1) 감경기준(공무원징계령 시행규칙 제4조 제1항)

1) 징계위원회는 징계의결이 요구된 사람에게 다음 각 호의 어느 하나에 해당하는 공적이 있는 경우에는 아래 표의 징계의 감경기준에 따라 징계를 감경할 수 있다.

1. 「상훈법」에 따른 훈장 또는 포장을 받은 공적

2. 「정부표창규정」에 따라 국무총리 이상의 표창(공적에 대한 표창만 해당한다. 이하 이 호에서 같다)을 받은 공적. 다만, 비위행위 당시 「공무원징계령」 제2조제2항제3호 각 목에 따른 공무원[115]은 중앙행정기관장인 청장(차관급 상당 기관장을 포함한다) 이상의 표창을 받은 공적

3. 「모범공무원규정」에 따라 모범공무원으로 선발된 공적

---

115) 제2항 제3호 해당공무원: 대통령이나 국무총리의 명령에 따른 감사 결과 국무총리가 징계의결 등을 요구한 다음 각 목의 어느 하나에 해당하는 공무원(이하 "6급이하공무원등"이라 한다) 가. 6급 이하 공무원, 나. 전문경력관 나군 및 다군, 다. 연구사 및 지도사, 라. 우정3급 이하 공무원, 마. 다급 이하 전문임기제공무원(시간선택제전문임기제공무원을 포함한다), 바. 한시 임기제공무원, 사. 6급 이하 일반직공무원의 보수에 상당하는 보수를 받는 별정직공무원

징계의 감경기준(제4조 관련)

제2조제1항 및 제3조에 따라 인정되는 징계	제4조에 따라 감경된 징계
파면	해임
해임	강등
강등	정직
정직	감봉
감봉	견책
견책	불문(경고)

2) 다만, 그 공무원이 징계처분이나 공무원징계령시행규칙에 따른 경고를 받은 사실이 있는 경우에는 그 징계처분이나 경고처분 전의 공적은 감경 대상 공적에서 제외한다. 영 시행규칙에 의한 경고란, 동 규칙 제6조제2항에서 정하고 있는 「징계위원회가 감경사유에 따라 견책에 해당하는 비위를 불문(不問)으로 감경하여 의결하였거나 불문으로 의결하였으나 경고할 필요가 있다고 인정하는 경우에는 징계등 의결서의 의결주문란에 "불문으로 의결한다. 다만, 경고할 것을 권고한다"라고 적는다.」에 해당하는 경우이다.

3) 징계위원회는 징계의결이 요구된 자의 비위가 성실하고 능동적인 업무처리과정에서 과실로 인하여 생긴 것으로 인정되거나, 아래의 감경제외 대상이 아닌 비위 중 직무와 관련이 없는 사고로 인한 비위라고 인정될 경우에는 그 정상을 참작하여 위 도표의 징계양정감경기준에 따라 징계를 감경할 수 있다.

4) 감경사유인 제1호의 '상훈법에 따른 훈장 또는 포장을 받은 공적'에는 제2호와 달리 공적에 대한 표창만을 대상으로 하고 있지 않다. 따라서 공무원의 직무수행과 관련 있는 공적뿐 아니라 직무수행과 직접 관련 없는 공적으로 받은 훈장·포장·표창도 포함되므로 공무원 근무 중, 공무원 임용 전, 군복무기간중의 공적으로 받은 훈장·포장 또는 표창도 포함된다 할 것이다. 상훈법 제9조에 훈장의 종류, 제19조에 포장의 종류를 규정하고 있다.

• 정부표창규정(대통령령) 제3조에 의하면, 표창은 공적에 대한 표창[이하 "포상"(襃賞)이라 한다]과 성적에 대한 표창[이하 "시상"(施賞)이라 한다]으로 나누며, 각각의 훈격(공훈에 따른 훈장, 포장 등의 등급을 말한다. 이하 같다)은 다음 각 호의 구분에 따른

다. 1. 포상: 대통령표창, 국무총리표창, 기관장표창, 2. 시상: 대통령상, 국무총리상, 기관장상.

따라서 <u>정부표창은 공적에 대한 표창만을 의미하며, 기타 상장 또는 감사장 등은 제외한다</u>. 예컨대 환경부 6급 공무원이 공적에 대한 표창으로 환경부장관상을 받은 경우 감경대상이 되나, 자신의 공적과 관련하여 도지사로부터 표창을 받은 경우는 포함되지 않는다. 개인적 기부, 선행 등으로 장관 표창장, 또는 감사장을 받은 경우도 해당하지 않는다 할 것이다.

• 지방공무원의 감경사유는 지방공무원 징계규칙(행정안전부령) 제5조에 규정하고 있다. 1.「상훈법」에 따른 훈장 또는 포장을 받은 공적, 2.「정부 표창 규정」에 따라 국무총리 이상의 표창(공적에 대한 표창만 해당한다. 이하 이 호에서 같다)을 받은 공적. 다만, 비위행위 당시 다음 각 목의 어느 하나에 해당하는 공무원116)은 중앙행정기관의 장인 청장(차관급 상당 기관장을 포함한다)·특별시장·광역시장·특별자치시장·도지사·특별자치도지사·교육감 및 시·도의회의 의장 이상의 표창을 받은 공적, 3.「모범공무원규정」에 따라 모범공무원으로 선발된 공적, 4.「청백봉사상 운영규정」에 따른 청백봉사상

지방자치단체의 특성상, 특별시장·광역시장·특별자치시장·도지사·특별자치도지사·교육감 및 시·도의회의 의장 이상의 표창을 받은 공적도 당연히 포함한다.

5) 감경사유는 임의적 규정이다. 따라서 반드시 감경하여야 하는 것은 아니다. 법원도, 원고에게 적용될 수 있는 가중·감경사유는 모두 임의적 가중·감경사유인데, 징계권자가 징계기준에 따른 가중·감경 규정을 모두 적용하여 이 사건 처분을 한 것에 징계양정규칙의 해석을 그르치거나 평등원칙 위반 등의 사정이 있다고 볼 특별한 사정이 없는 이상, 원심으로서는 이 사건 처분이 그 징계기준의 범위 내에 있는지, 그 범위를 일탈한 경우 정당성이 있는지의 여부만을 심리하면 충분하고, 그 징계기준의 임의적인 적용까지 새로 할 것은 아니라고 할 것이다(대법원 2017. 11. 9.

---

116) 제5조제1항제2호 해당 공무원: 가. 6급 이하 공무원(일반임기제공무원의 경우에는 개방형 직위에 임용되는 공무원으로 한정한다), 나. 지방전문경력관 나군 및 다군, 다. 연구사 및 지도사, 라. 6급 이하 공무원의 보수에 상당하는 보수를 받는 별정직공무원, 마. 6급 이하 일반임기제공무원(개방형 직위에 임용되는 공무원은 제외한다), 바. 시간선택제임기제공무원 중 가급 외의 공무원, 사. 한시임기제공무원 중 5호 외의 공무원

선고 2017두47472 판결).

(2) 감경제외 대상(영 시행규칙 제4조제2항)

징계사유가 다음 각 호의 어느 하나에 해당하는 경우에는 해당 징계를 감경할 수 없다.[117]

1. 「국가공무원법」 제78조의2제1항 각 호의 어느 하나에 해당하는 비위

1의2. 「국가공무원법」 제78조의2제1항 각 호의 어느 하나에 해당하는 비위를 신고하지 않거나 고발하지 않은 행위

2. 「성폭력범죄의 처벌 등에 관한 특례법」 제2조에 따른 성폭력범죄

3. 「성매매알선 등 행위의 처벌에 관한 법률」 제2조제1항제1호에 따른 성매매

4. 「양성평등기본법」 제3조제2호에 따른 성희롱

5. 「도로교통법」 제44조제1항에 따른 음주운전 또는 같은 조 제2항에 따른 음주측정에 대한 불응

6. 「공직자윤리법」 제8조의2제2항 또는 제22조에 따른 등록의무자에 대한 재산등록 및 주식의 매각·신탁과 관련한 의무 위반

7. 「적극행정 운영규정」 제2조제2호에 따른 소극행정(이하 이 조에서 "소극행정"이라 한다)

7의2. 부작위 또는 직무태만(소극행정은 제외한다)

8. 「공무원 행동강령」 제13조의3에 따른 부당한 행위

9. 성 관련 비위 또는 「공무원 행동강령」 제13조의3에 따른 부당한 행위를 은폐하

---

[117] 상훈감경제외사유에 해당하는 경우에는 감경할 수 없다. 그런데 징계위원회에서 상훈감경 제외사유에 해당하지 않음에도 해당한다고 보아 심의과정에서 공적사항을 고려하지 않고 결정한 경우는 위법하다. 관련 사건으로, A경찰서장이 작성한 징계의결 등 요구서에 원고가 국무총리로부터 모범공무원규정에 따라 모범공무원으로 선발되었고, 경사로서 4회 경찰청장 표창을, 1회 행정자치부장관 표창을 받은 사실이 기재되어 있는 사실, 그런데 징계위원회는 이 사건 비위행위가 공금횡령에 해당하여 상훈감경 제외사유에 해당한다는 이유로 위 공적 사항들을 징계양정에 고려하지 아니하고 원고에게 이 사건 정직처분을 한 사실을 인정할 수 있는바, 앞서 본 바와 같이 원고의 비위행위가 상훈감경 제외 사유인 '공금 횡령'에 해당된다고 볼 수 없음(사건 수사비 500만원으로 중요범죄검거유공자 즉상품 구입을 하여 19개월 정도 자신의 서랍에 보관한 사건에서 불법영득의사로 보관하고 있었다고 볼 수 없어 공금횡령에 해당하지 않는다고 봄)에도, 징계위원회의 심의과정에서 공적사항을 고려하지 않고 결정된 이 사건 정직처분은 그 징계양정이 결과적으로 적정한지와 상관없이 법령이 정한 징계절차를 지키지 아니한 것으로서 위법하다(부산고등법원 2016. 4. 15. 선고 2015누23786 판결). 이 사건에 비추어, 판결에 의해 감경제외대상이 아닌 것으로 판명된 경우에도 상훈감경하지 않은 위법성을 인정하였다는 점에서, 징계위원회에서 상훈감경 여부를 적용하기 이전에 감경대상제외 사유인지 여부를 철저히 가려야 한다.

거나 필요한 조치를 하지 않은 경우

10. 공무원 채용과 관련하여 청탁이나 강요 등 부당한 행위를 하거나 채용 업무와 관련하여 비위행위를 한 경우

11. 「부정청탁 및 금품등 수수의 금지에 관한 법률」 제5조에 따른 부정청탁

12. 「부정청탁 및 금품등 수수의 금지에 관한 법률」 제6조에 따른 부정청탁에 따른 직무수행

13. 직무상 비밀 또는 미공개정보를 이용한 부당행위

14. 우월적 지위 등을 이용하여 다른 공무원 등에게 신체적·정신적 고통을 주는 등의 부당행위

(3) 법적 쟁점

(가) 감경사유를 반영할 것인지 여부 - 미반영한 경우 징계효력

징계 감경사유 적용은 임의적 규정이므로 징계위원회가 징계기준에 따른 감경 규정을 적용할 것이냐는 징계위원회가 판단할 사항이다. 당연히 상훈, 표창 등을 받은 공적이 있더라도 반드시 이를 이유로 징계를 감경해야 하는 것이 아니다. 법원도, 공무원징계양정등에관한규칙 제4조제1항은 징계위원회는 징계의결이 요구된 자가 일정한 공적이 있는 경우에는 징계를 감경할 수 있다고 규정하고 있는바, 이는 임의적 감경 규정임이 명백하므로 피고가 징계양정을 함에 있어서 원고가 교통부장관 표창을 받았음을 고려하여 징계감경을 하지 않았다 하여 이를 위법하다고 할 수 없다 (대법원 1996. 6. 25. 선고 96누570 판결).

물론 징계권자가 재량권을 행사하여 한 징계처분이 사회통념상 현저하게 타당성을 잃어 징계권자에게 맡겨진 재량권을 남용하였다고 인정되는 경우에는 그 처분을 위법하다고 할 수 있다(대법원 2008. 6. 26. 선고 2008두6387 판결, 대법원 2011. 11. 10. 선고 2011두13767 판결). 이는 재량권의 일탈·남용에 따른 일반적 원칙이다. 징계소송 편에서 자세히 설명하기로 한다.

(나) 감경사유를 징계위원회에서 고려하지 않은 것이 위법으로 되는 경우

① 공무원에 대한 징계의결을 요구하면서 징계사유의 증명에 필요한 관계 자료뿐 아니라 '감경대상 공적 유무' 등이 기재된 확인서를 징계위원회에 함께 제출하여야 한다. 그럼에도 징계위원회의 심의과정에 감경사유에 해당하는 공적 사항이 제시되

지 아니한 경우에는 그 징계양정이 결과적으로 적정한지와 상관없이 이는 관계 법령이 정한 징계절차를 지키지 않은 것으로서 위법하다. 대법원도, 공무원징계령 제7조 제6항 제3호에 의하면, 공무원에 대한 징계의결을 요구할 때는 징계사유의 증명에 필요한 관계 자료뿐 아니라 '감경대상 공적 유무' 등이 기재된 확인서를 징계위원회에 함께 제출하여야 하고, 경찰 공무원 징계양정 등에 관한 규칙 제9조 제1항 제2호 및 [별표 10]에 의하면 경찰청장의 표창을 받은 공적은 징계양정에서 감경할 수 있는 사유의 하나로 규정되어 있다. 위와 같은 관계 법령의 규정 및 기록에 비추어 보면, 징계위원회의 심의과정에 반드시 제출되어야 하는 공적(공적) 사항이 제시되지 않은 상태에서 결정한 징계처분은 징계양정이 결과적으로 적정한지 그렇지 않은지와 상관없이 법령이 정한 징계절차를 지키지 않은 것으로서 위법하다(대법원 2012. 6. 28. 선고 2011두20505 판결).[118] <u>설사 그 이후 소청심사절차에서 이 사건 확인서가 제출되었다고 하더라도 하자가 치유되는 것은 아니다</u>(위 판결).

② 해당공무원에게 인정된 징계사유가 상훈감경 제외사유인 공금횡령에 해당하지 아니함에도, 징계위원회의 심의과정에서 <u>징계의결이 요구된 비위행위가</u> 상훈감경 제외사유에 해당한다는 이유로 그 공적 사항을 징계양정에 전혀 고려하지 아니한 때에는 그 징계양정이 결과적으로 적정한지와 상관없이 이는 관계 법령이 정한 징계절차를 지키지 아니한 것으로서 위법하다(대법원 2015. 11. 12. 선고 2014두35638 판결에서 파기환송되어 부산고법에서 확정. 부산고등법원 2016. 4. 15. 선고 2015누23786 판결).[119]

---

118) 경찰공무원인 갑이 관내 단란주점내에서 술에 취해 소란을 피우는 등 유흥업소 등 출입을 자제하라는 지시명령을 위반하고 경찰공무원으로서 품위유지의무를 위반하였다는 이유로 경찰서장이 징계위원회 징계 의결에 따라 갑에 대하여 견책처분을 한 사안에서, 위 징계처분은 징계위원회 심의과정에서 반드시 제출되어야 하는 공적(공적) 사항인 경찰청장 표창을 받은 공적이 기재된 확인서가 제시되지 않은 상태에서 결정한 것이므로, 징계양정이 결과적으로 적정한지와 상관없이 법령이 정한 절차를 지키지 않은 것으로서 위법하다.

119) 경찰관 A가 중요범인검거 유공자 포상시 부상 명목으로 주유상품권 500매를 구입하면서 소속 과장의 결재는 받았으나 수요부서인 인사계에 전달하지 않고 자신의 사무실 서랍에 넣고 19개월이 지난 시점에 감찰조사에서 적발되어 징계위에 회부되었다. 징계위원회는 공금횡령은 인정하지 않고 '지연처리·보고로 인한 직무유기 또는 직무태만'으로 정직1월의 처분을 한 사안에서, 부산동래경찰서장이 작성한 징계의결 등 요구서에 원고가 국무총리로부터 모범공무원규정에 따라 모범공무원으로 선발되었고, 경사로서 4회 경찰청장 표창을, 1회 행정자치부장관 표창을 받은 사실이 기재되어 있음에도 징계위원회는 이 사건 비위행위가 공금횡령에 해당하여 상훈감경 제외사유에 해당한다는 이유로 위 공적 사항들을 징계양정에 고려하지 아니하고 A에게 정직처분을 하였다. 대법원은, 원심이 이 사건 비

예컨대 공금횡령의 사유로 징계위원회에 회부된 경우 감경제외사유이므로 공적사항을 고려하지 않으나, 만약 위원회가 심의과정에서 감경제외사유의 징계사유에 해당하지 않는다고 판단하여 다른 징계사유로 징계의결할 경우에는 반드시 공적사항을 고려하여야 한다. 실무상 유념하여야 할 사항이다.

(다) 감경사유 제외 대상이면 무조건 감경할 수 없는지

예컨대 해당공무원이 음주측정에 불응한 경우 감경제외사유가 된다(영 제4조제2항 제5호). 그렇다면 이처럼 감경제외 사유인 경우 징계위원회에서는 어떤 경우에도 감경할 수 없는가. 그렇지 않다. 영 시행규칙 제4조제3항에, 징계위원회는 징계의결이 요구된 사람의 비위가 성실하고 능동적인 업무처리 과정에서 과실로 인하여 생긴 것으로 인정될 경우 감경할 수 있도록 하고 있으며 이런 경우에는 감경 제외 대상인지 여부와 무관하다.

(라) 징계감경사유로 표창을 받은 경우에 단체가 받은 경우는 포함되지 않는다

징계양정에서 임의적 감경사유가 되는 국무총리 이상의 표창은 징계대상자가 받은 것이어야 함은 관련 법령의 문언상 명백하고, 징계대상자가 위와 같은 표창을 받은 공적을 징계양정의 임의적 감경사유로 삼은 것은 징계의결이 요구된 사람이 국가 또는 사회에 공헌한 행적을 징계양정에 참작하려는 데 그 취지가 있으므로 징계대상자가 아니라 그가 속한 기관이나 단체에 수여된 국무총리 단체표창은 징계대상자에 대한 징계양정의 임의적 감경사유에 해당하지 않는다(대법원 2012. 10. 11. 선고 2012 두13245 판결).

(마) 상훈감경 대상으로 참작할 수 있는 횟수와 기간이 정해져 있는가

징계 당시 그전에 총리표창과 장관표창을 받은 경우 이번에는 총리표창만을 다음번 언젠가 징계 시에는 장관표창을 감경대상으로 나누어 사용할 수 없다. 징계시점에 그전의 상훈, 표창을 감경사유로 고려하는 것이므로 그 한 번에 종결된다고 할 것이다.

위행위를 '공금 횡령'이 아닌 '지연처리·보고로 인한 직무유기 또는 직무태만'에 해당하는 것으로 판단한 이상, 징계위원회의 심의과정에서 공적 사항을 고려하지 않고 결정된 이 사건 정직처분은 그 징계양정이 결과적으로 적정한지와 상관없이 법령이 정한 징계절차를 지키지 아니한 것으로서 위법하다고 보아야 함에도, 이와 달리 판단한 원심판결에는 징계재량권의 범위에 관한 법리를 오해하여 판결에 영향을 미친 잘못이 있다고 판단하였다.

또 징계시점을 기준으로 예컨대 10년전 상훈, 표창도 고려의 대상이 되는가. 공적기간
의 범위가 별도로 정해져 있지 않으며, 공무원징계령시행규칙 제4조제1항에 징계처분
또는 경고를 받은 경우 그전 공적은 감경대상에서 제외하도록 하며 특별히 그 기간을
정하고 있지 않으므로 감경대상인 공적기간에도 제한이 없다고 보아야 할 것이다.

마. 징계의 가중

(1) 가중기준

① 비위가 경합되는 경우

징계위원회는 서로 관련 없는 둘 이상의 비위가 경합될 경우에는 그 중 책임이 무
거운 비위에 해당하는 징계보다 1단계 위의 징계로 의결할 수 있다. 수개의 비위가
경합될 때 한건으로 보아 종합하여 징계심의를 하여 양정을 정하는 것이 아니고, 각
비위별로 개별적으로 심의하여 그중 가장 무거운 비위를 선택해 양정을 정하고 최종
적으로 그보다 1단계 높은 양정으로 의결할 수 있다는 것이다.

② 징계처분으로 승진임용의 제한 기간 중 발생한 비위

징계위원회는 징계처분을 받은 사람에 대하여 「공무원임용령」 제32조[120]에 따른

---

[120] 제32조(승진임용의 제한) ① 공무원이 다음 각 호의 어느 하나에 해당하는 경우에는 승진
임용될 수 없다.
   1. 징계처분 요구 또는 징계의결 요구, 징계처분, 직위해제, 휴직(질병휴직 중 「공무원 재해
보상법」에 따른 공무상 질병 또는 부상으로 인한 휴직자를 제35조의2제1항제4호 또는
제5호에 따라 특별승진임용하는 경우는 제외한다) 또는 시보임용 기간 중에 있는 경우
   2. 징계처분의 집행이 끝난 날부터 다음 각 목의 기간[법 제78조의2제1항 각 호의 어느
하나에 해당하는 사유로 인한 징계처분과 소극행정, 음주운전(음주측정에 응하지 않은
경우를 포함한다), 성폭력, 성희롱 및 성매매에 따른 징계처분의 경우에는 각각 6개월
을 더한 기간]이 지나지 않은 경우
   가. 강등·정직: 18개월, 나. 감봉: 12개월, 다. 견책: 6개월
② 징계에 관하여 이 영에 따른 공무원과는 다른 법률의 적용을 받는 공무원이 이 영에
따른 공무원이 된 경우 종전의 신분에서 강등처분을 받은 경우에는 그 처분 종료일부터
18개월 동안 승진임용될 수 없고, 근신·군기교육이나 그 밖에 이와 유사한 징계처분을
받은 경우에는 그 처분 종료일부터 6개월 동안 승진임용될 수 없다.
③ 제1항 또는 제2항에 따라 승진임용 제한기간 중에 있는 사람이 다시 징계처분을 받은
경우의 승진임용 제한기간은 전 처분에 대한 제한기간이 끝난 날부터 계산하고, 징계처분
으로 승진임용 제한기간 중에 있는 사람이 휴직하거나 직위해제처분을 받는 경우 징계처

승진임용 제한기간 중에 발생한 비위로 다시 징계의결이 요구된 경우에는 그 비위에 해당하는 징계보다 2단계 위의 징계로 의결할 수 있다.

③ 승진임용제한기간 도과 1년이내

위 승진임용 제한기간이 끝난 후부터 1년 이내에 발생한 비위로 징계의결이 요구된 경우에는 1단계 위의 징계로 의결할 수 있다.

(2) 실제 적용

• 가중사유도 감경사유와 마찬가지로 임의적 적용대상이다. 따라서 징계위원회에서 징계기준에 따른 가중규정을 고려하여 징계 의결하며 가중조항을 적용하지 않기로 한 경우에도 징계양정규칙의 해석을 그르치거나 평등원칙 위반 등의 사정이 있다고 볼 특별한 사정이 없는 이상 위법하지 않다.

• 소위 '세월호 사건'에서 해양경찰청 서해지방해양경찰청 경비안전과 진도 연안해상교통관제센터(Coastal Vessel Traffic Service Center, 이하 '진도 VTS'라 한다)의 센터장에게 ① 사고 당일 세월호와 직접 교신하면서 파악된 정보를 현장출동 함정 등에 전파하지 않은 점, ② 진도 VTS의 야간 변칙근무 실태를 제대로 감독하지 않은 점, ③ 사고 이후 이 사건 CCTV 카메라를 벽에서 떼어내게 한 점, ④ 위와 같이 국회가 사고 당일의 CCTV 녹화물 자료를 요청하는 상황에서 3개월분의 영상자료 원본 파일을 삭제하도록 한 점(이하 차례로 '이 사건 제1 내지 제4 비위행위'라 한다)을 들어, 원고가 국가공무원법 제56조(성실 의무), 제57조(복종의 의무), 제63조(품위유지의 의무)를 위반하였다는 이유로 강등의 징계처분을 하였다(이후 소청심사에서 정직 3개월로 감경되었다). 징계양정의 적정성에 관하여 원심은, 징계사유가 인정되는 제1, 2 비위행위가 그 판시와 같은 사정을 종합하면 의도적 행위이거나 중과실에 따른 행위라고 볼 수 없고, 위 각 행위가 해양경찰공무원 징계양정 등에 관한 규칙 제9조에서 정하는 징계사유의 경합이 있는 경우에 해당하기는 하지만, 원고에게는 원심 판시와

분에 따른 남은 승진임용 제한기간은 복직일부터 계산한다.
④ 공무원이 징계처분을 받은 후 해당 계급에서 훈장, 포장, 모범공무원포상, 국무총리 이상의 표창을 받거나 제안의 채택 시행으로 포상을 받는 경우에는 최근에 받은 가장 무거운 징계처분에 대해서만 제1항제2호 및 제2항에서 규정한 승진임용 제한기간의 2분의 1을 단축할 수 있다.

같은 감경사유가 있으므로 원고에 대하여 징계사유의 경합 규정이 아닌 징계의 감경 규정을 적용함이 타당하고, 그에 따르면 징계기준이 '정직, 감봉'에 해당하는데 그 중 가장 무거운 정직 3월을 한 이 사건 처분은 재량권 일탈·남용의 위법이 있다고 보았다(광주고등법원 2017. 5. 18. 선고 2016누5128 판결). 그러나 대법원은, 원심의 판단과 같이, 구 「해양경찰공무원 징계양정 등에 관한 규칙」(해양경찰청 예규 제493호, 이하 '징계양정규칙'이라 한다) 제4조 제1항 [별표 1]에 따른 징계기준에 의하면 제1비위행위는 '강등·정직', 제2비위행위는 '감봉·견책'에 해당한다고 하더라도, 위 규칙 제9조 제1항의 징계사유 경합에 따른 가중규정을 적용하면 징계양정 범위는 '해임·강등'이 되고, 여기서 위 규칙 제8조 제1항 제2호 단서의 감경규정을 적용하면 최종적인 징계양정 범위는 '강등·정직'이 된다. 따라서 피고의 원고에 대한 당초 징계처분인 '강등'은 위 징계양정 범위 내에 있고, 소청심사위원회의 변경 결정에 따른 정직 3개월의 이 사건 처분도 그 범위 내에 있다. 그리고 위 [별표 1]이 정한 징계양정의 기준이 비례의 원칙에 어긋나거나 합리성을 갖추지 못하였다고 볼 수 없다는 등의 이유로 원심을 파기, 환송하였다(대법원 2017. 11. 9. 선고 2017두47472 판결).

6. 징계의결서 작성

(1) 작성요령

• 징계등 의결은 영 제12조제2항 [별지 제3호] 서식의 징계등 의결서로 작성한다. 의결서에는 의결주문과 이유를 설시하며, 이유란에는 징계등의 원인이 된 사실, 증거의 판단, 관계 법령 및 징계등 면제 사유 해당 여부를 구체적으로 밝혀야 한다(영 제12조제2항). 징계의결서 이유란에 혐의자가 언제, 어떤 행위를 어떻게 함으로써 어느 정도의 직무를 태만히 하였는가를 인식할 만한 구체적인 비위사실을 적시하지 아니한 것은 위법이라 할 것이다. 그러나 징계의결서의 이유에 증거의 판단과 적용법령을 명시하도록 한 취지는 피징계자로 하여금 어떠한 근거에서 징계가 이루어졌는지를 알 수 있도록 하여 줌으로써 징계의 공정을 기하고 그로 하여금 불복할 수 있는 쟁점을 밝혀 주고자 하는 데 있으므로, 그 설시의 정도는 그러한 목적을 달성할 수 있는 범위 내에서 징계사유로 된 사실관계와 이에 해당하는 의무위반의 사유가

무엇인지를 인식할 수 있을 정도로 적시하면 족하고 모든 증거와 적용법령을 구체적으로 일일이 나열하여야 하는 것은 아니다(대법원 1993. 9. 10. 선고 93누5741 판결).

• 징계를 감경 또는 가중하여 의결하였을 때에는 징계등 의결서의 이유란에 그 사실을 구체적으로 명시하여야 한다(영 시행규칙 제6조제1항). 징계위원회가 견책에 해당하는 비위를 불문(不問)으로 감경하여 의결하였을 경우에는 징계등 의결서의 의결주문란에 "불문으로 의결하다"라고, 불문으로 의결하였으나 경고할 필요가 있다고 인정하는 경우에는 "불문으로 의결한다. 다만, 경고할 것을 권고한다"라고 적는다(제6조제2항).

(2) 작성례

구분	기재례	설명
주문	-정직3월로 의결한다. -불문으로 의결한다. -甲은 ○○(으)로, 乙은 ○○(으)로 각 의결한다. -○○(으)로, 징계부가금은○배로 의결한다. * 징계부가금대상금액○○원	-파면, 해임, 강등, 정직, 감봉, 견책의 경우: '○ ○(으)로 의결한다'라고 기재. ※ 이 경우 3개월로 표시하지 않도록. -불문경고의 경우: 불문으로 의결한다. 다만, 경고할 것을 권고한다.
이유	혐의자 ○○○는 ○○부터 ○○까지 ○○에서 ○○업무를 담당하였고, ○○부터 현재까지 ○○에 재직 중인 자이다. 1. 징계혐의자에 대한 징계의결요구 사유를 보면, 〈징계혐의 요지〉 ○○업무를 처리함에 있어 ○○하게 처리하여야 함에도 ○○하게 처리한 사실이 있다는 것이다. 혐의자의 이와 같은 행위는 「국가공무원법」 제○조에 위반하여 같은 법 제78조에 해당되므로 경징계(중징계)의결을 요구한다는 것이다. 2. 이에 대하여 혐의자는 우리 위원회에 제출한 혐의자 의견서와 00.00.00. 개최된 위원회에서의 출석 진술을 통하여,	-징계부가금이 포함된 의결서의 경우, 〈징계혐의 요지〉에서 ... 경징계(중징계) 및 징계부가금 ○배 부과의결을 요구한다는 것이다.

〈혐의자의 진술 또는 주장〉 ○○하다는 취지로 주장하고 있다. 3. 징계위원회의 판단 ○○ 등 제 증거와 혐의자의 진술을 종합하여 살피건대, 〈징계원인이 되는 사실, 증거의 판단〉 혐의자는 ○○년 ○○월 ○○일 ○○에서 ○○한 사실이 인정되며, ○○한 사실은 ○○하다고 판단된다. 그렇다면 혐의자의 이와 같은 행위는 ○○법 제○조에 위반하여 같은 법 ○○조의 징계사유에 해당되고, 징계양정에 있어서 「공무원징계령」 제17조에서 규정한 제 정상을 참작하여 주문과 같이 의결한다. (* 감경하였을 경우 반드시 감경적용 여부를 포함하여 작성)	

(3) 법적 문제

(가) 일부기재 누락의 경우

경찰공무원징계령 제14조 소정의 징계의결서 기재사항 중 일부 기재 누락이 있는 경우에는 위 규정의 취지와 목적에 비추어 그 징계의결의 유효 여부를 결정하여야 할 것이므로 징계의결서에 입증자료의 인정 여부, 징계심의 대상자 및 증인의 출석 여부, 정상참작 여부, 의결방법이 기재되지 아니한 사유만으로는 동 징계의결이 무효라거나 취소되어야 한다고 할 수 없다(대법원 1981. 7. 7. 선고 80누280 판결).

(나) 징계의결서에 징계이유가 기재되지 않은 상태에서 징계위원회 위원들이 서명날인을 먼저 하였고, 징계이유는 징계의결 당일이 아니라 사후에 작성된 경우

징계위원회에서 의결된 내용이 징계의결서 기재와 같다면 징계위원들이 징계의결서에 서명날인한 후에 징계의결이유가 기재되었다고 하더라도, 징계의결 자체에 하자가 있다고 할 수 없다.[121]

---

121) 대구고등법원 2023. 10. 4. 선고 2023나12747 판결(대법원 파기환송으로 확정): 법률구조공단 변호사들이 법률구조공단을 상대로 한 징계무효확인의 소에서, "이 사건 복무규칙 제43조 제4항에 따르면 징계위원회가 징계를 의결하였을 때에는 징계의결서를 작성하여 위원장과 심의에 관여한 위원이 함께 징계의결서에 서명날인하여야 한다. 앞서 본 바와 같이 피고의 징계위원회가 개최되어 위원장과 위원이 징계의결서 기재와 같은 이유로 이 사건 불문처분을 의결하였으므로, 원고들 주장대로 징계위원들이 징계의결서에 서명날인한 후

(4) 의결의 경정

징계등 의결서에 오기(誤記), 계산착오 또는 그 밖에 이와 비슷한 잘못이 있는 것이 명백한 경우 위원장은 직권으로 또는 징계의결등 요구권자나 징계등 혐의자의 신청에 의하여 경정 결정을 할 수 있다(영 제18조의2).

7. 징계의결등 결과 통보

(1) 징계의결등 요구자에 대한 통보(영 제18조)

• 징계위원회가 징계의결등(징계부가금 감면 의결을 포함한다. 이하 같다)을 하였을 때에는 지체 없이 징계등 의결서 또는 별지 제3호의3서식의 징계부가금 감면 의결서[122]의 정본(正本)을 첨부하여 징계의결등의 요구자에게 통보하여야 한다.
• 징계의결등 요구자와 징계처분권자가 다른 경우: 징계의결등의 요구자와 징계처분, 징계부가금 부과처분 또는 징계부가금 감면처분의 처분권자가 다를 때에는 징계처분등의 처분권자에게도 징계의결등의 결과를 통보하여야 한다. 그러나 5급이상 공무원등(고위공무원단에 속하는 공무원을 포함한다)의 파면 또는 해임 의결을 한 경우는 그러하지 아니하다.

(2) 감사원에 대한 통보

감사원으로부터 파면요구를 받은 소속 장관 또는 임용권자는 그 요구를 받은 날부터 10일 이내에 해당 징계위원회 또는 인사위원회에 그 의결을 요구하여야 하며, 중앙징계위원회의 의결 결과에 관하여는 인사혁신처장이, 그 밖의 징계위원회 등의 경우에는 해당 징계위원회 등이 설치된 기관의 장이 그 의결이 있는 날로부터 15일

에 징계의결이유가 기재되었다고 하더라도, 징계의결 자체에 하자가 있다고 할 수 없으므로, 원고들의 이 부분 주장은 이유 없다."고 판시하였다.
122) 징계의결등의 요구권자는 징계부가금 부과 의결을 받은 자에 대한 법원의 판결이 확정되거나 변상책임 등이 이행된 것을 안 경우 등 감면사유가 발생한 날부터 30일 내에 징계위원회에 징계부가금 감면 의결을 요구하여야 하며, 동시에 징계등 혐의자에게 징계부가금 감면 의결 요구서 사본을 송부하도록 하고 있다(영 제17조의2 제4항). 이에 따라 징계부가금 감면의결이 된 경우 그 감면의결서를 통보하도록 한 것이다.

이내에 감사원에 통보하여야 한다(감사원법 제32조제2항).

(3) 금품 등 망실 · 훼손사실의 통고

징계위원회가 설치된 기관의 장은 징계위원회에서 징계등 사건을 심의·의결한 결과 해당 공무원이 공무로 보관 중인 금품 또는 물품을 잃어버리거나 훼손하였다고 인정할 때에는 소속 장관이나 감독기관의 장을 거쳐 그 사실을 감사원에 통고하여야 한다(영 제16조).[123]

8. 심사 또는 재심사청구[124]

가. 개념 및 구별개념

징계의결등을 요구한 기관의 장은 징계위원회의 의결이 가볍다고 인정하면 그 처분을 하기 전에 심사나 재심사를 청구할 수 있다(법 제82조제2항). 심사 또는 재심사청구 여부는 징계의결을 요구한 기관의 장의 재량행위에 해당하나, 징계위원회의 의결이 중하다고 인정하더라도 심사나 재심사는 할 수 없고 징계위원회의 의결이 가볍다고 인정할 경우만 가능하다. 반드시 징계처분을 하기 전에 청구하여야 한다. 심사나 재심사 청구를 하기 전에 징계처분 등의 처분권자가 적법하게 징계처분등을 하였다면 비록 징계의결등 요구권자가 재심사 청구할 의사가 있었다고 하더라도 징계처분등을 한 이후에는 심사나 재심사 청구는 불가능하다. 징계처분은 징계처분등의 처분권자가 징계등 의결서 또는 징계부가금 감면 의결서를 받은 날부터 15일 이내

---

123) 감사원법 제29조는, 감사원의 감사를 받는 기관 등의 장은 1. 회계관계직원 및 감사원의 감찰을 받는 자의 직무에 관한 범죄의 사실이 발견되었을 때 및 징계처분이 있는 때, 2. 현금·물품·유가증권이나 그 밖의 재산을 망실(亡失) 또는 훼손한 사실이 발견된 때에는 지체 없이 소속 장관 또는 감독기관의 장을 거쳐 그 사실을 감사원에 통보하도록 하고 있다.

124) 심사 또는 재심사제도는 징계의결요구권자가 징계의결에 불복할 경우 제기할 수 있으나 징계처분이전에 밟아야 하는 절차이므로, 징계처분이후 불복하는 징계대상자의 소청이나 행정심판과 동일한 항목에서 불복제도의 하나로 취급할 수 없다. 따라서 이 책은 징계의결 항목 이후에 설명하는 형식을 취하였다. 또 심사 또는 재심사라는 용어는 원 징계위원회의 의결이 어디에서 이루어졌는지에 따라 심사를 청구하거나 또는 다시 해당 위원회에 재심사를 청구할 수 있도록 하고 있으므로 용어를 구별하여 사용하고 있는 것일 뿐 원 징계의결에 불복하는 절차라는 점에서는 동일하다.

에 하여야 한다(영 제19조제1항).

　지방공무원의 경우 지방공무원법 제72조제2항에, 교육공무원의 경우 교육공무원 징계령 제20조의2에서 규정하고 있다.

　처분권자(대통령이 처분권자인 경우에는 처분 제청권자)는 ① 법령의 적용, 증거 및 사실 조사에 명백한 흠이 있는 경우, ② 징계위원회의 구성 또는 징계의결등, 그 밖에 절차상의 흠이 있는 경우, ③ 징계양정 및 징계부가금이 과다(過多)한 경우 등 의 사유로 소청심사위원회 또는 법원에서 징계처분등의 무효 또는 취소(취소명령 포 함)의 결정이나 판결을 받은 경우에는 다시 징계 의결 또는 징계부가금 부과 의결을 요구하여야 한다. 국가공무원법 제78조의3에서 규정하며 재징계의결 등의 요구라고 한다. 예컨대 징계처분취소소송에서 징계처분서의 송달을 잘못한 절차상 하자로 인 해 취소판결이 내려진 경우, 처분권자는 법원의 판결이 확정된 날부터 3개월 이내에 관할 징계위원회에 재징계의결등을 요구하여야 한다는 것이다. 이러한 재징계의결 요구와 위 징계의결요구 기관장의 심사 또는 재심사청구와는 다른 개념이다.

나. 절차 및 청구방법

1) 심사 또는 재심사는 다음의 절차에 따라 한다.

　① 국무총리 소속으로 설치된 징계위원회의 의결: 해당 징계위원회에 재심사를 청구

　② 중앙행정기관에 설치된 징계위원회(중앙행정기관의 소속기관에 설치된 징계위 원회는 제외한다)의 의결: 국무총리 소속으로 설치된 징계위원회에 심사를 청구

　③ 위 ①항 및 ②항 외의 징계위원회의 의결: 직근 상급기관에 설치된 징계위원회 에 심사를 청구

　2) 징계위원회는 위 ①②③에 따라 심사나 재심사가 청구된 경우에는 다른 징계 사건에 우선하여 심사나 재심사를 하여야 한다(법 제82조제3항).

　3) 징계의결등을 요구한 기관의 장은 심사 또는 재심사를 청구하려면 징계의결등 을 통보받은 날부터 15일 이내에 다음 각 호의 사항을 적은 징계의결등 심사(재심 사)청구서에 사건 관계 기록을 첨부하여 관할 징계위원회에 제출하여야 한다.

　① 심사 또는 재심사 청구의 취지

② 심사 또는 재심사 청구의 이유 및 증명 방법

③ 징계등 의결서 사본 또는 징계부가금 감면 의결서 사본

④ 징계등 혐의자의 혐의 당시 직급, 징계등 요구의 내용, 비위행위가 공직 내외에 미치는 영향, 평소 행실, 공적(功績), 뉘우치는 정도 또는 그 밖의 정상

4) 심사 또는 재심사를 청구할 경우, 징계의결등을 요구한 기관의 장은 소속 공무원을 대리인으로 지정할 수 있다(법 제82조제2항 후문).

다. 유의사항

1) 권한 없는 징계위원회에 심사 또는 재심사를 청구하면 위법하다(대법원 2012. 4. 13. 선고 2011두21003 판결[125]).

2) 중징계의결이 요구 중인 자에 대해 직위해제처분을 한 이후 징계위원회에서 경징계로 의결하였고 이에 기관의 장이 재심사를 청구하였으나 기각되자 징계대상자가 직위해제기간 받지 못한 임금을 청구한 사안에서 직위해제기간을 언제까지 볼 것인지가 재판의 쟁점이 되었다. 대법원은 '중징계의결이 요구 중인 자'는 국가공무원법 제82조 제1항 및 공무원 징계령 제12조에 따른 징계의결이 이루어질 때까지로 한정된다고 보아야 한다. 즉 징계위원회가 재심사 청구를 기각한 날까지 직위해제처분이 유지된다고 볼 수 없고 최초 징계위원회에서 징계의결이 이루어 질 때까지만

---

[125] 국가정보원장이 고등징계위원회에 소속 직원 甲에 대한 징계의결을 요구하여 고등징계위원회에서 '강등'으로 의결하였으나 그 의결이 징계사유에 비해 가볍다고 보아 고등징계위원회에 재심사를 요구하고 고등징계위원회에서 재심의 결과 '해임'으로 의결하자 甲에 대하여 국가공무원법의 품위유지의무 위반 등을 이유로 해임처분을 한 사안에서, 국가공무원법 제82조 제2항은 국무총리 소속으로 설치된 징계위원회의 의결을 제외하고는 직근 상급기관에 설치된 징계위원회에 재심사를 청구할 수 있도록 규정하고 있는데, 국가정보원의 직근 상급기관인 대통령에는 징계위원회가 존재하지 않으므로, 특별한 규정이 없는 이상 재심사청구를 할 직근 상급기관에 설치된 징계위원회가 없는 국가정보원 징계위원회의 의결에 대하여는 재심사청구를 할 수 없다고 보아야 하고, 최초 징계의결을 한 국가정보원의 고등징계위원회를 직근 상급기관에 설치된 징계위원회로 해석할 수 없다는 이유로, 국가정보원장이 최초 심사·의결하였던 국가정보원 고등징계위원회에 최초 의결이 가볍다고 재심사를 요구하여 최초 의결 내용보다 중하게 재의결한 고등징계위원회의 의결에 따라 해임처분을 한 것은 위법하다(대법원 2012. 4. 13. 선고 2011두21003 판결).

직위해제 상태가 유지된다고 판단하였다(대법원 2022. 10. 14. 선고 2022두45623 판결).

  3) 연혁적으로 제정 시에는 소청심사위원회에 심사를 청구할 수 있도록 하였으나, 1981. 4. 20. 개정법률에서 직근 상급기관에 설치된 징계위원회(국무총리소속하에 설치된 징계위원회의 의결에 대하여는 그 징계위원회)에 심사 또는 재심사를 청구할 수 있도록 하다가, 2020. 1. 29. 개정법률 때부터 지금의 내용으로 심사 또는 재심사를 할 수 있도록 하고 있다.

제6절 | 징계집행 — 징계처분

1. 징계처분의 의의 및 법적 성질

  징계처분이란 징계등 처분권자가 징계의결등 결과에 따라 행하는 행정처분을 말한다. 징계위원회의 의결자체는 행정부 내부의 의사표시에 불과한 것으로 징계등 처분권자가 징계의결등 결과에 따라 징계처분 등을 함으로써 비로소 대외적인 징계등 효력이 발생하는 것이다.

  징계처분등의 처분권자가 징계처분을 할 경우에는 징계처분 등의 사유설명서(별지서식)에 징계등 의결서 또는 징계부가금 감면의결서 사본을 첨부하여 징계처분 등의 대상자에게 교부하여야 한다. 위 징계처분 등의 사유설명서가 징계처분서가 되며 이를 기초로 징계집행이 이루어진다.

  징계처분등의 처분권자는 징계등 의결서 또는 징계부가금 감면 의결서를 받은 날부터 15일 이내에 징계처분등을 하여야 한다(영 제19조제1항). 이 경우 그 징계 의결의 결과에 따라 징계처분을 하여야 한다(법 제78조제1항). 즉, 징계처분권자는 징계위원회의 의결에 구속된다. 법원도, 징계처분권자가 징계위원회로부터 징계의결서를 통보받은 경우에는 해당 징계의결을 집행할 수 없는 법률상·사실상의 장애가 있는 등 특별한 사정이 없는 이상 법정 시한 내에 이를 집행할 의무가 있다고 한다(대법원 2014. 4. 10. 선고 2013도229 판결). 다만 징계의결등을 요구한 기관의 장은 징계위원회의 의결이 가볍다고 인정하면 그 처분을 하기 전에 정해진 절차에 따라 심사나 재심사를 청구할 수 있다(법제82조제2항).

그런데 판례는 확고하게 징계처분은 재량행위라고 하고 있다. 공무원인 피징계자에게 징계사유가 있어서 징계처분을 하는 경우 어떠한 처분을 할 것인가는 징계권자의 재량에 맡겨져 있다. 그러므로 징계권자가 재량권을 행사하여 한 징계처분이 사회통념상 현저하게 타당성을 잃어 징계권자에게 맡겨진 재량권을 남용하였다고 인정되는 경우에 한하여 그 처분을 위법하다고 할 수 있다. 공무원에 대한 징계처분이 사회통념상 현저하게 타당성을 잃었는지는 구체적인 사례에 따라 직무의 특성, 징계의 원인이 된 비위사실의 내용과 성질, 징계에 의하여 달성하려고 하는 행정목적, 징계양정의 기준 등 여러 요소를 종합하여 판단할 때 징계내용이 객관적으로 명백히 부당하다고 인정할 수 있는 경우라야 한다(대법원 2017. 11. 9. 선고 2017두47472 판결 등). 그러나 징계처분권자는 징계위원회의 징계의결을 그대로 따라야 하므로 징계처분이 재량행위라고 하는 것은 엄밀히 말해 징계위원회가 징계여부 결정을 하거나 징계의 종류를 선택하는 데 재량이 인정된다는 의미인 것이다. 징계처분권자는 징계의결이 과하다고 하더라도 이를 감경할 수 없고, 다만 가볍다고 인정하면 처분 전에 심사나 재심사를 청구해 중하게 해 줄 것을 요구할 수 있으므로 그 한도 내에서 재량권을 가질 뿐이다. 물론 징계권자가 내부적인 징계양정기준을 정하고 있고 징계위원회가 그에 따라 징계처분을 하였다면, 정해진 징계양정기준이 합리성이 없거나 징계위원회가 이유없이 그 기준을 고려하지 않았다는 등의 특별한 사정이 없는 한 당해 징계처분이 사회통념상 현저하게 타당성을 잃었다고 할 수는 없는 것이다.

• 징계의결요구권자와의 관계: 공무원 징계절차에서 징계의결요구권자와 징계처분권자는 일반적으로는 동일하지만 공무원의 종류나 직급, 소속기관의 유형, 관련 법령의 내용에 따라 서로 달라질 수 있다. 예컨대 중징계 6급 이하 공무원에 대해 소속기관의 장이 징계의결요구한 경우, 파면과 해임처분은 징계위원회의 의결을 거쳐 각 임용권자 또는 임용권을 위임한 상급 감독기관의 장이 하도록 되어 있다(법 제82조제1항).

2. 징계등 처분권자

가. 국가공무원

공무원의 징계처분 등은 징계위원회 의결을 거쳐 징계위원회가 설치된 소속 기관의 장이 하되, 국무총리 소속으로 설치된 징계위원회(국회 · 법원 · 헌법재판소 · 선거관리위원회에 있어서는 해당 중앙인사관장기관에 설치된 상급 징계위원회를 말한다)에서 행한 징계의결등에 대하여는 중앙행정기관의 장이 한다. 다만, 파면과 해임은 징계위원회의 의결을 거쳐 각 임용권자 또는 임용권을 위임한 상급 감독기관의 장이 한다(법 제82조제1항). 공무원의 신분을 박탈하는 행정행위인 파면과 해임은 임용의 범위에 속하므로 임용권자 또는 임용권을 적법하게 위임받은 자가 처분하여야 하는 것이다.

나. 지방공무원

징계처분등은 인사위원회의 의결을 거쳐 임용권자가 한다. 다만, 5급 이상 공무원 또는 이와 관련된 하위직공무원의 징계처분등과 소속 기관(시 · 도와 구 · 시 · 군, 구 · 시 · 군)을 달리하는 동일사건에 관련된 사람의 징계처분등은 대통령령으로 정하는 바에 따라 시 · 도지사 소속 인사위원회 또는 시 · 도의회의 의장 소속 인사위원회의 의결로 한다(지방공무원법 제72조제1항). 지방자치단체의 장[특별시 · 광역시 · 특별자치시 · 도 또는 특별자치도(이하 "시 · 도"라 한다)의 교육감을 포함한다] 및 지방의회의 의장[시 · 도의회의 의장 및 시 · 군 · 구(자치구를 말한다)의회의 의장을 말한다]은 지방공무원법에서 정하는 바에 따라 그 소속 공무원의 임명 · 휴직 · 면직과 징계를 하는 권한을 가지고, 그 권한을 가지는 자는 그 권한의 일부를 그 지방자치단체의 조례로 정하는 바에 따라 보조기관, 그 소속 기관의 장이나 지방의회의 사무처장 · 사무국장 · 사무과장에게 위임할 수 있다(지방공무원법 제6조 제1항제2항).

3. 징계처분사유서의 교부

가. 징계처분 대상자에 대한 교부

공무원에 대하여 징계처분등을 할 때나 강임 · 휴직 · 직위해제 또는 면직처분을 할 때에는 그 처분권자 또는 처분제청권자는 처분사유를 적은 설명서를 교부(交付)하여야 한다. 다만, 본인의 원(願)에 따른 강임·휴직 또는 면직처분은 그러하지 아니하다(법 제75조제1항).

징계처분등의 처분권자가 징계처분을 할 경우에는 징계처분 등의 사유설명서(별지서식)에 징계등 의결서 또는 징계부가금 감면의결서 사본을 첨부하여 징계처분 등의 대상자에게 교부하여야 한다. 다만, 5급이상공무원등(고위공무원단에 속하는 공무원을 포함한다)을 파면하거나 해임한 경우에는 임용제청권자가 징계처분등의 사유설명서를 교부한다(영 제19조제2항).

교육공무원에 대해서도, '징계등 처분권자가 징계등 처분을 할 때에는 별지 제5호 서식의 징계처분 또는 징계부가금 부과처분 사유설명서에 징계 또는 징계부가금 의결서의 사본을 첨부해 징계등 처분의 대상자에게 교부해야 한다. 다만, 대통령이 임용권자인 교육공무원에 대한 파면 또는 해임의 경우에는 임용제청권자가 이를 교부한다.'고 하여 징계처분을 할 때에는 소정의 양식에 의한 문서로 교부하도록 하고 있다(교육공무원징계령 제17조 제2항).

나. 교부의 방법 및 효력

(1) 문서주의의 원칙

행정절차법 제24조 제1항은 '행정청이 처분을 한 때에는 다른 법령 등에 규정이 있는 경우를 제외하고는 문서로 하여야 하며, 다음 각 호의 어느 하나에 해당하는 경우에는 전자문서로 할 수 있다.'라고 규정하고, 다음 각 호에 관하여는 '1. 당사자 등의 동의가 있는 경우, 2. 당사자가 전자문서로 처분을 신청한 경우'라고 규정하고 있다.

대법원은 「행정절차에 관한 일반법인 행정절차법은 제24조 제1항에서 "행정청이 처분을 할 때에는 다른 법령 등에 특별한 규정이 있는 경우를 제외하고는 <문서>로 하여야 하며, 전자문서로 하는 경우에는 당사자 등의 동의가 있어야 한다. 다만 신속히 처리할 필요가 있거나 사안이 경미한 경우에는 말 또는 그 밖의 방법으로 할 수 있다."라고 정하고 있다. 이 규정은 처분내용의 명확성을 확보하고 처분의 존부에 관한 다툼을 방지하여 처분상대방의 권익을 보호하기 위한 것이므로, 이를 위반한 처분은 하자가 중대·명백하여 무효이다.」라고 판시하였고(대법원 2011 .11. 10. 선고 2011도11109 판결, 대법원 2019. 7. 11. 선고 2017두38874 판결 참조), 「또한 상대방 있는 행정처분은 특별한 규정이 없는 한 의사표시에 관한 일반법리에 따라 상대방에게 행정절차법 제14조[126)]에서 정한 바에 따라 송달하는 등의 방법으로 고지하여야 비로소 효력이 발생하고, 상대방 있는 행정처분이 상대방에게 고지되지 아니한 경우에는 상대방이 다른 경로를 통해 행정처분의 내용을 알게 되었다 하더라도 행정처분의 효력이 발생한다고 볼 수 없다.」라고 판시하였다(대법원 2019. 8. 9. 선고 2019두38656판결 등 참조).

(2) 전자문서의 경우

(가) 전자문서의 범위

대법원은, "「전자문서 및 전자거래 기본법」(이하 '전자문서법'이라 한다) 제2조 제1호는 정보처리시스템에 의하여 전자적 형태로 작성·변환되거나 송신·수신 또는 저장된 정보를 전자문서로 정의하고 있는데, 같은 법 제4조의2는 전자문서의 내용이

---

126) 제14조(송달)
　① 송달은 우편, 교부 또는 정보통신망 이용 등의 방법으로 하되, 송달받을 자(대표자 또는 대리인을 포함한다. 이하 같다)의 주소·거소(居所)·영업소·사무소 또는 전자우편주소(이하 "주소등"이라 한다)로 한다. 다만, 송달받을 자가 동의하는 경우에는 그를 만나는 장소에서 송달할 수 있다.
　② 교부에 의한 송달은 수령확인서를 받고 문서를 교부함으로써 하며, 송달하는 장소에서 송달받을 자를 만나지 못한 경우에는 그 사무원·피용자(被傭者) 또는 동거인으로서 사리를 분별할 지능이 있는 사람(이하 이 조에서 "사무원등"이라 한다)에게 문서를 교부할 수 있다. 다만, 문서를 송달받을 자 또는 그 사무원등이 정당한 사유 없이 송달받기를 거부하는 때에는 그 사실을 수령확인서에 적고, 문서를 송달할 장소에 놓아둘 수 있다.
　③ 정보통신망을 이용한 송달은 송달받을 자가 동의하는 경우에만 한다. 이 경우 송달받을 자는 송 달받을 전자우편주소 등을 지정하여야 한다.
　④ 다음 각 호의 어느 하나에 해당하는 경우에는 송달받을 자가 알기 쉽도록 관보, 공보, 게시판, 일간신문 중 하나 이상에 공고하고 인터넷에도 공고하여야 한다.
　　1. 송달받을 자의 주소등을 통상적인 방법으로 확인할 수 없는 경우
　　2. 송달이 불가능한 경우
　⑤ 제4항에 따른 공고를 할 때에는 민감정보 및 고유식별정보 등 송달받을 자의 개인정보를 「개인정보 보호법」에 따라 보호하여야 한다.
　⑥ 행정청은 송달하는 문서의 명칭, 송달받는 자의 성명 또는 명칭, 발송방법 및 발송 연월일을 확인할 수 있는 기록을 보존하여야 한다.

열람 가능하고, 전자문서가 작성·변환되거나 송신·수신 또는 저장된 때의 형태 또는 그와 같이 재현될 수 있는 형태로 보존되어 있으면, 그 전자문서를 '서면'으로 본다고 규정하고 있다. 위와 같은 전자문서법의 규정에 비추어 보면, 전자우편은 물론 휴대전화 문자메시지도 전자문서에 해당한다고 할 것이므로, 휴대전화 문자메시지가 전자문서법 제4조의2에서 정한 요건을 갖춘 이상 폐기물관리법 시행규칙 제68조의3 제1항에서 정한 서면의 범위에 포함된다고 할 것이다(대법원 2024. 5. 9. 선고 2023도 3914 판결)."라고 판시하고 있다.

(나) 행정절차법 본문의 '문서'에는 전자문서가 포함되지 않는다

행정절차법 제23조 제1항에 의거, 행정청이 처분을 할 때에는 다른 법령등에 특별한 규정이 있는 경우를 제외하고는 문서로 하여야 하며, 예외적으로 전자문서로 할 수 있는데 그 경우는 1. 당사자등의 동의가 있는 경우, 2. 당사자가 전자문서로 처분을 신청한 경우를 들고 있다. 따라서 행정청이 처분을 할 때에는 문서로 하여야 한다는 행정절차법 본문의 '문서'에는 전자문서가 포함된다고 할 수 없고, 예외적으로 전자문서로 하고자 할 때에는 당사자의 동의나 신청이 필요하다.

(다) 동의 여부

앞서 본 바와 같이, 상대방 있는 행정처분은 특별한 규정이 없는 한 의사표시에 관한 일반법리에 따라 상대방에게 고지되어야 효력이 발생하고, 상대방 있는 행정처분이 상대방에게 고지되지 아니한 경우에는 상대방이 다른 경로를 통해 행정처분의 내용을 알게 되었다 하더라도 행정처분의 효력이 발생한다고 볼 수 없다(대법원 2019. 8. 9. 선고 2019두38656 판결 참조)라고 하므로, 전자문서 통지에 단순히 이의를 제기하지 아니하였다는 사정만으로 동의 간주가 가능한지 여부가 문제될 수 있다. 대법원은 "과거에 피고인이 동일한 내용의 폐기물 조치명령을 전자우편으로 송달받고도 이의를 제기하지 않았다는 사정만으로, 피고인이 이 사건 조치명령을 휴대전화 문자메시지로 송달받는 데에 동의하였다고 볼 수는 없다. 결국, 이 사건 조치명령은 당사자의 동의가 없었음에도 전자문서로 이루어진 처분으로서 구 행정절차법 제24조 제1항을 위반한 하자가 있다"라고 판시하였다(대법원 2024. 5. 9. 선고 2023도3914 판결). 이는 행정절차법 제24조 제1항에 따라 전자문서를 통하여 통지를 하기 위해서는 당사자의 명시적 동의 내지 신청이 있어야 한다는 점을 분명히 한 것으로 판단된다.

다. 피해자에 대한 교부(법 제75조제2항)

• 처분권자는 피해자가 요청하는 경우 다음 각 호의 어느 하나에 해당하는 사유로 처분사유 설명서를 교부할 때에는 그 징계처분결과를 영 제19조 별지 제4호의2 서식에 따라 피해자에게 함께 통보하여야 한다.

1. 「성폭력범죄의 처벌 등에 관한 특례법」 제2조에 따른 성폭력범죄

2. 「양성평등기본법」 제3조제2호에 따른 성희롱

3. 직장에서의 지위나 관계 등의 우위를 이용하여 업무상 적정범위를 넘어 다른 공무원 등에게 부당한 행위를 하거나 신체적·정신적 고통을 주는 등의 행위로서 대통령령등으로 정하는 행위

• 위 제3호에 따른 대통령령으로 정하는 행위는 다음 각 호와 같다(영 제19조 제3항).

1. 「공무원 행동강령」 제13조의3 각 호의 어느 하나에 해당하는 부당한 행위(피해자가 개인인 경우로 한정한다), 2. 다음 각 목의 사람에 대하여 직장에서의 지위나 관계 등의 우위를 이용하여 업무상 적정범위를 넘어 신체적·정신적 고통을 주거나 근무환경을 악화시키는 행위

가. 다른 공무원, 나. 다음의 어느 하나에 해당하는 기관·단체의 직원, 1) 징계처분등의 대상자가 소속된 기관(해당 기관의 소속기관을 포함한다), 2) 「공공기관의 운영에 관한 법률」 제4조제1항에 따른 공공기관 중 1)의 기관이 관계 법령에 따라 업무를 관장하는 공공기관, 3) 「공직자윤리법」 제3조의2제1항에 따른 공직유관단체 중 1)의 기관이 관계 법령에 따라 업무를 관장하는 공직유관단체, 다. 「공무원 행동강령」 제2조제1호에 따른 직무관련자(직무관련자가 법인 또는 단체인 경우에는 그 법인 또는 단체의 소속 직원을 말한다)

• 2018. 10. 16., 일부 개정하여 위 제1호 및 제2호를 신설하였다. 당시 개정취지를 보면, '최근 공직사회 내 성 관련 비위가 사회적 논란이 되고 있으며 이로 인해 공직에 대한 국민 신뢰가 심각하게 훼손되고 있는 상황이므로, 성범죄 관련 임용결격 사유를 확대하여 성폭력 범죄 행위자의 공직 유입 제한을 강화하는 한편, 성희롱 및 성폭력 사건 신고제도 및 관련 구제조치에 관한 규정을 마련하여 공직사회 내 성 관련 비위행위를 근절하려는 것임'이라고 하였다.

• 2023. 4. 11., 일부 개정하여 위 제3호를 신설하였다. 당시 개정취지를 보면, '징

계처분의 실효성을 제고하기 위하여 휴직 중인 공무원에 대해서는 징계처분의 집행을 정지하도록 하고, 징계처분결과를 통보받을 수 있는 피해자의 범위를 확대하는 등 현행 제도의 운영상 나타난 일부 미비점을 개선·보완함.'이라고 하였다.

• 처분권자는 징계처분의 사유가 법 제75조제2항 각 호의 어느 하나에 해당하는 경우에는 그 피해자에게 징계처분결과의 통보를 요청할 수 있다는 사실을 안내해야 한다. 다만, 피해자가 있는 곳을 알 수 없는 등 인사혁신처장이 정하는 사유가 있는 경우에는 그렇지 않다.

라. 징계부가금 납부고지서의 교부

징계처분권자는 대상자가 징계부가금처분을 함께 받은 경우에는 징계처분등의 사유설명서를 교부하면서 징계부가금 금액을 분명하게 적은 납부고지서 또는 감면된 징계부가금 금액을 분명하게 적은 감면 납부고지서를 함께 교부하여야 한다(영 제19조의2제1항).

징계처분 등의 대상자가 납부고지서를 교부받은 날부터 60일 내에 징계부가금 또는 감면된 징계부가금을 납부하지 않으면 징계처분 등의 처분권자는 국가공무원법 제78조의2제4항 전단에 따라 국세강제징수의 예에 따라 징수할 수 있고(영 제19조의2제2항), 징계처분 등의 처분권자는 국가공무원법 제78조의2제4항 후단에 따라 체납액의 징수를 위탁하려는 경우에는 징수대상자의 성명 및 주소, 징수금액 등을 적은 징수의뢰서에 체납액의 징수가 사실상 곤란하다는 사실을 입증할 수 있는 서류를 첨부하여 관할 세무서장에게 통보해야 한다(영 제19조의2제3항).

징계처분 등의 대상자가 징계부가금을 납부한 후에 감면 납부고지서를 받은 경우에는 징계처분 등의 처분권자는 그 차액을 징계처분 등의 대상자에게 환급하여야 하고(영 제19조의2제4항), 징계부가금을 납부하기 전에 감면 납부고지서를 받은 경우에는 징계처분 등의 대상자는 감면된 징계부가금을 납부하여야 한다(영 제19조의2제5항).

4. 징계처분의 종류 및 효력

가. 규정

공무원에 대한 징계처분에는 파면·해임·강등·정직·감봉·견책(譴責)이 있다(법 제79조). 징계처분 중 파면, 해임, 강등 또는 정직을 중징계라 하고, 감봉 또는 견책을 경징계라 한다(영 제1조의3). 실무상 징계 항목처럼 행해지는 경고는 법령상 징계의 종류는 아니지만 사실상 가장 가벼운 징계로 행해지고 있다. 후술한다.

나. 구체적 내용 및 효력

(1) 파면

(가) 구체적 내용

• 파면(罷免)이란 공무원이나 공공기관 직원이 받을 수 있는 최고의 징계로, 공무원의 신분을 박탈하여 공무원 관계를 소멸시키는 행정처분이다. 공무원의 신분을 박탈하는 면에서는 해임처분과 동일하지만 공직에의 취임제한, 퇴직급여 및 퇴직수당급여의 제한 등 효력에서는 다른 면이 있다. 예컨대 징계로 파면처분을 받은 때는 5년이 지나지 아니하면 공무원으로 임용될 수 없는데 반해, 해임처분을 받은 때는 3년이 지나지 아니하면 공무원에 임용될 수 없도록 되어 있다(법 제33조제1항).

• 헌법 제65조는 탄핵을 규정하는데 제4항에서 '탄핵결정은 공직으로부터 파면함에 그친다.'고 하여 탄핵도 파면의 하나로 취급한다. 다만 징계로 인한 파면처분에 대해서는 헌법상 탄핵과 달리 행정소송으로 구제절차를 진행할 수 있다는 점이 다르다.

(나) 효력

• 앞서 본바와 같이, 공무원관계로부터 배제하고 5년간 공직재임용을 제한한다. 또 탄핵 또는 징계에 의하여 파면된 경우, 대통령령으로 정하는 바에 따라 퇴직급여 및 퇴직수당의 일부를 줄여 지급한다. 다만 퇴직급여액은 이미 낸 기여금의 총액에 「민법」 제379조에 따른 이자를 가산한 금액 이하로 줄일 수는 없다(공무원연금법 제65조제1항). 위 대통령령인 공무원연금법 시행령 제61조제1항제1호에 의하면, 재직기간이 5년 미만인 사람의 퇴직급여: 4분의 1, 재직기간이 5년 이상인 사람의 퇴직

급여: 2분의 1, 퇴직수당: 2분의 1을 감액한 후 지급한다. 이 조항에 해당하면 행정청은 퇴직급여 및 퇴직수당의 감액 여부 또는 비율을 선택할 재량을 가지지 못하고 위 법령에서 정한 비율대로 지급하여야 한다.

• 징계파면처분의 효력발생 시기: 공무원에 대한 징계파면처분은 파면에 처할 만한 징계사유가 있었다고 한다면 공무원이 그 통지와 사유설명서를 송달받았을 때에 그 효력이 발생할 것이고 그 이후에는 송달을 받지 못하였다는 이유로 그 무효를 주장할 수는 없을 것이다(피고가 그 송달이전에 원고의 공무원신분을 부인하고 원고에게 어떤 불이익처분을 하였다면 원고가 그에 대한 권리구제를 받을 수 있음도 물론이나 이 사건이 그러한 불이익에 대한 구제를 청구한 취지로 볼 수는 없다). 그렇다면 원심으로서는 피고가 원고를 징계파면처분한 것이 과연 징계사유없이 한 무효의 처분인가의 여부를 가려보아야 할 것이고 피고가 징계파면통지와 사유설명서를 원고에게 송달하기 전에 원고의 공무원신분을 박탈하였다하여(그것이 위법임은 물론이나 그것 때문에 합식의 절차에 따른 징계처분이 무효로 될 수는 없다) 피고의 원고에 대한 징계처분이 무효라고 판시한 것은 원고의 청구취지를 오해하고 징계처분의 효력발생에 관한 법리를 오해한 것으로서 위법하다(대법원 1989. 3. 14. 선고 88누6948 판결).

(2) 해임

(가) 구체적 내용

공무원의 신분을 박탈하여 공무원 관계를 소멸시키는 행정처분이란 점에서는 파면과 동일하다. 다만 그 효력면에서 3년간 공직재임용이 제한되고, 금품 및 향응 수수, 공금의 횡령·유용으로 징계에 의하여 해임된 경우를 제외하고는 퇴직급여 및 퇴직수당의 지급에서 어떤 제한도 없다.

(나) 효력

• 해임처분을 받은 때는 3년이 지나지 아니하면 공무원에 임용될 수 없다. 또 금품 및 향응 수수, 공금의 횡령·유용으로 징계에 의하여 해임된 경우에는 대통령령으로 정하는 바에 따라 퇴직급여 및 퇴직수당의 일부를 줄여 지급한다. 이 경우 퇴직급여액은 이미 낸 기여금의 총액에 「민법」 제379조에 따른 이자를 가산한 금액 이하로 줄일 수 없다(공무원연금법 제65조제1항제3호). 이 경우 재직기간이 5년 미만인

사람의 퇴직급여: 8분의 1, 재직기간이 5년 이상인 사람의 퇴직급여: 4분의 1, 퇴직수당: 4분의 1을 감액한 후 지급한다(공무원연금법 시행령 제61조제1항제2호).

• 공무원이 공금의 횡령·유용과 다른 여러 징계사유가 경합되어 징계 해임된 경우 공금의 횡령·유용사유만으로는 해당 공무원을 징계 해임할 수 있을 정도의 의무위반에 이르지 않았다고 볼 만한 특별한 사정이 있는 경우에는 퇴직급여 등의 지급제한을 할 수 없다. 대법원은, 공무원이 공금의 횡령·유용뿐만 아니라 다른 여러 징계사유가 경합되어 징계 해임된 경우에, 공금의 횡령·유용이라는 징계사유가 다른 징계사유들과 비교하여 징계 해임의 주된 징계사유에 해당하지 않고 그 징계사유만으로는 해당 공무원을 징계 해임할 수 있을 정도의 의무위반에 이르지 않았다고 볼 만한 특별한 사정이 있는 경우에는, 구 공무원연금법 제64조 제1항 제3호가 규정한 퇴직급여 등의 지급제한사유인 '공금의 횡령·유용으로 징계 해임된 때'에 해당하지 않는다고 보는 것이 타당하다(대법원 2012. 10. 11. 선고 2011두11488 판결)[127]고 하였다.

(3) 강등

(가) 구체적 내용

강등은 현 직급에서 1계급 아래로 직급을 내리는 행정처분이며 3개월간의 정직과 그 3개월간에는 보수가 전액 삭감되는 절차가 수반된다. 1계급 강등하면, 고위공무원단에 속하는 공무원은 3급으로 임용하고, 연구관 및 지도관은 연구사 및 지도사로

---

127) (요약) 원고가 소외인과 불륜관계로 혼인빙자간음죄로 고소를 당하자, 경상북도 교육감은 원고가 초등학교 교장의 신분임에도 혼인빙자간음으로 고소되었다는 사유를 들어 원고에 대한 징계절차를 개시한 사실, 그 징계조사 과정에서 원고가 일과시간 중에도 소외인을 만나 성관계를 가지는 등 수개월 동안 성관계를 맺은 사실 외에 원고가 충남농업기술원장 등으로부터 참가요청을 받은 벤처농업박람회에 다녀오면서 출장으로 처리하여 출장비 176,000원을 수령하고, 학교 전화를 이용하여 소외인과 여러 차례 통화한 사실 등이 드러난 사실, 위와 같은 사유들을 징계사유로 삼아 원고는 해임처분을 받았고, 공무원연금법 제64조 제1항 제3호에 정해진 급여제한사유인 '공금의 횡령·유용으로 징계 해임된 경우'에 해당한다는 이유로 퇴직급여 등 총액에서 4분의 1을 감액한 153,324,400원만을 지급한 사실 등을 인정한 다음, 원고가 징계해임처분을 받게 된 것은 여러 징계사유 중 초등학교 교장의 신분으로서 업무시간 등에 부녀와 불륜관계를 맺은 데 대한 성실의무위반과 품위유지의무위반을 주된 사유로 삼은 것으로 보이고, 출장비 176,000원 등을 유용하였다는 점은 부수적으로 추가된 사유로서 그 사유만으로는 원고를 징계 해임할 정도는 아니라고 보이므로, 원고는 구 공무원연금법 제64조 제1항 제3호가 정한 퇴직급여 등 지급제한사유인 '공금의 횡령·유용으로 징계 해임된 경우'에 해당하지 않는다.

한다. 다만, 국가공무원법 제4조제2항[128])에 따라 계급을 구분하지 아니하는 공무원과 임기제공무원에 대해서는 강등을 적용하지 아니한다(법 제80조제1항).

위 내용에도 불구하고 특정직공무원 중 외무공무원과 교육공무원의 강등의 효력은 다음 각 호와 같다.

1. 외무공무원의 강등은 「외무공무원법」 제20조의2에 따라 배정받은 직무등급을 1등급 아래로 내리고(14등급 외무공무원은 고위공무원단 직위로 임용하고, 고위공무원단에 속하는 외무공무원은 9등급으로 임용하며, 8등급부터 6등급까지의 외무공무원은 5등급으로 임용한다) 공무원신분은 보유하나 3개월간 직무에 종사하지 못하며 그 기간 중 보수는 전액을 감한다.

2. 교육공무원의 강등은 「교육공무원법」 제2조제10항에 따라 동종의 직무 내에서 하위의 직위에 임명하고, 공무원신분은 보유하나 3개월간 직무에 종사하지 못하며 그 기간 중 보수는 전액을 감한다. 다만, 「고등교육법」 제14조에 해당하는 교원 및 조교에 대하여는 강등을 적용하지 아니한다(법 제80조제2항).

(나) 효력

• 1계급 내리고 3개월간 직무에 종사하지 못하며 그 3개월간은 실제직무기간에서 제외된다. 강등처분의 내용이 직급을 내리는 '강등'과 직무를 정지시키는 '정직'을 함께 부과하는 이중징계에 해당하여 일사부재리 내지 이중처벌금지원칙을 위반한 것이라고 볼 수도 있다. 그러나 '강등은 1계급 아래로 직급을 내리고 공무원 신분은 보유하나 3개월 간 직무에 종사하지 못하며 그 기간 중 보수는 전액 감한다'라고 규정하고 있고, 이러한 규정이 징계권자가 가지는 '징계의 내용을 정할 수 있는 재량권'을 일탈·남용한 것이라고 보이지 않는다. 징계권자는 위 규정에 따라 하나의 징계를 한 것이지, 하나의 사안에 대하여 두 번의 징계를 한 것이 아니므로 이 사건 강등처분이 일사부재리의 원칙이나 이중처벌금지의 원칙을 위반하였다고 볼 수 없다(서울고등법원 2022. 5. 12. 선고 2021누40722 판결 참고).

---

128) 법 제4조제2항: 다음 각 호의 공무원에 대하여는 대통령령등으로 정하는 바에 따라 제1항에 따른 계급 구분이나 직군 및 직렬의 분류를 적용하지 아니할 수 있다.
  1. 특수 업무 분야에 종사하는 공무원
  2. 연구·지도·특수기술 직렬의 공무원
  3. 인사관리의 효율성과 기관성과를 높이기 위하여 제1항의 계급 구분이나 직군 및 직렬의 분류를 달리 적용하는 것이 특히 필요하다고 인정되는 기관에 속한 공무원

• 공무원보수규정에 의하면, ① 호봉 획정은, 강임되는 경우에는 강등된 계급에서의 호봉을 획정하고(제12조제1항), ② 호봉승급제한은, 직무에 종사하지 못하는 3개월이 끝난 날부터 18개월간은 승급시킬 수 없다. 그럼에도 「국가공무원법」 제78조의2제1항 각 호의 어느 하나의 사유로 인한 징계처분과 소극행정, 음주운전(음주측정에 응하지 않은 경우를 포함한다), 성폭력, 성희롱 및 성매매로 인한 징계처분의 경우에는 각각 6개월을 가산한 기간이 지난날부터 기산하고(제14조제1항), ③ 성과급적 연봉제 적용대상 공무원이 성과급적 연봉제 적용대상 공무원으로 강등된 경우에는 강등전의 기본연봉에서 제35조 및 제37조제2항에 따라 승진 시 가산된 금액을 감액하여 연봉을 책정한다. 이 경우 강등된 공무원에게 지급되는 연봉은 강등된 계급에서의 연봉 한계액의 상한액을 초과할 수 없다(제37조제1항), ④ 외무공무원의 경우, 6등급 이상의 직위에 임용된 외무공무원이 강등되는 경우에는 제2항에 따라 가산된 금액(관리업무수당에 해당하는 금액을 포함한다)을 감액하여 연봉을 지급한다. 다만, 14등급 외무공무원이 고위공무원단 직위로 강등되는 경우 기준급은 제65조의 방법에 따라 책정한다. 이에 따라 강등된 공무원에게 지급되는 연봉은 강등된 등급에서의 연봉한계액의 상한액을 초과할 수 없다(제56조제5항제6항). ⑤ 고위공무원의 강등 시의 연봉 책정은, 고위공무원이 3급 공무원이나 9등급 직위의 외무공무원으로 강등되는 경우에는 강등되기 직전의 기준급을 기본연봉으로 책정한다. 이에 따라 책정한 기본연봉은 강등된 계급 또는 등급에서의 연봉한계액의 상한액을 초과할 수 없다(제66조의2).

여기서 '소극행정'이란 공무원이 부작위 또는 직무태만 등 소극적 업무행태로 국민의권익을 침해하거나 국가 재정상 손실을 발생하게 하는 행위를 말한다(「적극행정 운영규정」 제2조제2호).

• 공무원임용령에 의하면, 직무에 종사하지 못하는 3개월이 끝난 날부터 18개월간은 승진할 수 없다(제32조제1항). 징계에 관하여 공무원임용령에 따른 공무원과는 다른 법률의 적용을 받는 공무원이 이 영에 따른 공무원이 된 경우 종전의 신분에서 강등처분을 받은 경우에는 그 처분 종료일부터 18개월 동안 승진임용될 수 없고, 근신·군기교육이나 그 밖에 이와 유사한 징계처분을 받은 경우에는 그 처분 종료일부터 6개월 동안 승진임용될 수 없다(제32조제2항).

(4) 정직

(가) 구체적 내용

공무원의 신분은 유지하나 일정기간 직무에 종사하지 못하도록 하는 징계처분이다. 정직은 1개월 이상 3개월 이하의 기간으로 하고, 정직 처분을 받은 자는 그 기간 중 공무원의 신분은 보유하나 직무에 종사하지 못하며 보수는 전액을 감한다(법 제80조제3항).

(나) 효력

정직을 받은 경우 그 집행이 끝난 날부터 18개월이 지나지 않은 기간에는 승진이나 승급이 제한된다. 다만, 법 제78조의2제1항 각 호의 어느 하나에 해당하는 사유로 인한 징계처분과 소극행정, 음주운전, 성폭력, 성희롱 및 성매매에 따른 징계처분의 경우에는 각각 6개월을 가산한다(공무원보수규정 제14조, 공무원임용령 제32조). 실제 직무에 종사하지 않은 처분기간(1~3월)은 경력에서 제외한다. 정직처분은 복직을 전제로 미리 기간을 명시하여 명령한 것으로서 기간만료시점에서 복직여부를 판단할 필요가 없으므로 별도의 복직명령을 할 필요 없이 그 만료일이 지나면 직무에 복귀한다.

(5) 감봉

(가) 구체적 내용

징계대상 공무원이 직무담임은 계속하되 보수만을 감하는 징계처분이다. 감봉은 1월 이상 3개월 이하의 기간으로 행해진다.

(나) 효력

감봉을 받은 자는 감봉기간동안 보수의 3분의 1이 감해진다(법 제80조제4항). 승진이나 승급이 12개월간 제한된다(공무원보수규정 제14조, 공무원임용령 제32조제1항).

(6) 견책

(가) 구체적 내용

견책(譴責)은 전과(前過)에 대하여 훈계하고 회개하게 하는 목적에서 과해지는 가

장 가벼운 행정처분이다(법 제80조제5항). 직무에 종사하거나 보수를 받는 데 어떠한
제한도 없다.

(나) 효력

6개월은 승진이나 승급이 제한된다. 제한기간은 처분일로부터 기산하나 법 제78
조의2제1항 각 호의 어느 하나에 해당하는 사유로 인한 징계처분과 소극행정, 음주
운전, 성폭력, 성희롱 및 성매매에 따른 징계처분의 경우에는 각각 6개월을 가산한
다(공무원보수규정 제14조, 공무원임용령 제32조제1항).

다. 도표로 정리한 징계의 효력[129]

(1) 신분상 효력

구분	신분상효력			기타
파면	공무원관계로부터 배제하고 5년간 공직재임용 제한			
해임	공무원관계로부터 배제하고 3년간 공직재임용 제한			
강등	승진 (공무원임용령 제31조, 32조, 제35조의2)	경력평정 (공무원성 과평가등 에관한규 정제25조)	연가 (국가공 무원복 무규정 제17조)	
강등	• 1계급 내림+정직 3월 • 처분기간(3월)에는 신분은 보유, 직무에 종사하지 못함. • 처분기간(3월)+18개월은 승진소요최저연수에서 제외하고 승진임용 및 특별승진임용을 제한 (법 제78조의2제1항 각 호의 어느 하나에 해당하는 사유로 인한 징계처분과 소극행정, 음주운전, 성폭력, 성희롱 및 성매매에 따른 징계처분의 경우에는 각각 6개월을 가산)	실제직무에 종사하지 않은 처분기간 (3월)은 제외	처분일수 는 연가 일수에서 제외	
정직	• 처분기간(1~3월)에는 신분은 보유, 직무에 종사하지 못함.	실제직무에 종사하지	처분일 수는	

---

129) 인사혁신처 징계업무편람 49-53쪽의 내용을 근거로 작성.

	• 정직처분기간+18개월은 승진소요최저연수에서 제외하고 승진임용 및 특별승진임용을 제한 (법 제78조의2제1항 각 호의 어느 하나에 해당하는 사유로 인한 징계처분과 소극행정, 음주운전, 성폭력, 성희롱 및 성매매에 따른 징계처분의 경우에는 각각 6개월을 가산)	않은 처분기간 (1~3월)은 제외	연가 일수에서 제외	
감봉	• 감봉처분기간(1~3월)+12개월은 승진소요최저연수에서 제외하고 승진임용 및 특별승진임용을 제한 (법 제78조의2제1항 각 호의 어느 하나에 해당하는 사유로 인한 징계처분과 소극행정, 음주운전, 성폭력, 성희롱 및 성매매에 따른 징계처분의 경우에는 각각 6개월을 가산)			
견책	• 6개월은 승진소요최저연수에서 제외하고 승진임용 및 특별승진임용을 제한(법 제78조의2제1항 각 호의 어느 하나에 해당하는 사유로 인한 징계처분과 소극행정, 음주운전, 성폭력, 성희롱 및 성매매에 따른 징계처분의 경우에는 각각 6개월을 가산)			

(2) 보수상의 효력

구분	보수	수당	연금	기타
파면			• 퇴직급여액 1/2 감액(재직기간이 5년 미만인 자는 1/4감액) 퇴직수당 1/2 감액	
해임			• 금품·향응수수, 공금횡령·유용으로 해임된 경우 퇴직급여 및 퇴직수당의 1/4 감액(단, 재직기간이 5년 미만 재직자는 퇴직급여 1/8감액)	

강등	• 강등된 후의 보수를 기준으로 3개 월 간 보수는 전액 삭감	• 3개월간 정근수당 가산금, 가족수당, 가족수당 가산금, 자녀학비보조수당 및 주택수당은 수당액 전액 감액 • 대우공무원이 강등된 경우, 다시 대우공무원이 될 때까지 대우공무원 수당을 전액 지급하지 않음. • 정근수당 지급대상 기간 중에 강등처분을 받은 경우, 정근수당을 지급하지 않음. • 월중에 강등처분을 받거나 복직한 경우, 특수지근무수당, 위험근무수당, 특수업무수당, 업무대행수당, 군법무관수당, 관리업무수당, 정액급식비 및 직급보조비는 실제 근무한 실적에 따라 일할계산하여 지급 • 월중에 강등처분을 받거나 복직한 경우, 시간외수당·야간근무수당·휴일 근무수당은 실제 근무한 실적에 따라 지급 • 명절휴가비: 지급기준일(설날, 추석) 현재 강등에 따라 직무에 종사하지 않은 경우 지급 하지 않음. • 연가보상비: 정직일수를 연가일수에서 공제후 지급		• 정근수당 및 정근수당가 산금 지급시 징계처분기 간(1~3월) + 승급제한기 간(강등·정직 18월, 감봉 12월, 견책 6월)은 근무연수에 산입되지 않음
정직	• 처분 기간 중 보수 전액 삭감	• 처분기간(1~3월) 동안 대우공무원수당, 정근수당 가산금, 가족수당, 가족수당 가산금, 자녀학비보조수당 및 주택수당액의 수당액 전액 감액 • 정근수당의 지급대상 기간중에 정직처분을 받은 경우, 정근수당을 지급하지 않음. • 월중에 정직처분을 받거나 복직한 경우, 특수근무지수당, 위험근무수당, 특수업무수당, 업무대행수당, 군법무관수당, 관리업무수당, 정액급식비 및 직급보조비는 실제 근무한 일수에 따라 일할계산하여 지급 • 시간외수당·야간근무수당·휴일근		

		무수당은 실제 근무한 실적에 따라 지급 • 명절휴가비: 지급기준일(설날, 추석) 현재 정직중인 경우 지급하지 않음. • 연가보상비: 정직일수를 연가일수에서 공제후 지급		
감봉	• 처분 기간 중 보수의 1/3 감액 • 연봉 적용자 는 연봉 월액 40% 감액	• 처분기간(1~3월) 동안 대우공무원수당, 정근수당 가산금, 가족수당, 가족수당 가산금, 자녀학비보조수당, 주택수당액의 1/3 감액 • 정근수당의 지급대상 기간중에 감봉처분을 받은 경우에는 정근수당을 지급하지 않음. • 특수근무지수당, 위험근무수당, 특수업무수당, 업무대행수당 및 군법무관수당액의 1/3 감액 • 시간외근무수당·야간근무수당·휴일근무수당 및 관리업무수당 전액 지급		
견책		• 수당 등을 전액지급함. 다만, 정근수당 지급대상 기간 중에 견책처분을 받은 경우에는 정근수당을 지급하지 않음		

(근거규정: 국가공무원법 제80조, 공무원보수규정, 공무원수당 등에 관한 규정, 모범공무원규정, 공무원연금법)

(3) 공무원 종류에 따른 차이점

1) 군인등의 경우
• **근거:** 군인사법, 군인징계령, 군무원인사법, 공무원보수규정, 공무원수당등에관한규정, 공무원보수규정
• **내용:** 군인의 경우 장교, 준사관, 부사관과 병에 대해서는 징계처분의 효과가 다르다. 군무원도 다르다. 장교, 준사관, 부사관의 징계종류에는 타 공무원에게 없는 '근신'이 있고, 근신의 효과로서는 ① 10일 이내로 처분되며, 근신기간 중에는 평상근무 후 징계권자가 지정한 영내의 일정한 장소에서 비행을 반성하

여야 한다. ② 근신기간 종료 후 6개월이 경과하기 전 호봉승급 제한된다. 병에게는 15일 이내로 근신처분이 가능하며, 훈련 또는 교육의 경우 외 평상근무 금지하고 일정한 장소에서 비행반성하게 하고 반성문 작성 등 근신기간 중 수행할 과외업무 지정가능하다.

자세한 내용은 이 책 제3편 각 공무원 구분에 따른 징계제도에서 설명한다.

2) 법관의 경우

- **근거:** 법관징계법, 국가공무원법 제80조
- **내용:** 정직(1개월~1년 직무집행 정지 및 보수 미지급), 감봉(1개월~1년 보수의 1/3 이하 감액), 견책(징계사유에 관하여 서면으로 훈계)

(4) 연혁적으로 주요한 변화

- 헌법재판소에서 헌법불합치결정이전, 공무원연금법 제65조제1항제1호(종전 제64조제1항) ① 공무원 또는 공무원이었던 자가 다음 각호의 1에 해당하는 경우에는 대통령령이 정하는 바에 의하여 퇴직급여 및 퇴직수당의 일부를 감액하여 지급한다. 이 경우 퇴직급여액은 이미 납부한 기여금의 총액에 민법의 규정에 의한 이자를 가산한 금액이하로 감액할 수 없다.

1. 재직중의 사유로 금고이상의 형을 받은 때, 2. 탄핵 또는 징계에 의하여 파면된 때, 3. 금품 및 향응수수, 공금의 횡령·유용으로 징계 해임된 때

- 헌법재판소는 2005헌바33 사건에서, 공무원 또는 공무원이었던 자가 재직중의 사유로 금고 이상의 형을 받은 때에는 대통령령이 정하는 바에 의하여 퇴직급여 및 퇴직수당의 일부를 감액하여 지급하도록 한 공무원연금법 제64조 제1항 제1호(이하 '이 사건 법률조항'이라 한다)가 재산권을 침해하고 평등의 원칙에 위배된다며 헌법불합치결정을 하였다(헌법재판소 2007. 3. 29. 선고 2005헌바33 전원재판부[130]). 이에 따라

---

130) 공무원의 신분이나 직무상 의무와 관련이 없는 범죄의 경우에도 퇴직급여 등을 제한하는 것은, 공무원범죄를 예방하고 공무원이 재직중 성실히 근무하도록 유도하는 입법목적을 달성하는 데 적합한 수단이라고 볼 수 없다. 그리고 특히 과실범의 경우에는 공무원이기 때문에 더 강한 주의의무 내지 결과발생에 대한 가중된 비난가능성이 있다고 보기 어려우므로, 퇴직급여 등의 제한이 공무원으로서의 직무상 의무를 위반하지 않도록 유도 또는 강제하는 수단으로서 작용한다고 보기 어렵다. 입법자로서는 입법목적을 달성함에 반드시 필요한 범죄의 유형과 내용 등으로 그 범위를 한정하여 규정함이 최소침해성의 원칙에 따

2009. 12. 31. 개정된 공무원연금법의 법률조항은, 제65조 제1항 제1호 '재직 중의 사유(직무와 관련이 없는 과실로 인한 경우 및 소속 상관의 정당한 직무상의 명령에 따르다가 과실로 인한 경우는 제외한다. 이하 제3항에서 같다)로 금고 이상의 형이 확정된 경우'로 하였다. 다만 위 헌법재판소의 심판대상조문이 공무원연금법 제64조 제1항 제1호였기 때문에 1호만 개정되었으나, 과실로 인한 경우 및 상관의 정당한 명령에 따른 경우로 징계 파면을 당한 경우도 있을 수 있어 제2호에 대해서도 검토할 바가 있다.

• 헌법재판소는 다시 2011헌바100 사건에서, 군인이 복무 중의 사유로 인하여 금고 이상의 형을 받은 때에 퇴직급여 및 퇴직수당의 일부를 감액하여 지급하도록 규정한 것은 위헌이라는 청구에 대해, 구법조항에 대한 위 헌법불합치결정(헌재 2009. 7. 30. 2008헌가1등)의 취지에 따라 복무 중의 사유로 금고 이상의 형을 받은 경우 중 '직무와 관련이 없는 과실로 인한 경우 및 소속 상관의 정당한 직무상의 명령에 따르다가 과실로 인한 경우'는 퇴직급여의 감액사유에서 제외하고 있다는 전제하에, 군인의 직무와 관련이 없는 범죄라 할지라도 고의범의 경우에는 군인의 법령준수의무, 청렴의무, 품위유지의무 등을 위반한 것으로 볼 수 있으므로 이를 퇴직급여의 감액사유에서 제외하지 아니하더라도 위 헌법불합치결정의 취지에 반한다고 볼 수 없다고 합헌결정을 하였다. 이 사건은 복무중 사기의 범죄사실로 집행유예 판결을 선고받은 경우였다. 위 사건은 군인연금법에 관련된 것이지만, 공무원에 대한 공무원연금법도 군인의 경우와 동일하다. 이처럼 직무관련성 여부에 따라 달리 취급하여야 한다는 주장은 받아들여지지 않은 것이다(반대의견: 군인이 범죄행위를 저지른 경우 형사처벌이나 군인의 지위를 박탈하는 것으로써 그 공익목적을 충분히 달성할 수 있는데, 그럼에도 불구하고 금고 이상의 죄를 저질렀다고 하여 위와 같은 제재에 덧붙여 퇴직급여까지도 필요적으로 감액한다면 거기에는 다른 수단으로는 입법목적을 달성할 수 없는 특별한 사정이 있어야 할 것이다).

른 기본권 제한의 적절한 방식이다. 단지 금고 이상의 형을 받았다는 이유만으로 이미 공직에서 퇴출당할 공무원에게 더 나아가 일률적으로 그 생존의 기초가 될 퇴직급여 등까지 반드시 감액하도록 규정한다면 그 법률조항은 침해되는 사익에 비해 지나치게 공익만을 강조한 입법이라고 아니할 수 없다. 나아가 이 사건 법률조항은 퇴직급여에 있어서는 국민연금법상의 사업장 가입자에 비하여, 퇴직수당에 있어서는 근로기준법상의 근로자에 비하여 각각 차별대우를 하고 있는바, 이는 자의적인 차별에 해당한다.

(5) 관련 판례

• 공무원연금법 제65조제1항 제2호 탄핵 또는 징계에 의하여 파면된 경우, 제3호 금품 및 향응 수수, 공금의 횡령·유용으로 징계에 의하여 해임된 경우에 해당하는 경우 공무원연금법시행령 제61조에 따라 퇴직급여 및 퇴직수당을 감액한 후 지급한다.

*법 제65조 제1항 제3호와 관련된 판례: 청사 신축공사의 관리업무를 담당한 국가공무원인 갑이 공사대금을 허위로 부풀려 사적인 용도로 사용한 행위를 이유로 해임처분을 받자, 공무원연금공단이 갑의 징계 해임 사유가 구 공무원연금법(2018. 3. 20. 법률 제15523호로 전부 개정되기 전의 것) 제64조 제1항 제3호에 해당한다는 이유로 갑의 퇴직급여와 퇴직수당을 1/4 감액하여 지급하기로 하는 감액처분을 한 사안에서, 갑이 청사 신축공사의 관리·감독 업무를 수행하면서 주무관 등과 공모하여 청사의 신축공사와 관련 없는 사인의 공사비 중 일부를 청사 신축공사비에 허위 계상하여 공금이 지출되도록 함으로써, 국가예산을 지정된 용도와 달리 사사로운 목적으로 사용하였으므로 갑의 행위가 위 조항에서 정한 퇴직급여 등의 감액사유인 '공금의 유용'에 해당한다(대법원 2018. 11. 29. 선고 2018두48601 판결).

• 군인에서 퇴역하고 사립학교 교원이 되었다가 파면된 경우, 군인연금법상의 퇴역연금도 1/2로 감액되어야 하는지 여부(광주지방법원 2019. 12. 12. 선고 2019가합56178 확정): 할 수 없다.

(사안) 원고는 군인으로 20여년간 근무하고 퇴역하여 군인연금법상의 퇴역연금을 받을 자격을 취득하였다. 그 후 14여년간 사립학교 교원으로 재직하다가 퇴직하게 되었는데, 그 무렵 성폭력 사건으로 처벌받고 교원에서 파면되어 2018. 8. 1. 퇴직한 것이다. 원고는 사립학교 퇴직연금을 받을 자격이 있었는데 원고가 징계에 의하여 파면되었음을 이유로 퇴직연금의 1/2을 감액하여 지급받게 되었다. 문제는 원고가 군인으로 퇴역 후 사립학교 교직원이 되면서 사립학교교직원 연금법에 따른 교직원의 재직기간에 군인으로 복무한 기간을 합산하여 줄 것을 신청하였고, 그에 따라 원고의 군인 복무기간 240개월을 교직원의 재직기간에 합산하는 것으로 되었다.

피고 사립학교 교직원연금공단은 원고에게 재직기간 396개월에 해당하는 매월 3,389,250원에서 그중 1/2을 감액한 매월 1,694,620원만을 지급하고 있는데, 감액이 없었다면 원고가 지급받았어야 할 재직기간 396개월에 해당하는 매월 3,389,250원의 사립학교 퇴직연금에는, 군인으로서의 복무기간 240개월에 해당하는 매월 1,874,260원의 퇴역연금 상당액이 포함되어 있고, 군인연금을 관리하는 국방부장관은 매월 위 퇴역연금 상당액을 피고에게 이체하고 있다.

(원고의 주장 요지) 사립학교교직원 연금법 제42조 제1항에 따라 준용되는 공무원연금법 제65조 제1항 제2호는 원고에게 이미 발생한 구 군인연금법에 따른 퇴역연금에 해당하는 부분에 대한 급여제한의 근거가 된다고 볼 수 없다. 또한 원고가 전역하던 당시 시행되던 구 군인연금법 제33조 제1항 제2호는 '징계에 의하여 파면된 때'에 퇴직급여의 일부를 감액하여 지급한다고 규정하고 있으나, 여기서 '징계에 의하여 파면된 때'란 '징계에 의하여 군인의 지위에서 파면된 경우'만을 의미하고, 군인이 파면되지 않고 퇴직한 후 사립학교 교원으로 재직하면서 재직기간 합산을 신청하였다가 사립학교 교원의 지위에서 파면된 경우까지 위 급여감액 사유에 포함되는 것으로 확대 해석할 수는 없는바, 사립학교 퇴직연금 중 군인연금법에 따른 퇴역연금에 해당하는 부분은 구 군인연금법에 급여제한의 근거가 없다. 따라서 원고가 지급받아야 할 사립학교 퇴직연금 중 복무기간 240개월에 해당하는 매월 1,874,260원의 퇴역연금 상당액 부분에 대해서는 그 연금액을 1/2인 937,130원으로 감액하여서는 아니 되는바, ① 피고가 원고에 대하여 한 2018. 8. 1.자 사립학교 퇴직연금 급여제한 중 군인연금법에 따른 퇴역연금의 1/2에 해당하는 금액에 대한 급여제한은 무효이고, ② 피고는 미지급 연금의 지급으로서 원고에게 2019. 10.까지 미지급된 군인연금법에 따른 퇴역연금의 1/2 상당액 원금, 소장 송달일까지 지연손해금 합계 13,361,420원(= 소 제기 전인 2019. 7.까지 미지급 연금 원금 10,308,430원 + 2019. 7.까지 매달 미지급한 연금 원금 937,130원에 대한 소장 송달일까지 지연손해금 241,600원 + 소 제기 후인 2019. 8.부터 2019. 10.까지 미지급 연금 원금 2,811,390원) 및 그 중 원금 부분의 소장 송달일 이후의 지연손해금을 지급할 의무가 있다.

(법원의 판단)

● **주문:**

피고가 원고에 대하여 한 2018. 8. 1.자 퇴직연금 급여제한 중 군인연금법에 따른 퇴역연금의 1/2에 해당하는 금액에 대한 급여제한은 무효임을 확인한다.

● 이유:

1) 사립학교교직원 연금법에 따른 퇴역연금 상당액 급여제한 가부

사립학교교직원 연금법 제42조 제1항은 사립학교 교직원 급여의 제한에 관한 사항은 공무원연금법 제65조를 준용하고 있고, 이에 따른 공무원연금법 제65조 제1항 제2호, 같은 법 시행령 제61조 제1호 나목은 재직기간이 5년 이상인 공무원이거나 공무원이었던 사람이 '탄핵 또는 징계에 의하여 파면된 경우' 퇴직급여는 1/2을 감액한 후 지급한다고 규정하고 있으며, 사립학교교직원 연금법 제33조, 공무원연금법 제28조 제1호는 퇴직연금을 퇴직급여의 종류 중 하나로 규정하고 있다. 한편 사립학교교직원연금법 제32조 제1항은 퇴직한 교직원·공무원 또는 군인(사립학교교직원 연금법과 공무원연금법 또는 군인연금법의 적용을 받지 아니하였던 사람은 제외한다)이 교직원으로 임용되고 재직기간 합산을 신청하는 경우에는 종전의 해당연금법에 따른 재직기간 또는 복무기간을 교직원 재직기간에 합산할 수 있다고 규정하고 있다.

위 규정들에 따르면, 원칙적으로 피고는 재직기간이 5년 이상인 사립학교 교직원이 징계에 의하여 파면된 경우 그 교직원의 사립학교 퇴직연금을 1/2로 감액하여 지급할 수 있다고 할 것이나, 원고와 같이 군인으로 복무하고 퇴직하여 군인연금법에 따른 퇴역연금을 지급받을 자격을 취득한 후 교직원의 재직기간에 군인으로 복무한 기간을 합산하여 줄 것을 신청함으로써 군인 복무기간이 교직원의 재직기간에 합산되고 그 교직원이 징계에 의하여 파면된 경우에, 위 규정들을 근거로 사립학교 퇴직연금 중 군인연금법에 따른 퇴역연금 상당액에 해당하는 부분까지 1/2로 감액하여 퇴직연금을 지급할 수 있는지 여부가 문제된다.

살피건대, 위 규정들의 취지, 내용, 체계 및 변론 전체의 취지를 종합하여 인정되는 다음과 같은 사정들, 즉 ① 사립학교교직원 연금법 제32조에 따른 재직기간의 합산은 당해 교직원의 신청에 의하여 이루어지는 것으로서 기본적으로 당해 교직원의 이익을 위하여 인정된 제도로 보이는 점, ② 사립학교교직원 연금법 제52조의2에서 군인연금법에 의한 퇴역연금수급자가 교직원으로 임용되어 재직기간의 합산을 받은 후 퇴직한 경우 국방부장관으로 하여금 군인연금법에 의하여 지급받을 수 있는 퇴역연금에 상당하는 금액을 피고에게 이체하여야 한다고 규정하고 있는 것도, 그 퇴역연금 부분은 군인연금과 사립학교교직원연금 사이의 통산방식에도 불구하고 여전히 군인연금에서 부담하는 것을 전제로 한 것인 점 등을 고려하면, 교직원의 재직기간

에 군인으로 복무한 기간을 합산하여 줄 것을 신청하여 교직원의 재직기간에 군인
복무기간이 합산된 경우에도 군인 복무기간에 대한 군인연금법에 따른 퇴역연금 상
당액에 해당하는 부분은 여전히 구 군인연금법에 따라 그 급여제한 여부가 결정되
고, 사립학교교직원 연금법 및 그에 따라 준용되는 공무원연금법의 규정은 그 급여
제한의 근거가 될 수 없다고 봄이 상당하다(대법원 2001. 4. 24. 선고 2000두3870 판결
등 취지 참조).

2) 구 군인연금법에 따른 퇴역연금 상당액 급여제한 가부

피고는 원고가 퇴역하던 당시에 시행 중이었던 구 군인연금법 제33조 제1항 제2
호는 '징계에 의하여 파면된 때'를 급여제한사유로 규정하고 있고, 제1호와 달리 그
사유가 발생한 때를 '복무 중'으로 한정하고 있지 아니하며, 재직기간 합산을 인정받
을 지 여부는 당사자가 선택할 수 있으므로, 원고가 징계에 의하여 파면된 이상 구
군인연금법에 따른 퇴역연금 상당액에 해당하는 부분까지 1/2로 감액하여 사립학교
퇴직연금을 지급하여야 한다고 주장한다.

구 군인연금법 제33조 제1항은 군인연금에 대하여 정한 규정으로서 위 '징계'는
'군인으로서 받은 징계'만을 의미한다고 봄이 상당하다. 그렇게 보지 아니하고, 군인
으로서 퇴역한 후 공무원 내지 사립학교 교직원으로 근무하여 복무기간을 합산 신청
한 이후 '공무원 내지 사립학교교직원으로서 받은 징계'도 위 '징계'에 포함된다고 한
다면, 금고 이상의 형을 받은 때에는 '복무 중' 사유로 인한 것일 때에만 급여제한을
할 수 있으나, 징계에 의하여 파면된 때에는 파면 사유의 시기 제한이 없다고 해석
되어 같은 급여 제한 사유를 규정한 각호의 불균형이 초래된다. 또한 '징계에 의하여
파면된 때'라는 급여제한 사유에서 파면 사유의 시기를 별도로 제한하지 아니한 이
유는, 원고와 같이 복무기간을 합산 신청하여 공무원 내지 사립학교교직원으로서 파
면된 경우를 예상하지 못한 채, 징계에 의한 파면은 복무 중인 군인에게만 가능하다
는 전제가 있었기 때문인 것으로 보이는바, 이를 고려하여도 위 '징계'가 '군인으로
서 받은 징계'만을 의미한다는 결론에 이른다.

결국 원고가 받은 징계는 사립학교 교직원으로서 받은 징계이고, '군인으로서 받
은 징계'가 아님은 명백하므로, 피고는 구 군인연금법 제33조 제1항 제2호에 따라
원고가 지급받아야 할 사립학교 퇴직연금 중 퇴역연금 상당액에 대하여 급여제한을

할 수 없다.

라. 기타 효력의 문제

(1) 징계효력의 승계

공무원(특수경력직공무원 및 지방공무원을 포함한다)이었던 사람이 다시 공무원이 된 경우에는 재임용 전에 적용된 법령에 따라 받은 징계처분은 그 처분일부터 이 법에 따른 징계처분을 받은 것으로 본다. 다만, 법 제79조에서 정한 징계의 종류 외의 징계처분의 효력에 관하여는 공무원임용령 등으로 정한다(법 제80조제8항).

징계처분을 받고 승진임용 및 승급제한 기간(강등·정직: 18개월, 감봉: 12개월, 견책: 6개월)이 도과하지 않은 자가 퇴직 후 다시 국가공무원이 된 경우에는 임용 전에 적용된 법령에 따른 징계의 효력은 그 처분일로부터 국가공무원법에 따른 징계처분을 받은 것으로 보아야 하기 때문에 징계처분별로 승진임용 및 승급 제한기간이 도과하지 않은 범위 내에서 승진임용제한 및 승급제한 기간을 계속 적용하여야 한다.131) 다만, 면직 후 동일자로 재임용되어 공무원 신분이 계속 유지되는 경우에는 징계의 효력이 승계된다. 당연히 징계처분을 받고 승진임용 및 승급제한 기간이 도과된 후 다시 임용되는 경우에는 승진임용제한 및 승급제한 기간을 적용하지 아니한다(국가공무원 복무·징계 관련 예규 254-255쪽).

(2) 제한기간 중 다시 징계처분 받는 경우

강등, 정직, 감봉, 견책처분으로 승진임용 제한기간 중에 있는 사람이 다시 징계처분을 받은 경우의 승진임용 제한기간은 전 처분에 대한 제한기간이 끝난 날부터 계산하고, 징계처분으로 승진임용 제한기간 중에 있는 사람이 휴직하거나 직위해제처분을 받는 경우 징계처분에 따른 남은 승진임용 제한기간은 복직일부터 계산하고(공무원임용령 제32조제3항), 마찬가지로 승급이 제한되는 사람이 다시 징계처분이나 그 밖의 사유로 승급이 제한되는 경우에는 먼저 시작되는 승급제한 기간이 끝나는 날부

---

131) 예컨대, 감봉3월의 처분을 받고 1월만 집행된 지방공무원이 면직 후 동일자로 국가공무원으로 재임용된 경우에는 2월간의 봉급과 수당을 감액 지급하여 그 징계처분을 집행종료하고 그 집행이 종료된 날로부터 12월간 승진·승급할 수 없다.

터 다음 승급제한 기간을 기산한다(공무원보수규정 제14조제2항).

(3) 징계처분 후 훈장, 표창 등을 받은 경우

공무원이 징계처분을 받은 후 해당 계급에서 훈장, 포장, 국무총리 이상의 표창, 모범공무원 포상 또는 제안의 채택으로 포상을 받은 경우에는 최근에 받은 가장 중한 징계처분에 대해서만 각 승진임용 또는 승급제한 기간의 2분의 1을 단축할 수 있다(공무원임용령 제32조제4항, 공무원보수규정 제14조제3항).

(4) 징계처분을 받은 자에 대한 기타 제한

(가) 명예퇴직수당 지급 제한

명예퇴직수당 지급 신청일 현재 징계처분으로 승진임용 제한기간 중에 있는 사람은 명예퇴직수당 지급대상에서 제외된다(국가공무원 명예퇴직수당 등 지급 규정 제3조).

(나) 교육훈련 대상자 선발 제한

징계처분을 받은 자는 그 처분이 종료한 날로부터 1년이상이 경과하여야 훈련대상자로 선발될 수 있다(공무원 인재개발법 시행령 제32조 및 제43조).

(다) 모범공무원수당 지급 제한

모범공무원으로 선발된 사람이 징계처분을 받았을 때에는 그 사유가 발생한 날이 속하는 달의 다음 달부터 모범공무원수당을 지급하지 아니한다(모범공무원 규정 제8조의2).

(라) 정부포상의 제한

재직 및 퇴직공무원 포상대상자 선정시 재직중 징계 및 불문경고 처분을 받은 자는 추천에서 제외된다(정부포상업무지침).

(마) 공직퇴임후 불이익

징계벌의 효과로서 법령에 따라 공직취임 제한이나 보수상 불이익을 받을 수 있다. 그런데 대한변호사협회가 변호사등록을 거부한 사건에서 사실상 불이익으로 작용한 예가 있다. 실제 대한변협은 사회적 물의를 일으킨 전 대법관에 대해 등록 신청을 자진 철회하도록 요청하였으나 이를 거부해 최종 등록된바 있다.[132] 각종 비위에 연루된 의혹을 받는 고위 법조인과 공무원들이 퇴직한 이후 별다른 제재 없이 변호사로 등록해 활동한다는 비판이 일자 변호사법 개정이 진행되었으나 성사되지 못하였다. 결국 등록거부는 법에 제한된 범위에서만 가능하다는 것이다. 대한변호사협회는 변호사 등록 신청한 자가 금고 이상의 형을 선고하는 유죄판결(선고유예, 집행유예를 선고하는 경우를 포함한다)이 확정된 경우이거나(변호사법 제8조 제1항 제2호, 제5조 제1호, 제2호, 제3호) 그 범죄가 공무원 재직 중에 범한 경우에 해당하여 형사소추 또는 징계처분을 받거나 그 범죄와 관련하여 퇴직한 경우(변호사법 제8조 제1항 제4호)에 한하여 등록을 거부할 수 있도록 하고 있다(변호사법 제8조제1항).

이와 관련한 사건으로, 선고유예 판결의 확정으로 변호사등록이 취소되었다가 선고유예기간이 경과한 후 대한변호사협회에 변호사 등록신청을 하였는데, 거부하자 손해배상청구를 제기해 승소한 케이스가 있다. 법원은 변호사법 제5조 각호에서 정한 결격 기간이 이미 지나갔음에도 피고 협회가 과거의 그 범죄전력을 또다시 내세워 추가로 변호사등록을 거부하거나 지연하는 것이 허용될 수 없다고 한 것이다(대법원 2021. 1. 28. 선고 2019다260197 판결).

(바) 국립묘지 안장

「국립묘지의 설치 및 운영에 관한 법률」 제5조제1항에, 국립묘지로 1. 국립서울현충원, 국립대전현충원 및 국립연천현충원, 2. 국립4·19민주묘지 및 국립3·15민주묘지, 3. 국립5·18민주묘지, 4. 국립호국원, 5. 국립신암선열공원으로 구분하고 그에 해당하는 사람을 안장할 수 있도록 하고 있다. 다만, 유족이 국립묘지 안장을 원하지 아니하는 경우에는 그러하지 아니하다(제2항단서). 배우자도 본인이나 유족의 희망에 따라 합장(배우자의 유골이 없는 경우 안장자의 유골과 함께 위패의 형태로 안치하는 경우를 포함한다)할 수 있다(제3항 본문).

그러나 제5조제5항에서 국립묘지에 안장될 수 없는 경우를 열거하고 있으며, 그 중 제4호로 '탄핵이나 징계처분에 따라 파면 또는 해임된 사람,' 제5호로 '그 밖에 제10조에 따른 안장대상심의위원회가 국립묘지의 영예성(榮譽性)을 훼손한다고 인정한 사람'[133]을 들고 있다. 따라서 징계처분으로 파면 또는 해임된 경우는 당연히 안

---

132) (기사) 2023.03.02. 법조신문, 임혜령 기자, "'사회적 물의' 고위층 '변호사 개업' 직행 막아야"
133) 헌법상 명확성의 원칙에 위배된다는 주장에 대하여 헌법재판소는, '국가나 사회를 위하여 희생·공헌한 망자를 국립묘지에 안장함으로써 그의 정신을 기리며 선양하기 위한 국립묘

장될 수 없고, 그 외 징계처분을 받은 사람도 안장대상심의위원회가 국립묘지의 영예성(榮譽性)을 훼손한다고 인정한 때에는 안장될 수 없다는 것이다. 실무상 기타 징계로 인해 안장 거부된 경우는 거의 없다.

2024. 2. 27. 국립묘지의 설치 및 운영에 관한 법률이 개정되어, 제5조제1항제4호라목에 국립묘지 안장대상으로 '경찰·소방공무원으로 30년 이상 재직하였던 사람으로서 사망한 사람(경찰·소방공무원으로 정년퇴직한 사람에 한정한다). 이 경우 재직기간의 계산은 「공무원연금법」 제25조를 준용한다.'는 내용이 포함되었다. 즉 국립호국원 안장대상이 된다는 것이다. 이는 종전법이 20년 이상 군인으로 복무하고 전역 후 사망한 사람은 국립현충원, 10년 이상 복무한 사람은 국립호국원 안장 대상자로 인정한 것에서 확대한 것이다. 동시에 제5조제5항제4의2호에서, 제1항제4호라목의 사람으로서 대통령령으로 정하는 징계처분 또는 비위사실 등으로 제10조에 따른 안장대상심의위원회가 국립묘지의 영예성(榮譽性)을 훼손한다고 인정한 사람은 국립묘지에 안장될 수 없도록 하였다. 위 경찰공무원에는 해양경찰공무원도 포함되며 이 조항은 2025. 2. 28.부터 시행된다.

(사) 국가유공자 등 예우 및 지원에 관한 법률 제4조 제1항 제6호 소정의 '공상군경'에 징계파면·해임으로 퇴직한 자도 포함되는지 여부

국가유공자 등 예우 및 지원에 관한 법률 제4조제1항에 국가유공자의 경우를 열거하고 있다. 그 중 제4조제1항제6호에서 '공상군경: 군인이나 경찰·소방 공무원으로서 국가의 수호·안전보장 또는 국민의 생명·재산 보호와 직접적인 관련이 있는 직무수행이나 교육훈련 중 상이(질병을 포함한다)를 입고 전역하거나 퇴직한 사람 또

지법 제1조의 입법목적과 국립묘지에 안장될 수 없는 자를 정하고 있는 국립묘지법 제5조 제3항 제1 내지 4호의 내용에다가 국립묘지법 제19조 제1항, 제20조 제1항, 제22조 제2항 등을 함께 고려하면, '영예성'은 국가나 사회를 위하여 희생·공헌한 점뿐만 아니라, 그러한 희생·공헌의 점들이 그 전후에 이루어진 국가나 사회에 대한 범죄 또는 비행들로 인하여 훼손되지 아니하여야 한다는 것을 의미한다고 할 것인바, 그렇다면 '영예성의 훼손'은 국립묘지의 존엄 및 경건함을 해할 우려가 있는 반국가적·반사회적인 범죄 등을 저지른 경우에 해당하여야 한다고 충분히 예측할 수 있고, 그 심의를 담당하는 안장대상심의위원회는 다양한 분야에서 전문적인 지식을 가진 20명 이내의 위원들의 3분의 2 이상 찬성으로 의결하고 있어, 아무런 기준 없이 자의적으로 법적용을 할 수 있을 정도로 안장대상심의위원회에 지나치게 광범위한 재량권을 부여하고 있다고 볼 수 없으므로, 국립묘지법 제5조 제3항 제5호는 헌법상 명확성의 원칙에 위배되지 아니한다.'(헌법재판소 2011. 10. 25. 선고 2010헌바272 전원재판부 결정).

는 6개월 이내에 전역이나 퇴직하는 사람으로서 그 상이정도가 국가보훈부장관이 실시하는 신체검사에서 상이등급으로 판정된 사람'이라고 규정하고 있다. 한편 동법 제79조제1항은 국가유공자로서 국가보안법, 형법 등의 해당 조항을 위반하여 실형을 선고받고 그 형이 확정된 사람은 이 법의 적용 대상에서 제외하고 보상을 하지 않는다고 하고 있다. 다만 그런 경우에도 제3항에서, 금고 이상의 형을 선고받은 경우에는 그 집행이 끝나거나 집행을 받지 아니하기로 확정된 날부터 3년이 지난 경우 등에 해당하며 그 뉘우친 정도가 현저하다고 인정되는 경우에만 제6조에 따라 등록신청을 받아 이 법의 적용 대상자로 결정하여 보상을 할 수 있다고 한다. 그 경우에도 제1항제2호의 내란, 외환의 죄에 해당하는 경우에는 그러하지 아니하다.

그렇다면 제79조제1항의 국가유공자 제외사유에 파면 또는 해임은 포함되어 있지 않으므로 그런 이유로 당연퇴직한 경우에는 국가유공자에 포함될 수 있는가가 문제된다. 위 법률의 입법취지 및 그 목적에 비추어 상이로 인한 퇴직, 정년퇴직, 의원면직 등 명예로운 퇴직을 한 자만을 대상으로 하는 것이며 징계에 의하여 파면 또는 해임됨으로써 당연퇴직을 한 자까지 대상으로 하는 것은 아니라는 반대 견해도 있으나 대법원은, '국가유공자 등 예우 및 지원에 관한 법률 제4조 제1항 제6호에서 그 퇴직사유를 일정한 경우로 제한하고 있지 아니하고, 한편 같은 법 제79조에서 같은 법의 입법취지 및 목적 등을 고려하여 같은 법의 적용을 받거나 받을 자라 하더라도 같은 조 제1항 각호에 해당하는 경우에는 같은 법의 적용대상에서 제외하는 규정을 하고 있는 점 등을 참작하여 보면, 같은 법 제4조제1항제6호 소정의 '공상군경'에 징계에 의하여 파면 또는 해임됨으로써 당연퇴직을 한 자는 포함되지 아니한다고 할 수는 없다.'고 판시하여 포함되는 것으로 보았다(대법원 1994. 12. 27. 선고 94누12005 판결).

(5) 징계등으로 연금제한 퇴직공무원이 재임용되어도 연금제한됨

징계를 받고 퇴직한 공무원이 재임용된 경우, 이전에 연금을 제한받던 기간에 대해서는 퇴직 후에도 연금을 계속 감액하여야 하는가. 금고 이상 형, 파면, 금품 수수 등에 따른 해임 등 중대 비위를 저지른 공무원은 퇴직 후 최대 1/2 감액된 연금을 받게 된다. 그 경우 연금을 감액 받던 사람이 공무원으로 복직하면 연금이 전액 지급받게 되어 문제가 있다는 의견이 제기되어 왔다.

2021. 3. 16. 개정된 공무원연금법 시행령에 제61조제8항을 신설하여, '제1항에 따라 퇴직급여를 감액받은 사람이 법 제25조제2항에 따라 종전의 재직기간을 재임용 후의 재직기간에 합산하더라도 종전의 재직기간에 대한 퇴직급여는 합산 전과 동일하게 감액하여 지급한다.'고 하여 징계처분등으로 연금제한을 받던 자는 재임용되어도 여전히 제한되는 것으로 하였다.

5. 불문경고[134]

가. 불문경고의 의의 및 기재례

공무원징계령에서 정한 징계의 종류는 아니지만, 원칙적으로 감봉 또는 견책의 징계처분을 받아야 할 징계대상자에게 표창 등의 공적을 고려하여 징계감경사유의 일환으로 이루어지는 경고처분으로서 인사기록관리카드에 기재되고 향후 승진과 표창 등에서 불이익을 받게 되는 처분을 말한다. 경찰청 예규(2021. 1. 22. 시행, 경찰청예규 제582호) 등에서는, 징계위원회 또는 소청심사위원회에서 불문으로 의결하고 경고를 권고한 경우라고 한다(경찰청 경고·주의 및 장려제도 운영 규칙). 지방공무원 징계규칙 (2021. 8. 27. 시행, 행정안전부령 제273호) 제7조(의결서의 작성) 제2항은, '인사위원회가 제1항에 따라 견책에 해당하는 비위를 불문(不問)으로 감경하여 의결했거나 불문으로 의결했으나 경고할 필요가 있다고 인정하는 경우에는 징계등 의결서의 의결주문란에 "불문으로 의결한다. 다만, 경고할 것을 권고한다"라고 적는다.'라고 규정하고 있다.

국가공무원법 제78조 제1항, 지방공무원법 제69조 제1항에 의하면 공무원이 징계사유에 해당할 경우 징계요구권자는 징계의결을 요구하여야 하고, 징계처분권자는 징계위원회의 징계의결의 결과에 따라 징계처분을 하여야 한다고 규정하고 있다. 그리고 국가공무원법 제79조, 지방공무원법 제70조은 징계의 종류로서 파면, 해임, 강등, 정직, 감봉, 견책으로 구분하여 규정하고 있다. 이러한 징계대상자에 대한 징계처분은 위반 당사자에게 신분상 또는 경제적 불이익이 주된 내용이므로 징계관련법

---

134) 김중권, "불문경고조치의 법적성질과 관련한 문제점에 관한 소고", -대법원 2002. 7. 26. 선고 2001두3532 판결[공2002.9.15.(162),2070]을 중심으로, 인권과 정의, 제336호, 대한변호사협회, 2004. 8. 참고.

령에서 규정된 징계사유와 절차에 따르지 않으면 아니 된다.

그런데 징계대상자에 대한 각 부처의 징계위원회 및 소청심사위원회의 징계 및 구제 실무에서는 위 징계관련법령에 규정된 징계의 종류에는 없는 불문경고제도를 운용하고 있다. 이는 징계종류 및 효력의 경직성, 징계 환경의 변화, 징계대상자의 표창공적 등의 반영 등 현실적으로 불문처리하고 경고로 대체하려는 필요성이 있어 등장하게 된 것이다. 그러나 불문경고 또한 불이익 처분이지만 실제 징계위원회에서 징계대상자에 대한 징계처분을 우회적으로 회피하거나 관용적 차원에서 정해진 징계감경절차를 무시하고 불문경고를 남용할 수 있는 우려가 있다. 또 이러한 불문경고의 근거가 대부분 행정규칙이므로 이러한 행정규칙에 근거하여 이루어진 불문경고라는 형태의 불이익처분에 대해 과연 항고소송으로 다툴 수 있는지, 즉 항고소송의 대상이 되는 처분에 해당하는 것인가에 대해 논란이 있을 수밖에 없다.

나. 근거규정

1) 지방공무원 징계 및 소청 규정(2020. 7. 30.시행, 대통령령 제30882호) 제8조 제1항은 징계등 양정(量定)에 관한 기준은 교육부령 또는 행정안전부령으로 정한다. 이에 따라 지방공무원 징계규칙(2021. 8. 27.시행, 행정안전부령 제273호)이 있다. 그 외 경찰청 경고·주의 및 장려제도 운영 규칙(2021. 1. 22.시행, 경찰청예규 제582호) 및 해양경찰청 경고·주의 및 장려제도 운영 규칙(2021. 10. 12.시행, 해양경찰청예규 제77호) 등이 있다. 이처럼 불문경고에 대한 근거규정은 모두 행정규칙이다.

2) 지방공무원 징계규칙: 제7조(의결서의 작성) ① 인사위원회가 제5조와 제6조에 따라 징계를 감경하거나 가중하여 의결하였을 때에는 「지방공무원 징계 및 소청 규정」 제6조제2항에 따른 징계등 의결서(이하 이 조에서 "징계등 의결서"라 한다)의 이유란에 그 사실을 구체적으로 밝혀야 한다. ② 인사위원회가 제1항에 따라 견책에 해당하는 비위를 불문(不問)으로 감경하여 의결했거나 불문으로 의결했으나 경고할 필요가 있다고 인정하는 경우에는 징계등 의결서의 의결주문란에 "불문으로 의결한다. 다만, 경고할 것을 권고한다"라고 적는다.

3) 불문경고 규정이 있어야만 불문경고 처리할 수 있는가. 학설과 판례는 반드시

그렇다고 보지 않는다.

다. 처분성 여부

1) 대법원 2002. 7. 26. 선고 2001두3532

함양군 인사위원회가 1999. 10. 7. 경상남도 지방공무원으로서 1995. 2. 23.부터 함양군 도시환경과 소속 주택담당 주사로 근무하던 A(원고)에 대하여 징계를 심의한 결과, 원고가 1999. 3. 19. 함양읍 교산리 833 – 1에 있는 한국천령아파트에 대한 사용승인을 하면서 이 아파트가 1동의 건물로 되어 있기 때문에 동별(棟別) 사용승인이 부적합함에도 불구하고 사용승인을 하였고, 이로 인하여 민원을 야기함은 물론 건축승인조건인 도로의 기부채납이 지연되거나 이행되지 않을 우려가 생기게 함으로써 지방공무원법 제48조에 정한 성실의무를 위반하였다는 징계사유를 들어, '함양군지방공무원징계양정에관한규칙'(1998. 4. 1. 규칙 제750호, 이하 "함양군규칙"이라 한다)[135] 제2조 제1항 및 [별표 1] '징계양정기준'에 의하여 위와 같은 비위사실에 대하여는 견책으로 징계를 하여야 할 것이지만, '함양군규칙' 제4조 제1항 제2호 및 [별표 3] '징계양정감경기준'에 따라 원고에게 표창을 받은 공적이 있음을 이유로 그 징계를 감경하여 불문으로 하되, 다만 원고에게 경고할 것을 권고하는 의결을 하였고, 이에 따라 피고가 1999. 10. 12. 원고를 "불문경고"에 처하는 이 사건 처분을 하였다.

○ 원심 판결(부산고법 2001. 3. 30. 선고 2000누3634) – 처분성 부인

원고는 불문경고에 처하는 이 사건 처분의 취소를 구하는 청구를 제기하였고, 원심은 아래와 같은 이유로 이 사건 처분은 항고소송의 대상이 되는 행정처분에 해당한다고 할 수 없다고 판단하여 이 사건 소를 각하한 제1심 판결을 유지하였다.

지방공무원징계및소청규정(1998. 2. 20. 대통령령 제15647호, 이하 "소청규정"이라 한

---

135) 현행 지방공무원 징계 및 소청 규정(2020. 7. 30. 시행, 대통령령 제30882호) 제8조 제1항은 징계등 양정(量定)에 관한 기준은 교육부령 또는 행정안전부령으로 정한다고 되어 있으나, 개정 전까지는 '징계등 양정(量定)에 관한 기준은 교육부장관 또는 행정자치부장관이 정한 기준의 범위에서 위원회의 의결을 거쳐 해당 지방자치단체의 규칙으로 정한다고 되어 있었다. 그리하여 함안군지방공무원징계양정에관한 규칙이 있고 제4조제1항 및 별표 3에 의거 견책의 감경된 징계양정이 불문(경고)로 되어 있었다.

다) 제8조 제1항 및 제17조의 각 위임규정에 따라 함양군지방공무원의 징계양정기준과 가중·감경사유 등에 관한 구체적 사항을 정한 '함양군규칙'에서 견책의 징계를 감경할 경우 불문(경고)으로 한다는 취지는, "불문경고조치를 또 하나의 감경된 징계처분으로 본다는 것이 아니라 징계의 종류 중 가장 가벼운 견책을 감경할 때에는 이를 불문에 붙여 아무런 징계처분을 하지 않고 그 대신 경고를 한다는 뜻으로 보아야 할 것이다." 그러므로 단지 앞으로 유사한 잘못을 되풀이하지 않도록 업무에 더욱 충실할 것을 "권고하거나 지도하는 행위"에 불과하고, 그로 인하여 설사 원고의 승진이나 호봉승급 등에 어떠한 영향이 미친다고 하더라도, 이는 원고가 불문경고를 받았다는 사실 그 자체보다는 그 원인이 된 비위사실이 승진이나 호봉승급 등 인사평정상의 참작사유로 고려되는 데서 기인하는 것이다. 따라서 이러한 인사상의 불이익은 이 사건 처분으로부터 직접적으로 발생하는 법률상 효과가 아니라 사실상 또는 간접적인 효과에 불과하다고 봄이 상당하며, 달리 이 사건 처분으로 인한 법률상의 효과로서 원고의 신분에 직접적으로 불이익을 끼치는 사유가 있다고 인정할 만한 자료가 없다며, 함양군인사위원회의 징계대상자에 대한 불문경고조치의 항고소송상 처분성을 부정하였다.

○ 대법원 판결(대법원 2002. 7. 26. 선고 2001두3532) - 처분성 인정

원심과 달리 대법원은 행정규칙에 근거한 불이익처분의 성격을 가진 불문경고에 대하여 항고소송상의 처분성을 인정하였다. 즉, 항고소송의 대상이 되는 행정처분이라 함은 원칙적으로 행정청의 공법상 행위로서 특정 사항에 대하여 법규에 의한 권리의 설정 또는 의무의 부담을 명하거나 기타 법률상 효과를 발생하게 하는 등으로 일반 국민의 권리 의무에 직접 영향을 미치는 행위를 가리키는 것이지만, 어떠한 처분의 근거나 법적인 효과가 행정규칙에 규정되어 있다고 하더라도, 그 처분이 행정규칙의 내부적 구속력에 의하여 상대방에게 권리의 설정 또는 의무의 부담을 명하거나 기타 법적인 효과를 발생하게 하는 등으로 그 상대방의 권리 의무에 직접 영향을 미치는 행위라면, 이 경우에도 항고소송의 대상이 되는 행정처분에 해당한다. 행정규칙에 의한 '불문경고조치'가 비록 법률상의 징계처분은 아니지만 위 처분을 받지 아니하였다면 차후 다른 징계처분이나 경고를 받게 될 경우 징계감경사유로 사용될 수 있었던 표창공적의 사용가능성을 소멸시키는 효과와 1년 동안 인사기록카드에 등재됨으로써 그 동안은 장관표창이나 도지사표창 대상자에서 제외시키는 효과 등

이 있다는 이유로 항고소송의 대상이 되는 행정처분에 해당한다고 판단하였다.

○ 정리

한편 대법원은 위 함양군수의 불문경고(대법원 2002. 7. 26. 선고 2001두3532 판결 참조)나 금융감독원장의 문책경고(대법원 2005. 2. 17. 선고 2003두14765 판결 참조)에 대하여는 표창공적의 사용가능성을 소멸시키고 인사기록카드에 등재되어 표창 대상 자에서 제외되거나 임원이나 대표자 선임에서 제외되는 효과 등이 있다는 이유로 항고소송의 대상이 되는 처분에 해당하는 것으로 보았다. 그럼에도, 교육장의 경고(대법원 2004. 4. 23. 선고 2003두13687 판결 참조), 장관의 경고(대법원 1991. 11. 12. 선고 91누2700 판결 참조), 금융감독원장의 '문책경고장(상당)'(대법원 2005. 2. 17. 선고 2003두10312 판결 참조) 등에 대하여는 경고사실이 인사기록부에 기록·유지됨으로 인하여 다른 기관에 취업함에 있어 지장을 받는 불이익이 있다고 하더라도 그것은 사실상의 불이익에 불과하다거나 경고를 받은 자에게 상위권 평점을 부여하지 않는다고 하더라도 그것은 사실상 또는 간접적인 효과에 불과하다는 이유 등으로 항고소송의 대상이 되는 처분이 아니라고 보았다. 불문경고도 그로 인해 인사상 불이익 등을 받게 될 가능성이 있다면 이는 상대방의 권리·의무에 직접 영향을 미치는 행위로서 항고소송의 대상이 되는 처분에 해당한다고 보아야 한다.

2) 대법원 2021. 2. 10. 선고 2020두47564 판결

항고소송의 대상이 되는 행정처분이란 원칙적으로 행정청의 공법상 행위로서 특정 사항에 대하여 법규에 의한 권리의 설정 또는 의무의 부담을 명하거나 기타 법률상 효과를 발생하게 하는 등으로 일반 국민의 권리 의무에 직접 영향을 미치는 행위를 가리키는 것이지만, 어떠한 처분의 근거나 법적인 효과가 행정규칙에 규정되어 있다고 하더라도, 그 처분이 행정규칙의 내부적 구속력에 의하여 상대방에게 권리의 설정 또는 의무의 부담을 명하거나 기타 법적인 효과를 발생하게 하는 등으로 그 상대방의 권리 의무에 직접 영향을 미치는 행위라면, 이 경우에도 항고소송의 대상이 되는 행정처분에 해당한다고 보아야 한다.[136)]

---

136) 이 사건 대법원 판결에서 경고가 항고소송의 대상이 되는 처분이라고 보아야 한다고 판시한 부분은 타당하나, 이 사건 경고를 「검찰청법」제7조 제1항 및 제12조 제2항에 근거하여 검사에 대한 직무감독권을 행사하는 작용에 해당한다고 봄으로써 위 「검찰청법」의 규정을 이 사건 경고의 법적 근거로 인정하였다. 그러나 위 규정은 피고가 원고에 대하여 행

라. 구별개념

(1) 경고와의 구별

1) 종전 '(경찰청) 경고·주의 및 장려제도 운영 규칙'([시행 2018. 11. 27.] [경찰청예규 제903호, 2018. 11. 27.] 까지) 제3조 제1호는, "경고"란 징계위원회 또는 소청심사위원회에서 불문으로 의결하고 경고를 권고(이하 "불문경고"라 한다)하거나, 경찰기관의 장이 징계사유에 이르지 아니한 경미한 사안의 경우 또는 감독자 등을 문책하는 경우 앞으로 그러한 행위가 다시 발생하지 않도록 엄중히 훈계하는 것(이하 "직권경고"라 한다)을 말한다.[137]

위 예규는 그 후 개정되어 현행 '(경찰청) 경고·주의 및 장려제도 운영 규칙' [시행 2021. 1. 22.] [경찰청예규 제582호]에서는 경고의 발령 경우를 구체화하였다. 위 예규 제3조 제1항은, "경고"는 다음 각 호의 어느 하나에 해당하는 경우에 행한다.

1. 징계책임을 물을 정도에 이르지 아니하지만 비위의 정도가 주의보다 중하여 과오를 반성하도록 엄중히 훈계할 필요가 있는 경우

2. 시효의 완성으로 징계사유가 소멸된 경우[138]

3. 주의 처분을 받은 후 1년 이내에 동일 사유 또는 다른 사유로 다시 주의에 해당되는 비위를 저지른 경우 이에 대하여 엄중히 훈계할 필요가 있는 경우

4. 징계위원회 또는 소청심사위원회에서 불문으로 의결하고 경고를 권고한 경우

하는 일반적인 지휘·감독에 관한 규정으로, 이 사건 경고에 대한 작용법적 근거에 해당한다고 보기 어렵다. 따라서 위 규정을 이 사건 경고의 법적 근거로 인정한 이 사건 대법원 판결의 판시 부분은 법률유보의 원칙상 문제가 있다는 지적이 있다(이철진, "경고의 처분성과 법률유보의 원칙", 한국행정법학회 행정판례평석, 법률신문 2023. 5. 28).

137) 불문경고와 달리 직권경고를 구분하여 언급한 판결례로 대구지방법원 2018. 10. 5. 선고 2018구합21165 판결을 들 수 있다.

138) 시효가 완성되면 징계뿐 아니라 경고를 할 수 없다고 하여야 한다. "징계시효제도는 공무원에게 징계사유가 발생하더라도 징계권자가 그에 따른 징계절차를 진행하지 않거나 못한 상태가 일정기간 계속되면, 그것의 적법 또는 타당성을 묻지 않고 그 상태를 존중하여 징계를 하지 못하게 함으로써 징계권 행사에 제한을 가하려는 것으로서, 공무원의 신분을 보호하여 공직의 안정성을 보장하는 제도"라고 파악하고 있다. 그렇다면 징계시효가 도과하였더라도 공소시효가 남아있다면 형사처벌로서 해결할 수 있을 것이고, 기관의 경고일 경우 비교적 경미한 사안이 많아 징계시효가 도과될 정도면 원래의 징계기간보다 더 긴 기간 책임을 묻기가 어려운 사안일 가능성이 크고, 또 징계시효가 도과한 후 어느 기간까지 경고를 발할 것인지의 불안정한 기간의 해석이 발생할 우려가 있다.

한편 위 예규 제5조 제1항은, 경고 처분은 경찰기관장이 별지 제1호서식의 경고장을 교부함으로써 한다. 다만, 소청심사위원회로부터 불문경고 결정을 통보받은 때에는 결정문으로 경고장을 갈음한다. 제6조는, 경찰공무원등이 경고를 받은 때에는 별표1 경고 및 장려장 상벌상계 기준표에 따라 일정한 벌점을 부여(예컨대 경찰청장이 발부한 경우 1점)하고, 경고의 벌점은 처분을 받은 해당 계급에서 1년간 효력을 가지며, 1년 이내에 2회의 경고를 받은 자가 같은 기간 내에 다시 경고에 해당하는 사유가 있는 경우에는 징계위원회에 회부하여야 하되 다만, 감독책임으로 인한 경우는 제외한다. 또 경찰기관장은 경고 또는 주의를 받은 자에 대하여 그 처분의 사유가 중하다고 판단되는 경우에는 같은 사유로 징계위원회에 회부할 수 있다고 한다.

이처럼 종전 직권경고와 불문경고를 구별하여 취급하던 것을 통합하여 하나의 경고개념으로 규정하고 있다. 그러다보니 종전에, 공무원이 소속 장관 등으로부터 받는 서면에 의한 경고는 불문경고와는 달리 항고소송의 대상이 되는 행정처분에 해당하지 않는다는 대법원 판결(대법원 2004. 4. 23. 선고 2003두13687)은 계속 유지하기 어렵게 되었다. 당시 대법원은 [교육공무원의 신분에 영향을 미치는 교육공무원법령상의 징계의 종류에 해당하지 아니하고, 인사기록카드에 등재되지도 않으며, '2001년도정부포상업무지침'에 정해진 포상추천 제외대상이나 교육공무원징계양정등에관한규칙 제4조 제1항 단서에 정해진 징계감경사유 제외대상에 해당하지도 않을 뿐만 아니라, '서울특별시교육청교육공무원평정업무처리요령'에 따라 근무평정자가 위와 같은 경고를 이유로 경고를 받은 자에게 상위권 평점을 부여하지 않는다고 하더라도 그와 같은 사정은 경고 자체로부터 직접 발생되는 법률상 효과라기보다는 경고를 받은 원인이 된 비위사실이 인사평정 당시의 참작사유로 고려되는 사실상 또는 간접적인 효과에 불과한 것이어서 교육공무원으로서의 신분에 불이익을 초래하는 법률상의 효과를 발생시키는 것은 아니라 할 것이다. 따라서 위와 같은 경고는, 교육공무원법, 교육공무원징계령, 교육공무원징계양정등에관한규칙에 근거하여 행해지고, 인사기록카드에 등재되며, '2001년도정부포상업무지침'에 따른 포상추천 제한사유 및 교육공무원징계양정등에관한규칙 제4조 제1항 단서에 정해진 징계감경사유 제외대상에 해당하는 불문(경고)과는 달리, 항고소송의 대상이 되는 행정처분에 해당하지 않는다고 할 것이다.]고 하였다. 당시는 경고와 불문경고의 근거, 법적 효과 등에 차이가 있음을 들어 경고가 항고소송의 대상이 되는 행정처분에 해당한다고 할 수 없다고 한 것이다. 그러나 이제 경고 개념이 하나의 개념으로 통합 운영되고 특히 기관의 경고도 벌점이 부여되고 기록이 유지되며 일정기간 불이익이 존속한다. 따라서 기관 경고는 징계위원회의 의결을 거치지 않는 데 반해 불문경고는 징계위 의결을 거쳐야 하며, 경고는 불문경고와는 달리 인사기록카드에 등재되지 아니하여 포상추천대상에서 제외되는 효과, 징계감경사유로 사용될 수 있었던 표창공적의 사용가능성을 소멸시키는 효과가 없어 항고소송의 대상이 되는 행정처분은 아니라고 하는 견해[139]는 현행 법령하에서 수정되어야 할 것으로 본다.

2) 경고나 주의를 받은 이후 재차 징계사유를 발견한 경우나 새로이 징계 처분의 사유가 중하다고 판단되는 경우, 같은 사유로 징계위원회에 회부할 수 있는가. 경고를 하나의 징계처분으로 본다면 이중징계의 문제가 발생하나 경고는 징계처분이 아닌 독자적 처분으로 다툴 수 있으므로 동일한 사유로 징계의결을 요구하여도 일사부재리원칙에 저촉되지 않는다고 할 것이다. 경찰청의 위 예규도 제7조제4항에서 경찰기관장은 경고 또는 주의를 받은 자에 대하여 그 처분의 사유가 중하다고 판단되는 경우에는 같은 사유로 징계위원회에 회부할 수 있다. 제5항, 제4항에 따라 징계위원회에 회부되어 징계 등의 의결이 있은 때에는 해당 처분의 효력은 상실한다고 한다.

(2) 불문의결 및 통지행위

불문의결은 말 그대로 어떠한 징계처분도 하지 않는다는 것이다. 불문의결은 청구인에 대한 징계처분을 위한 행정기관 내부의 일련의 절차 중 하나에 불과할 뿐만 아니라, 불문의 경우 지방공무원법상 징계의 종류에 해당하지도 않고 불문(경고)의 경우와 달리 그에 따른 불이익이 관련 법령상 명시되어 있지도 아니하며, 이 사건 통지행위 역시 피청구인의 의결결과에 따라 징계하지 아니한다는 뜻을 청구인에게 알려주는 사실의 고지에 불과하다. 따라서 이 사건 불문의결과 통지행위만으로는 청구인의 권리와 의무에 대하여 직접적인 법률효과를 발생시켜 청구인의 법률관계 내지 법적 지위를 불리하게 변화시킨다고 볼 수 없고, 결국 헌법소원의 대상이 되는 공권

---

139) 임영호, "서울특별시교육·학예에 관한 감사규칙 및 서울특별시교육청 법률위반공무원처분 기준에 따라 이루어진 서면경고가 항고소송의 대상의 대상인 행정처분인지 여부", 대법원판례해설 통권 제50호, 2004, 38면.

력 행사에 해당하지 않는다(헌재 2023. 10. 26. 2022헌마178).[140]

검사징계법 제18조제3항에서, '검사징계위원회는 징계 사유가 있으나 징계처분을 하지 아니하는 것이 타당하다고 인정되는 경우에는 불문(不問)으로 하는 결정을 할 수 있다'.고 하여 불문결정을 명시하고 있다. 참고로, 같은 법 제21조는 '위원회가 징계의 이유가 없다고 의결하였을 때에는 사건에 대해 무혐의 의결할 수 있다'는 별도의 제도를 인정하고 있다. 법관징계법 제24조도 불문결정과 무혐의 결정을 할 수 있음을 명시하고 있다.

6. 징계부가금[141]

가. 기본 개념

(1) 개념

공무원의 금품, 향응 등의 비리를 근절하기 위해 2010. 3. 22. 국가공무원법 및 지방공무원법을 개정하면서 신설된 제도로, 징계사유가 금품 및 향응수수, 공금의 횡령·유용인 경우 해당 징계처분 외에 그 행위로 취득하거나 제공한 금품 및 향응수수액, 공금의 횡령·유용액의 5배 이내에서 징계부가금을 병과하는 제도이다. 국가공무원법 제79조의2, 지방공무원법 제69조의2에 신설된 징계부가금은 부칙에 '이 법 시행 후 최초로 징계 사유가 발생한 경우부터 적용한다.'고 하였고, 교육공무원, 경찰공무원 등의 경우에도 국가공무원법과 지방공무원법을 준용하여 징계부가금 제도의 적용을 받게 되었다. 이 제도의 신설시기에 따라 검사의 경우는 2019. 4. 16. 이후, 군인의 경우 2014. 12. 12. 이후, 군무원의 경우 2015. 4. 16. 이후, 법관[142]에

---

140) 청구인은 지방공무원으로 성희롱 사건 피해자 고충처리 과정에서 알게 된 개인정보를 다른 구성원에게 노출되지 않도록 하여야 함에도 불구하고, 가해자와 피해자가 명백히 존재하는 사건의 정식 조사가 이루어지기 전에 가해자를 미리 찾아가 알렸다는 사건으로 인사위원회에 회부되어 심의결과 '불문'으로 의결하였고, 징계권자인 ○○군수는 위 불문의결에 따라 청구인에 대하여 어떠한 징계처분도 하지 아니하였다.

141) 참고문헌은, 1) 장호진, "지방공기업법상의 징계부가금 및 징계시효 제도에 관한 고찰", 한양대학교 법학연구소, 법학논총, 2017. 3. 31, Vol.34 (1), p.411이하. 2) 김지영, "행정법상 부가금에 관한 고찰 – 징계부가금과 제재부가금을 중심으로", 한국법정책학회, 법과정책연구, 2017. 9. 30, Vol.17 (3), p.p.399－432. 3)김중권, "독일의 징계금(징계부가금)에 관한 소고", 최신외국법제정보. 한국법제연구원 2014.6. pp.2－16.

대해서는 2017. 12. 19. 이후 발생한 징계사유부터 적용한다. <u>공무원에게 적용되던</u> <u>이 제도는 2015. 12. 15. 지방공기업법을 개정하여 지방공사 및 지방공단 임직원에</u> <u>게도 도입하였다.</u>

공무원의 금품 관련 비리가 근절되지 않고 공직에 대한 국민의 신뢰가 심각하게 손상되자 금품 관련 비리 공무원에 대한 제재를 강화할 목적으로 새로운 행정제재수 단으로 징계부가금을 부과할 수 있도록 도입하였고, 다만 징계의결 전후에 공무원이 형사처벌을 받거나 변상책임 등을 이행한 경우(몰수나 추징의 경우 포함) 그 금액을 감면 또는 조정할 수 있도록 하였다.

(2) 법적 성질

징계부가금의 법적 성질에 대해 헌법재판소(헌재 2015. 5. 26. 선고, 2012헌바435 결 정)는 '행정상의 제재' 및 '금전적 제재'라는 표현을 사용하고 있다. 그런데 징계부가 금은 징계처분과 병과되고 징계위원회에서 재량으로 부과할 수 있으므로 징계부가금 이 징계벌의 일종인지가 문제된다. 국가공무원법 등에서 징계의 종류(국가공무원법 제 79조)와 별도로 징계부가금을 규정하고 있고 징계처분과 병과하도록 되어 있어 징계 는 아니나 징계벌의 일종이라고 할 것이다. 징계부가금에 대해서는 독일, 프랑스 등 외국에서는 인정하고 있지 않으며, 징계처분에 따른 불이익에 병과하여 다시 금전적 제재로서 징계부가금을 부과하는 것이 타당한지에 대해 도입당시부터 논란이 있었 다. 특히 이중처벌금지원칙과 과잉금지원칙이 거론되었는데, 헌법재판소는, "징계부 가금은 공무원 관계의 질서유지를 위하여 공금의 횡령이라는 공무원의 의무 위반 행 위에 대하여 지방자치단체가 사용자의 지위에서 행정 절차를 통해 부과하는 행정적 제재이다. 비록 징계부가금이 제재적 성격을 지니고 있더라도 이를 두고 헌법 제13 조 제1항에서 금지하는 국가형벌권 행사로서의 '처벌'에 해당한다고 볼 수 없다. 따라 서 심판대상조항은 이중처벌금지원칙에 위배되지 않는다(헌법재판소 2015. 2. 26. 선고 2012헌바435 전원재판부)." 또 위 헌재결정은, 징계부가금 부과처분에 대하여 공정력과 집행력을 인정한다고 하여 이를 확정판결 전의 형벌집행과 같은 것으로 보아 곧바로

---

142) 부장판사 수뢰사건이후 양승태 대법원장이 전국법원장 회의를 열고 '법관윤리제고 및 윤리 감사 강화 방안'을 논의한 끝에 여러 개선안과 함께 징계부가금 제도를 도입하기로 하였다 (법률신문, 2016. 9. 8. 1면 기사 참고).

무죄추정원칙에 위배된다고 할 수 없고, 입법목적의 정당성 및 수단의 적절성, 침해의 최소성, 법익의 균형성에 비추어 과잉금지원칙에도 위배되지 않는다고 보았다.

징계부가금을 부과하는 부분을 따로 떼어 소송이 가능한가. 징계부가금 부과도 처분이므로 당연히 독립해 징계부가금처분취소를 구할 수 있다. 예컨대 대학교 교수로서 대학교 부설 연구소 소장으로 근무하면서 연구용역사업을 수행하면서 연구원 인건비를 부풀리거나 허위로 기재하여 편취한 사건에서 형사처벌 받은 후, 같은 사유로 징계처분에서 해임 및 징계부가금 처분을 동시에 받은 건에서 위 교수는 징계부가금 부과처분에 대해서만 별도로 취소소송을 제기하였다. 징계부가금처분취소에 대한 실제 사건을 중심으로 판결문을 재구성하면 다음의 표와 같다(322p 참조).

같은 논리로, 징계처분과 징계부가금부과 처분을 취소하는 소송에서 징계처분은 그대로 인정하면서 징계부가금처분은 취소할 수 있다.[143]

---

143) 대구지방법원 2014. 3. 21. 선고 2013구합2459 판결을 기초로 보면, 원고는 고등학교체육부장교사로 재직중 장비구매와 관련해 2010년 초부터 양궁부 지도교사 소외 1에게 '위에는 얘기가 다 끝났다'고 하면서 필요 이상의 장비구매 신청서를 작성하여 결재를 받은 후 납품받은 물품을 반품하여 대금을 되돌려받는 방법으로 조성한 자금을 소외 1로부터 3,200만 원을 전달받은 사실로 사기 혐의로 벌금 400만 원을 선고받았고, 또 소속 운동부 교사들에게 학교장과 협의가 되었다고 하며 예산을 더 배정해 주고 자금 마련을 부탁하는 등의 방법으로 불법 자금을 조성하여 학교장 활동비로 전달하는 등 총 1억 3,106만 원을 횡령한 사실로 업무상 횡령 및 배임 혐의로 벌금 700만 원을 선고받았다. 이에 대해 교육감은 원고를 해임하고 91,360,000원(= 45,680,000원 × 2배)의 징계부가금을 부과하였다. 법원은 해임처분은 적법하나 징계부가금 부과처분은 위법하다고 판단하였다. 즉, 원고가 국가공무원법 제78조의2 규정의 시행일인 2010. 3. 22. 이후로 편취한 금액이 2,500만 원이고, 횡령한 금액이 2,068만 원이며, 피고가 공금의 편취도 '공금의 횡령·유용'에 해당함을 전제로 편취금액까지 감안하여 이 사건 징계부가금처분을 한 것은 위법하다.

춘천지방법원

판 결

사 건 2013구합497 징계부가금처분취소

원 고 A

피 고 ○○대학교 총장

변론종결 2023. 6. 14.

판결선고 2023. 8. 16.

주 문

1. 피고가 2012. 9. 25. 원고에 대하여 한 징계부가금 처분을 취소한다.
2. 소송비용은 피고가 부담한다.

청구취지

주문과 같다.

이 유

1. 처분의 경위

2. 이 사건 처분의 적법 여부

3. 결론

(3) 법령 내용: 국가공무원법 제78조의2

① 제78조에 따라 공무원의 징계 의결을 요구하는 경우 그 징계 사유가 다음 각 호의 어느 하나에 해당하는 경우에는 징계 외에 다음 각 호의 행위로 취득하거나 제공한 금전 또는 재산상 이득(금전이 아닌 재산상 이득의 경우에는 금적으로 환산한 금액을 말한다)의 5배 내의 징계 부가금 부과 의결을 징계위원회에 요구하여야 한다.

    1. 금전, 물품, 부동산, 향응 또는 그 밖에 대통령령으로 정하는 재산상 이익을 취득하거나 제공한 경우

    2. 다음 각 목에 해당하는 것을 횡령, 배임, 절도, 사기 또는 유용한 경우

        가. 「국가재정법」에 따른 예산 및 기금

        나. 「지방재정법」에 따른 예산 및 「지방자치단체 기금관리법」에 따른 기금

        다. 「국고금 관리법」 제2조제1호에 따른 국고금

        라. 「보조금 관리에 관한 법률」 제2조제1호에 따른 보조금

        마. 「국유재산법」 제2조제1호에 따른 국유재산 및 「물품관리법」 제2조제1항에 따른 물품

        바. 「공유재산 및 물품 관리법」 제2조제1호 및 제2호에 따른 공유재산 및 물품

        사. 그 밖에 가목부터 바목까지에 준하는 것으로서 대통령령으로 정하는 것

② 징계위원회는 징계부가금 부과 의결을 하기 전에 징계부가금 부과 대상자가 제1항 각 호의 어느 하나에 해당하는 사유로 다른 법률에 따라 형사처벌을 받거나 변상책임 등을 이행한 경우 (몰수나 추징을 당한 경우를 포함한다) 또는 다른 법령에 따른 환수나 가산징수 절차에 따라 환수금이나 가산징수금을 납부한 경우에는 대통령령으로 정하는 바에 따라 조성된 범위에서 환수금이나 가산징수금을 납부한 경우에는 대통령령으로 정하는 바에 따라 조정된 범위에서 징계부가금 부과를 의결하여야 한다.

③ 징계위원회는 징계부가금 부과 의결을 한 후에 징계부가금 부과 대상자가 형사처벌을 받거나 변상책임 등을 이행한 경우(몰수나 추징을 당한 경우를 포함한다) 또는 환수금이나 가산징수금을 납부한 경우에는 대통령령으로 정하는 바에 따라 이미 의결된 징계부가금의 감면 등의 조치를 하여야 한다.

④ 제1항에 따라 징계부가금 부과처분을 받은 사람이 납부기간 내에 그 부가금을 납부하지 아니한 때에는 처분권자(대통령이 처분권자인 경우에는 처분 제청권자)는 국세체납의 예에 따라 징수할 수 있다. 다만, 체납액 징수가 사실상 곤란하다고 판단되는 경우에는 징수를 관할 세무서장에게 의뢰하여야 한다.

⑤ 처분권자(대통령이 처분권자인 경우에는 처분 제청권자)는 제4항 단서에 따라 관할

세무서장에게 징계부가금 징수를 의뢰한 후 체납일부터 5년이 지난 후에는 징수가 불가능 하다고 인정될 때에는 관할 징계위원회에 징계부가금 감면의결을 요청할 수 있다.

(4) 적용대상

법 제78조의2 제1항제1호의 "대통령령으로 정하는 재산상 이익"이란, ① 유가증권, 숙박권, 회원권, 입장권, 할인권, 초대권, 관람권, 부동산 등의 사용권 등 일체의 재산상 이익, ② 골프 등의 접대 또는 교통·숙박 등의 편의 제공, ③ 채무면제, 취업제공, 이권(利權)부여 등 유형·무형의 경제적 이익 등의 어느 하나에 해당하는 것을 말한다(공무원징계령 제17조의2 제1항).

징계부가금 부과처분은 국민의 권리나 이익을 박탈하거나 제재를 가하는 이른바 '침익적 행정처분'으로서 국민의 재산권 보호라는 헌법적 요청 및 법치행정의 원리에 비추어 법적 근거를 필요로 하고, 또한 그 근거 규정의 해석에 있어서도 엄격한 해석이 필요하며 그 침해의 범위를 넓히는 방향으로 함부로 유추해석이나 확장해석을 하는 것은 원칙적으로 허용할 수 없다.

직무관련성 유무와 상관없이 징계사유가 금품 및 향응수수, 공금의 횡령·유용에 해당하는 경우에는 징계부가금 부과 대상이 되며, 위 행위의 미수에 그친 경우에는 대상이 되지 않는다. 금품 및 향응 수수 후 반환한 경우에도 대상이 되고, 다만 반환한 것을 징계부가금 부과 혹은 감면 의결 시 고려하여야 한다.

산학협력단을 기망하여 인건비 등을 편취한 사기죄로 징계처분을 받은 자가, 위 징계사유는 위 규정에서 말하는 '공금의 횡령·유용'에 해당한다고 볼 수 없다며 징계부가금 처분취소를 구하는 사안에서, "위 규정에서 징계부가금 부과사유로 공금에 관한 범죄 중 횡령과 유용의 형태만을 병렬적으로 나열하고 있는 점과 앞서 본 법리 등에 비추어 볼 때 위 유용의 의미를 횡령을 제외한 절취, 강취, 편취, 배임 등 수단에 관계없이 공금을 원래 목적 외에 사용하는 모든 경우를 뜻한다고 해석하는 것은 침해의 범위를 넓히는 유추해석이나 확장해석을 하는 것이므로, '유용'의 사전적 의미를 살려 이를 횡령에 준하는 행위의 한 형태로 엄격하게 해석하는 것이 옳다고 판단된다며 위 징계사유는 위 규정에서 말하는 '공금의 횡령·유용'에 해당한다고 볼 수 없다고 하였다(춘천지방법원 2013. 8. 16. 선고, 2013구합497 확정).

(5) 특이점

군인·군무원의 경우 관할에서 특별규정을 두고 있다. '국방부 군인·군무원 징계 업무처리 훈령' 제81조(징계부가금 관할)는 [부대 또는 기관에 군법무관이 보직되어 있지 아니한 부대 또는 기관의 장은 징계부가금 부과의결 또는 감면의결 요구권을 행사할 수 없으며 이 경우 군법무관이 보직되어 있는 직근 상급 부대 또는 기관의 장에게 사건을 이송하여야 한다.]라고 규정하여 징계부가금의 부과 또는 감면은 군 법무관이 보직되어 있는 부대에서 진행하도록 하고 있다.

나. 부과 절차

(1) 징계부가금 부과의결 요구

징계권자는 요건 해당시 징계위원회에 징계부가금 부과의결을 요구하여야 한다(필 수적 징계의결 요구 대상). 징계위원회에서 징계부가금 부과 의결을 하기 전에 징계등 혐의자가 법 제78조의2제1항 각 호의 어느 하나에 해당하는 행위로 다른 법률에 따 라 형사처벌을 받거나 변상책임 등을 이행(몰수나 추징을 당한 경우를 포함한다) 또는 다른 법령에 따른 환수나 가산징수 절차에 따라 환수금이나 가산징수금을 납부한 경 우로서 같은 조 제2항에 따라 징계위원회가 징계부가금을 조정하여 의결할 때에는 벌금, 변상금, 몰수, 추징금, 환수금 또는 가산징수금에 해당하는 금액과 징계부가금 의 합계액이 금품비위금액등의 5배를 초과해서는 아니 된다(공무원징계령 제17조의2 제3항). 따라서 5배를 초과하는 경우에는 징계부가금 부과의결을 요구할 수 없다.

(2) 징계부가금 부과의결

• 징계위원회가 법 제78조의2제1항에 따라 징계부가금 부과 의결을 요구받은 때 에는 같은 항 각 호의 어느 하나에 해당하는 행위로 취득하거나 제공한 금전 또는 재산상 이득(금전이 아닌 재산상 이득의 경우에는 금전으로 환산한 금액을 말하며, 이하 "금 품비위금액등"이라 한다)의 5배 내에서 징계부가금의 부과 의결을 할 수 있다(공무원징 계령 제17조의2 제2항). 징계부가금의결요구를 받은 징계위원회가 징계부가금을 부과하지

않을 수도 있는가. 법상 요건에 해당시 징계권자는 징계의결요구를 반드시 하여야 하나 징계위원회는 준사법적 권한을 가진 독립적 기구로서 재량으로 처분을 하여 부과하지 않을 수 있다. 그럼에도 정해진 감면 또는 조정의 요건에 해당할 시에는 이에 따라야 한다.

• **공무원징계령 시행규칙 제2조(징계 또는 징계부가금의 기준)** ① 징계위원회는 「국가공무원법」 제78조의2에 따른 징계부가금 혐의자의 비위(非違)의 유형, 비위의 정도 및 과실의 경중과 혐의 당시 직급, 비위행위가 공직 내외에 미치는 영향, 수사 중 공무원 신분을 감추거나 속인 정황, 평소 행실, 공적(功績), 뉘우치는 정도, 규제개혁 및 국정과제 등 관련 업무 처리의 적극성 또는 그 밖의 정상 등을 고려하여 별표 1의6의 징계부가금 부과기준에 따라 징계부가금 사건을 의결해야 한다.

징계부가금 부과 기준(제2조제1항 관련)

비위의 정도 및 과실 여부 / 비위의 유형	비위의 정도가 심하고 고의가 있는 경우	비위의 정도가 심하고 중과실이거나, 비위의 정도가 약하고 고의가 있는 경우	비위의 정도가 심하고 경과실이거나, 비위의 정도가 약하고 중과실인 경우	비위의 정도가 약하고 경과실인 경우
1. 「국가공무원법」 제78조의2제1항제1호의 행위	금품비위 금액등의 4~5배	금품비위 금액등의 3~4배	금품비위 금액등의 2~3배	금품비위 금액등의 1~2배
2. 「국가공무원법」 제78조의2제1항제2호의 행위	금품비위 금액등의 3~5배	금품비위 금액등의 2~3배	금품비위 금액등의 2배	금품비위 금액등의 1배

※ 비고
1. "금품비위금액등"이란 「국가공무원법」 제78조의2제1항 각 호의 어느 하나에 해당하는 행위로 취득하거나 제공한 금전 또는 재산상 이득(금전이 아닌 재산상 이득의 경우에는 금전으로 환산한 금액을 말한다)을 말한다.
2. 징계부가금 배수는 정수(整數)를 기준으로 한다. 다만, 징계부가금 감면 의결의 경우에는 정수로 하지 아니할 수 있다.
3. 「국가공무원법」 제78조의2제1항제1호의 행위가 「부정청탁 및 금품등 수수의 금지에 관한 법률」 제8조제2항을 위반한 경우로서 그 비위의 정도가 약하고 경과실인 경우에는 금품비위금액등의 2배의 징계부가금을 부과한다.

다. 감면절차

(1) 징계부가금 감면의결 요구

공무원징계령 제17조의2 제4항: 징계의결등의 요구권자는 다음 어느 하나에 해당하는 사유가 발생한 날부터 30일 내에 징계위원회에 징계부가금 감면 의결을 요구하여야 하며, 동시에 별지 제3호의2서식의 징계부가금 감면 의결 요구서 사본을 징계등 혐의자에게 송부하여야 한다. 다만, 징계등 혐의자가 그 수령을 거부하는 경우에는 그러하지 아니하다.

① 징계부가금 부과 의결을 받은 자가 법원의 판결(몰수·추징에 대한 판결을 포함한다)이 확정되거나 변상책임 등을 이행한 날 또는 환수금이나 가산징수금을 납부한 날부터 60일 내에 징계의결등의 요구권자에게 징계부가금 감면 의결을 신청한 경우

② 징계의결등의 요구권자가 징계부가금 부과 의결을 받은 자에 대한 법원의 판결(몰수·추징에 대한 판결을 포함한다)이 확정되거나 변상책임 등이 이행된 것 또는 환수금이나 가산징수금 등이 납부된 것을 안 경우

(2) 징계부가금 감면의결

공무원징계령 제17조의2 제5항: 제4항에 따라 징계부가금 감면 의결이 요구된 경우 법 제78조의2제3항에 따라 징계위원회는 벌금, 변상금, 몰수, 추징금, 환수금 또는 가산징수금에 해당하는 금액과 징계부가금의 합계액이 금품비위금액등의 5배를 초과하지 않는 범위에서 감면 의결하여야 한다. 이 경우 징계부가금 감면 의결의 기한에 관하여는 제9조제1항을 준용한다. ⑥ 징계등 혐의자 또는 징계부가금 부과 의결을 받은 자가 벌금 외의 형(벌금형이 병과되는 경우를 포함한다)을 선고받아 제3항 또는 제5항을 적용하기 곤란한 경우에는 징계위원회는 형의 종류, 형량 및 실형, 집행유예 또는 선고유예 여부 등을 종합적으로 고려하여 징계부가금을 조정하여 의결하거나 감면 의결하여야 한다.

라. 징계부가금 부과처분 및 감면처분

- **공무원징계령 제19조(징계처분등)** ① 징계처분등의 처분권자는 징계등[144] 의결서 또

는 징계부가금 감면 의결서를 받은 날부터 15일 이내에 징계처분등을 하여야 한다.

② 징계처분등의 처분권자는 제1항에 따라 징계처분등을 할 때에는 별지 제4호 서식에 따른 징계처분등의 사유설명서에 징계등 의결서 또는 징계부가금 감면 의결서 사본을 첨부하여 징계처분등의 대상자에게 교부하여야 한다. 다만, 5급이상 공무원등(고위공무원단에 속하는 공무원을 포함한다)을 파면하거나 해임한 경우에는 임용제청권자가 징계처분등의 사유설명서를 교부한다.

· **징계령 제19조의2(징계부가금 납부고지서의 교부 등)** ① 제18조에 따라 의결 통보를 받은 징계처분등의 처분권자가 제19조제2항에 따라 징계처분등의 대상자에게 징계처분등의 사유설명서를 교부할 때에는 징계부가금 금액을 분명하게 적은 납부고지서 또는 감면된 징계부가금 금액을 분명하게 적은 감면 납부고지서를 함께 교부하여야 한다.

② 징계처분등의 처분권자는 징계처분등의 대상자가 제1항의 납부고지서를 교부받은 날부터 60일 이내에 징계부가금이나 감면된 징계부가금을 납부하지 않으면 법 제78조의2제4항 전단에 따라 국세강제징수의 예에 따라 징수할 수 있다.

③ 징계처분등의 처분권자는 법 제78조의2제4항 후단에 따라 체납액의 징수를 위탁하려는 경우에는 징수대상자의 성명 및 주소, 징수금액 등을 적은 징수의뢰서에 체납액의 징수가 사실상 곤란하다는 사실을 입증할 수 있는 서류를 첨부하여 관할 세무서장에게 통보해야 한다.

④ 징계처분등의 대상자가 징계부가금을 납부한 후에 제1항의 감면 납부고지서를 받은 경우에는 징계처분등의 처분권자는 그 차액을 징계처분등의 대상자에게 환급하여야 한다.

⑤ 징계처분등의 대상자가 징계부가금을 납부하기 전에 제1항의 감면 납부고지서를 받은 경우에는 징계처분 등의 대상자는 감면된 징계부가금을 납부하여야 한다.

마. 재징계의결 등의 요구

국가공무원법 제78조의3 제1항에 의하면, 처분권자는 ① 법령의 적용, 증거 및 사실 조사에 명백한 흠이 있는 경우, ② 징계위원회의 구성 또는 징계의결등, 그 밖에 절차상의 흠이 있는 경우, ③ 징계양정 및 징계부가금이 과다한 경우에 해당하는 사유로 소청심사위원회 또는 법원에서 징계처분 등의 무효 또는 취소(취소명령 포함)의 결정이나 판결을 받은 경우에는 다시 징계의결 또는 징계부가금 부과 의결을 요구하여야 한다. 다만 위 ③의 징계양정 및 징계부가금이 과다한 경우의 사유로 무효

---

144) "징계등"이란 공무원의 징계 또는 징계부가금 모두를 칭한다(공무원징계령 제2조).

또는 취소(취소명령 포함)의 결정이나 판결을 받은 감봉·견책처분에 대하여는 징계 의결을 요구하지 아니할 수 있다.

처분권자가 위와 같이 재징계의결등을 요구하는 경우에는 소청심사위원회의 결정 또는 법원의 판결이 확정된 날부터 3개월 이내에 관할 징계위원회에 징계의결등을 요구하여야 하며, 관할 징계위원회에서는 다른 징계사건에 우선하여 징계의결등을 하여야 한다(제2항).

바. 실제 사례검토

• **사례1:** 초등학교 교장이 교사들로부터 현금, 과일, 서예작품 등 97만원 정도의 금품을 제공받았다는 비위 등을 이유로 교육감으로부터 정직3월 및 징계부가금 3배 의 징계처분을 받고 교원소청심사위원회에 그 취소를 구하는 소청을 제기하였다. 소 청심사위에서 금품 수수 내역 일부가 징계 사유로 인정되지 않아 금품 수수 대상 금 액이 대폭 줄고, 금품을 제공하였다고 주장하는 교사들에게는 아무 처분이 없어 징 계 양정이 과중하다는 판단하에 감봉3월 처분하고, 금품수수 금액도 22만원으로 줄 은 금액에서 2배를 부과하는 것으로 변경하였다(교원소청결정서 2015－276 정직 3월 및 징계 부가금 3배 처분 취소 청구 참조).

• **사례2:** 강원도내 한 지자체 안전건설과 하천담당 공무원이었던 A는 2014년 강 원도지사가 폐천부지로 고시한 2천937㎡ 면적의 3개 필지 매각계획을 수립하는 데 관여했다. A는 '공유재산 사용 대부계약을 체결한 인근 또는 관내 거주자는 1년 이상 사용 후 매수요청을 하면 수의계약을 맺어 살 수 있다'는 내용이 포함된 매각계획을 알고 동서 B와 짜고 5천 600여 만원을 들여 B의 아내 명의로 폐천부지를 취득한 혐 의로 기소됐다. 이 일로 강원도인사위원회는 A에게 파면과 시세차익만큼의 징계부가 금 2억원을 의결했고, 해당 지자체는 파면 처분과 징계부가금 2억원 처분을 내렸다. A는 이에 불복해 소청 심사를 거쳐 행정소송을 제기했다. A는 "매각계획은 직무상 알게 된 비밀이 아니므로 징계사유는 인정되지 않으며, 처분 당시 형사사건에서 무죄 를 다투고 있었기에 징계양정에서 반성의 여지가 반영될 수 없었다"고 주장했다. 재 판부는 징계양정이 부적정하다는 주장에 "이 사건 처분은 징계기준에 부합하고, 징계 기준이 합리성이 없다는 등 특별한 사정이 없으며, 징계 절차 이전에 형사재판이 확정

되어야 하는 것도 아니다"라고 판단하였다(2021. 5. 17. 연합뉴스 박영서 기자 "'땅값 상
승예상' 공유재산 매각계획 흘린 공무원 "파면 마땅"').

• **사례3:** 국방부 군무원징계위원회는 2024. 6. 해군 4급 군무원이던 50대 A씨에
게 파면과 함께 117억 4,000만 원에 달하는 징계부가금 부과를 의결했다. 징계위는
A씨가 국방사업의 공정성과 투명성을 해치는 중대 비위를 저지른 점, 비위의 고의성
과 치밀한 계획성이 입증된 점 등을 토대로 이같이 의결한 것으로 전해졌다. 국방부
는 A씨가 비위로 취득한 금액을 환산한 결과 29억 3,000만 원에 달한다고 판단하고
이 금액의 4배에 달하는 징계부가금 부과를 의결했다. A씨는 해군 함대 내에서 함정
정비 사업 등을 총괄하는 선거공장장으로 일하며 2022년 1~10월 함대 내 공사 수주
와 각종 편의 제공의 대가로 철도 장비 제조업체 등 2개 업체로부터 13억 8,000만
원 상당의 뇌물을 수수한 혐의로 2023. 1. 구속 기소됐다. 이후 수사당국이 추가 수
사를 통해 수수액이 29억 3,000만 원에 달한다는 사실을 밝혀내었고, 이에 징계부가
금도 이 금액의 4배인 117억 4,000만 원으로 의결했다(2024. 11. 24. 동아일보 손효주
기자 '방산비리 군무원에 징계부가금 117억 부과… 사상 최고액').

7. 징계처분의 집행

가. 집행방법

(1) 절차

공무원의 징계처분 등은 징계위원회 의결을 거쳐 징계위원회가 설치된 소속 기관
의 장이 하되, 국무총리 소속으로 설치된 징계위원회에서 행한 징계의결등에 대하여
는 중앙행정기관의 장이 하되, 다만, 파면과 해임은 징계위원회의 의결을 거쳐 각
임용권자 또는 임용권을 위임한 상급 감독기관의 장이 행한다(법 제82조제1항).

징계처분을 실현하는 과정을 징계집행이라 한다. 징계처분권자의 명에 의해 징계
간사의 의뢰로 기 징계집행을 담당하도록 되어 있는 공무원(일반적으로 인사담당 공무
원)에 의해 집행절차를 밟게 될 것이다.

(2) 집행 기한

징계처분등의 처분권자는 징계등 의결서 또는 징계부가금 감면 의결서를 받은 날

부터 15일 이내에 징계처분 등을 하여야 한다(영 제19조제1항).

나. 개별적 집행방법

(1) 징계처분 기간 중인 자에 대한 징계등 처분의 집행

징계처분기간중에 있는 자가 다시 징계의결을 받은 경우에는 선행 징계처분의 집행이 종료되는 날의 익일부터 후행 징계의 집행을 한다. 예컨대 2025. 1. 10. 정직2월의 징계처분을 받은 자가 또 다른 징계사유로 2025. 2. 10. 해임처분을 받고 2025. 4. 10. 소청심사위원회에서 해임처분이 정직3월로 변경되었다면, 후행 징계처분의 집행은 선행징계처분의 집행이 종료한 익일부터 하여야 하므로 2025. 4. 10. 소청심사위원회의 정직3월 결정은 소급하여 2025. 2. 10. 해임처분을 정직3월로 변경하되, 그 집행은 선행 징계처분인 2025. 1. 10.자 정직2월의 집행종료일의 익일인 2025. 3. 11.부터 시작하여 2025. 6. 10. 만료된다.

(2) 직위해제 중인 자에 대한 징계처분의 집행

직무수행능력이 부족하거나 근무성적이 극히 불량한 자에 대하여 직위해제한 후 동일한 사유로 중징계처분을 하고자 할 경우에는 징계의결요구와 동시에 직위해제사유를 파면·해임·강등 또는 정직에 해당하는 징계의결이 요구중인 자로 변경한 후 징계처분한다(법 제73조의3제5항). 국가공무원법 제73조의3 제1항제2호 규정[직무수행 능력이 부족하거나 근무성적이 극히 나쁜 자]에 의거 직위해제된 자가 직위해제 기간 중 위 징계 사유로 정직이상 처분을 받을 경우 직위해제 및 징계처분의 절차는 어떠한가. 국가공무원법 제73조의3 제5항에 의하면 "공무원에 대하여 제1항 제2호의 직위해제 사유와 같은 항 제3호의 직위해제사유가 경합하는 때에는 제3호의 직위해제처분을 하여야 한다"고 규정하고 있으므로 "직무수행능력이 부족하거나 근무성적이 극히 불량한 자"에 대하여 직위해제한 후 동일한 사유로 징계처분을 하고자 할 경우에는 징계의결요구와 동시에 직위해제사유를 "징계의결이 요구 중인 자"로 변경한 후 징계처분을 하여야 한다.

(3) 휴직자에 대한 징계등 처분의 집행

휴직자도 공무원의 신분이 계속되므로 징계의결등 및 처분이 가능하다. 그러나 징계처분의 실효성을 높이기 위하여 휴직기간과 강등·정직·감봉의 징계처분 집행기간이 겹치는 경우 휴직기간 중에는 징계처분의 집행을 정지하도록 2023. 4. 11. 개정법률에서 신설하였다. 즉, 강등(3개월간 직무에 종사하지 못하는 효력 및 그 기간 중 보수는 전액을 감하는 효력으로 한정한다), 정직 및 감봉의 징계처분은 휴직기간 중에는 그 집행을 정지한다(법 제80조제6항).

(4) 감사원의 징계요구에 대한 집행

감사원으로부터 파면요구를 받은 징계사건이 해당 징계위원회에서 파면의결이 되지 아니한 경우에는 감사원 통보기간(15일 이내)과 감사원의 해당 징계위원회 재심의 요구 가능 기간(1월 이내) 및 관할 징계위원회의 재심의 의결기간(1월 이내) 중에는 그 징계의결에 대한 집행이 정지되므로 그 정지기간이 경과한 후에 이를 집행하여야 한다(감사원법 제32조제7항).

8. 공무원 신분에 따른 징계처분제도의 특이점

가. 군인·군무원

(1) 인권담당 군법무관의 군기교육적법성 심사

징계권자는 징계위원회가 병에 대하여 군기교육처분을 의결한 때에는 징계권자의 조치를 하기 전에 지체 없이 관할 인권담당 군법무관에게 적법성 심사의뢰를 하여 그 결과를 통보받고 처분하여야 한다.

(2) 징계처분의 조치

(가) 처분권자의 조치

징계권자는 징계위원회로부터 징계등의결서를 송부받은 때 또는 인권담당군법무관으로부터 적법성심사 의견서를 송부 받은 때에는 15일 이내에 원 결정 확인, 감경, 또는 징계유예, 심사청구를 할 수 있다. 징계권자가 징계의결에 대해 감경하거나 유예를 할 수 있다는 특징이 있다. 징계유예는 장교, 부사관, 준사관에만 해당하고 병이나 군무원에 대해서는 할 수 없다.

(나) 징계유예제도

1) 제도

군인 중 장교, 준사관, 부사관이 징계위원회에서 근신이나 견책의 의결을 받은 경우 군인징계령 제20조제1항 각 호의 감경사유가 있고, 뉘우치는 등의 사정이 현저하여 징계처분을 즉시 집행하지 아니하고도 징계의 효과를 기대할 수 있다고 인정하는 경우 징계처분의 집행을 유예(猶豫)하는 제도를 말한다. 이 경우 유예기간은 6개월로 한다.

2) 규정

- 군인징계령 제21조[145]
- 국방부 군인·군무원 징계업무처리 훈령 제31조

3) 해석

징계유예를 받은 자가 그 유예기간 중에 다시 징계사유에 해당하는 행위를 한 경우에는 징계유예처분은 취소되고, 전의 유예된 징계처분은 확정되며 후의 징계사실

---

145) 제21조 ① 징계권자는 장교, 준사관 및 부사관에 대한 징계위원회의 근신, 견책의결에 대하여 제20조제1항 각 호의 어느 하나에 해당되는 사유가 있고, 뉘우치는 등의 사정이 현저하여 징계처분을 즉시 집행하지 아니하고도 징계의 효과를 기대할 수 있다고 인정하는 경우에는 징계처분의 집행을 유예(猶豫)할 수 있다. 이 경우 유예기간은 6개월로 한다.
② 징계권자는 제1항에 따라 징계유예를 받은 자가 그 유예기간 중에 다시 징계사유에 해당하는 행위를 한 경우에는 징계유예처분을 취소하여야 한다.
③ 징계유예를 취소하지 아니하고 징계유예기간이 경과한 때에는 징계위원회의 의결은 그 효력을 잃는다.
④ 비행사실이 다음 각 호의 어느 하나에 해당하는 경우에는 징계유예처분을 할 수 없다.
  1. 비행사실이 금품·향응의 수수, 공금의 횡령·유용에 해당하는 경우
  2. 비행사실이 「성폭력범죄의 처벌 등에 관한 특례법」에 따른 성폭력범죄, 「군형법」 제15장 강간과 추행의 죄, 「성매매알선 등 행위의 처벌에 관한 법률」에 따른 성매매, 「국가인권위원회법」 제2조제3호라목에 따른 성희롱, 「도로교통법」 제44조제1항에 따른 음주운전, 「군사기밀보호법」 위반의 죄 및 「군형법」 제80조에 따른 군사기밀 누설에 해당하는 경우
  3. 징계권자가 징계위원회의 의결에 대하여 제20조제1항에 따라 이미 감경한 경우

에 대해서는 별도 징계절차가 진행된다. 징계유예를 취소하지 아니하고 징계유예기간
이 경과한 때에는 징계위원회의 의결은 그 효력을 잃는다. 다만 비행사실이 금품·향
응의 수수, 공금의 횡령·유용에 해당하는 경우, 「성폭력범죄의 처벌 등에 관한 특례
법」에 따른 성폭력범죄, 「군형법」 제15장 강간과 추행의 죄, 「성매매알선 등 행위의
처벌에 관한 법률」에 따른 성매매, 「국가인권위원회법」 제2조제3호라목에 따른 성
희롱, 「도로교통법」 제44조제1항에 따른 음주운전, 「군사기밀보호법」 위반의 죄 및
「군형법」 제80조에 따른 군사기밀 누설에 해당하는 경우성폭력범죄, 강간과 추행의
죄에 대해서는 징계유예처분을 할 수 없다. 또 징계권자가 징계위원회의 의결에 대
하여 군인징계령 제20조제1항에 따라 이미 감경한 경우에도 징계유예처분을 할 수
없다.

4) 문제점

상위법인 군인사법에 근거규정을 두고 있지 않음에도 군인징계령에서 징계권자의
징계유예권한을 인정하고 있다. 이미 징계감경사유에 따른 감경이 가능함에도 동일
한 감경사유를 근거로 별도의 징계유예제도를 두는 것은 합리적이지 않다. 징계는
반드시 징계위원회의 의결을 거치도록 되어 있고, 징계위원회의 의결은 일종의 준사
법적 행정행위로서 특별한 규정이 있는 경우를 제외하고는 원칙적으로 재의 내지 재
심할 수 없으며, 성질상 확정력(불가변력)을 발생시킨다고 보아야 하므로 징계위원회
스스로도 이를 변경할 수 없다. 징계권자는 징계위원회의 의결에 기속되어 징계의결
된 양정을 법률의 근거 없이 변경할 수 없다 할 것이다. 그럼에도 군인징계령에서
징계유예제도를 운용하고 그에 따라 징계유예를 취소하지 아니하고 징계유예기간이
경과한 때에는 징계위원회의 의결은 그 효력을 잃도록 한 것은 공정한 징계운영을
위한 징계위원회의 설치 근거에 반한다 할 것이다.

나. 법관 및 검사

자세한 내용은 이 책 제3편 각 공무원 구분에 따른 징계제도에서 상술한다.

제3장

징계에 대한 불복절차

1. 개괄적 설명

공무원의 징계처분에 대한 불복수단으로는 소청과 행정소송이 있다. 다만 행정소송은 소청심사위원회의 심사·결정을 거치지 아니하면 제기할 수 없도록 하여 필수적 전심절차를 운영하고 있다(법 제16조제1항, 지방공무원법 제20조의2).

징계처분등을 받은 공무원은 처분에 불복이 있을 때에는 징계처분 등 사유설명서를 교부받은 때로부터 30일 이내에 소청심사위원회에 심사를 청구할 수 있다(법 제76조제1항).

행정소송의 전치제도로 소청심사제도가 활발히 이용되고 있으나 소청심사의 공정성, 형평성, 실효성, 전문성 등에 비판이 제기되고 있다.[1] 그러나 소청심사는 '사법적(司法的) 기능'과 '행정의 자기통제적 기능'을 동시에 수행하므로 그 특별한 성격으로 인하여 다음과 같은 이점이 있다. ① 처분의 위법성뿐만 아니라 부당성까지 심리한다. 따라서 재량행위가 재량권의 일탈·남용에 이르러 위법하지는 않더라도 재

---

1) 전현철, "소청심사제도의 개선방안", 행정법연구 제44호(2016. 2.), 133쪽 이하. 이수창, "소청심사의 공정성 강화를 위한 법제적 개선방안", 밥제논단, 2022. 3.

량권 행사가 부당하다고 볼 수 있더라도 인용재결이 이루어질 수 있다. ② 변경결정 (및 변경명령결정)이 가능하다. 취소심사 청구가 이유 있다고 인정하는 때 소청심사위 원회는 처분을 직접 변경하는 결정을 할 수 있다. ③ 인용결정이 있은 경우 행정청 이 이에 불복하여 소송을 제기할 수 없다. 심사청구를 인용하는 결정은 피소청인과 그 밖의 관계 행정청을 기속한다.[2] ④ 재결기간을 원칙적으로 60일로 규정하고 있 어 신속한 진행이 가능하며, 비용이 별도로 들지 않는다.

2. 특징

(1) 법적 성격

소청심사제도는 분쟁의 발생을 전제로 사실관계를 확정하고 법을 해석·적용하여 분쟁을 해결하는 '사법적(司法的) 기능'과 행정권에 의한 행정작용의 합목적성 및 적 법성의 회복이라는 '행정의 자기통제적 기능'을 수행하고 있다.

소청의 대상을 행정심판의 대상이 되는 처분보다 넓은 것으로 보아야 한다는 견 해도 있으나, 통설은 행정심판의 대상에 한정하여 본다.

(2) 필수적 전치주의

소청심사는 소송 제기에 앞서 반드시 거쳐야 하는 필수적인 전심절차로 운용되고 있다(국가공무원법 제16조 제1항, 지방공무원법 제20조의2). 다만 법관 및 검사는 전치주 의를 채택하고 있지 않다. 국가공무원법상 정무직공무원에 대하여는 징계절차에 대 한 규정이 없으므로(국가공무원법 제3조 및 제83조의3, 공무원징계령 제1조의2) 소청심사 제도가 적용되지 아니한다.

---

2) 헌법재판소는, '심판청구를 인용하는 재결은 피청구인과 그 밖의 관계 행정청을 기속(羈束) 한다.'는 행정심판법 제49조 제1항이 행정청의 자율적 통제와 국민 권리의 신속한 구제라는 행정심판의 취지에 맞게 행정청으로 하여금 행정심판을 통해 스스로 내부적 판단을 종결시 키고자 하는 것으로서 합리성이 인정되며, 인용재결의 기속력으로 인해 중앙행정기관이 지 방행정기관을 통제하는 상황이 발생한다고 해서 지방자치제도의 본질적 부분을 훼손하는 것도 아니라고 보아 합헌 결정을 한 바 있다(헌법재판소 2014. 6. 26. 선고 2013헌바122 전원재판부).

(3) 설치

소청심사기관으로는 국가공무원의 소청심사를 담당하기 위해 인사혁신처에 설치된 '소청심사위원회', 교원의 소청심사를 담당하는 '교원소청심사위원회', 지방공무원의 소청심사를 담당하는 '지방소청심사위원회'와 '교육소청심사위원회'가 있고, 그 밖에 국회, 법원, 헌법재판소, 선거관리위원회 소속 공무원의 소청심사를 담당하는 소청심사위원회가 국회사무처, 법원행정처, 헌법재판소사무처, 중앙선거관리위원회사무처에 각각 설치되어 있으며, 군인 및 군무원을 대상으로 하는 군인항고심사위원회 및 군무원항고심사위원회가 국방부 등에 설치되어 있다.3)

3. 유의사항

① 소청심사위원회가 징계처분 또는 징계부가금 부과처분을 받은 자의 청구에 따라 소청을 심사할 경우에는 원징계처분보다 무거운 징계 또는 원징계부가금 부과처분보다 무거운 징계부가금을 부과하는 결정을 하지 못한다(국가공무원법 제14조제8항).

② 피소청인은 소청결정에 불복하여 행정소송을 제기할 수 없다.

소청결정에 대한 통제 정치로서 인사혁신처장 등 중앙인사관장기관장에 의한 소청심사위원회의 소청결정에 대한 재심요구제도가 존재하였으나, 소청심사기관의 기능적 독립성 확보를 위하여 2004. 6. 12. 국가공무원법상 관련 규정이 삭제되어 중앙인사관장기관장이 소청심사위원회의 결정에 대하여 재심을 요구할 수 있는 제도는 폐지되었다(당시 법 제14조의2 삭제). 따라서 현행법하에서는 감사원에 의한 재심요구만이 존재한다. 감사원의 파면요구에 따른 파면처분에 관한 소청(인용)결정에 대하여 소청심사위원회는 그 결정을 감사원에 통보하여야 하며, 감사원은 그 통보일로부터 1월 내에 당해 소청심사위원회 등에 재심을 요구할 수 있다(감사원법 제32조 제5항, 제6항).

---

3) 군인 및 군무원의 경우에는 위법·부당한 전역, 휴직 등 그 의사에 반한 불리한 처분(징계처분과 징계부가금 부과처분 제외)에 대한 소청을 심사하는 '군인사소청심사위원회' 및 군무원인사소청심사위원회를 각 두는 한편, 징계처분등(징계부가금 부과처분 포함)에 대한 불복을 심사하기 위해 군인항고심사위원회 및 군무원항고심사위원회를 별도로 두고 있다(군인사법 제60조의2 제1항, 군무원인사법제43조제1항).

③ 소청심의결과 징계처분이 취소되거나 감경되면 그 효력은 원처분이 발생한 시점으로 소급하여 효력을 발생하게 된다.

제2절 | 소청심사청구

1. 개관

가. 의의

• 「국가공무원법」제9조는 "행정기관 소속 공무원의 징계처분, 그 밖에 그 의사에 반하는 불리한 처분이나 부작위에 대한 소청을 심사·결정하게 하기 위하여 인사혁신처에 소청심사위원회를 둔다(제1항)", "국회, 법원, 헌법재판소 및 선거관리위원회 소속 공무원의 소청에 관한 사항을 심사·결정하게 하기 위하여 국회사무처, 법원행정처, 헌법재판소사무처 및 중앙선거관리위원회사무처에 각각 해당 소청심사위원회를 둔다(제2항)", "제1항에 따라 설치된 소청심사위원회는 다른 법률로 정하는 바에 따라 특정직공무원의 소청을 심사·결정할 수 있다(제4항)". 「지방공무원법」제13조 제1항은, "지방자치단체의 장 소속 공무원의 징계, 그 밖에 그 의사에 반하는 불리한 처분이나 부작위(不作爲)에 대한 소청을 심사·결정하기 위하여 시·도에 임용권자(시·도의회의 의장 및 임용권을 위임받은 자는 제외한다)별로 지방소청심사위원회 및 교육소청심사위원회(이하 "심사위원회"라 한다)를 둔다."고 각 규정하고 있다.

소청심사제도는 공무원이 징계처분, 그 밖에 그 의사에 반하는 불리한 처분이나 부작위에 대하여 이의를 제기하는 경우 이를 심사·결정하는 불복절차로서 특별행정심판제도라고 할 것이다. 이 제도는 위법·부당한 인사상 불이익 처분에 대한 구제라는 사법보완적 기능을 수행함으로써 직접적으로는 공무원의 신분보장을 통하여 직업공무원제도의 확립에 기여하고, 간접적으로는 행정의 자기통제 효과를 도모하는 데 그 목적이 있다.

소청심사제도는 의사에 반하는 불리한 처분이나 부작위에 불복하는 당사자로부터 소청제기가 있을 경우, 구체적인 사실관계에 대해 심리하고 법령을 해석·적용하여 이를 판단한다는 점에서 준사법작용의 성격을 가지고 있는 한편, 행정청의 의사의 표현으로서 그 자체가 행정작용이라는 이중적 성격을 가지고 있다.

• 징계처분에 대한 불복은 소청심사위원회(국가공무원, 지방공무원, 교원 등) 또는 항고심사위원회(군인, 군무원)에 청구하여 심의·의결을 받으며 그에 불복할 경우 행정소송을 제기할 수 있다. 따라서 징계처분에 대한 행정소송은 필요적 행정심판전치주의를 취하고 있다. 그런데 법관징계의 경우, 징계를 받은 자는 징계 등 처분이 있음을 안 날부터 14일 이내에 전심절차를 거치지 아니하고 대법원에 징계등 처분의 취소를 청구하여야 하고(법관징계법 제27조 제1항), 대법원은 위 취소청구사건을 단심으로 재판하도록 하고 있다(동조 제2항). 검사의 경우 국가공무원법 제9조제1항, 제4항에도 불구하고, 「검사징계법」을 포함하여 검사의 소청 등 불복방법에 대하여 규정하고 있는 여타 법률을 찾아볼 수 없기 때문에 검사는 소청심사위원회를 통하여 불복할 수 없도록 되어 있다.

나. 처리절차[4]

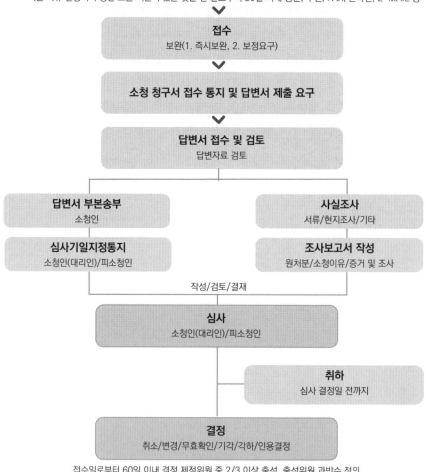

소청제기
징계/강임/휴직/직위해제/면직/전보/전직/기타 불리한 처분

처분 사유 설명서 수령일 또는 처분이 있는 것을 안 날로부터 30일 이내 방문, 우편, FAX, 온라인, E-MAIL 등

접수
보완(1. 즉시보완, 2. 보정요구)

소청 청구서 접수 통지 및 답변서 제출 요구

답변서 접수 및 검토
답변자료 검토

답변서 부본송부
소청인

사실조사
서류/현지조사/기타

심사기일지정통지
소청인(대리인)/피소청인

조사보고서 작성
원처분/소청이유/증거 및 조사

작성/검토/결재

심사
소청인(대리인)/피소청인

취하
심사 결정일 전까지

결정
취소/변경/무효확인/기각/각하/인용결정

접수일로부터 60일 이내 결정 제적위원 중 2/3 이상 출석, 출석위원 과반수 정의

결정서 작성 및 송부
소청 당사자 표시/결정주문/결정이유 명시
(결정이유 구성: 처분사유요지, 소청이유요지, 증거, 판단, 결론)

송부: 소청인(대리인), 피소청인(처분청)
-결정일로부터 10일 이내 송부
-감사원에서 파면 요구한 사건은 감사원에도 송부

---

4) 인사혁신처 소청심사위원회 홈페이지, 소청심사 처리절차에서 옮겨 옴.

다. 특이점 - 교원소청의 경우

• 종래 '교원지위향상을 위한 특별법'(약칭, 교원지위법)[5]이 제정되기 이전에는 국공립학교 교원은 징계 등 의사에 반하는 불리한 처분에 대하여 불복할 때 국가공무원법에 따른 소청심사를 청구할 수 있었던 반면, 사립학교 교원은 소청심사를 청구할 수 없었다. 교원지위법이 1991. 5. 31. 제정됨에 따라 사립학교 교원도 국공립학교 교원과 마찬가지로 소청심사를 청구할 수 있고, 결정에 불복하는 경우 행정소송을 제기할 수 있게 되었다. 교원지위법이 징계 등 의사에 반하는 불리한 처분에 관한 사립학교 교원과 국공립학교 교원의 불복절차를 통일적으로 규정한 취지는, 사립학교 교원에게도 학교법인의 징계 등 의사에 반하는 불리한 처분에 대하여 소청심사청구 등을 할 수 있도록 함으로써 적어도 국공립학교 교원에 대한 구제절차에 상응하는 정도의 수준으로 사립학교 교원의 신분을 보장하고 그 지위향상을 도모하려는데에 있다(대법원 2024. 9. 12. 선고 2022두43405).

• **사립학교 교원의 소청 관련 정리:**

교원지위법은 제7조 제1항에서 각급학교 교원의 징계처분에 대한 소청심사를 하기 위하여 교원소청심사위원회(이하 이 항에서 '심사위원회'라 한다)를 두도록 하고, 제9조 제1항에서 '교원이 징계처분과 그 밖에 그 의사에 반하는 불리한 처분에 대하여 불복할 때에는 그 처분이 있었던 것을 안 날부터 30일 이내에 심사위원회에 소청심사를 청구할 수 있다'고 정하고 있으며, 제10조 제2항 제2호와 제3호에서 '심사위원회는 소청심사청구가 이유 없다고 인정하는 때에는 그 청구를 기각하고, 이유 있다고 인정하는 때에는 처분을 취소 또는 변경하거나 처분권자에게 그 처분의 취소 또는 변경을 명한다'고 규정하고 있다. 또한 제10조 제4항은 '제1항에 따른 심사위원회의 결정에 대하여 교원, 사립학교법 제2조에 따른 학교법인 또는 사립학교 경영자 등 당사자는 행정소송법으로 정하는 바에 따라 소송을 제기할 수 있다'고 규정하고 있고, 같은 법 제10조의2는 '심사위원회의 결정은 처분권자를 기속한다'고 정하고 있다.

이상의 규정을 종합하면, 각급학교 교원이 징계처분을 받은 때에는 심사위원회에 소청심사를 청구할 수 있고, 심사위원회가 그 심사청구를 기각하거나 원 징계처분을

---

5) 동법은 2016. 2. 3. 「교원의 지위 향상 및 교육활동 보호를 위한 특별법」으로 제명이 개정되어 현행에 이르고 있다.

변경하는 처분을 한 때에는 다시 법원에 행정소송을 제기할 수 있다. 또한 심사위원회가 교원의 심사청구를 인용하거나 원 징계처분을 변경하는 처분을 한 때에는 처분권자는 이에 기속되고 원 징계처분이 국공립학교 교원에 대한 것이면 처분청은 불복할 수도 없지만, 사립학교 교원에 대한 것이면 그 학교법인 등은 심사위원회 결정에 불복하여 법원에 행정소송을 제기할 수 있다. 다만 행정청의 처분에 대한 불복소송이라는 행정소송의 본질적 성격상 심사위원회의 심사대상인 징계처분이 국공립학교 교원에 대한 것인지 사립학교 교원에 대한 것인지에 따라, 위와 같이 심사위원회의 처분에 불복하여 제기되는 행정소송의 소송당사자와 심판대상 및 사후절차 등은 달리 보아야 한다. 사립학교 교원에 대한 징계처분의 경우에는 국공립학교 교원에 대한 징계처분의 경우와 달리 학교법인 등의 징계처분은 행정처분성이 없는 것이고, 그에 대한 소청심사청구에 따라 심사위원회가 한 결정이 행정처분이고 교원이나 학교법인 등은 그 결정에 대하여 행정소송으로 다투는 구조가 되므로, 행정소송에서의 심판대상은 학교법인 등의 원 징계처분이 아니라 심사위원회의 결정이 되고, 따라서 피고도 행정청인 심사위원회가 되는 것이며, 법원이 심사위원회의 결정을 취소한 판결이 확정된다고 하더라도 심사위원회가 다시 그 소청심사청구사건을 재심사하게 될 뿐 학교법인 등이 곧바로 위 판결의 취지에 따라 재징계 등을 하여야 할 의무를 부담하는 것은 아니다(대법원 2013. 7. 25. 선고 2012두12297 판결 등 참조).

라. 행정심판 및 행정소송과의 관계

(1) 행정심판과의 관계

행정심판법은, 행정청의 처분 또는 부작위에 대하여는 다른 법률에 특별한 규정이 있는 경우 외에는 이 법에 따라 행정심판을 청구할 수 있다(제3조 제1항)고 규정하므로, 행정심판의 성격에 해당6)하는 소청절차를 따로 두고 있는 「국가공무원법」 및 「지방공무원법」의 소청심사대상이 되는 사건에 대해서는 행정심판을 청구할 수 없다.

---

6) 소청을 행정심판 이상으로 인사행정의 개선을 위한 제도로 이해하는 것이 타당하므로 소청의 대상은 행정심판의 대상이 되는 처분보다 넓은 개념으로 보아야 한다는 견해도 있으나 (박윤흔, 행정법), 소청이 행정소송의 전심절차이고 현행법상 별도의 규정을 두고 있지 않으므로 소청의 대상을 행정심판의 대상과 동일하게 보아야 할 것이다.

청구인이 소청심사절차와 행정심판절차를 혼동하여 징계처분에 대한 불복방법으로 행정심판위원회에 심판청구서를 제출한 경우에는 행정심판위원회는 관계 소청기관에 송부하여 청구인으로 하여금 올바른 절차를 밟을 수 있게 하여야 한다.[7]

(2) 행정소송과의 관계

행정소송법은, 취소소송은 법령의 규정에 의하여 당해 처분에 대한 행정심판을 제기할 수 있는 경우에도 이를 거치지 아니하고 제기할 수 있다. 다만, 다른 법률에 당해 처분에 대한 행정심판의 재결을 거치지 아니하면 취소소송을 제기할 수 없다는 규정이 있는 때에는 그러하지 아니하다(제18조제1항)고 규정하고, 소청은 소청심사위원회의 심사·결정을 거치지 아니하면 행정소송을 제기할 수 없다는 규정을 두고 있으므로(국가공무원법 제16조 제1항) 소청심사는 행정소송을 제기하기 전에 반드시 거쳐야 하는 필요적 전심절차이다.

행정처분이 무효인 경우에는 권한 있는 기관에 의한 무효선언을 기다릴 것도 없이 누구든지 그 무효를 주장할 수 있는 것이고, 따라서 무효확인을 구하는 행정소송을 제기하기에 앞서 전치요건을 구비하지 아니하였다거나 제소기간을 준수하지 않았다고 하더라도 무효인 처분이 유효로 확정되는 것도 아니어서 행정처분의 무효확인 청구소송에서는 행정심판전치주의나 제소기간의 제한 등에 관한 규정은 적용되지 않는다(대법원 1980. 9. 30. 선고 79누65 판결 등 참조). 다만 취소 및 무효확인을 함께 구하는 경우에는 전심절차를 거쳐야 한다.[8]

---

7) 서울고등법원 2022. 7. 7. 선고 2022누30388 판결: 강원도교육감이 공립학교 교원 갑에 대한 초임 호봉 획정 시 군복무기간을 모두 산입하여 산정하였다가 대학재학기간이 겹치는 기간을 제외하여야 한다는 이유로 갑의 호봉을 정정하자 갑이 행정심판을 청구하였으나, 중앙행정심판위원회가 호봉정정 처분은 교원의 의사에 반하는 불리한 처분으로서 소청심사의 대상이므로 행정심판법에 따른 행정심판의 대상이 되지 아니한다고 보아 각하한 사안에서, 중앙행정심판위원회로서는 곧바로 이를 각하하여서는 안 되고, 강원도교육감에게 보내서 강원도교육감으로 하여금 교원소청심사위원회에 사건을 송부하도록 하여야 하므로, 위 재결은 위법하다.

8) 서울행정법원 2022. 9. 23. 선고 2021구합87842 판결: 원고는 이 사건 제1 처분에 관하여는 소청심사 청구를 하였으나, 이 사건 제2 처분에 관하여는 2021. 7. 13. 그 처분이 있었음을 알고서도 소청심사 청구를 하지 아니한 채 2022. 6. 23. 이 법원에 청구취지 및 청구원인 변경신청서를 제출하면서 그 처분의 취소 및 무효 확인을 구하고 있는 사정이 인정된다. 따라서 이 사건 제2 처분의 취소 및 무효 확인을 구하는 부분은 적법한 전심절차의 요건을 갖추지 못한 것이어서 허용될 수 없으므로, 이 사건 소 중 이 사건 제2 처분의 취소

2. 관련법령

- 국가공무원법
- 소청절차규정(대통령령)
  지방공무원 징계 및 소청 규정(대통령령)
  교원소청에 관한 규정(대통령령)
- 소청업무처리지침(소청심사위원회예규)

3. 소청심사 대상

1) 소청심사 대상에 대하여는 「국가공무원법」 제9조에 '징계처분, 그 밖에 그 의사에 반하는 불리한 처분이나 부작위'라고 규정되어 있다. 소청심사 대상인 '징계처분'에는 파면·해임·강등·정직·감봉·견책과 이에 수반되는 징계부가금이 있고, '그 밖에 그 의사에 반하는 불리한 처분이나 부작위'에는 면직처분(의원 면직 포함)·강임·휴직·직위해제·복직거부 등이 포함되나 구체적으로 어떠한 것들이 포함되는지는 행위의 성질, 효과 등에 따라 결정된다. 징계부가금 부과도 처분이므로 당연히 독립해 징계부가금처분취소를 구하는 소청을 제기할 수 있다. 불문경고의 경우에도 소청을 제기할 수 있다. 불문경고에도 이르지 않는 "경고 또는 주의"의 경우에는 소속부처에 따라 승진, 보수, 교육훈련, 성과평가, 상훈 등에 있어서 불이익과 연계되어 있을 수 있고, 불이익과 연계되어 있은 경우에는 소청심사 대상으로 보아 본안심사를 거치게 되나 그렇지 않으면 소청심사 대상이 아닌 것으로 보아 각하결정한다.

2) 소청심사 대상에서 제외되는 사항
① 공무원의 신분 변동에 해당되지 않는 처분(예: 변상명령)
② 일반적, 추상적 행정법령 개정 요구
③ 행정청 내부적 의사결정 단계의 행위
④ 행정청의 알선, 권고, 견해표명 등과 같이 법적 효과를 발생하지 않는 행위

및 무효 확인을 구하는 부분은 부적법하다.

4. 소청심사기관

가. 설치(법 제9조)

행정기관 소속 공무원의 징계처분, 그 밖에 그 의사에 반하는 불리한 처분이나 부작위에 대한 소청을 심사·결정하게 하기 위하여 인사혁신처에 소청심사위원회를 둔다. 국회, 법원, 헌법재판소 및 선거관리위원회는 그 소속 공무원의 소청에 관한 사항을 심사·결정하게 하기 위하여 국회사무처, 법원행정처, 헌법재판소사무처 및 중앙선거관리위원회사무처에 각각 해당 소청심사위원회를 둔다. 소청심사위원회의 조직에 관하여 필요한 사항은 '인사혁신처와 그 소속기관 직제' 등의 대통령령등으로 정한다.

나. 공무원 구분에 따른 소청심사기관(관할)

공무원 구분	위원회 종류	근거법령	비고
국가공무원	(인사혁신처)소청심사위원회	국가공무원법, 인사혁신처와 그 소속기관 직제(대통령령) 제22조 내지 제25조	-일반직 -특정직: 외무공무원, 경찰공무원, 소방공무원, 국가정보원, 대통령경호실 -단, 검사는 소청제도 없음
교육공무원	교원소청심사위원회	-교원의 지위 향상 및 교육활동 보호를 위한 특별법 제7조 -교원소청에관한규정	사립학교교원포함
지방공무원	지방소청심사위원회	지방공무원법 제13조	시·도지방공무원
	교육소청심사위원회	지방공무원법 제13조	지방직 교육직렬
국회, 법원, 헌법재판소, 선거관리위원회 공무원	국회사무처 소청심사위원회	국가공무원법 제9조	국회인사규칙 제59조
	법원행정처 소청심사위원회	"	법원공무원규칙 제11조의2
	헌법재판소사무처 소청심사위원회	"	헌법재판소공무원규칙 제126조
	중앙선거관리위원회사무처 소청심사위원회	"	선거관리위원회 공무원 규칙 제172조 내지 제173조

군인	장교 및 준사관	항고심사위원회	군인사법 제60조의2	징계처분 외: 국방부 중앙군인사소청심사위원회
	부사관	항고심사위원회		징계처분 외: 각 군 본부의 군인사 소청심사위원회
군무원	항고심사위원회		군무원인사법 제43조	징계처분 외: 국방부군무원인사소청심사위원회
법관	소청제도 없음		법관징계법 제27조	대법원에 청구
검사	소청제도 없음			

- **관할위반**

지방공무원, 교원, 군인 등이 관할을 잘못알고 인사혁신처 소청심사위원회에 소청심사를 청구하면 어떻게 하나. 위원회는 소청심사청구가 위원회의 관할에 속하지 아니하는 경우에는 지체 없이 이를 관할 위원회에 이송하고 그 사실을 소청심사를 청구한 자("소청인")에게 통지하여야 한다(소청절차규정 제2조제2항).

다. 소청심사위원회

(1) 위원회 구성

- 국회사무처, 법원행정처, 헌법재판소사무처 및 중앙선거관리위원회사무처에 설치된 소청심사위원회는 위원장 1명을 포함한 위원 5명 이상 7명 이하의 비상임위원으로 구성하고, 인사혁신처에 설치된 소청심사위원회는 위원장 1명을 포함한 5명 이상 7명 이하의 상임위원과 상임위원 수의 2분의 1 이상인 비상임위원으로 구성하되, 위원장은 정무직으로 보한다(법 제9조제3항).

- 시·도 지방소청심사위원회와 시·도 교육소청심사위원회는 각각 지방자치단체와 교육청 소속 일반직 지방공무원의 소청심사를 담당한다. 같은 위원회는 위원장 1인을 포함한 16명~20명의 위원으로 구성한다. 이 경우 법관·검사 또는 변호사로 재직하는 사람 또는 대학에서 법률학을 담당하는 부교수 이상으로 재직하는 사람 중에서 위촉되는 위원이 전체 위원의 2분의 1 이상이어야 한다(지방공무원법 제14조 제2항).

- 교원소청심사위원회는 국립·공립·사립 유치원, 초·중·고·대학교 소속 교원의 소청심사와 시·도 교육감 소속 교육전문직원(장학관·장학사·연구관·연구사)의 소

청심사를 담당한다(유아교육법 제20조, 초·중등교육법 제19조, 고등교육법 제14조). 위원회는 위원장 1명을 포함하여 9명 이상 12명 이내의 위원으로 구성하되 위원장및 상임위원 각 1명은 상임(常任)으로 한다(교원의 지위 향상 및 교육활동 보호를 위한 특별법 제7조 제2항, 교육부와 그 소속기간 직제 제32조).

(2) 위원 및 위원장

(가) 자격과 임명(법 제10조)

• 소청심사위원회의 위원(위원장을 포함)은 다음 각 호의 어느 하나에 해당하고 인사행정에 관한 식견이 풍부한 자 중에서 국회사무총장, 법원행정처장, 헌법재판소사무처장, 중앙선거관리위원회사무총장 또는 인사혁신처장의 제청으로 국회의장, 대법원장, 헌법재판소장, 중앙선거관리위원회위원장 또는 대통령이 임명한다. 이 경우 인사혁신처장이 위원을 임명제청하는 때에는 국무총리를 거쳐야 하고, 인사혁신처에 설치된 소청심사위원회의 위원 중 비상임위원은 제1호 및 제2호의 어느 하나에 해당하는 자 중에서 임명하여야 한다. 1. 법관·검사 또는 변호사의 직에 5년 이상 근무한 자, 2. 대학에서 행정학·정치학 또는 법률학을 담당한 부교수 이상의 직에 5년 이상 근무한 자, 3. 3급 이상 공무원 또는 고위공무원단에 속하는 공무원으로 3년 이상 근무한 자

• 소청심사위원회의 상임위원의 임기는 3년으로 하며, 한 번만 연임할 수 있다. 비상임위원의 임기는 2년으로 하되, 연임할 수 있다(「인사혁신처와 그 소속기관 직제」 제23조 제3항).

• 소청심사위원회의 상임위원은 다른 직무를 겸할 수 없다.

• 소청심사위원회의 공무원이 아닌 위원은 「형법」이나 그 밖의 법률에 따른 벌칙을 적용할 때 공무원으로 본다.

(나) 위원장

위원회를 대표하여 소관사무를 통할하고, 소속공무원을 지휘·감독한다(「인사혁신처와 그 소속기관 직제」 제24조 제1항). 위원장이 없거나 부득이한 사유로 직무를 수행할 수 없는 때에는 선임 상임위원의 순으로 위원장의 직무를 대행하되, 순위가 같은 상임위원이 2명 이상 있을 때에는 연장자의 순으로 위원장의 직무를 대행한다(「인사

혁신처와 그 소속기관 직제」 제24조 제2항).

(다) 결격사유(법 제10조의2)

① 다음 각 호의 어느 하나에 해당하는 자는 소청심사위원회의 위원이 될 수 없다. 1. 제33조(공무원 결격사유) 각 호의 어느 하나에 해당하는 자, 2. 「정당법」에 따른 정당의 당원, 3. 「공직선거법」에 따라 실시하는 선거에 후보자로 등록한 자 ② 소청 심사위원회위원이 위 각 호의 어느 하나에 해당하게 된 때에는 당연히 퇴직한다.

(라) 신분보장

소청심사위원회의 위원은 금고 이상의 형벌이나 장기의 심신 쇠약으로 직무를 수행할 수 없게 된 경우 외에는 본인의 의사에 반하여 면직되지 아니한다(법 제11조).

(마) 위원의 제척·기피·회피

• 소청심사위원회의 위원은 그 위원회에 계류(繫留)된 소청 사건의 증인이 될 수 없으며, 다음 각 호의 사항에 관한 소청 사건의 심사·결정에서 제척된다. 1. 위원 본인과 관계있는 사항, 2. 위원 본인과 친족 관계에 있거나 친족 관계에 있었던 자와 관계있는 사항

• 소청 사건의 당사자는 다음 각 호의 어느 하나에 해당하는 때에는 그 이유를 구체적으로 밝혀 그 위원에 대한 기피를 신청할 수 있고, 소청심사위원회는 해당 위원의 기피 여부를 결정하여야 한다. 이 경우 기피신청을 받은 위원은 그 기피 여부에 대한 결정에 참여할 수 없다. 1. 소청심사위원회의 위원에게 위 제척사유가 있는 경우, 2. 심사·결정의 공정을 기대하기 어려운 사정이 있는 경우

• 소청심사위원회 위원이 위 기피사유에 해당하는 때에는 스스로 그 사건의 심사·결정에서 회피할 수 있다.

(바) 위원 중에 원심 징계위에 참여한 경우

서울행정법원 2013. 5. 10. 선고 판결에서, 원고들은 이 사건 각 처분을 직접 내린 당사자가 이 사건 각 처분의 취소를 구하는 소청심사결정 시에도 위원으로 위촉(이 사건 각 처분의 처분권자가 퇴임 후 소청심사위원회의 위원으로 위촉)되어 참여한 것은 절차적으로 위법하다고 주장하나, 행정소송법 제19조는 '취소소송은 처분 등을 대상으로 한다. 다만, 재결취소소송의 경우에는 재결 자체에 고유한 위법이 있음을 이유

로 하는 경우에 한한다'라고 규정하여 이른바 원처분주의를 취하고 있고, 원처분주의에서는 원처분과 재결에 대하여 다 같이 소를 제기할 수 있되, 원처분의 위법은 원처분의 취소를 구하는 소송에서만 주장할 수 있고, 재결취소 소송에서는 원처분의 하자가 아닌 재결의 고유한 하자에 대하여만 주장할 수 있는데, 원고들의 위 주장은 원처분인 이 사건 각 처분의 취소를 구하면서도 재결 자체의 하자로 보이는 소청심사결정 시 위원 구성의 위법을 주장하는 것이어서 그 자체로 이유 없다.

다만, 이 경우 소청심사위원회 구성의 하자문제로 재결 자체에 대해 다툴 수는 있다.

5. 소청심사절차

가. 소청의 제기

(1) 소청당사자

(가) 소청인

• 소청인이란 징계처분 등 기타 신분상 불리한 처분이나 부작위 등에 불복하여 소청심사를 청구한 자를 말한다.

• 소청인 적격: 재직 중 받은 징계 등 불리한 처분에 대하여 불복청구를 하는 공무원이다. 공무원 중에서 특수경력직 공무원(정무직, 별정직 공무원)에게는 소청심사제도가 적용되지 않는다(법 제3조).

• 교원의 경우: 교원의 지위 향상 및 교육활동 보호를 위한 특별법 제7조 제1항에 의거하여 소청심사위원회에 심사청구를 할 수 있는 자는 국·공립 및 사립학교를 모두 포함하는 각급학교의 '교원'을 말한다. 각급학교에서 원아, 학생을 직접 지도·교육하는 자가 교원이다. 교원지위법에서는 교원의 범주를 초중등교육법과 고등교육법, 사립학교법상의 교원으로 명시하고 있다. 이에 유아교육법 제20조에 따른 유치원의 원장, 원감 및 교사, 초·중등교육법 제19조에 따른 초등학교·중학교·고등학교·고등기술학교 및 특수학교의 교장·교감 및 교사, 고등교육법 제14조에 따른 대학·산업대학·교육대학 및 방송·통신대학의 총장·학장·교수·부교수·조교수·전임강사가 청구권자에 해당하게 된다. 따라서 조교, 교원이 아닌 교육공무원, 고등교육법 제14조가 정한 직명과 다른 교원(임용절차, 보수 및 연금 지급방법 등이 다른 경우로

써 고등교육법 제17조의 겸임교원, 명예교수, 시간강사 등이 있다)과, 국·공·사립학교의 행정업무 등을 담당하는 직원, 초·중등학교의 기간제교원은 심사위원회에 심사청구를 할 수 없다.

(나) 법률상 이익

소청심사를 청구할 수 있는 소청인 적격은, 신분상 재직 중 징계 등 불리한 처분을 받은 공무원 중에서도 그 처분의 취소·변경을 구할 법률상 이익(소익, 소청청구의 이익)이 있는 자에 한하여 인정된다. 취소청구의 제기 당시 청구인적격이 인정되었던 경우라도, 심사 전 청구대상인 처분의 효과가 소멸되면, 당해 취소청구는 각하되는 것이 원칙이다. 그러나 취소청구에 대한 심사의 목적이 보다 널리 현실적으로 발생하고 있는 권익침해를 구제하는데 있다고 볼 때, 처분이 소멸(실효)된 뒤에도 그 취소를 구하지 않으면 회복될 수 없는 권리·이익이 잔존하는 경우 청구인 적격을 인정하여야 한다. 예컨대 임기제 공무원의 임기가 만료된 경우, 징계처분의 취소나 무효를 구할 소의 이익이 있는가. 법원은, 해임처분 무효확인 또는 취소소송 계속 중 임기가 만료되어 해임처분의 무효확인 또는 취소로 지위를 회복할 수는 없다고 할지라도, 그 무효확인 또는 취소로 해임처분일부터 임기만료일까지 기간에 대한 보수 지급을 구할 수 있는 경우에는 해임처분의 무효확인 또는 취소를 구할 법률상 이익이 있다. 해임권자와 보수지급의무자가 다른 경우에도 마찬가지이다(대법원 2012. 2. 23. 선고 2011두5001 판결).

(다) 피소청인

피소청인은 소속 공무원에 대하여 징계처분·그 밖에 그 의사에 반한 불리한 처분을 한 기관의 장 또는 부작위청(대통령이 행한 처분 또는 부작위에 대하여는 임명제청권자, 소청절차규정 제2조 제1항 제3호)으로서 소청인의 소청제기에 따라 당사자로서 소청심사에 대응하는 상대방을 말한다.

(라) 대리인

• **소청인 대리인:** 소청인은 대리인을 선임하여 해당 소청사건에 관한 행위를 하게 할 수 있고, 그 행위의 효과는 직접 소청인에게 귀속된다. 또 변호사를 대리인으로 선임할 수 있고(법 제76조 제1항), 이 경우에는 변호사가 위임장을 소청심사위원회에

제출하여야 하며(소청심사규정 제4조 제2항), 변호사를 대리인으로 선임한 경우에도 소청인은 심사회의에 참석할 수 있다(소청업무처리지침 제12조 제2항).

•**피소청인 대리인**: 피소청인은 관계공무원 또는 변호사를 대리인으로 지정 또는 선임하여 소청에 응하게 할 수 있고(소청심사규정 제4조 제1항), 이 경우에는 대리인 지정서나 위임장을 심사회의 기일 이전에 당해 소청심사위원회에 제출하여야 한다 (위 규정 제4조 제2항). 피소청인의 대리인은 심사회의에서 공정하고 책임 있는 답변 을 하여야 하므로 특별한 사유가 있는 경우를 제외하고는 소청인보다 상위계급(경찰 공무원의 경우 경위 이상)인 자를 지정하여야 한다(위 지침 제12조 제3항).

(2) 소청 청구

(가) 제기기간

1) 소청을 제기할 때는 징계처분사유 설명서를 받은 날부터 30일 이내에 관할 소 청심사위원회에 소청을 제기하여야 한다(법 제76조 제1항). 소청심사의 청구에 있어 기간 계산은 처분사유설명서를 받은 날인 초일은 산입하지 아니한다. 이때 소청심사 의 청구는 소청심사청구서가 위원회에 도달된 날에 제기한 것으로 본다(지침 제24 조). 다만, 행정처분의 당연무효사유에 해당하는 중대하고도 명백한 하자가 있음을 이유로 제기하는 무효확인심사청구와 행정청의 부작위에 대한 의무이행심사청구는 소청심사청구 제기기간의 제한을 받지 않는다(행정심판법 제27조). 법 제75조에 따라 처분사유설명서를 교부하는 경우 처분사유설명서를 통하여 소청제기 가능 사실과 제기기간을 고지하여야 한다(지침 제25조).

2) **청구기간의 진행정지**: 소청인에게 책임이 없는 사유로 소청심사의 청구를 할 수 없는 기간은 위 법 제76조제1항의 소청제기기간에 산입하지 아니한다. 여기서 책 임 없는 사유의 여부는 위원회가 결정한다.

3) **소청제기 기산일**: 소청제기기간의 기산일은 그 처분사유 설명서를 받은 날이며 단순한 파면 통지를 받은 날이거나 파면된 사실을 안 날이 아니다(대법원 1978. 9. 26. 선고 78누223 판결). 소청제기기간은 법률에 규정된 불변기간으로 제기기간을 도 과하여 접수한 때에는 본안심사를 하지 아니하고 각하결정한다.

(나) 청구방법

소청에는 처분의 취소 또는 변경(감경)을 구하는 심사청구, 처분의 효력 유무 또는 존재 여부에 대한 확인을 구하는 심사청구를 제기할 수 있다(법제14조제6항). 실무적으로는 견책 처분 취소 청구, 정직2월 처분 취소 또는 감경 청구, 견책 처분 감경 청구, 감봉 1월 처분 취소 및 무효 청구, 감봉1월 및 징계부가금 처분 취소 청구, 해임 및 징계부가금 처분 취소 또는 감경 청구 등의 형식을 취한다.

(다) 청구서 제출(지침 제2조)

공무원이 징계처분에 대하여 소청심사위원회에 심사를 청구할 때에는 다음 사항을 기재한 소청심사청구서를 위원회에 제출하여야 한다. 1. 주소·성명·주민등록번호 및 전화번호, 2. 소속기관명 또는 전 소속기관명과 직위 또는 전 직위, 3. 피소청인(대통령의 처분 또는 부작위에 대하여는 제청권자), 4. 소청의 취지, 5. 소청의 이유 및 입증방법, 6. 처분사유설명서 또는 인사발령통지서의 수령지연으로 인하여 처분사유설명서 또는 인사발령통지서에 기재된 일자로부터 소청제기기간을 초과하여 소청심사를 청구하는 경우에는 그 수령지연사실의 입증자료

(라) 소청기관에서 할 일

1) 접수(지침 제2조)

소청심사가 청구되면 위원회는 소청 관할, 심사대상, 기타 소청심사청구 여부에 대한 적법성 등을 확인한 후 기본적인 사항을 소청사건처리부에 등재하고 연도별로 접수일자 및 일련번호, 사건번호 등을 부여한다.

2) 답변서 요구(지침 제4조)

위원회는 청구서를 접수한 때에는 그 부본을 피소청인에게 송부하고 답변서를 제출하도록 요구하여야 한다. 다만, 위원회의 관할에 속하지 아니하여 관할 위원회로 이송된 사건은 그러하지 아니하다. 답변서의 제출기한은 14일 이내로 한다. 답변서에는 소청이유에 기재된 각각의 항목에 대한 처분 이유와 근거 또는 입증 방법을 명시하고, 소청 취지에 대한 처분청의 의견을 기재하도록 하여야 한다. 위원회는 답변서의 내용이 충분하지 아니하거나 추가로 입증자료가 필요할 때에는 피소청인에게 답변내용을 보충하게 하거나 입증자료를 요구할 수 있다. 위 답변내용의 보충 또는

입증자료의 제출기한은 7일 이내로 한다.

3) 추가 자료의 제출(지침 제5조)

소청당사자는 청구서, 답변서 등 제출 서류에서 주장한 사항을 보충할 필요가 있거나, 상대방의 주장에 대하여 추가로 소명할 자료가 있을 때에는 그 자료를 제출할 수 있다. 위원회는 소청당사자가 위의 추가 자료를 제출하는 때에는 2부를 제출받아야 하며, 그 중 1부를 상대방에게 송부하여야 한다.

(3) 소청심사청구서 샘플

[별지 제1호서식] <개정 2013.3.24., 2014.11.19., 2015.8.24., 2017.3.24.>

소청심사청구서

1. **사건명:** 감봉1월 처분 취소 청구,

　　　　　또는 감봉1월 및 징계부가금 1배 처분 취소 청구

　※ 사건명은 ○○ 처분 취소, 감경, 취소 또는 감경, 무효확인 중 선택

　　예시) 감봉1월 처분 취소 또는 감경 청구, 견책 처분 감경 청구, ○○ 처분 취소 청구, ○○ 처분 무효확인 청구, ○○ 및 징계부가금 ○배 처분 취소 청구

2. **소청인**

성 명	홍 길 동 (한자 : 洪吉童)
주민등록번호	800101 － 1234567 (00 세)
소 속	○○지방경찰청 ○○경찰서
직(계)급	경 위
주 소	○○시 ○구 ○○로 0, 101동 101호(○동, ○○아파트) (우편번호 : 12345)

전자우편 (e-mail)	abcdefg@korea.kr
전화번호	- 자택 또는 직장 : 02-123-1234 - 휴대전화 : 010-1234-5678 ※휴대전화 문자메시지(SNS)수신 동의 여부 : 동의함( ), 동의안함( )
대리인 (선임시 기재)	법무법인 정론 담당변호사 서영득

3. **피소청인:**

 ※ 처분사유설명서의 처분권자(대통령인 경우 제청권자)

 예시) ○○장관, ○○처장, ○○청장, ○○지방경찰청장, ○○경찰서장 등

4. **소청의 취지:** 피소청인이 2017년 1월 1일 소청인에게 한 감봉1월 처분의

취소 또는 감경 을(를) 구함.

 ※ 징계부가금 처분도 함께 소청심사를 청구하는 경우

 예시) 피소청인이 2017년 1월 1일 소청인에게 한 감봉1월 및 징계부가

금 1배 처분의 취소 또는 감경 을(를) 구함.

5. **처분사유설명서 수령일:** 　　년　　월　　일

6. **희망 심사시기:** 빨리(   ), 늦게*(   ), 의견 없음(   )

 * '늦게'로 표기한 경우 구체적인 희망시기와 사유 기재(법원명 사건번호,

희망시기, 사유)

7. **소청이유:** 별지로 작성

8. 입증자료:

　가. 징계의결서

위와 같이 청구합니다.

2025년 1월 10일

위 청구인의 대리인
법무법인 정론
담당 변호사 서 영 득

인사혁신처 소청심사위원회 위원장 귀하

[별지]

심 사 청 구 취 지

　　피청구인이 2025 1. 1 청구인에 대하여 한 징계처분을 취소한다.
라는 재결을 구합니다.

심 사 청 구 이 유

1. 이 사건 처분의 내용

2. 이 사건 징계처분의 위법성

3. 결 론
　이상과 같은 이유로 청구인의 청구를 인용하여 주시기 바랍니다.

입 증 자 료

제1호증　　　　징계의결서

참 고 자 료

탄원서 1부

2025.　1.　10.

위 청구인의 대리인
법무법인 정론
담당변호사　서 영 득

인사혁신처 소청심사위원회　귀중

나. 심사

(1) 위원회 의무(법 제12조)

소청심사위원회는 이 법에 따른 소청을 접수하면 지체 없이 심사하여야 한다. 심사를 할 때 필요하면 검증(檢證)·감정(鑑定), 그 밖의 사실조사를 하거나 증인을 소환하여 질문하거나 관계 서류를 제출하도록 명할 수 있다. 위원회가 소청 사건을 심사하기 위하여 징계 요구 기관이나 관계 기관의 소속 공무원을 증인으로 소환하면 해당 기관의 장은 이에 따라야 한다. 위원회는 필요하다고 인정하면 소속 직원에게 사실조사를 하게 하거나 특별한 학식·경험이 있는 자에게 검증이나 감정을 의뢰할 수 있다.

(2) 심사의 범위

가) 위원회는 징계 또는 소청의 원인이 된 사실 이외의 사실에 대하여 심사하지

못한다(규정 제14조).

나) 심사의 병합 또는 분리(소청업무처리지침 제6조): 위원회는 필요하다고 인정될 때에는 관련되는 사건을 병합하여 심사할 수 있다. 소청인 연명으로 제출된 사건이라 하더라도 그 소청 취지가 별개의 것이라고 인정되면 이를 분리하여 심사할 수 있다. 위원회는 사건을 병합 또는 분리하여 심사하기로 결정한 때에는 심사회의 개최 전에 이를 소청당사자에게 통지한다.

다) 징계사유를 추가하여 심의할 수 있나

공무원에 대한 징계처분을 함에 있어서는 징계처분의 사유를 기재한 설명서를 교부함으로써 처분의 이유를 명시하도록 요구하고 있으므로, 그 징계처분의 재심에 해당하는 소청심사에서는 <u>당초의 징계처분사유와 기본적 사실관계의 동일성이 인정되는 한도 내에서만 징계처분사유를 추가하거나 변경할 수 있고</u>, 원래의 징계처분사유와 기본적 사실관계의 동일성이 없는 별개의 사실을 징계처분사유로 추가하거나 변경하는 것은 추가된 징계사유에 대한 소청심사의 기회를 박탈하는 것이 되어 특별한 사정이 없는 한 허용되지 아니한다고 할 것이다(대법원 2007. 12. 28. 선고 2006다 33999 판결 참조).

기본적 사실관계가 동일한지에 대한 사례를 보면, 피고가 원고의 비위행위, 즉 ① 불법게임장 운영을 묵인하고, 게임기에 대한 감정을 의뢰 하지 아니함으로써 직무를 유기하고, ② 불법게임장 안에 있는 현금, 영업장부, 상품권을 모두 치우도록 한 후 게임기 36대만 압수하도록 함으로써 증거은닉을 교사하고, ③ 범인도피를 교사함으로써 지시명령을 어기고 품위를 손상하였다는 이유로 "해임"의 징계처분을 하고, 소청심사위원회에서 위와 같은 비위행위에 대한 증거가 없어 이를 징계사유로 삼기 어렵다는 전제에서 다음과 같은 사유, 즉 ㉮ 불법오락실을 수회 방문하고서도 단속하지 아니한 사정, 일명 똑딱이를 보고도 불법오락실의 운영사실을 인지하지 못한 사정, 게임기에 대한 감○○뢰를 소홀히 한 데 기인한 생활질서계장으로서의 업무파악 미비, ㉯ 업무에 미숙한 부하직원들에게 감○○뢰를 지시하고, 다른 증거물을 압수하도록 하여야 함에도 이를 게일리한 데 기인한 직무태만 또는 감독소홀, ㉰ 단속대상 업주와 술을 마시는 등 부적절한 처신을 함으로써 경찰공무원으로서 품위를 손상하였음을 이유로 "해임처분"을 "정직3월"로 변경하였는바, 위와 같은 각 징계사유에 비추어 보면, 이 사건 추가 징계사유와 당초의 징계사유는 모두 불법오락실인 ○○ 게임랜드에 대한 단속 미비, 증거물에 대한 감○○뢰 소홀, 증거물에 대한 압수 소홀, 단속대상 업주와의 유착이라는 사실관계를 기초로 한 것이어서 그 기본적 사실관계가 동일하다고 할 것이고, 비록 추가징계사유에 해당하는 원고의 행위에는 당초의 징계사유에 해당하는 원고의 행위 중 직무유기의 고의, 증거은닉의 고의가 배제되어 있으나, 그러한 사정만으로 기본적 사실관계의 동일성이 없다고 할 수 없다(부산지방법원 2012. 6. 29. 선고 2012구합516 판결 참조).

(3) 심사 절차

1) **심사예정표 및 주심위원 지정(지침 제9조)**: 행정과장은 각 소청사건의 심사기일이 포함된 심사예정표를 작성하여 위원장에게 보고하고, 위원장은 각 사건별로 주심위원을 지정한다. 위원장은 소청사건 배당 순서에 따라 주심위원을 지정하되, 사건의 효율적 심사를 위하여 주심위원을 별도로 지정할 수 있다.

2) **사실조사(지침 제10조)**: 담당조사관은 담당 사건에 대한 사실조사가 필요한 때에는 행정과장의 지시에 의하여 현장에 출장조사를 실시할 수 있다.

3) **심사기일통지(지침 제11조)**: 심사기일은 소청당사자에게 심사개최 7일전까지 통지하되, 배달사실을 증명할 수 있는 방법에 의한다.

4) **조사보고서**: 담당조사관은 청구서, 답변서 및 각종 증거서류 등 사건기록을 검토하여 조사보고서를 작성하되, 원 처분사유 요지, 소청이유 요지, 증거 및 조사의 사항이 포함되도록 한다. 조사보고서는 심사개최 5일전까지 위원장과 각 위원에게 배부되어야 한다.

(4) 심사시 유의사항

(가) 소청인의 진술권

소청심사위원회가 소청 사건을 심사할 때에는 소청인 또는 대리인에게 진술 기회를 주어야 하고, 만약 진술 기회를 주지 아니한 결정은 무효로 한다(법 제13조). 위원회는 출석한 소청당사자의 진술을 청취하여야 하며, 필요하다고 인정할 때에는 구술

로 심문할 수 있다. 기일지정통지를 받고 출석하지 아니한 소청당사자는 서면에 의
하여 그 의견을 진술할 수 있다. 소청인이 형사사건으로 구속되거나 기타 사유로 인
하여 위원회에 출석할 수 없을 경우에 기일지정통지 규정에 의하여 지정한 기일 또
는 위원회가 특히 서면에 의한 진술을 위하여 지정한 기일안에 서면에 의한 진술도
하지 아니한 때에는 위원회는 진술없이 결정할 수 있다(규정 제10조).

(나) 증거제출권(규정 제11조)

소청당사자는 증인의 소환·질문 또는 증거물 기타 심사자료의 제출명령을 신청
하거나, 증거물 기타 심사자료를 제출할 수 있다. 소청당사자가 증인의 소환·질문
또는 증거물 기타 심사자료의 제출명령을 요청하는 때에는 심사회의 개최 3일전까
지 신청하여야 한다(지침 제14조). 위원회는 위 신청에 대한 채택여부를 결정하여 소
청당사자에게 통보하여야 한다. 소청당사자가 신청한 증인의 여비는 신청인의 부담
으로 한다. 위원회가 채택한 증인이 공무원인 경우에는 그 소속기관의 장은 그 증인
에게 공가를 허가하여야 한다. 위원회는 소청사건이 결정된 후 신청이 있는 때에는
제1항의 규정에 의하여 제출된 증거물 기타 심사자료를 제출자에게 반환할 수 있다.

(다) 피해자의 진술권(규정 제10조의2)

위원회는 「성폭력범죄의 처벌 등에 관한 특례법」 제2조에 따른 성폭력범죄 또는
「양성평등기본법」 제3조제2호에 따른 성희롱에 해당하는 비위와 관련된 소청사건의
피해자가 신청하는 경우에는 그 피해자에게 위원회에 출석하거나 서면을 통하여 해
당 사건에 대해 의견을 진술할 기회를 주어야 한다. 다만, 피해자가 이미 해당 비위
에 관한 징계처분 등의 과정에서 충분히 의견을 진술하여 다시 진술할 필요가 없다고
인정되는 경우나 피해자의 진술로 인하여 위원회 절차가 현저하게 지연될 우려가 있
는 경우에 해당하는 경우에는 그렇지 않다.

다. 결정

(1) 결정의 원칙 - 불이익변경금지의 원칙

소청심사위원회가 징계처분 또는 징계부가금 부과처분을 받은 자의 청구에 따라

소청을 심사할 경우에는 원징계처분보다 무거운 징계 또는 원징계부가금 부과처분보다 무거운 징계부가금을 부과하는 결정을 하지 못한다(법 제14조제6항).

(2) 결정방법

소청 사건의 결정은 재적 위원 3분의 2 이상의 출석과 출석 위원 과반수의 합의에 따르되, 의견이 나뉘어 출석 위원 과반수의 합의에 이르지 못하였을 때에는 과반수에 이를 때까지 소청인에게 가장 불리한 의견에 차례로 유리한 의견을 더하여 그 중 가장 유리한 의견을 합의된 의견으로 본다(법 제14조제1항).

(3) 결정의 종류

- 징계처분에 대한 소청심사위원회의 결정은 다음과 같이 구분한다(법 제14조 제6항).
   1. 심사 청구가 이 법이나 다른 법률에 적합하지 아니한 것이면 그 청구를 각하(却下)한다.
   2. 심사 청구가 이유 없다고 인정되면 그 청구를 기각(棄却)한다.
   3. 처분의 취소 또는 변경을 구하는 심사 청구가 이유 있다고 인정되면 처분을 취소 또는 변경하거나 처분 행정청에 취소 또는 변경할 것을 명한다.
   4. 처분의 효력 유무 또는 존재 여부에 대한 확인을 구하는 심사 청구가 이유 있다고 인정되면 처분의 효력 유무 또는 존재 여부를 확인한다.
- 위원회는 다음 각 호의 어느 하나에 해당할 때에는 국가공무원법 제14조제6항제3호에 따라 징계처분을 취소 또는 변경할 수 있으며, 이 경우 그 내용을 결정서에 반영하여야 한다(지침 제18조의3). 1. 징계처분 이후 사법기관(검찰·법원)에서 징계처분의 원인이 되는 비위사실의 일부 또는 전부가 무혐의 또는 무죄 판단을 받은 경우, 2. 징계처분 이후 새로운 사실관계가 입증되어 원 처분을 유지하는 것이 위법하거나 부당한 경우, 3. 유사 비위사례에 비추어 징계처분이 과도하여 징계양정을 조정할 필요가 있는 경우, 4. 그 밖에 소청인의 정상이나 제반 정황을 고려할 필요가 있는 경우
- 국가공무원법 제14조제6항제3호에 따른 변경결정을 함에 있어 위원회는 필요하다고 인정되는 경우 원징계처분을 불문경고 처분으로 변경할 수 있다.

(4) 특별한 절차

(가) 임시결정

파면, 해임 등에 대한 소청심사청구의 경우, 소청심사위원회는 그 청구를 접수한 날로부터 5일 이내에 당해 사건의 최종결정이 있을 때까지 소청인 후임자의 보충발령을 유예하게 하는 임시결정을 할 수 있고 이 경우 20일 이내 최종결정을 하여야 하며 각 임용권자는 그 최종 결정이 있을 때까지 후임자를 보충발령하지 못한다(법 제76조 제3항 및 제4항).

위원회는 소청당사자의 참석 없이 임시결정을 할 수 있고(지침 제8조제2항), 임시결정을 한 때에는 지체 없이 그 임명권자에게 이를 통보하여야 하며(규정 제5조), 임시결정문을 지체 없이 소청당사자에게 송부하여야 한다(지침 제8조제3항).

(나) 결정연기

위원회는 심사 결과 징계처분 등의 원인이 된 사실관계의 명확한 판단을 위해 특별히 필요하다고 인정되는 경우에는 의결을 거쳐 결정을 연기할 수 있다. 이 경우 그 사실을 소청당사자에게 지체 없이 통지해야 한다(규정 제14조의2).

(5) 결정의 효력

소청심사위원회의 결정은 처분행정청을 기속하므로(법 제15조)(기속력), 위원회의 결정 내용대로 이행하지 않는 경우 그로 인한 행정상 책임이 따르게 된다. 소청심사위원회의 결정은 쟁송절차에 의하여 이루어진 판결의 성격을 가지므로 일단 결정을 한 이상 위원회 및 처분행정청 등은 임의로 취소 또는 변경을 할 수 없다(불가변력).

징계처분이 취소되거나 감경되면 그 효력은 원처분이 발생한 시점으로 소급하여 효력을 발생하게 된다.

(6) 결정서 작성 및 송부

(가) 결정서 작성

위원회가 소청심사청구에 대하여 결정을 할 때에는 다음 사항을 기재한 소청심사결정서를 작성하고 위원장과 출석한 위원이 이에 서명날인하여야 한다(규정 제15조).

1. 소청당사자의 표시. 2. 결정주문. 3. 결정이유의 개요. 4. 증거의 판단.

(나) 결정서 송부

소청심사결정서는 그 정본을 작성하여 지체없이 소청당사자에게 송부하여야 한다 (규정 제16조제1항). 소청심사결정서를 송부함에 있어 그 결정서가 위원회의 과실없 이 소청인에게 송달되지 아니한 경우에는 소청인의 주소·성명과 결정주문을 관보에 게재하고, 게재한 날부터 2주일이 경과하는 날에 결정서는 당해 소청인에게 도달된 것으로 본다(규정 제16조).

소청인에게는 결정서 수령 후 90일 이내 관할 행정법원(행정법원이 설치되어 있지 아니한 지역은 관할 지방법원 합의부)에 행정소송을 제기할 수 있다는 사실을 고지하여 야 한다(지침 제20조제2항).

라. 감사원 요구에 의한 재심[9]

규정 제17조에 감사원 요구에 의한 재심절차를 규정하고 있다. ① 감사원법 제32 조제6항[10]의 규정에 의한 재심요구는 그 이유를 명시한 재심요구서에 의하여야 한 다. ② 위원회는 제1항에 따른 재심요구서를 접수하면 즉시 그 부본을 첨부하여 소 청인에게 송부하고 답변 자료의 제출을 요구해야 한다. ③ 재심사건의 심사는 필요 하다고 인정하는 경우를 제외하고는 당사자의 출석없이 결정할 수 있다. ④ 위원회 가 재심사건을 심사·결정하였을 때에는 재심결정서를 작성하여 그 정본을 지체없이 소청당사자 및 감사원장에게 송부하여야 한다. 이 경우 감사원장에게는 인사혁신처 를 경유하여 송부하여야 한다. ⑤ 제1항의 재심요구서에 재심이유가 명시되어 있지 아니하거나, 기타 흠결이 있을 경우에는 재심요구서를 접수한 날부터 7일 이내에 상 당한 기간을 정하여 보정을 요구하여야 하며, 이 경우에 처리기간은 그 보정이 완료

---

9) 2004. 6. 12. 이전 국가공무원법에는 중앙인사관장기관장이 소청심사위원회의 결정이 부당 하다고 인정할 때에는 그 결정통지를 받은 날부터 10일 이내에 재심을 요구할 수 있도록 하였다. 그러다 소청심사위원회의 독립성을 강화하기 위하여 2004. 6. 12. 법률 제7187호에 서 폐지되었으며(국가공무원법 제14조의2 삭제), 현재는 감사원법상 감사원 요구에 의한 재심만이 인정되고 있다.
10) 감사법 제32조 ⑥ 감사원은 제5항의 통보를 받은 날부터 1개월 이내에 그 소청심사위원 회 등이 설치된 기관의 장을 거쳐 소청심사위원회 등에 그 재심을 요구할 수 있다.

된 날부터 기산한다. ⑥ 재심요구에 대한 결정은 특별한 사정이 있는 경우를 제외하고는 재심이 요구된 날부터 30일 이내에 하여야 한다.

6. 집행정지

가. 의의

1) 집행정지란 다툼이 있는 처분의 효력이나 집행 또는 절차의 속행을 정지시키는 것을 말한다. 소청심사청구를 하며 집행정지를 할 수 있는지에 대해서는 국가공무원법, 소청절차규정 등에서 규정하고 있지 않다. 다만 소청업무처리지침 제27조(집행정지 청구에 대한 결정)에, 집행정지 청구에 대한 결정은 특별한 사정이 있는 경우를 제외하고는 집행정지가 청구된 날부터 30일 이내에 처리하여야 한다는 조항만 있을 뿐이다. 한편 행정심판법 제30조는 예외적으로 일정한 요건을 갖춘 경우에 집행정지를 인정하고 있다. 소청심사도 행정심판과 같은 성격을 갖고 있으므로 행정심판법의 집행정지조항이 그대로 적용된다고 할 것이며 실무에서도 그렇게 활용되고 있다.

2) 교원에 대한 유의사항

국·공립학교 교원에 대한 소청심사절차는 행정심판법이 적용되므로 동법 제30조 제2항에 따라 소청심사위원회에 집행정지를 신청할 수 있다. 그러나 사립학교 교원에 대한 징계처분은 행정처분에 해당하지 않으므로 사립학교 교원은 집행정지를 구할 법률상 신청권이 인정되지 않는다. 따라서 사립학교 교원은 소청심사위원회에 집행정지를 신청할 수 없고 법원에 가처분신청을 하여야 한다.

나. 요건

• 위원회는 처분, 처분의 집행 또는 절차의 속행 때문에 중대한 손해가 생기는 것을 예방할 필요성이 긴급하다고 인정할 때에는 직권으로 또는 당사자의 신청에 의하여 처분의 효력, 처분의 집행 또는 절차의 속행의 전부 또는 일부의 정지를 결정할 수 있다. 다만, 처분의 효력정지는 처분의 집행 또는 절차의 속행을 정지함으로써 그 목적을 달성할 수 있을 때에는 허용되지 아니한다(행정심판법 제30조 제2항). 그런

데 집행정지는 공공복리에 중대한 영향을 미칠 우려가 있을 때에는 허용되지 아니한
다(제3항). 따라서 집행정지 신청이 인용되기 위해서는 대상 처분으로 인하여 소청인
에게 사회통념상 회복하기 어려운 중대한 손해를 예방할 긴급한 필요성이 있어야 하
고, 집행정지로 인하여 공공복리에 중대한 영향을 미칠 우려가 없어야 하며, 소청인
의 본안 청구가 이유 없음이 명백하지 않아야 한다.

• 집행정지는 소청심사청구가 계속(係屬)중이어야 한다. 집행정지의 신청은 소청
심사청구 제기 후나 동시에 하여야 하나, 집행정지신청이 이보다 먼저 행해진 경우
에도 신청에 대한 결정전에 소청심사청구가 제기되면 하자가 보완되는 것으로 본다.

• 집행정지는 당사자의 신청에 의함이 일반적이나 직권으로도 가능하다(행정심판
법 제30조 제2항).[11]

다. 결정

• 집행정지는 소청심사위원회가 결정한다. 다만, 위원회의 심리·결정을 기다릴 경
우 중대한 손해가 생길 우려가 있다고 인정되면 위원장은 직권으로 위원회의 심리·결
정을 갈음하는 결정을 할 수 있다. 이 경우 위원장은 지체 없이 위원회에 그 사실을
보고하고 추인(追認)을 받아야 하며, 위원회의 추인을 받지 못하면 위원장은 집행정
지 또는 집행정지 취소에 관한 결정을 취소하여야 한다(행정심판법 제30조제6항).

• 신청요건을 결여한 경우 각하결정을, 본안요건이 결여된 경우 기각 결정을 한
다. 집행정지를 인용할 경우 보통 처분의 효력을 정지하는 결정을 한다. '정직3월처
분은 이 사건 결정시까지 그 효력을 정지한다'와 같다. 집행정지기간은 종기의 정함
이 없으면 소청심사결정시까지 정지의 효력이 존속한다. 집행부정지원칙에 따라 실
무에서는 인용되는 경우는 거의 없다.

• 처분의 일부에 대한 집행정지도 가능하다고 본다. 예컨대 징계부가금 일부에 대
한 집행정지도 가능하다.

---

11) (사안) '이 사건 처분의 효력으로 인하여 원고에게 생길 회복하기 어려운 손해를 예방하기
   위하여 긴급한 필요가 인정되고 달리 집행정지로 인하여 공공복리에 중대한 영향을 미칠
   우려가 있는 때에 해당한다고 보기도 어려우므로, 직권으로 이 사건 처분의 효력을 이 사건
   판결 확정시까지 정지한다'(서울고등법원 2016. 4. 7. 선고 2015누39073 판결).

7. 소청결정에 대한 불복

(1) 행정소송 제기

소청인이 소청심사위원회의 결정에 대하여 불복하는 경우에는 그 결정서를 받은 날로부터 90일 이내에 처분행정청을 피고로 하여 행정법원(행정법원이 설치되지 아니한 지역에서는 지방법원본원 행정합의부)에 행정소송을 제기할 수 있으며, 이 기간이 지난 후에는 그 결정의 효력에 대하여 다툴 수 없게 된다. 이때 피고는 다른 법률에 특별한 규정이 없는 한 그 처분 등을 행한 행정청으로 한다(행정소송법 제13조 제1항).

(2) 원처분주의

행정소송을 제기하는 경우 원징계처분과 소청결정 중 어느 것을 대상으로 하여 다투어야 하는가. 이에 대해서는 원처분설, 소청결정설 등이 있으나 행정소송법 제19조에 따라 원처분을 대상으로 하여야 하고 다만 소청심사위원회의 결정에 고유한 위법이 있는 경우에는 위원회의 결정을 대상으로 하여야 한다. 판례도 이러한 원처분주의를 취하고 있다. 예컨대 2022. 5. 2. 원고에 대하여 해임처분 및 징계부가금 부과처분을 하였고, 원고는 이 사건 각 처분에 불복하여 2022. 7. 29. 소청심사위원회에 소청심사를 청구하였고 소청심사위원회는 2022. 9. 18. 원고의 청구를 일부 인용하여 해임처분을 정직3월로 변경처분을 한 경우, 원고는 '피고가 2022. 5. 2. 원고에 대하여 한 정직3월 및 징계부가금 부과처분을 모두 취소한다'는 소송을 제기하여야 한다.

(3) 무효확인소송과 전치주의

처분에 대한 취소를 구하는 취소소송은 소청심사위원회를 반드시 거쳐야 하나, 행정처분이 무효인 경우에는 권한있는 기관에 의한 무효선언을 기다릴 것도 없이 누구든지 그 무효를 주장할 수 있는 것이고, 따라서 무효확인을 구하는 행정소송을 제기하기에 앞서 전치요건을 구비하지 아니하였다고 하더라도 무효인 처분이 유효로 확정되는 것도 아니라 할 것이므로 전심절차를 거칠 필요가 없다.

(4) 소의 이익

사립학교 교원이 소청심사청구를 하여 해임처분의 효력을 다투던 중 형사판결확정 등 당연퇴직사유가 발생하여 교원의 지위를 회복할 수 없을 때 교원소청심사위원회의 기각 결정에 대하여 취소를 구할 법률상 이익이 있는가. 법원은, '교원소청심사제도에 관한 '교원의 지위 향상 및 교육활동 보호를 위한 특별법'의 규정 내용과 목적 및 취지 등을 종합적으로 고려하면, 사립학교 교원이 소청심사청구를 하여 해임처분의 효력을 다투던 중 형사판결 확정 등 당연퇴직사유가 발생하여 교원의 지위를 회복할 수 없더라도, 해임처분이 취소되거나 변경되면 해임처분일부터 당연퇴직사유 발생일까지의 기간에 대한 보수 지급을 구할 수 있는 경우에는 소청심사청구를 기각한 교원소청심사위원회 결정의 취소를 구할 법률상 이익이 있다'(대법원 2024. 2. 8. 선고 2022두50571 판결).

(5) 사립학교 교원에 대한 행정소송에서 주목할 점

가) 사립학교 교원이 소청심사청구기각 결정에 불복하여 제기한 소송에서, 학교법인이 피고보조참가인으로 참가하면서 당초 소청결정에서 인정되지 않은 징계사유를 여전히 주장하는 경우, 법원은 이러한 징계사유의 존부도 법원의 심판대상에 해당한다고 판단하였다(서울고등법원 2023. 4. 20. 선고 2021누55076 판결).

원고는 사립대학교 총장인데 피고보조참가인 학교법인이 1 내지 7 징계사유를 들어 원고를 해임하였다. 원고가 불복하여 피고(교원소청심사위원회)에게 소청심사청구를 하였는데, 피고는 '1, 3징계사유는 인정되지 않고 2, 4 내지 7 징계사유가 인정되지만, 인정되는 징계사유만으로도 원고에 대하여 해임의 징계를 할 수 있는 경우에 해당하고, 해임 처분이 재량권을 일탈·남용한 것으로 볼 수 없다'는 이유로 원고의 소청심사청구를 기각하였다. 이후 원고의 교원소청심사위원회결정취소를 구하는소송에서 학교법인이 보조참가하여 소청심사위원회에서 인정하지 않은 1, 3징계사유도 여전히 주장하자 이것도 법원의 심판대상에 해당하는지가 문제되었다.

법원은, '사립학교 교원의 소청심사청구에 대한 피고의 기각 결정에 대하여는 당해 교원이 행정소송에서 원고로 다툴 수 있고, 해당 행정소송에서 소송물은 이 사건 결정 자체의 위법성이므로 징계사유로 주장되는 구체적 사실이 징계사유 등에 해당하는지 여부를 심리하여 이 사건 결정의 위법성 유무를 따져보아야 한다. 비록 피고의 소청심사결정은 처분권자에 대하여 기속력을 가지고, 이는 결정의 주문에 포함된 사항뿐만 아니라 그 전제가 된 요건사실의 인정과 판단, 즉 처분 등의 구체적 위법사유에 관한 판단에 대해서도 미치기는 하지만(대법원 2018. 7. 12. 선고 2017두65821 판결 등 참조), 이러한 피고 결정의 기속력은 앞서 본 것처럼 교원의 소청심사청구를 인용하거나 원 징계처분을 취소 또는 변경할 경우에 그 결정이 유효하게 확정될 때 인정되는 것이고, 이 사건과 같이 제1, 3징계사유를 인정하지 않으면서도 원고의 소청심사청구를 기각하였다면 처분권자인 참가인에 대하여 기속력이 미친다는 전제가 성립할 수 없다. 특히 아래에서 보는 것처럼 이 법원이 제2, 4, 5, 6, 7징계사유가 인정되지 않는다고 보아 이 사건 결정을 취소하면서도 제1, 3징계사유의 존부를 판단하지 않는다면, 이 판결에 따라 피고가 원고의 소청심사청구사건을 다시 심사하게 될 때, 참가인이 제1, 3징계사유의 존부를 다시 다툴 여지도 있다. 이처럼 분쟁의 일회적 해결을 위해서도 제1, 3징계사유의 존부는 이 법원의 심판대상이 된다고 볼 것이다.'라고 하여 심판의 대상으로 보았다.

나) A는 사립대학교수인데 소속 학과 학생을 대상으로 다수의 금전거래를 하고 일부 금액을 상환하지 않았다는 점 및 학생들이 학과 발전을 위해 제공한 금액에 대해 A개인 명의로 발전기금 납부확인서를 받아 소득공제의 이득을 취해 왔다는 등의 징계사유로 학교법인으로부터 해임처분을 받았다. 이후 A가 해임의 취소를 구하는 소청심사를 청구하였고 교원소청심사위원회는 '해임처분을 한 것은 징계양정이 과중하다'는 이유로 해임을 정직 1월로 변경하는 결정을 하였다. 이에 학교법인은 원고가 되어 소청심사위원회를 피고로 교원소청심사위원회결정취소의 소를 제기하였고 A는 피고보조참가인으로 참여하였다. 쟁점은 교원소청심사위원회가 해임을 정직1월로 변경결정할 수 있는지, 이러한 결정이 재량권 일탈·남용이 아닌지이다.

법원은, '교원지위법 제10조 제4항의 위임에 따라 제정된 교원소청에 관한 규정 제16조 제2항에 의하면, 피고는 처분의 취소 또는 변경을 구하는 소청심사청구가 이유 있다고 인정하는 때에는 처분을 취소 또는 변경할 수 있다. 이와 같이 피고에게는 처분의 변경 권한이 인정되는데, 징계처분에 있어서 그 내용은 원래의 징계처분에서 변경할 징계처분의 종류와 정도를 새롭게 정하는 것으로서 그 법률적 성질이 재량행위에 해당하므로, 앞서 본 징계권자의 재량권 일탈·남용과는 별도로 재량권 일탈·남용의 유무에 관한 사법심사의 대상이 된다.

한편, 위에서 보듯이 사립학교 교원인 피징계자에게 사립학교법에 따른 징계사유가 있어 징계처분을 하는 경우 어떤 처분을 할지는 징계권자의 재량에 맡겨져 있음이 원칙이다. 따라서 징계권자의 징계처분에 재량권 일탈·남용의 위법이 없다면 피고로서는 징계권자의 징계처분을 취소하거나 변경할 수 없으며, 이와 달리 피고가 그러한 경우에까지 징계처분을 취소하거나 '어느 정도의 수준이 적당하다'는 식으로 변경하는 결정을 한다면 그러한 결정은 위법하여 법원의 취소 대상이 된다. 이러한 점에서 법원은 사립학교 교원에 대한 징계처분 사안에 있어 피고가 가지는 소청심사의 범위를 징계처분의 위법성에 한정하고 있다고 볼 수 있는데, 이는 사립학교 교원에 대한 징계처분에 관한 소청심사절차의 경우, 그 징계처분 자체가 행정처분이어서 그에 대한 소청심사절차의 성격이 특별행정심판절차에 해당하여 처분의 위법성뿐만 아니라 부당성까지 심사가 가능한 국·공립학교 교원에 대한 징계처분에 관한 소청심사절차처럼 행정의 자기통제적 성격을 가지는 것이 아니라 자주성(사립학교법 제1조)을 가지는 사립학교에 대한 제3자 통제라는 성격을 가지는 것을 고려한 것으로 볼 수 있다.

위와 같은 사립학교법에 따른 징계처분에 관한 재량권의 원칙적인 귀속 주체 및 피고의 변경 권한의 발생사유, 소청심사절차의 심사대상에 따른 법적 성질의 차이, 징계권자의 재량권과 피고의 재량권의 조화로운 균형 추구 등을 종합적으로 고려하면, 사립학교 징계권자의 징계처분에 재량권 일탈·남용의 위법이 있어 피고가 그에 대한 조치를 취함에 있어 변경결정의 방법을 선택하는 때에는, 그 처분 변경의 권한에 '취소결정을 할 경우 새로 진행될 징계절차에서 징계권자의 재량권 일탈·남용의 위법이 다시 발생할 위험성'을 제거하는 범위에서 행사되어야 하는 내적 한계가 있다고 해석함이 타당하다.

따라서, 피고의 취소결정에 따라 다시 진행될 징계절차에서 징계권자가 징계처분의 취소 이후에 선택 가능한 범위 내에서 어떠한 징계처분을 선택하더라도 재량권 일탈·남용의 위법이 발생할 수 없는 경우라면, 피고로서는 취소결정을 선택함으로써 원래의 징계처분의 위법성을 제거함과 아울러 새로운 징계절차에서의 징계권자의 재량권 행사의 기회를 보장하여야 함이 마땅한바, 위와 같은 경우에까지 피고가 직접 변경 권한을 행사함으로써 원래의 징계권자로부터 재량권 행사의 기회를 박탈하는 등 징계권자의 재량권을 침해하는 결과를 초래하였다면, 그러한 피고의 권한 행사는 그 자체로 내적 한계를 일탈하여 권한을 남용하는 것으로서 위법하다고 보아야 한다. 이와 달리 '피고의 변경결정의 내용이 징계권자의 적법한 재량권 행사의 범위 내에 있는지'라는 결과의 대조만으로 피고의 재량권 일탈·남용 유무의 판단 기준으로 삼는 접근 방법은, 피고의 변경 권한에 의하여 징계권자의 재량을 완전히 대체하는 것으로서 앞서 본 원칙에 반하는 것일 뿐만 아니라, 피고의 변경결정의 내용이 징계권자의 적법한 재량권 행사의 범위 내에 있다는 결과가 확인되기만 하면 징계권자가 가지는 적법한 재량권에 대한 피고의 일방적인 침해를 종국적으로 만드는 것으로서 부당하다(서울행정법원 2017. 7. 13. 선고 2016구합78516 판결).'고 하여 피고가 이 사건 해임을 정직 1월로 변경한 이 사건 결정에는 재량권 일탈·남용의 위법이 있다고 보았다.

(6) 행정소송 결과의 통보

소청인이 법 제16조의 규정에 의하여 행정소송을 제기한 경우에는 당해 소청사건의 피소청인은 소송을 제기한 사실 및 그 결과를 위원회에 통보하여야 한다(규정 제18조).

8. 기타

가. 접수방법

소청심사청구서는 작성 후 방문, 우편, 팩스, 온라인(홈페이지) 또는 이메일(sochung@korea.kr) 중 하나의 방법으로 소청심사위원회에 제출하면 된다.

국민 편의를 위해 휴대폰인증 등을 거쳐 온라인행정심판 청구가 가능하도록 한 점이 특징이다.

나. 소청서류의 열람 및 복사(지침 제23조)

(1) 소청당사자

소청당사자는 소청관련 서류에 대해 열람 및 복사를 요청할 수 있으며, 특별한 경우를 제외하고는 위원회는 이에 응하여야 한다. 이 경우 조사보고서 및 심사조서는 제외된다(지침 제23조 제1항).

(2) 이해관계인

이해관계가 있는 제3자가 소청관련 서류의 열람 등을 요구하는 경우, 위원회는 결정을 거쳐서 특정부분에 대해서만 열람 또는 복사하게 할 수 있는데, 단, 다음과 같은 사유가 있을 때에는 이를 제한하거나 거부할 수 있다(제2항). ① 소청당사자가 공개를 거부하는 경우, ② 공개로 인해 타인의 명예나 인격, 사생활의 비밀 또는 생활의 평온이나 공익이 침해될 우려가 있는 경우, ③ 공개할 경우 소청사건의 공정한 심사에 지장을 초래한다고 인정할 만한 상당한 이유가 있는 경우, ④ 필요 이상으로 대량·다수의 열람이나 공개를 요구하는 경우 등

(3) 법원의 요청

심사조서를 소송의 증거로 제출하여 달라는 법관의 요청이 있는 경우에는 심사조서 사본을 당해 법원에 제출할 수 있다(제3항).

제4장

징계등처분 기록의 말소 및 징계사면

제1절 | 징계기록말소 제도

1. 의의

공무원 징계등 기록말소는, 공무원이 징계처분 등을 받으면 사면된 경우에도 인사기록카드상에 기록자체는 남게 되어 사실상 승진·전보·포상 등 인사상의 불이익을 받게 될 소지가 있고, 이로 인해 장래에 대한 근무성취 의욕의 감퇴와 공직에 대한 보람과 매력상실로 사기가 저하될 뿐만 아니라 무사안일 등 적극적 업무수행을 기대하기 어려울 수도 있으므로 일정기간 성실하게 근무한 경우 징계등 기록을 말소함으로써 공직자로서의 긍지회복과 사기진작을 도모함과 아울러 국가와 국민을 위해 더욱 헌신적으로 봉사하도록 심기일전의 기회를 부여하고자 하는 제도이다.[1]

이러한 징계기록등 말소제도는 '공무원 인사기록·통계 및 인사사무 처리 규정'(대통령령)에 따라 시행되고 있다. 교육공무원(사립학교 교원 포함)에 대한 징계기록 말소의 근거는 '교육공무원 인사기록 및 인사사무 처리 규칙'과 '교육공무원 징계 등 기

---

1) '2022 징계업무편람,' 인사혁신처, 161쪽.

록말소제 시행지침'이 있다.

2. 말소대상 기록

(1) 징계사항

가) 임용권자나 임용제청권자는 징계처분을 받은 공무원이 다음 각 호의 어느 하나에 해당되는 경우에는 제8조제1항에 따라 그 공무원의 인사 및 성과 기록('징계·형벌'란에 등재 됨) 중 징계처분의 기록을 말소하여야 한다(위 규정 제9조제1항).

1. 징계처분의 집행이 끝난 날부터 다음의 각 목의 구분에 따른 기간이 지난 경우. 가. 강등: 9년, 나. 정직: 7년, 다. 감봉: 5년, 라. 견책: 3년
2. 소청심사위원회나 법원에서 징계처분의 무효 또는 취소의 결정이나 판결이 확정된 경우
3. 징계처분에 대한 일반사면이 있는 경우

나) 강등, 정직, 감봉, 견책이 대상이나, 규정 제9조제1항제2호에 따라 징계처분의 무효·취소의 결정이나 판결이 확정된 경우에는 파면이나 해임도 말소대상에 포함된다.

다) 중복징계: 징계처분을 받고 그 집행이 끝난 날부터 징계말소기간이 지나기 전에 다른 징계처분을 받은 경우에는 각각의 징계처분에 대한 해당 기간을 합산한 기간이 지나야 한다(규정 제9조제1항제1호단서). 예컨대 정직3월의 처분을 받고 집행이 끝난 후 말소기한 7년이 경과하지 않은 시점에 다시 견책을 받으면 기존 징계인 정직3월의 징계종료일부터(기산 시점) 다른 징계종료일까지 합산한 10년이 지나야 전·후 징계가 동시에 말소처리 된다.

라) 말소시기: 소청심사위원회나 법원에서 징계처분의 무효 또는 취소의 결정이나 판결이 확정된 경우 말소시기는 징계처분 시작일이고, 사면에 의한 경우에는 사면시행일이다.

(2) 직위해제사항

임용권자나 임용제청권자는 직위해제처분을 받은 공무원이 다음 각 호의 어느 하

나에 해당하는 경우에는 제8조제1항에 따라 그 공무원의 인사 및 성과 기록('1. 인사
기록'의 '임면'란에 등재됨) 중 직위해제처분의 기록을 말소하여야 한다.

1. 직위해제처분이 끝난 날부터 2년이 지난 경우. 다만, 직위해제처분을 받고 그
   집행이 끝난 날부터 2년이 지나기 전에 다른 직위해제처분을 받은 경우에는 각
   직위해제처분마다 2년을 더한 기간이 지나야 한다.
2. 소청심사위원회나 법원에서 직위해제처분의 무효 또는 취소의 결정이나 판결
   이 확정된 경우 직위해제 처분 원래 일자로 말소 처리된다.

(3) 불문경고기록

공무원징계령 시행규칙 제6조제2항[2])에 의한 불문경고를 받은 경우 1년이 경과하
면 인사 및 성과기록카드('감사결과'란에 기록됨) 중 불문경고의 기록을 말소하여야 한
다. 다만 불문경고 기한(1년) 이내에 다시 불문경고를 받은 경우, 두 불문경고의 말
소기한을 합산한 2년이 경과한 후 전·후 불문경고를 동시에 말소한다. 만약 불문경
고와 징계가 중복되는 경우에는 먼저 받은 징계 또는 불문경고 종료일로부터 각각의
말소기한을 합산한 기간을 경과하여야만 전·후 처분이 동시에 말소된다.

3. 말소경과기간

처분	징계				직위해제	불문경고
말소경과기간	강등	경직	감봉	견책	2년	1년
	9년	7년	5년	3년		

• 말소경과기간은 제도 취지상 실제 직무에 종사한 기간을 의미하므로 휴직기간
등 직무에 종사하지 않은 기간은 제외되나, 다음의 기간은 포함하도록 한다(인사혁신
처 게시판). ① 법 제71조제1항제1호(질병휴직)에 따른 휴직 중 공무원연금법에 따른

---

2) 공무원징계령 시행규칙 제6조 ② 징계위원회가 제1항에 따라 견책에 해당하는 비위를 불문
   (不問)으로 감경하여 의결하였거나 불문으로 의결하였으나 경고할 필요가 있다고 인정하는
   경우에는 징계등 의결서의 의결주문란에 "불문으로 의결한다. 다만, 경고할 것을 권고한다"
   라고 적는다.

공무상 질병 또는 부상으로 인한 휴직기간, ② 법 제71조제1항제3호(병역휴직), 제5호(법정의무수행)·6호(노동조합 전임자) 또는 동조 제2항 제1호(고용휴직)에 따른 휴직기간, ③ 법 제71조제2항제2호(유학휴직)에 따른 휴직은 그 휴직가간의 5할에 해당하는 기간, ④ 법 제71조제2항제4호(육아휴직)에 따른 휴직기간(자녀 1인에 대한 총 휴직기간이 1년이 넘는 경우에는 최초 1년으로 하되, 둘째 자녀부터는 총 휴직기간이 1년을 넘는 경우에도 그 휴직기간 전부 포함)

4. 말소의 효과[3]

(1) 기성효과의 회복문제

말소되었다고 하더라도 징계처분으로 받은 기성효과에는 영향을 미치지 않으므로, 징계등 처분으로 받은 법령상의 각종 불이익, 제한사항이 완전히 회복되는 것은 아니다. 다만, 공무원보수규정 제15조에 따라 견책·감봉·정직·강등처분이 말소된 경우, 징계처분기간을 제외한 승급제한기간은 다시 회복되므로 승급기간에 산입하여야 한다.

(2) 승진 등 인사관리

승진, 보직관리 등 모든 인사관리 영역에 있어서 말소된 징계처분등을 이유로 합리적인 근거 없이 불리한 처우를 해서는 아니된다.[4] 따라서 근무성적평정시 말소된

---

3) 국가공무원 복무·징계 관련 예규(인사혁신처예규) 참고.
4) (사례) 경기도교육청 교육공무원인사위원회는 교육부 회의자료를 반영하여 교육공무원 4대 비위(금품·향응 수수, 상습폭행, 성폭행, 성적조작) 관련으로 징계를 받은 자는 징계기록 말소여부와 관계없이 승진대상자에서 제외하기로 하는 내용의 초·중등학교 교감 승진임용 기준안을 심의·의결하여 적용하기로 하였다. 원고는 근무하던 초등학교 교장에게 금품을 제공함으로써 국가공무원법 제61조(청렴의 의무), 이 사건 행동강령 제16조를 위반하였다는 비위사실로 견책처분을 받았으나, 국가공무원 복무·징계 관련 예규는 '승진, 보직관리 등 모든 인사관리영역에 있어서 말소된 징계처분 등을 이유로 불리한 처우를 해서는 아니된다'고 정하고 있는데, 피고 경기도교육감은 원고에 대한 이 사건 징계처분 기록이 말소된 이후 원고에 대하여 이 사건 승진임용제외처분을 하였다.
   좀 더 살펴보면, 원고는 2013년 교감 자격연수 대상자로 선정돼 교감 승진 후보자 3배수 명부에 등재됐으나 그해 승진을 하지 못했다. 이듬해에도 승진대상 명부에 이름을 올린 원고는 특별한 일이 없으면 승진을 할 것이라 생각했지만 또다시 고배를 마셨다. 경기교육청

이 원고가 2010년 자신이 근무하던 초등학교 여자축구부가 참가한 여자축구대회가 개최되기 직전 교장에게 현금 10만원을 제공해 견책 처분을 받은 사실을 문제 삼아 승진에서 제외시켰기 때문이다. 이에 반발한 원고는 교원소청심사위원회에 소청심사를 청구했으나 각하당하자, 원고는 주위적으로 교감승진임용제외처분은 무효확인을, 예비적으로 교감승진임용제외처분을 취소하라는 소송을 제기하였다.

1심은, "승진예정인원의 3배수 범위 내에서는 승진이 되지 않을 수도 있고 이는 재량행위"라며 "원고는 비위사실로 징계처분을 받은 전력도 있는데 교감에게는 일반 교사들에 비해 특히 높은 수준의 도덕성이 요구된다는 점 등을 고려할 때 경기교육청의 처분은 재량권의 한계를 벗어나거나 이를 남용한 것으로 볼 수 없다"면서 교육청의 손을 들어줬다(수원지방법원 2016. 7. 27. 선고 2015구합66050 판결).

2심은, 법원은 이 사건 승진임용제외처분은 부적절한 교육공무원의 교장(교감) 승진을 방지하기 위한 교육부 회의의 교장(교감) 임용 추천 변경 기준 및 이를 반영한 경기도교육청 교육공무원인사위원회의 초·중등학교 교감 승진임용 기준안에 따른 것으로 피고가 재량권을 일탈·남용한 위법은 있으나 그 하자가 객관적으로 명백하다고 볼 수 없어 당연무효라고 볼 수 없으나 승진임용제외처분의 취소를 구하는 원고의 예비적 청구는 이유 있다며 원고의 취소청구는 받아들였다(서울고등법원 2017. 1. 12. 선고 2016누61176 판결).

대법원은 원심을 파기하고 환송하였다. 파기사유로, 임용권자는 승진후보자 명부에 포함된 후보자들에 대하여 일정한 심사를 진행하여 승진임용 여부를 결정할 수 있고, 승진후보자 명부의 고순위 후보자를 반드시 승진임용을 하여야 하는 것도 아니다. 나아가 초·중등학교 내 교육에 관하여 광범위한 권한을 갖는 교장을 보좌하고 대행하는 지위에 있는 교감의 승진임용에 있어서는, 특정 후보자가 국민의 교육을 받을 권리를 보다 효과적으로 보장하고, 교육수요자인 학부모와 학생의 기대를 충족시키는 데 적합한 능력과 자질을 갖추고 있는지에 관한 평가가 요구된다. 이처럼 교육공무원 승진임용에 관해서는 법령이 정하는 범위에서 임용권자에게 일반 국민에 대한 행정처분이나 공무원에 대한 징계처분보다는 훨씬 광범위한 재량이 부여되어 있다. 따라서 승진후보자 명부에 포함된 후보자를 승진임용에서 제외하는 결정이 승진임용자의 자격을 정한 관련 법령 규정에 위반되지 아니하고, 사회통념상 합리성을 갖춘 사유에 따른 것이라는 일응의 주장·증명이 있다면 쉽사리 위법하다고 판단하여서는 아니 된다(대법원 2018. 3. 29. 선고 2017두34162 판결).

다시 파기환송심은, 대법원의 판단대로 위법하지 않다고 판시하였다. 추가적으로 원고와 동일한 비위행위를 이유로 동일한 징계처분(견책)을 받은 동료교사 E는 2011년 초등학교 교감으로 승진하였음에 반하여, 원고는 E보다 교감 승진임용신청을 늦게 하였다는 이유만으로 이 사건 기준이 적용되어 교감승진임용에서 제외되었는바, 이 사건 기준에 근거하여 원고와 E를 합리적 이유 없이 차별한 이 사건 승진임용제외처분은 평등의 원칙에 반하여 위법하다고 주장하였다. 이에 대해 B초등학교 교사로 재직하였던 E가 2010년경 원고와 동일한 직무관련금품제공 사실로 견책처분을 받았음에도 다음 해인 2011년 초등학교 교감으로 승진한 사실은 인정된다. 그러나 시대의 변화에 따라 우리 사회가 교감에게 요구하는 자질과 도덕성의 수준이 높아지면 교감 승진임용 후보자의 요건 역시 강화될 수밖에 없는 것이고, 이와 같은 기준 강화는 사회통념상 합리성을 갖춘 것으로서, E의 교감 승진 이후 새로 마련된 이 사건 기준이 원고에게 적용됨으로써 결과적으로 교감 승진에 있어 다른 결과가 발생하였다고 하더라도 이 사건 승진임용제외처분이 평등의 원칙에 반하여 부적법하다고 볼 수는 없다며 원고의 주장을 배척하였다(서울고등법원 2018. 10. 24. 선고 2018누

징계처분 등을 이유로 불리한 평정을 해서는 아니 된다.

(3) 서훈 및 포상

각종 포상대상자 선정 시 말소된 징계처분을 이유로 합리적인 근거 없이 불리한 처우를 해서는 안된다. 다만, 「정부포상 업무지침」 등 관련 규정에 따라 아래와 같이 포상추천이 제한될 수는 있다.

① 재직공무원을 추천할 수 있는 경우: 경징계(감봉·견책, 군인의 경우 감봉·근신·견책)가 사면되었거나, 불문경고가 사면 또는 말소된 자로서 공적이 현저하게 탁월한 경우에는 포상추천이 가능하나, 「공무원징계령 시행규칙」 제4조제2항(제1~6호)[5]에 따라 감경이 제한되는 비위(주요비위)를 저지른 자는 경징계가 사면되었거나 불문경고가 사면 또는 말소되더라도 추천 불가능하다.

② 퇴직공무원을 추천할 수 있는 경우: 징계처분이 사면된 경우나 불문경고 처분이 사면 또는 말소된 경우 추천이 가능하다. 그러나 주요비위(음주운전, 금품, 향응수수, 공금횡령·유용, 성폭력, 성매매, 성희롱)로 인한 징계·불문경고 처분은 사면 또는 말소되더라도 포상 추천이 제한되며, 주요비위 이외의 행위라 하더라도 재직 중 총 3회 이상의 징계처분(불문경고 포함)을 받은 자는 포상추천이 제한된다.

(4) 징계양정 결정 시

징계양정 결정 시 말소된 징계처분을 이유로 부당하게 무거운 징계를 의결해서는 안 되며(공무원징계령 제17조 및 동 법령 시행규칙 제2조), 징계의결요구권자 등은 징계의결구서를 위한 '확인서' 작성 시 이전 징계처분이 말소된 경우 이를 기재하지 않는 것을 원칙으로 하되 비위 횟수에 따라 징계양정이 가중되는 경우 등 징계의결에 참

41046 판결).

5) 공무원징계령시행규칙 제4조 제2항 1.「국가공무원법」 제78조의2제1항 각 호의 어느 하나에 해당하는 비위, 1의2.「국가공무원법」 제78조의2제1항 각 호의 어느 하나에 해당하는 비위를 신고하지 않거나 고발하지 않은 행위, 2.「성폭력범죄의 처벌 등에 관한 특례법」 제2조에 따른 성폭력범죄, 3.「성매매알선 등 행위의 처벌에 관한 법률」 제2조제1항제1호에 따른 성매매, 4.「양성평등기본법」 제3조제2호에 따른 성희롱, 5.「도로교통법」 제44조제1항에 따른 음주운전 또는 같은 조 제2항에 따른 음주측정에 대한 불응, 6.「공직자윤리법」 제8조의2제2항 또는 제22조에 따른 등록의무자에 대한 재산등록 및 주식의 매각·신탁과 관련한 의무 위반

고할 필요성이 있는 경우에는 아래와 같은 방법으로 말소사실을 기재해야 한다.

(예시) 확인서

① 공 적 사 항			② 징 계 사 항 [불문(경고) 포함]		
포상일자	포상종류	시행청	일 자	종 류	발령청
			00. 9. 2.	견 책	○○○
			03. 9. 2.	위 기록의 말소	○○○

(5) 전력조사 및 경력증명 등

재직자, 퇴직공무원에 대해 공무원 인사기록·통계 및 인사사무 처리규정 제11조에 의한 전력조사 회복 및 제32조제2항에 의한 경력증명서를 발급할 때에는 말소된 징계 등 처분기록을 기재하지 않도록 한다.

(6) 기타 사실상 불이익 금지

말소된 징계처분 등을 이유로 신분·처우 상 법령 등에 근거없이 불리한 대우를 해서는 아니 된다.

5. 징계기록 말소와 소의 이익

공립중학교 교사인 원고가 체벌행위와 관련해 견책처분을 받고 징계기록이 말소된 이후에 그 무효확인을 구하는 소를 제기하였다. 이 사건 징계처분은 말소되었으나, 중등 인사담당자가 인사업무 수행시 열람할 수 있는 원고에 대한 NEIS 개인 인사기록에는 징계란에 '2015. 2. 11. 견책 처분'을 받고, '2018. 2. 11. 기록말소'된 사실이 기재되어 있다. 피고는 원고에 대한 징계기록 말소가 이미 이루어졌으므로, 이 사건 징계처분의 무효를 구할 소의 이익이 없다고 본안전 항변을 하였다.

법원은, 피고의 업무지침인 교육공무원 NEIS 징계업무편람에 의하면 징계처분이 사면 또는 말소되었더라도 그 내용을 삭제하여서는 안 된다고 기재되어 있는바, 비록 원고의 징계기록이 말소되었다고 하더라도 인사담당자는 인사과정에서 징계내역을 확인하고 이를 고려할 가능성이 존재하는 점, 교육부에서는 교감자격연수 대상자를 선발함에 있어 내부 준칙으로 징계기록의 말소 여부와 관련 없이 4대 비위로 징계처분을 받았거나, 징계 의결 요구 중인 자를 배제하는 기준을 두고 있는 점, 실제로 원고가 위 내부 준칙에 따라 교감자격연수 면접고사 응시대상자 배제통보를 받았던 점 등을 종합하면, 이 사건 징계처분은 원고의 법률상 지위에 영향을 미치고 있다고 할 것이므로, 원고로서는 그러한 위험이나 불안을 제거하기 위하여 이 사건 징계처분의 무효 확인을 구할 이익이 있다(광주지방법원 2021. 12. 24. 선고 2021구합548 판결).

제2절 | 징계사면[6]

1. 규정

헌법 제79조에 대통령의 사면권이 규정되어 있다; ① 대통령은 법률이 정하는 바에 의하여 사면·감형 또는 복권을 명할 수 있다. ② 일반사면을 명하려면 국회의 동의를 얻어야 한다. ③ 사면·감형 및 복권에 관한 사항은 법률로 정한다. 이에 따라 사면법이 제정되어 있다. 사면법은 사면(赦免), 감형(減刑) 및 복권(復權)에 관한 사항을 규정하고, 이는 다시 일반사면(국회의 동의)·일반감형 및 일반복권(대통령령)과 특별사면·특별감형·특별복권(대통령의 명령)으로 구별된다. 사면이란 형사사법절차에 의하지 아니하고 형의 선고의 효력상실, 공소권소멸(이상 일반사면), 형의 집행의 소멸(이상 특별사면)을 명하는 대통령의 사법에 관한 특별한 권한을 말한다. 감형이란 대통령이 형의 선고를 받은 자에 대하여 형을 감경하거나 형의 집행을 감경하는 것을 말한다. 복권이란 죄를 범하여 형의 선고를 받은 자가 다른 법령에 의하여 자격이 상실 또는 정지된 경우에 그 상실 또는 정지된 자격을 회복하게 하는 것이다.

한편, 사면법 제4조(사면규정의 준용)는 "행정법규 위반에 대한 범칙(犯則) 또는 과

---

6) 우리나라 사면의 역사와 외국의 사면제도에 대해서는, 이영주·승재현·김성배·서보건, "사면권 행사 방법의 문제점과 개선 방향 – 사면권의 본질과 제한 가능성의 방향설정적 기초 마련 –", 한국형사정책연구원, 2014. 2.

벌(科罰)의 면제와 징계법규에 따른 징계 또는 징벌의 면제에 관하여는 이 법의 사면에 관한 규정을 준용한다.”고 하여 징계벌에 대하여도 사면이 준용되도록 하였다. 이 조항은 1948. 8. 30. 제정될 때부터 있었고, 다만 여기서 준용되는 사면규정에는 성질상 사면과 감형은 적용되나 복권은 해당되지 않는다 할 것이다. 실무상으로는 특별사면이 주로 시행된다.

2. 내용

1) 일반사면은 징계사유의 종류를 지정하여 이에 해당하는 모든 징계대상자에 대하여 징계처분의 효력이 상실되고, 징계처분의 결정이 내려지기 전의 자에 대하여는 징계절차의 진행에서 해소되는 것을 말한다. 일반사면은 국무회의의 필수적 심의를 거친 후에 국회의 동의를 얻어 대통령령으로 행한다.

2) 특별사면은 징계 처분을 받은 특정인에 대하여 징계집행을 면하는 것을 말한다. 특별사면은 법무부장관이 대통령에게 상신하여 대통령이 명한다. 특별사면은 징계처분을 받은 자를 대상으로 하기 때문에 징계의뢰 중 또는 징계의뢰 전의 사람을 대상으로 할 수는 없다.

● **특별사면 내용(예시)**

> 2023. 2. 24. 이전에 징계처분을 받은 전 · 현직 공무원 가운데 특별사면 대상자명단에 기재된 자에 대하여는 2023. 8. 15. 이후 징계처분의 효력을 상실케 한다. 다만, 파면 및 해임처분을 받은 자, 금품 및 향응수수, 공금횡령 · 유용의 비위로 징계처분을 받은 자, 불법집단행동으로 징계처분을 받은 자는 그러하지 아니하다.

3) 일반사면에 있어서는 별도의 사면 대상자명부가 작성되지 않으므로 특별사면에서와 같은 누락의 문제가 발생하지 않으며 징계기록을 관리하는 부서에서 업무착오로 말소 등을 하지 않은 경우에도 사면대상사실임을 소명하여 추가로 말소 등이 가능하다. 일반사면의 효과는 특별사면의 효과 이외에 징계처분을 받지 않은 징계혐의자에 대하여는 징계권자의 징계의결요구 권한이 상실되며 이미 징계의결요구 된 경우에는 의결 요구를 철회하여야 한다. 특별사면에서도 사면의 대상이 되는 징계사

유를 미리 하달하고 이를 기준으로 사면대상자를 미리 선정 및 보고하기 때문에 일반사면과 큰 차이는 없으나 업무착오 등으로 사면대상자에서 누락된 경우 사면의 효과가 발생하지 않는다.

3. 절차

일반사면을 단행하기 위한 절차로는 먼저 국무회의의 심의를 거쳐야 하며, 국회의 동의가 필요하다. 그러나 일반감형 및 일반복권의 경우에는 국회의 동의가 필요 없다. 형식으로는 일반사면, 감형, 복권의 경우 대통령령으로 한다.

특별사면·감형 및 복권의 절차는 검사 또는 교정시설의 장의 제청과 검찰총장의 신청이 있으면, 법무부장관이 사면심사위원회를 개최하여 심사를 거쳐 특정인을 대통령에게 상신한다. 이후 대상자를 국무회의에서 심의하여 대통령이 사면을 단행하고 있다. 특별사면이 되면 당사자에게 사면장이 발행되고 사면일로부터 징계처분의 효력이 상실된다.

4. 효과

가. 일반적 효력

징계처분 받은 자가 사면된 경우 사면일로부터 징계처분의 효력이 상실되고, 징계처분을 받은 사실을 이유로 각종 법령에서 제한하고 있는 인사·보수 등에 관한 제한규정의 적용이 배제된다. 다만 사면으로 인하여 징계처분에 의한 기성(既成)의 효과는 변경되지 아니한다(사면법 제4조제2항). 즉 사면의 효과는 장래효만 가지며 소급효는 가지지 아니한다. 대법원도, 사면에 의하여 징계의 효력이 상실됨은 별론으로 하고, 비록 사면이 있었다고 하더라도 당해 징계처분의 기성의 효과에는 아무런 변경도 있을 수 없는 법리이므로 특단의 사정이 없는 한 위 사면 사실만으로써 징계처분이 변경·취소될 수는 없다(대법원 1996. 2. 9. 선고 95누8065 판결).

나. 사면된 자에 대한 인사처리요령[7]

(1) 인사 및 성과기록의 정리

1) 인사 및 성과기록카드 "징계·형벌" 및 "감사결과"란에 사면대상 징계처분이 기재된 란의 여백에 『대통령특별사면(2008. 8. 15.)에 의거 사면』의 내용을 기록한다. 징계기록말소제도에 의하여 말소사실이 표기된 경우에도 동일하게 정리한다. 퇴직공무원에 대하여는 당해 공무원의 인사 및 성과기록카드를 보관하는 퇴직당시의 임용권자(5급 이상은 임용제청권자)가 정리한다. 징계등처분기록말소대장도 인사 및 성과기록카드와 같은 방법으로 정리한다.

2) 사면을 받은 자에 대하여는 징계처분을 받은 사실을 이유로 신분·처우상 어떠한 불리한 대우를 하여서는 아니 된다. 각 행정기관의 인사담당자는 사면대상자에게 사면장을 교부하여야 한다. 훈계·주의·경고 등은 사면장의 발급이 없으며 인사담당자가 그에 관한 기록을 말소시키도록 한다. 공무원 징계법규를 준용하여 징계하는 정부투자기관 및 재투자기관의 임직원, 사립학교 교원, 청원경찰, 별정우체국 직원 등에 대하여는 이 지침에 준하여 자율적으로 처리하도록 관계부처에 권고한다.

(2) 승진임용

징계처분 종료 후 일정기간이 경과하지 아니한 경우에는 국가공무원법 제80조제6항 및 공무원 임용령 제32조제1항 내지 제3항의 규정에 의거 일정기간 승진임용이 제한되나, 사면을 받은 자는 동 규정이 적용되지 아니하므로 사면일 이후에는 다른 승진임용요건을 구비한 경우 승진임용이 가능하다.

(3) 승진소요 최저연수

징계처분을 받은 경우에는 공무원 임용령 제31조 제2항의 규정에 의하여 징계처분된 기간과 징계처분에 따른 승진임용 제한기간을 승진소요 최저연수에서 제외하고 있으나, 사면을 받은 자는 사면일 이후 동 규정이 적용되지 않으므로 이미 승진

---

7) 2008. 8. 15. 행정안전부 작성, 특별사면(징계사면) 시행에 따른 인사처리지침(행정안전부 공고 제125호)에 근거해 정리하였다.

소요 최저연수에서 제외한 기간을 다시 승진소요 최저연수에 산입한다. 즉, 이미 집행이 완료된 징계처분기간(정직처분기간도 포함) 및 승진임용 제한기간도 사면일로부터 승진소요 최저연수에 산입한다.

(4) 경력평정

정직처분기간은 '공무원 성과평가 등에 관한 규정' 제25조의 규정에 의하여 경력평정대상기간에서 제외하고 있으나, 사면을 받은 자는 이미 집행된 정직처분기간을 사면일로부터 경력평정대상기간에 산입한다. 이 경우 경력평정은 사면일 직전의 정기평정 기준일 현재를 기준으로 실시한다.

(5) 승진후보자명부의 조정 등

사면된 자에 대하여는 위 '2)' 내지 '4)'항을 적용하여 경력평정점수 등을 산정하여 승진후보자명부를 조정하고 조정된 승진후보자명부는 그 다음날부터 효력이 발생된다. 위 '3)'항에 의한 승진소요 최저연수의 산입에 따라 근속승진기간에 도달하는 공무원에 대하여는 근속승진임용의 방법에 따라 승진 임용할 수 있다.

(6) 승급

징계처분을 받은 경우에는 공무원보수규정 제14조제1항의 규정에 의하여 징계처분기간과 승급제한기간(정직 18월, 감봉 12월, 근신·견책 6월)이 경과할 때까지 승급을 제한하고 있으나, 사면을 받은 자는 사면일 이후 동 규정이 적용되지 않을 뿐만 아니라 기처분기간(처분으로 인해 승급을 제한받은 기간 포함)을 승급기간에 산입하여 사면일이 속한 달의 다음달 1일자로 호봉을 재획정하고 잔여기간은 그다음 승급기간에 산입한다. 징계처분의 집행이 이미 완료되고 공무원보수규정 제15조제2호의 규정에 의하여 승급제한기간이 이미 승급기간에 산입된 경우에는 징계처분기간만 승급기간에 산입한다.

(7) 정근수당 지급을 위한 근무연수

징계처분을 받은 경우에는 공무원수당등에관한규정 제7조제4항의 규정에 의하여 징계처분기간과 징계처분에 따른 승급제한기간을 정근수당 및 정근수당가산금 지급을 위한 근무연수에서 제외하고 있으나, 사면을 받은 자는 사면일 이후 동 규정이 적용되지 않을 뿐 아니라 이미 근무연수에서 제외한 징계처분기간(승급제한기간 포함)을 다시 근무연수에 산입한다.

(8) 공무원연금법에 의한 재직기간

정직처분기간은 공무원연금법 제25조제5항의 규정에 의하여 퇴직수당 지급에 있어서의 재직기간 산정시 그 기간의 2분의 1을 감하고 있으나, 정직처분이 사면된 경우에는 감축된 기간을 사면일 이후 재직기간에 산입한다(단, 재직 중인 자에 한함).

(9) 포상

사면을 받은 자는 각종 포상대상자 선발 등에 있어 불리한 대우를 받지 아니한다. 다만, 징계처분기록이 사면되었다 하더라도 「정부포상 업무지침」 등 별도의 규정에서 그 근거를 마련하는 경우 포상추천을 제한할 수 있다.

다. 징계사면 효과에 대한 불복

징계사면이 있은 후 관계기관이 행한 후속조치가 잘못되었을 경우에는 관련 조항에 따라 제도적으로 구제받을 수 있다. 국가공무원법 제9조의 소청심사, 국가공무원법 제76조의2의 고충 처리제도 등을 활용하거나 행정소송 등으로 구제받을 수 있다. 군인의 경우는 군인사법 제40조의 인사소청제도, 군인의 지위 및 복무에 관한 기본법(약칭, 군인복무기본법) 제40조 고충처리제도 등을 활용할 수 있다.

5. 한계

대통령의 사면권행사에는 헌법상 한계가 규정되어 있지 않지만 권력분립의 원칙 등에 비추어 내재적 한계를 인정하자는 견해가 있는 반면, 사면권은 견제와 균형의 권력분립에 대한 별개의 권한으로 보는 입장에서는 사면권의 한계를 부정한다.

사실 사면권 행사의 문제점 중 하나가 바로 사면 대상자 선정에 있어서의 객관성·공정성·투명성이 부족하고 정치적 이해관계에 따라 이루어진 경우가 많다는 점이다. 이러한 문제로 인하여 2007년 12월 21일 사면법이 일부 개정되어 사면권 행사는 제한적이고 신중하게 하여야 한다는 점에서, 법무부장관이 대통령에게 특별사면, 특정한 자에 대한 감형 및 복권을 상신할 때에는 '사면심사위원회'의 심사를 거치도록 하는 규정이 신설되었다. 그러나 사면심사위원회가 단순한 자문기관으로 구속력이 없으며, 법무부장관이 대통령에게 사면 대상자를 상신하는 과정에서 그 대상자를 심사하는 것이므로 실제 대통령이 사면권을 행사함에서는 전혀 견제 장치가 없다는 문제점이 있다.

이런 한계론의 하나로 사면권이 행사되었을 경우 이에 대한 사후적인 사법심사가 가능할 것인가가 거론될 수 있다. 사후적인 사법심사가 현실적으로는 어려울 것이나 경우에 따라서는 법원이 헌법재판소에 권한쟁의심판을 제기할 수 있을 것이고 또 대통령에 대한 탄핵소추를 제기할 수 있을 것이다.[8]

6. 몇 가지 쟁점

가. 징계에 관한 일반사면이 있을시 징계처분의 취소를 구할 소송상 이익이 있나

징계처분에 대해 법원에서 다투고 있는 가운데 징계에 대한 사면이 이루어진 경우, 이를 계속해 다툴 소송상 이익이 있는지가 문제된다. 실제 사례에서 ○○시 세무조사 공무원 A가 건물 취득세 부과 과정에서 가옥대장상에 그 용도를 임의 정정기재하였다는 이유로 1980. 1. 25. 파면처분을 당하였고, 그는 파면처분이 재량권을 일탈한 위법한 처분이라며 그 취소를 구하는 소송을 제기하였는데, 하급심에서는 위 파면처분의 취소를 구하는 항고소송에서는 사실심 변론종결당시까지 그 행정처분이 유효하게 존속하여 아직도 가쟁상태에 있을 것이 그 요건이라 할 것인 바, 이건의 경우 원고의 위 비위사실에 따른 징계처분은 1981. 1. 31.자 대통령의 일반 사면령에 의하여 사면되었으므로 그 징계처분의 효력은 이미 상실되었다 할 것이어서 이건 소는 결국 그 소의 이익이 없다고 판단하였다(대구고등법원 1981. 2. 28. 선고 80구88 판결). 그러나 같은 사건에서 대법원은 원심을 파기하고 소의 이익을 인정하였다. A가 이

---

8) 미국 제17대 대통령 앤드류 존슨(Andrew Johnson)에 대해 11개항으로 구성된 탄핵안이 상정되었는데 그 중 하나가 사면권을 부당하게 남용하였다는 점이다.

사건 사면처분을 받은 후 1981.1.31 대통령령 제10194호로 징계에 관한 일반사면령이 공포 시행되었으나 사면법 제5조 제2항, 제4조의 규정에 의하면 징계처분에 의한 기성의 효과는 사면으로 인하여 변경되지 않는다고 되어 있고 이는 사면의 효과가 소급하지 않음을 의미하는 것이므로 위와 같은 일반사면이 있었다고 할지라도 파면처분으로 이미 상실된 원고의 공무원지위가 회복될 수는 없는 것이니 원고로서는 이 사건 파면처분의 위법을 주장하여 그 취소를 구할 소송상 이익이 있다고 할 것이다(당원 1981. 7. 14. 선고 80누536 전원합의체판결 참조)(대법원 1983. 2. 8. 선고 81누121 판결).

이처럼 징계처분을 받은 자가 그 처분에 대하여 법령의 규정에 따라 소청심사나 행정소송을 제기하는 권리는 징계처분에 대한 사면에 의하여 영향을 받지 않는다.[9]

나. 대법원장이 내린 판사 징계처분을 대통령이 사면할 수 있는지

현직 부장판사가 동료 부장판사의 징계 사면(赦免)을 요구하는 글을 청와대 국민청원 게시판에 올린 것이 계기가 되어, 대법원장이 행한 판사에 대한 징계처분을 대통령이 사면할 수 있는지 여부에 대해 논란이 된 바 있다.[10] 창원지법 A부장판사가 2014년 국가정보원 댓글 사건으로 기소된 원세훈 전 국정원장에 대해 무죄를 선고한 1심 판결을 비판하는 내용의 글을 법원 내부통신망인 코트넷에 올렸다가 정직 2개월의 징계를 받은 사법연수원 동기 B 부장판사를 사면해 달라는 내용의 글을 청와대 국민청원 게시판에 올린 것이다.

실제로 역사상 법관에 대한 징계 사면이 이뤄진 적이 있으나 대부분 법관 퇴직 이

---

9) 참고로 유죄의 확정판결을 받은 이후 그 확정판결에 대하여 "형 선고의 효력을 상실케 하는 특별사면"이 이루어지고, 그 후 그 확정판결에 대하여 재심을 구하는 경우가 있는데, 대법원 1997. 7. 22. 선고 96도2153 판결은 '형 선고의 효력을 상실케 하는 특별사면'이 있으면 재심대상이 존재하지 않으므로 심판 대상이 없어지므로 아무런 재판을 할 수 없다고 하였다. 그러다 대법원 2015. 5. 21. 선고 2011도1932 전원합의체판결에서 이를 변경하여, "유죄판결 확정 후에 형 선고의 효력을 상실케 하는 특별사면이 있었다고 하더라도, 형 선고의 법률적 효과만 장래를 향하여 소멸될 뿐이고 확정된 유죄판결에서 이루어진 사실인정과 그에 따른 유죄 판단까지 없어지는 것은 아니므로, 유죄판결은 형 선고의 효력만 상실된 채로 여전히 존재하는 것으로 보아야 하고, 한편 형사소송법 제420조 각 호의 재심사유가 있는 피고인으로서는 재심을 통하여 특별사면에도 불구하고 여전히 남아 있는 불이익, 즉 유죄의 선고는 물론 형 선고가 있었다는 기왕의 경력 자체 등을 제거할 필요가 있다."고 판시하였다.
10) 2018. 2. 1. 법률신문, 이승윤 기자, "징계받은 동료판사 '사면청원' 논란"

후 사면이 이뤄진 것이고 이번은 현직 법관의 경우이다. 이론적으로는 사면 요건에 법관을 제외하는 규정이 없으므로 법관에 대한 징계 사면도 가능하다고 봐야 하나, 권력분립 원칙상 부적절하다고 보는 견해가 많다. 다만 대통령이 법관을 사면할 경우에도 대법원장이 대법관회의를 거쳐 사면 건의를 하고 대통령이 이를 받아들이는 형식이 되어야 할 것이다. 이는 국회 윤리심사에 의한 국회의원의 징계에 대해서도 같은 논리라 할 것이다.

다. 사면된 자에 대하여 신분·처우상 불리한 취급이 가능한지 여부

대통령 특별사면에 의하여 사면된 징계처분이라 하더라도 그 징계처분을 받은 비리행위에 대하여 공무원 신규채용에 있어 청렴성을 판단하는 요소로 고려할 수는 있다. 그러나 그 징계처분이 있었다는 사실만으로 신분·처우 상 어떠한 불리한 대우를 하여서는 아니 되며, 그 원인이 된 이 사건 비리행위의 경중을 감안하지 아니한 채 원고에 대하여 이미 특별사면된 이 사건 징계처분이 있다는 이유만으로 이 사건 임용제외처분을 하였다면 재량권을 일탈하였거나 남용한 것으로 위법하다(서울행정법원 2006. 12. 20. 선고 2006구합14209 판결).

또 사면된 비위사실을 징계사유로 삼아 징계할 수는 없으나 징계사면을 받은 사실을 또 다른 징계처분 및 형사처벌시 징계양정과 양형자료로 사용하였다하여 위법이라 할 수 없다. 대법원도, 원심이 재량권의 일탈여부를 판단함에 있어 이미 사면된 징계처분의 경력을 참작하였다고 하여 위법하다고 할 수는 없다(대법원 1983. 11. 22. 선고 83누321 판결)고 한다.

라. 현역 군인이 특별사면을 받았더라도 징계처분의 기초되는 비위사실이 현역복무부적합사유에 해당하는 경우, 전역명령을 할 수 있는지 여부(적극)

병사들에 대한 상습적인 언어폭력과 가혹행위 등으로 정직 3개월의 중징계처분을 받았다가 특별사면을 받은 하사관 갑에 대하여, 육군참모총장이 육군본부 전역심사위원회 의결에 따라 갑이 징계처분의 기초가 되었던 비위사실로 인하여 군인사법 시행령 제49조 제1항 등의 현역복무부적합자 기준에 부합한다는 이유로 전역을 명하는 처분을 한 사안에서, 군인사법 제37조, 군인사법 시행령 제49조에 의한 현역복무부적합자 전역제도란 대통령령으로 정하는 일정한 사유로 인하여 현역복무에 적합하지 아니한 자를 전역심사위원회 심의를 거쳐 현역에서 전역시키는 제도로서 징계제도와는 규정 취지와 사유, 위원회 구성 및 주체 등에서 차이가 있으므로, 현역 군인에 대하여 징계처분의 효력을 상실시키는 특별사면이 있었다고 하더라도 징계처분의 기초되는 비위사실이 현역복무부적합사유에 해당하는 경우에는 이를 이유로 현역복무부적합조사위원회에 회부하거나 전역심사위원회의 심의를 거쳐 전역명령을 할 수 있다(대법원 2012. 1. 12. 선고 2011두18649 판결).

제5장

징계와 관련된 제도

제1절 | 직위해제처분

1. 의의 및 구별개념

(1) 의의

가) 직위해제는 일반적으로 공무원이 직무수행능력이 부족하거나 근무성적이 극히 불량한 경우, 공무원에 대한 징계절차가 진행 중인 경우, 공무원이 형사사건으로 기소된 경우 등에 있어서 당해 공무원이 장래에 있어서 계속 직무를 담당하게 될 경우 예상되는 업무상의 장애 등을 예방하기 위하여 일시적으로 당해 공무원에게 직위를 부여하지 아니함으로써 직무에 종사하지 못하도록 하는 잠정적인 조치로서의 보직의 해제를 의미한다(대법원 2003. 10. 10. 선고 2003두5945).[1] 직위해제는 공무원으로서의 신분은 유지하나 직무담당을 강제적으로 해제하는 조치이다.

다만 국가공무원법 제73조의3제1항제2호의 '직무수행 능력이 부족하거나 근무성

---

1) 종전에는 형사사건으로 기소된 자에 대하여 반드시 직위해제 처분을 하여야 했으나 1994.
  12. 22. 법 개정으로 임용(제청)권자에게 직위해제 처분에 대한 재량권을 부여하였으며,
  2002. 1. 19. 법 개정으로 감봉·견책의 경징계 의결이 요구중인 자를 직위해제 사유에서
  제외하였다.

적이 극히 나쁜 자'에 해당하여 직위해제된 자에게는, 임용권자는 3개월의 범위에서 대기를 명한다.

나) 법적 근거는 아래와 같이 국가공무원법 제73조의3 등에서 규정하고 있다.

제73조의3(직위해제) ① 임용권자는 다음 각 호의 어느 하나에 해당하는 자에게는 직위를 부여하지 아니할 수 있다.

1. 삭제 ＜1973. 2. 5.＞
2. 직무수행 능력이 부족하거나 근무성적이 극히 나쁜 자
3. 파면·해임·강등 또는 정직에 해당하는 징계 의결이 요구 중인 자
4. 형사 사건으로 기소된 자(약식명령이 청구된 자는 제외한다)
5. 고위공무원단에 속하는 일반직공무원으로서 제70조의2제1항제2호부터 제5호까지의 사유로 적격심사를 요구받은 자
6. 금품비위, 성범죄 등 대통령령으로 정하는 비위행위로 인하여 감사원 및 검찰·경찰 등 수사기관에서 조사나 수사 중인 자로서 비위의 정도가 중대하고 이로 인하여 정상적인 업무수행을 기대하기 현저히 어려운 자

② 제1항에 따라 직위를 부여하지 아니한 경우에 그 사유가 소멸되면 임용권자는 지체 없이 직위를 부여하여야 한다.

③ 임용권자는 제1항제2호에 따라 직위해제된 자에게 3개월의 범위에서 대기를 명한다.

④ 임용권자 또는 임용제청권자는 제3항에 따라 대기 명령을 받은 자에게 능력 회복이나 근무성적의 향상을 위한 교육훈련 또는 특별한 연구과제의 부여 등 필요한 조치를 하여야 한다.

⑤ 공무원에 대하여 제1항제2호의 직위해제 사유와 같은 항 제3호·제4호 또는 제6호의 직위해제 사유가 경합(競合)할 때에는 같은 항 제3호·제4호 또는 제6호의 직위해제 처분을 하여야 한다.

---

(2) 구별개념

(가) 징계

• 과거의 공무원의 비위행위에 대하여 공직질서 유지를 목적으로 행하여지는 징벌적 제재로서의 징계와는 그 성질이 다르다.[2] 그러나 파면·해임·강등 또는 정직

에 해당하는 징계 의결이 요구 중인 경우에는 직위해제를 할 수 있다.

• 직위해제에 관한 규정은 징계절차 및 그 진행과는 관계가 없는 규정이므로 비위사건에 관하여 현재 형사사건으로 기소되어 직위해제 중에 있는 자에 대하여 한 징계처분이라 하더라도 위법사유가 될 수 없다(대법원 1982. 9. 14. 선고 82누46 판결).

(나) 보직해임

1) 보직해임이란 장교, 준사관 및 부사관에게 부여된 보직을 수행할 수 없는 사유가 발생한 경우에 그 신분관계는 그대로 존속시키면서 당해 보직만을 부여하지 아니하는 인사상의 불이익 처분을 말한다. 군인사법 제17조의2 제1항에서 보직해임사유로 아래 4가지를 들고 있다. 1. 직무수행 능력이 부족하여 정상적인 업무수행을 기대하기 현저히 어려운 경우, 2. 징계위원회에 중징계에 해당하는 사유로 징계의결이 요구 중인 경우, 3. 금품비위, 성범죄 등 대통령령으로 정하는 비위행위로 인하여 감사원 및 군검찰·군사경찰 등 수사기관에서 조사나 수사 중인 사람으로서 비위의 정도가 중대하고 이로 인하여 정상적인 업무수행을 기대하기 현저히 어려운 경우, 4. 그 밖에 부대관리 측면에서 해당 보직을 유지하는 것이 적절하지 아니하다고 판단되는 경우

2) 보직해임에 관한 사항을 심의하기 위하여 보직해임심의위원회를 두어야 하고(제17조의2제2항), 보직해임심의위원회의 구성·운영·심의 등에 필요한 사항은 군인사법시행령에서 정한다(제17조의2제5항). 보직해임심의위원회는 회의 개최 전에 회의 일시, 장소 및 심의 사유 등을 심의 대상자에게 통보해야 하고, 심의 대상자는 보직해임심의위원회에 출석하여 소명을 하거나 소명에 관한 의견서를 제출할 수 있다. 다만, 심의 대상자가 정당한 사유 없이 소명기일에 출석하지 않거나 의견서를 제출하지 않은 경우에는 소명기회를 주지 않고 의결할 수 있다(군인사법시행령 제17조의5

2) 구 국가공무원법(2002. 1. 19. 법률 제6622호로 개정되기 전의 것)상 직위해제는 일반적으로 공무원이 직무수행능력이 부족하거나 근무성적이 극히 불량한 경우, 공무원에 대한 징계절차가 진행중인 경우, 공무원이 형사사건으로 기소된 경우 등에 있어서 당해 공무원이 장래에 있어서 계속 직무를 담당하게 될 경우 예상되는 업무상의 장애 등을 예방하기 위하여 일시적으로 당해 공무원에게 직위를 부여하지 아니함으로써 직무에 종사하지 못하도록 하는 잠정적인 조치로서의 보직의 해제를 의미하므로 과거의 공무원의 비위행위에 대하여 기업질서 유지를 목적으로 행하여지는 징벌적 제재로서의 징계와는 그 성질이 다르다(대법원 2003. 10. 10. 선고 2003두5945 판결).

제1항). 보직에서 해임할 때에는 보직해임심의위원회의 의결을 거쳐야 한다. 다만, 대통령령으로 정하는 불가피한 사유가 있다고 인정하는 경우에는 보직에서 해임한 날부터 7일 이내에 보직해임심의위원회의 의결을 거치면 된다(제17조의2제3항). 보직 해임된 장교, 준사관 및 부사관에게는 군인사법시행령 제17조의2 제3항에 정하는 바에 따라 보직해임 기간 동안 봉급을 감액한다. 다만, 위 군인사법 제17조의2 제1 항제4호(그 밖에 부대관리 측면에서 해당 보직을 유지하는 것이 적절하지 아니하다고 판단 되는 경우)에 해당하는 사유로 보직해임된 경우에는 봉급을 감액하지 아니한다(제17 조의2제4항).

  3) 군무원에게는 국가공무원법과 같은 내용의 직위해제제도가 적용된다. 다만 국 가공무원법상의 고위공무원단에 속하는 일반직공무원에 대하여는 제도가 없으므로 그 내용은 제외된다(군무원인사법 제29조).

  군인사법상 보직해임제도는 공무원법상의 직위해제제도와 거의 유사하다.3) 그러 나 보직해임제도는, 법 제17조의2제1항제1호부터 제3호까지의 규정에 따라 임기가 끝나기 전에 보직에서 해임된 장교, 준사관 및 부사관으로서 3개월이 지나도 보직되 지 못하거나 2회 이상 보직해임된 사람에 대해서는 제49조에 따른 현역 복무에 적 합하지 아니한 사람에 해당하는지를 조사하고, 그 조사 결과 이에 해당하지 아니한 다고 인정되는 사람에 대해서는 지체 없이 보직하여야 한다(즉, 현역복무부적합자에 해당하는 경우에는 전역한다(군인사법시행령 제17조의2제2항). 직위해제재도는 고위공무 원단에 속하는 일반직공무원이 국가공무원법 제73조의3에 따라 직위해제된 경우, 정당한 사유 없이 직위를 부여받지 못한 기간이 총 1년에 이른 때에는 고위공무원으 로서 적격한지 여부에 대한 심사를 받아야 하고(법 제70조의2제1항제3호), 공무원이 법 제73조의3제3항에 따라 대기 명령을 받은 자가 그 기간(3개월)에 능력 또는 근무 성적의 향상을 기대하기 어렵다고 인정된 때에는 임용권자는 직권으로 면직시킬 수 있다(법 제70조제1항제5호).

---

 3) 군인사법 제17조의2(보직해임)에서 국가공무원법과 달리 보직해임을 할 수 있는 주체를 명 시하지 않고 있으나, 법문상 국가공무원법과 마찬가지로 '임용권자'가 보직해임할 수 있다 고 보아야 한다.

(다) 휴직

공무원의 신분을 박탈하지 않고 직무에서 배제하는 점에서는 동일하나 공무원에게 일정한 사유가 있을시 직무에서 강제로 해제하는 점 등에서 휴직과 다르다.

(라) 면직

임용권자의 결정에 의하여 공무원의 지위를 상실시키는 것을 말한다. 면직에는 직권면직과 의원면직이 있다. 직권면직은 직제와 정원의 개폐로 인한 폐직 또는 과원, 휴직기간 만료 후 직무 미복귀, 병역기피 등의 사유에 해당될 때 국가공무원법 제70조에 따라 본인의 의사와는 관계없이 공무원의 신분관계를 소멸시키는 처분을 말하고, 의원면직은 공무원 자신의 자유로운 사의표시에 의거하여 공무원관계를 소멸시키는 행위를 말한다.

(마) 대기발령

언론에서 경찰관이나 공무원을 대기발령하였다는 뉴스를 접한다. 경찰청이 행정안전부 경찰국 신설에 반대하며 전국 경찰서장 회의를 주도한 모 총경에 대해 대기발령 조치를 내린 근거가 무엇인지 논란이 된 적 있다.[4] 대기발령이란 이름으로 규정된 조항은 없고, 국가공무원법 제73조의3 직위해제 사유로 '직무수행 능력이 부족하거나 근무성적이 극히 나쁜 자'의 경우 3개월 범위에서 대기를 명할 수 있도록 되어 있다(동조 제3항). 이를 두고 대기발령이라고 흔히들 말하며 지방공무원법 등에도 규정하고 있다. 다만 직위해제로 대기발령을 받은 자는 단순히 직위의 부여가 중지되었던 것에 불과하고 근로관계가 종료된 것이 아니어서 당연히 출근의 의무가 있다(대법원 2003. 5. 16. 선고 2002두8138 판결).

2. 법적 성질

가. 해석

직위해제는 공무원의 비위행위에 대한 징벌적 제재인 징계와 법적 성질이 다르지

---

4) (기사) 2022. 7. 25. 아시아경제, 조성필 기자, "경찰청이 내세운 근거 '공무원 복종의무 위반… 감찰 및 징계사유 되나"

만, 해당 공무원에게 보수·승진·승급 등 다양한 측면에서 직간접적으로 불리한 효력을 발생시키는 침익적 처분이라는 점에서 그것이 부당하게 장기화될 경우에는 결과적으로 해임과 유사한 수준의 불이익을 초래할 가능성까지 내재되어 있으므로, 직위해제의 요건 및 효력 상실·소멸시점 등은 문언에 따라 엄격하게 해석해야 하고, 특히 헌법 제7조 제2항 및 국가공무원법 제68조에 따른 공무원에 대한 신분보장의 관점은 물론 헌법상 비례원칙에 비추어 보더라도 직위해제처분의 대상자에게 불리한 방향으로 유추·확장해석을 해서는 안 된다(대법원 2022. 10. 14. 선고 2022두45623 판결).

나. 직위해제처분 중에 새로운 직위해제처분을 한 경우

행정청이 공무원에 대하여 새로운 직위해제사유에 기한 직위해제처분을 한 경우 그 이전에 한 직위해제처분은 이를 묵시적으로 철회하였다고 봄이 상당하다 할 것이므로(대법원 1996. 10. 15. 선고 95누8119 판결 참조), 이와 같은 취지에서 원심이, 피고가 위 원고들에 대하여 2001. 2. 1.자로 국가공무원법 제73조의2 제1항 제2호에 의거하여 직위를 해제하였다가 2001. 4. 16. 위 원고들이 징계의결 요구되자 같은 날짜로 국가공무원법 제73조의2 제1항 제3호에 의거하여 새로이 직위해제처분을 하였으므로, 위 원고들의 이 사건 소 중 2001. 2. 1.자 직위해제처분의 취소를 구하는 부분은 존재하지 않는 행정처분을 대상으로 한 것으로서 그 소의 이익이 없어 부적법하다고 판단한 것은 정당하다(대법원 2003. 10. 10. 선고 2003두5945 판결).

다. 재량행위

직위해제 여부는 임용권자의 재량에 속한다. 따라서 판례는 구체적인 사정을 고려하지 않고 형사사건으로 기소되었다는 이유만으로 직위해제처분을 하는 것은 재량권의 범위를 일탈·남용한 것으로 판단하였다.5)

---

5) 헌법 제27조 제4항은 형사피고인은 유죄의 판결이 확정될 때까지는 무죄로 추정된다고 규정하고 있고, 구 국가공무원법(1994. 12. 22. 법률 제4829호로 개정되기 전의 것) 제73조의2 제1항 제4호에 의한 직위해제 제도는 유죄의 확정판결을 받아 당연퇴직되기 전단계에서 형사소추를 받은 공무원이 계속 직위를 보유하고 직무를 수행한다면 공무집행의 공정성과 그에 대한 국민의 신뢰를 저해할 구체적 위험이 생길 우려가 있으므로 이를 사전에 방지

라. 일사부재리원칙 및 이중처벌금지원칙

1) 직위해제처분이 공무원에 대한 불이익한 처분이긴 하나 징계처분과 같은 성질의 처분이라 할 수 없으므로 동일한 사유로 직위해제 처분을 하고 다시 감봉처분을 하였다 하여 일사부재리원칙에 위배된다 할 수 없다(대법원 1983. 10. 25. 선고 83누184).

2) 직위해제처분은 공무원에 대하여 불이익한 처분이긴 하나 징계처분과 같은 성질의 처분이라고는 볼 수 없으므로 동일한 사유에 대한 직위해제처분이 있은 후 다시 해임처분이 있었다 하여 일사부재리의 법리에 어긋난다고 할 수 없다(대법원 1984. 2. 28. 선고 83누489 판결).

3) 직위해제는 징벌적 제재인 징계와는 그 성질을 달리하는 것이어서 어느 사유로 인하여 징계를 받았다 하더라도 그것이 직위해제사유로 평가될 수 있다면 이를 이유로 새로이 직위해제를 할 수도 있는 것이고, 이는 일사부재리나 이중처벌금지의 원칙에 저촉되는 것이 아니다(대법원 1992. 7. 28. 선고 91다30729).

마. 소의 이익

1) 구 사립학교법(1990. 4. 7. 법률 제4226호로 개정되기 전의 것) 제53조의2 제2항의 규정에 의하여 기간을 정하여 임용된 사립학교 교원이 임용기간 만료 이전에 해임·면직·파면 등의 불이익 처분을 받은 후 그 임용기간이 만료된 때에는 그 불이익 처분이 무효라고 하더라도 학교법인의 정관이나 대학교원의 인사규정상 임용기간이 만료되는 교원에 대한 재임용의무를 부여하는 근거규정이 없다면 임용기간의 만료로 당연히 교원의 신분을 상실한다고 할 것이고, 따라서 임용기간 만료 전에 행해진 직위해제 또는 면직 처분이 무효라고 하더라도 교원의 신분을 회복할 수 없는 것으

하고자 하는 데 그 목적이 있는바, 헌법상의 무죄추정의 원칙이나 위와 같은 직위해제제도의 목적에 비추어 볼 때, 형사사건으로 기소되었다는 이유만으로 직위해제처분을 하는 것은 정당화될 수 없고, 당사자가 당연퇴직 사유인 국가공무원법 제33조 제1항 제3호 내지 제6호에 해당하는 유죄판결을 받을 고도의 개연성이 있는지 여부, 당사자가 계속 직무를 수행함으로 인하여 공정한 공무집행에 위험을 초래하는지 여부 등 구체적인 사정을 고려하여 그 위법 여부를 판단하여야 할 것이다(대법원 1999. 9. 17. 선고 98두15412).

로서 그 무효확인청구는 과거의 법률관계의 확인청구에 지나지 않는다고 할 것이다.

직위해제 또는 면직된 경우에는 징계에 의하여 파면 또는 해임된 경우와는 달리 공직이나 교원으로 임용되는 데에 있어서 법령상의 아무런 제약이 없을 뿐만 아니라, 현행 사립학교법과 같이 교원의 임기 만료시에 교원인사위원회의 심의를 거쳐 당해 교원에 대한 재임용 여부를 결정하도록 하는 의무규정도 없었던 구 사립학교법 관계하에서 임기가 만료된 사립학교 교원에 대하여는 위와 같은 전력이 있으면 공직 또는 교원으로 임용되는 데에 있어서 그러한 전력이 없는 사람보다 사실상 불이익한 장애사유로 작용한다 할지라도 그것만으로는 법률상의 이익이 침해되었다고는 볼 수 없으므로 그 무효확인을 구할 이익이 없다(대법원 2000. 5. 18. 선고 95재다199 전원합의체 판결, 반대의견 있음).

2) 징계의결이 요구된 지방공무원들에 대한 직위해제처분이 있은 후에 인사위원회에서 위 징계의결요구에 대하여 불문의 의결이 있었고 그로 인하여 위 직위해제처분이 실효되었다고 하더라도, 공무원연금법 제23조 제5항에서는 퇴직수당에 관한 재직기간을 계산함에 있어 직위해제기간은 그 기간의 1/2을 감하도록 규정하고 있으면서, 인사위원회에서 징계의결요구가 받아들여지지 않는 경우 그 징계의결요구를 이유로 한 직위해제기간 중 퇴직수당의 계산에 있어서 재직기간으로 산입되지 아니한 부분의 처리에 관하여는 아무런 규정을 두고 있지 않으므로, 위 지방공무원들이 위 직위해제처분으로 인하여 위 퇴직수당에 관한 재직기간 계산에 있어서 불이익을 입을 위험이 있다는 이유로 위 직위해제처분의 취소를 구할 법률상 이익이 있다(창원지방법원 2005. 9. 1. 선고 2005구합1273).

3) 직위해제처분은 근로자로서의 지위를 그대로 존속시키면서 다만 그 직위만을 부여하지 아니하는 처분이므로 만일 어떤 사유에 기하여 근로자를 직위해제한 후 그 직위해제 사유와 동일한 사유를 이유로 징계처분을 하였다면 뒤에 이루어진 징계처분에 의하여 그 전에 있었던 직위해제처분은 그 효력을 상실한다. 여기서 직위해제처분이 효력을 상실한다는 것은 직위해제처분이 소급적으로 소멸하여 처음부터 직위해제처분이 없었던 것과 같은 상태로 되는 것이 아니라 사후적으로 그 효력이 소멸한다는 의미이다. 따라서 직위해제처분에 기하여 발생한 효과는 당해 직위해제처분이 실효되더라도 소급하여 소멸하는 것이 아니므로, 인사규정 등에서 직위해제처

분에 따른 효과로 승진·승급에 제한을 가하는 등의 법률상 불이익을 규정하고 있는 경우에는 직위해제처분을 받은 근로자는 이러한 법률상 불이익을 제거하기 위하여 그 실효된 직위해제처분에 대한 구제를 신청할 이익이 있다(대법원 2010. 7. 29. 선고 2007두18406판결. 참고 사례).

4) 행정청이 공무원에 대하여 새로운 직위해제사유에 기한 직위해제처분을 한 경우 그 이전에 한 직위해제처분은 이를 묵시적으로 철회하였다고 봄이 상당하므로, 그 이전 처분의 취소를 구하는 부분은 존재하지 않는 행정처분을 대상으로 한 것으로서 그 소의 이익이 없어 부적법하다(대법원 2003. 10. 10. 선고 2003두5945).

바. 직위해제처분의 효력 상실

1) 어떤 사유에 터잡아 공무원을 직위해제한 후 동일한 사유를 이유로 그 공무원을 파면한 경우에는 그 파면처분으로써 전자의 직위해제처분은 그 효력을 상실한다(대법원 1979. 7. 24. 선고 79누154).

2) 직위해제처분의 유효기간

국가공무원법 제73조의3 제1항 제3호는 '파면·해임·강등 또는 정직에 해당하는 징계의결이 요구 중인 자'에 대하여는 임용권자가 직위를 부여하지 아니할 수 있다고 규정하고 있다. 그런데, 위 규정에 따른 '징계의결이 요구 중인 자'에 대한 직위해제는 징계위원회의 징계의결 절차가 완료된 때 그 직위해제 사유가 소멸함으로써 효력을 상실한다고 보아야 할 것인지, 아니면 법 제82조제2항에 따른 징계의결에 대한 재심사 청구가 있는 경우에는 징계위원회의 재심사 결과에 따라 당초의 징계의결 내용(징계수위)이 달라질 수 있으므로 그 재심사에 대한 의결이 이루어진 때 상실된다고 해석함이 타당한지 문제되었다. 그 기간에 따라 무보직 기간 중 미부여 복지점수 상당액이나 미지급 보수에 대한 지연손해금 등의 계산이 달라질 수 있기 때문이다. 사안에서는 국토교통부장관이 2017. 7. 28. 원고에 대한 중징계의결을 요구하면서 원고에게 이 사건 직위해제처분을 하였고, 중앙징계위원회가 2018. 2. 23. 감봉 2월의 징계를 의결하였으나, 피고 국토교통부장관이 2018. 3. 13. 재심사를 청구하여 2018. 6. 22. 위 재심사 청구가 기각되었는바, 원심(대전고등법원 2022. 5. 19. 선고

2021누11164 판결)은 이 사건 직위해제처분의 효력은 2017. 7. 28.부터 2018. 6. 22. 까지 유지된다고 보았으나, 대법원은 원심을 파기하고, 원고에 대한 직위해제처분의 요건·사유에 해당하는 '중징계의결이 요구 중인 자'의 의미는 원고에 대한 징계의결이 이루어진 2018. 2. 23.까지에 한정되고, 특히 원고에 대하여 경징계에 해당하는 감봉 2개월의 징계의결이 이루어졌으므로 적어도 그 다음 날인 2018. 2. 24.부터는 '중징계처분을 받을 고도의 개연성'이라는 직위해제처분의 요건·사유가 소멸·상실되었다고 볼 수 있다. 그러므로 원고에 대한 직위해제처분은 2017. 7. 28.부터 2018. 2. 23.까지만 그 효력이 적법하게 유지된다고 봄이 타당하다고 보았다(대법원 2022. 10. 14. 선고 2022두45623 판결).6)

3. 직위해제사유

국가공무원법 제73조의3 제1항에 열거된 직위해제 사유는 다음과 같다. ① 직무

---

6) 국가공무원법 제73조의3 제1항 제3호는 파면·해임·강등 또는 정직에 해당하는 징계의결(이하 '중징계의결'이라 한다)이 요구 중인 자에 대하여 직위해제처분을 할 수 있음을 규정하였는바, 이는 중징계의결 요구를 받은 공무원이 계속 직위를 보유하고 직무를 수행한다면 공무집행의 공정성과 그에 대한 국민의 신뢰를 저해할 구체적인 위험이 생길 우려가 있으므로 이를 사전에 방지하고자 하는 데 목적이 있다. 이러한 직위해제제도의 목적 및 취지는 물론 이로 인한 불이익의 정도와 침익적 처분의 성질에 비추어 보면, 단순히 '중징계의결 요구'가 있었다는 형식적 이유만으로 직위해제처분을 하는 것이 정당화될 수는 없고, 직위해제처분의 대상자가 중징계처분을 받을 고도의 개연성이 인정되는 경우임을 전제로 하여, 대상자의 직위·보직·업무의 성격상 그가 계속 직무를 수행함으로 인하여 공정한 공무집행에 구체적인 위험을 초래하는지 여부 등에 관한 제반 사정을 면밀히 고려하여 그 요건의 충족 여부 등을 판단해야 한다.
국가공무원법 제73조의3 제2항은 직위해제처분을 한 경우에도 그 사유가 소멸되면 지체 없이 직위를 부여하여야 함을 명시하였다. 이는 같은 조 제1항 제3호의 요건 중 하나인 '중징계의결이 요구 중인 자'의 의미 및 '중징계의결 요구'의 종기에 관한 해석과 관계된다. 국가공무원법은 '징계의결 요구(제78조), 징계의결(제82조 제1항), 징계의결 통보(공무원징계령 제18조), 징계처분(제78조 및 공무원징계령 제19조) 또는 심사·재심사 청구(제82조 제2항 및 공무원징계령 제24조)' 등 징계절차와 그 각 단계를 명확히 구분하여 규정하였고, '재징계의결 요구(제78조의3)'는 징계처분이 무효·취소된 경우에 한하는 것으로 명시함으로써 '심사·재심사 청구'가 이에 포함되지 않는다는 점 역시 문언상 분명하다. 이러한 관련 규정의 문언 내용·체계에 비추어 보면, '중징계의결이 요구 중인 자'는 국가공무원법 제82조 제1항 및 공무원징계령 제12조에 따른 징계의결이 이루어질 때까지로 한정된다고 보는 것이 타당하다.

수행 능력이 부족하거나 근무성적이 극히 나쁜 자, ② 파면·해임·강등 또는 정직에 해당하는 징계 의결이 요구 중인 자, ③ 형사 사건으로 기소된 자(약식명령이 청구된 자는 제외한다), ④ 고위공무원단에 속하는 일반직공무원으로서 제70조의2제1항 제2호부터 제5호까지의 사유[7]로 적격심사를 요구받은 자, ⑤ 금품비위, 성범죄 등 대통령령으로 정하는 비위행위로 인하여 감사원 및 검찰·경찰 등 수사기관에서 조사나 수사 중인 자로서 비위의 정도가 중대하고 이로 인하여 정상적인 업무수행을 기대하기 현저히 어려운 자이다.

4. 직위해제처분 절차

1) 국가공무원법상 직위해제의 절차에 대해서는 특별한 규정이 없다. 다만 동법 제75조 제1항에서 "공무원에 대하여 징계처분등을 할 때나 강임·휴직·직위해제 또는 면직처분을 할 때에는 그 처분권자 또는 처분제청권자는 처분사유를 적은 설명서를 교부(交付)하여야 한다."라고 하여 직위해제시 처분권자의 설명서 교부의무만을 규정하고 있을 뿐이다.

국가공무원법 제73조의3 제5항에서 "공무원에 대하여 제1항 제2호의 직위해제 사유와 같은 항 제3호·제4호 또는 제6호의 직위해제 사유가 경합(競合)할 때에는 같

---

7) 제70조의2(적격심사) ① 고위공무원단에 속하는 일반직공무원은 다음 각 호의 어느 하나에 해당하면 고위공무원으로서 적격한지 여부에 대한 심사(이하 "적격심사"라 한다)를 받아야 한다.
  1. 삭제 <2014. 1. 7.>
  2. 근무성적평정에서 최하위 등급의 평정을 총 2년 이상 받은 때. 이 경우 고위공무원단에 속하는 일반직공무원으로 임용되기 전에 고위공무원단에 속하는 별정직공무원으로 재직한 경우에는 그 재직기간 중에 받은 최하위등급의 평정을 포함한다.
  3. 대통령령으로 정하는 정당한 사유 없이 직위를 부여받지 못한 기간이 총 1년에 이른 때
  4. 다음 각 목의 경우에 모두 해당할 때
    가. 근무성적평정에서 최하위 등급을 1년 이상 받은 사실이 있는 경우. 이 경우 고위공무원단에 속하는 일반직공무원으로 임용되기 전에 고위공무원단에 속하는 별정직공무원으로 재직한 경우에는 그 재직기간 중에 받은 최하위 등급을 포함한다.
    나. 대통령령으로 정하는 정당한 사유 없이 6개월 이상 직위를 부여받지 못한 사실이 있는 경우
  5. 제3항 단서에 따른 조건부 적격자가 교육훈련을 이수하지 아니하거나 연구과제를 수행하지 아니한 때

은 항 제3호·제4호 또는 제6호의 직위해제 처분을 하여야 한다."고 하여, 제2호의 '직무수행 능력이 부족하거나 근무성적이 극히 나쁜 자'에 해당하는 경우를 일반 사유로 보고 있다.

국가공무원법 제73조의3 제3항에서 '임용권자는 제1항 제2호에 따라 직위해제된 자에게 3개월의 범위에서 대기를 명한다.' 제4항에서 '임용권자 또는 임용제청권자는 제3항에 따라 대기 명령을 받은 자에게 능력 회복이나 근무성적의 향상을 위한 교육훈련 또는 특별한 연구과제의 부여 등 필요한 조치를 하여야 한다.'고 한다.

2) 행정절차법의 규정이 적용될 수 있는지 여부

행정절차에 있어 당사자에게 사전통지나 의견제출의 기회를 부여하는 것을 내용으로 하는 행정절차법의 규정이 직위해제절차에도 그대로 적용될 수 있는가가 문제된다. 대법원은 국가공무원법상 직위해제처분은 행정절차법 제3조 제2항 제9호, 동법 시행령 제2조 제3호에 의하여 당해 행정작용의 성질상 행정절차를 거치기 곤란하거나 불필요하다고 인정되는 사항 또는 행정절차에 준하는 절차를 거친 사항에 해당하므로, 처분의 사전통지 및 의견청취 등에 관한 행정절차법의 규정이 별도로 적용되지 않는다(대법원 2014. 5. 16. 선고 2012두26180).[8]

5. 효력

직위해제처분을 받은 자는 직무 종사가 불가하고 승급, 승호, 보수지급 등에 있어서 불이익을 받게 되고 일정한 경우 직위해제처분을 근거로 직권면직처분을 받을 수도 있다. 직위해제시 공무원 보수규정 제29조에 따라 봉급의 일부만 지급한다. 또 직위해제기간은 승진소요최저연수에 산입되지 아니한다(공무원임용령 제31조제2항).

---

8) 이 점에 대해서는 군인사법상 보직해임처분은 보직해임을 할 때는 보직해임심의위원회의 의결을 거치도록 하고, 동법 시행령에서 보직해임심의위원회는 심의사유 등을 사전에 통보하고, 심의대상자는 심의위원회에 출석하여 소명하거나 의견서를 제출할 수 있고, 심의위원회가 의결을 한 경우에는 그 내용을 통보하도록 하는 등 심의대상자에게 방어 및 불복의 기회를 보장하고 인사권자의 판단에 신중함과 합리성을 담보하도록 하고 있음에 비하여 국가공무원법상의 직위해제처분에는 그러한 제도적 뒷받침이 없으므로 위 판례와 같은 결론을 쉽게 내릴 수 없고 입법적으로 해결하여야 한다는 견해도 있다. 조성제, "국가공무원법상 직위해제처분의 절차적 적법성 제고에 관한 소고 — 군인사법상 보직해임 규정을 참고하여", 한국비교공법학회 공법학연구 제17권제2호, 2016.5., 262−263쪽.

6. 직위해제처분에 대한 불복

1) 직위해제처분에 불복하는 경우 인사소청이나 행정소송을 통하여 불복할 수 있다. 소청절차규정 제2조(소청심사청구) 제1항에 "공무원이 징계처분·강임·휴직·직위해제·면직처분 그밖에 그 의사에 반하는 불리한 처분 또는 부작위에 대하여 소청심사위원회에 심사를 청구할 수 있다고 한다. 그 경우 소청심사청구서에는 ① 주소·성명·주민등록번호 및 전화번호, ② 소속기관명 또는 전 소속기관명과 직위 또는 전 직위, ③ 피소청인(대통령의 처분 또는 부작위에 대하여는 제청권자), ④ 소청의 취지, ⑤ 소청의 이유 및 입증방법, ⑥ 처분사유설명서 또는 인사발령통지서의 수령지연으로 인하여 처분사유설명서 또는 인사발령통지서에 기재된 일자로부터 소청제기기간을 초과하여 소청심사를 청구하는 경우에는 그 수령지연사실의 입증자료 등을 기재하여 위원회에 제출하여야 한다.

2) 국가공무원법 제75조(처분사유 설명서의 교부) ① 공무원에 대하여 징계처분등을 할 때나 강임·휴직·직위해제 또는 면직처분을 할 때에는 그 처분권자 또는 처분제청권자는 처분사유를 적은 설명서를 교부(交付)하여야 한다. 다만, 본인의 원(願)에 따른 강임·휴직 또는 면직처분은 그러하지 아니하다.

제76조(심사청구와 후임자 보충 발령) ① 제75조에 따른 처분사유 설명서를 받은 공무원이 그 처분에 불복할 때에는 그 설명서를 받은 날부터, 공무원이 제75조에서 정한 처분 외에 본인의 의사에 반한 불리한 처분을 받았을 때에는 그 처분이 있은 것을 안 날부터 각각 30일 이내에 소청심사위원회에 이에 대한 심사를 청구할 수 있다. 이 경우 변호사를 대리인으로 선임할 수 있다. ⑥ 공무원은 제1항의 심사청구를 이유로 불이익한 처분이나 대우를 받지 아니한다.

3) 위에서처럼 소청이 제기되는 경우 집행정지를 신청할 수 있는가. 원칙적으로 소청이 제기되어도 처분의 효력이나 집행 또는 절차의 속행에 영향을 주지 아니한다(행정심판법 제30조 제1항). 그러나 예외적으로 소청심사위원회는 처분, 처분의 집행 또는 절차의 속행 때문에 중대한 손해가 생기는 것을 예방할 필요성이 긴급하다고 인정할 때에는 직권으로 또는 당사자의 신청에 의하여 처분의 효력, 처분의 집행 또는 절차의 속행의 전부 또는 일부의 정지(이하 "집행정지"라 한다)를 결정할 수 있다.

다만, 처분의 효력정지는 처분의 집행 또는 절차의 속행을 정지함으로써 그 목적을 달성할 수 있을 때에는 허용되지 아니한다(행정심판법 제30조 제2항). 이러한 집행정지는 공공복리에 중대한 영향을 미칠 우려가 있을 때에는 허용되지 아니한다(행정심판법 제30조 제3항). 집행정지 신청은 심판청구와 동시에 또는 심판청구에 대한 제7조제6항 또는 제8조제7항에 따른 위원회나 소위원회의 의결이 있기 전까지, 집행정지 결정의 취소신청은 심판청구에 대한 제7조제6항 또는 제8조제7항에 따른 위원회나 소위원회의 의결이 있기 전까지 신청의 취지와 원인을 적은 서면을 위원회에 제출하여야 한다(행정심판법 제30조 제5항).

4) 직위해제처분에 대해서는 행정소송으로 직위해제처분 취소소송, 직위해제처분등 무효확인소송 등으로 다툴 수 있다. 국가공무원법 제16조(행정소송과의 관계) ① 제75조에 따른 처분, 그 밖에 본인의 의사에 반한 불리한 처분이나 부작위(不作爲)에 관한 행정소송은 소청심사위원회의 심사·결정을 거치지 아니하면 제기할 수 없다. ② 제1항에 따른 행정소송을 제기할 때에는 대통령의 처분 또는 부작위의 경우에는 소속 장관(대통령령으로 정하는 기관의 장을 포함한다. 이하 같다)을, 중앙선거관리위원회위원장의 처분 또는 부작위의 경우에는 중앙선거관리위원회사무총장을 각각 피고로 한다.

제2절 | 징계면제제도[9]

1. 의의

공무원이 공공의 이익을 위하여 성실하고 적극적으로 업무를 처리한 결과에 대하여 고의나 중과실이 없는 이상 징계(징계부가금 포함)를 면제해 주는 제도이다. 대통령령인 적극행정 운영규정 제17조(징계 등 면제), 총리령인 공무원징계령 시행규칙 제3조의2(적극행정 등에 대한 징계면제) 등이 관련 규정이다.

---

9) 인사혁신처 홈페이지를 기초로 정리

2. 유형

(1) 요건을 충족한 경우 징계면제(아래 요건을 모두 충족해야 함)

1) 공공의 이익 증진을 위한 행위: 담당한 업무 및 해당 업무를 처리한 방법 등이 국민 편익 증진, 국민 불편 해소, 경제 활성화, 행정효율 향상 등 공공의 이익을 증진하기 위한 행위일 것

2) 업무의 적극적 처리: 공공의 이익을 위해 새로운 업무처리 방식을 시도하거나 문제점 해소를 위해 신속히 필요한 조치를 하는 등 평균적인 공무원에게 통상적으로 요구되는 정도의 노력이나 주의 의무 이상을 기울여 업무를 처리하는 행위일 것

3) 고의 또는 중과실이 없을 것: 징계등 혐의자와 비위 관련 직무 사이에 사적인 이해관계가 없고, 대상 업무를 처리하면서 중대한 절차상의 하자가 없었을 것

(2) 사전컨설팅을 거친 경우 징계면제

적극행정을 추진하는 과정에서 불명확한 법령 등 의사결정에 어려움을 야기하는 요인이 있어 감사원이나 자체감사기구에 의견을 구하는 경우 그 의견에 따라 업무를 처리한 경우에는 징계를 면제한다. 단, 사적인 이해관계가 있거나, 사전컨설팅에 필요한 정보를 충분히 제공하지 않은 경우에는 징계 면제 대상이 아니다.

(3) 적극행정 지원위원회를 거친 경우 징계면제

인가·허가·등록·신고 등과 관련한 규제나 불명확한 법령 등으로 인해 업무를 적극적으로 추진하기 곤란한 경우, 각 기관별로 설치된 적극행정 지원위원회에 직접 해당 업무의 처리 방향 등에 관한 의견의 제시를 요청할 수 있으며, 그 의견대로 업무를 처리한 경우에는 징계를 면제. 단, 사적인 이해관계가 있거나, 위원회가 의견을 제시하기 위해 판단에 필요한 정보를 충분히 제공하지 않은 경우에는 징계 면제 대상이 아니다.

(4) 고도의 정책사항에 대한 실무직(담당자)의 징계면제

국정과제 등 주요 정책결정으로 확정된 사항, 다수부처 연관과제로 정책 조정을 거쳐 결정된 사항 등 고도의 정책사항을 추진하는 과정에서 발생한 결과에 대해서 실무직(담당자)의 고의나 중대한 과실이 없는 경우에는 징계를 면제.

3. 신청 및 처리절차

• 요건을 충족한 경우 징계면제(아래 요건을 모두 충족해야 함)

① 징계대상자는 징계위원회에 제출하는 '의견서' 서식을 통해 징계면제 사유를 기재하여 소명할 수 있음

② 징계위원회는 징계대상자의 소명내용이 징계면제 사유에 해당하는지 여부를 반드시 심의하고, 의결서에 반영하여 해당 공무원에 통보해야 함

제3절 | 변상책임

1. 징계책임과의 관계

회계관계직원의 경우 고의 또는 중대한 과실로 법령이나 그 밖의 관계 규정 및 예산에 정하여진 바를 위반하여 국가, 지방자치단체, 그 밖에 감사원의 감사를 받는 단체 등의 재산에 손해를 끼친 경우에는 변상할 책임이 있고(회계관계직원 등의 책임에 관한 법률 제4조 제1항), 또 현금 또는 물품을 출납·보관하는 회계관계직원은 선량한 관리자로서의 주의를 게을리 하여 그가 보관하는 현금 또는 물품이 망실(亡失)되거나 훼손(毁損)된 경우에 변상할 책임이 있다(제4조 제2항)고 나누어 규정하고 있다.

이처럼 회계관계직원의 경우 징계책임과는 별개로 변상책임을 부과하고 있는 것이다. 국가예산을 운용하는 회계관계직원의 책임을 명확히 하고 회계사무를 적정하게 집행하게 하기 위해서이다. 한편 대법원은, "회계관계직원 등의 책임을 물음에

있어서 그 전제되는 요건의 하나로 회책법 제4조 제1항에서 규정하고 있는 중대한 과실을 범한 경우에 해당되는지 여부는 같은 법 제1조에 규정된 법의 목적 및 같은 법 제3조에서 회계관계직원의 성실의무를 규정하고 있는 점 등에 비추어 보면, 회계관계직원이 그 업무를 수행함에 있어 따라야 할 법령 기타 관계 규정 및 예산에 정하여진 바에 따르지 않음으로써 성실의무에 위배한 정도가 그 업무내용에 비추어 중대한 것으로 평가될 수 있는지에 따라 결정되어야 할 것이다(대법원 1994. 12. 13. 선고 93누98 판결, 대법원 2001. 2. 23. 선고 99두5498 판결 등 참조)"라고 판시하고 있다.

2. 변상명령

1) 감사원법 제31조(변상책임의 판정 등) ① 감사원은 감사 결과에 따라 따로 법률에서 정하는 바에 따라 회계관계직원 등(제23조제7호에 해당하는 자 중 제22조제1항제3호 및 제4호 또는 제23조제1호부터 제6호까지 및 제8호부터 제10호까지에 해당하지 아니한 자의 소속 직원은 제외한다)에 대한 변상책임의 유무를 심리(審理)하고 판정한다.

② 감사원은 제1항에 따라 변상책임이 있다고 판정하면 변상책임자, 변상액 및 변상의 이유를 분명히 밝힌 변상판정서를 소속 장관(국가기관만 해당한다. 이하 같다), 감독기관의 장(국가기관 외의 경우에만 해당한다. 이하 같다) 또는 해당 기관의 장(소속 장관 또는 감독기관의 장이 없거나 분명하지 아니한 경우에만 해당한다. 이하 같다)에게 송부하여야 한다.

③ 제2항의 변상판정서를 받은 소속 장관, 감독기관의 장 또는 해당 기관의 장은 그 송부를 받은 날부터 20일 이내에 변상판정서를 해당 변상책임자에게 교부하여 감사원이 정한 날까지 변상하게 하여야 한다.

2) 회계관계직원 등의 책임에 관한 법률 제6조 제1항은 중앙관서의 장은 회계관계직원의 변상책임이 인정되는 경우에는 감사원이 판정하기 전이라도 당사자에게 변상명령을 할 수 있다.

3. 변상명령에 대한 불복

가. 변상판정청구

회계관계직원 등의 책임에 관한 법률 제6조제3항에 의하면, 변상명령을 받은 사가 이의가 있으면 감사원장이 정하는 판정청구서에 의하여 감사원에 판정을 청구할 수 있다. 이 경우 제출할 변상판정청구서는 감사원 변상판정청구에 관한 규칙 제3조 [별지 서식]에 있다.

나. 감사원의 변상판정

1) 감사원은 감사 결과에 따라 따로 법률에서 정하는 바에 따라 회계관계직원 등에 대한 변상책임의 유무를 심리(審理)하고 판정한다(감사원법 제31조).

2) 변상책임의 요건

회계관계직원 등의 책임에 관한 법률 제4조

① 고의 또는 중대한 과실로 법령이나 그 밖의 관계 규정 및 예산에 정하여진 바를 위반하여 국가, 지방자치단체, 그 밖에 감사원의 감사를 받는 단체 등의 재산에 손해를 끼친 경우

② 현금 또는 물품을 출납·보관하는 회계관계직원은 선량한 관리자로서의 주의를 게을리하여 그가 보관하는 현금 또는 물품이 망실(亡失)되거나 훼손(毁損)된 경우

③ 제1항 및 제2항의 경우 그 손해가 2명 이상의 회계관계직원의 행위로 인하여 발생한 경우에는 각자의 행위가 손해발생에 미친 정도에 따라 각각 변상책임을 진다. 이 경우 손해발생에 미친 정도가 분명하지 아니하면 그 정도가 같은 것으로 본다.

3) 변상책임이 감면되는 경우(제5조)

감사원은 「감사원법」 제31조에 따라 변상금액을 정할 때 다음 각 호의 어느 하나에 해당하는 사유가 있는 경우에는 그 금액의 전부 또는 일부를 감면할 수 있다. 다만, 그 손해가 고의에 의하여 발생한 경우에는 감면하지 아니한다.

  1. 국가, 지방자치단체, 그 밖에 감사원의 감사를 받는 단체 등이 손해의 발생 및 확대를 방지하지 못한 데에 일부 책임이 있다고 인정되는 경우

2. 회계관계직원의 회계사무의 집행 내용, 손해발생의 원인, 회계관계직원의 과실이 손해발생에 미친 정도, 손해의 확대를 방지하기 위하여 한 노력 등 모든 정황으로 미루어 보아 해당 회계관계직원에게 손해액 전부를 변상하게 하는 것이 적절하지 아니하다고 인정되는 경우

3. 회계관계직원이 평소 예산의 절약이나 회계질서의 확립에 기여한 사실이 있는 경우

4) 변상판정 절차

감사원은 제1항에 따라 변상책임이 있다고 판정하면 변상책임자, 변상액 및 변상의 이유를 분명히 밝힌 변상판정서를 소속 장관, 감독기관의 장 또는 해당 기관의 장에게 송부하여야 한다(감사원법 31조제2항).

변상판정서를 받은 소속 장관, 감독기관의 장 또는 해당 기관의 장은 그 송부를 받은 날부터 20일 이내에 변상판정서를 해당 변상책임자에게 교부하여 감사원이 정한 날까지 변상하게 하여야 한다.

다. 변상판정에 대한 불복(재심의 청구)

감사원법 제31조에 따른 변상 판정에 대하여 위법 또는 부당하다고 인정하는 본인, 소속 장관, 감독기관의 장 또는 해당 기관의 장은 변상판정서가 도달한 날부터 3개월 이내에 감사원에 재심의를 청구할 수 있다. 다만, 변상 판정에 대한 재심의 청구는 집행정지의 효력이 없다(감사원법 제36조).

재심의를 청구할 때에는 재심의청구서에 의하여 한다. 위 청구서에는 청구의 내용과 그 이유를 명백히 하고 계산서 및 증거서류 등을 첨부하여 감사원에 제출하여야 한다(감사원법 제37조).

4. 재심의의 효력 및 이에 대한 불복

청구에 따라 재심의한 사건에 대하여는 또다시 재심의를 청구할 수 없다. 다만, 감사원이 직권으로 재심의한 것에 대하여는 재심의를 청구할 수 있다(감사원법 제40조제1항).

감사원의 재심의 판결에 대하여는 감사원을 당사자로 하여 행정소송을 제기할 수 있다. 다만, 그 효력을 정지하는 가처분결정은 할 수 없다(제2항).

제4절 │ 탄핵제도

탄핵이 징계적 성격을 갖고 있으나 징계벌과는 구별점을 갖고 있다는 점은 이 책 앞에서 살펴보았다. 이곳에서는 현행법상 탄핵제도의 문제점을 항목으로 나누어 간단히 살펴본다.

1. 탄핵대상 및 당사자

1) 탄핵의 대상을 어떻게 할 것인가는 나라마다 역사적 경험, 정치적 환경, 국민의 요구 등으로 다양한 형태를 띠고 있다. 독일은 연방대통령과 연방·주 법관을, 프랑스는 대통령과 정부구성원을, 일본은 재판관을, 영국은 역사적으로 탄핵의 전형적인 대상은 각료와 고위관리들이었으나 점차 법관, 의원, 군인, 주교 그리고 일반시민까지도 탄핵의 대상이 되었고[10], 미국은 대통령과 부통령 그리고 모든 공무원(all civil officers)을 대상으로 한다. 우리 헌법은 제65조제1항에서 탄핵의 대상을 정하고 있으나, '기타 법률이 정한 공무원'에 대해서도 가능하도록 하고 있어 법률에 의하여 추가적으로 정할 여지를 두고 있다. 이는 국회의 다수당에 의해 탄핵대상의 범위가 넓어질 수 있어 최종적 수단으로 사용되어야 할 탄핵제도가 악용될 소지가 있다.

2) 헌법재판소의 탄핵심판 계속 중 피청구인이 임기만료로 퇴직한 경우, 탄핵심판 청구가 적법한지 여부(소극): 헌법 제65조 제4항 전문은 "탄핵결정은 공직으로부터 파면함에 그친다."라고 규정하고, 헌법재판소법 제53조 제1항도 "피청구인을 해당 공직에서 파면하는 결정을 선고한다."라고 규정함으로써, 탄핵심판이 피청구인을 해당 공직에서 파면할 것인지 여부를 판단하는 절차임을 명확히 하고 있다. 탄핵심판

---

10) 헌법재판소, "탄핵심판에 관한 연구", 2001. 12. 18쪽.

의 이익이란 탄핵심판청구가 이유 있는 경우에 피청구인을 해당 공직에서 파면하는 결정을 선고할 수 있는 가능성을 상정하여 탄핵심판의 본안심리에 들어가 그 심리를 계속할 이익이다. 이것은 본안판단에 나아가는 것이 탄핵심판절차의 목적에 기여할 수 있는지 여부에 관한 문제이다. 이를 통해 무익한 탄핵심판절차의 진행이 통제되고, 탄핵심판권 행사의 범위와 한계가 설정된다. 탄핵심판절차는 파면결정을 선고함으로써 헌법의 규범력을 확보하기 위한 수단이므로, 파면을 할 수 없어 목적 달성이 불가능하면 심판의 이익은 소멸한다. 퇴직하여 더 이상 해당 공직을 보유하지 않게 된 경우 탄핵심판의 이익이 인정되지 아니하여 부적법하므로 각하해야 한다(헌법재판소 2021. 10. 28. 2021헌나1). 마찬가지로 고위 공직자의 경우 탄핵소추가 거론될 시점에 공직에서 사임하면 더 이상 탄핵은 진행할 수 없다.

2. 탄핵기준

1) 헌법 제65조제1항은, 대통령·국무총리·국무위원·행정각부의 장·헌법재판소 재판관·법관·중앙선거관리위원회 위원·감사원장·감사위원 기타 법률이 정한 공무원이 그 직무집행에 있어서 헌법이나 법률을 위배한 때에는 국회는 탄핵의 소추를 의결할 수 있다. 제111조제1항은, 헌법재판소는 탄핵심판 등을 관장한다고 규정하고 있다. 우리의 탄핵제도는 탄핵의 소추는 국회가 하고 최종 탄핵결정은 헌법재판소 재판관으로 구성된 헌법재판소에서 담당하도록 하고 있다. 또한 재판관은 법관의 자격을 가진 자로 구성하고 있다(헌법 제111조제2항). 즉 사법적인 탄핵심판제도를 채택하고 있다. 이는 탄핵심판이 미국이나 영국처럼 하원이 소추하여 상원에서 결정하는 것과 같이 정치인으로 구성된 의회에 의한 정치적 심판으로 이루어지는 정치적 탄핵심판과 구별된다.

그런데 우리 헌법은 탄핵사유로 '그 직무집행에 있어서 헌법이나 법률을 위배한 때'로 하고 있어 기준이 불명확하다보니 탄핵소추가 남발되는 등 잘못 운용되는 면도 있다.

2) 헌법 제65조 제1항은 '직무집행에 있어서' 한 행위를 탄핵사유로 규정하고 있다. 여기서 '직무'란 법제상 소관 직무에 속하는 고유 업무 및 사회통념상 이와 관련

된 업무를 의미하므로, 직무상 행위란, 법령·조례 또는 행정관행·관례에 의하여 그 지위의 성질상 필요로 하거나 수반되는 모든 행위나 활동을 말한다(헌법재판소 2004. 5. 14. 2004헌나1; 헌법재판소 2017. 3. 10. 2016헌나1 참조). 따라서 해당 공무원의 소관 직무행위뿐만 아니라 소관 직무와 밀접하게 결합되어 이루어진 행위, 소관 직무집행의 기회에 직무와 관련하여 이루어진 행위 등이 모두 직무상 행위에 포함되어 '직무집행에 있어서 한 행위'가 된다.

3) 헌법재판소는 대통령(박근혜) 탄핵사건(헌법재판소 2017. 3. 10. 2016헌나1)에서, 탄핵의 요건은 직무집행에 있어서 헌법이나 법률의 위배가 있어야 하고 동시에 중대한 헌법이나 법률 위배가 있는 때를 말한다고 판시하였다. 즉, 헌법재판소법 제53조 제1항은 '탄핵심판 청구가 이유 있는 경우' 피청구인을 파면하는 결정을 선고하도록 규정하고 있다. 그런데 대통령에 대한 파면결정은 국민이 선거를 통하여 대통령에게 부여한 민주적 정당성을 임기 중 박탈하는 것으로서 국정 공백과 정치적 혼란 등 국가적으로 큰 손실을 가져올 수 있으므로 신중하게 이루어져야 한다. 따라서 대통령을 탄핵하기 위해서는 대통령의 법 위배 행위가 헌법질서에 미치는 부정적 영향과 해악이 중대하여 대통령을 파면함으로써 얻는 헌법 수호의 이익이 대통령 파면에 따르는 국가적 손실을 압도할 정도로 커야 한다. 즉, '탄핵심판청구가 이유 있는 경우'란 대통령의 파면을 정당화할 수 있을 정도로 중대한 헌법이나 법률 위배가 있는 때를 말한다. 대통령의 파면을 정당화할 수 있는 헌법이나 법률 위배의 중대성을 판단하는 기준은 탄핵심판절차가 헌법을 수호하기 위한 제도라는 관점과 파면결정이 대통령에게 부여한 국민의 신임을 박탈한다는 관점에서 찾을 수 있다. 탄핵심판절차가 궁극적으로 헌법의 수호에 기여하는 절차라는 관점에서 보면, 파면결정을 통하여 손상된 헌법질서를 회복하는 것이 요청될 정도로 대통령의 법 위배 행위가 헌법 수호의 관점에서 중대한 의미를 가지는 경우에 비로소 파면결정이 정당화된다. 또 대통령이 국민으로부터 직접 민주적 정당성을 부여받은 대의기관이라는 관점에서 보면, 대통령에게 부여한 국민의 신임을 임기 중 박탈하여야 할 정도로 대통령이 법 위배 행위를 통하여 국민의 신임을 배반한 경우에 한하여 대통령에 대한 탄핵사유가 존재한다고 보아야 한다(헌법재판소 2004. 5. 14. 2004헌나1).

4) 헌법은 탄핵소추 사유를 '헌법이나 법률을 위배한 경우'라고 명시하고 헌법재

판소가 탄핵심판을 관장하게 함으로써 탄핵절차를 정치적 심판절차가 아닌 규범적 심판절차로 규정하고 있다. 따라서 소추시에도 적어도 '중대한 헌법이나 법률 위배가 있는 때'에 가능하다고 하여야 할 것이다. 그럼에도 현실은 다수당의 의결로 탄핵소추권이 남용될 여지가 있다.

그렇다면 정치적 이해득실로 인해 사소한 법령위반을 사유로 하거나 또는 단지 직무집행정지를 목적으로 하여 정작 탄핵심판에서는 각하 또는 기각되어 결국에는 탄핵소추로 인해 헌법적 기능을 마비시키고 국민의 피해로 귀결된 경우에는 소추기관에도 책임을 물을 수 있어야 할 것이다. 예컨대 직무집행정지로 인한 손해배상책임이나 허위 사실에 의한 탄핵소추에 대한 무고죄 등이 거론될 수 있을 것이다.[11] 이는 권력의 분립과 견제라는 권력분립원칙의 측면에서도 연구되어야 할 분야라고 본다.

3. 탄핵결정의 효과

헌법 제65조제4항은, '탄핵결정은 공직으로부터 파면함에 그친다.'고 하고 있으나 헌법재판소법 제54조제2항은, '탄핵결정에 의하여 파면된 사람은 결정 선고가 있은 날부터 5년이 지나지 아니하면 공무원이 될 수 없다.'고 하며, 공무원연금법 제65조제1항제2호는, '공무원이거나 공무원이었던 사람이 탄핵 또는 징계에 의하여 파면된 경우 대통령령으로 정하는 바에 따라 퇴직급여 및 퇴직수당의 일부를 줄여 지급한다.'고 한다. 공직취임제한 규정을 헌법이 아닌 법률로 규정하고 있으며, 제한되는 범위를 '공무원 전체'로 확장하여 규정한 점에서 헌법상 공무담임권을 고려해 엄격하게 해석되어야 할 것이다.

한편 공무원연금법은 공무원이거나 공무원이었던 사람이 탄핵될 경우 퇴직급여 등을 감액할 수 있도록 하였는데, 헌법 제65조 제4항 전문은 "탄핵결정은 공직으로부터 파면함에 그친다."라고 규정하고, 헌법재판소법 제53조 제1항은 "탄핵심판 청

---

11) 직무정지에 대한 헌법소원이나 효력정지가처분을 제기할 수 있다는 견해가 있으나 직무집행정지를 헌법에 명문화하고 있어 쉽지 않으며, 손해배상 또한 해당 의원의 고의 또는 중과실을 입증하기가 쉽지 않으며, 무고 또한 허위사실을 입증하기가 쉽지 않아 현행 법령하에서는 어려울 것으로 본다. 만약 탄핵 소추의 남발로 인한 피해 대책이 필요하다면 헌법개정으로 해결하여야 할 것이다.

구가 이유 있는 경우에는 헌법재판소는 피청구인을 해당 공직에서 파면하는 결정을 선고한다.”라고 규정하여 헌법재판소가 탄핵결정을 선고할 때 피청구인이 ‘해당 공직에 있음’을 전제로 하고 있음이 문언상 명백하다는 점 등을 이유로 법관이 퇴직한 경우 심판의 이익이 없다고 각하한 결정(헌법재판소 2021. 10. 28. 선고 2021헌나1)에 비추어 공무원이었던 사람의 탄핵에는 적용되지 않는다 할 것이다.

4. 권한행사의 정지 시점

헌법 제65조 제3항은 “탄핵소추의 의결을 받은 자는 탄핵심판이 있을 때까지 그 권한행사가 정지된다.”라고 규정하고 있는데, 권한행사의 정지가 시작되는 시점은 ‘소추의결서가 송달되었을 때’(국회법 제134조 제2항)이고, 끝나는 시점은 ‘헌법재판소의 심판이 있을 때’(헌법재판소법 제50조)이다(헌법재판소 2021. 10. 28. 선고 2021헌나1). 그럼에도 헌법재판소법 제50조는, 탄핵소추의 의결을 받은 사람은 헌법재판소의 심판이 있을 때까지 그 권한 행사가 정지된다고 하여 효력발생시기에 다툼이 있을 수 있다. 즉 권한행사의 정지시점이 소추 의결시인지, 소추의결서 송달시인지, 다시 소추의결서 송달은 법제사법위원장인 소추위원에게 송달된 시점인지, 소추된 당사자에게 송달된 시점인지를 명확하게 할 필요가 있다.

제2편

징계에 대한 소송

제1장

소송개관

1. 불복절차로서의 행정소송

공무원에 대한 징계처분이 위법·부당하다면 소청심사위원회에 소청을 제기하여 다툴 수 있고, 소청심사위원회의 결정에도 불복할 경우 행정소송을 제기할 수 있다 (법 제16조제1항). 징계혐의자에게 어떠한 처분을 할 것인가는 징계권자의 재량사항이나 징계사유가 인정되지 아니하거나 사회통념상 현저하게 타당성을 잃어 재량권을 남용한 것이라고 인정되는 경우에는 처분이 위법하다고 할 수 있다. 원고는 징계사유를 인정할 수 없다거나 재량권을 남용한 것임을 주장하며 해당 처분의 취소 또는 무효를 구하는 소송을 제기할 수 있다. 징계처분에 대한 소송유형으로는 일반적으로 징계처분취소소송을 제기하고 드물게 무효확인소송을 제기하거나 주위적, 예비적으로 같이 다투기도 한다.

2. 행정소송 일반론

가. 의의

행정소송이란 법원이 행정소송절차를 통하여 행정청의 위법한 처분 그 밖에 공권력의 행사·불행사등으로 인한 국민의 권리 또는 이익의 침해를 구제하고, 공법상의 권리관계 또는 법적용에 관한 다툼을 적정하게 해결함을 목적으로 하는 소송의 유형을 말한다.

나. 종류

행정소송은 내용에 따라 항고소송·당사자소송·민중소송·기관소송으로 구분한다(행정소송법 제3조). 항고소송은 행정청이 우월한 의사의 주체로서 행한 행정작용에 대한 불복의 소송을 총칭하는 것으로 행정청의 위법한 처분 등이나 부작위로 인하여 권리·이익을 침해받은 자가 그 위법을 다투기 위하여 제기하는 소송으로 취소소송, 무효등확인소송, 부작위위법확인소송 등이 있다(행정소송법 제3조 제1호). 취소소송이란 항고소송 중 가장 대표적인 소송으로서, 행정청의 위법한 처분 등을 취소 또는 변경하는 소송(행정소송법 제4조 제1호)으로 취소소송의 대상이 되기 위해서는 처분성이 있을 것을 요한다. 무효등 확인소송은 행정청의 처분등의 효력 유무 또는 존재여부를 확인하는 소송이다. 부작위위법확인소송은 행정청의 부작위가 위법하다는 것을 확인하는 소송이다.

다. 민사소송절차 준용

행정소송도 행정소송법에 특별한 규정이 없는 한 민사소송법 및 민사집행법의 규정을 준용하나(행정소송법 제8조 제2항), 취소소송에 관하여는 민사소송과는 다른 특칙 즉, 재판관할, 원고적격, 피고적격, 피고의 경정, 행정심판전치주의, 제소기간, 직권증거조사, 사정판결, 집행정지 등에 관한 특칙을 두고 있다. 따라서 민사소송에서 준용되는 당사자처분권주의, 부제소특약, 자백의 구속력, 화해, 인낙, 청구의 포기등은 인정되지 않으며, 직권소송참가, 사정판결등을 할 수 있다.

라. 행정소송 흐름도

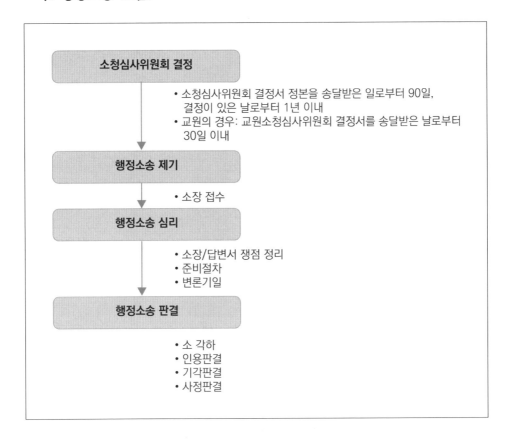

3. 징계에 대한 행정소송의 특징

가. 필요적 전치주의

• 행정소송을 제기하기 위해서는 반드시 소청심사위원회의 심사·결정을 거쳐야 한다(법 제16조제1항). 즉, 필요적 전치주의를 취하고 있다. 다만 무효등확인을 구하는 소송은 전심절차인 소청심사위원회를 거칠 필요 없이 소송을 제기할 수 있다. 한편 사립학교 교원은 사립학교법이 적용되므로 학교법인을 상대로 징계효력을 다투

는 민사소송을 제기하거나 교원소청심사청구를 하거나 선택할 수 있어 임의적 전심
절차라고 할 것이다.

그러나 소청심사위원회의 심사·결정을 거칠 필요가 없는 공무원이 있다. 별도의
규정에 따라, 특수경력직 공무원(국가공무원법 제3조제1항), 법관(법관징계법 제27조제1
항), 검사(검찰청법제36조제1항, 검사징계법)가 이에 해당한다.

• (사안) 행정소송에 있어 필요적 전치주의가 적용되는 경우라도 사실심 변론종결
시까지 그 전치요건을 갖추었다면 그 흠결의 하자는 치유되는데, 앞서 살핀 바와 같
이 원고에 대하여 변론종결 전인 2020. 5. 19. 징계항고심사 기각 결정통지가 있었
으므로, 이 사건 소가 필요적 전치주의에 위반하여 부적법하다는 피고의 본안 전 항
변은 받아들이지 않는다(서울행정법원 2020. 6. 19. 선고 2020구합50164 판결).

나. 원처분주의

소청심사위원회의 결정에 불복하여 행정소송을 제기하는 경우 소송의 대상을 원
징계처분으로 하여야 한다는 원처분주의와 소청결정을 대상으로 하여야 한다는 재
결주의가 있다. 행정소송법 제16조는 원처분주의를 취하므로 징계처분을 한 원행정
청(또는 학교법인)을 피고로 하여 원처분을 다투는 행정소송을 제기하여야 한다. 원처
분주의란 원처분과 재결에 대하여 각각 소를 제기할 수 있도록 하되, 원처분의 위법
은 원처분취소 소송에서만 다툴 수 있고 재결취소소송에서는 원처분의 하자가 아닌
재결에 고유한 하자에 대하여만 다툴 수 있도록 하는 제도를 말한다. 원처분주의를
취하는 우리 법 하에서는 소청심사위원회가 아닌 원처분청이 피고가 되는 것이며,
소청심사위원회에 대하여는 그 결정 자체에 고유한 위법이 있을 경우에만 다툴 수
있을 뿐이다. 인용결정 중 변경결정이 이루어진 경우(예컨대 해임을 정직3월로, 감봉3
월을 감봉1월로)에는 변경된 원처분을 대상으로 행정소송을 제기하여야 한다. 즉 원
처분청을 상대로 최초 처분이 내려진 날짜를 기준으로 변경된 정직3월, 감봉1월을
대상으로 다투는 것이다.

참고로 소청결정자체에 고유한 위법이 있을 때 그 결정에 대해 취소소송등을 제
기할 수 있다는 것은 원처분에는 없고 소청결정에만 있는 하자를 말한다. 예컨대,
소청심사위원회 구성원에 결격사유가 있는 경우, 소청심사위원회의 절차나 형식상

위법이 있는 경우, 소청청구가 적법함에도 실체심리없이 각하하는 경우 등이 이에 해당한다.

다. 사립학교 교원에 대한 소송[1]

사립학교 교원은 국·공립학교 교원과 불복절차가 다르다. 국·공립학교 교원은 징계처분에 대하여 교원소청심사위원회에 심사청구를 한 다음 그 결정에 대해 불복할 경우 징계권자를 상대로 당초 징계처분의 취소를 구하는 행정소송을 제기하는 것이 일반적 절차이다. 이때 교원소청심사위원회의 결정은 행정심판의 재결에 해당하므로, 예외적으로 교원소청심사위원회의 결정 자체에 고유한 위법이 있는 경우에 한하여 취소소송을 제기할 수 있을 뿐이다.

이에 반해, 사립학교 교원의 징계에 관한 법률관계는 사법상 법률관계로서 사립학교 교원에 대한 징계처분은 행정처분에 해당하지 않는다. 징계처분과 교원소청심사위원회의 결정을 국·공립학교 교원과 같이 처분과 재결의 관계로 볼 수 없다. 다만, 사립학교 교원은 학교법인 등이 한 징계처분에 대하여 교원소청심사위원회에 심사청구를 한 다음 그 결정에 대해 불복할 경우 교원소청심사위원회를 상대로 그 결정의 취소를 구하는 행정소송을 제기할 수 있다(교원의 지위 향상 및 교육활동 보호를 위한 특별법 제10조제4항). 이때 학교법인등은 피고 보조참가인으로 소송에 참여하게 될

---

1) 「교원의 지위 향상 및 교육활동 보호를 위한 특별법」(이하 '교원지위법')은 사립학교 교원에 대하여 국공립학교 교원과 마찬가지로 소청심사제도를 마련하고 있다. 교원소청심사제도에 관한 구 교원지위법(2021. 3. 23. 법률 제17952호로 개정되기 전의 것, 이하 같다)의 관련 규정(제1조, 제9조 제1항, 제10조, 제10조의3 등)에 비추어 보면, 교원소청심사제도는 사립학교 교원과 국공립학교 교원의 징계 등 불리한 처분에 대한 불복절차를 통일적으로 규정함으로써 학교법인에 대한 국가의 실효적인 감독권 행사를 보장하고, 사립학교 교원에게도 행정소송을 제기할 수 있게 하여 적어도 국공립학교 교원에 대한 구제절차에 상응하는 정도의 수준으로 사립학교 교원의 신분을 보장하고 지위향상을 도모하려는 데 그 목적이나 취지가 있다. 이러한 신분보장 등을 위해서는 교원소청심사제도를 통해 학교법인의 징계 등 불리한 처분으로 박탈되거나 침해되는 사립학교 교원의 지위나 이익이 회복될 필요가 있다. 따라서 사립학교 교원이 당연퇴직사유의 발생으로 원직에 복직하는 것이 불가능하게 되었더라도 징계 등의 처분에 따른 법률상 불이익이 남아 있다면 소청심사청구를 기각한 피고의 결정을 다투는 행정소송에서 징계 등의 처분이 위법하다는 사실을 확인하여 그 불이익을 제거할 수 있도록 하는 것이 교원소청심사제도의 목적이나 취지에 부합한다(대법원 2024. 2. 8. 선고 2022두50571 판결).

것이다. 학교법인등은 행정청이 아니므로 학교법인 등이 한 징계처분은 행정처분이
아니게 되어 원칙적으로 민사소송(무효확인소송)으로 다투어야 하고 다만 교원소청심
사위원회에 심사청구할 수 있도록 제도적 장치를 마련하고 있으며 교원소청심사위
원회의 결정은 행정처분이므로 그 결정에 대해 행정소송을 제기할 수 있는 것이다.[2]
행정소송을 제기할 경우 교원소청심사위원회를 피고로 하여야 하고 교원소청심사결
정을 대상으로 하다보니 원처분주의가 적용될 여지가 없다. 즉 교원소청심사위원회
의 결정은 행정심판 재결이 아닌 원처분에 해당하는 것이다.

한편 징계혐의자에 대한 이러한 제도적 장치에 대응하여 학교법인등에게도 권한
을 부여하고 있다. 즉, 교원소청심사위원회가 사립학교 교원의 심사청구를 인용하여
당초 징계처분을 취소하거나 변경한 경우에는 징계권자인 학교법인등도 교원소청심
사위원회를 상대로 그 결정의 취소를 구하는 행정소송을 제기할 수 있도록 하고 있
다.[3] 국·공립학교 교원에 대한 소청심사에서 인용결정이 있는 경우에는 처분청은

2) 대법원은, 사립학교 교원은 학교법인 또는 사립학교 경영자에 의하여 임면되는 것으로서 사
  립학교 교원과 학교법인의 관계를 공법상의 권력관계라고는 볼 수 없으므로 사립학교 교원
  에 대한 학교법인의 해임처분을 취소소송의 대상이 되는 행정청의 처분으로 볼 수 없고, 따
  라서 학교법인을 상대로 한 불복은 행정소송에 의할 수 없고 민사소송절차에 의할 것이다.
  사립학교 교원에 대한 해임처분에 대한 구제방법으로 학교법인을 상대로 한 민사소송 이외
  교원의 지위 향상 및 교육활동 보호를 위한 특별법 제7조 내지 10조에 따라 교육부 내에
  설치된 교원소청심사위원회에 재심청구를 하고 그 위원회의 결정에 불복하여 행정소송을
  제기하는 방법도 있으나, 이 경우에도 행정소송의 대상이 되는 행정처분은 그 위원회의 결
  정이지 학교법인의 해임처분이 행정처분으로 의제되는 것이 아니며 또한 그 위원회의 결정
  을 이에 대한 행정심판으로서의 재결에 해당되는 것으로 볼 수는 없다(대법원 1993. 2. 12.
  선고 92누13707 판결 참고).
3) 1991. 5. 31 교원지위 향상을 위한 특별법(현행 '교원의 지위 향상 및 교육활동 보호를 위
  한 특별법'. 이하 '교원지위법')이 제정, 시행되었고, "교원에 대한 예우 및 처우를 개선하고
  신분보장을 강화함으로써 교원의 지위를 향상시키고, 교육발전을 도모하는 것"을 목적으로
  하고 있다. 특히 이 법은 징계처분을 받은 사립학교 교원도 국·공립학교 교원과 동일하게
  교육부 산하에 설치된 교원소청심사위원회에 재심을 청구할 수 있도록 하였고, 위원회에서
  재심 청구가 받아들여지지 않은 경우, 사립학교 교원은 행정소송을 제기할 수 있게 하였다.
  그런데 종전의 교원지위법에 의하면 교원소청심사위원회의 심사결정에 불복하여 행정소송
  을 제기할 수 있는 자는 사립학교 교원에 한하였고, 학교법인은 행정소송을 제기할 수 없었
  다. 따라서 이러한 법률규정이 학교법인의 재판청구권, 평등권 등 헌법상의 권리를 침해하
  는 것이 아니냐하는 논란이 있었다. 이에 대해 헌법재판소는 1998년에는 합헌이라고 결정
  하였으나, 2006년에는 위헌이라고 결정하였다. 이러한 헌법재판소의 위헌결정에 따라
  2007. 5. 11. 교원지위법은 학교법인에게도 행정소송을 제기할 수 있도록 개정되었다. 이건
  우, "사립학교 교원에 대한 징계처분의 불복절차 ─학교법인의 행정소송 원고적격을 중심

재결의 기속력으로 인하여(행정심판법 제49조제1항) 소청심사결정에 불복하여 행정소송을 제기할 수 없다. 서로 다른 점이다. 「교원의 지위 향상 및 교육활동 보호를 위한 특별법」 제10조 제4항에는, 사립학교 교원에 대한 교원소청심사위원회의 결정에 대하여 '교원, 「사립학교법」 제2조에 따른 학교법인 또는 사립학교 경영자 등 당사자(공공단체는 제외한다)'는 행정소송을 제기할 수 있다고 규정하고 있다. 여기서 사립학교의 장이 '등 당사자'에 포함되는지 문제된다. 사립학교의 장은 학교법인등의 기관에 불과하고 별도의 법인격을 가지지 못하므로 교원소청심사위원회 결정에 대하여 학교의 장도 행정소송을 제기할 수 있는지 여부가 문제되나 우리 대법원은 인정하였다(대법원 2011. 6. 24. 선고 2008두9317 판결).[4]

라. 수 개의 징계사유 중 일부가 인정되지 않으나 인정되는 다른 일부 징계사유만으로도 당해 징계처분의 타당성을 인정하기에 충분한 경우, 그 징계처분을 유지할 수 있다

수 개의 징계사유 중 일부가 인정되지 않더라도 인정되는 다른 일부 징계사유만으로도 당해 징계처분의 타당성을 인정하기에 충분한 경우에는 그 징계처분을 유지

으로-", 숭실대학교 법학연구소, 법학논총 vol.19, 2008. 2.

4) 교원지위 향상을 위한 특별법 제10조 제4항, 대학교원 기간임용제 탈락자 구제를 위한 특별법 제10조 제2항, 사립학교법 제53조의2 제1항, 제2항 규정들의 내용 및 원래 교원만이 교원소청심사위원회의 결정에 대하여 행정소송을 제기할 수 있도록 한 구 교원지위 향상을 위한 특별법 제10조 제3항이 헌법재판소의 위헌결정(헌법재판소 2006. 2. 23. 선고 2005헌가7, 2005헌마1163 전원재판부 결정)에 따라 학교법인 및 사립학교 경영자뿐 아니라 소청심사의 피청구인이 된 학교의 장 등도 행정소송을 제기할 수 있도록 현재와 같이 개정된 경위, 학교의 장은 학교법인의 위임 등을 받아 교원에 대한 징계처분, 인사발령 등 각종 업무를 수행하는 등 독자적 기능을 수행하고 있어 이러한 경우 하나의 활동단위로 특정될 수 있는 점까지 아울러 고려하여 보면, 교원소청심사위원회의 결정에 대하여 행정소송을 제기할 수 있는 자에는 교원지위 향상을 위한 특별법 제10조 제3항에서 명시하고 있는 교원, 사립학교법 제2조에 의한 학교법인, 사립학교 경영자뿐 아니라 소청심사의 피청구인이 된 학교의 장도 포함된다고 보는 것이 타당하다.
사립대학교 총장이 소속 대학교 교원의 임용권을 위임받아 전임강사 갑에 대하여 재임용기간의 경과를 이유로 당연면직의 통지를 하였고, 이에 갑이 총장을 피청구인으로 재임용거부처분 취소 청구를 하여 교원소청심사위원회가 재임용 거부처분을 취소한다는 결정처분을 한 사안에서, 대학교 총장이 교원소청심사위원회를 상대로 결정처분의 취소를 구하는 행정소송을 제기할 당사자능력 및 당사자적격이 있다고 한 사례이다.

하여도 위법하지 아니하다(대법원 2002. 9. 24. 선고 2002두6620 판결). 위 판결은 경찰공무원으로서 자신이 담당하는 사건의 고소인으로부터 그 사건 처리와 관련하여 부정한 청탁을 받고 향응을 제공받거나 양주를 선물받는 등 뇌물을 수수하고, 나아가 위 뇌물수수 범행을 은폐하기 위하여 뇌물수수 사실을 진정한 위 고소인을 무고하는 범죄행위까지 하였다면, 이는 원심이 인정하지 않은 징계사유를 제외하더라도 경찰공무원으로서 성실의무 및 청렴의무에 크게 위배되는 행위로서 그에 대한 해임처분은 타당하다고 보았다.

마. 취소소송과 무효확인소송과의 관계

서로 별개의 독립된 소송이므로 행정청의 처분 등에 불복하는 자는 제소요건이 충족된다면 바라는 목적을 가장 효과적으로 달성할 수 있는 유형의 항고소송을 선택할 수 있다. 일반적으로 취소소송을 제기할 것이나, 예컨대 재량권의 일탈·남용을 문제삼아 징계처분취소를 구하면서 동시에 절차적 하자가 문제될 경우에는, 무효확인소송을 주위적으로 취소소송을 예비적 청구로 제기하여야 한다. 행정처분에 대한 무효확인과 취소청구는 서로 양립할 수 없는 청구로서 주위적·예비적 청구로서만 병합이 가능하고 선택적 청구로서의 병합이나 단순 병합은 허용되지 아니한다(대법원 1999. 8. 20. 선고 97누6889 판결).

일반적으로 행정처분의 무효확인을 구하는 소에는 원고가 그 처분의 취소를 구하지 아니한다고 밝히지 아니한 이상 그 처분이 만약 당연무효가 아니라면 그 취소를 구하는 취지도 포함되어 있는 것으로 보아야 한다(대법원 1994. 12. 23. 선고 94누477 판결). 처분에 대한 무효확인소송을 제기하였으나 단지 취소사유에 불과한 하자가 있고 취소소송의 제기에 필요한 소송요건을 갖추었다고 보일 때에는 무효가 아니면 취소라도 구하는 취지인지를 석명하여 처분의 취소를 구하지 않음이 명백하지 않은 이상 취소소송으로 변경하도록 한 후 취소의 판결을 하여야 한다(이 경우 소의 변경절차를 취하여야 한다).5) 이처럼 취소소송으로 판결을 할 경우 필요적 전치주의에 따라 소청심사절차는 거쳐야 한다.

---

5) 법원실무제요 행정[I], 사법연수원(2023.12.) 38쪽

제2절 | 소송 준비 — 소 제기전 점검사항

1. 소장 작성

1) 소장 작성: 징계처분등에 불복하는 소장을 청구취지 및 청구원인으로 나누어 작성하고 인지를 첨부하여 법원에 제출한다. 소장 작성례에 대해서는 후술한다.

2) 소가: 비재산권을 목적으로 하는 소송이므로 소가는 50,000,000원(민사소송등인지규칙 제17조제4호, 제18조의2)이다.

3) 전자소송: 법원이 운영하는 전자소송시스템에서 사용자등록을 하여 소를 제기하고, 이후 재판절차를 진행하는 과정에서 전자문서를 이용하여 진행되는 소송으로서, 소송서류의 제출, 송달, 열람 등이 전자적으로 이루어지는 것이 특징이다. 행정소송도 전자소송시스템을 이용하여 진행할 수 있다. 대한민국법원 전자소송 사이트를 이용하면 된다.

2. 관할/전심절차/제소기간/피고 등 점검

가. 관할

- **(일반적)** 처분청 소재지 관할 행정법원(행정소송법 제9조제1항)
- **(사립학교 교원)** 대전지방법원 또는 서울행정법원(행정소송법 제9조)

나. 전심절차

- **(일반적)** 공무원에 대한 징계처분 취소를 구할 경우 반드시 소청심사절차를 거쳐야 한다. 다만 무효등확인소송은 소의 성격상 전심절차를 거치지 않아도 된다.
- **(사립학교 교원)** 국·공립학교 교원의 경우 반드시 교원소청심사위원회를 거쳐야 한다(교육공무원법 제53조, 국가공무원법 제16조제1항). 사립학교 교원은 학교법인 등을 상대로 민사소송으로 징계처분의 효력을 다투는 소송을 제기할 수 있고, 소청심사청구를 하는 경우에는 소청심사위원회의 결정에 대해 별도로 행정소송을 제기할 수 있

도록 하고 있으므로 소청심사위원회를 전심절차라고 볼 수는 없다.

• **(전치주의의 예외)** 행정심판청구가 있은 날로부터 60일이 지나도 재결이 없는 때에는 행정심판의 재결을 거치지 아니하고 취소소송을 제기할 수 있다(행정소송법 제18조 제2항제1호). 실무에서 징계처분에 불복하여 소청심사위원회(군인의 경우 징계항고심사위원회)에 심사청구를 함과 동시에 같은 날 행정소송을 제기하는 경우가 있다. 행정심판 전치주의에 어긋난다고 항변할 수 있다. 그러나 위 행정소송법 제18조 제2항 제1호에 의하면 '행정심판청구가 있은 날로부터 60일이 지나도 재결이 없는 때'에는 행정심판의 재결을 거치지 아니하고 취소소송을 제기할 수 있고, 제소 당시에 비록 전치요건을 구비하지 못한 위법이 있다 하여도 사실심 변론종결 당시까지 그 전치요건을 갖추었다면 그 흠결의 하자는 치유되었다고 볼 것이다(대법원 1987. 9. 22. 선고 87누176 판결 참조). 따라서 소청심사청구를 함과 동시에 소를 제기하였더라도 변론종결시까지 60일이 지나 재결이 없는 경우(실무상 대부분 그렇게 진행된다)에는 소청심사위원회의 심사·결정을 거치지 아니하고 행정소송을 제기할 수 있는 경우에 해당한다.

다. 제소기간

(1) 취소소송의 경우

처분등이 있음을 안날로부터 90일, 처분등이 있은 날로부터 1년 이내(행정소송법 제20조). 그런데 취소소송은 소청심사 전치주의를 취하므로 소청심사위원회의 결정서 정본을 송달받은 날로부터 90일, 결정이 있은 날로부터 1년 이내에 소를 제기하여야 한다(행정소송법 제20조제1항 단서, 2항 본문).[6]

(2) 무효등확인소송

제소기간에 구애받지 않고 어느 때라도 제기 가능하다.

---

6) 행정소송법 제20조 ① 취소소송은 처분등이 있음을 안 날부터 90일 이내에 제기하여야 한다. 다만, 제18조제1항 단서에 규정한 경우와 그 밖에 행정심판청구를 할 수 있는 경우 또는 행정청이 행정심판청구를 할 수 있다고 잘못 알린 경우에 행정심판청구가 있은 때의 기간은 재결서의 정본을 송달받은 날부터 기산한다. ② 취소소송은 처분등이 있은 날부터 1년(第1項 但書의 경우는 裁決이 있은 날부터 1年)을 경과하면 이를 제기하지 못한다. 다만, 정당한 사유가 있는 때에는 그러하지 아니하다. ③ 제1항의 규정에 의한 기간은 불변기간으로 한다.

(3) 공무원에 따라 상이한 기간

• **교원(사립학교 교원 포함):** 교원이 징계처분과 그 밖에 그 의사에 반하는 불리한 처분에 대하여 불복할 때에는 그 처분이 있었던 것을 안 날부터 30일 이내에 심사위원회에 소청심사를 청구할 수 있다(교원의 지위 향상 및 교육활동 보호를 위한 특별법 제9조제1항). 교원소청심사위원회의 결정에 대하여 교원, 「사립학교법」 제2조에 따른 학교법인 또는 사립학교 경영자 등 당사자(공공단체는 제외한다)는 그 결정서를 송달받은 날부터 30일 이내에 「행정소송법」으로 정하는 바에 따라 소송을 제기할 수 있다(위 법 제10조 제4항). 행정소송 제기기간은 연혁적으로 60일에서 90일로 다시 현행의 30일로 개정되어 왔다.

• **법관:** 징계등 처분이 있음을 안 날부터 14일 이내에 전심(前審) 절차를 거치지 아니하고 대법원에 징계등 처분의 취소를 청구하여야 한다(법관징계법 제27조제1항).

(4) 도표

도표로 정리하면 아래와 같다.

구분		제소기간	근거
취소소송	필요적 행정 심판 전치 주의	• 소청심사제기: 공무원이 징계처등 처분을 받았을 때에는, 그 처분이 있은 것을 안 날로부터 각각 30일 이내에 소청심사위원회에 이에 대한 심사청구 • 소청심사결정서를 송달받은 날로부터 90일 이내 행정소송 제기가능 • 교원소청심사위원회결정: 교원소청심사위원회 결정서 송달받은 날로부터 30일 이내 행정소송 제기가능	국가공무원법 제16조제1항, 제76조제1항, 교육공무원법 제53조제1항, 지방공무원법 제20조의2, 교원지위향상을 위한 특별법 제10조
	예외	• 행정심판청구가 있는 날로부터 60일이 지나도 재결이 없는 때에는 행정심판의 재결을 거치지 아니하고 취소소송 제기 가능	행정소송법 제18조 제2항제1호
무효등확인 소송	• 제소기간에 제한이 없음 • 전치절차 거칠 필요 없음		

라. 피고

(1) 당해 행정청

- 각 부 장관, 중앙선거관리위원회사무총장(법 제16조제2항), 법원행정처장(법원조직법 제70조)
- 지방자치단체의 장(특별시·광역시·도 또는 특별자치도의 교육감을 포함, 지방공무원법 제6조)
- 학교장 또는 대학교총장(국·공립학교 교원징계의 경우)

(2) 교원소청심사위원회

- 사립학교 교원의 경우(교원소청심사위원회 결정이 원처분임). 실무에서는 이런 경우 학교법인등 징계권자는 보조참가함이 일반적임.

3. 청구취지

가. 취소소송의 경우

- **(일반적)**

> 피고가 00년 00월 00일 원고에게 한 파면처분(또는 정직3월처분, 견책처분)은 취소한다.

* 위 피고가 한 징계처분일자를 적을 때, 당초의 처분이 소청심사에서 감경된 경우에도 소청심사결정일이 아닌 당초처분일자를 기재하여야 한다.

- **(사립학교 교원의 경우)**

> 피고가 2024. 7. 1. 원고와 소외 학교법인 00 사이의 2023-10호 해임처분 취소 청구 사건에 관하여 한 결정을 취소한다.

* 이때 피고는 교원소청심사위원회이다. 혹간, '피고가 원고에 대하여 한 2024. 2. 6.자 2023-00호 해임처분취소청구 사건에 관하여 한 결정을 취소한다.'라고 기재하는 경우가 있는데 이는 잘못이고, '피고가 2020. 2. 6. 원고와 피고보조참가인 사이의 2023-00호 해임처분 취소청구 사건에 관하여 한 결정을 취소한다.'라고 기재하여야 한다. 이는 학교법인이 보조참가한 경우이고 그렇지 않은 때는 위 박스에서와 같이 기재한다.

* 사립학교 교원징계의 경우는 교원소청심사위원회의 결정일을 위 처분일자로 적어야 한다.

나. 무효확인소송

> 피고가 00년 00월 00일 원고에 대하여 한 파면처분은 무효임을 확인한다.

다. 병합의 경우

> 주위적으로, 피고가 2024. 8. 8. 원고에 대하여 한 정직 1월의 처분은 무효임을 확인한다.
> 예비적으로, 피고가 2024. 8. 8. 원고에 대하여 한 정직 1월의 처분은 취소한다.

라. 유의사항

　법 규정상 피고 적격은 '소속 장관'(또는 중앙선거관리위원회 사무총장, 법원행정처장) 등 당해 행정청에 있지만 처분권한은 '대통령, 중앙선거관리위원회 위원장, 대법원장'에게 있는 경우, 피고 표시와 청구취지는 다르므로 유의하여야 한다. 즉 피고 표시는 '소속 장관'으로 하지만 청구취지에는 '대통령(또는 중앙선거관리위원회 위원장, 대법원장)이 00년 00월 00일 원고에게 한 파면처분은 취소한다'라고 기재하여야 한다.

　법 제16조제2항은, 제1항에 따른 행정소송을 제기할 때에는 대통령의 처분 또는 부작위의 경우에는 소속 장관(대통령령으로 정하는 기관의 장을 포함한다. 이하 같다)을, 중앙선거관리위원회위원장의 처분 또는 부작위의 경우에는 중앙선거관리위원회사무총장을 각각 피고로 한다. 법원조직법 제70조는, 대법원장이 한 처분에 대한 행정소송의 피고는 법원행정처장으로 한다고 규정하고 있어, 피고는 소속된 각 부 장관이나 중앙선거관리위원회사무총장, 법원행정처장이 되어야 하나, 징계처분의 취소를 구하는 대상은 처분권자가 한 처분이므로 소장의 청구취지에는 처분권자를 기재하여야 하는 것이다.

4. 필수적 첨부서류

- 징계처분서(원처분서)
- 징계의결서
- 징계위원회회의록
- 소청심사결정서(교원소청심사위원회 결정서)
- 소청심사위원회회의록
- 사립학교교원의 경우: 법인등기부등본, 학교법인 정관, 교칙, 징계규칙 등
- ※ 유의사항

  실무에서는 회의록 등의 기록이 확보되지 못한 경우, 소송절차에서 법원에 보통징계위원회, 소청심사위원회의 기록 일체 등에 대한 문서제출 명령을 신청한다.

제3절 | 소송의 종류

1. 취소소송

취소소송이란 행정청의 위법한 처분등을 취소 또는 변경하는 소송으로 행정소송 중 가장 일반적인 소송유형이다. 소송물은 처분등의 실체적·절차적 위법성 일반이라고 본다.

2. 무효확인소송

1) 무효등 확인소송이란 행정청의 처분등의 효력 유무 또는 존재 여부를 확인하는 소송이다. 처분등 무효확인소송, 처분등 유효확인소송, 처분등 실효확인소송, 처분등 부존재확인소송, 처분등 존재확인소송으로 제기될 수 있으며, 징계처분에 대해서는 처분등 무효확인소송이 일반적이다.

2) 실무에서는 무효등확인소송을 제기하는 사유로, 통지 등 절차위반, 징계위원 구성의 위법, 징계시효의 완성, 소의 이익이 없는 경우, 징계사유의 불특정 등을 근거로 들고 있다. 그러나 행정처분이 무효가 되기 위해서는 하자가 법규의 중요한 부분을 위반한 중대한 것으로서 객관적으로 명백한 것이어야 한다. 법원은, '하자 있는 행정처분이 당연무효가 되기 위해서는 그 하자가 법규의 중요한 부분을 위반한 중대한 것으로서 객관적으로 명백한 것이어야 하며, 하자가 중대하고 명백한지 여부를 판별함에 있어서는 그 법규의 목적, 의미, 기능 등을 목적론적으로 고찰함과 동시에 구체적 사안 자체의 특수성에 관하여도 합리적으로 고찰함을 요한다. 한편 행정청이 어느 법률관계나 사실관계에 대하여 어느 법률의 규정을 적용하여 행정처분을 한 경우에 그 법률관계나 사실관계에 대하여는 그 법률의 규정을 적용할 수 없다는 법리가 명백히 밝혀져 그 해석에 다툼의 여지가 없음에도 불구하고 행정청이 위 규정을 적용하여 처분을 한 때에는 그 하자가 중대하고 명백하다고 할 것이나, 그 법률관계나 사실관계에 대하여 그 법률의 규정을 적용할 수 없다는 법리가 명백히 밝혀지지 아니하여 그 해석에 다툼의 여지가 있는 때에는 행정관청이 이를 잘못 해석하여 행정처분을 하였더라도 이는 그 처분 요건사실을 오인한 것에 불과하여 그 하자가 명백하다고 할 수 없다'[대법원 2014. 5. 16. 선고 2011두20666, 2011두20673(병합) 판결 참조]고 한다.

예컨대, 공무원에 대한 징계파면처분은 파면에 처할 만한 징계사유가 있다면 공무원이 그 통지와 사유설명서를 송달받는 때에 그 효력이 발생하는 것이므로 그 송달 전에 공무원 신분을 박탈하였다면 위법임은 물론이나 그것 때문에 합식의 절차에 따른 징계처분이 무효로 될 수는 없다(대법원 1989. 3. 14. 선고 88누6948 판결).

이하 무효확인소송을 별도의 항목으로 정리하지 않고, 당사자 및 협의의 소의 이익 등을 설명할 때 취소소송에 이어 함께 설명하기로 한다.

3. 부작위위법확인소송

행정소송법 제4조 제3호가 정하는 부작위위법확인의 소는 행정청이 당사자의 법규상 또는 조리상의 권리에 기한 신청에 대하여 상당한 기간 내에 신청을 인용하는 적극적 처분 또는 각하하거나 기각하는 등의 소극적 처분을 하여야 할 법률상 응답

의무가 있음에도 불구하고 이를 하지 아니하는 경우 그 부작위가 위법하다는 것을 확인함으로써 행정청의 응답을 신속하게 하여 부작위 또는 무응답이라고 하는 소극적 위법상태를 제거하는 것을 목적으로 하는 제도이다. 이러한 소송은 행정청에게 처분의 신청을 한 자로서 행정청의 부작위가 위법하다는 확인을 구할 법률상의 이익이 있는 자만이 제기할 수 있는 것이다. 그러므로 당사자가 행정청에 대하여 어떠한 행정처분을 하여 줄 것을 요청할 수 있는 법규상 또는 조리상의 권리를 갖고 있지 아니하거나 부작위의 위법확인을 구할 법률상의 이익이 없는 경우에는 항고소송의 대상이 되는 위법한 부작위가 있다고 볼 수 없거나 원고적격이 없어 그 부작위위법확인의 소는 부적법하다. 여기에서 말하는 법률상의 이익이란 그 처분 또는 부작위의 근거법률에 의하여 보호되는 직접적이고 구체적인 이익을 말하고, 간접적이거나 사실적, 반사적 또는 경제적 이익을 가지는 것에 불과한 경우는 포함되지 않는다(대법원 2000. 2. 25. 선고 99두11455 판결 등 참조). 사안을 소개하면, 원고가 공무원들에 대해 부정청탁 및 금품등 수수의 금지에 관한 법률 위반으로 행정안전부에 신고를 하였는데 조사 후 수사의뢰, 징계처분 요구, 무관련 등으로 종결처리하였다. 그 결과를 원고에게 통보하였어야 함에도 아무런 사후 조치를 취하지 않은 채 부당하게 사건을 종결 처리하여 포상금 지급청구권을 침해당하였다며 청탁금지법위반행위신고와 관련된 조사기관의 처리결과통보의 소를 제기하였으나, 법원은, '원고가 피고에게 그 주장과 같은 일정한 행정처분을 하여 줄 것을 요청할 수 있는 법규상 또는 조리상의 권리를 갖고 있다고 보기 어렵고, 피고를 상대로 그 주장과 같이 피고의 부작위가 위법하다는 확인을 구할 법률상 이익이 있다고 볼 수도 없다'(서울행정법원 2021. 7. 8. 선고 2020구합2721 판결)는 이유로 소를 각하하였다.

징계처분의 당사자가 부작위위법확인소송을 제기하는 경우는 없으므로 이 책에서는 위와 같이 설명하고 더 이상 다루지 않기로 한다.

제4절 | 소송요건 일반론

소송을 적법하게 제기하기 위해서는 소송요건을 갖추어야 한다. 소송요건이 결여되면 부적법한 소로서 각하된다. 소송요건은 불필요한 소송을 배제하여 법원의 부담을 경감하고 이렇게 함으로써 적법한 소송에 대한 충실한 심판을 도모하기 위하여 요구된다. 소송요건이란 소가 소송법상 적법한 취급을 받기 위해 구비하여야 할 필수적 사항을 말한다. 이러한 소송요건의 심사는 직권조사사항이며 본안심리 전에 하는 것이 일반적이나 본안심리 중에도 소송요건이 결여되면 소를 부적법 각하한다.

이처럼 적법한 소제기를 위해 조건을 갖춘 경우 소의 이익이 있다고 하며 이러한 이익을 광의의 소의 이익이라고 한다. 여기에는 원고와 피고의 적격을 갖추어야 하는 당사자적격, 행정청의 위법한 처분등을 취소 또는 변경하거나(취소소송) 행정청의 처분등의 효력 유무 또는 존재여부를 확인하는(무효등 확인소송) 등의 대상적격, 권리보호의 필요 내지 이익인 협의의 소의 이익을 포함한다. 그 외에도 필요적 전치절차인 소청심사위원회의 결정의 존재가 소송요건이다.

실무적으로 징계소송에서는 본안판단 이전에 이러한 소송요건에 대한 주장과 절차상 하자에 대한 주장이 제기되는 경우가 허다하다.

이하에서는 위와 같은 소송요건의 지위를 인식하고 각각의 개념, 판례의 입장 등을 차례로 살펴보기로 한다.

제2장

소송의 대상

제1절 │ 처분

행정청의 처분등이나 부작위에 대하여 제기하는 소송을 항고소송이라고 하며(행정소송법 제3조 제1호), 항고소송에는 취소소송, 무효등 확인소송, 부작위위법확인소송이 있다(동법 제4조). 행정소송법은 항고소송의 대상을 '처분등'으로 보며, 여기서 '처분등'이란 '행정청이 행하는 구체적 사실에 관한 법집행으로서의 공권력의 행사 또는 그 거부와 그 밖에 이에 준하는 행정작용(이하 "處分"이라 한다) 및 행정심판에 대한 재결을 말한다(동법 제2조 제1호).'고 규정하여 행정처분과 함께 행정심판재결을 항고소송의 대상으로 명시하고 있다. 판례도, 항고소송의 대상이 되는 행정처분이란 행정청의 공법상 행위로서 특정사항에 대하여 법규에 의한 권리의 설정 또는 의무의 부담을 명하며 기타 법률상 효과를 발생하게 하는 등 국민의 구체적 권리의무에 직접적 변동을 초래하는 행위를 말한다(대법원 2019. 2. 14. 선고 2016두41729 판결)고 한다.

따라서 징계처분은 전형적인 행정처분이다. 또한 행정심판의 재결의 성격을 갖는 소청심사위원회의 결정이 '처분등'에 해당하여 항고소송의 대상이 되는 것이다. 그런데 일반 행정소송과는 달리 징계처분에 대한 취소소송은 행정심판격인 소청심사위원회의 심사·결정을 거치지 아니하면 제기할 수 없도록 필요적 전치주의를 취하고 있으므로(국가공무원법 제16조제1항) 실제 소송의 대상은 소청심사위원회의 결정이 되는 모양이 된다. 그런데 '처분등'에는 처분과 재결이 함께 포함되므로 원처분과 재결(소청결정)을 함께 다툴 수 있게 되며 그럴 경우 심리 판단 순서, 기판력, 소송경제 등의 문제가 발생할 수 있다. 그리하여 행정소송법은 원처분과 아울러 재결에 대하여도 취소소송이나 무효등확인소송과 같은 항고소송을 제기할 수 있도록 하면서, 재결(소청결정)에 대한 소송에서는 원처분의 위법을 이유로 할 수 없고 재결 자체에 고유한 위법이 있음을 이유로 하는 경우에 한하여 제기할 수 있도록 하였고(행정소송법 제19조, 제38조), 이를 원처분주의라고 하는 것이다.

이에 따라 항고소송은 원처분에 대해서 취소나 무효확인을 구하되, 소청심사위원회에서 처분이 변경되었다면 그 변경된 처분을 대상으로 하여야 한다. 일종의 불이익변경금지의 원칙이 적용되는 것이다.

제2절 ┃ 불문경고, 경고조치의 처분성

1) 국가공무원법 제79조에서 징계의 종류를 파면, 해임, 강등, 정직, 감봉, 견책으로 정하고 있고 지방자치법에서도 이와 마찬가지로 정하고 있다. 그런데 총리령인 공무원징계령 시행규칙 별표 3 징계의 감경기준에 의하면 견책을 감경하면 불문(경고)으로 하고 있다. 판례는 이러한 불문경고가 항고소송의 대상이 되는 처분으로 볼 수 있는지, 또 불문경고를 법률에 규정하지 않고 총리령이나 훈령 등에 규정하는 것이 법률유보의 원칙에 반하는 것이 아닌지 논란될 수 있다. 그러나 법률에서 징계의 종류를 정해놓고 감경할 경우에 견책을 감경하여 경고 등으로 할 수 있게 하며 그 근거를 하위법령에서 규율하는 것은, 징계항목을 별도로 창설하는 것이 아니라 단지 징계감경의 효과로 당사자에게 유리하게 처분하는 것이므로 법률유보의 원칙에 반한다고 할 수 없다.

2) 우선, 행정규칙에 근거한 불문경고와 같은 불이익조치를 행정처분이라 할 수 있는가, 있다면 그 근거는 무엇인가

대법원은, 항고소송의 대상이 되는 행정처분이란 원칙적으로 행정청의 공법상 행위로서 특정 사항에 대하여 법규에 의한 권리의 설정 또는 의무의 부담을 명하거나 기타 법률상 효과를 발생하게 하는 등으로 일반 국민의 권리 의무에 직접 영향을 미치는 행위를 가리키는 것이지만, 어떠한 처분의 근거나 법적인 효과가 행정규칙에 규정되어 있다고 하더라도, 그 처분이 행정규칙의 내부적 구속력에 의하여 상대방에게 권리의 설정 또는 의무의 부담을 명하거나 기타 법적인 효과를 발생하게 하는 등으로 그 상대방의 권리의무에 직접 영향을 미치는 행위라면, 이 경우에도 항고소송의 대상이 되는 행정처분에 해당한다고 보아야 한다(대법원 2021. 2. 10. 선고 2020두47564 판결)고 판시하였다. 불문경고는 표창공적의 사용제한 등의 불이익이 수반되어 항고소송의 대상이 되는 처분으로 보아야 한다는 것이다.

3) 위 2020두47564 판결에서, 검사에 대한 경고조치 또한 같은 맥락에서 거론된다. 검찰총장이 사무검사 및 사건평정을 기초로 대검찰청 자체감사규정 제23조 제3항, 검찰공무원의 범죄 및 비위 처리지침 제4조 제2항 제2호 등에 근거하여 검사에 대하여 하는 '경고조치'는 일정한 서식에 따라 검사에게 개별 통지를 하고 이의신청을 할 수 있으며, 검사가 검찰총장의 경고를 받으면 1년 이상 감찰관리 대상자로 선정되어 특별관리를 받을 수 있고, 경고를 받은 사실이 인사자료로 활용되어 복무평정, 직무성과금 지급, 승진·전보인사에서도 불이익을 받게 될 가능성이 높아지며, 향후 다른 징계사유로 징계처분을 받게 될 경우에 징계양정에서 불이익을 받게 될 가능성이 높아지므로, 검사의 권리 의무에 영향을 미치는 행위로서 항고소송의 대상이 되는 처분이라고 보아야 한다. 검사의 직무상 의무 위반의 정도가 중하지 않아 검사징계법에 따른 '징계사유'에는 해당하지 않더라도 징계처분보다 낮은 수준의 감독조치로서 '경고처분'을 할 수 있고, 법원은 그것이 직무감독권자에게 주어진 재량권을 일탈·남용한 것이라는 특별한 사정이 없는 한 이를 존중하는 것이 바람직하다고 본 것이다.

상위법령에 명확한 법적 근거 없이 불문경고나 경고조치가 이루어지는 것은 바람직하지 않으며[1] 실무에서도 온정주의에 흘러 불문경고를 활용하는 폐단도 있다.

4) 징계와 무관하게 경고처분이 내려질 수 있고, 그 경우는 행정처분이므로 취소소송을 제기할 수 있다. 병역법 제33조제2항의 사회복무요원, 제33조의10의 예술·체육요원 등에 대한 근무위반과 연장복무에서 경고처분을 할 수 있도록 하고 있는 것이 그 예이다.

제3절 | 처분성에 대해 논란이 있는 부분

(1) 사립초등학교장의 학생에 대한 징계조치

갑 학교법인이 운영하는 을 초등학교에 재학하던 병(학생)이 학교 폭력을 행사하였다는 이유로 을 초등학교의 학교폭력대책자치위원회가 학교폭력예방 및 대책에 관한 법률 제17조 제1항 소정의 '학내외 전문가에 의한 특별 교육이수 또는 심리치료' 6시간(제5호), '학급교체'(제7호)의 조치를 의결하여 을 초등학교장이 병에게 통지하였는데, 병이 위와 같은 징계가 행정처분이 아니라 사법상의 행위라고 주장하며 무효확인을 구하는 민사소송을 제기한 사안에서, 징계가 행정처분에 해당하므로 징계의 무효확인을 구하는 소송은 행정소송이고, 따라서 제1심 전속관할법원으로 이송하여야 한다. 참고로 공립초등학교의 경우 공무원인 교장이 학교폭력예방법 제17조 제1항에 따라 하는 조치는 행정처분이므로 이에 대하여 행정소송법이 적용되므로, 조치무효확인소송 외에 조치취소소송이 허용된다(대구고등법원 2017. 11. 10. 선고 2017나22439 판결).

---

1) 대검찰청 자체감사규정 제23조 제3항, 검찰공무원의 범죄 및 비위 처리지침 제4조 제2항 제2호 등에 근거하여 검사에 대하여 하는 '경고조치'는, 공무원징계령에서 견책처분을 감경하는 경우 할 수 있는 불문(경고)과 달리 새로운 징계의 종류를 창설하는 것이므로 상위법령의 근거가 있어야 하고, 위임의 근거가 없이 행정규칙으로 국민의 권리를 제한하거나 의무를 부과하는 등 새로운 권리의무에 관한 사항을 정하는 것은 법률유보의 원칙에 반한다고 볼 수 있다. 검사징계법에 명문화할 필요가 있다.

(2) 여성부 남녀차별개선위원회[2]의 성희롱결정처분

성희롱 행위자로 지목된 자가 자신의 언동이 성희롱에 해당하는지 여부에 관하여 남녀차별개선위원회와 다른 판단을 하고 있음에도 불구하고 남녀차별개선위원회가 그의 언동을 성희롱에 해당한다고 일방적으로 결정한다면, 그와 같은 결정에 의하여 헌법에 의하여 보장받고 있는 그의 인격권이 직접적으로 침해받을 가능성이 있게 되므로, 남녀차별개선위원회의 성희롱 결정으로 인하여 자신의 인격권을 직접적으로 침해받은 국민에게 남녀차별개선위원회를 상대로 행정소송을 제기하여 그 적법 여부를 다툴 수 있는 기회를 제공함으로써 국민의 기본권으로 보장되는 재판청구권을 보장함이 상당하다 할 것이고, 한편 구 남녀차별금지및구제에관한법률(2003. 5. 29. 법률 제6915호로 개정되기 전의 것)상 공공기관의 장 또는 사용자에 대한 남녀차별개선위원회의 시정조치권고는 권고의 형식을 취하고 있어 그 상대방의 법률상 지위에 직접적인 법률적 변동을 일으키지 아니하는 행정지도의 일종으로 보일 수 있으나 그와 같은 형식에도 불구하고 같은 법은 당해 공공기관의 장 또는 사용자에게 특별한 사유를 소명하지 못하는 한 이를 이행하여야 할 법적 의무와 그 처리결과의 내용을 남녀차별개선위원회에게 통보하여야 할 법적 의무를 동시에 부여하고 있으므로, 남녀차별개선위원회의 시정조치권고는 그 실질에 있어서 상대방에게 법적 의무를 부과함으로써 그 법률상 지위에 변동을 일으키는 것이므로, 남녀차별개선위원회의 같은 법상의 성희롱 결정 및 시정조치권고는 행정소송의 대상이 되는 행정처분에 해당한다(서울행정법원 2004. 5. 20. 선고 2002구합36065 판결).

(3) 방송통신심의위원장 해촉

2023. 9. 27. 서울행정법원 행정14부는 정○○ 전 위원장 등이 제기한 해촉처분 집행정지 신청을 각하했다. 재판부는 "(해촉 결정이) 공권력의 행사로서 우월한 지위에서 행한 행정처분에 해당한다고 볼 수 없다며 "방통심의위 위원의 지위가 일부 국가공무원의 지위와 유사한 면이 있으나 이는 방송·통신에 대한 내용규제라는 직무

---

[2] 1999. 2. 8. 제정되어 시행되다가 2005. 12. 29. 폐지된 남녀차별금지및구제에관한법률 제9조에서, 남녀차별사항의 조사·시정권고 기타 이 법에 의한 남녀차별개선사무를 수행하기 위하여 여성부장관 소속하에 남녀차별개선위원회를 둔다고 규정하였다.

특성에 기인한 것이다. 공공성만으로는 위촉이나 해촉이 행정청의 공권력 행사라고 볼 수는 없다"고 했다. 방통심의위는 민간독립기구로 출범했다. 다만 사실상 행정기구와 역할이 다르지 않고, 심의와 관련해선 행정기구로 본 경우도 있다.3)

제4절 | 징계사유의 추가 및 변경

징계처분 취소소송에서 징계사유를 추가 또는 변경하여 판단할 수 있는가. 기본적 사실관계의 동일성이 있는 경우는 가능하다고 본다. 관련 판례로, 구청위생과 직원인 원고가 이 사건 당구장이 정화구역외인 것처럼 허위표시를 함으로써 정화위원회의심의를 면제하여 허가처분하였다는 당초의 징계사유와 정부문서규정에 위반하여 이미 결제된 당구장 허가처분서류의 도면에 상사의 결제를 받음이 없이 거리표시를 기입하였다는 원심인정의 비위사실과는 기본적 사실관계가 동일하지 않으므로 징계처분취소송에서 이를 징계사유로 추가 또는 변경할 수 없는 것이고 원고에 대한 당초의 징계처분사유가 징계대상이 안된다고 인정되는 이상 후자의 사실을 들어서 원고에 대한 피고의 징계처분이 정당하다고 인정할 수는 없는 것이다(대법원 1983. 10. 25. 선고 83누396 판결).

---

3) 2023. 9. 27. 미디어오늘, '법원, 정연주 방통심의위원장 해촉 집행정지 신청 각하', 금준경 기자.

제3장

당사자

제1절 | 당사자에 대한 일반론

1. 당사자의 의의

행정소송에서 자기의 이름으로 소송을 제기하는 원고측과 그 상대방인 피고측을 합해 당사자라 한다. 행정소송도 쟁송절차로서 양쪽 당사자가 대립하는 구조를 갖는다는 점에서 민사소송과 본질적으로 다를 바 없다. 그러나 행정소송의 당사자는 민사소송에서와 같이 당사자 사이의 권리·의무관계에 대한 다툼이 아니라 행정청의 위법한 처분등으로 자신의 권리나 법률상 이익이 침해되었음을 이유로 그 처분의 취소나 무효확인 등을 구하고 이에 대해 행정청은 자신의 권익을 주장하는 것이 아니라 법규의 적용에 있어 위법이 없음을 주장한다는 점에서 다르다.

2. 당사자능력

소송당사자가 될 수 있는 소송법상의 권리능력을 당사자능력이라 한다. 권리능력 있는 자연인이라면 원고가 될 수 있다. 다만 소청심사의 피청구인이 된 학교법인, 사립학교의 장(교원의 지위 향상 및 교육활동 보호를 위한 특별법 제10조 제4항)에게도 원고능력이 인정된다.

행정소송법상 처분등을 행한 행정청을 피고로 한다고 하므로, 행정청에 피고능력이 인정된다.

3. 당사자 적격

(1) 의의

특정한 소송사건에서 당사자로서 소송을 수행하고 본안판결을 받기에 적합한 자격을 말하며 당연히 원고적격과 피고적격을 갖추어야 한다.

(2) 당사자 적격과 협의의 소의 이익과의 관계

행정소송법 제12조 전문은, 취소소송은 처분등의 취소를 구할 법률상 이익이 있는 자가 제기할 수 있다. 즉 법률상 이익이 있는 자에게 원고적격을 인정하고 있다. 그런데 동조 후문은, 처분등의 효과가 기간의 경과, 처분등의 집행 그 밖의 사유로 인하여 소멸된 뒤에도 그 처분등의 취소로 인하여 회복되는 법률상 이익이 있는 자의 경우에는 또한 같다고 규정하고 있는데, 여기서 '처분등의 취소로 인하여 회복되는 법률상 이익'이 전문의 '처분등의 취소를 구할 법률상 이익'과는 다른 개념이고 12조 후문의 법률상 이익이 12조 전문의 이익보다 더 넓은 개념이라고 보고, 따라서 12조 후문을 원고적격과는 별개인 협의의 소의 이익인 권리보호의 필요 내지 이익에 관한 규정이라는 견해로 다수설이고 판례이다. 판례의 경향은 제12조 후문의 법률상 이익을 보다 확대하는 방향으로 나아가고 있다.[4]

---

4) 행정처분의 무효 확인 또는 취소를 구하는 소가 제소 당시에는 소의 이익이 있어 적법하였는데, 소송계속 중 해당 행정처분이 기간의 경과 등으로 그 효과가 소멸한 때에 처분이 취소되어 원상회복이 불가능하다고 보이는 경우라도, 무효 확인 또는 취소로써 회복할 수 있는 다른 권리나 이익이 남아 있거나 또는 그 행정처분과 동일한 사유로 위법한 처분이 반복될 위험성이 있어 행정처분의 위법성 확인 내지 불분명한 법률문제에 대한 해명이 필요한 경우에는 행정의 적법성 확보와 그에 대한 사법통제, 국민의 권리구제 확대 등의 측면에서 예외적으로 그 처분의 취소를 구할 소의 이익을 인정할 수 있다. 여기에서 '그 행정처분과 동일한 사유로 위법한 처분이 반복될 위험성이 있는 경우'란 불분명한 법률문제에 대한 해명이 필요한 상황에 대한 대표적인 예시일 뿐이며, 반드시 '해당 사건의 동일한 소송 당사자 사이에서' 반복될 위험이 있는 경우만을 의미하는 것은 아니다(대법원 2020. 12. 24. 선

(3) 예외적 원고적격 인정

행정청은 원칙적으로 원고적격이 없으나 예외적으로 인정되는 경우가 있다. 징계처분과 관련하여서는 행정청은 아니지만 소청심사의 피청구인이 된 학교법인과 사립학교의 장에게 원고적격이 인정된다. 교원의 지위 향상 및 교육활동 보호를 위한 특별법 제10조제4항은, 사립학교 교원에 대한 교원소청심사위원회의 결정에 대하여 교원, 「사립학교법」 제2조에 따른 학교법인 또는 사립학교 경영자 등 당사자(공공단체는 제외한다)는 그 결정서를 송달받은 날부터 30일 이내에 「행정소송법」으로 정하는 바에 따라 소송을 제기할 수 있다. '등 당사자'에는 사립학교의 장이 포함되는 것으로 해석하고 있다(대법원 2011. 6. 24. 선고 2008두9317 판결).

(4) 무효등확인소송의 경우

무효등확인소송은 처분등의 효력 유무 또는 존재 여부의 확인을 구할 법률상의 이익이 있는 자가 제기할 수 있다(행정소송법 제35조). 법률상 이익의 의미는 취소소송에서와 다르지 않다.

제2절 | 원고

1. 원고가 될 수 있는 자

징계등처분을 받은 자로서 소송당사자가 될 수 있는 당사자능력과 원고로서 소송을 제기해 본안판결을 받을 수 있는 당사자적격을 갖추어야 한다. 일반적으로 징계처분을 받은 징계혐의자가 원고가 되나, 사립학교의 교원의 경우 소청심사를 제기해 그 소청심사결정을 취소하는 소송을 제기할 수 있음에 대응해 소청심사의 피청구인이 된 사립학교의 학교법인 또는 사립학교의 장도 원고가 될 수 있다.

고 2020두30450 판결) 등.

2. 소송승계

징계등혐의자가 원고로서 징계처분등의 취소를 구하는 소송 계속중에 사망한 경우 그 소송을 가족이 상속(승계)하여 계속할 수 있는가. 행정소송법은 당사자의 사망으로 인한 소송의 승계에 관하여 아무런 규정도 두고 있지 않으므로, 행정소송에 있어서 당사자의 사망으로 인한 소송의 승계에 관하여는 민사소송법의 규정이 준용된다고 할 것인데(행정소송법 제8조 제2항 참조), 당사자가 사망한 경우 소송물이 일신전속권으로서 상속의 대상이 되지 않는다면 소송은 상속인들에게 승계되지 아니하고 종료된다(대법원 2007. 7. 26. 선고 2005두15748 판결, 대법원 2011. 1. 27. 선고 2010재두257 판결 등 참조). 이 경우 판결의 주문은, '이 사건 소송은 2024. 11. 24. 원고의 사망에 의하여 종료되었다.'고 표시된다. 공무원으로서의 지위는 일신전속권으로서 상속의 대상이 되지 않으므로, 의원면직처분에 대한 무효확인을 구하는 소송은 당해 공무원이 사망함으로써 중단됨이 없이 종료된다(대법원 2007. 7. 26. 선고 2005두15748 판결). 그런데 징계부가금은 재산성을 가지므로 상속의 대상이 되어 소송승계의 대상이 되지 않을까. 그렇지 않다. 징계부가금처분도 공무원의 지위에서 비롯되므로 징계부가금을 부과받은 징계혐의자에 대해서는 국세징수절차에 의해 강제할 수 있으나 상속인에 대해서는 일신전속적 성격으로 인해 강제징수할 수 없다 할 것이다.

3. 피해자가 원고가 될 수 있나

현행법상 없다. 그런데 학교폭력예방 및 대책에 관한 법률상의 가해학생 또는 보호자는 교육장이 내린 조치(제17조제1항)에 대하여 행정소송을 제기할 수 있다. 그런데 동법 제17조의3 제1항은 교육장이 피해학생 및 가해학생에 내린 조치(제16조제1항 및 제17조제1항)에 대하여 이의가 있는 피해학생 또는 그 보호자는 행정소송을 제기할 수 있다고 규정하고 있다. 이런 제도를 고려하여 일부 징계 피해자의 경우, 특히 성폭력범죄, 성희롱 등 성관련 피해자의 경우 가해자에 대한 조치에 대해 원고로서 행정소송을 제기할 수 있는 제도를 만들 필요가 있다고 본다.

제3절 | 피고

1. 규정

법 제16조 제2항은, 제1항에 따른 행정소송을 제기할 때에는 대통령의 처분 또는 부작위의 경우에는 소속 장관(대통령령으로 정하는 기관의 장을 포함한다. 이하 같다)을, 중앙선거관리위원회위원장의 처분 또는 부작위의 경우에는 중앙선거관리위원회사무총장을 각각 피고로 한다. 영 제2조 제3호에 의하면, 「국가공무원법」 제16조제2항에서 규정한 "소속 장관"은 다음과 같다.

가. 중앙행정기관인 부·처·청의 장과 대통령비서실장(국가안보실 및 국가안전보장회의 사무처를 포함한다), 대통령경호처장, 감사원장, 국가인권위원회위원장, 고위공직자범죄수사처장, 방송통신위원회위원장, 원자력안전위원회위원장, 국무조정실장(국무총리비서실을 포함한다), 공정거래위원회위원장, 금융위원회위원장, 국민권익위원회위원장, 개인정보 보호위원회 위원장, 민주평화통일자문회의사무처장 및 국가교육위원회위원장

나. 특별시·광역시·특별자치시·도·특별자치도(이하 "시·도"라 한다) 및 지방자치단체인 구(이하 "자치구"라 한다)·시·군에 근무하는 공무원에 대한 소속 장관은 행정안전부장관으로, 시·도의 교육청과 그 소속 기관에 근무하는 공무원에 대한 소속 장관은 교육부장관으로 한다.

다. 시·도 및 자치구·시·군에서 농촌진흥사업에 종사하는 연구직 및 지도직공무원의 소속 장관은 농촌진흥청장으로 한다.

라. 시·도에 근무하는 소방공무원에 대한 소속 장관은 소방청장으로 한다.

마. 가목부터 라목까지 규정된 기관에 소속되지 아니하는 기관의 소속 장관은 법률에서 따로 규정된 것을 제외하고는 다음의 구분에 따른 자가 된다. 이 경우 다음의 구분에 따른 자가 공무원을 임용하는 경우 해당 기관의 장과 미리 협의하여야 한다. 1) 해당 기관의 업무와 관련된다고 인정하여 인사혁신처장이 가목 중에서 지정하는 기관의 장, 2) 인사혁신처장이 1)에 따라 지정하지 아니한 경우에는 인사혁신처장

2. 요약

> ● 당해 행정청
> - 각 부 장관, 중앙선거관리위원회사무총장, 법원행정처장
> - 지방자치단체의 장(특별시·광역시·특별자치시·도·특별자치도의 교육감 포함), 지방의회의 의장(지방공무원법 제6조)
> - 학교장 또는 대학교총장(국공립학교 교원징계의 경우) 등
> ● 교원소청심사위원회
> - 사립학교 교원의 경우

3. 원칙 및 예외

(1) 원칙

피고는 특별한 규정이 없는 한 징계등처분을 행한 행정청이 된다. 다만 사립학교 교원의 경우 교원소청심사위원회의 결정에 대하여 교원소청심사원회를 피고로 하여야 한다. '행정청'이라 함은 국가 또는 공공단체의 기관으로서 국가나 공공단체의 의견을 결정하여 외부에 표시할 수 있는 권한, 즉 처분권한을 가진 기관을 말하고, 대외적으로 의사를 표시할 수 있는 기관이 아닌 내부기관은 실질적인 의사가 그 기관에 의하여 결정되더라도 피고적격을 갖지 못한다(대법원 1966. 3. 29. 선고 65누103 판결, 대법원 1989. 1. 24. 선고 88누3314 판결 등 참조). 입법부나 사법부의 기관도 행정적인 처분을 하는 범위에서는 행정청에 해당한다. 징계처분의 경우 징계위원회에서 의결된 대로 결정됨에도 외부에 이를 표시한 징계처분권자에게 피고적격이 있다.

(2) 예외

1) 대통령 등의 처분의 경우: 공무원에 대하여 한 징계처분에서 대통령이 행한 처분의 경우에는 소속 장관(대통령령으로 정하는 기관의 장을 포함한다)을, 중앙선거관리위원회 위원장이 행한 처분의 경우에는 중앙선거관리위원회사무총장을, 국회의장이 행한 처분의 경우에는 국회 사무총장을, 대법원장이 행한 처분의 경우에는 법원행정처장을, 헌법재판소장이 행한 처분의 경우에는 헌법재판소 사무처장을 각 피고로 한

다(국가공무원법 제16조제2항, 국회사무처법 제4조제3항, 법원조직법 제70조, 헌법재판소법 제17조제5항). 위에서 대통령령으로 정하는 기관의 장으로는, 경찰공무원은 경찰청장, 해양경찰공무원은 해양경찰청장, 소방공무원은 소방청장 등이다(경찰공무원법 제34조, 해양경찰법 제13조제3항, 소방공무원법 제30조).

위와 같은 경우 피고로 되는 자와 처분권자가 다르다. 이럴 때 피고는 각부장관(또는 법원행정처장)으로 기재하나, 청구취지에서 취소를 구하는 것은 피고가 아니라 처분권자의 처분임을 명확히 하여야 한다.

예) 대통령(또는 대법원장)이 2024. . . 자로 원고에게 한 해임처분은 취소한다

2) 경찰공무원의 경우: 경찰공무원법 제33조는, 경찰공무원의 징계는 징계위원회의 의결을 거쳐 징계위원회가 설치된 소속 기관의 장이 하되, 「국가공무원법」에 따라 국무총리 소속으로 설치된 징계위원회에서 의결한 징계는 경찰청장 또는 해양경찰청장이 한다. 다만, 파면·해임·강등 및 정직은 징계위원회의 의결을 거쳐 해당 경찰공무원의 임용권자가 하되, 경무관 이상의 강등 및 정직과 경정 이상의 파면 및 해임은 경찰청장 또는 해양경찰청장의 제청으로 행정안전부장관 또는 해양수산부장관과 국무총리를 거쳐 대통령이 하고, 총경 및 경정의 강등 및 정직은 경찰청장 또는 해양경찰청장이 한다고 규정하고 있다. 징계의 경·중, 해당 경찰공무원의 계급에 따라 징계절차가 달라진다. 경찰공무원징계령에 의하면, 경정 이상의 경찰공무원을 장으로 하는 경찰서, 경찰기동대·해양경찰서 등 총경 이상의 경찰공무원을 장으로 하는 경찰기관 및 정비창에 보통징계위원회를 설치하고 소속 경위 이하의 경찰공무원에 대한 징계등 사건을 심의·의결한다(영 제4조제2항제1호). 보통징계위원회가 설치된 경찰서의 장은 소속 경위 이하의 경찰공무원에게 징계사유가 있을 시 해당 보통징계위원회에 징계등 의결을 요구하여야 하고(영 제9조제1항제1호), 해당 보통징계위원회는 징계의결을 하였을시 지체 없이 징계등 의결을 요구한 자에게 의결서 정본을 보내어 통지하여야 한다(영 제17조). 한편 징계등 의결을 요구한 자는 경징계를 통지받았을 때에는 통지받은 날부터 15일 이내에 징계등을 집행하여야 하고(영 제18조제1항), 중징계를 통지받았을 때에는 징계대상자의 임용권자에게 의결서 정본을 보내어 해당 징계등 처분을 제청하도록 되어 있다(영 제19조제1항). 따라서 일선 경찰

서 소속 경위 이하의 경찰공무원에 대한 감봉, 견책 등의 경징계처분은 경찰서에 설치된 보통징계위원회의 심의·의결을 거쳐 경찰서장이 처분권자가 된다.

이 경우 경찰서장을 상대로 항고소송을 제기하여야 하는가. 경찰공무원법 제34조는, 징계처분에 대한 행정소송은 경찰청장 또는 해양경찰청장을 피고로 하되, 제7조 제3항 및 제4항에 따라 임용권을 위임한 경우에는 그 위임을 받은 자를 피고로 한다고 하고, 동법 제7조제3항, 경찰공무원임용령 제4조제3항에 의해 경찰청장이 경감이하의 임용권을 시·도 경찰청장에게 위임하고 있으므로 경찰서 소속 경위 이하의 경찰공무원에 대한 경징계처분은 경찰서장이 처분권자이나 항고소송의 피고는 경찰청장으로부터 임용권을 위임받은 지방경찰청장에게 있다고 보아야 한다[5](이에 대해서는 처분권자인 경찰서장을 피고로 항고소송을 제기하고 있는 경우도 많다).[6]

(3) 피고의 구체적 정리

(가) 국가기관

대통령, 행정각부의 장(장관), 법제처를 비롯한 각처의 장(처장), 경찰청을 비롯한 각 청의 장(청장)을 비롯한 중앙행정기관[7]의 장, 국립농수산물품질관리원의 원장 등 중앙행정기관의 부속기관[8]의 장, 원주국토관리청의 청장 등 특별지방행정기관[9]의 장.

---

5) 대구지법 2018. 10. 5. 선고 2018구합21165 판결, 의정부지법 2017. 6. 22. 선고 2016구합 10010 판결 등
6) 울산지방법원 2019. 9. 19. 선고 2018구합7727 판결 등
7) 중앙행정기관은 정부조직법에 따라 설치된 부·처·청, 방송통신위원회(방송통신위원회의 설치 및 운영에 관한 법률 제3조), 공정거래위원회(독점규제 및 공정거래에 관한 법률 제54조), 국민권익위원회(부패방지 및 국민권익위원회의 설치와 운영에 관한 법률 제11조), 금융위원회(금융위원회의 설치 등에 관한 법률 제3조), 개인정보보호위원회(개인정보보호법 제7조), 원자력안전위원회(원자력안전위원회의 설치 및 운영에 관한 법률 제3조) 행정중심복합도시건설청(신행정수도 후속대책을 위한 연기·공주지역 행정중심복합도시 건설을 위한 특별법 제38조), 새만금개발청(새만금사업 추진 및 지원에 관한 특별법 제34조) 등이다.
8) 중앙행정기관의 부속기관이란, 행정권의 직접적인 행사를 임무로 하는 기관에 부속하여 그 기관을 지원하는 행정기관으로서 대통령령에 따라 설치되는 시험연구기관·교육훈련기관·문화기관·의료기관·제조기관 및 자문기관 등을 말한다(정부조직법 제4조).
9) 특정한 중앙행정기관에 소속되어 특정 관할 구역 내에서 시행되는 소속 중앙행정기관의 권한에 속하는 행정사무를 관장하는 국가의 지방행정기관이다(정부조직법 제3조).

(나) 합의제 행정기관

구성원의 합의에 따라 의사가 결정되는 행정기관을 합의제행정기관이라고 한다. 피고적격의 대상으로 독임제행정기관이 일반적임에 비하여 예외적 기관이다. 소청심사위원회, 방송통신위원회, 공정거래위원회, 국민권익위원회, 금융위원회 등이며, 대외적으로 의사를 표시하는 권한이 있는 합의제행정기관으로서 자신의 명의로 처분이 이루어지고 합의제행정기관 자체가 피고가 된다. 각 기관의 위원장은 합의제행정기관의 대표자로서 그 기관의 사무를 통할하고 소속기관의 직원을 지휘·감독할 뿐이며 처분 주체로서의 행정청이 아니다. 따라서 소청심사위원회 위원장이 아닌 소청심사위원회를 피고로 하여야 한다. 그러나 개별법에서 합의제행정기관의 대표자를 행정소송의 피고로 하도록 되어 있으면 그 대표자를 피고로 하여야 한다. 또 합의체행정기관의 회의체로서 고유사무가 아니라 대표자가 담당하는 일반 행정사무일 경우에는 합의체행정기관의 대표자인 위원장이 피고가 된다.[10]

(다) 지방자치단체의 장

지방자치단체의 장[특별시·광역시·특별자치시·도 또는 특별자치도의 교육감을 포함한다. 이하 같다] 및 지방의회의 의장[시·도의회의 의장 및 시·군·구의회의 의장을 말한다. 이하 같다]은 지방공무원법에서 정하는 바에 따라 그 소속 공무원의 임명·휴직·면직과 징계를 하는 권한을 가진다(지방공무원법 제6조제1항). 지방자치단체란 1. 특별시, 광역시, 특별자치시, 도, 특별자치도, 2. 시, 군, 구의 2가지 종류로 구분된다(지방자치법 제2조제1항).

지방의회는 지방자치단체 내부의 의결기관일 뿐, 지방자치단체의 의사를 외부에 표시하는 기관이 아니므로 항고소송의 피고가 될 수 없음이 원칙이나, 지방의회 의원에 대한 징계의결과 같이 지방의회 내부의 자율권에 관하여는 지방의회가 피고가 된다.

---

10) 국민권익위원회가 소방청장에게 인사와 관련하여 부당한 지시를 한 사실이 인정된다며 이를 취소할 것을 요구하기로 의결하고 그 내용을 통지하자 소방청장이 국민권익위원회 조치요구의 취소를 구하는 소송을 제기한 사안(대법원 2018. 8. 1. 선고 2014두35379 판결)에서, 소방방재청장이 국민권익위원회가 아닌 국민권익위원회 위원장을 상대로 징계처분등의 취소소송을 제기한 것은 잘못이라 할 것이다.

4. 피고의 경정

원고가 피고를 잘못 지정한 때에는 법원은 원고의 신청에 의하여 결정으로써 피고의 경정을 허가할 수 있다[11](행정소송법 제14조제1항). 행정소송에서 피고경정은 사실심 변론종결 이전까지 허용된다(대법원 2006.2.23. 2005부4 결정). 피고를 잘못 지정하였는지는 법원이 객관적으로 판단할 사항이므로 만약 당사자가 원래의 피고가 정당함에도 잘못 신청하였다고 피고경정신청을 하면 피고경정신청을 받아들이지 않을 수 있다. 원고가 피고를 잘못 지정하였을 경우 법원은 석명권을 행사하여 원고로 하여금 시정할 기회를 주어야 하고 그러한 기회를 주지 않고 바로 소를 각하함은 위법이라고 본다.[12]

법원은 피고경정요건이 인정되면 피고경정허가결정을 할 수 있고, 그 신청을 각하하는 결정에 대하여는 즉시항고할 수 있다(행정소송법 제14조제3항). 피고경정허가결정이 있으면 새로운 피고에 대한 소송은 처음에 소를 제기한 때에 제기된 것으로 본다(제14조제3항). 이 규정은 제소기간을 준수하지 아니한 것으로 되는 불이익을 주지 않기 위함이다.

만약 소를 변경하면서 피고를 경정하게 되는 경우가 허용되는가. 예컨대 징계위원회를 피고로 하여 징계의결취소를 구하다가 징계처분의 취소를 구하는 것으로 청구취지를 변경하면서 징계처분권자를 피고로 변경하거나, 소청심사위원회를 상대로 결정취소를 구하다가 취소의 대상을 원처분으로 바꾼 뒤 원처분청을 피고로 경정하는 경우에는 소변경의 요건을 갖춘다면 허용된다.

---

11) 피고경정에 대해 민사소송법은 제260조에 행정소송법은 제14조에서 규정하고 있는데, 차이점이 있다. 민사는, 피고가 본안에 관하여 준비서면을 제출하거나, 변론준비기일에서 진술하거나 변론을 한 뒤에는 그의 동의를 받아야 하나, 행정소송에는 그런 제한이 없다. 민사는 서면에 의한 신청을 요하나 행정소송에는 구두로 신청함도 가능하다. 민사는 제1심에서만 가능하나 행정소송은 제2심에서도 가능하다.
12) 법원실무제요, 행정[I] 2023.12. 236쪽.

제4절 | 소송참가

1. 의의

사립학교 교원에 대한 징계에 대해 해당 교원이 교원소청심사위원회에 소청을 제기하여 결정이 난 후, 그 결정에 대해 교원이 다투는 경우 학교법인이 교원소청심사위원회의 보조참가인으로 소송참가할 수 있고, 학교법인이 원고로서 다툴 경우에는 교원이 피고 교원소청심사위원회의 보조참가인으로 소송참가할 수 있다.

법원은 소송의 결과에 따라 권리 또는 이익의 침해를 받을 제3자가 있는 경우에는 당사자 또는 제3자의 신청 또는 직권에 의하여 결정으로써 그 제3자를 소송에 참가시킬 수 있다(행정소송법 제16조제1항). 이처럼 소송참가란 타인 간에 계속 중인 소송에 제3자가 그 소송절차에 관여하는 것을 말한다. 행정소송법 제16조는 제3자의 소송참가에 대해, 제17조는 행정청의 소송참가에 대해 규정하고 있으며 행정소송에서는 민사소송의 규정을 준용하도록 하고 있다. 실무에서는 소송참가자란 표현보다 민사소송과 같이 보조참가인으로 소장 및 판결문 등에 기재함이 일반적이다.

사례(서울행정법원 2020. 10. 23. 선고 2019구합52492 판결 참고)를 구성해 보면, 대학교수 A가 대리강의를 시킨 사실(징계사유1)과 대리강의 실적을 자신의 강의 실적인 것처럼 심사받아 재임용된 비리(징계사유2)로 소속 대학내 징계위원회에 회부되어 정직 1월의 징계를 받았다. A는 징계처분의 취소를 구하는 소청심사를 청구하였고, 교원소청심사위원회는 징계처분의 사유는 인정되나 징계양정에 있어 재량권을 일탈·남용하여 위법하다며 이를 취소하는 결정을 하였다. 이에 학교법인이 원고가 되어 피고 교원소청심사위원회를 상대로 교원소청심사위원회결정취소 소송을 제기하였고, 교수 A가 피고보조참가인으로 소송참여 하였다. 법원은 징계사유 2에 대한 심리를 하지 않은 것이 위법이라며 원고승소 판결하였다. 따라서 주문은 "피고가 2024. 10. 10. 원고와 피고보조참가인 사이의 정직 1월 처분 취소청구 사건에 관하여 한 결정을 취소한다."고 판시하였다.

2. 요건

(1) 타인간의 행정소송이 계속되어 있는 한 심급을 묻지 않고 상고심에서도 가능하다. 다만 상고심에 참가한 때는 사실상의 주장이나 증거제출이 불가능하다.

(2) 소송의 결과로 권리 또는 법률상 이익을 침해받을 자가 참가인이 되어야 한다.

(3) 소송참가인은 소송당사자 이외의 제3자이어야 하고, 원·피고 어느 쪽을 위하여도 참가할 수 있다.

3. 효과

참가인 지위를 취득한 제3자는 실제 소송에 참가하여 소송행위를 하였는지를 불문하고 판결의 효력을 받는다.

제5절 | 소송상의 대리인

1) 행정소송의 소송대리도 민사소송법의 규정에 따라 법정대리 및 임의대리 규정이 그대로 적용된다. 민사소송과 마찬가지로 소송수행자를 지정하여 소송을 수행하게 할 수 있다(국가를 당사자로 하는 소송에 관한 법률 제3조). 행정청의 장은 그 행정청의 직원 또는 상급 행정청의 직원(이 경우에는 미리 해당 상급 행정청의 장의 승인을 받아야 한다)을 지정하여 행정소송을 수행하게 할 수 있고, 행정청의 장은 변호사를 소송대리인으로 선임하여 행정소송을 수행하게 할 수 있다(국가소송법 제5조). 실무에서는 징계처분을 다투는 경우 대부분 변호사를 선임해 소송을 수행하고 있다.

2) 소송수행자는 소송에 관하여 모든 재판상의 행위를 할 수 있으나 대리인을 선임할 수는 없다(국가소송법 제7조). 따라서 소송수행자는 소송탈퇴, 상소제기 또는 취하 등을 할 수 있다. 한편 국가를 당사자로 하는 소송에 관한 법률 시행령 제3조는, 각급 검찰청의 장은 제2조에 따라 그 권한에 속하는 소송사건 중 법무부령으로 정하는 소송사건에 관하여 소의 제기 및 취하, 상소의 포기 및 취하, 화해, 청구의 포기

및 인낙(認諾), 소송대리인의 선임 및 해임의 소송행위를 하려는 때에는 법무부장관의 승인을 받아야 한다고 규정한다. 만약 소송수행자가 이러한 승인을 받지 않은 채 소송수행한 경우 그 효력은 어떠한가. 국가를 당사자로 하는 소송에 관한 법률 제7조에 의하면 국가소송수행자로 지정된 자는 당해 소송에 관하여 대리인의 선임 이외의 모든 재판상의 행위를 할 수 있도록 규정되어 있으므로, 소송수행자는 별도의 특별수권 없이 당해 청구의 인낙을 할 수 있고, 그 인낙행위가 같은법 시행령 제3조 및 같은법 시행규칙 제11조 제5항 소정의 법무부장관 등의 승인 없이 이루어졌다고 하더라도 소송수행자가 내부적으로 지휘감독상의 책임을 지는 것은 별론으로 하고 그 소송법상의 효력에는 아무런 영향이 없다(대법원 1995. 4. 28. 선고 95다3077 판결).

제4장

소송의 제기/심리/판결

1. 소장제출/샘플

소   장

원   고   김 ○ ○
　　　　　　서울특별시 강동구
　　　　　　소송대리인 법무법인 ○○
　　　　　　서울 서초구 서초중앙로
　　　　　　담당변호사 서영득
　　　　　　전화:

피   고   환경부장관
　　　　　　대전시 서구 청사로 정부대전청사

징계처분 취소의 소

청 구 취 지

1. 피고가 2024. 01. 30. 원고에 대하여 한 정직 3월의 처분은 취소한다.
2. 소송비용은 피고가 부담한다.
라는 판결을 구합니다.

청 구 이 유

1. 당사자 관계

2. 이 사건 처분의 내용 및 원고의 입장

3. 이 사건 소송에 이르게 된 경위

4. 이 사건 징계처분의 위법성
    가. 절차적 위법성
    나. 실체적 위법성
    다. 재량권의 일탈·남용

5. 결 론
    이상과 같은 이유로 원고의 청구를 인용하여 주시기 바랍니다.

입 증 방 법

1. 갑 제1호증   징계의결서
1. 갑 제2호증

2024. 04. 17.

위 원고의 대리인
법무법인 정론
담당변호사 서 영 득

대전지방법원 귀중

2. 관할 및 이송

가. 토지관할

항고소송의 제1심 관할법원은 피고의 소재지를 관할하는 행정법원이다(행정소송법 제9조제1항). 제1항에도 불구하고 다음 각 호의 어느 하나에 해당하는 피고에 대하여 취소소송을 제기하는 경우에는 대법원소재지를 관할하는 행정법원에 제기할 수 있다. 1. 중앙행정기관, 중앙행정기관의 부속기관과 합의제행정기관 또는 그 장, 2. 국가의 사무를 위임 또는 위탁받은 공공단체 또는 그 장(제9조제2항).

그렇다면 중앙행정기관 등의 경우에는 제1항에 따라 피고 소재지 관할 행정법원에 관할을 인정함과 동시에, 제2항에 의거 서울행정법원에도 관할이 인정되어 중복 토지관할을 인정하고 있다. 2014. 5. 20. 개정전 법률에는 제9조제1항에서, '취소소송의 제1심 관할법원은 피고의 소재지를 관할하는 행정법원으로 한다. 다만, 중앙행정기관 또는 그 장이 피고인 경우의 관할법원은 대법원소재지의 행정법원으로 한다.'라고 하여 중앙행정기관 등의 관할은 서울행정법원으로 하고 있었으나, 세종시로 정부부처가 이전함에 따라 중앙행정기관 등의 소재지를 관할하는 행정법원과 대법원 소재지인 서울행정법원의 어디에서나 재판을 받을 수 있도록 하기 위해 종전 제9조제1항에서 단서조항을 삭제하고 제2항을 추가하여 법을 개정한 것이다.

행정법원이 설치되지 아니한 지역에서는 행정법원이 설치될 때까지 해당 지방법원 본원 및 춘천지방법원 강릉지원이 행정법원의 권한에 속하는 사건을 관할하도록 되어 있어(법원조직법 부칙), 행정법원이 설치되어 있는 서울을 제외하고는 피고의 소재지를 관할하는 지방법원 본원 및 춘천지방법원 강릉지원이 항고소송의 제1심 관할법원이다.

나. 사물관할

행정법원의 심판권은 판사 3명으로 구성된 합의부에서 행사한다. 다만 단독판사가 심판할 것으로 행정법원 합의부가 결정한 사건의 심판권은 단독판사가 행사한다(법원조직법 제7조제3항). 행정법원이 설치되지 아니한 지역에서 행정법원 역할을 하도록 되어 있는, 지방법원 본원 및 춘천지방법원 강릉지원에서도 행정사건은 합의부 관장사항이다.

다. 사건의 이송

1) 사건의 이송이란 어느 법원에 일단 계속된 소송을 그 법원의 재판에 의하여 다른 법원으로 이전하는 것을 말한다. 관할위반의 경우 소를 각하하기보다는 관할권이 있는 법원에 이송함으로써 다시 소를 제기할 때 들이는 시간, 노력, 비용을 절감하게 하고, 소제기에 의한 제소기간의 준수의 효력을 유지시켜 소송경제에 도움이 되게 하며, 나아가 관할위반이 아닌 경우라도 소송촉진과 소송경제를 도모하기 위하여 보다 편리한 법원으로 옮겨 심판할 수 있도록 하려는데 그 제도적 의의가 있다.

2) 행정소송도 민사소송법 제34조제1항이 준용되어, 법원은 소송의 전부 또는 일부에 대하여 관할권이 없다고 인정하는 경우에는 결정으로 이를 관할법원으로 이송한다. 행정소송법 제7조는, 민사소송법 제34조제1항의 규정은 원고의 고의 또는 중대한 과실 없이 행정소송이 심급을 달리하는 법원에 잘못 제기된 경우에도 적용한다고 규정하여 사건의 이송에 대해 정하고 있다.[1]

---

[1] 그럼에도 민사소송으로 다투어야 함에도 행정소송으로 다툰 경우, 소를 각하한 판결이 여럿 있다. 예컨대, 한국과학기술원교수가 한국과학기술원총장을 상대로 징계처분취소를 구하는 사건에서, 피고는 국가로부터 독립된 법인인 한국과학기술원의 대표자일 뿐 국가의 기관이 아니므로 법령 또는 자치법규에 따라 행정권한을 가지거나 행정권한의 위임 또는 위탁을

3) 행정소송법 제7조는 원고의 고의 또는 중대한 과실 없이 행정소송이 심급을 달리하는 법원에 잘못 제기된 경우에 민사소송법 제34조 제1항을 적용하여 이를 관할 법원에 이송하도록 규정하고 있을 뿐 아니라, 관할 위반의 소를 부적법하다고 하여 각하하는 것보다 관할 법원에 이송하는 것이 당사자의 권리구제나 소송경제의 측면에서 바람직하므로, 원고가 고의 또는 중대한 과실 없이 행정소송으로 제기하여야 할 사건을 민사소송으로 잘못 제기한 경우, 수소법원으로서는 그 행정소송에 대한 관할을 가지고 있지 아니하다면 당해 소송이 이미 행정소송으로서의 전심절차 및 제소기간을 도과하였거나 행정소송의 대상이 되는 처분 등이 존재하지도 아니한 상태에 있는 등 행정소송으로서의 소송요건을 결하고 있음이 명백하여 행정소송으로 제기되었더라도 어차피 부적법하게 되는 경우가 아닌 이상 이를 부적법한 소라고 하여 각하할 것이 아니라 관할 법원에 이송하여야 한다(대법원 2008. 7. 24. 선고 2007다25261 판결).

3. 제소기간

가. 취소소송의 경우

(1) 원칙

취소소송은 처분등이 있음을 안날로부터 90일, 처분등이 있은 날로부터 1년 내에 제기하여야 한다(행정소송법 제20조). 그런데 징계처분에 대한 취소소송은 소청심사 전치주의를 취하므로 소청심사위원회의 심의·의결을 거치지 않으면 취소소송을 제기할 수 없다. 따라서 취소소송의 제소기간은 소청심사위원회의 결정서 정본을 송달받은 날로부터 90일, 결정이 있은 날로부터 1년 이내에 소를 제기하여야 한다(행정소송법 제20조 제1항 단서, 2항 본문).

그런데 소청심사청구를 한 후 60일이 지나도 결정이 없을 때에는 바로 소송을 제

받지 않는 이상 원칙적으로 행정청의 지위에 있지 아니하고, 이 사건 징계처분 통보는 사립학교의 대표자 등이 그 소속 교원에게 한 불이익처분과 법적 성격이 유사하여 이를 행정처분으로 보기는 어렵다. 따라서 이 사건 징계처분 통보는 행정청이 고권적 지위에서 하는 공권력 행사라 할 수 없어 항고소송의 대상이 되는 행정처분에 해당하지 않으므로, 그 취소를 구하는 이 사건 소는 부적법하다(대전지방법원 2022. 4. 27. 선고 2021구합101399 판결).

기할 수 있도록 하고 있다(행정소송법 제18조제2항제1호). 그 경우 제소기간은 어떻게 되는가. 소를 제기할 수 있다 하여 그때부터 제소기간이 진행되는 것이 아니고 재결서 정본을 송달받을 때까지는 제소기간이 진행되지 않는다. 따라서 어떤 경우이든 재결서 정본을 송달받은 날부터 90일, 결정이 있은 날로부터 1년이 경과되기 전까지는 소를 제기할 수 있다.

(2) 결정서 정본을 송달받은 날

'결정서 정본을 송달받은 날'이란 결정서 정본을 본인이 직접 수령한 경우에 한하는 것이 아니라, 보충송달, 유치송달, 공시송달 등 민사소송법이 정하는 바에 따라 적법하게 송달된 모든 경우를 포함한다(행정심판법 제48조, 제57조). 한편 '결정이 있은 날로부터 1년 내'란, 말 그대로 결정이 있은 날로부터 1년 이내에 제소하여야 한다는 것이다. 그런데 결정서 정본을 송달받은 날로부터 90일이 경과하면 제소기간은 이미 경과하므로 결정이 있은 날로부터 1년 내라는 제소기간은 무의미하다. 또 결정서 정본이 송달되지 않은 경우 행정소송의 제소기간은 진행되지 않으므로2) 결국 제소기간은 결정서 정본을 송달받은 날로부터 90일 이내에 하여야 한다.

(3) 유의할 점

1) 피고 경정의 경우: 피고를 잘못 지정하여 경정할 경우, 새로운 피고에 대한 소송은 처음에 소를 제기한 때에 제기된 것으로 보므로(행정소송법 제14조제4항), 제소기간도 처음의 피고를 상대로 한 제소 시를 기준으로 한다.

2) 소송종류의 변경: 무효등확인소송을 취소소송으로 변경하는 경우, 변경 전 소제기 당시를 기준으로 제소기간 준수여부를 판단하여야 한다(행정소송법 제37조).

---

2) "이의신청의 재결에 대하여 불복이 있을 때에는 재결서가 송달된 날로부터 1월 이내에 행정소송을 제기할 수 있다"고 규정하고 있으므로, 중앙토지수용위원회의 재결에 대하여 이의를 신청한 수용대상토지의 소유자인 원고가, 원심이 판시한 바와 같은 경위로 자신의 이의신청에 대한 재결이 있은 사실과 이의신청의 재결의 내용을 알 수 있었다고 하더라도, 그렇다고 하여 재결서(재결서의 정본)가 원고에게 송달되지 아니하였음에도 불구하고 이의신청의 재결에 대한 행정소송의 제소기간이 진행된다고 볼 수는 없다(대법원 1992. 7. 28. 선고 91누12905 판결).

나. 무효등확인소송

제소기간에 구애받지 않고 어느 때라도 제기 가능하다.

다. 공무원에 따라 상이한 기간

(1) 교원(사립학교 교원 포함)

교원이 징계처분과 그 밖에 그 의사에 반하는 불리한 처분에 대하여 불복할 때에는 그 처분이 있었던 것을 안 날부터 30일 이내에 교원소청심사위원회에 소청심사를 청구할 수 있다(교원의 지위 향상 및 교육활동 보호를 위한 특별법 제9조제1항). 교원소청심사위원회의 결정에 대하여 교원,「사립학교법」제2조에 따른 학교법인 또는 사립학교 경영자 등 당사자(공공단체는 제외한다)는 그 결정서를 송달받은 날부터 30일 이내에「행정소송법」으로 정하는 바에 따라 소송을 제기할 수 있다(위 법 제10조 제4항). 다시 말해 공무원인 국·공립학교 교원이든 공무원이 아닌 사립학교 교원이든, 교원소청심사위원회로부터 결정서를 송달받은 날부터 30일 이내에 행정소송을 제기하여야 한다. 행정소송 제기기간은 연혁적으로 60일에서 90일로 다시 현행의 30일로 개정되어 왔다.

(2) 법관

징계등 처분이 있음을 안 날부터 14일 이내에 전심(前審) 절차를 거치지 아니하고 대법원에 징계등 처분의 취소를 청구하여야 한다(법관징계법 제27조제1항).

라. 행정소송법상 항고소송으로 제기하여야 할 사건을 민사소송으로 잘못 제기한 경우 제소기간의 준수 여부

행정소송법 상 항고소송을 제기하여야 함에도 불구하고 민사소송으로 잘못 소송을 제기하였다가 관할법원으로 이송된 후 항고소송으로 소를 변경한 경우 항고소송에서 제소기간의 준수 여부는 처음에 소를 제기한 때를 기준으로 하여야 한다. 대법원은, 소 변경 시를 기준으로 제소기간의 준수 여부를 판단하여야 한다면서 제소기간의 경과로 부적법한 소라고 판단한 원심을 파기하였다(대법원 2022. 11. 17. 선고 2021두 44425 판결(파기환송)).[3] 다시 말해 처음에 소를 제기한 때를 기준으로 하여야 한다.

4. 협의의 소의 이익

가. 개념

협의의 소의 이익이란 원고가 소송상 청구에 의하여 본안 판결을 구할 정당한 이익 내지 필요를 말한다. 위법한 행정처분의 취소를 구하는 소는 위법한 처분에 의하여 발생한 위법상태를 배제하여 원상으로 회복시키고, 그 처분으로 침해되거나 방해받은 권리와 이익을 보호·구제하고자 하는 소송이므로, 어떤 행정처분의 위법 여부를 다투는 것이 이론적인 의미는 있으나 재판에 의하여 해결할 만한 실제적인 효용 내지 실익이 없는 경우에는 그 취소를 구할 소의 이익이 없다(대법원 1998. 9. 8. 선고 98두9165 판결).[4]

---

3) 행정소송법 제8조 제2항은 "행정소송에 관하여 이 법에 특별한 규정이 없는 사항에 대하여는 법원조직법과 민사소송법 및 민사집행법의 규정을 준용한다"라고 규정하고 있고, 민사소송법 제40조 제1항은 "이송결정이 확정된 때에는 소송은 처음부터 이송받은 법원에 계속된 것으로 본다"라고 규정하고 있다. 한편 행정소송법 제21조 제1항, 제4항, 제37조, 제42조, 제14조 제4항은 행정소송 사이의 소 변경이 있는 경우 처음 소를 제기한 때에 변경된 청구에 관한 소송이 제기된 것으로 보도록 규정하고 있다. 이러한 규정 내용 및 취지 등에 비추어 보면, 원고가 행정소송법상 항고소송으로 제기하여야 할 사건을 민사소송으로 잘못 제기한 경우에 수소법원이 그 항고소송에 대한 관할을 가지고 있지 아니하여 관할법원에 이송하는 결정을 하였고, 그 이송결정이 확정된 후 원고가 항고소송으로 소 변경을 하였다면, 그 항고소송에 대한 제소기간의 준수 여부는 원칙적으로 처음에 소를 제기한 때를 기준으로 판단하여야 한다(대법원 1984. 2. 28. 선고 83다카1981 전원합의체 판결, 대법원 2013. 7. 12. 선고 2011두20321 판결 등 참조).
4) 원고는 징병신체검사에서 신체등위 2급판정을 받고 피고로부터 현역병입영대상자로서의 병역처분을 받자, 색맹이라는 신체적 결함으로 인하여 현역병의 임무를 감당할 수 없음을 사유로 피고에게 현역병징집면제처분으로 변경하여 달라는 신청을 하였으나, 피고는 색맹은 징병신체검사등검사규칙(1992. 1. 7. 개정된 국방부령 제428호)에 규정된 평가기준상 병역처분의 변경대상이 아니라는 이유로 이를 거부하는 이 사건 처분을 하였고, 그 후 원고는 이 사건 처분의 위법을 주장하며 그 취소를 구하는 이 사건 소를 제기하였으나 소송 도중 모병에 응하여 현역병으로 자진 입대하였다. 원고가 당초에 이 사건 소를 제기한 현실적인 필요는 현역병으로서의 복무가 강제되는 징집을 면하기 위한 데에 있었다고 할 것이나, 소송 도중 원고가 지원에 의하여 현역병으로 채용되었을 뿐만 아니라 이 사건 처분이 취소된다고 하더라도 현역병으로 채용된 효력이 상실되지 아니하여 계속 현역병으로 복무할 수밖에 없으므로 더 이상 재판으로 이 사건 처분의 위법을 다툴 실제적인 효용 내지 실익이 사

협의의 소의 이익은 여타 소송요건과 마찬가지로 직권조사사항이므로 당사자의 이의가 없더라도 직권으로 조사하여 그 흠결이 밝혀지면 소를 부적법 각하하여야 한다. 협의의 소의 이익이 행정소송법 제12조 후문에 근거하며 이는 원고적격과는 별개의 소송요건이라는 입장이 다수설, 판례임은 위 원고적격을 설명하면서 살펴본 바와 같다.

나. 무효등 확인소송과 소의 이익

● **행정소송법 제35조(무효등 확인소송의 원고적격):** 무효등 확인소송은 처분등의 효력 유무 또는 존재 여부의 확인을 구할 법률상 이익이 있는 자가 제기할 수 있다.
● **제12조(원고적격):** 취소소송은 처분등의 취소를 구할 법률상 이익이 있는 자가 제기할 수 있다. 처분등의 효과가 기간의 경과, 처분등의 집행 그 밖의 사유로 인하여 소멸된 뒤에도 그 처분등의 취소로 인하여 회복되는 법률상 이익이 있는 자의 경우에는 또한 같다.

위와 같이 원고적격에 대해서는 무효등확인소송은 취소소송과 별도로 규정하고 있다. 위 두 조항의 차이는 제12조 후문이고 이 부분은 앞서 살펴 본바와 같이 협의의 소의 이익의 근거규정으로 봄이 다수설, 판례이다. 그렇다면 취소소송에서의 소의 이익이 무효등확인소송에서도 그대로 인정되는가. 무효확인의 소송은 위 제12조 후문과 같은 규정은 두고 있지 않지만 해석상 소의 이익 필요하다. 왜냐하면 무효확인소송의 본질은 행정청의 처분을 다투는 항고소송이며 단지 다투는 형식이 확인소송의 형식을 띠고 있을 뿐이므로 취소소송에서와 마찬가지로 소의 이익이 요구된다 할 것이다. 따라서 소의 이익과 별개로 민사소송의 확인의 소송에서 요구되는 확인의 이익은 요구되지 않는다 할 것이다. 대법원은 종래 확인의 이익이 필요하다는 견해를 취한바 있으나 2008. 3. 20. 대법원 전원합의체 판결에서 종전 판례를 변경하였다. 행정소송법 제35조에 규정된 '무효확인을 구할 법률상 이익'이 있는지를 판단할 때 행정처분의 무효를 전제로 한 이행소송 등과 같은 직접적인 구제수단이 있는지를 따져보아야 하는지 여부(이를 확인소송의 보충성이라 함)에 대하여, '행정처분의 근거 법률에 의하여 보호되는 직접적이고 구체적인 이익이 있는 경우에는 행정소송

라졌다고 할 것이어서 이 사건 소는 결국 소의 이익이 없는 부적법한 소라고 할 것이다.

법 제35조에 규정된 '무효확인을 구할 법률상 이익'이 있다고 보아야 하고, 이와 별도로 무효확인소송의 보충성이 요구되는 것은 아니므로 행정처분의 무효를 전제로 한 이행소송 등과 같은 직접적인 구제수단이 있는지 여부를 따질 필요가 없다고 해석함이 상당하다'(대법원 2008. 3. 20. 선고 2007두6342 전원합의체 판결)고 판시하였다.

다. 협의의 소의 이익 유무에 대한 판례정리

(1) 인정하는 경우

1) 처분의 취소로 회복되는 법률상 이익이 있는 경우

공무원에 대한 파면처분 후 징계에 관한 일반사면령이 공포시행 되었으나, 사면법 제5조 제2항, 제4조의 규정에 의하면 징계처분에 의한 기성의 효과는 사면으로 인하여 변경되지 않는다고 되어 있고 이는 사면의 효과가 소급하지 않음을 의미하는 것이므로, 일반사면이 있었다고 할지라도 파면처분으로 이미 상실된 원고의 공무원 지위가 회복될 수는 없다 할 것이므로, 파면처분의 위법을 주장하여 그 취소를 구할 소송상 이익이 있다(대법원 1983. 2. 8. 선고 81누121 판결).

2) 취소로써 회복할 수 있는 다른 권리나 법률상의 이익이 남아 있는 경우

견책의 징계처분을 받은 甲이 사단장에게 징계위원회에 참여한 징계위원의 성명과 직위에 대한 정보공개청구를 하였으나 위 정보가 공공기관의 정보공개에 관한 법률 제9조 제1항 제1호, 제2호, 제5호, 제6호에 해당한다는 이유로 공개를 거부한 사안에서, 비록 징계처분 취소사건에서 甲의 청구를 기각하는 판결이 확정되었더라도 이러한 사정만으로 위 처분의 취소를 구할 이익이 없어지지 않고, 사단장이 甲의 정보공개청구를 거부한 이상 甲으로서는 여전히 정보공개거부처분의 취소를 구할 법률상 이익이 있으므로, 이와 달리 본 원심판결에 법리오해의 잘못이 있다(대법원 2022. 5. 26. 선고 2022두33439 판결).

3) 처분의 대상이 된 권리의 존속기간이 종료하였더라도 회복할 수 있는 다른 권리나 법률상의 이익이 남아 있는 경우

① 국가공무원법 제80조 제5항 및 공무원임용령 제35조의 규정등에 의하면, 징계

처분을 받은 자는 그 집행이 종료된 후에도 일정한 기간동안 그 승진 임용의 제한을 받게 되어 있어 이러한 불이익을 제거하기 위하여는 행정소송으로서 다툴 수 밖에 없을 것이므로 원고는 그 징계기간의 만료와 집행이 종료된 여부에 불구하고 그 징계처분의 시정을 구할 이익이 있다(서울고등법원 1971. 7. 27. 선고 70구462 제1특별부 판결: 확정).

② 해임처분 무효확인 또는 취소소송 계속 중 임기가 만료되어 해임처분의 무효확인 또는 취소로 지위를 회복할 수는 없다고 할지라도, 그 무효확인 또는 취소로 해임처분일부터 임기만료일까지 기간에 대한 보수 지급을 구할 수 있는 경우에는 해임처분의 무효확인 또는 취소를 구할 법률상 이익이 있다(대법원 2012. 2. 23. 선고 2011두5001 판결).

③ 파면처분취소소송의 사실심변론종결 전에 허위공문서등작성 죄로 징역 8월에 2년간 집행유예의 형을 선고받아 확정되었다면 지방공무원법 제61조의 규정에 따라 위 판결이 확정된 날 당연퇴직되어 그 공무원의 신분을 상실하고, 당연퇴직이나 파면이 퇴직급여에 관한 불이익의 점에 있어 동일하다 하더라도 최소한도 이 사건 파면처분이 있은 때부터 위 법규정에 의한 당연퇴직일자까지의 기간에 있어서는 파면처분의 취소를 구하여 그로 인해 박탈당한 이익의 회복을 구할 소의 이익이 있다(대법원 1985. 6. 25. 선고 85누39 판결).

④ 사립학교 교원이 소청심사청구를 하여 해임처분의 효력을 다투던 중 형사판결 확정 등 당연퇴직사유가 발생하여 교원의 지위를 회복할 수 없다고 할지라도, 해임처분이 취소되거나 변경되면 해임처분일부터 당연퇴직사유 발생일까지의 기간에 대한 보수 지급을 구할 수 있는 경우에는 소청심사청구를 기각한 교원소청심사위원회 결정의 취소를 구할 법률상 이익이 있다(대법원 2024. 2. 8. 선고 2022두50571 판결).[5]

5) 피고보조참가인 ○○학교법인이 2019. 2. 1. 원고에 대하여 학내 연예인 부정입학 및 부정학위 수여 등을 이유로 해임처분을 하자, 원고가 2019. 3. 5. 이 사건 해임처분에 불복하여 피고에게 이 사건 해임처분의 취소를 구하는 소청심사청구를 하였고, 2019. 5. 22. 피고로부터 기각결정('이 사건 결정')을 받은 후, 2019. 10. 4. 이 사건 결정의 취소를 구하는 이 사건 소를 제기한 사안이다. 한편 소청심사절차 진행 중인 2019. 4. 23. 원고에 대한 집행유예의 유죄판결이 확정됨에 따라 당연퇴직사유가 발생하였다. 원심은, 원고에 대한 관련 형사판결이 2019. 4. 23. 확정되어 원고가 이 사건 학교에서 당연퇴직함에 따라 이 사건 결정이 취소되더라도 다시 학교 교원의 지위를 회복할 수 없으므로 이 사건 소로써 이 사건 결정의 취소를 구할 법률상 이익이 없다고 보아, 제1심판결을 취소하고 이 사건 소를 각하

(2) 부정하는 경우

1) 처분등이 집행 등의 사유로 그 목적을 달성한 경우 소의 이익 부정

경찰관이 술에 취해 아파트 주차장에 누워 있던 소외인에 대한 신고를 받고 출동하여 상태를 확인하던 중 실랑이와 몸싸움이 벌어지자, 공무집행방해 혐의로 현행범 체포하였다. 경찰관이 위 소외인을 공무집행방해죄로 고소하여 관련자들 진술과 CCTV 영상에 대한 국립과학수사연구원의 영상분석 등 수사결과에 따라 검사는 불기소처분을 하였고, 항고, 재정신청 등 불복이 모두 기각되었다. 소외인의 인권위원회에 진정에 따라 인권위는 경찰서장에게 징계권고를 통보하였고 경찰서장은 불문경고 처분을 하였고 경찰관은 소청심사청구를 하지 않았다. 그 후 경찰관이 인권위를 상대로 '국가인권위원회 징계 권고 결정 취소 청구의 소'를 제기하였는데 항소심은, "행정처분이 집행 등의 사유로 그 목적을 달성한 경우 법적 효과는 소멸하므로 처분의 취소를 구할 소의 이익도 소멸한다며 "이미 경찰서장이 인권위 징계권고에 따라 해당경찰관에 대해 불문경고 처분을 했고 이 처분은 불복하지 않아 확정됐다." "인권위 처분은 경찰서장의 불문경고 처분으로 이미 목적을 달성해 그 법적 효과가 소멸했다고 할 것이므로 경찰관은 처분 취소를 구할 법률상 이익이 없게 되었다"며 소를 각하했다. 대법원은 원심을 확정했다(대법원 2022. 1. 27. 선고 2021두40256 판결).

2) 후속행위로 처분의 변경 또는 취소가 있다면 소의 이익이 부정된다

① 학교법인이 교원소청심사결정의 취소를 구하는 소를 제기하였는데, 소송 계속 중에 원고 교원징계위원회가 교원에 대한 원래의 징계처분인 파면처분을 해임처분으로 변경하는 내용의 재징계의결을 한 사건에서, 파면에서 해임으로 변경함으로써 종전의 파면처분은 소급하여 실효되고 변경된 징계처분인 해임만이 효력을 발생하게 되었으므로, 소급하여 효력을 잃은 종전의 파면처분을 취소한다는 내용의 이 사건 교원소청심사결정은 형식적으로만 존재하고 있을 뿐, 학교법인에 대하여 아무런 기속력을 가지지 않게 되었다고 할 것이어서, 아무런 기속력을 가지지 않는 교원소청심사결정의 취소를 구하는 것은 소의 이익이 없다(대법원 2010. 2. 25. 선고 2008두

하였다. 그러나 대법원은 원고가 소청심사청구를 한 후인 2019. 4. 3. 당연퇴직하여 원직에 복직하는 것이 불가능하게 되었더라도 이 사건 결정의 취소를 구할 소의 이익이 있다고 보아, 이와 달리 판단한 원심판결을 파기·환송하였다.

20765 판결).

② 교원소청심위원회의 결정 후 원처분권자가 그 결정에 의하여 변경된 내용의 처분을 취소한 경우는 물론 그 결정에 의하여 변경되기 전의 원처분을 취소하였더라도 이는 이미 존재하지 않는 처분이므로 실질상 변경된 처분을 취소한 것이라 할 것이고 이에 따라 원래의 처분은 소급적으로 존재하지 않게 되어 소청결정은 더 이상 처분권자를 기속할 수 있는 법률상 효과를 가질 수 없게 되므로 아직도 소청결정이 처분권자를 기속하고 있음을 전제로 그 취소를 구하는 소는 그 이익이 없다(서울고등법원 1993. 9. 15. 선고 92구12041 제3특별부판결: 확정).

3) 신의칙 위반으로 인한 소의 이익 부정

피징계자가 징계처분에 중대하고 명백한 흠이 있음을 알면서도 퇴직시에 지급되는 퇴직금 등 급여를 지급받으면서 그 징계처분에 대하여 위 흠을 들어 항고하였다가 곧 취하하고 그 후 5년 이상이나 그 징계처분의 효력을 일체 다투지 아니하다가 위 비위사실에 대한 공소시효가 완성되어 더이상 형사소추를 당할 우려가 없게 되자 새삼 위 흠을 들어 그 징계처분의 무효확인을 구하는 소를 제기하기에 이르렀고 한편 징계권자로서도 그후 오랜 기간동안 피징계자의 퇴직을 전제로 승진·보직 등 인사를 단행하여 신분관계를 설정하였다면 피징계자가 이제와서 위 흠을 내세워 그 징계처분의 무효확인을 구하는 것은 신의칙에 반한다(대법원 1989. 12. 12. 선고 88누8869 판결). 이는 취소소송에서도 동일하게 적용될 수 있다.

5. 청구의 병합

가. 의의

행정소송에서도 민사소송과 같이 하나의 절차 내에서 여러 개의 청구를 함께 심리·재판하는 청구의 병합이 인정된다. 행정소송법 제10조제2항에서, 취소소송에는 사실심의 변론종결시까지 관련청구소송을 병합하거나 피고외의 자를 상대로 한 관련청구소송을 취소소송이 계속된 법원에 병합하여 제기할 수 있다고 하여, 행정소송법에서 객관적, 주관적 병합에 관하여 규정하고 있다.

나. 객관적 병합

취소소송의 원고는 관련된 청구를 병합하여 제소하거나, 사실심 변론종결시까지 언제나 추가하여 병합 제소할 수 있다. 이러한 병합에는 단순병합, 선택적 병합, 예비적 병합이 있다.

다. 주관적 병합, 주관적 · 예비적 병합

1) 행정소송법 제15조는, 수인의 청구 또는 수인에 대한 청구가 처분등의 취소청구와 관련되는 청구인 경우에 한하여 그 수인은 공동소송인이 될 수 있다.

2) 주관적 · 예비적 병합으로, 예컨대 주위적 청구의 피고로 서울시 영등포구청장을, 예비적 청구의 피고로 양서출장소장으로 한 동장파면처분에 대해 허용할 것인지. 대법원 1978. 10. 31. 선고 78누189 판결에서는 주관적 예비적 청구의 병합에 해당하는 것으로서 허용될 수 없다고 판시하였다. 왜냐면 당시는 이런 제도가 없었기 때문이다. 그러나 그 후 2002. 1. 26. 전부개정된 민사소송법에서 이를 명문으로 규정하고 있으므로(민사소송법 제70조), 행정소송에서도 주관적 · 예비적 병합이 가능하게 되었다. 다만 주관적 · 예비적 병합은 공동소송인 가운데 일부의 청구가 다른 공동소송인의 청구와 법률상 양립할 수 없거나, 공동소송인 가운데 일부에 대한 청구가 다른 공동소송인에 대한 청구와 법률상 양립할 수 없는 경우에 허용된다(민사소송법 제70조제1항).

6. 소 변경

가. 의의

행정소송에서 인정하는 소의 변경에는, 1) 피고의 변경을 포함한 소의 종류의 변경(행정소송법 제21조), 2) 소송목적물의 변경이 뒤따르는 처분변경으로 인한 소의 변경(행정소송법 제22조)이 있다.

나. 소의 종류 변경

행정소송법 제21조제1항은, 법원은 취소소송을 당해 처분등에 관계되는 사무가 귀속하는 국가 또는 공공단체에 대한 당사자소송 또는 취소소송외의 항고소송으로 변경하는 것이 상당하다고 인정할 때에는 청구의 기초에 변경이 없는 한 사실심의 변론종결시까지 원고의 신청에 의하여 결정으로써 소의 변경을 허가할 수 있다고 규정하고 있다. 원고의 편의를 위해 소 변경을 허용하되, '청구기초의 동일성'과 '상당성'이라는 요건을 요구하고 있다. 예컨대 해임처분의 무효등 확인소소을 구하다가 파면처분 취소소송으로 변경하는 경우이다.

법원의 소변경 허가결정에 대하여는 행정소송법 제14조제2항, 제4항, 제5항을 준용하도록 하고 있어(제21조제5항), 소변경 허가결정이 있은 때에는 신소는 당초 구소 제기시에 제기된 것으로 보며(제14조제4항), 구소는 취하된 것으로 본다(제14조제5항).

다. 처분변경으로 인한 소 변경

행정청은 행정소송이 계속되어 있는 중에도 직권이나 소청심사위원회의 결정에 의하여 그 처분을 변경할 수 있다. 법원은 행정청이 소송의 대상인 처분을 소가 제기된 후 변경한 때에는 원고의 신청에 의하여 결정으로써 청구의 취지 또는 원인의 변경을 허가할 수 있다(행정소송법 제22조제1항). '처분의 변경'이란 행정청이 사정변경을 반영하거나 당초 처분의 절차적·실체적 하자를 보완하기 위하여 당초 처분의 내용을 전부 또는 일부 수정하는 것을 의미한다. 소송의 대상이 된 처분이 처분청 또는 상급감독청의 직권에 의하여 또는 원고가 소청심사청구와 취소소송을 함께 제기하여 그 취소소송이 진행되는 중에 소청심사위원회가 재결로서 처분의 일부나 전부를 취소하거나 적극적으로 변경하는 경우를 포함한다.[6]

---

6) 원고는 군인으로 직무와 관련하여 성실의무위반으로 견책처분을 받고 이에 불복하여 항고하였으나 60일이 경과하도록 징계항고심사위원회의 재결이 없자 취소소송을 제기하였다. 취소소송이 제기된 이후에 징계항고심사위원회는 이 사건 처분을 취소하는 재결을 함에 따라 이 사건 처분이 취소된 사실이 인정되고, 이는 이 사건 처분이 취소로 제거된 경우에 해당하므로, 그 처분의 취소를 구하는 이 사건 소는 더 이상 소의 이익이 없어 부적법하다며 이 사건은 소송을 각하하였다(춘천지방법원 2022. 9. 6. 선고 2022구합30261 판결).

소송의 대상이 된 처분이 변경된 경우라야 한다. 원고는 소송의 대상인 처분의 변경이 있음을 안 날로부터 60일 이내에 소변경신청을 하여야 한다(행정소송법 제22조 제2항).

제2절 | 소송의 심리

1. 의의

소가 제기되면 상대방은 답변서를 제출하고 이어 양당사자에 의해 판결의 기초가 될 소송자료 즉 사실과 증거를 제출하는 방법으로 소송이 진행되는데 이런 일련의 과정을 소송의 심리라고 한다. 민사소송에서는 변론이라고 한다. 민사소송에서는 처분권주의가 적용되는데, 처분권주의란 소송절차의 개시, 심판의 대상과 범위 및 소송절차의 종료 등에 대하여 당사자가 처분권을 가지고 자유롭게 결정할 수 있는 원칙을 말한다(민사소송법 제203조). 행정소송에서도 민사소송법상의 처분권주의가 준용된다(행정소송법 제8조제2항). 따라서 행정사건에서도 법원은 원고가 소를 제기하지 않는 한 사건에 대해 심리하거나 재판할 수 없고, 당사자의 신청의 범위를 벗어나 심리하거나 제판할 수 없다. 다만 민사소송의 변론주의에 대한 예외로서 직권주의가 가미되어 있다. 행정소송법 제26조는 '법원은 필요하다고 인정할 때에는 직권으로 증거조사를 할 수 있고, 당사자가 주장하지 아니한 사실에 대하여도 판단할 수 있다.'고 규정한다. 그러나 행정소송에 있어서 특별한 사정이 있는 경우를 제외하면 당해 행정처분의 적법성에 관하여는 행정청이 이를 주장·입증하여야 할 것이나 행정소송에 있어서 직권주의가 가미되어 있다고 하더라도 여전히 변론주의를 기본구조로 하는 이상 행정처분의 위법을 들어 그 취소를 청구함에 있어서는 직권조사사항을 제외하고는 그 취소를 구하는 자가 위법사유에 해당하는 구체적 사실을 먼저 주장하여야 한다(대법원 2001. 1. 16. 선고 99두8107 판결). 직권조사사항의 대표적 예로 행정처분의 존부, 당사자능력, 당사자적격, 제소기간, 전심절차 등이다.

2. 심리의 대상

가. 요건 심리

우선 제기된 소송이 행정소송으로서의 소송요건을 갖추어 적법한지 심리한다. 소송요건은 ① 처분의 존재, ② 당사자능력, 당사자적격, 협의의 소의 이익, ③ 관할, ④ 제소기간, ⑤ 소청심사위원회 경유 등이다. 소송요건의 구비여부에 대한 판단의 기준시점은 사실심 변론종결 시이므로 그 사이에 보완되면 흠결은 치유되고, 제소 당시 소송요건을 충족하여도 변론종결시 소송요건이 결여되면 각하판결을 한다.

나. 본안심리 – 위법성 심리

다음으로 해당처분이 위법한지 여부에 대한 심리를 한다. 그 경우 위법판단의 기준이 되는 시점을 처분시로 볼 것인지, 재판시로 볼 것인지 문제되나, 판례는 확고히 처분시설을 따른다. 즉, 행정소송에서 행정처분의 위법 여부는 행정처분이 행하여졌을 때의 법령과 사실상태를 기준으로 판단함이 원칙이고, 처분 이후에 새로이 발생한 사실이나 법령의 개정 등은 처분등의 적법여부를 가리는 자료로 삼을 수 없다(대법원 2017. 4. 26. 선고 2016두32688 판결 등).

1) 행정처분의 위법 여부는 행정처분이 있을 때의 법령과 사실 상태를 기준으로 판단하여야 하며, 법원은 행정처분 당시 행정청이 알고 있었던 자료뿐만 아니라 사실심 변론종결 당시까지 제출된 모든 자료를 종합하여 처분 당시 존재하였던 객관적 사실을 확정하고 그 사실에 기초하여 처분의 위법 여부를 판단할 수 있다(대법원 2010. 1. 14. 선고 2009두11843 판결, 대법원 2019. 7. 25. 선고 2017두56957 판결). 교원 소청심사위원회가 한 결정의 취소를 구하는 소송에서 그 결정의 적부는 결정이 이루어진 시점을 기준으로 판단하여야 하지만, 그렇다고 하여 소청심사 단계에서 이미 주장된 사유만을 행정소송의 판단대상으로 삼을 것은 아니다. 따라서 소청심사 결정 후에 생긴 사유가 아닌 이상 소청심사 단계에서 주장하지 아니한 사유도 행정소송에서 주장할 수 있고, 법원도 이에 대하여 심리·판단할 수 있다(대법원 2018. 7. 12. 선고 2017두65821 판결).

2) 처분시를 기준으로 위법 여부를 판단한다고 하더라도, 사실관계가 이루어진 시기와 처분시 사이에 법령이 개정된 경우 어느 법령을 적용하여야 하는가. 경찰관이 수사비를 용도외로 사용하여 징계위에 회부된 사안에서 처분시에는 경찰청 내부규정이 변경되어 용도 범위 내에 포함된 경우 어떻게 처리할 것인가. 법원은 해당 징계등처분의 위법여부를 판단함에 있어 그 근거법령은 처분시법을 적용함 원칙으로 한다. 따라서 처분시 법령에 의해 위법하다면 그 후 개정되어 위법하지 않다고 하더라도 그에 따르지 않는다. 다만 개정법에 별도의 규정을 두거나 신뢰보호의 원칙등에 비추어 예외적으로 개정된 법령에 따를 수 있을 것이다. 그런데 징계처분은 위법행위를 이유로 한 제재적 행정처분이므로 소급처벌금지의 원칙에 의하여 제재 여부 및 그 기준은 행위시의 법령에 의해야 한다(대법원 2002. 12. 10. 선고 2001두3228 판결, 대법원 2019. 2. 14. 선고 2016두33292 판결 등). 행정기본법 제14조제3항 전문에서도, 법령등을 위반한 행위의 성립과 이에 대한 제재처분은 법령등에 특별한 규정이 있는 경우를 제외하고는 법령등을 위반한 행위 당시의 법령등에 따른다고 규정한다. 다만, 법령등을 위반한 행위 후 법령등의 변경에 의하여 그 행위가 법령등을 위반한 행위에 해당하지 아니하거나 제재처분 기준이 가벼워진 경우로서 해당 법령등에 특별한 규정이 없는 경우에는 변경된 법령등을 적용한다(위 조항 후문). 따라서 위 경찰관의 징계에 대해서는 특별한 규정이 없는 한 행위시법에 따라 위법여부를 판단하여야 한다. 주의할 것은 처분 당시의 법령이란 대외적으로 구속력 있는 법령에 한하므로 내부규정이나 고시 등의 개정 여부는 문제되지 않는다.

다. 본안심리 – 재량권의 일탈·남용에 대한 심리

(1) 법률우위의 원칙 및 법률유보의 원칙

행정기본법 제8조에서 설시하듯이, 법률우위의 원칙(행정작용은 법률에 위반되어서는 아니 된다)과 법률유보의 원칙(국민의 권리를 제한하거나 의무를 부과하는 경우와 그 밖에 국민생활에 중요한 영향을 미치는 경우에는 법률에 근거하여야 한다)은 지켜져야 한다. 이를 위반하면 무효이다(대법원 2020. 9. 3. 선고 2016두32992 전원합의체 판결).

(2) 평등의 원칙

행정청은 합리적 이유 없이 국민을 차별하여서는 아니 된다(행정기본법 제9조).

징계사유에 해당하는 행위가 있더라도, 징계권자가 그에 대하여 징계처분을 할 것인지, 징계처분을 하면 어떠한 종류의 징계를 할 것인지는 징계권자의 재량에 맡겨져 있다고 할 것이나, 그 재량권의 행사가 징계권을 부여한 목적에 반하거나, 징계사유로 삼은 비행의 정도에 비하여 균형을 잃은 과중한 징계처분을 선택함으로써 비례의 원칙에 위반하거나 또는 합리적인 사유 없이 같은 정도의 비행에 대하여 일반적으로 적용하여 온 기준과 어긋나게 공평을 잃은 징계처분을 선택함으로써 평등의 원칙에 위반한 경우에는, 그 징계처분은 재량권의 한계를 벗어난 것으로서 위법하다고 할 것이다(대법원 2001. 8. 24. 선고 2000두7704 판결 참조).

(3) 비례의 원칙

행정기본법 제10조는 비례의 원칙을 규정하고 있는데, 행정작용은 ① 행정목적을 달성하는 데 유효하고 적절할 것[적합성의 원칙], ② 행정목적을 달성하는 데 필요한 최소한도에 그칠 것[최소침해의 원칙(필요성의 원칙)], ③ 행정작용으로 인한 국민의 이익 침해가 그 행정작용이 의도하는 공익보다 크지 아니할 것[상당성의 원칙(협의의 비례원칙)]이라는 원칙을 따라야 한다.[7]

공무원인 피징계자에게 징계사유가 있어서 징계처분을 하는 경우 어떠한 처분을 할 것인가는 징계권자의 재량에 맡겨진 것이고, 다만 징계권자가 재량권의 행사로서 한 징계처분이 사회통념상 현저하게 타당성을 잃어 징계권자에게 맡겨진 재량권을

---

[7] (인정례) 예비군동원 훈련에 응소하여 18키로미터의 접적이동행군 도중 2시간 30분간 군무이탈한 비위를 범하여 공무원의 품위를 손상했다는 이유로 적법한 절차를 거쳐 원고를 해임처분한 사실 및 원고는 지휘관의 허가없이 위와 같이 군무이탈하여 구멍가게에서 술을 마셨다는 이유로 향토예비군설치법 소정의 지휘관의 명령불복종죄로 벌금형의 유죄판결을 받은 사실을 확정하고(이 사건 징계처분 당시는 군무이탈죄로 징역 6월에 1년간 집행유예 처분을 받고 항소중 공소장이 변경되었다) 이러한 비행에 대하여는 공직자로서의 사명을 망각한 처사로서 이에 상당한 징계처분을 받아야 할 것이지만, 위 사실만으로서 공무원의 신분을 박탈하는 가장 무거운 징계처분의 하나인 해임처분을 하였음은 피고가 징계의 종류를 선택함에 있어 그 징계재량권을 비례의 원칙에 벗어나서 위법하게 행사된 것이다(대법원 1983. 6. 28. 선고 83누94 판결).

남용한 것이라고 인정되는 경우에 한하여 그 처분을 위법하다고 할 수 있으며, 공무원에 대한 징계처분이 사회통념상 현저하게 타당성을 잃었다고 하려면 구체적인 사례에 따라 징계의 원인이 된 비위사실의 내용과 성질, 징계에 의하여 달성하려고 하는 행정목적, 징계 양정의 기준 등 여러 요소를 종합하여 판단할 때 그 징계 내용이 객관적으로 명백히 부당하다고 인정할 수 있는 경우라야 하고, 징계권의 행사가 임용권자의 재량에 맡겨진 것이라고 하여도 공익적 목적을 위하여 징계권을 행사하여야 할 공익의 원칙에 반하거나 일반적으로 징계사유로 삼은 비행의 정도에 비하여 균형을 잃은 과중한 징계처분을 선택함으로써 비례의 원칙에 위반하거나 또는 합리적인 사유 없이 같은 정도의 비행에 대하여 일반적으로 적용하여 온 기준과 어긋나게 공평을 잃은 징계처분을 선택함으로써 평등의 원칙에 위반한 경우에 이러한 징계처분은 재량권의 한계를 벗어난 처분으로서 위법하다 할 것이다(대법원 2007. 5. 11. 선고 2006두19211 판결).

(4) 신뢰보호의 원칙

행정청은 공익 또는 제3자의 이익을 현저히 해칠 우려가 있는 경우를 제외하고는 행정에 대한 국민의 정당하고 합리적인 신뢰를 보호하여야 한다(행정기본법 제12조제1항).[8] 일반적으로 행정상의 법률관계에 있어서 행정청의 행위에 대하여 신뢰보호의 원칙이 적용되기 위해서는, 첫째 행정청이 개인에 대하여 신뢰의 대상이 되는 공적인 견해표명을 하여야 하고, 둘째 행정청의 견해표명이 정당하다고 신뢰한 데에 대

---

8) (부인 례) 원고의 주장: 감사원은 2003년경 국가 및 민간자격 관리운영실태를 점검한 후 감정평가사 자격을 가진 일부 공무원 등이 감정평가법인에 겸직한 행위를 지적하면서도 국가공무원법 등에 규정된 겸직금지의무 위반만을 문제 삼았을 뿐 감정평가사 자격증의 대여 또는 부당행사에는 해당하지 않는 것으로 보아 그에 대한 징계요구도 하지 않았고 피고도 이를 이유로 징계한 적이 없었다. 그 때문에 감정평가사들은 감정평가법인에의 겸직·비상근 근무형태가 법상 징계사유로 규정된 자격증의 대여 또는 부당행사에 해당하지 않는다고 인식하였고 원고도 위와 같은 감사원의 감사 결과 및 피고의 겸직행위에 대한 묵인을 신뢰하여 국민은행에 근무하면서 감정평가법인에 적을 두었다. 따라서 피고가 뒤늦게 이러한 겸직행위를 징계사유로 삼아 이 사건 징계처분을 한 것은 신뢰보호의 원칙에 위배된다. 법원의 판단: 피고가 종전에 금융기관에 상근하면서 감정평가법인에 형식적으로 적을 두었던 감정평가사들에 대하여 징계처분을 한 바 없었다는 사정만으로 감정평가사 자격증의 부당행사에 대한 공적인 견해표명이 있었다고 보기 어려우므로 원고의 위 주장은 이유 없다(서울행정법원 2012. 5. 3. 선고 2011구합24507 판결).

하여 그 개인에게 귀책사유가 없어야 하며, 셋째 그 개인이 그 견해표명을 신뢰하고 이에 상응하는 어떠한 행위를 하였어야 하고, 넷째 행정청이 그 견해표명에 반하는 처분을 함으로써 그 견해표명을 신뢰한 개인의 이익이 침해되는 결과가 초래되어야 하며, 마지막으로 위 견해표명에 따른 행정처분을 할 경우 이로 인하여 공익 또는 제3자의 정당한 이익을 현저히 해할 우려가 있는 경우가 아니어야 한다(대법원 2002. 11. 8. 선고 2001두1512 판결 참조).

(5) 처분의 하자

1) 징계처분에 위법한 하자가 있는 경우 그 위법사유가 취소사유와 무효사유 중 어디에 해당하느냐에 따라 취소소송과 무효확인의 소로 구별되어 진행된다. 그렇다면 취소사유인 하자와 무효사유인 하자를 어떻게 구분할 것인가. 여러 학설이 있으나 판례는 일관되게, 행정처분에 내재된 하자의 내용이 중대하고 외관상 명백할 때에는 처분이 무효가 되고 그 중 어느 한 요건 또는 두 요건 전부를 결여할 때에는 취소사유에 불과하다는 중대명백설을 취하고 있다. 즉, 하자 있는 행정처분이 당연무효가 되기 위하여는 그 하자가 법규의 중요한 부분을 위반한 중대한 것으로서 객관적으로 명백한 것이어야 한다. 그런데 어떤 하자가 중대하고 명백한 것인지 여부를 판별함에 있어서는 그 법규의 목적, 의미, 기능 등을 목적론적으로 고찰함과 동시에 구체적 사안 자체의 특수성에 관하여도 합리적으로 고찰함을 요한다(대법원 1995. 7. 11. 선고 94누4615 전원합의체 판결).

2) 개별적으로 살펴보면,
① 징계사유인 뇌물수수사실로 기소되어 항소심까지 유죄의 판결을 받았으나 대법원에서 파기환송받은 항소심에서 증거없다 하여 무죄의 판결이 선고되어 확정된 경우 위 징계사유로 기소되어 제1, 2심에서 유죄의 판결을 받을 정도였다면 이 파면처분은 결과적으로 증거 없이 이루어진 셈이 되었다 하더라도 이는 증거판단을 그르쳐 사실을 오인한 경우에 불과하여 그 내용에 중대한 하자가 있다 하더라도 그것이 외관상 명백하다고는 볼 수 없어 취소의 대상은 될지언정 당연무효의 사유는 되지 않는다. 또 경찰공무원의 징계의결과정에 징계심의위원회에 출석하라는 통보를 하지 아니한 위법이 있다 하더라도 그와 같은 사유는 행정처분의 취소사유에 불과하다(대

법원 1985. 9. 10. 선고 85누386 판결).

② 이미 징계시효가 경과한 징계사유로 이 사건 처분을 한 것으로서 구 군인사법 제60조의3 제1항을 위반한 위법이 있고, 그 하자가 법규의 중요한 부분을 위반한 중대·명백한 것이므로 당연 무효라고 할 것이다(수원고등법원 2021. 7. 16. 선고 2021누10107 판결).

③ 행정절차에 관한 일반법인 행정절차법은 제24조 제1항에서 "행정청이 처분을 할 때에는 다른 법령 등에 특별한 규정이 있는 경우를 제외하고는 문서로 하여야 하며, 전자문서로 하는 경우에는 당사자 등의 동의가 있어야 한다. 다만 신속히 처리할 필요가 있거나 사안이 경미한 경우에는 말 또는 그 밖의 방법으로 할 수 있다."라고 정하고 있다. 이 규정은 처분내용의 명확성을 확보하고 처분의 존부에 관한 다툼을 방지하여 처분상대방의 권익을 보호하기 위한 것이므로, 이를 위반한 처분은 하자가 중대·명백하여 무효이다(대법원 2019. 7. 11. 선고 2017두38874 판결, 대법원 2019. 5. 30. 선고 2016두49808 판결).

④ 신의칙에 반하는 행정처분이라도 외관상은 적법한 행위로서 그 하자가 중대·명백한 것이라고 볼 수는 없다(대법원 2002. 4. 26. 선고 2002두1465 판결).

⑤ 하자 있는 행정처분이 당연무효가 되기 위하여는 그 하자가 중대할 뿐만 아니라 명백한 것이어야 하는데, 일반적으로 법률이 헌법에 위반된다는 사정은 헌법재판소의 위헌결정이 있기 전에는 객관적으로 명백하다고 할 수 없으므로, 특별한 사정이 없는 한 행정처분의 근거가 되는 법률이 헌법에 위반된다는 사유는 그 행정처분의 취소사유가 될 수 있을 뿐 당연무효사유는 될 수 없다. 그리고 이처럼 위헌인 법률에 근거한 행정처분이 당연무효인지 여부는 위헌결정의 소급효와는 별개의 문제로서, 위헌결정의 소급효가 인정된다고 하여 위헌인 법률에 근거한 행정처분이 당연무효가 된다고는 할 수 없고 오히려 이미 취소소송의 제기기간을 경과하여 확정력이 발생한 행정처분에는 위헌결정의 소급효가 미치지 않는다(대법원 2014. 3. 27. 선고 2011두24057 판결 참조, 대법원 2019. 5. 30. 선고 2017다289569 판결9)).

---

9) 지방철도청 소속 공무원이던 갑이 계엄법 위반죄(계엄사령관 포고령 제1호 위반) 및 협박죄로 구속·기소되자, 지방철도청이 계엄포고령을 위반하고 타인을 협박한 행위는 구 국가공무원법 제56조(성실의무), 제63조(품위유지의무)를 위반한 행위로서 같은 법 제78조 제1호 및 제3호의 징계사유에 해당한다는 이유로 갑을 파면하는 처분을 하였고, 그 후 갑이 실형을 선고받아 판결이 확정되었는데, 재심에서 계엄법 위반의 공소사실에 대하여 '계엄사령

3) 감찰조사의 적법절차원칙 위반 여부

감찰조사과정에서 물리력의 행사를 수반하는 조사, 목적 이외의 조사권의 남용, 위법한 증거수집, 강압·기망에 의한 서명, 광범위하고 반복적인 조사 등 적법절차를 벗어나는 감찰조사가 이루어진 경우 재량권의 일탈·남용의 문제로 특히 비례의 원칙 등에 입각해 판단하여야 할 것이다.

감찰조사 과정에서 감찰 담당관은 다수의 혐의사실에 관련하여 피해자를 막연하게 지칭하면서 원고를 신문한 점 등에 비추어 원고가 감찰조사 절차 당시부터 소청심사 절차에 이르기까지 징계사실의 비위사실별로 피해자 등으로 지목된 사람을 정확히 특정하여 파악하지 못하였을 가능성이 있다며 감찰 담당관의 행위가 적법절차원칙에 위배한다고 본 판결도 있다(서울고등법원 2022. 1. 13. 선고 2020누52759 결).[10]

관 포고령 제1호는 구 계엄법 제13조에 정한 요건을 충족하지 않고 공포되었고, 영장주의의 본질에도 반하므로 위헌·무효이다'라는 이유로 무죄판결이 선고되어 확정되자, 갑이 철도청의 권리의무를 포괄적으로 승계한 한국철도공사를 상대로 파면처분의 무효를 주장하면서 손해배상을 구한 사안에서, 파면처분의 근거법률은 위헌·무효로 판단된 계엄사령관 포고령 제1호가 아니라 구 국가공무원법이어서 행정처분의 근거법률이 위헌·무효로 판단된 경우에 해당하지 않으므로, 파면처분에 명백한 하자가 있다고 보기 어렵고, 설령 위헌·무효인 포고령 제1호가 파면처분의 원인이 되었다 하더라도 재심판결에서 협박죄 부분은 여전히 유죄로 판단되었으므로 파면사유가 부존재한다고 볼 수 없다고 한 사례.

10) 피고가 이 법원에 이르기까지 제출한 증거들만으로도 이 사건 징계사실이 충분히 인정된다는 피고의 입장은, 원고에 대한 모든 감찰조사가 피해자 등의 실명을 바탕으로 이루어졌고, 다만 조사를 마친 이후에 피해자 등의 보호를 위해 원고도 이미 알고 있는 피해자 등의 신상정보 부분을 삭제하거나 영문자로 비실명처리한 것이며, 그 이후 피해자 등이 작성한 진술서 및 피해자 등과의 메신저 대화 내용이 담긴 수사보고의 신상정보 부분이 위와 같은 영문자에 따라 익명처리된 것에 불과하므로, 위 각 증거들을 종합하면, 원고가 영문자로 표기된 피해자들에 대하여 이 사건 징계사실과 같은 비위사실을 저지른 점이 충분히 인정되고, 그 징계의 양정이 적정하다는 점도 인정되기 때문에 굳이 피해자 등을 실명 등으로 특정하지 않더라도 원고의 방어권이 실질적으로 침해되지 않는다는 취지로 볼 여지가 있다. 그러나 앞서 살펴 본 바와 같이 원고에 대한 감찰조사 과정에서 감찰 담당관은 이 사건 징계사실 중 다수의 혐의사실에 관련하여 피해자를 '8, 9급 여수사관', '모 수사관', '여수사관', '여직원' 등으로 다소 막연하게 지칭하면서 원고를 신문한 점, 상당수의 혐의사실의 일시, 장소 등이 다소 모호하게 기재되어 있는 점 등에 비추어 보면, 원고의 입장에서 자신이 저질렀다고 하는 비위행위의 피해자나 목격자 등이 누구였는지 정확히 알기 어려웠을 것으로 판단된다. 또한 진술조서의 기재 내용만으로는 영문자로 표기된 피해자 등에 관련한 조사에 있어서 감찰 담당관이 원고에게 피해자 등의 실명을 언급하며 조사하였는지 여부 등 구체적인 조사 방법이 분명하게 드러나지 않고, 이에 관하여 이 법원이 피고에게 여러 차례 석명을 하였음에도 불구하고, 피고는 피해자 등에 관한 구체적 특정 방법 및 근거 등에 관하여

3. 심리의 진행

가. 변론주의와 직권조사사항

앞서 본 바와 같이, 행정소송도 민사소송법의 변론주의가 준용되고 예외적으로 직권주의가 가미되어 있다. 행정소송에서의 주장·입증책임에 대해서는, 특별한 사정이 있는 경우를 제외하면 당해 행정처분의 적법성에 관하여는 행정청이 이를 주장·입증하여야 할 것이나 행정소송에 있어서 직권주의가 가미되어 있다고 하더라도 여전히 변론주의를 기본구조로 하는 이상 행정처분의 위법을 들어 그 취소를 청구함에 있어서는 직권조사사항을 제외하고는 그 취소를 구하는 자가 위법사유에 해당하는 구체적 사실을 먼저 주장하여야 한다(대법원 2001. 1. 16. 선고 99두8107 판결).

그런데 전심절차에서 주장하지 않은 사실을 소송절차에서 주장할 수 있는가. 법원의 판단은, 행정소송이 전심절차를 거쳤는지 여부를 판단함에 있어서 전심절차에서의 주장과 행정소송에서의 주장이 전혀 별개의 것이 아닌 한 그 주장이 반드시 일치하여야 하는 것은 아니고, 당사자는 전심절차에서 미처 주장하지 아니한 사유를 공격방어방법으로 제출할 수 있다(대법원 1999. 11. 26. 선고 99두9407 판결). 소청심사 결정 후에 생긴 사유가 아닌 이상 소청심사 단계에서 주장하지 아니한 사유도 행정소송에서 주장할 수 있고, 법원도 이에 대하여 심리·판단할 수 있다(대법원 2018. 7. 12. 선고 2017두65821 판결 참조).

별다른 답변을 하지 않았다. 설령 원고에 대한 감찰조사 당시, 해당 피해자들에 관련한 혐의사실에 관하여 해당 피해자들의 실명을 바탕으로 한 문답이 이루어졌다고 가정하더라도, 원고가 술에 취하여 저질렀다고 하는 대부분의 비위사실에 대하여 '술에 취하여 기억나지 않는다', '피해자가 누구인지 기억나지 않는다', '정확한 기억은 없지만 그랬을 가능성이 있다' 등으로 답변한 점, 원고가 감찰 조사를 받은 후 네 달 가까이 경과한 시점에서 피해자 등에 대한 신상정보 부분이 익명처리된 공무원징계의결요구서 사본을 받아보았고, 피고는 이 사건 처분일로부터 1년 이상 경과한 2020. 5. 11.에야 비로소 익명처리된 피해자 등의 진술서를 제1심법원에 제출한 점, 특히 이 사건 징계사실 및 진술서에 등장하는 피해자 등이 최소한 16명 이상인 점 등에 비추어 볼 때, 원고가 감찰조사 절차 당시부터 소청심사 절차에 이르기까지 이 사건 징계사실의 비위사실별로 피해자 등으로 지목된 사람을 정확히 특정하여 파악하지 못하였을 가능성을 배제하기 어렵다. 따라서 원고에 대한 조사 및 징계 과정에서 피고 및 그 소속 감찰 담당관의 행위는 적법절차 원칙에 위배하여 원고의 방어권을 침해하는 행위라고 볼 소지가 높다.

나. 증명책임

(1) 취소소송

징계처분의 당부를 다투는 행정소송에서 징계사유에 대한 증명책임은 그 처분의 적법성을 주장하는 피고에게 증명책임이 있다. 예컨대 성희롱을 사유로 한 징계처분의 당부를 다투는 행정소송에서 징계사유에 대한 증명책임은 그 처분의 적법성을 주장하는 피고에게 있다. 다만 민사소송이나 행정소송에서 사실의 증명은 추호의 의혹도 없어야 한다는 자연과학적 증명이 아니고, 특별한 사정이 없는 한 경험칙에 비추어 모든 증거를 종합적으로 검토하여 볼 때 어떤 사실이 있었다는 점을 시인할 수 있는 고도의 개연성을 증명하는 것이고, 그 판정은 통상인이라면 의심을 품지 않을 정도일 것을 필요로 한다(대법원 2010. 10. 28. 선고 2008다6755 판결, 대법원 2018. 4. 12. 선고 2017두74702 판결, 대법원 2019. 11. 28. 선고 2017두57318 판결 등).

① 징계처분의 적법성에 대해서는 그 처분의 적법성을 주장하는 처분청에게 증명책임이 있다.

② 징계처분의 절차상의 적법요건에 대하여 행정청이 입증할 책임이 있다.

③ 징계처분이 재량권을 일탈·남용함으로써 위법하다고 다투어지는 경우 그 증명책임은 이를 주장하는 자에게 있다.

④ 소송요건(징계처분의 존재, 소청심사 경유, 제소기간 준수 등)은 행정소송에서도 직권조사사항이지만, 그것이 불명할 경우 소장 접수단계에서부터 '석명준비명령'이나 '보정명령'을 통하여 원고에게 의견을 묻거나 해명하도록 하고 있으므로 결국 증명책임은 원고에게 있다고 볼 수 있다.

(2) 무효확인소송

민사소송법이 준용되는 행정소송에서 증명책임은 원칙적으로 민사소송의 일반원칙에 따라 당사자 간에 분배되고, 항고소송은 그 특성에 따라 해당 처분의 적법성을 주장하는 피고에게 적법사유에 대한 증명책임이 있으나(대법원 2017. 6. 19. 선고 2013두17435 판결 등 참조), 예외적으로 앞서 본 바와 같이 행정처분의 당연 무효를 주장하여 무효 확인을 구하는 행정소송에서는 원고에게 행정처분이 무효인 사유를 주장

·증명할 책임이 있고, 이는 무효 확인을 구하는 뜻에서 행정처분의 취소를 구하는 소송에 있어서도 마찬가지이다(대법원 1976. 1. 13. 선고 75누175 판결 등 참조). 한편 행정처분의 무효 확인을 구하는 소에는 특단의 사정이 없는 한 취소를 구하는 취지도 포함되어 있다고 보아야 하므로, 해당 행정처분의 취소를 구할 수 있는 경우라면 무효사유가 증명되지 아니한 때에 법원으로서는 취소사유에 해당하는 위법이 있는지 여부까지 심리하여야 한다(대법원 1987. 4. 28. 선고 86누887 판결, 대법원 2005. 12. 23. 선고 2005두3554 판결 등 참조).

다. 증거조사방법

(1) 소청심사기록 제출명령

행정심판기록의 제출명령에 대해서는 행정소송법 제25조 ① 법원은 당사자의 신청이 있는 때에는 결정으로써 재결을 행한 행정청에 대하여 행정심판에 관한 기록의 제출을 명할 수 있다. ② 제1항의 규정에 의한 제출명령을 받은 행정청은 지체 없이 당해 행정심판에 관한 기록을 법원에 제출하여야 한다.

여기서 신청할 소청심사기록은 소청심사청구서, 답변서, 재결서, 회의록, 소청심사위원회에 제출된 모든 증거자료를 포함한 소청심사에 관한 기록의 전부 또는 일부이다. 교원소청심사위원회의 결정 기록 또한 마찬가지이다.

소청심사기록 제출명령 신청에 대해 법원은 증거결정으로서 채부결정을 하여야 하고, 이 경우 신청이 이유 있으면 제출명령을 발하고, 이유 없으면 기각하여야 한다. 소청심사기록의 제출명령을 받은 행정청은 지체 없이 당해 소청심사기록을 법원에 제출하여야 한다.

소송심사기록 제출명령 및 기각결정에 대하여 당사자는 즉시 항고를 할 수 있다(민사소송법 제348조).

(2) 문서제출명령

행정소송에서도 민사소송법 제344조 이하의 문서제출명령에 관한 규정이 준용된다. 행정청이 보관하고 있는 문서를 증거로 현출시킬 필요성이 있어 이 방법을 활용한다. 학교생활기록부(서울고등법원(춘천) 2022. 1. 26. 선고 2020누706 판결) 등의 제출을 요구할 수 있다.

제3절 | 판결

1. 판결의 선고

가. 소송판결

소송요건의 흠결이 있는 경우 소각하 판결을 한다. 판결주문은, '원고의 청구를 각하한다.'

나. 본안판결

(1) 인용판결

원고의 취소청구 또는 변경청구가 이유 있다고 인정하여 그 전부 또는 일부를 인용하는 판결이다. '피고가 2024. 12. 16. 원고에 대하여 한 정직 1월의 징계처분을 취소한다.' 무효등확인소송의 인용판결도 마찬가지이다. 주문은, '피고가 2024. 12. 16. 원고에 대하여 한 정직 1월의 징계처분은 무효임을 확인한다.'

(2) 기각판결

원고의 청구가 이유 없다고 하여 받아들이지 아니하는 판결이다. 주문은, '원고의 청구를 기각한다.'

(3) 사정판결

원고의 청구가 이유있다고 인정되는 경우에도 처분등을 취소하는 것이 현저히 공공복리에 적합하지 아니하다고 인정하는 때에는 법원은 그 청구를 기각할 수 있다(행정소송법 제28조제1항 전문). 사정판결은 취소소송에서 인정되고(무효확인소송에는 적용되지 않음이 다수설), 당연히 사정판결을 할 사정이 있음에 대한 주장·증명책임은 피고 행정청에게 있다. 그러나 법원은 당사자의 명백한 주장이 없는 때에도 기록에 나타난 여러 사정을 기초로 직권으로 이를 판단할 수 있다(대법원 2001. 1. 19. 선고 99두9674 판결). 행정처분이 위법한 때에는 이를 취소함이 원칙이고, 그 위법한 처분을 취소·변경하는 것이 도리어 현저히 공공의 복리에 적합하지 않은 경우에 극히 예외적으로 위법한 행정처분의 취소를 허용하지 않는다는 사정판결을 할 수 있으므로, 사정판결의 적용은 극히 엄격한 요건 아래 제한적으로 하여야 하며, 그 요건인 '현저히 공공복리에 적합하지 아니한가'의 여부를 판단할 때에는 위법·부당한 행정처분을 취소·변경하여야 할 필요와 그 취소·변경으로 인하여 발생할 수 있는 공공복리에 반하는 사태 등을 비교·교량하여 그 적용 여부를 판단하여야 한다(대법원 2013. 10. 24. 선고 2012두12853 판결 참조). 교원소청심사위원회결정취소소송에서 참가인인 학교법인이 사정판결을 주장하였으나 법원이 부인한 예(대법원 2018. 10. 12. 선고 2016두46670 판결), 공무원이 제기한 파면처분취소소송에서 총무처 장관이 사정판결을 주장하였으나 부인한 예(대법원 1967. 5. 2. 선고 67누24 판결)[11] 등이 있다. 주문은, '1. 원고의 청구를 기각한다. 2. 피고가 2024. 12. 20. 원고에게 한 파면처분은 위법하다. 3. 소송비용은 피고가 부담한다.'

2. 판결의 효력

가. 기속력

1) 행정소송법 제30조제1항은, '처분등을 취소하는 확정판결은 그 사건에 관하여 당사자인 행정청과 그 밖의 관계행정청을 기속한다.' 기속력은 인용판결이 확정된 경우에 한하여 인정되고 기각판결에는 인정되지 않는다. 기속력이란 행정청에 대해

---

11) 행정소송법 제12조를 적용하여 소위 사정판결을 하기 위하여는, 위법한 처분을 취소하지 아니하고 방치함으로써 발생하는 공익침해의 정도보다, 위법처분을 취소함으로써 발생하는 새로운 공익침해의 정도가 월등하게 큰 경우 예를 들면 처분이 위법이기는 하나, 이미 집행되어 버렸고, 그로 말미암아, 다수의 관계인 사이에 새로운 사실 상태, 법률관계가 형성되어, 이를 뒤엎으므로 말미암은 손해가 심대하고, 이에 비하면 위법한 처분으로 불이익을 받은 자의 손해의 정도는 비교적 근소하며, 또 다른 방법으로 실질적으로, 그 손해를 보충할 수 있다고 인정되는 경우에 한한다.

장래 행동을 제약하는 실체법상의 의무를 과하는 것이다. 그 내용으로 반복금지효, 원상회복의무, 재처분의무가 있다.

2) 반복금지효란, 취소소송에서 인용판결이 확정되면 행정청은 동일한 사실관계 아래에서 동일한 당사자에게 동일한 내용의 처분을 반복하여서는 안 된다는 원칙이다. 대법원은, 행정소송법 제30조 제1항은 "처분 등을 취소하는 확정판결은 그 사건에 관하여 당사자인 행정청과 그 밖의 관계행정청을 기속한다"라고 규정하고 있다. 이러한 취소 확정판결의 '기속력'은 취소 청구가 인용된 판결에서 인정되는 것으로서 당사자인 행정청과 그 밖의 관계행정청에게 확정판결의 취지에 따라 행동하여야 할 의무를 지우는 작용을 하는 것으로 그 판결의 주문 및 전제가 되는 처분 등의 구체적 위법사유에 관한 판단에도 미치나, 종전 처분이 판결에 의하여 취소되었다 하더라도 종전 처분과 다른 사유를 들어서 새로이 처분을 하는 것은 기속력에 저촉되지 않는다. 여기에서 동일사유인지 다른 사유인지는 확정판결에서 위법한 것으로 판단된 종전 처분사유와 기본적 사실관계에 있어 동일성이 인정되는지 여부에 따라 판단되어야 하고, 기본적 사실관계의 동일성 유무는 처분사유를 법률적으로 평가하기 이전의 구체적인 사실에 착안하여 그 기초인 사회적 사실관계가 기본적인 점에서 동일한지에 따라 결정된다(대법원 2005. 12. 9. 선고 2003두7705 판결 등 참조). 또한, 행정처분의 위법 여부는 행정처분이 행하여진 때의 법령과 사실을 기준으로 판단하므로, 확정판결의 당사자인 처분 행정청은 종전 처분 후에 발생한 새로운 사유를 내세워 다시 처분을 할 수 있음은 물론이고(대법원 2011. 10. 27. 선고 2011두14401 판결 등 참조), 새로운 처분의 처분사유가 종전 처분의 처분사유와 기본적 사실관계에서 동일하지 않은 다른 사유에 해당하는 이상, 해당 처분사유가 종전 처분 당시 이미 존재하고 있었고 당사자가 이를 알고 있었다 하더라도 이를 내세워 새로이 처분을 하는 것은 확정판결의 기속력에 저촉되지 않는다(대법원 2016. 3. 24. 선고 2015두48235 판결 참조).

3) 어떤 행정처분을 위법하다고 판단하여 취소하는 판결이 확정되면 행정청은 그 처분으로 초래된 위법상태를 제거하여 원상회복할 의무와 불이익한 결과를 제거할 의무를 부담한다(대법원 2015. 10. 29. 선고 2013두27517 판결 참고). 이를 원상회복의무 또는 결과제거의무라고 한다. 예컨대 파면처분이 취소되면 행정청은 원고를 복직시켜야 한다.

4) 거부처분취소에 대해 위법하다고 판단하여 취소하는 판결이 확정되면 행정청은 취소판결의 기속력에 따라 그 판결에서 확인된 위법사유를 배제한 상태에서 다시 처분을 하여야 한다(대법원 2020. 6. 25. 선고 2019두56135 판결). 이를 재처분의무라고 한다. 징계처분에서는 직접적 관련이 없다.

5) 행정심판과의 관계

징계사유가 제1처분사유와 제2처분사유가 있는데, 소청심사위원회에서 제2처분사유는 인정하지 아니하였음에도, 원고는 이 사건 소에서 제2처분사유의 부존재를 다투고 있고 이에 대하여 피고 역시 제2처분사유의 존재를 주장한 사건에서, 국가공무원법 제15조는 '소청심사위원회의 결정은 처분 행정청을 기속(羈束)한다.'고 규정하고, 소청심사위원회의 결정은 처분청에 대하여 기속력을 가지고 이는 그 결정의 주문에 포함된 사항뿐 아니라 그 전제가 된 요건사실의 인정과 판단, 즉 처분 등의 구체적 위법사유에 관한 판단에까지 미친다(대법원 2013. 7. 25. 선고 판결). 위와 같은 법리에 비추어 보면, 원고에 대한 제2징계사유를 인정할 수 없다는 소청심사위원회의 결정이 갖는 기속력에 따라 제2징계사유는 이 사건 처분의 징계사유에서 제외되었으므로, 제2징계사유의 존부에 관한 판단은 이 법원의 심판 범위에 속하지 않는다.

행정심판의 인용결정에 의해 기속력이 생겨 행정청은 더 이상 다툴 수 없고, 만약 행정심판에서 인용된 주요 요건사실을 원고가 이를 간과하고 행정소송에서 주장하더라도(피고가 주장하더라도 마찬가지임) 법원은 더 이상 심판범위에 속하지 않으므로 인용된 처분사유에 대한 관련 주장은 따로 판단하지 않는다는 것이다.[12]

6) 사립학교 교원의 교원소청심사위원회에 징계처분취소를 구하는 소청심사에서 징계처분을 취소하였는데, 이후 학교법인이 행정소송을 제기하였고 징계사유 중 일부가 인정되는 경우 법원이 내려야 할 판결의 내용

교원소청심사위원회(이하 '위원회'라 한다)의 결정은 처분청에 대하여 기속력을 가지고 이는 그 결정의 주문에 포함된 사항뿐 아니라 그 전제가 된 요건사실의 인정과

---

[12] 관련 사안은 학생군사교육단 사관후보생으로 선발된 A가 영리행위(제1처분사유), 영리를 위해 정복착용사진 등을 인터넷 쇼핑몰 등에 올려 품위유지 위반행위(제2처분사유)를 하였다는 이유로 훈육심의위원회에서 제적처분을 하였는데, A가 이에 대해 징계처분취소청구의 소를 제기한 사건이다(청주지방법원 2019. 1. 10. 선고 2018구합2808 판결).

판단, 즉 처분 등의 구체적 위법사유에 관한 판단에까지 미친다. 따라서 위원회가 사립학교 교원의 소청심사청구를 인용하여 징계처분을 취소한 데 대하여 행정소송이 제기되지 아니하거나 그에 대하여 학교법인 등이 제기한 행정소송에서 법원이 위원회 결정의 취소를 구하는 청구를 기각하여 위원회 결정이 그대로 확정되면, 위원회 결정의 주문과 그 전제가 되는 이유에 관한 판단만이 학교법인 등 처분청을 기속하게 되고, 설령 판결 이유에서 위원회의 결정과 달리 판단된 부분이 있더라도 이는 기속력을 가질 수 없다. 그러므로 사립학교 교원이 어떠한 징계처분을 받아 위원회에 소청심사청구를 하였고, 이에 대하여 위원회가 그 징계사유 자체가 인정되지 않는다는 이유로 징계양정의 당부에 대해서는 나아가 판단하지 않은 채 징계처분을 취소하는 결정을 한 경우, 그에 대하여 학교법인 등이 제기한 행정소송 절차에서 심리한 결과 징계사유 중 일부 사유는 인정된다고 판단이 되면 법원으로서는 위원회의 결정을 취소하여야 한다. 이는 설령 인정된 징계사유를 기준으로 볼 때 당초의 징계양정이 과중한 것이어서 그 징계처분을 취소한 위원회 결정이 결론에 있어서는 타당하다고 하더라도 마찬가지이다. 위와 같이 행정소송에 있어 확정판결의 기속력은 처분 등을 취소하는 경우에 그 피고인 행정청에 대해서만 미치는 것이므로, 법원이 위원회 결정의 결론이 타당하다고 하여 학교법인 등의 청구를 기각하게 되면 결국 행정소송의 대상이 된 위원회 결정이 유효한 것으로 확정되어 학교법인 등도 이에 기속되므로, 위원회 결정의 잘못은 바로잡을 길이 없게 되고 학교법인 등도 해당 교원에 대한 적절한 재징계를 할 수 없게 되기 때문이다(대법원 2013. 7. 25. 선고 2012두12297 판결).

나. 형성력

행정처분을 취소한다는 확정판결이 있으면 그 취소판결의 형성력에 의하여 당해 행정처분의 취소나 취소통지 등의 별도의 절차를 요하지 아니하고 당연히 취소의 효과가 발생한다(대법원 1991. 10. 11. 선고 90누5443 판결). 이를 형성력이라 한다. 형성력은 행정처분을 취소하는 원고승소판결에서만 발생한다.

다. 기판력

1) '기판력'이란 기판력 있는 전소 판결의 소송물과 동일한 후소를 허용하지 않음과 동시에, 후소의 소송물이 전소의 소송물과 동일하지는 않더라도 전소의 소송물에 관한 판단이 후소의 선결문제가 되거나 모순관계에 있을 때에는 후소에서 전소 판결의 판단과 다른 주장을 하는 것을 허용하지 않는 작용을 한다(대법원 2016. 3. 24. 선고 2015두48235 판결). 기판력은, 행정소송법 제8조 제2항에 의하여 행정소송에 준용되는 민사소송법 제216조, 제218조를 준용하고 있어 행정소송판결에도 인정된다. 기판력에 저촉되는지 여부는 당사자의 주장과 무관하게 직권으로 심리·판단하여야 하고, 인용판결, 기각판결, 소송판결 모두에 적용된다.

2) 주관적 범위

확정판결은 당사자, 변론을 종결한 뒤의 승계인(변론 없이 한 판결의 경우에는 판결을 선고한 뒤의 승계인) 또는 그를 위하여 청구의 목적물을 소지한 사람에 대하여 효력이 미친다(행정소송법 제8조제2항, 민사소송법218조제1항). 따라서 행정청을 피고로 하는 취소소송에 있어서의 기판력은 당해 처분이 귀속하는 국가 또는 공공단체에 미친다(대법원 1998. 7. 24. 선고 98다10854 판결). 예컨대 파면처분 취소소송에서 원고가 승소한 경우, 그 판결의 기판력은 파면처분이 효력 없음을 이유로 하여 국가를 상대로 급여를 지급하는 소송에도 미친다.

3) 객관적 범위

확정판결은 주문에 포함된 것에 한하여 기판력을 가진다(행정소송법 제8조제2항, 민사소송법 제216조제1항). 확정판결의 기판력은 그 주문에 포함한 것에 한하여 발생한다고 할 것이니, 판결의 기판력은 주문에 포함된 소송물인 법률관계의 존부에 관한 판단의 결론에 대하여서만이 발생된다 할 것이고, 그 전제가 되는 것에 불과한 법규의 해석 적용이나 법률사실의 인정 등이 법률관계의 존부에 관한 것이라고 할지라도 이 부분까지는 기판력이 미치지 아니한다(대법원 1970. 9. 29. 선고 70다1759 판결).

4) 시간적 범위

확정된 종국판결의 사실심 변론종결 이전에 발생하고 제출할 수 있었던 사유에 기인한 주장이나 항변은 확정판결의 기판력에 의하여 차단되므로 당사자가 그와 같은 사유를 원인으로 확정판결의 내용에 반하는 주장을 새로이 하는 것은 허용되지 아니한다(대법원 2015. 10. 29. 선고 2015두44288 판결).

3. 기타 — 판결이외의 소송종료

1) 행정소송에서 원고는 소 또는 상소의 취하로 소송을 종료시킬 수 있다. 보조참가가 있는 경우 피참가인은 보조참가인의 동의없이도 취하할 수 있다. 그런데 사립학교 교원이 신청한 교원소청심사위원회의 결정에 대해 행정소송을 제기하는 경우 학교법인등이 보조참가할 수 있는데, 이 경우 보조참가인이 피참가인(피고)의 패소판결에 대하여 상소한 경우에는 피참가인이 상소취하나 상소포기를 할 수 없다. 보조참가인이 피참가인 패소의 행정소송판결에 대하여 상고한 경우에 민사소송법 제70조 2항에서 말하는 바와 같이 보조참가인의 소송행위가 피참가인의 소송행위와 저촉되는 때에는 그 효력이 없다고 하는 규정에 따라 피참가인의 상고취하나 상고권포기로 인해서 그 판결이 확정된다고 하면 행정소송판결은 대세적 효력이 있는 것이라 보조참가인은 다시 다툴 여지가 없이 되어 불측의 손해를 입게 될 우려가 있으니 피참가인의 상고취하나 상고권 포기는 보조참가인에 대한 관계에 있어서는 그 효력이 없고 민사소송법 제70조 2항의 규정은 그 적용이 배제된다(대법원 1970. 7. 28. 선고 70누35 판결).

2) 화해

행정소송에서는 민사소송법상 화해조항이나 화해권고조항은 준용되지 않는 것으로 본다. 법령상 조정권고는 가능하나(행정소송규칙 제15조제1항), 실무에서는 거의 이용되지 않는다.

3) 원고의 사망

징계처분에 대한 소송은 성질상 승계가 허용되지 않으므로 소송중 원고가 사망하면 소송은 종료된다(대법원 2007. 7. 26. 선고 2005두15748 판결 참고).

제5장

기존 판결의 구체적 분석

제1절 | 재량권의 일탈·남용

1. 구체적 징계 기준

아래 세 판례를 보면 징계는 징계권자의 재량에 맡겨진 것이라는 점에서는 같은 취지이나 그 재량을 판단할 때 기준으로 삼아야 하는 점을 각 사건에 맞추어 달리 서술하고 있으므로 눈여겨볼 만하다.

① 공무원인 피징계자에게 징계사유가 있어서 징계처분을 하는 경우 어떠한 처분을 할 것인가는 징계권자의 재량에 맡겨진 것이고, 다만 징계권자가 재량권의 행사로서 한 징계처분이 사회통념상 현저하게 타당성을 잃어 징계권자에게 맡겨진 재량권을 남용한 것이라고 인정되는 경우에 한하여 그 처분을 위법하다고 할 수 있고, 공무원에 대한 징계처분이 사회통념상 현저하게 타당성을 잃었다고 하려면 구체적인 사례에 따라 징계의 원인이 된 비위사실의 내용과 성질, 징계에 의하여 달성하려고 하는 행정목적, 징계 양정의 기준 등 여러 요소를 종합하여 판단할 때에 그 징계내용이 객관적으로 명백히 부당하다고 인정할 수 있는 경우라야 하고, <u>징계권의 행사가 임용권자의 재량에 맡겨진 것이라고 하여도 공익적 목적을 위하여 징계권을 행</u>

사하여야 할 공익의 원칙에 반하거나 일반적으로 징계사유로 삼은 비행의 정도에 비하여 균형을 잃은 과중한 징계처분을 선택함으로써 비례의 원칙에 위반하거나 또는 합리적인 사유 없이 같은 정도의 비행에 대하여 일반적으로 적용하여 온 기준과 어긋나게 공평을 잃은 징계처분을 선택함으로써 평등의 원칙에 위반한 경우에 이러한 징계처분은 재량권의 한계를 벗어난 처분으로서 위법하다 할 것이다(대법원 1999. 11. 26. 선고 98두6951 판결 참조)(서울고등법원 2000. 8. 22. 선고 99누13699 판결).

② 공무원인 피징계자에게 징계사유가 있어서 징계처분을 하는 경우 어떠한 처분을 할 것인가는 징계권자의 재량에 맡겨져 있다. 그러므로 징계권자가 재량권을 행사하여 한 징계처분이 사회통념상 현저하게 타당성을 잃어 징계권자에게 맡겨진 재량권을 남용하였다고 인정되는 경우에 한하여 그 처분을 위법하다고 할 수 있다. 공무원에 대한 징계처분이 사회통념상 현저하게 타당성을 잃었는지는 구체적인 사례에 따라 직무의 특성, 징계의 원인이 된 비위사실의 내용과 성질, 징계에 의하여 달성하려고 하는 행정목적, 징계양정의 기준 등 여러 요소를 종합하여 판단할 때 그 징계내용이 객관적으로 명백히 부당하다고 인정할 수 있는 경우라야 한다. 징계권자가 내부적인 징계양정기준을 정하고 그에 따라 징계처분을 하였을 경우 정해진 징계양정기준이 합리성이 없다는 등의 특별한 사정이 없는 한 당해 징계처분이 사회통념상 현저하게 타당성을 잃었다고 할 수 없다(대법원 2017. 11. 9. 선고 2017두47472 판결 등 참조).

③ 공무원인 피징계자에게 징계사유가 있어서 징계처분을 하는 경우 어떠한 처분을 할 것인가는 원칙적으로 징계권자의 재량에 맡겨진 것이라고 할 것이나, 징계권자가 재량권의 행사로서 한 징계처분이 사회통념상 현저하게 타당성을 잃어 재량권을 일탈하였거나 남용한 것이라고 인정되는 경우에는 그 처분이 위법하다. 징계처분이 사회통념상 현저하게 타당성을 잃어 재량권의 범위를 벗어난 위법한 처분이라고 할 수 있으려면, 구체적인 사례에 따라 수행직무의 특성, 징계의 원인이 된 비위사실의 내용과 성질, 징계에 의하여 달성하려는 행정목적, 징계양정의 기준 등 여러 가지 요소를 종합하여 판단할 때에 그 징계내용이 객관적으로 명백히 부당하다고 인정할 수 있는 경우라야 할 것이지만(대법원 1999. 10. 8. 선고 99두6101 판결 등 참조), 한편, 피징계자의 경력과 징계사유에 이르게 된 동기 및 경위, 법령위반의 정도, 피징계자가 사회적인 문제를 제기했을 경우 그 내용의 진실성, 원래의 본분을 잃지 않

으려는 노력 등을 종합하여 징계처분이 지나치게 무거운 경우에는 재량권의 범위를 벗어난 것이라고 보아야 한다(대법원 1995. 2. 3. 선고 94누1531 판결, 대법원 1996. 10. 11. 선고 94누7171 판결 등 참조).

2. 판례상 기준의 정리

(1) 형평의 원칙

징계권자가 징계대상자들에 대한 징계수위를 낮추기 위한 방편으로 일응의 징계양정기준을 정하고 그에 따라 징계처분을 하였을 경우 정해진 징계양정기준이 전혀 합리성이 없다거나 특정의 근로자만을 해고하기 위한 방편이라는 등의 특별한 사정이 없는 한 이로써 바로 당해 징계처분이 형평의 원칙에 반하여 위법하다고 할 수는 없다(대법원 1997. 10. 28. 선고 96누5780 판결).

(2) 비례의 원칙 및 공평의 원칙

① 징계사유에 해당하는 행위가 있더라도, 징계권자가 그에 대하여 징계처분을 할 것인지, 징계처분을 하면 어떠한 종류의 징계를 할 것인지는 징계권자의 재량에 맡겨져 있다. 그러나 재량권의 행사가 징계권을 부여한 목적에 반하거나, 징계사유로 삼은 비행의 정도에 비하여 균형을 잃은 과중한 징계처분을 선택함으로써 비례의 원칙을 위반하거나 또는 합리적인 사유 없이 같은 정도의 비행에 대하여 일반적으로 적용하여 온 기준과 어긋나게 공평을 잃은 징계처분을 선택함으로써 평등의 원칙을 위반한 경우에는, 그 징계처분은 재량권의 한계를 벗어난 것으로서 위법하다. 징계처분에서 재량권의 행사가 비례의 원칙을 위반하였는지는 징계사유로 인정된 비행의 내용과 정도, 경위 내지 동기, 비행이 당해 행정조직 및 국민에게 끼치는 영향의 정도, 행위자의 직위 및 수행직무의 내용, 평소의 소행과 직무성적, 징계처분으로 인한 불이익의 정도 등 여러 사정을 건전한 사회통념에 따라 종합적으로 판단하여 결정하여야 한다(대법원 2017. 10. 31. 선고 2014두45734 판결).

② 공무원인 피징계자에게 징계사유가 있어서 징계처분을 하는 경우 어떠한 처분을 할 것인가는 징계권자의 재량에 맡겨진 것이다. 다만 징계권자가 재량권의 행사

로서 한 징계처분이 사회통념상 현저하게 타당성을 잃어 징계권자에게 맡겨진 재량
권을 남용한 것이라고 인정되는 경우에 한하여 그 처분을 위법하다고 할 수 있다.
공무원에 대한 징계처분이 사회통념상 현저하게 타당성을 잃었다고 하려면 구체적
인 사례에 따라 징계의 원인이 된 비위사실의 내용과 성질, 징계에 의하여 달성하려
고 하는 행정목적, 징계 양정의 기준 등 여러 요소를 종합하여 판단할 때에 그 징계
내용이 객관적으로 명백히 부당하다고 인정할 수 있는 경우라야 하고, 징계권의 행
사가 임용권자의 재량에 맡겨진 것이라고 하여도 공익적 목적을 위하여 징계권을 행
사하여야 할 공익의 원칙에 반하거나 일반적으로 징계사유로 삼은 비행의 정도에 비
하여 균형을 잃은 과중한 징계처분을 선택함으로써 비례의 원칙에 위반하거나 또는
합리적인 사유 없이 같은 정도의 비행에 대하여 일반적으로 적용하여 온 기준과 어
긋나게 공평을 잃은 징계처분을 선택함으로써 평등의 원칙에 위반한 경우에, 이러한
징계처분은 재량권의 한계를 벗어난 처분으로서 위법하다(대법원 1999. 11. 26. 선고
98두6951 판결 참조).

(3) 신의칙

징계처분이 중대하고 명백한 흠 때문에 당연무효의 것이라면 징계처분을 받은 자
가 이를 용인하였다 하여 그 흠이 치료되는 것은 아니다. 피징계자가 징계처분에 중
대하고 명백한 흠이 있음을 알면서도 퇴직시에 지급되는 퇴직금 등 급여를 지급받으
면서 그 징계처분에 대하여 위 흠을 들어 항고하였다가 곧 취하하고 그 후 5년 이상
이나 그 징계처분의 효력을 일체 다투지 아니하다가 위 비위사실에 대한 공소시효가
완성되어 더 이상 형사소추를 당할 우려가 없게 되자 새삼 위 흠을 들어 그 징계처
분의 무효확인을 구하는 소를 제기하기에 이르렀고 한편 징계권자로서도 그 후 오랜
기간동안 피징계자의 퇴직을 전제로 승진·보직 등 인사를 단행하여 신분관계를 설
정하였다면 피징계자가 이제 와서 위 흠을 내세워 그 징계처분의 무효확인을 구하
는 것은 신의칙에 반한다(대법원 1989. 12. 12. 선고 88누8869 판결).

(4) 내부적 징계양정기준

공무원에 대한 징계처분이 사회통념상 현저하게 타당성을 잃었는지는 구체적인
사례에 따라 직무의 특성, 징계의 원인이 된 비위사실의 내용과 성질, 징계에 의하

여 달성 하려고 하는 행정목적, 징계양정의 기준 등 여러 요소를 종합하여 판단할 때 그 징계 내용이 객관적으로 명백히 부당하다고 인정할 수 있는 경우라야 한다. 징계권자가 내부적인 징계양정기준을 정하고 그에 따라 징계처분을 하였을 경우 정해진 징계양정기준이 합리성이 없다는 등의 특별한 사정이 없는 한 당해 징계처분이 사회통념상 현저하게 타당성을 잃었다고 할 수 없다(대법원 2008. 6. 26. 선고 2008두6387 판결, 대법원 2011. 11. 10. 선고 2011두13767 판결 등 참조).

3. 재량권의 일탈·남용을 인정한 례

1) 이 사건에 관하여 보건대, ① 당초 이 사건 처분을 함에 있어 주된 징계사유로 삼았던 제1, 2, 3 징계사유가 인정되지 않음은 앞에서 본 바와 같고, ② 제4징계사유의 경우 원고가 근무시간을 위반하여 퇴근하였다는 것이나 위반시간이 1시간 정도에 불과하고 당시 원고가 재판을 진행할 사건이 있지 아니하여 이로 인한 피해가 없었으며, 사후에 외출신청을 하여 결재가 이루어지는 등으로 그 비위 정도가 경미한 점, ③ '검찰공무원의 범죄 및 비위 처리지침' 제4조 [별표1]에 의하면, 정직의 처분은 직무관련성이 없으나 정당한 이유 없이 500만 원 이상의 금품·향응수수, 300만 원 이상의 공금횡령·유용, 피의사실 공표, 영장발부 상황 누설 등 수사기밀 유출의 경우, 직무상 가혹행위(상해, 모욕, 폭언, 욕설, 폭행 등)로 불구속 구공판된 경우, 사건관계인, 미성년자 대상 및 직위이용으로 구약식된 성풍속 행위, 폭력행위로 불구속 구공판된 경우, 음주운전으로 운전면허가 정지 또는 취소된 상태에서 운전을 한 경우에 해당하여야 하고, '공무원징계령 시행규칙' 제2조 [별표1] 징계기준에 의하면, 복종의무위반, 직장이탈금지위반에 의한 정직은 비위의 정도가 심하고 중과실이거나, 비위의 정도가 약하고 고의가 있는 경우에 해당하여야 하는데, 근무시간 위반이 금품·향응수수와 동일한 정도의 비위에 해당한다고 볼 수는 없는 점, ④ 원고는 2007. 12. 31. 광주지방검찰청에 근무할 당시 2007년도 공판 활동 실적 우수 등으로 검찰총장으로부터 표창을 받았고, 우수 여성검사로 서울중앙지방검찰청으로 발령되는 등 검사로서 성실히 직무를 수행하여 온 점 등을 종합하면, 이 사건 처분은 그 비위 정도에 비하여 지나치게 과중하여 재량권을 일탈·남용한 것이다(서울고등법원 2014. 11. 6. 선고 2014누45361 판결. 대법원 2017. 10. 31. 선고 2014두45734 판결에서

도 그대로 인정).

2) 원고가 허위의 정보를 입력하였다고 볼 수 없어 원고의 행위가 피고가 삼은 징계사유 중 공전자기록변작죄 및 그 행사죄에는 해당하지 아니하는 점, 원고의 행위는 출신지역이 편중된 승진 인사를 시정하고자 하는 국가정보원장의 지침에 따른 것인 점, 원고에게 직무상 목적 외에 개인적이거나 부정한 다른 의도가 있었다고 보기 어렵고 원고가 오랫동안 국가정보원에서 성실하게 근무하여 온 점 등 사정에 비추어 보면, 원고를 해임하는 이 사건 처분은 과중한 것으로서 재량권을 일탈·남용한 것에 해당하여 위법하다고 판단하였다. 이 사건과 관련하여 원고는 해임이라는 무거운 징계를 받은 반면, 원고의 행위에 관하여 지시 또는 승인을 한 국가정보원장과 기획조정실장 및 총무관리국장은 아무런 징계를 받지 아니하였고, 아랫사람들인 4급 직원은 정직 2개월, 5급이나 6급 직원들은 견책이라는 훨씬 가벼운 징계를 받은 점 등의 사정을 앞서 본 법리에 비추어 살펴보면, 원고를 해임하는 이 사건 처분은 인정되는 비행의 정도에 비하여 균형을 잃은 과중한 것이고 관여자들 사이의 형평에도 어긋나므로, 원심이 같은 취지에서 이 사건 처분이 위법하다고 판단한 것은 정당하다(대법원 2014. 7. 10. 선고 2012두1266 판결).

3) 수도방위사령부 항고심사위원회의에서 상사 E에 대한 정직 3월이 과중하다는 이유로 이를 감봉 1월로 감경했다. 원고에 대한 징계처분 당시 피고의 위와 같은 재량적 징계양정 기준에 의하더라도 상사 E에게는 감봉 1월로 징계양정을 해야 했다는 사정이 있었다거나, 상사 E에 대한 위와 같은 감봉 1월로 감경에 불구하고 원고에게는 여전히 감봉 3월의 징계양정이 적정했다고 인정할 만한 사정이 보이지 않는다. 따라서 피고가 상사 E뿐 아니라 원고에게도 적용한 재량적 징계양정 기준이 부당하거나 거기에 재량권 일탈·남용이 있는 것으로 드러났거나, 피고의 원고에 대한 징계양정은 결과적으로 상사 E에 대한 징계양정과 사이에 형평성을 현저히 잃게 되었다고 볼 수밖에 없다(수원고등법원 2023. 5. 10. 선고 2022누12964 판결).

4) 징계 여부 및 정도를 심의, 의결한 학생생활지도위원회에서 위원들 사이에 논의된 내용을 비롯한 이상의 내용에 비추어 보면 피고가 과연 원고의 성희롱·성폭력 행위를 구체적으로 어떠한 내용으로 파악하고 이 사건 처분을 한 것인지 불분명하

고, 피고가 원고의 성희롱·성폭력 행위의 내용과 정도를 구체적으로 고려하여 징계양정을 하였다고 보기 어렵다. 그렇다면 피고는 징계권을 행사함에 있어, 특히 징계정도를 결정함에 있어 마땅히 고려해야 할 사항을 누락한 것이라 할 것이고, 이는 재량권의 불행사 또는 해태에 해당하는바, 이 사건 처분은 재량권을 일탈·남용한 것으로서 위법하다. 만일 이 사건 처분에서 원고의 성희롱·성폭력 행위를, 원고가 피해자를 부축하기 위하여 겨드랑이에 손을 넣는 등의 과정에서 의도치 않게 피해자의 가슴을 곁에서 접촉한 것이라고 파악한 것이라 가정한다면, 이 사건 처분은 징계사유의 비행 정도에 비하여 균형을 잃은 과중한 것이어서 역시 재량권을 일탈·남용한 것이 된다(인천지방법원 2023. 10. 5. 선고 2023구합50848 판결).

5) 이 사건 처분은 징계대상 사실 일부가 인정되지 아니함에도 지나치게 가혹하여 비례의 원칙에 반하므로 재량권을 일탈·남용한 것으로서 위법하다.

이 사건 처분은 원고의 이 사건 품위유지의무위반(성폭력등)과 이 사건 품위유지의무위반(영내폭행)을 사유로 하여 이루어진 것인데, 그 중 주된 징계대상사실인 이 사건 품위유지의무위반(성폭력등)이 인정되지 아니한다.

원고의 이 사건 품위유지의무위반(영내폭행)은 비록 하급자인 여성을 대상으로 한 것이기는 하지만, 평소 친분이 있다고 생각한 피해자에게 장난을 이유로 비교적 가벼운 유형력을 행사한 것에 불과하다. 원고 및 피해자의 동료들은 피해자가 원고 소속 분대로 전입한 2018. 3.경 이후로 1년 여 동안 분대장인 원고와 격의 없이 사이좋게 지내며 웃고 장난치는 모습을 자주 보였다고 진술하므로, 위와 같은 우발적인 유형력 행사로 인해 피해자에게 육체적·정신적으로 큰 고통을 주었다고 보기 어렵고, 지휘·통솔관계에 중대한 위협이 되었다고 할 수도 없다.

원고는 2014. 2. 1. 하사로 임관 후 2020. 10. 5. 이 사건 처분이 있기까지 6년 여간 사단장 표창 등 22회에 걸쳐 상훈을 받았으며, 원고 소속 분대장이 작성한 지휘관 의견서에도 '부대 발전을 위해 매우 헌신적이며, 성실한 업무 자세로 상·하급자로부터 신뢰가 매우 높음'이라는 평가가 기재되어 있는 등 평소 성실하고 모범적으로 복무하여 온 것으로 보인다.

원고는 이 사건 처분 이전 피해자에게 사과하고 용서를 구한다는 취지의 편지를 보내는 등 자신의 잘못을 깊이 뉘우치고 있다. 이에 원고 소속 부대 동료들도 '원고는 항상 솔선수범하는 자세로 남이 하기 싫어하는 어려운 일이나 궂은 업무를 나서서 하는 모범적인 모습을 보여 선·후배들의 귀감이 되었으며, 피해자와의 일도 친해지다 보니 장난스러운 행동을 하다 실수를 한 것 같으나, 원고 스스로 잘못을 인정하고 깊이 반성하고 있으므로, 선처를 바란다'는 의견을 밝히고 있다.

구 국방부 군인·군무원 징계업무처리 훈령(2021. 6. 23. 국방부훈령 제2564호로 개정되기 전의 것) [별표 4]에 의하면, 영내폭행 사건의 처리기준이 기본이 '정직~감봉'이고, 1회성, 단순 우발행위나 범행 태양이 경미한 경우, 피해자와의 합의·처벌불원 또는 피해 회복을 위한 진지한 노력이 있을 경우, 상훈 등 비행 전 성실한 근무 태도 등에는 '근신~견책'으로 감경할 수 있도록 정하고 있는데, 이 사건 품위유지의무위반(영내폭행)의 경우 가중요소는 없는 반면 감경요소(단순 우발행위, 범행 태양이 경미한 경우, 피해 회복을 위한 진지한 노력이 있을 경우, 상훈 등 비행 전 성실한 근무 태도)가 많아 감경영역인 '근신~견책'에 해당한다. 그렇다면 징계대상 사실 중 이 사건 품위유지의무위반(성폭력등)이 인정되지 않는 이상 원고에 대하여는 근신 또는 견책 처분을 하는 것이 위 징계양정기준에 부합한다.

원고는 이 사건 처분으로 인하여 진급예정자 명단에서 삭제되고, 7년간 징계기록이 유지되어 진급심사를 포함한 각종 심의 시 불이익이 발생하며, 특히 현역부적합 조사위원회에 회부되어 심사에 따라 전역처분을 받을 수 있다. 이 사건 처분을 통해 군의 기강과 규율을 확립하고자 하는 공익적 목적을 고려하더라도, 원고가 저지른 비위행위의 정도에 비하여 원고가 입게 될 불이익이 현저히 크다고 보인다(서울고등법원 2023. 5. 19. 선고 2022누59020 판결).

6) 원고는 제15보병사단에서 근무하는 군인으로 법령준수의무위반 사유로 근신 7일의 징계처분을 받고 항고하여 근신 2일로 변경되자 징계처분취소를 구하는 소를 제기하였다. 이 사건 처분사유 중 제2처분사유는 적법한 징계사유에 해당한다고 볼 수 없을 뿐 아니라, 이 사건 처분이 남은 제1징계사유만으로도 그 타당성이 있다고 인정하기는 어려운바, 이 사건 처분에는 재량권을 일탈·남용한 위법이 있다.

상사 E는 이미 2015. 4.경부터 "I센터" 담당자를 통해 무술수련이나 승단시험 없이 특공무술 단증을 취득한 적 있었고, 그 무렵 다른 군인들을 상대로 같은 방식의 단증취득을 소개 및 주선하여 4명 이상의 군인들이 E를 통해 특공무술 단증 취득 및 개인자력 변경신청을 한 적이 있었다. 2020. 3. 29.경 원고의 소개에 따라 특공무술 단증을 추가로 취득한 중사 G 역시 과거 2017. 4. 경에도 직접 E 상사를 통해 무술단증을 취득한 바 있었다.

원고는 2020. 3. 29.경 위 E로부터 "시험 없이 서류 및 심사비용을 지급하는 비정상적인 방법으로 특공무술 단증을 발급받을 수 있다. 5~6명 정도가 (특공무술) 단증을 취득하려고 하는데, 단증을 취득하려면 10명 이상이 신청해야 한다. 포대 간부 중 혹시 단증 취득하고 싶은 인원이 있느냐"라는 말을 듣고, 같은 부대 간부들을 상대로 단증취득 의향이 있는 희망인원을 조사한 다음 후배 부사관들인 중사 G, F와 함께 특공무술 단증 신청을 하기로 하고 G, F 몫의 심사비용을 받아 송금하였다.

원고가 이와 같이 비정상적인 방법에 의하여 발급되는 특공무술 단증의 발급 희망자 모집 행위에 일정 부분 관여하기는 하였으나, 원고는 E로부터 이와 같은 특공무술 단증 취득방법에 대하여 설명을 듣고, 단증을 취득하기 위하여 일정규모 이상의 인원이 필요하다는 설명에 따라 E로부터 들은 내용을 다른 간부들에게 전달하는 방식으로 희망인원을 모집한 것으로 보인다. 원고는 자격발급기관 측이나 E로부터 모집에 대한 수수료 또는 인센티브를 지급받거나 약속받지도 않았다.

원고는 국방인사정보체계 상 개인자력 상 자신이 취득한 특공무술 단증의 기록변경을 요청한 적이 없고, 같은 기회에 원고를 통해 단증을 발급받은 G, F 역시 기록변경신청을 한바 없다. 민간기관에 비용만 지급하면 발급받을 수 있고 자격증으로서의 신뢰도나 가치가 전혀 없는 무술단증이라고 하더라도 해당 단증을 취득한 후 국방인사정보체계상 개인자력에 기록변경신청을 하는 행위에 나아가지 않은 채 소정의 비용을 지급하고 해당 단증의 발급을 신청하여 이를 보유하고 있는 행위 자체를 어떠한 법령 위반이라거나 군인으로서의 품위유지의무를 위반한 행위라고 평가하기 어려움은 앞서 본 바와 같다. 이러한 점을 고려할 때, 제1징계사유로 인한 품위유지의무위반의 정도가 중하다고 단정하기 어렵다.

원고는 임관 후 이 사건 처분이 있기까지 약 12년 간 군에서 복무하면서 다수의 표창, 상장을 받는 등 성실하게 군 복무를 수행하였던 것으로 보인다. 이 사건 처분 이전에 징계를 받은 전력도 없다. 앞서 본 제1징계사유의 경위, 원고가 깊이 반성하는 모습을 보이고 있는 점, 원고의 평소 성행 등을 감안하면 이 사건 처분보다 경미한 수준의 징계를 하더라도 군 기강의 확립이라는 공익 달성이 불가능할 것으로 보이지 않는다. 위와 같은 사정을 종합하여 보면, 이 사건 처분이 관련 징계규정이 정한 징계양정 기준에 형식적으로는 부합한다고 하더라도, 원고가 저지른 비위행위의 정도에 비하여 원고가 이 사건 처분으로 입게 될 불이익이 현저히 크다(춘천지방법원 2022. 11. 1. 선고 2022구합30155 판결).

4. 재량권의 일탈·남용을 부인한 례

1) 초등학교 교장인 원고가 자신이 담당하는 업무의 처리에 관하여 부정한 청탁을 받고 100만 원을 수수하였다는 비위는, 원고가 도덕성과 청렴성이 매우 중시되는 교육공무원인 점을 고려해 볼 때 원심이 인정하지 아니한 징계사유를 제외하더라도 교육공무원의 성실의무 및 청렴의무, 품위유지의무에 크게 위배되는 행위로서 그 자체로 비위의 정도가 가볍지 아니한 경우에 해당하고, 기록에 나타난 제반사정을 참작하더라도 관련 징계양정기준에 어긋나지 아니한 정직 1월의 이 사건 처분이 사회통념상 현저하게 타당성을 잃을 정도로 원고에게 지나치게 가혹하여 그 재량권의 범위를 일탈한 것으로서 위법한 처분이라고 하기 어렵다(대법원 2013. 6. 13. 선고 2013두5722 판결).

2) 부동산 가격공시 및 감정평가에 관한 법률 (이하 '법'이라고 한다) 제37조 제2항에 의하면, 감정평가업자(감정평가법인 소속 감정평가사를 포함한다)는 다른 사람에게 자격증·등록증 또는 인가증(이하 '자격증 등'이라고 한다)을 양도 또는 대여하거나 이를 부당하게 행사하여서는 아니 된다. 여기에서 '자격증 등을 부당하게 행사'한다는 것은 감정평가사 자격증 등을 본래의 용도 외에 부당하게 행사하는 것을 의미하고, 감정평가사가 감정평가법인에 적을 두기는 하였으나 당해 법인의 업무를 수행하거나 그 운영 등에 관여할 의사가 없고 실제로도 업무 등을 전혀 수행하지 않았다거나 당해 소속 감정평가사로서 업무를 실질적으로 수행한 것으로 평가하기 어려울 정도라면 이는 법 제37조 제2항에서 정한 자격증 등의 부당행사에 해당한다.

원심은 위와 같은 취지에서 그 판시와 같은 사정을 들어 원고가 국민은행에 상근직으로 근무하면서 이 사건 각 감정평가법인 소속으로 감정평가사 본연의 업무를 거의 수행하지 아니하였음은 물론 위 각 법인의 운영에도 전혀 관여하지 아니한 채 형식적으로 위 각 법인에 적을 둔 것에 불과하거나 관련 업무를 실질적으로 수행하지 아니하였다고 인정하여, 원고가 이 사건 각 감정평가법인에 가입하여 적을 둔 행위는 법 제37조 제2항에서 정한 자격증 등의 부당행사에 해당하고, 이 사건 처분이 그 공익상의 필요에 비하여 원고에게 지나치게 가혹한 것으로서 징계재량권을 일탈·남용한 것으로 보기 어렵다고 판단하였다. 앞서 본 법리와 기록에 비추어 살펴보면, 원심의 위와 같은 판단은 정당한 것으로 수긍할 수 있고, 거기에 상고이유 주장과 같이 판단누락, 채증법칙 위반으로 인한 사실오인, 자기책임원칙 위반, 겸직·비상근 감정평가사의 업무의 성격이나 그 범위, 법 제37조 제2항의 적용범위에 관한 법리오해 등의 위법이 없다(대법원 2013. 10. 24. 선고 2013두727 판결).

3) 원고는 본인이 소속한 법원장의 2007. 2. 26.자 구두경고 및 같은 해 7. 18.자 서면경고 등을 통한 거듭된 자제 지시를 무시한 채, 2007. 2. 20.부터 6개월간 20여 차례에 걸쳐 법원 내부는 물론, 외부 언론기관에까지 법관으로서의 정당한 의견표명의 한계를 벗어난 주장을 집요하게 반복하고, 극단적으로 표현하였는바, 원고의 위와 같은 행위는 법관징계법 제2조 제2호 소정의 '법관이 그 품위를 손상하거나, 법원의 위신을 실추시킨 경우'에 해당하므로, 이 사건 징계사유가 존재한다고 할 것이고, 원고의 위와 같은 행위는 법관으로서의 품위를 손상시키고 나아가 법원의 위신을 실추시킨 행위로서 그 법령위반 및 비위의 정도가 가볍지 않고, 이로 인하여 법관에 대한 국민의 불신을 야기하고 법관 전체의 품위를 손상시켰다고 보지 않을 수 없으므로, 원고가 주장하는 바와 같은 여러 정상을 고려하더라도 이 사건 징계처분이 원고에게 지나치게 가혹한 것으로 사회통념상 현저하게 타당성을 잃었다거나 객관적으로 명백히 부당하다고 할 수 없다. 따라서 이 사건 징계처분은 적법하다고 할 것이므로, 위 처분이 재량권을 일탈·남용하여 위법하다는 원고의 주장은 이유 없다(대법원 2009. 1. 30. 선고 2007추127 판결).

4) 원심판결 이유와 기록에 의하여 알 수 있는 다음과 같은 사정들을 고려하면, 이 사건 해임이 사회통념상 현저하게 타당성을 잃어 징계양정에 있어 재량권을 남용하였다고 보기는 어렵다.

 i) 원고는 대학교수로 높은 직업윤리의식이 요구되는 지위에 있다.

 ii) 징계사유로 인정된 원고의 여성비하 발언과 성희롱은 원고가 장기간에 걸쳐 강의실에서 강의를 하는 도중에 다수의 학생들 앞에서 저지른 것으로 강의 내용과 무관할 뿐만 아니라, 오히려 다수의 발언에는 성적 의도가 내포되어 있거나 성적인 장면을 연상하게 하는 내용이 포함되어 있다. 강제추행 역시 강의실과 복도 등 공개된 장소에서 행하여진 것으로, 피해학생의 머리를 쓰다듬던 손이 허리 부분까지 내려갔고(①행위), 피해학생이 싫다는 의사를 분명히 밝혔음에도 피해학생의 손을 억지로 잡으며 원고 본인의 손에 입을 맞춘 후 피해학생에게도 동일한 행위를 요구한 다음 피해학생이 입을 맞추지 않자 빤히 쳐다며 수업을 진행하지 않는 방법으로 사실상 위 행위를 강요하였다(②행위). 특정 여학생을 상대로 성희롱 발언①과 강제추행 ①, ②를 함으로써 그 피해학생에게 성적 수치심과 모욕감을 느끼게 하였다. 위와 같은 비위행위의 기간과 경위, 내용 등에 비추어 볼 때, 원고의 비위 정도가 결코 가볍다고 할 수 없다.

iii) 원고의 수업을 들은 학생들이 강의평가를 통해 여성비하 발언, 성희롱, 인신공격, 신체접촉 등에 대하여 지속적으로 이의제기를 해 왔음에도, 원고는 위와 같은 비위행위를 반복하였다.

iv) 교원으로서의 신뢰를 실추시킨 원고가 다시 교단에 복귀한다고 할 때, 이 모습을 교육현장에서 마주하게 될 학생들이 과연 헌법 제31조 제1항이 정하는 국민의 교육을 받을 기본적 권리를 누리는 데에 별다른 지장을 받지 않을 것이라고 단정하기 어렵다.

v) 피고보조참가인은 종교적 교육이념에 입각하여 삼육대학교를 설립하였고, 「삼육대학교 교원인사규정 시행세칙」 제29조 제1항 제4호에는 징계사유로 "본 대학의 설립정신과 소속기관의 제 규정을 고의 또는 중대한 과실로 위반하는 행위를 한 때"가 규정되어 있으며, 원고에 대한 징계사유 중 하나로 위 내용이 포함되어 있다.

vi) 이 사건 규칙 제2조 제1항 [별표] 징계기준을 참작해 보더라도, 원고의 성희롱은 고의에 의한 행위이거나 설령 중과실에 의한 행위일지라도 비위의 정도가 심하다고 평가할 수 있고, 강제추행은 고의에 의한 행위로서 파면 또는 해임의 징계가 가능한 이상, 이 사건 해임이 교육공무원에 대한 징계에 비하여 가혹하다고 볼 수도 없다. 그런데도 원심은, 그 판시와 같은 사정만으로 이 사건 해임에 재량권을 일탈·남용한 위법이 있고, 피고의 소청심사결정은 위법하다고 판단하였다. 이러한 원심 판결에는 사립학교 교원에 대한 징계처분에 있어 재량권의 일탈·남용에 관한 법리를 오해하여 판결에 영향을 미친 위법이 있다. 이 점을 지적하는 상고이유 주장은 이유 있다(대법원 2022. 6. 16. 선고 2022두31136 판결).

5) 원심은 판시 사실을 인정한 다음, 그 판시와 같은 이유로 경찰공무원인 원고가 사건을 수사하면서 피의자에게 돈을 입금하라고 요구한 것은 자신의 직위를 직접 이용하여 부당한 이익을 얻으려고 한 행위로서 경찰공무원으로서 성실의무를 위반하고, 경찰공무원의 품위와 위신을 손상하여 징계사유가 있고, 그 비위의 정도도 가볍지 않아 이 사건 해임 처분이 적법하다는 취지로 판단하였다.

앞서 본 법리와 기록에 비추어 살펴보면, 원심의 위와 같은 판단은 정당하고, 거기에 상고이유 주장과 같이 재량권 일탈·남용 또는 직무를 이용한 범죄의 가담행위 등에 관한 법리를 오해하거나 관련 심리를 다하지 않음으로써 재판 결과에 영향을 미친 위법이나 논리와 경험의 법칙을 위반하여 자유심증주의의 한계를 벗어난 위법이 없다(대법원 2012. 10. 11. 선고 2012두13245 판결).

6) 지방공무원 복무조례개정안에 대한 의견을 표명하기 위하여 전국공무원노동조합 간부 10여 명과 함께 시장의 사택을 방문한 위 노동조합 시지부 사무국장에게 지방공무원법 제58조에 정한 집단행위 금지의무를 위반하였다는 등의 이유로 징계권자가 파면처분을 한 사안에서, 그 징계처분이 사회통념상 현저하게 타당성을 잃거나 객관적으로 명백하게 부당하여 징계권의 한계를 일탈하거나 재량권을 남용하였다고 볼 수 없다고 하였다(대법원 2009. 6. 23. 선고 2006두16786 판결).

7) 지방국토관리청장 산하 국도유지관리사무소 소속 청원경찰로서 과적차량단속 업무를 담당하던 甲이 건설장비 대여업자에게서 과적단속을 피할 수 있는 이동단속반의 위치정보 등을 알려달라는 청탁을 받고 이를 알려준 대가로 6회에 걸쳐 190만 원의 뇌물을 받아 직무상 의무를 위반하고 품위를 손상하였다는 이유로 지방국토관리청장이 파면처분을 한 사안에서, 이는 甲이 권한을 악용하여 과적단속을 피할 수 있도록 이동과적단속차량의 위치를 알려주고 대가로 금전을 수수한 것으로서 이에 대하여 엄격한 징계를 가하지 않을 경우 이러한 단속업무를 수행하는 청원경찰의 공정하고 엄정한 단속을 기대하기 어렵게 되고, 일반 국민 및 함께 근무하는 청원경찰들에게 법적용의 공평성과 청원경찰의 청렴의무에 대한 불신을 불러일으킬 수 있으

며, 금품제공자의 지위, 금품수수 액수, 횟수, 방법 등에 비추어 청원경찰징계규정에
서 파면사유로 규정한 '비위의 도가 중하고 고의가 있는 경우'에 해당하므로, 파면처
분은 甲의 직무 특성과 비위 내용 및 성질, 징계양정 기준, 징계 목적 등에 비추어
객관적으로 명백히 부당한 것으로서 사회통념상 현저하게 타당성을 잃었다고 볼 수
없다(대법원 2011. 11. 10. 선고 2011두13767 판결).

   8) 이 사건 처분이 사회통념상 현저하게 타당성을 잃을 정도로 지나치게 가혹하
여 징계권자에게 맡겨진 재량권을 일탈·남용한 경우에 해당한다고 볼 수 없다. 이
사건 제1징계사유에 대한 양정에 관하여 보건대, 구 공무원징계령 시행규칙(2020.
12. 31. 총리령 제1663호로 개정되기 전의 것) 별표 1의3 '음주운전 징계기준'에 따르면,
혈중알코올농도가 0.08퍼센트 이상인 경우 그 양정은 '강등 내지 정직'이다. 이 사건
제2징계사유에 대한 양정에 관하여 보건대, 그 비위의 유형은 구 공무원징계령 시행
규칙 별표 1 '징계기준' '7. 마. 품위유지의 의무 위반 – 기타' 항목에 해당하고, 그
비위의 정도 및 과실 여부에 따른 징계양정은, 비위의 정도가 심하고 고의가 있는 경
우 '파면 내지 해임', 비위의 정도가 심하고 중과실이거나 비위의 정도가 약하고 고의
가 있는 경우 '강등 내지 정직', 비위의 정도가 심하고 경과실이거나 비위의 정도가
약하고 중과실인 경우 '감봉', 비위의 정도가 약하고 경과실인 경우 '견책'이다.
   공무원징계령 시행규칙 제4조 제2항 제5호에 따르면 도로교통법 제44조 제1항에
따른 음주운전으로 인한 징계사유에 대하여는 해당 징계를 감경할 수 없는바, 원고
에 대한 징계양정은 정직처분이 하한이고, 제5조 제1항에 따르면, 징계위원회는 서
로 관련 없는 둘 이상의 비위가 경합될 경우에는 그 중 책임이 무거운 비위에 해당
하는 징계보다 1단계 위의 징계로 의결할 수 있는데, 중앙징계위원회는 원고가 별정
직공무원으로서 강등을 적용할 수 없다는 이유에서 원고에게 정직 3월을 의결하였
는바, 이에 어떠한 부당함이 없다.
   나아가 ① 이 사건 제1징계사유와 관련하여, 음주운전 적발 당시 원고 운전의 차
량은 도로 주행방향의 역방향으로 주차되어 있었고, 그 밖에 원고가 음주운전한 거
리 등에 비추어 볼 때, 원고의 음주운전 전·후 경위에 대한 원고의 변소는 납득하기
어려운 점, ② 이 사건 제2징계사유와 관련하여, 징계조사 당시부터 이 사건에 이르
기까지 원고가 한 진술 및 행태는 진정인을 비롯하여 지금의 아내에 대한 2차적 가

해에 해당할 뿐만 아니라, 원고는 이 사건에서도 여전히 납득하기 어려운 변소로 일관하고 있는 점, ③ 이와 같은 원고의 태도는 자신의 책임을 회피하고자 하는 태도로만 보일 뿐 원고가 자신의 잘못을 진심으로 반성하고 있다고는 도저히 볼 수 없는 점 등에 비추어 볼 때, 이 사건 처분의 양정은 무겁지 아니하다(서울행정법원 2022. 9. 29. 선고 2021구합73058 판결).

9) 원심에서 재량권의 일탈·남용을 인정하였으나 대법원에서 부인한 사건: 원고는 해양경찰청 서해지방해양경찰청에 경감으로 근무하다가 소위 세월호사고¹⁾와 관련하여 공용물건손상, 공용전자기록등손상 혐의로 구속 기소되었다. 동시에 감사원의 감사로, 원고가 ① 세월호 사고 당시 세월호와 교신하면서 파악한 정보를 서해지방해양경찰청 상황실에만 보고하고 출동 중인 함정, 헬기 등 구조세력에 전파하지 아니하여 적절한 구조 활동이 이루어지지 못하게 하였고, ② 진도 VTS 관제요원들이 진도 VTS 관제 구역을 2개 섹터로 분할하고 섹터별로 관제요원을 지정하여 책임 관제를 시행하도록 한 근무명령과 다르게 2011. 4.경부터 야간에 1섹터 관제요원이 1, 2섹터를 모두 관제하는 변칙근무를 하였음에도 원고가 그에 관한 복무감독을 소홀히 하였으며, ③ 관제요원의 변칙근무를 은폐하기 위하여 진도 VTS 내 CCTV 카메라를 관제석이 보이지 않는 바다 방향으로 돌려놓은 채 운영하다가 세월호 사고 이후 위와 같은 사실이 밝혀질 것을 우려하여 CCTV를 철거하고, CCTV 녹화 영상을 삭제하는 등의 비위행위를 저질렀고, 이는 국가공무원법 제56조(성실 의무)를 위반하여 국가공무원법 제78조 제1항의 징계사유에 해당한다는 이유로 해양경찰청장에게 원고에 대하여 해임의 징계처분을 할 것을 요구하였다. 서해해양경비안전본부 보통징계위원회는 원고에 대하여 강등의 징계처분을 의결하였고, 피고 서해해양경비안전본부장은 위 징계위원회의 의결에 따라 강등의 징계처분을 하였다. 원고는 불복하여 소청심사를 청구하였고, 소청심사위원회는 정상참작 사유에 비추어 정직 3개월의 징계처분으로 변경하는 결정을 하였다. 그 사이 형사사건은 대법원에서 제2, 3, 4비위행위에 관한 직무유기, 공용물건손상, 공용전자기록등손상 혐의에 대한 각 무죄 판결이 확정되었다.

---

1) 2014. 4. 16. 인천에서 제주로 향하던 여객선 세월호가 진도 앞바다에서 침몰하여 300여명의 사망자가 발생한 사고이다.

정직처분취소를 구하는 행정소송에서 원심(광주고등법원 2017. 5. 18. 선고 2016누 5128 판결)은, 제3, 4비위행위를 원고에 대한 징계사유로 삼을 수 없고 또 제1, 2비위행위만으로는 이 사건 처분의 타당성을 인정하기에 충분하지 아니하고, 이 사건 처분은 그 비위행위의 정도에 비하여 균형을 잃은 과중한 징계처분을 선택함으로써 비례의 원칙을 위반하여 재량권을 일탈·남용한 것으로서 위법하다고 보았다.

그러나 대법원은 제4 비위행위에 대한 공용전자기록등손상 등의 공소사실에 대하여 모두 무죄판결을 받았으나 이는 성실의무 위반 또는 품위유지의무 위반에 대한 판단이 아니라 형사법적 관점에서 공용전자기록등손상 등의 구성요건에 해당하지 않거나 위법성이 조각된다는 판단에 그치는 것으로 국가공무원법상의 성실의무 위반 또는 품위손상행위에 해당되는지는 별도로 판단하여야 하고, 제4비위행위에 관한 징계사유가 인정된다. 또 원심은, 징계사유가 인정되는 제1, 2 비위행위에 대해서는 징계기준이 '정직, 감봉'에 해당하는데 그 중 가장 무거운 정직 3월을 한 이 사건 처분은 재량권 일탈·남용의 위법이 있다고 보았으나, 원고에게 적용될 수 있는 가중·감경사유는 모두 임의적 가중·감경사유인데, 징계권자가 징계기준에 따른 가중·감경 규정을 모두 적용하여 이 사건 처분을 한 것에 징계양정규칙의 해석을 그르치거나 평등원칙 위반 등의 사정이 있다고 볼 특별한 사정이 없는 이상, 원심으로서는 이 사건 처분이 그 징계기준의 범위 내에 있는지, 그 범위를 일탈한 경우 정당성이 있는지의 여부만을 심리하면 충분하고, 그 징계기준의 임의적인 적용까지 새로 할 것은 아니라고 할 것이다. 따라서 이 사건 처분이 재량권을 일탈·남용한 것으로서 위법하다고 판단한 원심판결에는 징계처분에서의 재량권 일탈·남용 등에 관한 법리를 오해하여 판결에 영향을 미친 잘못이 있다(대법원 2017. 11. 9. 선고 2017두47472 판결).

5. 재량권 일탈·남용과 손해배상 - 국가공무원에 대한 징계처분이 불법행위를 구성하기 위한 요건

(1) 개관

공무원에 대한 징계가 국가공무원법 및 관련 법령이 정한 절차에 따라 징계위원들이나 징계권자의 자율적인 판단에 의하여 행하여진 경우, 징계양정이 결과적으로 재량권 일탈로 인정된다고 하여 불법행위책임을 물을 수 없고, 다만 징계사유로 된 사실이 징계처분 사유에 해당한다고 볼 수 없음이 객관적으로 명백하다거나 징계권자가 조금만 주의를 기울이면 이와 같은 사정을 쉽게 알아볼 수 있었던 경우에는 예외적으로 손해배상책임을 인정한다.

(2) 인정한 경우

1) 학생에 대한 징계가 징계대상자의 소행, 평소의 학업 태도, 개전의 정 등을 참작하여 학칙에 정한 징계절차에 따라서 징계위원들이나 징계권자의 자율적인 판단에 따라 행하여진 것이고, 실제로 인정되는 징계사유에 비추어 그 정도의 징계를 하는 것도 무리가 아니라고 인정되는 경우라면, 비록 그 징계양정이 결과적으로 재량권을 일탈한 것으로 인정된다고 하더라도 이는 특별한 사정이 없는 한 법률전문가가 아닌 징계위원들이나 징계권자가 징계의 경중에 관한 법령의 해석을 잘못한 데 기인하는 것이라고 보아야 하므로, 이러한 경우에는 징계의 양정을 잘못한 것을 이유로 불법행위책임을 물을 수 있는 과실이 없다. 그러나 학교가 그 징계의 이유로 된 사실이 퇴학 등의 징계처분의 사유에 해당한다고 볼 수 없음이 객관적으로 명백하고 조금만 주의를 기울이면 이와 같은 사정을 쉽게 알아 볼 수 있는데도 징계에 나아간 경우와 같이 징계권의 행사가 우리의 건전한 사회통념이나 사회상규에 비추어 용인될 수 없음이 분명한 경우에 그 징계는 그 효력이 부정됨에 그치지 아니하고 위법하게 상대방에게 정신적 고통을 가하는 것이 되어 그 학생에 대한 관계에서 불법행위를 구성하게 된다. 갑에 대한 퇴학처분은 그 징계의 이유로 된 사실이 퇴학처분에 해당한다고 볼 수 없음이 객관적으로 명백하고 징계권자 또는 징계위원들이 조금만 주의를 기울이면 이와 같은 사정을 쉽게 알아 볼 수 있음에도 징계에 나아간 것으로, 그 징계권의 행사가 우리의 건전한 사회통념이나 사회상규에 비추어 용인될 수 없음이 분명하여 갑에 대하여 불법행위가 된다(대법원 2010. 4. 22. 선고 2008다38288 전원합의체 판결).[2]

---

2) 이에 대하여는 대법관 양승태, 대법관 안대희, 대법관 차한성, 대법관 양창수, 대법관 신영철의 반대의견이 있다. 징계처분에서 징계사유로 되지 아니한 비위사실이나 피징계자의 평소의 소행 등도 징계양정의 참작자료로 삼을 수 있으므로, 징계처분의 이유가 된 사실이 징

2) 갑 대학교를 설치·경영하고 있는 을 학교법인이 갑 대학교의 부교수로 재직 중인 병을 해임하였으나 교원소청심사위원회가 해임처분을 정직 3개월의 징계처분으로 변경하는 결정을 하였고, 이에 을 법인이 위 결정의 취소를 구하는 소를 제기하였으나 을 법인의 청구를 기각하는 판결이 선고·확정되었는데, 그 후 3개월도 지나지 않아 을 법인의 이사회가 병에 대한 징계사건을 심의·의결하기 위해 교원징계위원회를 구성한다고 의결하였고, 이에 따라 개최된 교원징계위원회가 '병이 해임되어 재판 중임에도 을 법인의 전임교원 초빙에 대하여 병의 전공을 초빙하는 것으로 사실과 다르게 국민신문고에 민원을 제기하여 학교의 행정을 방해하는 등의 행위를 한 점, 법원에 교원지위보전 및 신규임용금지 등 가처분 신청을 하여 기각판결을 받은 점 등'의 징계사유를 들어 병을 해임하는 의결을 하였고, 이에 을 법인이 병에 대한 해임처분을 한 사안이다.

사립학교법 제62조 제4항 제1호는 '외부위원을 최소 1명 이상 포함하여 교원징계위원회를 구성하도록' 규정하고 있고, 위 조항은 사립학교 교원에 대한 교원징계위원회의 심의·의결의 공정성과 전문성을 제고하기 위해 마련된 강행규정인데, 교원징계위원회에 외부위원이 1명도 포함되지 아니하였으므로, 위 해임처분에 교원징계위원회의 구성에 관한 사립학교법 제62조 제4항 제1호를 위반한 절차적 하자가 있을 뿐만 아니라, 병이 국민신문고에 민원을 제기하고 법원에 자신을 대체할 전임교원의 발령 금지를 구하는 가처분을 신청하는 등의 행위를 한 것은 을 법인이 병을 복직시키지 않은 상태에서 동일한 학부의 전임교원을 초빙하는 공고를 한 것을 보고 신분상 불안을 느낀 것에 기인하는 것으로 보이고, 민원제기의 내용 등이 명백히 사

계처분의 사유에 해당한다고 볼 수 없음이 객관적으로 명백하고 징계권자 또는 징계위원들이 조금만 주의를 기울이면 이러한 사정을 쉽게 알아 볼 수 있음에도 징계를 한 것으로서 징계권의 행사가 우리의 건전한 사회통념이나 사회상규에 비추어 용인될 수 없음이 분명한 경우에 해당하는지 여부를 판단함에 있어서는 징계사유뿐만 아니라 그 징계양정에 참작한 비위사실 등도 종합적으로 고려하여야 한다. 갑에 대한 퇴학처분은 교사에게 불손하게 반항하였다는 징계사유와 아울러 징계양정의 자료로 삼을 수 있는 비위사실들을 감안하면, 그 징계처분의 이유로 된 사실만으로 징계대상이 된 학생이 개전의 가망이 없다고 단정하기에는 부족하여 퇴학처분이라는 징계양정이 과하다고 볼 수는 있을지라도, 그 징계에서 인정된 사실이 퇴학처분을 할 정도의 사유에 해당하지 아니함이 객관적으로 명백하였거나 징계권자 또는 징계위원들이 조금만 주의를 기울였더라면 이를 쉽게 알 수 있었던 경우에 해당한다고 보기는 어려워, 학교법인에게 징계의 양정을 잘못한 것을 이유로 불법행위책임을 물을 수 있는 과실이 있다고 볼 수 없다.

실과 달라 허위라고 보기도 어려운 점 등을 종합하면, 병에 대한 징계사유가 정당한 징계사유라고 볼 수 없는 실체적 하자도 존재하므로 위 해임처분은 무효이고, 따라서 위 해임처분에도 불구하고 병과 을 법인 사이에는 여전히 임용계약에 따른 유효한 근로관계가 존속하고, 병이 근로를 제공하지 못한 것은 을 법인의 귀책사유로 인한 것이므로 을 법인은 병이 정상적으로 근무하였다면 받을 수 있었던 임금을 지급할 의무가 있고, 제반 사정에 비추어 위 해임처분은 병의 인격적 법익을 침해하는 불법행위에 해당하므로 을 법인은 병에게 위자료를 지급할 의무가 있다(수원지방법원 안양지원 2019. 10. 25. 선고 2017가합105413 판결: 확정).

(3) 부인한 경우

1) 공무원 갑이 국세청 내부통신망에 전 국세청장을 비난하는 내용의 글을 게시하자, 지방국세청장이 갑에 대한 해임처분을 하였는데, 이후 법원이 위 해임처분은 위법하다는 판결을 선고하고, 갑에 대한 정보통신망이용촉진및정보보호등에관한법률위반(명예훼손)의 공소사실에 대하여 무죄판결을 선고하여 각 판결이 확정된 사안에서, 갑에 대한 징계사유로 된 사실이 징계처분 사유에 해당한다고 볼 수 없음이 객관적으로 명백하다거나 징계권자가 조금만 주의를 기울이면 이와 같은 사정을 쉽게 알아볼 수 있었다고 보기 어려운데도, 이와 달리 보아 위 징계처분이 갑에 대한 관계에서 불법행위를 구성한다고 판단한 원심판결에 법리오해의 위법이 있다(대법원 2014. 10. 30. 선고 2013다203413 판결).

2) 학교 총장인 갑이 을 교수에게 정직 3월의 징계처분을 하였는데, 이후 법원이 위 징계처분은 위법하다는 판결을 선고한 사안에서, 을에 대한 징계사유로 된 사실이 징계처분 사유에 해당한다고 볼 수 없음이 객관적으로 명백하다거나 조금만 주의를 기울이면 이와 같은 사정을 쉽게 알아볼 수 있었다고 보기 어렵다(대법원 2013. 12. 26. 선고 2013다208371 판결).

위 판결에서 대법원은, 어떤 경우에 징계권자의 징계처분이 불법행위를 구성하는가에 대하여 명시하였다. 즉, '징계권자가 징계처분을 할 만한 사유가 없는데도 오로지 공무원에 대하여 불이익을 가하려는 의도하에 고의로 명목상의 징계사유를 내세우거나 만들어 징계라는 수단을 동원하여 불이익한 처분을 가하려 하거나, 그 징계사유로 된 사실이 징계처분의 사유에 해당한다고 볼 수 없음이 객관적으로 명백하고 조금만 주의를 기울이면 이와 같은 사정을 쉽게 알아볼 수 있는데도 징계에 나아간 경우와 같이 징계권의 행사가 우리의 건전한 사회통념이나 사회상규에 비추어 용인 될 수 없음이 분명한 경우에 그 징계는 그 효력이 부정됨에 그치지 아니하고 위법하 게 상대방에게 정신적 고통을 가하는 것이 되어 해당 공무원에 대한 관계에서 불법 행위를 구성하게 된다.'(대법원 2002. 9. 24. 선고 2001다44901 판결 등 참조)고 보았다.

제2절 | 절차적 위배의 문제

1. 출석통지

1) 징계위원회는 징계등 혐의자에게 반드시 출석통지를 하여야 한다. 징계등 혐의 자가 출석하여 진술하기를 원하지 않을 때에는 서면심사만으로 징계의결등을 할 수 있으나 출석통지는 반드시 하여야 한다. 주소를 알 수 없는 등의 사유가 있을시 소 속기관의 장에게 송부하거나, 해외 체류 등의 사유시 서면진술을 하게 하는 등의 예 외적 통지나 진술 방법은 있을 수 있으나 출석통지는 필수적 절차이므로 이를 위반 하면 위법하다.3)

---

3) 구 경찰공무원법의 위임에 의하여 제정된 구 경찰공무원징계령은 경찰공무원의 징계 절차 에 관한 사항을 규정해 놓은 것이고, 이는 징계처분의 객관성과 공정성을 확보하기 위한 것 으로서 이러한 절차를 거치지 아니하고 한 징계처분은 원칙적으로 효력을 인정할 수 없다. 특히 구 경찰공무원징계령 제12조 제1항은 "징계위원회는 징계사건을 심의할 때에는 미리 당해 징계심의대상자에게 별지 제2호 서식에 의하여 출석하도록 통지하여야 한다."라고, 제 2항은 "징계위원회는 징계심의대상자가 그 징계위원회에서의 진술을 위한 출석을 원하지 아니할 때에는 진술권포기서를 제출하게 하여 이를 기록에 첨부하고 서면심사에 의하여 징 계의결할 수 있다."라고 각 규정하고 있고, 제19조 제2항은 "파면처분의 제청을 받은 임용 권자는 10일 이내에 징계의결서의 사본을 첨부한 별지 제4호 서식의 징계처분사유설명서를 징계의결이 된 자에게 교부하여야 한다."라고 규정하고 있는데, 위 각 규정의 취지는 징계 심의대상자로 하여금 징계심의가 언제 개최되는가를 알게 함과 동시에 자기에게 이익되는 사실을 진술하거나 증거자료를 제출할 기회를 부여하고, 징계처분에 대한 불복의 기회를 보장해 주기 위한 조치에서 나온 강행규정이므로 위 각 규정에 의하지 아니한 징계심의절 차는 위법하여 효력이 없다고 할 것이다(대법원 1985. 10. 8. 선고 84누251 판결 등 참조) (대전지방법원 2015. 5. 20. 선고 2014구합2982 판결).

2) 공무원징계령 제10조(징계등 혐의자의 출석)

① 징계위원회가 징계등 혐의자의 출석을 명할 때에는 별지 제2호 서식에 따른 출석통지서로 하되, 징계위원회 개최일 3일 전에 징계등 혐의자에게 도달되도록 하여야 한다. 이 경우 제2항에 따라 출석통지서를 징계등 혐의자의 소속 기관의 장에게 송부하여 전달하게 한 경우를 제외하고는 출석통지서 사본을 징계등 혐의자의 소속 기관의 장에게 송부하여야 하며, 소속 기관의 장은 징계등 혐의자를 출석시켜야 한다.

② 징계위원회는 징계등 혐의자의 주소를 알 수 없거나 그 밖의 사유로 제1항에 따른 출석통지서를 징계등 혐의자에게 직접 송부하는 것이 곤란하다고 인정될 때에는 제1항의 출석통지서를 징계등 혐의자의 소속 기관의 장에게 송부하여 전달하게 할 수 있다. 이 경우 출석통지서를 받은 기관의 장은 지체 없이 징계등 혐의자에게 전달한 후 전달 상황을 관할 징계위원회에 통지하여야 한다.

③ 징계위원회는 징계등 혐의자가 그 징계위원회에 출석하여 진술하기를 원하지 않을 때에는 출석 진술 포기서를 제출하게 하여 기록에 첨부하고 서면심사만으로 징계의결등을 할 수 있다.

④ 징계등 혐의자가 정당한 사유서를 제출하지 아니하면 출석을 원하지 아니하는 것으로 보아 그 사실을 기록에 남기고 서면심사에 따라 징계의결등을 할 수 있다.

⑤ 징계등 혐의자가 해외 체류, 형사사건으로 인한 구속, 여행, 그 밖의 사유로 징계의결등 요구서 접수일부터 50일 이내에 출석할 수 없을 때에는 서면으로 진술하게 하여 징계의결등을 할 수 있다. 이 경우에 서면으로 진술하지 아니할 때에는 그 진술 없이 징계의결등을 할 수 있다.

⑥ 징계등 혐의자가 있는 곳이 분명하지 아니할 때에는 관보를 통해 출석통지를 한다. 이 경우에는 관보에 게재한 날부터 10일이 지나면 그 출석통지서가 송달된 것으로 본다.

⑦ 징계등 혐의자가 출석통지서 수령을 거부한 경우에는 징계위원회에 출석하여 진술할 권리를 포기한 것으로 본다. 다만, 징계등 혐의자는 출석통지서의 수령을 거부한 경우에도 해당 징계위원회에 출석하여 진술할 수 있다.

⑧ 징계등 혐의자 소속 기관의 장이 제2항 전단에 따라 출석통지서를 전달할 때

징계등 혐의자가 출석통지서의 수령을 거부하면 제2항 후단에 따라 출석통지서 전달 상황을 통지할 때 수령을 거부한 사실을 증명하는 서류를 첨부하여야 한다.

3) 판례

① 징계위원회가 징계권자로부터 징계의결 요구도 받기 전에 징계혐의자에게 구두로 징계조치사실을 알렸을 뿐 서면에 의한 출석통지를 한 바 없고 징계위원회가 아닌 징계권자의 감독관실 직원에 의하여 확인서와 포기서를 받아 놓고 막바로 징계의결을 하였음은 징계혐의자에게 진술의 기회를 박탈한 것이 되고 따라서 이에 기한 징계처분은 그 절차가 위법하여 취소를 면할 수 없다(대구고등법원 1978. 2. 14. 선고 77구142 판결).

② 교육공무원징계령 제8조 제1항에 "징계위원회가 징계혐의자의 출석을 명할 때에는 문교부령이 정하는 출석통지서에 의하여야 한다."라고 규정되어 있는바 위 규정은 징계혐의자에 대한 출석통지는 징계혐의자로 하여금 징계위원회가 언제 개최되는가를 알게 함과 동시에 자기에게 이익되는 사실을 진술하거나 증거자료를 제출할 기회를 부여하기 위한 조치에서 나온 강행규정이라 할 것이므로 위 출석통지 없이 한 징계심의절차는 위법하다(대법원 1992. 7. 14. 선고 91누9961 판결).

③ 징계혐의자에 대한 출석통지는 징계혐의자로 하여금 자기에게 이익되는 사실을 진술하거나 증거자료를 제출할 수 있는 기회를 부여하는 데 목적이 있으므로 징계위원회가 진술의 기회를 부여하였음에도 징계혐의자가 진술권을 포기하거나 출석통지서의 수령을 거부하여 진술권을 포기한 것으로 간주되는 경우 징계위원회는 차후 징계혐의자에 대하여 징계위원회 출석통지를 할 필요 없이 서면심사만으로 징계의결을 할 수 있다(대법원 1993. 5. 25. 선고 92누8699 판결).

2. 진술권 보장

1) 징계혐의자의 진술권: 징계위원회는 징계등 혐의자에게 충분한 진술을 할 수 있는 기회를 주어야 한다(영 제11조제2항). 징계혐의자는 스스로 진술을 거부할 수 있다. 징계혐의자에게 진술의 기회를 주지 않은 경우 절차적 위법사유가 된다. 교육공무원법 제50조제3항은 이를 명확히 하여, '징계대상자에게 의견을 진술할 기회를

주지 아니한 징계의 의결은 무효로 한다.'고 규정하고 있다.

2) 일정 시간 내에 발언을 마치고 보충진술은 서면으로 하도록 요청한 경우: 사립학교 교원들에 대한 징계사건을 심리하기 위하여 개최된 징계위원회에서 징계위원들이 징계대상자의 수효가 많은 관계로 장황한 발언을 피하고 능률적인 절차진행을 위하여 징계대상자들로 하여금 각 10분 정도 내에 발언을 마치고 보충진술은 서면으로 하도록 요청함에 따라 징계대상자들도 이의 없이 이에 응하여 발언을 한 다음 대부분이 답변서로 미진한 점을 밝힌 경우, 징계위원회가 징계대상자들의 진술권을 박탈한 것이라고 할 수 없다(대법원 1998. 8. 21. 선고 96누12320 판결).

3) 피해자의 진술권: 징계위원회는 중징계등 요구사건의 피해자가 신청하는 경우에는 그 피해자에게 징계위원회에 출석하여 해당 사건에 대해 의견을 진술할 기회를 주어야 한다. 다만, 피해자가 이미 해당 사건에 관하여 징계의결등 요구과정에서 충분히 의견을 진술하여 다시 진술할 필요가 없다고 인정되는 경우, 또는 피해자의 진술로 인하여 징계위원회 절차가 현저하게 지연될 우려가 있는 경우에 해당하는 경우에는 그렇지 않다(공무원징계령 제11조의2, 교육공무원징계령 제9조의2 등).

원고인 고등학교교사 A가 동아리 소속 여학생에게 성희롱을 한 사건에서, 최초에 피해자를 상담한 학년주임이 상담당시 문답서를 작성한 이외에는 교육부가 배포한 '교내 성희롱·성폭력 대응 매뉴얼에 따른 피해자 조사 절차 등 실체적 진실 규명을 위한 아무런 절차를 취하지 않았으므로, 이 사건 정직처분에는 절차적 위법이 있다고 주장하였다. 법원은, 교육공무원법 시행령 제9조의2는 피해자가 신청하는 경우 피해자에게 징계위원회에 출석하여 의견을 진술할 기회를 주어야 한다고 규정하고 있는 점, 성범죄의 특성상 징계절차에서 가해자와 피해자를 대질하거나 피해자에게 추가적인 진술을 요청할 경우 피해자에게 성범죄 피해에 대한 기억을 상기시켜 2차 피해를 야기할 가능성이 있는 점 등을 고려하면, 성희롱 사건의 피해자가 징계절차에서 진술을 하지 않았다고 하여 그 절차가 위법하다고 볼 수 없다(부산지방법원 2021. 12. 24. 선고 2021구합21294 판결)고 판시하였다.

4) 검사 징계시 최종 의견진술권 보장 여부

검사징계법 제16조는 '최종 의견의 진술권'이라는 제목하에, '위원장은 명에 따라 출석한 징계혐의자와 선임된 특별변호인에게 최종 의견을 진술할 기회를 주어야 한다.'고 규정하고 있다.

사례를 보면, 원고인 검사 A에 대하여 제1차 심의 기일 당시 위원장은 '다음 기일에 다 끝내는 것으로 하자'며 제2차 심의기일을 2020. 12. 15.로 지정하였고, 제2차 심의기일 당시 증인심문 절차를 마친 원고가 위원장에게 '아직 열람하지 못한 추송기록과 증언내용, 각 진술서 등을 정리하여 최종진술을 할 예정이니 심의기일을 속행해 달라'고 요청하였는데, 위원장은 징계위원들과의 논의를 거쳐 최종 의견 진술을 준비하기 위해 1시간을 부여하겠다고 하였고, 원고는 '1시간만에 최종 의견 진술을 준비하는 것은 불가능하여 최종 의견 진술권이 실질적으로 보장될 수 없다'는 이유로 최종 의견 진술을 거부하였다. 위원장은 원고가 최종 의견 진술을 포기한 것으로 하겠다고 하면서 이 사건 징계위원회의 심의 절차를 마쳤고, 원고는 이 사건 징계위원회의 심의 당시 이 사건 징계청구사유에 대한 의견진술의 기회를 부여받고 상세한 의견을 진술하였던 사실이 있었다.

이에 대해 법원은, 원고는 최종 의견 진술을 위해 검찰국장 B가 작성한 진술서에 대한 탄핵, 증인심문 결과의 정리, 심문과정에서 제출된 자료 파악 등을 위한 시간이 부여되었어야 한다고 주장하나, 검사징계법 제16조에서 정하고 있는 최종 의견 진술의 기회가 징계혐의자의 요구사항을 모두 충족하는 기회를 의미한다고 보기는 어렵다. 따라서 원고의 요구사항을 모두 충족시키지는 못하였더라도, 원고에게 실질적인 최종 의견 진술의 기회가 부여되었다면, 검사징계법 제16조를 위반하였다고 평가할 수 없다(서울행정법원 2021. 10. 14. 선고 2020구합88541 판결)며 이 부분 원고 주장을 배척하였다.

그러나 항소심(서울고등법원 2023. 12. 19. 선고 2021누65721 판결)에서는, 제1차 심의기일에서 증인으로 채택한 B가 제2차 심의기일에 일방적으로 불출석하면서 제출한 진술서를 증거로 채택하고서도, 그 신빙성을 탄핵하기 위하여 B에 대한 증인 심문이 필요하다는 원고의 청구를 기각함으로써, 원고의 방어권을 침해하였다는 원고 주장에 대해, 원고에게 B 진술서의 증명력을 탄핵할 절차상 기회를 보장하지 아니한 것이 헌법상 적법절차의 원칙에 반한다고 보았고, 그 상태에서 최종 의견 진술 단계로 나아갈 수는 없는 것이므로, 원고에게 충분한 최종 의견 진술의 기회를 주지 아니함으로써 그의 절차상 권리를 침해하였는지는 더 나아가 살필 필요도 없다고 판단하였다. 비록 항소심은 최종 의견 진술보장에 대해 판단하지 않았지만 그 부분에 대한 1심의 판단이 잘못되었다고 볼 수는 없다.

3. 행정절차법상 의견제출기한 통지

행정절차법에 의하면, 행정청은 당사자에게 의무를 부과하거나 권익을 제한하는 처분을 하는 경우 미리 ① 처분하려는 원인이 되는 사실과 처분의 내용 및 법적 근거, ② 의견을 제출할 수 있다는 뜻, ③ 의견제출에 필요한 상당한 기간을 고려하여 정한 의견제출기한을 통지하여야 하고(제21조 제1항 제3, 4, 6호, 제3항), 당사자 등에게 의견제출의 기회를 주어야 한다(제22조 제3항). 또한 행정청이 처분을 할 때에는 원칙적으로 당사자에게 그 근거와 이유를 제시하여야 하고(제23조 제1항), 이 경우 행정청은 처분의 원인이 되는 사실과 근거가 되는 법령 또는 자치법규의 내용을 구체적으로 명시하여야 한다(같은 법 시행령 제14조의2). 징계처분에 대해서도 처분사유, 근거 법령 등 명시, 의견 제출 안내, 의견제출기한 통지 등을 하여야 하고, 이를 지키지 않으면 행정절차법 위반으로 절차적 위배가 된다.

이런 경우 법원도, '피고는 이 사건 처분 전에 원고들에게 사전통지를 하지 아니하였을 뿐만 아니라 의견제출에 필요한 상당한 기간을 고려하여 정한 기한을 주지도 아니하였으며, 이 사건 처분을 하면서 처분서에 '처분의 원인이 되는 사실'도 전혀 기재하지 아니하였으므로, 이 사건 처분은 행정절차법을 위반하였다고 할 것이다. 따라서 원고들의 나머지 절차적 위법 주장에 대하여 더 나아가 살필 필요 없이 이 사건 처분은 위법하다'(서울행정법원 2020. 1. 30. 선고 2019구합65658 판결)고 판시하였다.

4. 징계건명내지 징계사유의 특정 - 이유제시 의무 위반

① 징계사유의 특정은 그 비위사실을 다른 사실과 구별될 정도로 적시하면 충분하다(대법원 2005. 3. 24. 선고 2004두14380 판결 참조). 그 비위사실이 징계 근거규정상의 성실의무, 품위유지의무 등 여러 의무를 동시에 위반한 것으로 평가되는 일이 적지 않은 점 등에 비추어 그 비위사실들이 어떤 규정을 위반한 경우에 해당하는가에 관하여 해당 조문을 들어가며 일일이 적시하여야 하는 것은 아니다(대법원 2005.

3. 24. 선고 2004두14380 판결 참조). 다만 최소한 피징계자가 어떤 비위행위로 징계가 이루어지는지 인식할 수 있을 정도로는 특정되어야 하나, 형사소송법이 공소사실에 대하여 요구하는 정도로 엄격하게 특정될 필요는 없다. 또한 징계처분서에 기재된 내용과 관계 법령 및 해당 징계에 이르기까지의 전체적인 과정 등을 종합적으로 고려하여, 징계 당시 당사자가 어떠한 근거와 이유로 처분이 이루어진 것인지를 충분히 알 수 있어서 그에 불복하여 행정구제절차로 나아가는 데 별다른 지장이 없었다면 징계사유를 구체적으로 명시하지 않았더라도 그로 인해 그 징계처분이 위법하다고 볼 수는 없고, 이는 징계건 명의 경우에도 적용된다고 할 것이다.4)

   ② 행정절차법 제23조 제1항은 행정청이 처분을 하는 때에는 당사자에게 그 근거와 이유를 제시하도록 규정하고 있고, 이는 행정청의 자의적 결정을 배제하고 당사자로 하여금 행정구제절차에서 적절히 대처할 수 있도록 하는 데 그 취지가 있다. 따라서 처분서에 기재된 내용과 관계 법령 및 당해 처분에 이르기까지 전체적인 과정 등을 종합적으로 고려하여, 처분 당시 당사자가 어떠한 근거와 이유로 처분이 이루어진 것인지를 충분히 알 수 있어서 그에 불복하여 행정구제절차로 나아가는 데에 별다른 지장이 없었던 것으로 인정되는 경우에는 처분서에 처분의 근거와 이유가 구체적으로 명시되어 있지 않았다고 하더라도 그로 말미암아 그 처분이 위법한 것으로

---

4) 관련 판결을 보면, 이 사건 처분서에 근거규정이 군인사법 제56조로, 징계건명이 '법령준수의 무위반(기타)'으로 각 기재되어 있는 사실은 앞서 본 바와 같고, 갑 제7호증의 기재에 의하면 이 사건 처분에 관한 징계의결서에는 징계건명이 '품위유지의무위반(기타)'로 기재되어 있는 사실이 각 인정된다. 그러나 앞서 든 증거에 의하여 함께 알 수 있는 다음과 같은 사정 즉, 제15보병사단에서 원고 등 군인 9명이 특공무술을 수련하거나 승단심사를 보지 않고 비정상적인 방법으로 단증을 취득하여 인사자력에 반영하였다는 등의 혐의로 감찰조사가 진행되어 원고가 피조사자 신분으로 조사를 받았고, 원고는 2020. 10. 16. 개최된 징계위원회에 직접 출석하여 같은 내용의 징계혐의사실을 고지 받았으며 이와 같이 징계가 이루어지는 대상이 된 비위행위를 명확히 특정할 수 있었을 뿐 아니라 방어권을 충분히 행사한 점, 이 사건 처분서에 근거규정이 군인사법 제56조로 명시되어 있었고, 피고가 이 법원에서 국가공무원법 제56조가 정한 성실 의무 및 군인의 지위 및 복무에 관한 기본법 제22조에서 정한 정직의 의무를 위반하였다는 취지로 보완하였는바 이는 군인사법 제56조 제3호에 관한 주장으로 선해할 수 있으며, 피고가 이 법원에서 군인사법 제56조 제2호의 품위유지의무위반으로 인한 처분사유를 추가한 경위, 원고로서는 이 사건 처분 당시 그 비위행위로 인하여 성실 의무, 정직의 의무, 품위유지의무 등이 문제되는 것임을 예상할 수 있었던 것으로 보이는 점을 고려할 때 이 사건 처분서와 그 처분의 기초가 된 징계의결서에 징계건명이 일관되게 기재되지 않았다고 하더라도 징계절차에 이 사건 처분이 효력이 없을 정도의 위법이 있었다고 보기 어렵다(춘천지방법원 2022. 11. 1. 선고 2022구합30155 판결).

된다고 할 수는 없다(대법원 2013. 11. 14. 선고 2011두18571 판결 등 참조).[5]

5. 성비위행위 관련 징계에서 징계대상자의 방어권을 보장하기 위해 필요한 피해자 인적사항의 특정 및 공개의 정도

성비위행위의 경우 각 행위가 이루어진 상황에 따라 그 행위의 의미 및 피해자가 느끼는 불쾌감 등이 달라질 수 있으므로, 징계대상자의 방어권을 보장하기 위해서 각 행위의 일시, 장소, 상대방, 행위 유형 및 구체적 상황이 다른 행위들과 구별될 수 있을 정도로 특정되어야 함이 원칙이다(대법원 2022. 1. 14. 선고 2021두50642 판결 참조). 그러나 각 징계혐의사실이 서로 구별될 수 있을 정도로 특정되어 있고, 징계대상자가 징계사유의 구체적인 내용과 피해자를 충분히 알 수 있다고 인정되는 경우에는, 징계대상자에게 피해자의 '실명' 등 구체적인 인적사항이 공개되지 않는다고 하더라도, 그와 같은 사정만으로 징계대상자의 방어권 행사에 실질적인 지장이 초래된다고 볼 수 없다. 특히 성희롱 피해자의 경우 2차 피해 등의 우려가 있어 실명 등 구체적 인적사항 공개에 더욱 신중을 기할 필요가 있다는 점에서 더욱 그러하다.[6]

---

5) (사례) 이 사건 각 조치에 관한 통지서에는 앞서 본 바와 같이 조치 원인으로서 제1, 2 처분사유가 기재되어 있고, 조치사항 및 그에 대한 근거법령이 기재되어 있을 뿐만 아니라, 원고의 부모는 자치위원회 회의에 참석하여 조치 원인이 된 사실관계에 대한 자치위원회 위원들의 질문에 답하거나 원고의 입장이나 의견을 피력하기도 하였다. 이러한 사실관계에 비추어 보면, 이 사건 각 조치에 관한 통지서에 기재된 사유만으로도 그 구체적 내용을 파악하는데 별다른 어려움이 없고, 나아가 이에 불복하여 행정구제절차로 나아가는 데에도 별다른 지장이 없었다고 봄이 타당하므로, 이 사건 각 조치가 행정절차법 제23조 제1항에서 정한 이유제시 의무를 위반하였다고 볼 수는 없다(광주고등법원 2021. 3. 31. 선고 (제주)2020누1515 판결).

6) 피고가 검찰청 직원인 원고에 대하여 직장 동료인 검찰청 여직원 다수를 상대로 수차례 성희롱이나 언어폭력 등을 가하였다는 징계혐의로 해임처분을 하자, 원고가 '피고로부터 통지받은 징계혐의 사실에 피해자의 인적사항 등이 특정되지 않았고 그 정보도 제공되지 않아 방어권에 실질적인 제한을 받아 징계절차에 하자가 있다'는 취지로 해임처분의 취소를 구한 사안이다.

대법원은 위와 같은 법리를 기초로 하여, ① 징계처분 관계서류에 피해자 등의 실명이 기재되어 있지 않지만 각 징계혐의사실이 서로 구별될 수 있을 정도로 각 행위의 일시, 장소, 상대방, 행위 유형 및 구체적 상황이 특정되었던 점, ② 원고가 이 사건 처분 과정에서 의견진술기회를 부여받아 이 사건 각 징계혐의사실에 대하여 구체적으로 의견을 진술하였고 당시 피해자가 특정되지 않아 누구인지 알 수 없다는 취지의 이의를 제기하지도 않았던 점, ③ 원고가 퇴직한 피해자 1명을 제외한 나머지 피해자들 전원으로부터 선처를 구한다는 내

6. 징계위원회 위원 구성

① 아래에서 살펴볼 바와 같이, 징계위원회를 구성하면서 외부위원을 불포함하는 것은 절차적 위배이다.

② 군 부사관을 징계하면서 징계위원회 구성에 행정예규(제3보병사단 행정예규)에는 징계위원회의 위원장은 '일반참모', 위원은 '사령부 장교, 선임부사관'으로 규정되어 있음에도 이를 위반하여 징계위원회의 징계위원을 구성하여 위 행정예규에 위반되어 위법하다는 주장을 하였다. 법원의 판단은, 군인사법 제58조의2 제2항은 "징계위원회는 징계처분등의 심의 대상자보다 선임인 장교·준사관 또는 부사관 중에서 3명 이상으로 구성하되, 장교가 1명 이상 포함되어야 한다"고 규정하고 있고, 군인징계령 제5조 제2항은 "징계위원회의 위원은 장교 중에서 법 제58조에 따른 징계권자가 임명하고, 징계위원회의 위원장은 위원 중 최상위 서열자로 한다."라고 규정하고 있을 뿐, '일반·특별참모'가 아닌 자가 징계위원회 위원이 되는 것에 대해서는 별도로 규정하고 있지 않다. 한편, 군인사법 제61조는 징계위원회의 구성을 대통령령에 위임하였고, 그 위임을 받은 군인 징계령 제5조는 제1항에서 징계위원회 위원의 수를 정하고 제2항에서 징계위원회의 위원의 자격으로 장교 이상일 것을 요구하고 있을 뿐 그 밖에 징계위원의 자격에 대한 제한 규정이나 별도의 위임 규정을 두고 있지 아니하다. 그렇다면 이 사건 행정예규 제13조 제1항은 상위법령의 위임을 받지 않고 제정된 것이므로, 행정기관 내부에서만 효력을 가지는 행정규칙에 해당된다. 그런데 <u>행정규칙은 대외적으로 국민이나 법원을 구속하는 힘이 없으므로 이 사건 징계위원회의 구성이 위 행정규칙을 위반하였다는 것을 근거로 하여 이 사건 처분이 위법하다고 할 수는 없다</u>(의정부지방법원 2022. 8. 23. 선고 2021구합11840 판결).7)

용의 탄원서를 받아 소청심사절차에 제출한 사정에 비추어 각 징계혐의사실의 피해자가 누구인지 알고 있었던 것으로 보이는 점, ④ 이 사건 처분의 관계서류에 피해자 등의 실명 등 구체적 인적사항이 기재되어 있지 않지만 원고가 각 징계혐의사실에 대하여 반박하거나 소명하는 데 어려움이 있었다고 보이지도 않는 점, ⑤ 피고가 관계서류에 피해자 등의 실명 등 인적사항을 기재하지 않은 것은 피해자들의 2차 피해 방지를 위한 비공개 요청에 따른 것으로 합리적인 이유가 있다고 보이는 점 등의 이유로, 이 사건 징계절차에서 원고의 방어권 행사에 실질적 지장이 있었다고 볼 수 없다고 판단하고, 이와 달리 원고의 방어권 행사에 실질적 지장이 있었다고 인정한 원심을 파기하였다(대법원 2022. 7. 14. 선고 2022두 33323 판결).

7. 징계위원회 위원의 제척사유와 관련

① 기피신청에 대한 의결: 제척 또는 기피신청은 위원장 또는 위원 개개인에 대한 것으로서 기피신청 등에 대한 의결 역시 개별적으로 이루어지는 것이므로, 위원장 또는 위원에 대한 수개의 기피신청 등이 있는 경우라도 신청을 당한 위원장 또는 위원은 자신에 대한 의결에만 참여할 수 없을 뿐 다른 사람에 대한 의결에는 참여할 수 있다. 다만, 기피사유가 공통의 원인에 기인하는 경우에는 자신에 대한 의결뿐만 아니라, 다른 사람에 대한 의결에도 참여할 수 없다. 그런데, 위원장, 위원 전원 또는 대부분에 대하여 동시에 제척 또는 기피신청을 함으로써 징계위원회를 구성할 수 없거나 위원회의 결정 자체가 불가능한 경우, 제척 또는 기피신청이 징계절차의 지연을 목적으로 함이 명백한 경우 등에는 그 신청 자체가 제척 또는 기피신청권의 남용에 해당하여 부적법하므로, 이러한 신청은 법률상 허용될 수 없다. 이 경우에는 기피신청의 대상이 된 위원장 또는 위원이 제척 또는 기피결정에 관여하여 결정할 수 있다.[8]

---

7) 한편 이 판결은 절차적 위배와 무관하게 항소심에서 '이 사건 처분은 재량권 일탈·남용의 위법이 있으므로 원고의 나머지 주장에 대하여 살필 필요 없이 취소되어야 한다.'며 1심을 취소하였고 확정되었다.

8) 법관징계법에서는, 법관에 대한 징계사건을 심의·결정하기 위하여 대법원에 위원회를 두고, 위원회는 위원장 1인과 위원 6인으로 구성하며, 예비위원 3인을 두도록 하고 있고(제4조 제1항, 제2항), 위원회의 위원장 또는 위원에게 징계결정의 공정을 기대하기 어려운 사정이 있는 때에는 피청구인이 위원회에 그 사실을 서면으로 소명하여 기피를 신청할 수 있고, 위원회는 위 신청에 대하여 지체 없이 결정하여야 하며, 기피신청의 대상이 된 위원장 또는 위원은 그 결정에 관여하지 못하도록 하고 있으며(제10조 제3항, 제4항), 위원회가 징계사건에 관하여 결정하고자 하는 때에는 위원장을 포함한 위원 과반수의 출석과 출석위원 과반수의 찬성으로 의결하되, 다만, 제10조 제4항 및 제11조 제1항의 규정에 의한 결정과 제15조 단서의 규정에 의한 허가는 서면에 의하여 위원 과반수의 찬성으로 의결할 수 있다고 규정(제23조 제1항)하고 있다.
  그런데, 제척 또는 기피신청(이하 '기피신청 등'이라 한다)은 원래 위원장 또는 위원 개개인에 대한 것으로서 기피신청 등에 대한 의결 역시 기피신청 등에 대하여 개별적으로 이루어지는 것이므로, 위원장 또는 위원에 대한 수개의 기피신청 등이 있는 경우라도 신청을 당한 위원장 또는 위원은 자신에 대한 의결에만 참여할 수 없을 뿐 다른 사람에 대한 의결에는 참여할 수 있으나, 기피사유가 공통의 원인에 기인하는 경우에는 자신에 대한 의결뿐만 아니라, 다른 사람에 대한 의결에도 참여할 수 없다. 그러나 앞에서 본 바와 같은 관계법령의 내용 및 그 입법 취지 등을 종합하여 보면, 징계 청구된 법관인 피청구인이 위원장, 위원 또는 예비위원의 전원 또는 대부분에 대하여 동시에 제척 또는 기피신청을 함으로써 법

② 징계위원의 명단 공개: 공무원징계령 제20조 제2호는, 징계위원회의 심의·의결의 공정성을 보장하기 위하여 징계위원회의 회의에 참여할 또는 참여한 위원의 명단을 공개하지 아니한다고 규정하고 있다. 그럼에도 정보공개청구에 의하여 위원명단 공개를 요구할 경우에는 공개하여야 한다. 위원의 명단을 알아야 제척, 기피신청을 할 수 있기 때문이다. 그러나 미리 공개하지 않았다고 하여 위법하다고는 할 수 없다.

사립대학교 교원 징계에서 징계위원 명단을 공개하지 아니한 채 징계의결을 한 이후 그 의결에 관여한 위원 중 1인에게 기피사유가 있었음이 판명된 경우, 그 위원의 의견을 제외시키더라도 징계의결 요건을 충족한다면 그 절차의 위법이 징계의결에 영향을 미쳤다고 볼 수 없다. 교원징계위원회 위원 명단의 공개에 관하여 학교법인의 정관이나 법규에 어떤 규정이 있는 것이 아니라면 징계위원회가 징계위원 명단을 공개하지 아니한 채 징계의결을 하였다고 하여 피징계자로 하여금 기피신청권을 행사할 수 없도록 방해하였다고 할 수 없다(서울고등법원 1992. 12. 3. 선고 91나54451 판결).

8. 외부위원 불포함

갑 대학교를 설치·경영하고 있는 을 학교법인이 갑 대학교의 부교수로 재직 중인 병을 해임하였으나 교원소청심사위원회가 해임처분을 정직 3개월의 징계처분으로

관징계법 제4조에서 정한 위원회를 구성할 수 없거나 위원회의 결정 자체가 불가능한 경우, 제척 또는 기피신청이 징계절차의 지연을 목적으로 함이 명백한 경우 등에는 그 신청 자체가 제척 또는 기피신청권의 남용에 해당하여 부적법하므로, 이러한 신청은 법률상 허용될 수 없다고 봄이 상당하다. 따라서 이 경우에는 기피신청의 대상이 된 위원장 또는 위원이 제척 또는 기피결정에 관여하는 것이 금지된다고 볼 수 없다.
한편, 원고가 내세우는 공통의 원인에 기인하는 기피사유 이외에 원고가 주장하는 위원장 또는 위원 개개인에 대한 개별적 기피사유는 그 주장 자체에 의하더라도 공통의 기피사유와 실질적으로 차이가 없어 이를 독자적인 기피사유로 보기 어렵다. 또한 설령 원고가 주장하는 바와 같이 공통의 기피사유 이외에 개별적 기피사유가 별도로 존재한다고 하더라도, 위원회의 7인 중 위원장 1인, 위원 3인 및 예비위원 3인 모두에 대하여 동시에 이루어진 원고의 이 사건 기피신청은 법관징계법 제4조에서 정한 위원회를 구성할 수 없거나 위원회의 결정 자체가 불가능한 경우에 해당할 뿐만 아니라, 징계절차의 지연을 목적으로 함이 명백한 경우에 해당하여 법률상 허용될 수 없음이 명백하다.
그렇다면 이 사건에서 기피신청의 대상이 된 위원장 및 위원들이 기피결정에 관여하여 위원장 및 해당 위원들 모두에 대하여 한 개의 기피결정을 한 것을 두고 위법하다고 할 수는 없으므로, 원고의 이 부분 주장은 더 나아가 살필 필요 없이 이유 없다(대법원 2009. 1. 30. 선고 2007추127 판결).

변경하는 결정을 하였고, 이에 을 법인이 위 결정의 취소를 구하는 소를 제기하였으나 을 법인의 청구를 기각하는 판결이 선고·확정되었는데, 그 후 3개월도 지나지 않아 을 법인의 이사회가 병에 대한 징계사건을 심의·의결하기 위해 교원징계위원회를 구성한다고 의결하였고, 이에 따라 개최된 교원징계위원회가 '병이 해임되어 재판 중임에도 을 법인의 전임교원 초빙에 대하여 병의 전공을 초빙하는 것으로 사실과 다르게 국민신문고에 민원을 제기하여 학교의 행정을 방해하는 등의 행위를 한 점, 법원에 교원지위보전 및 신규임용금지 등 신청을 하여 기각판결을 받은 점 등'의 징계사유를 들어 병을 해임하는 의결을 하였고, 이에 을 법인이 병에 대한 해임처분을 한 사안에서, <u>위 교원징계위원회에 외부위원이 1명도 포함되지 아니하였으므로 위 해임처분에는 사립학교법 제62조 제4항 제1호를 위반한 절차적 하자가 있을 뿐만 아니라,</u> 병에 대한 징계사유가 정당한 징계사유라고 볼 수 없는 실체적 하자도 존재하므로 위 해임처분은 무효이고, 을 법인은 병이 정상적으로 근무하였다면 받을 수 있었던 임금과 불법행위로 인한 위자료를 지급할 의무가 있다(수원지방법원안양지원 2019. 10. 25. 선고 2017가합105413 판결: 확정).

9. 변호사의 출석을 막은 경우

행정청이 징계와 같은 불이익처분절차에서 징계심의대상자가 선임한 변호사가 징계위원회에 출석하여 징계심의대상자를 위하여 필요한 의견을 진술하는 것을 거부할 수는 없다. 그러나 아래의 대법원 판결은, 예외적으로 징계심의대상자의 대리인이 관련된 행정절차나 소송절차에서 이미 실질적인 증거조사를 하고 의견을 진술하는 절차를 거쳐서 징계심의대상자의 방어권 행사에 실질적으로 지장이 초래되었다고 볼 수 없는 특별한 사정이 있는 경우에는 절차적 정당성이 상실되었다고 볼 수 없다고 본다.

즉 대법원은, 육군3사관학교의 사관생도에 대한 징계절차에서 징계심의대상자가 대리인으로 선임한 변호사가 징계위원회 심의에 출석하여 진술하려고 하였음에도, 징계권자나 그 소속 직원이 변호사가 징계위원회의 심의에 출석하는 것을 막았다면 징계위원회 심의·의결의 절차적 정당성이 상실되어 그 징계의결에 따른 징계처분은 위법하여 원칙적으로 취소되어야 한다. 다만 징계심의대상자의 대리인이 관련된 행정절차나 소송절차에서 이미 실질적인 증거조사를 하고 의견을 진술하는 절차를 거쳐서 징계심의대상자의 방어권 행사에 실질적으로 지장이 초래되었다고 볼 수 없는 특별한 사정이 있는 경우에는, 징계권자가 징계심의대상자의 대리인에게 징계위원회에 출석하여 의견을 진술할 기회를 주지 아니하였더라도 그로 인하여 징계위원회 심의에 절차적 정당성이 상실되었다고 볼 수 없으므로 징계처분을 취소할 것은 아니다(대법원 2018. 3. 13. 선고 2016두33339 판결).

그러나 담당 변호사가 심의지연을 목적으로 절차참여에 소극적으로 임한 것도 아님에도 단지 사관생도에 대한 징계위원회 심의에 대리인의 참여를 허용하는 근거규정이 없다는 이유로 원고의 소송대리인의 징계위원회 심의 참여를 거부한 조치는 설사 그때까지 징계심의대상자의 방어권 행사에 실질적으로 지장이 초래되었다고 볼 수 없을 정도로 의견 진술 등이 있었다고 하더라도 절차적으로 위법하다고 할 것이다.

10. 징계대상자에 대해 구체적 사실 확인 없이 징계의결요구한 경우

징계대상자에 대해 구체적 사실확인 없이 징계요구를 한 경우가 있다. 판례는 이런 경우에 일률적으로 절차적 위법으로 보지 않고 징계위원회에서 소명의 기회가 충분히 주어졌다면 절차적 하자가 없다고 보았다. 대법원 2007. 4. 13. 선고 2006두16991 판결은, '피고가 이 사건 징계처분의 사유와 관련하여 원고3의 소속상관으로부터 무단결근 사실확인서를 제출받는 등 지방공무원 징계 및 소청규정 제2조 제6항 각 호의 관계 자료를 첨부하여 징계요구를 한 것으로서 징계대상자인 위 원고에 대하여는 구체적 사실확인을 하지 아니하였다는 사정만으로 피고의 징계요구 절차에 하자가 있다고 할 수 없을 뿐 아니라 징계의결을 위한 전단계라 할 피고의 징계의결의 요구에 의하여 서울특별시 제2인사위원회에서 열린 징계절차에서 위 원고에게 그 소명의 기회가 충분하게 주어진 점까지 고려하면, 피고의 징계요구 절차에 하자가 있어 이 사건 징계처분이 위법하다고 할 수 없다.'고 판단하였다.

11. 징계양정에서 임의적 감경사유 미반영

공무원징계령 제7조 제6항 제3호에 의하면, 공무원에 대한 징계의결을 요구할 때는 징계사유의 증명에 필요한 관계 자료뿐 아니라 '감경대상 공적 유무' 등이 기재된 확인서를 징계위원회에 함께 제출하여야 하고, 공무원징계령시행규칙 제4조제1항에 의하면 훈장, 포장을 받은 공적이나 「정부표창규정」에 따라 국무총리 이상의 표창(공적에 대한 표창만 해당한다)을 받은 공적, 「모범공무원규정」에 따라 모범공무원으로 선발된 공적이 있는 경우에는 별표 3의 징계의 감경기준에 따라 징계를 감경할 수 있다고 규정되어 있다. 따라서 위 '감경대상 공적 유무' 등이 기재된 확인서는 징계위원회의 심의과정에 반드시 제출되어야 하고 임의적 감경사유이므로 실제 감경사유로 삼지 않았다고 하더라도 반드시 제출되어야 한다. 위 확인서 제출없이 이루어진 징계는 그 징계양정이 적정한지 여부와 상관없이 절차적으로 위법하다. 대법원 2012. 6. 28. 선고 2011두20505 판결도, '경찰공무원에 대한 징계위원회의 심의과정에 감경사유에 해당하는 공적 사항이 제시되지 아니한 경우에는 그 징계양정이 결과적으로 적정한지와 상관없이 이는 관계 법령이 정한 징계절차를 지키지 아니한 것으로서 위법하다'(대법원 2012. 6. 28. 선고 2011두20505 판결 참조).

제3절 | 징계시효에 대한 문제

1) 징계시효의 기산점은 원칙적으로 징계사유가 발생한 때이고(대법원 2019. 10. 18. 선고 2019두40338 판결 참조), 징계권자가 징계사유의 존재를 알게 되었을 때로 볼 수 없다(대법원 2014. 10. 30. 선고 2012두25552 판결 참조)(대법원 2021. 12. 16. 선고 2021두48083 판결).

2) 피고는 이미 징계시효가 경과한 징계사유로 이 사건 처분을 한 것으로서 구 군인사법 제60조의3 제1항을 위반한 위법이 있고, 그 하자가 법규의 중요한 부분을 위반한 중대·명백한 것이므로, 당연 무효이다(대구지방법원 2021. 2. 10. 선고 2020구합 20103 판결).

3) 피징계자의 평소의 소행, 근무성적, 징계처분전력과 아울러 당해 징계처분사유 전후에 저지른 징계사유로 되지 아니한 비위사실도 징계양정에서 참작자료가 될 수

있고(대법원 1997. 2. 14. 선고 96누4244 판결, 위 대법원 2002다51555 판결 등 참조), 징계시효가 지난 비위행위도 징계양정에서 참작자료로 할 수 있다(대법원 1995. 9. 5. 선고 94다52294 판결, 대법원 1999. 11. 26. 선고 98두10424 판결 등 참조).

제4절 | 무효사유에 대한 정리

1) 원고는 경찰서 교통과 교통관리계에서 근무하면서 교통사고 피의자를 조사하면서 동료 경찰관인 소외 1을 통하여 교통사고 피의자인 소외 2로부터 사건을 잘 처리하여 준다는 명목으로 400,000원을 받음으로써 직무와 관련하여 돈을 받았다는 이유로 파면처분 받았다. 원고가 위 파면처분에 불복하여 행정소송를 제기한 결과 서울고등법원은 이 사건 징계혐의 사실은 인정되지만 파면처분이 재량권의 범위를 넘었다는 이유로 원고승소 판결을 받았고 대법원에서 확정되었다. 그러자, 피고는 종전 파면 처분과 마찬가지로 이 사건 징계혐의사실을 인정할 수 있다는 이유로 원고를 해임하였다. 이에 원고는 다시 같은 사유로 해임처분을 받은 경우 해임처분은 위법하다고 주장하였으나 법원은, '경찰관이 피의자로부터 금품을 받아 파면처분되었다가 재량권 남용을 이유로 한 파면무효 확정판결을 받은 후 다시 같은 사유로 해임처분을 당한 사안에서, 그 돈을 받은 경위와 그 금액 및 그 후 사건을 처리한 과정 등을 함께 고려하여 그 해임 처분은 적법하다'고 하였다(서울고등법원 1997. 1. 24. 선고 96구23834 판결).

2) 국가공무원법 제83조 제3항의 규정에 의하면 수사기관은 조사나 수사를 개시한 때와 이를 종료한 때는 공무원의 소속기관의 장에게 당해사실을 통보하도록 되어 있으나 그 통보없이 징계절차를 진행하였다고 하여도 경찰공무원징계령 제12조 및 제13조에 의하여 보장된 진술기회를 침해한 것이라고는 볼 수 없다(대법원 1985. 3. 26. 선고 84누725 판결).

3) 유죄판결을 선고받은 사실은 그 판결이 확정되어 지방공무원법 제31조 제4호 소정의 결격사유에 해당되어 공무원으로서의 신분이 박탈됨은 별론으로 하고 징계

사유로 삼고 있는 비위사실이 전부 사면에 해당된 이상 유죄판결을 받은 그 자체만으로는 위 법 제69조 제1항 각호 소정의 징계사유에 해당한다고 볼 수 없다(대법원 1983. 6. 14. 선고 83누3 판결).

4) 공무원인 갑이 그 직무에 관하여 뇌물을 받았음을 징계사유로 하여 파면처분을 받은 후 그에 대한 형사사건이 항소심까지 유죄로 인정되었고 그 형사사건에서 갑이 수사기관과 법정에서 금품수수사실을 자인하였으나 그후 대법원의 파기환송판결에 따라 무죄의 확정판결이 있었다면 위 징계처분은 근거없는 사실을 징계사유로 삼은 것이 되어 위법하다고 할 수는 있을지언정 그것이 객관적으로 명백하다고는 할 수 없으므로 위 징계처분이 당연무효인 것은 아니다(대법원 1989. 9. 26. 선고 89누4963 판결).

5) 기피신청은 원래 징계위원 개개인에 대한 것으로서 기피의결은 그 기피신청에 대하여 개별적으로 하는 것이므로 여러 명의 징계위원에 대한 기피신청이 있는 경우라도 기피신청을 당한 각 징계위원은 교육공무원징계령 제13조 제3항 후문에 의하여 자신에 대한 기피의결에만 참여할 수 없을 뿐 다른 사람에 대한 기피의결에는 참여할 수 있으나, 그들에 대한 기피사유가 공통의 원인에 기인하는 경우에는 자신에 대한 기피의결뿐만 아니라 다른 사람에 대한 기피의결에도 참여할 수 없다고 해석하는 것이 위와 같은 제도의 취지와 목적에 부합한다(대법원 1999. 4. 27. 선고 98다42547 판결 등 참조). 학생처장인 C 및 교무처장인 D는 대책위원회의 위원장 또는 위원으로서의 직무를 수행한 점에서 그 기피사유가 동일하므로 C는 자신에 대한 기피의결이 있은 후에 이루어진 D에 대한 기피의결에는 참여할 수 없다고 할 것인데, C가 D에 대한 기피의결에 참여하여 기피신청에 대하여 기각의견을 표명하였으므로 징계위원회의 D에 대한 기피의결은 무효이다(대법원 2008. 11. 13. 선고 2007두5059 판결).

제5절 | 기타

(1) 징계사유 중 일부가 징계사유가 안 되는 경우

수개의 징계사유중 그 일부가 독립하여 징계사유가 되지 않는다 하더라도, 인정되는 타의 일부 징계사유만으로도 징계처분을 함에 족하다고 인정되는 경우에는 그 징계처분 자체가 무효로 되거나 취소되어야 한다고 볼 수 없다(대법원 1982. 9. 14. 선고 82누46 판결).[9]

(2) 형사사건으로 계류 중임에도 징계 회부한 경우

징계관리에 관한 지방공무원법 제73조 제1항에는 감사원에서 조사 중인 사건에 대하여 징계절차를 진행하지 못한다고만 규정되어 있을 뿐 형사사건으로 조사나 기소 중인 사실에 관해서도 징계절차를 진행할 수 없다는 취지는 규정되어 있지 아니하므로 비위사건에 관하여 현재 형사사건으로 기소되어 재판계류 중이라 하더라도 형사사건의 귀추를 기다릴 것 없이 징계처분을 할 수 있음은 물론, 징계와 형벌은 그 권력의 기초, 목적, 내용 및 그 사유를 각각 달리하는 것이므로 형사재판의 결과는 징계사유의 인정에 방해가 되지 아니한다(대법원 1982. 9. 14. 선고 82누46 판결).

---

9) 지방공무원법상 공무원으로서 겸직이 금지되는 영리업무는 영리적인 업무를 공무원이 스스로 경영하여 영리를 추구함이 현저한 업무를 의미하고 원고가 위 ○○여관을 소외 1에게 임대하여 원고 스스로 경영하고 있지 않음은 위에서 설시한 바와 같고 기록상 위 여관의 매수행위가 부동산 투기행위가 된다고 볼 자료는 없으므로 그와 같은 행위자체가 영리업무에 종사하는 경우라고는 할수 없으나 이 사건 징계사유로 한 것은 위와 같은 일련의 행위가 위법 제69조 1항 3호의 소정의 품위손상 행위에 해당한다는 것이지 같은 법 제56조 소정의 영리업무겸직 금지의무에 위반을 이유로 같은법 제69조 제1항 제1호에 해당함을 전제로 한 것이 아님은 기록상 명백하고 또한 원심의 판시는 위 여관을 매수하는 과정에서 매수행위와 관련하여 위 징계사유(2)의 범죄행위를 하였으니 양자를 합하여 공무원으로서의 품위손상 행위에 해당한다는 취지로 풀이할 수도 있으니 이를 징계사유로 삼았다 하여 어떠한 잘못이 있다 할 수 없고, 수개의 징계사유 중 그 일부인 위 (1)의 사유가 독립하여 징계사유가 되지 않는다 하더라도 그 징계처분자체가 무효로 되거나 취소되어야 한다고 볼 수 없고, 인정되는 일부 징계사유 만으로도 원처분을 함에 족하다고 인정되는 경우에는 원처분을 유지한다 하여 위법하다고 할 수 없는 것이니, 원심이유에 소론과 같은 흠이 있다 하더라도 그 사유만으로 곧 판결의 결과에 영향이 있다고 볼 수는 없다.

(3) 징계의 종류를 정하여 징계조치를 명한 경우

공무원징계령 제7조제6항은, 징계의결요구권자가 징계의결등을 요구할 때에는 징계등 사유에 대한 충분한 조사를 한 후에 그 증명에 필요한 다음 각 호의 관계 자료를 첨부하여 관할 징계위원회에 제출하여야 하고, 중징계 또는 경징계로 구분하여 요구하여야 한다. 다만, 「감사원법」 제32조제1항 및 제10항에 따라 감사원장이 「국가공무원법」 제79조에서 정한 징계의 종류를 구체적으로 지정하여 징계요구를 한 경우에는 그러하지 아니하다고 규정하고 있다. 따라서 감사원법에 의한 예외사유가 아님에도 징계의 종류를 정하여 징계조치를 명한 경우에는 절차상 무효이다.

그런데 교육부가 사립대학교 학교법인 A에 대해 특정감사를 실시한 후, "교비회계 자금 횡령 및 불법사용, 이사회 허위 개최" 등 총 20개 항목을 지적하고 시정 및 징계조치를 요구하는 내용의 특정감사 처분통보를 하면서 관련자들에 대한 징계의 종류까지 특정하여 징계할 것을 요구하였는데 학교법인이 이는 헌법과 법률에 의하여 보호되는 교원임면권자의 징계권 및 교원징계위원회의 징계권한을 침해하는 것일 뿐만 아니라, 과도한 징계조치 요구로서 재량권을 일탈·남용하여 위법하다는 내용을 포함한 감사결과통보처분취소의 소를 제기하였다. 서울고등법원은, 피고(교육부장관)가 원고(학교법인 A)에게 소외 2에 대한 징계조치명령을 함에 있어 징계의 종류를 '해임'으로 정하여 징계를 요구한 사실은 앞서 본 바와 같으나, ① 사립학교법 제54조 제3항은 '관할청은 사립학교의 교원이 이 법에 규정된 면직사유 및 징계사유에 해당한 때에는 당해 교원의 임면권자에게 그 해직 또는 징계를 요구할 수 있다'라고 규정하고 있고, 위 징계 요구의 방식에 관하여 같은 법 시행령 제24조는 '사립학교의 관할청이 사립학교법 제54조 제3항에 의하여 사립학교 교원의 해직 또는 징계를 요구함에 있어서는 해직 또는 징계의 구별(징계의 경우에는 그 종류)을 기재한 서류를 첨부하여야 한다'라고 규정하고 있으며, 교육부 감사규정 제19조 제3항은 '사립학교법 시행령 제24조에 의하여 사립학교 교원의 징계의결 요구는 징계의 종류를 지정하여 징계의결을 요구할 수 있다'라고 규정하고 있다. 따라서 피고가 징계의 종류를 정하여 징계를 요구한 것은 위와 같은 사립학교 관계 법령에 근거한 것이고, 사립학교에게 운영의 자유가 인정된다고는 하더라도 교육의 공공성과 중요성에 비추어 국가가 일정한 범위 안에서 사립학교의 운영을 감독·통제할 권한과 책임을 가지는 것역시 허용되어야 하는 점 등을 고려하면, 피고가 원고에게 소외 2에 대한 징계조치를 명함에 있어 징계의 종류를 지정하였다고 하여 이를 위법하다고 할 수 없다(서울고등법원 2015. 11. 24. 선고 2015누32997 판결)고 판시하였다.

제6장

집행정지

제1절 | 의의

행정소송법 제23조제1항은, 취소소송의 제기는 처분등의 효력이나 그 집행 또는 절차의 속행에 영향을 주지 아니한다고 규정하여 '집행부정지 원칙'을 취하고 있다.

행정소송법은 집행부정지 원칙을 취하면서도, 취소소송이 제기된 경우에 처분등이나 그 집행 또는 절차의 속행으로 인하여 생길 회복하기 어려운 손해를 예방하기 위하여 긴급한 필요가 있다고 인정할 때에는 본안이 계속되고 있는 법원은 당사자의 신청 또는 직권에 의하여 처분등의 효력이나 그 집행 또는 절차의 속행의 전부 또는 일부의 정지를 결정할 수 있다. 다만, 처분의 효력정지는 처분등의 집행 또는 절차의 속행을 정지함으로써 목적을 달성할 수 있는 경우에는 허용되지 아니한다(행정소송법 제23조제2항)고 규정하여 법원이 일정한 요건하에 집행정지결정을 할 수 있도록 하고 있다. 집행정지란, 항고소송이 제기된 경우 법원이 선결적으로 소송의 확정 전까지 처분등의 효력이나 그 집행을 정지시키는 잠정적 권리구제를 말한다. 집행정지 신청은 취소소송과 무효등확인소송에서만 허용된다(행정소송법 제23조제2항, 제38조제1항).

실무에서는 집행정지를 점차 넓게 인정하고 있으며, 그 기간도 본안판결시까지가 많으나 재판부에 따라 20일 또는 30일 등 추가적 기간까지 더 늘려 정지하는 결정을 하고 있다.

제2절 | 요건

1. 적법한 본안소송의 계속

1) 징계처분에 대한 행정소송을 제기하면서 집행정지를 구할 때에는 반드시 본안소송이 계속 중이어야 한다(행정소송법 제23조제2항). 민사집행법에 의한 가처분과 다른 점이므로 유의하여야 한다. 본안소송이 계속 중이기 위해서는 단지 본안소송이 제기되기만 하면 되므로 본안소송의 제기와 동시에 집행정지신청을 하여도 된다.

2) 집행정지신청은 본안소송을 제기하면서 동시나 그 후에 하는 것이 원칙이나, 만약 본안소송 제기 전에 집행정지신청을 하였다 하더라도 그에 대한 결정이 있기 이전에 본안소송이 제기되면 하자가 치유된다.

3) 집행정지를 위해서는 본안소송이 적법하게 제기된 것이어야 한다. 집행정지는 행정처분의 집행부정지원칙의 예외로서 인정되는 것이고 또 본안에서 원고가 승소할 수 있는 가능성을 전제로 한 권리보호수단이라는 점에 비추어 보면 집행정지사건 자체에 의하여도 신청인의 본안청구가 적법한 것이어야 한다는 것을 집행정지의 요건에 포함시켜야 한다(대법원 1999. 11. 26. 자 99부3 결정). 따라서 본안소송의 소송요건인 원고적격, 피고적격, 제소기간, 협의의 소의 이익 등을 모두 갖추어야 하며, 본안소송이 그러한 소송요건을 모두 갖추어 적법하다는 점을 집행정지신청서에서 밝혀야 한다.

4) 본안소송의 대상과 집행정지신청의 대상은 원칙적으로 같아야 한다. 본안소송의 대상 중 일부에 대해서만 집행정지 신청을 할 수 있다.

5) 본안소송은 집행정지신청사건의 종결시까지 계속되고 있어야 한다. 만약 본안

소송에서 소취하로 종료된 경우에는 집행정지신청이 부적법하므로 각하하여야 한다.

2. 적극적 요건 - 회복하기 어려운 손해를 예방하기 위한 긴급한 필요가 있을 것

1) '회복하기 어려운 손해'란, 특별한 사정이 없는 한 금전으로 보상할 수 없는 손해로서 금전보상이 불가능한 경우 내지는 금전보상으로는 사회관념상 행정처분을 받은 당사자가 참고 견딜 수 없거나 참고 견디기가 현저히 곤란한 경우의 유형, 무형의 손해를 말한다(대법원 2011. 4. 21. 2010무111 전원합의체 결정). 이러한 집행정지의 적극적 요건에 관한 주장·소명책임은 원칙적으로 신청인측에 있다(대법원 1999. 12. 20. 자 99무42 결정).

2) 행정처분의 효력정지나 집행정지를 구하는 신청사건에서는 행정처분 자체의 적법 여부를 판단할 것이 아니고 그 행정처분의 효력이나 집행 등을 정지시킬 필요가 있는지의 여부, 즉 행정소송법 제23조 제2항 소정 요건의 존부만이 판단대상이 되고(대법원 1991. 5. 2. 91두15 결정 등 참조), '처분 등이나 그 집행 또는 절차의 속행으로 인한 손해발생의 우려' 등 그 적극적 요건에 관한 주장·소명책임은 원칙적으로 신청인 측에 있으며, 이러한 요건을 결여하였다는 이유로 효력정지 신청을 기각한 결정에 대하여 행정처분 자체의 적법 여부를 가지고 불복사유로 삼을 수 없다(위 2010무111 판결). 즉 본안은 본안 청구가 이유 없음이 명백하지 않아야 한다는 정도의 소극적 요건으로만 심리될 뿐이고, 집행정지 사건의 심리 및 판단에 있어 본안에서 다루어져야 할 처분의 위법성까지 구체적·개별적으로 판단하는 것은 아니다.

3) '긴급한 필요'란 회복하기 어려운 손해의 발생이 시간적으로 촉박하여 손해를 피하기 위해 본안판결을 기다릴 여유가 없는 것을 말한다. '긴급한 필요'가 있는지는 처분의 성질과 태양 및 내용, 처분상대방이 입는 손해의 성질·내용 및 정도, 원상회복·금전배상의 방법 및 난이 등은 물론 본안청구의 승소가능성 정도 등을 종합적으로 고려하여 구체적·개별적으로 판단하여야 한다(위 2010무111 판결).

4) 구체적 사례: 해임처분을 받은 공무원이 그로 인하여 소속 기관의 공무수행에 지장이 초래될 수 있다고 주장하는 것은 일반적으로 받아들일 수 없다. 집행정지에

서의 손해는 집행정지신청인 자신의 개인적 손해에 한하므로, 공무의 원활한 수행은 공공의 이익은 될지언정 공무원 개인의 이익에 관한 것은 아니기 때문이다. 그러나 다른 공무원이 그의 직무를 대신하여 수행하는 것이 불가능할 정도의 특별한 사정이 있으면 달리 보아야 한다.[1]

급여를 받지 못해 생계가 곤란해진다는 사정은 회복하기 어려운 손해로 보기 어렵다. 그 경우 인정받기 위해서는, 본인의 급여가 가족의 생계에 절박한 사정임을 구체적으로 입증하여야 할 것이다.

3. 소극적 요건 – 공공복리에 중대한 영향을 미칠 우려가 없을 것

1) 행정소송법 제23조제3항은, 집행정지는 공공복리에 중대한 영향을 미칠 우려가 있을 때에는 허용되지 아니한다고 규정한다. 집행정지의 소극적 요건이다.

'공공복리에 중대한 영향을 미칠 우려'가 없을 것이라고 할 때의 '공공복리'는 그 처분의 집행과 관련된 구체적이고도 개별적인 공익을 말하는 것으로서 이러한 집행정지의 소극적 요건에 대한 주장·소명책임은 행정청에게 있다(대법원 1999. 12. 20. 99무42 결정).

2) '공공복리에 중대한 영향을 미칠 우려가 없을 것'을 규정하고 있는 취지는, 집행정지 여부를 결정함에 있어서 신청인의 손해뿐만 아니라 공공복리에 미칠 영향을 아울러 고려하여야 한다는 데 있고, 따라서 공공복리에 미칠 영향이 중대한지의 여부는 절대적 기준에 의하여 판단할 것이 아니라, 신청인의 '회복하기 어려운 손해'와 '공공복리' 양자를 비교·교량하여, 전자를 희생하더라도 후자를 옹호하여야 할 필요

---

1) 법무부장관이 검찰총장 갑에 대하여 '서울중앙지검장 재직 시 사건관계자인 언론사 사주와 부적절한 만남을 가진 혐의, 대검찰청 수사정보정책관실로 하여금 주요 사건 재판부 판사들의 개인정보 및 성향 자료를 불법수집·활용하게 한 혐의 등'을 이유로 검사징계위원회에 징계청구를 한 뒤 검사징계법 제8조 제2항에 따라 갑 총장의 직무 집행 정지를 명하자, 갑 총장이 위 직무집행정지처분에 대한 집행정지 신청을 한 사안에서, 서울행정법원은, '이 사건 처분으로 인하여 신청인은 직무 집행 정지 기간 동안 검찰총장 및 검사로서의 직무를 더 이상 수행할 수 없게 된다. 이는 금전보상이 불가능한 손해일뿐더러 금전보상으로는 참고 견딜 수 없는 유형·무형의 손해에 해당하고, 사후에 이 사건 처분의 취소소송에서 신청인이 승소한다고 하더라도 그러한 손해가 회복될 수 없다.'는 등의 이유로 이 사건 처분의 효력을 정지하였다(서울행정법원 2020. 12. 1.자 2020아13354 결정).

가 있는지 여부에 따라 상대적·개별적으로 판단되어야 한다(대법원 2010. 5. 14.자 2010무48 결정).

법무부장관이 현직 검찰총장 A에 대하여 '주요사건 재판부 판사들의 개인정보 및 성향자료를 불법수집·활용하게 한 혐의 등을 이유로 검사징계위원회에 회부하여 정직2월의 징계처분을 하였다. 그 사건의 집행정지신청건에서 법원은 '공공복리에 중대한 영향을 미칠 우려'에 대한 판단에서, A가 2개월 정직 상태에 있음으로 발생하는 손해와 그 정직 효력이 집행정지 인용결정으로 정지됨으로써 발생하는 공익을 이익형량하여 공공복리에 중대한 영향을 미칠 우려를 판단해야 한다(서울행정법원 2020. 12. 24.자 2020아13601 결정)고 하였다.[2]

4. 기타 – 본안 청구가 이유 없음이 명백하지 않아야 할 것

행정처분의 효력정지나 집행정지제도는 신청인이 본안 소송에서 승소판결을 받을 때까지 그 지위를 보호함과 동시에 후에 받을 승소판결을 무의미하게 하는 것을 방지하려는 것이어서 본안 소송에서 처분의 취소가능성이 없음에도 처분의 효력이나 집행의 정지를 인정한다는 것은 제도의 취지에 반하므로, 효력정지나 집행정지사건 자체에 의하여도 신청인의 본안 청구가 이유 없음이 명백하지 않아야 한다는 것도 효력정지나 집행정지의 요건에 포함시켜야 한다(대법원 1992. 6. 8.자 92두14 결정, 대법원 1994. 10. 11.자 94두23 결정, 대법원 2007. 7. 13.자 2005무85 결정 등 참조).

---

2) 피신청인은 먼저, 이 사건 징계처분은 행정부의 수반인 대통령이 행정부 일원인 A에 대한 인사권의 행사로 이 사건 집행정지신청이 인용되면 행정부의 불안정성, 국론의 분열 등 공공복리를 침해한다는 취지로 주장하나 그 주장만으로는 공공복리에 중대한 영향이 있다고 단정할 수 없다. 다음으로, 이 사건 징계처분의 효력이 정지되어 신청인이 검찰사무를 총괄한다면, 대검 감찰부장에 대한 수사, 징계권자인 피신청인에 대한 수사, E를 수사한 수사팀에 대한 수사 등 이 사건 징계사유와 관련된 사건의 수사를 함에 있어 공정한 검찰권의 행사가 위협받을 수 있다고 주장한다. 그러나 A는 공익을 대표하고 국민 전체에 대한 봉사자로서 직무를 수행하는 검사들을 총괄하여 지휘·감독하는 권한과 그에 따른 엄중한 책임이 부여된 자라는 그 지위를 고려하면, 피신청인이 든 자료만으로는 피신청인이 이 부분에서 주장하는 공공복리에 중대한 영향을 미칠 우려가 소명되었다고 보기 어렵다.

제3절 | 절차

1. 신청

1) 집행정지는 본안소송이 계속되고 있는 법원에 당사자의 신청 또는 직권에 의하여 할 수 있고, 법원은 처분등의 효력이나 그 집행 또는 절차의 속행의 전부 또는 일부의 정지를 결정할 수 있다(행정소송법 제23조제2항). 실무는 집행정지결정의 경우 원고의 신청에 의해 하는 것이 일반적이고, 직권에 의한 집행정지결정은 청구인용판결을 선고할 때 예외적으로 활용된다.

2) 징계처분에 불복하여 소청심사위원회(또는 교원소청심사위원회, 징계항고 등)에 소청심사를 청구함과 동시에 위 소청심사위원회의 재결이 있을 때까지 당해 징계 처분에 대하여 집행정지를 신청함이 일반적이고 이 경우 소청심사위원회가 집행정지에 대해 기각결정을 하면서 소청심사에 대한 재결을 하지 않고 시간을 끄는 경우 징계대상자로서는 어떻게든 징계처분에 대한 집행을 정지하고 싶어 한다.

행정소송법 제18조 제2항 제1호는 행정심판청구가 있은 날로부터 60일이 지나도 재결이 없는 때에는 행정심판의 재결을 거치지 아니하고 취소소송을 제기할 수 있도록 하고 있다. 따라서 소청심사청구로부터 60일이 경과하여도 재결이 없을 경우에는 법원에 징계처분취소송을 제기할 수 있고 동시에 집행정지 신청을 하면 된다. 그 경우 집행정지신청서에 그 경위를 서술하는 것이 바람직하다.

2. 관할

집행정지신청사건은 본안소송이 계속되고 있는 법원의 전속관할에 속한다(행정소송법 제23조제2항). 항소심과 상고심에서도 집행정지신청을 할 수 있다.

집행정지결정을 할 때 종기를 본안판결 확정시까지나 또는 선고 시부터 일정기간까지인 경우3)에는 확정시까지 또는 일정기간의 종료 시까지 실효되지 않는다. 그러

---

3) 서울행정법원 2020. 12. 24.자 2020아13601 결정 사건의 주문을 보면 아래와 같다.
  1. 대통령이 2020. 12. 16. 신청인에 대하여 한 2개월의 정직 처분은 이 법원 2020구합

나 본안판결 선고 시까지인 경우에는 선고 시에 실효되므로 선고 시부터 상소 시까지는 새로이 집행정지신청을 하여야 한다. 이 경우 상소가 제기되면 상소심이 관할법원이 되나 소송기록이 원심법원에 있을 때에는 원심법원이 관할법원이 된다(민사소송법 제501조, 제500조제4항). 이런 경우를 피하기 위해 실무에서는 신청취지를 기재하면서 '판결선고일로부터 30일이 되는 날까지 그 효력을 정지한다'는 등으로 하기도 한다.

3. 당사자

집행정지신청인은 본안소송의 원고이고, 상대방은 본안소송의 피고이다. 집행정지 사건에서 피신청인을 잘못 지정한 경우에는 피신청인의 동의를 받을 필요 없이 피신청인의 경정이 허용된다(행정소송법 제14조 참고).

4. 심리

1) 민사집행법상 보전처분과 마찬가지로 증명이 아니라 소명으로 충분하다.

2) 심문기일: 집행정지에 관한 결정을 위해 변론기일이나 심문기일을 진행할지에 대해 별도 규정이 없으므로 법원의 재량으로 정해진다. 실무상으로는 심문기일을 진행하고 결정함이 일반적이다. 집행정지신청이 있으면, 심문기일을 10일 전후로 빨리 정해 통보한다. 법원은 피고 행정청에 대해 심문기일까지 신청사건의 답변서와 소명자료를 제출하도록 촉구한다.

3) 징계처분의 경우 발효시점을 별도로 정하는 것이 없이 처분이 대외적으로 성립함과 동시에 바로 징계효과가 발효되므로, 예컨대 정직1월의 징계처분을 받은 자는 집행정지 신청, 심문 등을 거치면서 정직기간이 경과되는 경우가 허다하다. 그 경우 법원에서는 불과 얼마 남지 않은 기간을 위해 집행정지가 필요한지 묻곤 한다.

88541호 징계처분 취소청구의 소 사건의 판결선고일로부터 30일이 되는 날까지 그 효력을 정지한다.
2. 신청인의 나머지 신청을 기각한다.

행정처분에 그 효력기간이 정하여져 있는 경우, 그 처분의 효력 또는 집행이 정지된 바 없다면 위 기간의 경과로 그 행정처분의 효력은 상실되므로 그 기간 경과 후에는 그 처분이 외형상 잔존함으로 인하여 어떠한 법률상 이익이 침해되고 있다고 볼 만한 별다른 사정이 없는 한 그 처분의 취소를 구할 법률상의 이익이 없다(대법원 2004. 7. 8. 선고 2002두1946 판결 등 참조). 다만, 제재적 행정처분이 그 처분에서 정한 제재기간의 경과로 인하여 그 효과가 소멸되었으나, 제재적 행정처분(이하 '선행처분'이라 한다)을 받은 것을 가중사유나 전제요건으로 삼아 장래의 제재적 행정처분(이하 '후행처분'이라 한다)을 하도록 정하고 있는 경우, 선행처분을 가중사유 또는 전제요건으로 하는 후행처분을 받을 우려가 현실적으로 존재하는 때에는, 선행처분을 받은 상대방은 비록 그 처분에서 정한 제재기간이 경과하였다 하더라도 그 처분의 취소소송을 통하여 그러한 불이익을 제거할 권리보호의 필요성이 충분히 인정된다고 할 것이므로, 선행처분의 취소를 구할 법률상 이익이 있다고 보아야 한다(대법원 2007. 1. 11. 선고 2006두13312 판결 등 참조). 징계를 받은 경우 일정기간 내에 다시 징계사유가 발생하면 가중처벌할 수 있도록 되어 있으므로 후행처분이 존재한다면 선행처분의 징계처분의 불이익을 제거하기 위해 집행정지를 구할 법률상 이익이 있다고 볼 것이나 실제 그런 경우는 거의 없어, 집행정지 심리중 제재기간이 경과되면 집행정지신청은 각하될 것이다.

제4절 | 결정 및 불복

1. 집행정지결정

집행정지요건을 충족한 때에는 신청을 인용하여 처분 등의 효력이나 그 집행 또는 절차 속행의 전부 또는 일부를 정지하는 결정을 한다(행정소송법 제23조제2항본문). 집행정지기간은 법원이 시기와 종기를 합리적인 범위 내에서 재량으로 정할 수 있다. 집행정지의 종기는 본안판결 선고시까지, 본안판결 선고일로부터 30일까지, 본안판결 확정시까지 등으로 정할 수 있다. 실무는 '판결 선고 후 30일까지'와 같이 판결선고 이후 일정한 날까지로 정하는 경우가 많다.

집행정지결정이 내려지면 집행정지결정의 종기까지 행정처분이 없었던 것과 같은 상태로 된다. 이때 행정청의 별도 절차는 필요하지 않다. 또 집행정지결정은 그 사건에 관하여 당사자인 행정청과 그 밖의 관계행정청을 기속한다(행정소송법제23조제6항).

집행정지결정을 하려면 이에 대한 본안소송이 법원에 제기되어 계속 중임을 요건으로 하는 것이므로 집행정지결정을 한 후에라도 본안소송이 취하되어 소송이 계속하지 아니한 것으로 되면 집행정지결정은 당연히 그 효력이 소멸되는 것이고 별도의 취소조치를 필요로 하는 것이 아니다(대법원 1975. 11. 11. 선고 75누97 판결).

2. 각하 또는 기각결정

집행정지신청이 본안을 제기하지 않은 경우나 당사자적격이 없는 경우 등일 경우 부적법함을 이유로 각하결정을 한다. 주장이 이유없는 경우, 적극적 요건의 소명이 없는 경우, 소극적 요건의 소명이 있는 경우에는 기각결정을 한다.

3. 즉시항고

집행정지결정 또는 각하·기각의 결정에 대하여는 즉시항고할 수 있다(행정소송법 제23조제5항전문). 즉시항고는 결정이 고지된 날로부터 1주일 이내에 원심법원에 항고장을 제출하는 방식으로 한다(민사소송법 제444조, 445조). 집행정지결정에 대한 즉시항고에는 결정의 집행을 정지하는 효력이 없다(행정소송법 제23조제5항후문).

항고심결정에 대해여는 재항고할 수 있고, 재항고의 방식과 심리절차는 민사소송에서와 같다.

제5절 | 집행정지의 취소

집행정지결정이 확정된 후 집행정지가 공공복리에 중대한 영향을 미치거나 그 정지사유가 없어진 때에는 당사자의 신청 또는 직권에 의하여 결정으로써 집행정지의 결정을 취소할 수 있다(행정소송법 제24조제1항). 이 제도는 실무상 거의 활용되고 있지 않다.

제6절 | 본안판결과의 관계

집행정지결정의 효력은 결정 주문에서 정한 기간까지 존속하다가 그 기간이 만료되면 장래에 향하여 소멸한다. 집행정지결정은 처분의 집행으로 회복하기 어려운 손해를 예방하기 위하여 긴급한 필요가 있고 달리 공공복리에 중대한 영향을 미치지 않을 것을 요건으로 하여 본안판결이 있을 때까지 해당 처분의 집행을 잠정적으로 정지함으로써 위와 같은 손해를 예방하는 데 취지가 있으므로, 항고소송을 제기한 원고가 본안소송에서 패소확정판결을 받았더라도 집행정지결정의 효력이 소급하여 소멸하지 않는다. 그러나 제재처분에 대한 행정쟁송절차에서 처분에 대해 집행정지결정이 이루어졌더라도 본안에서 해당 처분이 최종적으로 적법한 것으로 확정되어 집행정지결정이 실효되고 제재처분을 다시 집행할 수 있게 되면, 처분청으로서는 당초 집행정지결정이 없었던 경우와 동등한 수준으로 해당 제재처분이 집행되도록 필요한 조치를 취하여야 한다. 집행정지는 행정쟁송절차에서 실효적 권리구제를 확보하기 위한 잠정적 조치일 뿐이므로, 본안 확정판결로 해당 제재처분이 적법하다는 점이 확인되었다면 제재처분의 상대방이 잠정적 집행정지를 통해 집행정지가 이루어지지 않은 경우와 비교하여 제재를 덜 받게 되는 결과가 초래되도록 해서는 안 된다. 반대로, 처분상대방이 집행정지결정을 받지 못했으나 본안소송에서 해당 제재처분이 위법하다는 것이 확인되어 취소하는 판결이 확정되면, 처분청은 그 제재처분으로 처분상대방에게 초래된 불이익한 결과를 제거하기 위하여 필요한 조치를 취하여야 한다(대법원 2020. 9. 3. 선고 2020두34070 판결).

제7절 | 참고

1. 항고소송과 가처분

민사집행법상의 가처분으로써 행정청의 어떠한 행정행위의 금지를 구하는 것은 허용될 수 없다(대법원 1992. 7. 6.자 92마54 결정, 대법원 2011. 4. 18.자 2010마1576 결정). 즉 항고소송에는 민사집행법의 가처분에 관한 규정을 준용할 수 없다.

2. 집행정지신청서 샘플

집 행 정 지 신 청 서

신 청 인   김 길 동
           인천광역시 ○○○○
           신청대리인 **법무법인** ○○
           서울 서초구
           담당변호사 서영득

피신청인   ○○대학교 총장
           인천광역시 ○○○

신 청 취 지

 피신청인이 2024. 2. ○○. 신청인에 대하여 한 정직3월의 처분은 인천지방법원 2024구합○○○○○ 징계처분 취소소송의 판결 선고 후 30일까지 그 효력을 정지한다.
라는 결정을 구합니다.

신 청 이 유

1. 이 사건 집행정지신청에 이르게 된 경위

(1) 신청인은 2020. 9. 1.자로 ○○대학교에 전임교수로 임용되어 현재 ○○대학교 ○○대학 ○○학과의 부교수로 재직 중인 자이고, 피신청인은 ○○대학교의 총장입니다.

(3) 그러나 위 교원소청심사위원회에서는 현재까지 아무런 재결이 없는 상태인바, 신청인은 행정소송법 제18조 제2항 제1호를 근거로 하여 2024. 04. ○○. 귀원에 2024구합○○○○○호의 징계처분 취소의 소를 제기하였고(소갑 제○호증 소장, 소갑 제○호증 소장접수증), 위 징계처분 취소소송의 판결선고 후 30일까지 효력을 정지시키는 내용의 이 사건 집행정지 신청을 제기하기에 이르렀습니다.

2. 집행정지의 일반론

행정소송법 제23조 제2항은, …

집행정지의 요건으로, (대법원 2004. 5. 17.자 2004무6 결정). …

3. 집행정지 요건 충족에 대하여

가. 신청인은 이 사건 처분의 집행이 정지되지 않으면 회복할 수 없는 손해를 입게 되고, 집행정지를 받을 긴급한 필요성도 인정됩니다.

   (1) 관련 법리

   (2) 약 1개월 도과(2024. ○. ○○. 만료)하면 이 사건 처분은 목적달성으로 인하여 그 효력이 소멸될 예정이고, 이로 인하여 본안판단에서 소의 이익에 대하여 다툼이 발생할 여지가 있습니다.

   (3) 이 사건 징계처분이 이루어진 일련의 과정에 비추어, 신청인은 이 사건 처분의 집행정지 상태에서 위 처분을 다투어야 할 사정이 충분합니다.

   (4) 신청인은 피해자 ○○○를 성추행하였다는 사유로 이 사건 처분을 받았

으나, 신청인은 성추행한 사실이 없습니다.

나. 이 사건 처분의 집행정지가 공공복리에 중대한 영향을 미치는 것은 아닙니다.
  (1) 관련 법리
  (2) 이 사건의 경우

다. 이 사건은 본안청구가 이유 없음이 명백한 경우가 아닙니다.
  (1) 관련 법리
  (2) 이 사건의 경우

4. 결 론

이상과 같이 이 사건 처분에 대한 집행정지의 필요성이 인정되므로 이 사건 신청을 인용하여 주시기 바랍니다.

소 명 방 법

1. 소갑 제1호증 교원소청심사청구 접수증
1. 소갑 제○호증 소장(2024구합○○○○○)

2024. 4. 00.

위 신청인의 대리인
법무법인 ○○
담당변호사 서 영 득

인천지방법원   귀중

제7장

불복절차 – 항소, 상고

1. 제1심법원의 판결에 불복할 경우 고등법원에 항소할 수 있고(민사소송법 제390조 제1항), 고등법원 판결에 대해 불복할 경우 대법원에 상고할 수 있다(민사소송법 제422조제1항). 항소나 상고의 제기 등의 일반적 절차는 민사소송에서와 같다.

2. 항소심의 심판범위는 항소인이 불복하는 범위에 한정된다. 예컨대 1심법원이 원고의 수개의 청구를 모두 기각하였으나 원고가 그 중 한 개만 불복하여 항소 제기한 경우에는 수개의 청구 전부가 항소심에 이심되지만, 항소심은 불복한 한 개의 청구에 관하여만 판단할 수 있다.

제8장

참고 – 직위해제처분과 소송

1. 소의 이익

1) 직위해제란 공무원에 있어서 그 직위를 계속 유지시킬 수 없는 사유가 있어 그 직위를 부여하지 아니하는 처분으로서 공무원이 직위해제처분을 받았다가 얼마 후에 다른 직위를 다시 부여받았다면 그 직위는 이미 회복되었다고 볼 것이므로 그 직위해제처분에 어떤 하자가 있음을 이유로 그 무효확인을 구할 소송상의 이익은 없다(대법원 1987. 9. 8. 선고 87누560 판결 참조). 그러나 인사규정 등에서 직위해제처분에 따른 효과로 승진·승급에 제한을 가하는 등의 법률상 불이익을 규정하고 있는 경우에는 직위해제처분을 받은 자는 이러한 법률상 불이익을 제거하기 위하여 그 실효된 직위해제처분에 대한 구제를 신청할 이익이 있다(대법원 2010. 7. 29. 선고 2007두18406 판결 참조, 서울고등법원 2022. 11. 30. 선고 2022누35840 판결).

2) 직위해제 처분의 효력이 파면처분에 의하여 효력을 상실하는 경우에도 확인의 이익이 있는 한 직위해제 처분의 무효확인을 구할 수 있다(대법원 1981. 1. 13. 선고 79누279 판결).

2. 직위해제처분후 징계처분이 있을 경우

직위해제 처분은 공무원에게 국가공무원법 제73조의2 제1항 각호 소정의 사유가 있을 경우 그 공무원에 대하여 공무원의 신분관계는 이를 그대로 존속시키면서 다만 그 직위만을 부여하지 아니하는 처분이므로 만일 어떤 사유에 기하여 공무원을 직위 해제한 후, 그 직위해제 사유와 동일한 사유를 이유로 공무원의 신분관계를 박탈하는 파면처분을 하였을 경우에는 그로써 먼저 있었던 직위해제 처분은 그 효력을 상실하게 된다는 것이 본원의 판례(대법원 1978. 12. 26 선고 77누148 판결)이고 또 징계사유와 파면사유의 동일 여부를 판단함에 있어서는 중요한 사유들이 동일하며 전체적으로 볼 때 동일 사유로 볼 수 있는 경우에는 이를 동일한 것으로 보아야 할 것이다(대법원 1981. 1. 13. 선고 79누279 판결).

제3편

각 공무원 구분에 따른 징계제도

제1장

개관

1) 지금까지 공무원 징계제도 및 그에 따른 소송에 대해서 살펴보았다. 그런데 공무원의 종류에 따라서는 앞서 본 공무원징계제도 일반과 다른 절차나 운용을 보이고 있는 경우도 상당히 많다. 예컨대 검사에 대한 징계에 대해서는 소청심사위원회에 심의·의결을 신청할 수 있는 제도가 없다. 군인의 경우 타 공무원에게 없는 근신이라는 징계종류가 인정되고, 병에 대한 군기교육 처분에 대해서는 인권담당 군법무관이 그 적법성을 심사하도록 하고 있으며, 징계권자뿐 아니라 승인권자 제도가 있어 각자에게 징계처분에 대한 감경을 할 수 있는 권한을 부여하고 있다. 사립학교 교원의 경우 국·공립학교 교원과는 다른 제도와 절차가 적용된다. 법원의 경우 법관과 법원공무원의 징계에는 다른 점이 있고, 특히 법관에 대한 징계처분은 정직·감봉·견책의 세 종류뿐이다. 국회 또한 국회의원과 국회공무원의 징계제도는 다르다.

아래에서는 앞서 본 공무원 징계제도에 대한 일반 원칙을 기준으로 각 공무원별로 징계제도나 운영에 있어 특이점이나 유의점을 정리하려고 한다.

2) 공무원의 구분에 대해서는 국가공무원법 제2조, 지방공무원법 제2조 등에 상세하다. 위 각 조항을 기반으로 국가공무원(일반직, 특정직 공무원, 외무공무원, 감사원 직원, 국가정보원 직원, 대통령경호처 직원 포함), 지방공무원, 교육공무원(사립학교 교원 포함), 경찰/소방공무원, 군인/군무원, 검사/검찰 공무원, 법관/법원공무원, 국회의원/국회 공무원, 기타(헌법재판소, 선거관리위원회, 국가인권위원회, 고위공직자범죄수사처

등)의 순으로 서술하고자 한다. 다만 이곳에서 살펴보는 각 공무원별 특징적 내용 이외에는 모두 국가공무원에서 살펴본 내용이 그대로 적용됨을 유의할 필요가 있다.

제2장

각 공무원별 징계제도 특징

제2편에서 살펴본 바와 같으므로 이 편에서는 설명을 생략한다.

1. 제도적 특징

가. 징계대상자 - 지방공무원의 구분(지방공무원법 제2조)

구분		내용	비고
경력직 공무원	일반직 공무원	기술·연구 또는 행정 일반에 대한 업무를 담당하는 공무원	
	특정직 공무원	공립 대학 및 전문대학에 근무하는 교육공무원, 교육감 소속의 교육전문직원 및 자치경찰공무원과 그 밖에 특수 분야의 업무를 담당하는 공무원	

		으로서 다른 법률에서 특정직공무원으로 지정하는 공무원	
특수 경력직 공무원	정무직 공무원	가. 선거로 취임하거나 임명할 때 지방의회의 동의가 필요한 공무원 나. 고도의 정책결정업무를 담당하거나 이러한 업무를 보조하는 공무원으로서 법령 또는 조례에서 정무직으로 지정하는 공무원	
	별정직 공무원	비서관·비서 등 보좌업무 등을 수행하거나 특정한 업무 수행을 위하여 법령에서 별정직으로 지정하는 공무원	징계대상에 포함되지 않음(지방공무원법 제3조)

나. 징계제도의 특징

(1) 징계의결요구권자

가) 징계의결등 요구권자는 소속 공무원이 징계사유가 있다고 인정될 때에는 관할 위원회에 징계의결등 요구서와 관계 자료를 첨부하여 징계의결등을 요구하여야 한다(지방공무원법 제69조).[1]

지방공무원법 제69조 제1항은 "공무원이 다음 각 호의 어느 하나에 해당하면 징계의결을 요구하여야 하고, 징계의결의 결과에 따라 징계처분을 하여야 한다. 1. 이 법 또는 이 법에 따른 명령이나 지방자치단체의 조례 또는 규칙을 위반하였을 때 2. 직무상의 의무(다른 법령에서 공무원의 신분으로 인하여 부과된 의무를 포함한다)를 위반하거나 직무를 태만히 하였을 때 3. 공무원의 품위를 손상하는 행위를 하였을 때"라고 규정하고 있으며, 제69조의2에서 징계부가금을 규정하고 있다. 제72조 제1항은 "징계처분등(징계처분 또는 징계부가금 부과처분)은 인사위원회의 의결을 거쳐 임용권자가 행한다. 다만, 5급 이상 공무원 또는 이와 관련된 하위직공무원의 징계처분등과 소속 기관(시·도와 구·시·군, 구·시·군)을 달리하는 동일사건에 관련된 사람의

---

1) 징계권자이자 임용권자인 지방자치단체장은 소속 공무원의 구체적인 행위가 과연 지방공무원법 제69조 제1항에 규정된 징계사유에 해당하는지 여부에 관하여 판단할 재량은 있다고 할 것이지만, 징계사유에 해당하는 것이 명백한 경우에는 관할 인사위원회에 징계를 요구할 의무가 있다고 보아야 할 것이다(대법원 2007. 7. 12. 선고 2006도1390 판결 등 참조).

징계처분등은 대통령령으로 정하는 바에 따라 시·도지사 소속 인사위원회 또는 시·도의회의 의장 소속 인사위원회의 의결로 한다."고 규정하고 있다.

나) 지방공무원 징계 및 소청 규정 제2조 제1항은 "법 제7조제1항²)에 따른 임용권자는 소속 공무원이 법 제69조 제1항 및 제69조의2 제1항·제2항에 해당하는 사유가 있다고 인정될 때에는 지체 없이 해당 징계등 사건을 관할하는 위원회에 징계의결·징계부가금 부과의결을 요구하여야 한다."고 규정하고 있고, 제8조는 "징계등 양정(양정)에 관한 기준은 교육부령 또는 행정안전부령으로 정한다."고 규정하고 있다.

다) 「지방공무원 징계 및 소청 규정」 제2조제1항에 따른 징계의결등 요구권자의 정리

① 법 제7조제1항에 따른 임용권자: 이 경우 임용권을 위임받은 자는 제외하되, 그중 시의 구청장과 지방자치단체의 장이 필요하다고 인정하는 소속 기관의 장은 포함한다.

② 인사위원회가 설치된 자치구가 아닌 구의 구청장과 소속 기관의 장의 경우에는 다음 각 호의 어느 하나에 해당하는 소속 공무원으로 한정한다. 1. 6급 이하 공무원등, 2. 임기제공무원(일반임기제공무원의 경우에는 개방형 직위에 임용되는 공무원은 제외)

라) 징계의결등을 요구할 수 없는 공무원에 대한 징계사유 통보

• 행정기관의 장은 징계의결등을 요구할 수 없는 공무원에게 징계등 사유가 있다고 인정될 때에는 징계의결등의 요구권이 있는 기관의 장에게 그 징계등 사유를 증명할 수 있는 다음 각 호의 어느 하나에 해당하는 관계 자료를 첨부하여 이를 통보하여야 한다(위 규정 제2조제2항). 1. 감사원에서 조사한 사건의 경우에는 공무원 징계처분 또는 징계부가금 부과처분 요구서 및 혐의자·관련자에 대한 문답서·확인서 등 조사 기록, 2. 수사기관에서 수사한 사건의 경우에는 공무원 범죄처분 결과 통보서, 공소장, 혐의자·관련자·관계 증인에 대한 신문조서 및 진술서 등 수사 기록, 3.

---

2) 지방공무원법 제7조(인사위원회의 설치) ① 지방자치단체에 임용권자(임용권을 위임받은 자는 제외하되, 그중 시의 구청장과 지방자치단체의 장이 필요하다고 인정하는 소속 기관의 장을 포함한다)별로 인사위원회를 두되, 시·도에 특별시장·광역시장·특별자치시장·도지사·특별자치도지사(이하 "시·도지사"라 한다) 또는 교육감 소속으로 인사위원회를 두는 경우에는 필요하면 제1인사위원회와 제2인사위원회를 둘 수 있다.

그 밖에 다른 기관에서 조사한 사건의 경우에는 징계등 혐의사실 통보서 및 혐의사실을 증명할 수 있는 관계 자료

• 징계등 사유를 통보받은 기관의 장은 타당한 이유가 없으면 1개월 이내에 관할 위원회에 해당 공무원에 대한 징계의결등을 요구하여야 하며, 해당 사건의 처리결과를 징계등 사유를 징계등 사유를 통보한 행정기관의 장에게 한다(위 규정 제2조제3항, 제4항).

마) 소속 공무원의 구체적인 행위가 징계사유에 해당하는 것이 명백한 경우에 소속 지방자치단체장은 관할 인사위원회에 징계를 요구할 의무를 진다(대법원 2007. 7. 12. 선고 2006도1390 판결).[3]

지방공무원의 징계와 관련된 규정을 종합해 보면, 징계권자이자 임용권자인 지방자치단체장은 소속 공무원의 구체적인 행위가 과연 지방공무원법 제69조 제1항에 규정된 징계사유에 해당하는지 여부에 관하여 판단할 재량은 있지만, 징계사유에 해당하는 것이 명백한 경우에는 관할 인사위원회에 징계를 요구할 의무가 있다.

징계사유의 시효를 정한 지방공무원법 제73조의2 제1항의 규정은 공무원에게 징계사유에 해당하는 비위가 있더라도 그에 따른 징계절차를 진행하지 않았거나 못한 경우 그 사실상태가 일정 기간 계속되면 그 적법·타당성 등을 묻지 아니하고 그 상태를 존중함으로써 공직의 안정성을 보장하려는 취지이지, 임용권자가 징계시효기간 내에만 징계의결요구를 하면 된다는 취지로는 해석되지 아니하고, 오히려 지방공무원 징계 및 소청규정 제2조 제1항, 제6항에서 임용권자는 징계사유에 대한 충분한 조사를 한 후 소속공무원에게 징계사유가 있다고 인정될 때에는 "지체 없이" 관할 인사위원회에 징계의결을 요구하여야 한다고 규정한 취지에 비추어 볼 때, 임용권자는 징계사유가 발생하면 이에 대한 충분한 조사를 한 다음, 특별한 사정이 없는 한 지체 없이 징계의결요구를 할 직무상 의무가 있다.

---

3) 다만 위 판결에서, 지방자치단체장이 전국공무원노동조합이 주도한 파업에 참가한 소속 공무원들에 대하여 관할 인사위원회에 징계의결요구를 하지 아니하고 가담 정도의 경중을 가려 자체 인사위원회에 징계의결요구를 하거나 훈계처분을 하도록 지시한 행위가 직무유기죄를 구성하지 않는다고 보았다.

(2) 인사위원회

(가) 설치

지방공무원의 징계처분등은 반드시 인사위원회의 의결을 거쳐 임용권자가 한다 (법 제72조). 국가공무원법상의 징계위원회와 동일하다. 인사위원회는 지방자치단체에 임용권자(임용권을 위임받은 자를 제외하되, 그 중 시의 구청장과 지방자치단체의 장이 필요하다고 인정하는 소속기관의 장을 포함한다)별로 설치한다. 시·도에 특별시장·광역시장·특별자치시장·도지사·특별자치도지사(이하 "시·도지사"라 한다) 또는 교육감 소속으로 인사위원회를 두는 경우에는 필요하면 제1인사위원회와 제2인사위원회를 둘 수 있다(법 제7조 제1항).

(나) 관할

• 지방자치단체에 임용권자별로 두는 인사위원회(지방공무원 징계 및 소청 규정 제1조의4제2항, 별표1)

각 위원회	관할 사건	비고
시·도지사 소속 인사위원회	가. 시·도지사 또는 시장·군수·구청장(자치구의 구청장을 말한다. 이하 같다) 소속 5급이상 공무원등에 대한 징계등 사건 나. 시·도지사 소속 6급이하공 무원등에 대한 중징계등 사건 다. 시·도지사 소속 6급이하 공무원등에 대한 경징계등 사건. 다만, 시·도지사 소속 기관에 위원회를 둔 경우 그 소속 기관의 6급이하 공무원등에 대한 경징계등 사건은 제외한다. 라. 시장·군수·구청장 소속 6급이하 공무원등에 대한 중징계등 사건. 다만, 시장·군수·구청장 소속 기관에 위원회를 둔 경우 그 소속 기관의 6급이하 공무원등에 대한 중징계등 사건은 제외한다. 마. 법 제72조제1항 단서에 따른 소속 기관을 달리하는 같은 사건에 관련된 공무원에 대한 징계등 사건. 다만, 제3호라목의 징계등 사건은 제외한다. 바. 시·도지사 소속 기관의 장과 시장·군수·구청장이 그가 관할하는 위원회의 심의에 부치는 경우 공정한 심의·의결을 기대하기 어렵다고 인정하여 시·도지사 소속 위원회에 심의·의결을 요구하는 징계등 사건	

	사. 가목부터 바목까지에서 정한 징계등 사건과 관련된 공무원에 대한 징계등 사건	
시장·군수· 구청장 소속 인사위원회	가. 시장·군수·구청장 소속 6급이하공무원등에 대한 경징계등 사건. 다만, 시장·군수·구청장 소속 기관에 위원회를 둔 경우 그 소속 기관의 6급이하공무원등에 대한 경징계등 사건은 제외한다. 나. 위원회를 둔 시장·군수·구청장 소속 기관의 6급이하공무원등에 대한 중징계등 사건 다. 시장·군수·구청장 소속 기관의 장이 그가 관할하는 위원회의 심의에 부치는 경우 공정한 심의·의결을 기대하기 어렵다고 인정하여 시장·군수·구청장 소속 위원회에 심의·의결을 요구하는 징계등 사건 라. 가목부터 다목까지에서 정한 징계등 사건과 관련된 공무원에 대한 징계등 사건	
시·도 의회 의장 소속 인사위원회	가. 시·도의회의 의장이나 시·군·구의회의 의장 소속 5급이상공무원등에 대한 징계등 사건 나. 시·도의회의 의장 소속 6급이하공무원등에 대한 징계등 사건 다. 시·군·구의회의 의장 소속 6급이하공무원등에 대한 중징계등 사건 라. 법 제72조제1항 단서에 따른 소속 기관을 달리하는 같은 사건에 관련된 지방의회 소속 공무원에 대한 징계등 사건 마. 시·군·구의회의 의장이 그가 관할하는 위원회의 심의에 부치는 경우 공정한 심의·의결을 기대하기 어렵다고 인정하여 시·도의회의 의장 소속 위원회에 심의·의결을 요구하는 징계등 사건 바. 가목부터 마목까지에서 정한 징계등 사건과 관련된 공무원의 징계등 사건	
시·군·구의회 의장 소속 인사위원회	시·군·구의회의 의장 소속 6급이하 공무원등에 대한 경징계등 사건	

• 시·도에 제1위원회와 제2위원회를 두는 경우(지방공무원 징계 및 소청 규정 제1조의4제3항, 별표2)

위원회	관할 사건	비고(임기제의 경우)
제1위원회	가. 시·도지사 또는 시장·군수·구청장(자치구의 구청장을 말한다. 이하 같다) 소속 5급이상 공무원등에 대한 징계등 사건 나. 시·도지사 소속 6급이하 공무원등에 대한 중징계등 사건. 다만, 시·도지사 소속기관에 위원회를 둔 경우 그 소속 기관의 6급이하 공무원등에 대한 중징계등 사건은 제외한다. 다. 제2위원회 관할 사건으로서 제2위원회의 심의에 부치는 경우 공정한 심의·의결을 기대하기 어렵다고 인정하여 시·도지사가 제1위원회의 심의에 부치는 징계등 사건 라. 가목부터 다목까지에서 정한 징계등 사건과 관련된 공무원에 대한 징계등 사건	5급 이상 일반임기제 공무원(개방형 직위에 임용되는 공무원은 제외), 전문임기제 공무원, 시간선택제임기제 공무원 가급, 한시임기제 공무원 5호
제2위원회	가. 시·도지사 소속 6급이하 공무원등에 대한 경징계등 사건. 다만, 시·도지사 소속기관에 위원회를 둔 경우 그 소속 기관의 6급이하 공무원등에 대한 경징계등 사건은 제외한다. 나. 위원회를 둔 시·도지사 소속 기관의 6급이하 공무원등에 대한 중징계등 사건 다. 시장·군수·구청장 소속 6급이하 공무원등에 대한 중징계등 사건. 다만, 시장·군수·구청장 소속 기관에 위원회를 둔 경우 그 소속 기관의 6급이하 공무원등에 대한 중징계등 사건은 제외한다. 라. 법 제72조제1항 단서에 따른 소속 기관을 달리하는 같은 사건에 관련된 공무원에 대한 징계등 사건. 다만 별표 1 제3호라목의 징계등 사건은 제외한다. 마. 위원회를 둔 시·도지사 소속 기관의 장과 시장·군수·구청장이 그가 관할하는 위원회의 심의에 부치는 경우 공정한 심의·의결을 기대하기 어렵다고 인정하여 시·도지사 소속 위원회에 심의·의결을 요구하는 징계등 사건 바. 가목부터 마목까지에서 정한 징계등 사건과 관련된 공무원에 대한 징계등 사건	6급 이하 일반임기제 공무원(개방형 직위에 임용되는 공무원은 제외), 시간선택제임기제 공무원 중 가급 외의 공무원, 한시임기제 공무원 중 5호 외의 공무원

(다) 인사위원회의 구성

1) 구성

위원장 1명을 포함하여 16~20인으로 구성하되, 지방의회의 의장 소속 인사위원회, 임용권을 위임받은 기관에 두는 인사위원회와 인구 10만 미만의 지방자치단체는 7~9인으로 구성 가능하다(법 제7조 제2항).

2) 위원

위원은 해당 지방자치단체 공무원(국가공무원 포함) 및 인사행정에 관한 학식과 경험이 풍부한 사람 중에서 위원을 임명하거나 위촉하되, 외부 위촉위원이 1/2 이상이 되어야 한다(법 제7조 제3항, 제5항). 이 경우 의무구성(성 비율, 퇴직공무원) 인원은 「지방공무원 임용령」 제9조의2의 기준에 적합하게 구성하여야 한다. 즉, 인사위원회를 16명 이상 20명 이하의 위원으로 구성하는 경우는, 특정 성(性)이 위촉위원 수의 10분의 6을 초과하지 않아야 하고, 퇴직공무원은 4명 이하로 하여야 한다. 7~9인으로 구성할 경우에는 특정 성이 위촉위원 수의 10분의 6을 초과하지 않아야 함은 동일하나 퇴직공무원은 2명 이하로 하여야 한다.

(3) 불복절차의 제도 및 신청

(가) 제도의 특징

국가공무원의 경우 인사혁신처에 소청심사위원회를 두고 있음에 반해, 지방자치단체의 장 소속 공무원의 징계, 그 밖에 그 의사에 반하는 불리한 처분이나 부작위(不作爲)에 대한 소청을 심사·결정하기 위하여 시·도에 임용권자(시·도의회의 의장 및 임용권을 위임받은 자는 제외한다)별로 지방소청심사위원회 및 교육소청심사위원회를 두고 있다(지방공무원법 제13조). 위 각 소청심사위원회의 운영, 심사 및 결정은 인사혁신처의 소청심사위원회와 원칙에서 다름이 없다.

(나) 징계처분등을 받은 자의 불복신청

징계처분등을 받은 공무원이 그 처분에 불복할 때에는 징계처분등 사유설명서를 교부받은 날부터 30일 이내에 소청심사위원회에 그 처분에 대한 심사를 청구할 수 있다(법 제67조 제3항). 소청심사대상이 되는 사건에 대해서는 행정심판을 청구할 수 없고(행정심판법 제3조), 불복하는 공무원이 행정소송을 제기하기 위해서는 반드시 소청심사위원회의 심사·결정을 거쳐야 하는 필요적 전심절차이다(지방공무원법 제20조의2).

(다) 징계의결등 요구권자의 불복신청

징계의결등을 요구한 기관의 장은 인사위원회의 의결이 가볍다고 인정하면 그 처분을 하기 전에 직근 상급기관에 설치된 인사위원회에 심사 또는 재심사를 청구할 수 있다(법 제72조제2항). 징계처분 후에는 재심사청구를 할 수 없다.

2. 근거법령

구분	내용	비고(주요법령)
법률	지방공무원법, 지방자치법, 감사원법, 공공감사에 관한 법률, 부패방지 및 국민권익위원회의 설치와 운영에 관한 법률 등	지방공무원법
대통령령	지방공무원 징계 및 소청 규정, 지방공무원 임용령, 지방공무원 복무규정, 지방공무원 보수규정, 지방공무원 수당 등에 관한 규정, 지방공무원 인사기록·통계 및 인사사무 처리 규칙, 지방자치단체에 대한 행정감사규정, 공무원 행동강령 등	지방공무원 징계 및 소청 규정
행정안전부령	지방공무원 징계규칙 등	지방공무원 징계규칙
국무총리훈령	비위면직(파면·해임)자 공직 재임용 제한에 관한 규정, 공무원의 직무관련범죄 고발지침 등	
행정안전부예규	지방공무원 인사제도 운영지침 등	
자치법규	지방공무원 징계 등에 관한 규칙, 지방공무원 인사규칙, 지방공무원 복무조례, 지방공무원 비위공직자의 의원면직 처리제한에 관한 규칙, 행정감사 규칙 등	

• 기타: 행정안전부, 2022년도 지방공무원 징계업무편람(2022. 6.)

3. 징계절차의 특징

1) 징계혐의자에 대한 비위사실의 적발(감사기관, 수사기관, 지방자치단체 내부 감사활동 등)이 있으면 임용권자가 징계등의 의결을 관할 인사위원회에 요구하고, 인사위원회에서 징계등을 의결하고 그 의결에 따라 임용권자가 징계등처분을 하는 것은 국가공무원법과 다름이 없다.

2) 다만 인사위원회를 지방자치단체에 임용권자별로 설치하고, 시·도에 시·도지사 또는 교육감 소속으로 인사위원회를 두는 경우에는 필요하면 제1인사위원회와 제2인사위원회를 둘 수 있도록 함이 특징이다.

4. 공무직 근로자의 경우

공무직 근로자는 비록 공무를 수행하나 공무원은 아니므로 이 책에서 취급하지 않아도 되지만 공무직 근로자가 급여 등 조건이 좋아 상당한 수에 이르고 있음에도 그들에 대한 징계를 둘러싸고 혼선이 있을 수 있어 정리하기로 하였다. 다만 여기서는 상대적으로 큰 숫자인 지방자치단체 소속 공무직 근로자를 중심으로 설명하기로 한다.

공무직 근로자란 국가공무원법이나 지방공무원법상의 공무원은 아니지만 국가기관이나 지방자치단체 및 그 소속기관에 근무하면서, 상시적·지속적 업무에 종사하며 기간의 정함이 없는 근로계약을 체결한 사람을 말한다. 따라서 이들은 공무원관련법령이 아닌 근로기준법을 적용받는다. 공무직 근로자는 행정규칙이나 자치법규에서 각종 운영규정, 정원규정, 조례 등을 근거로 채용, 운영되고 있다. 공무직의 예로는 경비원, 도로보수원, 사무보조원, 산불재난특수진화대, 산림치유지도사, 연구원, 심사원, 시험연구보조원, 공원녹지관리원, 환경미화원, 간호사, 주차관리원, 시설물관리자, 운전원, 재외공관 행정직원 등이 있다.

이들에 대한 징계는 위 행정규칙이나 자치법규에서 규정하고 임면권자가 징계의결요구권자가 되며 인사위원회에서 징계의의결하도록 하고 있다. 따라서 공무직 근로자가 징계결정에 대해 불복할 경우 ① 노동위원회에 부당징계구제신청을 할 수 있는데, 지방노동위원회에 제기하였다가 기각당하면 중앙노동위원회에 재심신청을 하고 이에 대해 불복할 시 행정소송을 제기하는 방법4)과 ② 바로 법원에 징계무효 확인소송 등의 민사소송을 제기하는 방법이 있다. 중앙노동위원회 판정에 불복하는 당사자는 서울행정법원(혹은 대전지방법원)에 소송을 제기할 수 있으며, 불복시 서울 고등법원/대전고등법원, 대법원 순으로 진행된다. 징계무효확인소송을 제기할 경우 지방법원 합의부가 제1심이 되고, 불복시 고등법원, 대법원으로 진행된다. 그러나 위 절차는 별개의 절차이므로 동시에 진행할 수도 있고, 부당징계구제신청을 기각한 중 앙노동위원회 재심판정의 취소를 구하는 행정소송을 제기하였다가 패소한 후 민사 소송으로 징계무효확인 소송을 다시 제기할 수도 있다(대법원 2011. 3. 24. 선고 2010 다21962 판결5)).

　실무에서는 노동위원회에 부당징계구제신청을 하는 사례가 더 많다. 다만 공무직 근로자의 부당징계구제신청은 징계가 있었던 날부터 3개월 이내에 제기해야 한다(근 로기준법 제28조제2항). 만약 이 기간을 놓친 경우에는 징계무효확인소송을 제기하여 다툴 수 있다.

---

4) 중앙노동위원회를 상대로 재심신청을 한 경우 지방자치단체는 피고측 보조참가를 한다. 그 런데 '제주특별자치도 설치 및 국제자유도시 조성을 위한 특별법' 제10조에 의하면 제주자 치도는 그 관할구역에 지방자치단체인 시와 군을 두지 아니한다. 다만 지방자치단체가 아닌 "행정시"를 두고 있다. 혼동하지 말아야 할 점은, 예컨대 제주시에서 임용된 공무직 근로자 가 징계를 받은 경우 보조참가인은 제주시가 되며 제주특별자치도가 되지 않는다. 지방공무 원의 경우 지방자치단체의 장이 임면권을 가지나, 제주특별자치도의 산하 행정시가 채용한 공무직 근로자는 당해 행정시가 근로계약의 주체이므로 보조참가자는 제주시이다.

5) 노동위원회의 구제명령은 사용자에게 구제명령에 복종하여야 할 공법상 의무를 부담시킬 뿐 직접 근로자와 사용자 간의 사법상 법률관계를 발생 또는 변경시키는 것은 아니므로, 설 령 근로자가 부당해고 구제신청을 기각한 재심판정의 취소를 구하는 행정소송을 제기하였 다가 패소판결을 선고받아 그 판결이 확정되었다 하더라도, 이는 재심판정이 적법하여 사 용자가 구제명령에 따른 공법상 의무를 부담하지 않는다는 점을 확정하는 것일 뿐 해고가 유효하다거나 근로자와 사용자 간의 사법상 법률관계에 변동을 가져오는 것은 아니어서, 근로자는 그와 별도로 민사소송을 제기하여 해고의 무효 확인을 구할 이익이 있다.

제3절 | 교육공무원(사립학교 교원 포함)

1. 제도적 특징

가. 특징

(1) 국가공무원법에 대한 특징

- 징계위원회 종류의 다양성
- 교원소청심사위원회
- 국공립학교 교원과 사립학교 교원의 다른 접근

(2) 국·공립학교 교원과 사립학교 교원의 징계법상 취급의 특징

(가) 사립학교 교원에 대한 징계의 특이점

1) **관련 법령**: 사립학교법, 사립학교법시행령, 사립학교 교원 징계규칙

2) **연혁**: 1991. 5. 31. '교원지위향상법'을 제정하여 교원에 대한 징계처분을 위해 교육부에 교원징계재심위원회를 설치하였다. 2005. 1. 27. 개정하여 종래 교원징계재심위원회를 '교원소청심사위원회'으로 하였다. 다시 2016. 2. 3. 일부개정으로 법률의 제명을 종래 교원지위 향상을 위한 특별법에서 '교원의 지위 향상 및 교육활동 보호를 위한 특별법'으로 하였다.

3) **징계의결 주체의 차이**: 공립학교 교원은 교육청(경징계는 교육지원청)에 구성된 교원징계위원회가 교원 징계의결을 하는데 비해 사립학교 교원은 임면권자가 학교법인 이사장이므로 학교법인에 구성된 교원징계위원회가 징계의결을 한다.

4) **관련판례**: 사립학교법에 따르면, 사립학교 교원에 대한 징계권한은 교원의 임면권자인 '학교법인 또는 사립학교경영자'에게 있고(제61조 제1항, 제53조의2 제1항), 그 임면권자는 사립학교 교원에게 징계사유가 있는 경우 교원징계위원회에 징계의결을 요구하여 그 의결의 결과에 따라 징계를 하여야 하며(제61조 제1항, 제62조 제1항), 사립의 초등·중·고등학교의 주소지를 관할하는 시·도 교육감은 사립학교 교원이 징계사유에 해당한 때 당해 교원의 임면권자에게 그 징계를 요구할 수 있다(제4조 제1항, 제54조 제3항). 따라서 교육감은 담당 교육청 소속 사립 초등·중·고등학

교 교원이 징계사유에 해당한 때에는 그 징계권자에게 징계요구를 할 수 있을 뿐, 교원징계위원회에 중징계의결 등의 요구를 할 직무 자체가 성립할 수 없다. 그러므로 이 사건 직무이행명령 중 사립 고등학교 교사인 소외 5의 징계에 관한 중징계의결요구 부분은 더 나아가 살필 필요 없이 위법하다(대법원 2013. 12. 26. 선고 2011추63 판결).

(나) 사립학교 교원의 징계에 대한 다툼의 방법

사립학교의 징계처분은 행정처분으로 볼 수 없으므로 민사소송으로 다툴 수 있고 일반적으로 징계무효확인소송 및 효력정지가처분(예컨대 파면처분 등 무효확인 청구의 소, 파면처분효력정지가처분)을 제기한다. 한편 징계처분서를 송달받고 30일 이내에 교원소청심사위원회에 소청을 제기할 수 있고 그 소청의 결정이 내려지면 그 소청결정이 행정처분이 되므로 행정소송으로 다툴 수 있다. 그 경우 소청결정문을 송달받고 90일 이내에 행정소송을 제기하여야 한다. 소청과 민사소송을 동시에 제기하는 것도 가능하나 징계사유, 위법성, 소송방법 등의 여러 사정을 고려하여 선택하여야 하고, 실무에선 소청결과에 대한 행정소송을 취하고 있음이 일반적이다.

(다) 재심사 청구 여부

국가공무원법 제82조제2항은, '징계의결등을 요구한 기관의 장은 징계위원회의 의결이 가볍다고 인정하면 그 처분을 하기 전에 다음 각 호의 구분에 따라 심사나 재심사를 청구할 수 있다.' 교육공무원징계령 제20조의2는, '징계등 의결을 요구한 기관의 장은 「국가공무원법」 제82조제2항 또는 「지방공무원법」 제72조제2항에 따라 심사 또는 재심사를 청구하려면 징계등 의결을 통보받은 날부터 15일 이내에 다음 각 호의 사항을 적은 징계등 의결심사 또는 재심사 청구서에 사건 관계 기록을 첨부해 관할 징계위원회에 제출해야 한다.'고 각 규정하여, 교육공무원에 대한 징계절차에서 징계의결요구권자의 재심사청구권을 인정하고 있다.

그렇다면 **재심사 또는 재심의 요구권이 사립학교 임용권자 등에도 인정되는가**.

사립학교법 제3절 징계(제61조에서 제67조까지) 란에는 사립학교 교원의 임용권자 재심사 또는 재심의를 요구할 수 있는 근거조항이 없다. 다만 제66조제2항에서 관할청의 통보로 징계를 한 경우(사립학교법 제54조제3항에 규정) 징계의결의 내용이 징계사유에 비추어 가볍다고 인정되면 해당 교원의 임용권자에게 그 징계처분을 하기 전에 제4조제1항에 따른 관할청의 경우 제62조의3에 따른 징계심의위원회에, 제4조제3항에 따른 관할청의 경우 제62조에 따른 교원징계위원회에 재심의를 요구하도록 할 수 있다고 할 뿐이다.

대법원도, 사립학교법 제61조 내지 제66조의 취지는 징계위원회를 징계권자와 별도의 기관으로 설치하여 독자적으로 교원의 징계를 심의, 의결하도록 하고 징계권자는 이에 기속되어 징계처분을 하도록 함으로써 징계의 적정성과 공평성을 확보하여 교원의 신분을 보장하고자 하는 데 있는 것으로 보이고, 또한 사립학교법 등 관련법규의 어디에도 사립학교 교원에 대한 징계에 있어서 징계권자가 징계위원회의 의결 내용에 불만이 있다 하여 그 재의결을 요구할 수 있다고 규정하고 있거나 교육공무원에 대한 징계절차에서의 징계의결 재심사청구에 관한 국가공무원법 등의 규정이 사립학교 교원에 대한 징계절차에 준용된다고 규정하고 있지 않으며, 나아가 사립학교의 경우 상급 징계위원회가 없는 까닭에 상급 징계위원회에 재심사를 청구하는 국가공무원법 등 규정의 원리가 사립학교 교원에 대한 징계절차에 있어서도 유추적용될 수는 없는 것이므로, 학교법인의 정관이나 교원인사규정 등에 특단의 규정이 없는 한 사립학교의 징계위원회에서 일단 어떠한 내용의 징계를 의결하고 징계권자에게 통보한 이상 징계위원회는 스스로 또는 징계권자의 요청으로 그 내용을 변경하는 재의결을 할 수는 없는 것으로 봄이 상당하다(대법원 1994. 4. 12. 선고 93누16277 판결)고 하여 재의결권이 없다고 하였다. 그런데 위 판결에서 "학교법인의 정관이나 교원인사규정 등에 특단의 규정이 없는 한" 재의결을 할 수 없다고 하였으므로 만약 학교법인의 정관이나 교원인사규정 등에 관련 규정이 있을 경우는 가능하다 할 것이다. 학교법인과 사립학교 교원의 관계는 사적자치가 인정되는 민사법적 영역이므로 관련조항이 상당성이 없지 않는 한 가능하다고 보아야 하고, 재심사요구권이 상당성의 범주를 벗어났다고 할 수는 없다 할 것이다.

다만 위 논의와는 별개로, 학교법인 등은 징계대상자가 교원소청을 제기하여 결정을 받은 경우 그 처분에 대해 행정소송에서 보조참가를 하는 방법으로 자신의 요구를 개진할 기회가 있다. 그러나 이 경우에도 기존 징계를 더 중하게 해 달라는 청구는 할 수 없고 단지 기존 처분의 취소를 반박하거나 교원소청심사위원회의 주장을 보완하는 역할만 하게 된다.

나. 징계대상자

구분	대상자	근거
교육공무원	1. 교육기관에 근무하는 교원 및 조교 2. 교육행정기관에 근무하는 장학관 및 장학사 3. 교육기관, 교육행정기관 또는 교육연구기관에 근무하는 교육연구관 및 교육연구사	교육공무원법 제2조제1항
사립학교 교원	사립학교 교원	

1) "교육기관"이란 ① 「유아교육법」 제2조제2호의 유치원, 「초·중등교육법」 제2조 및 「고등교육법」 제2조의 학교, ② 교육공무원법 제39조제1항에 따른 연수기관, ③ 교육 관계 법령이나 교육 관계 조례에 따라 설치된 학생수련기관 등 교육연수기관의 어느 하나에 해당하는 국립 또는 공립의 학교 또는 기관을 말한다(법 제2조제3항).

2) "교육행정기관"이란 국가교육위원회, 교육부 및 그 소속 기관과 특별시·광역시·특별자치시·도 또는 특별자치도(이하 "시·도"라 한다)의 교육 관서를 말한다(법 제2조제4항).

3) "교육연구기관"이란 교육에 관하여 전문적으로 조사·연구를 하기 위하여 설립된 국립 또는 공립의 기관을 말한다(법 제2조제5항).

다. 징계위원회의 특징

(1) 교육공무원 징계위원회(교육공무원법 제50조, 교육공무원징계령 제2조 내지 제4조)

• 교육공무원(공립의 대학 및 전문대학, 국가교육위원회에 근무하는 교육공무원은 제외한다)의 징계 또는 「국가공무원법」 제78조의2나 「지방공무원법」 제69조의2에 따른 징계부가금 부과 사건을 심의·의결하기 위해 교육공무원징계위원회를 두되, 대학의장 징계위원회·특별징계위원회와 일반징계위원회로 구분한다(교육공무원징계령 제제2조제1항).

종류	대상	설치기관	근거법령
대학의 장 징계위원회	대학(공립의 대학은 제외)의 장 및 부총장	교육부	교육공무원 징계령 제2조제2항
특별징계위원회	1. 대학의 단과대학장, 국립의 전문대학의 장 및 전문대학에 준하는 각종학교의 장 2. 「교육공무원법」(이하 "법"이라 한다) 제51조제1항에 따라 징계등 의결을 요구한 기관의 장이 「국가공무원법」 제82조제2항 또는 「지방공무원법」 제72조제2항에 따라 청구한 심사 및 재심사 사건의 해당 교육공무원 3. 교육부와 그 소속기관에 근무하는 교수·부교수·조교수·장학관·교육연구관 4. 일반징계위원회를 설치하지 아니한 학교 또는 교육행정기관에서 근무하는 교육공무원	교육부	교육공무원 징계령 제2조제3항
일반징계위원회	위 징계위원회 관할에 해당하지 않는 교육공무원	대학, 특별시·광역시·특별자치시·도·특별자치도교육행정기관 및 시·군·구 교육행정기관	교육공무원 징계령 제2조제4항

(2) 공립대학징계위원회(교육공무원법 제50조, 교육공무원징계령 제21조 내지 제23조)

• 공립의 대학 및 전문대학에 근무하는 교육공무원의 징계 또는 「지방공무원법」 제69조의2에 따른 징계부가금 부과 사건을 심의·의결하기 위해 공립대학교육공무원징계위원회를 두되, 공립대학의장징계위원회·공립대학특별징계위원회 및 공립대학일반징계위원회로 구분한다(영 제21조제1항).

종류	대상	설치기관	근거법령
공립대학의 장 징계위원회	공립대학의 장 및 부총장	공립의 대학 및 전문대학을 설립·운영하는 지방자치단체	교육공무원징계령 제21조제2항
공립대학 특별징계위원회	1. 공립의 대학의 단과대학장· 전문대학의 장 3. 공립대학일반징계위원회를 설치하지 아니한 공립의 대학 및 전문대학에서 근무하는 교육공무원	공립의 대학 및 전문대학을 설립·운영하는 지방자치단체	교육공무원징계령 제21조제3항
공립대학 일반징계위원회	위 징계위원회 관할에 해당하지 않는 공립의 대학 및 전문대학에 근무하는 교육공무원	공립의 대학(전문대학을 포함하며, 대학의 단과대학을 제외한다)	교육공무원징계령 제21조제4항

(3) 사립학교 교원징계위원회(사립학교법 제62조, 동법시행령 제24조의2, 제24조의3)

가) 사립학교 교원의 징계사건 및 제54조의3제6항 각 호 외의 부분 단서에 따른 교원의 임명에 관한 사항을 심의·의결하기 위하여 그 임용권자의 구분에 따라 학교법인·사립학교경영자 및 해당 학교에 교원징계위원회를 둔다. 다만, 사립유치원 교원의 징계사건은 「교육공무원법」 제50조에 따라 설치되는 교육공무원 징계위원회에서 심의·의결한다(사립학교법 제62조제1항). 이처럼 교원징계위원회는 임용권자[6]의 구분에 따라 설치되며 교원의 임용권이 학교의 장에게 위임되어 있는 경우에는 당해 학교에 따로 설치할 수 있다(사립학교법시행령 제24조의7제1항). 사립유치원 교원의 징계사건은 교육공무원징계위원회에서 심의·의결함에 유의하여야 한다.

나) 교원징계위원회는 위원장 1명을 포함한 5명 이상 11명 이하의 범위에서 학교의 규모 등을 고려하여 대통령령으로 정하는 수의 위원으로 구성한다(법 제62조제2항). 종전 법에서 5명이상 9명 이하로 구성하도록 한 조항을 개정(법률 제18460호, 2021. 9. 24, 일부개정)하였고 동시에 학교의 규모에 따라 5명이상 11인 이하의 범위

---

[6] 종래 임면권자라고 하였으나 법률 제13938호, 2016. 2. 3, 일부 개정되면서 제62조제1항에서 임용권자라고 하였다. 위 개정에 맞춰 위 법률에서 임면은 모두 임용으로 바뀌었다(제53조, 제53조의2 등).

에서 달리 정할 수 있도록 하였다. 이에 따라 사립학교법 시행령 제24조의7제2항에 학생 수가 200명 미만인 학교는 5명 이상 9명 이하, 학생 수가 200명 이상인 학교는 9명 이상 11명 이하로 위원의 수를 정하도록 하고 있다.

다) 교원징계위원회의 위원은 다음 각 호의 사람 중에서 해당 학교법인이나 사립학교경영자 또는 학교의 장(제53조의2제2항에 따라 교원의 임용권이 학교의 장에게 위임된 경우로 한정한다)이 임명하거나 위촉한다(법 제62조제3항).

1. 해당 학교의 교원 또는 학교법인의 이사
2. 외부위원

　　가. 법관, 검사 또는 변호사로 5년 이상 근무한 경력이 있는 사람, 나. 대학에서 법학, 행정학 또는 교육학을 담당하는 조교수 이상으로 재직 중인 사람, 다. 공무원으로 20년 이상 근속하고 퇴직한 사람, 라. 학교운영위원회의 학부모위원(「초·중등교육법」 제2조에 따른 학교에 두는 교원징계위원회의 경우로 한정한다), 마. 그 밖에 교육이나 교육행정에 대한 전문지식과 경험이 풍부하다고 인정되는 사람

라) 준수사항(법 제62조제4항)
① "외부위원"은 최소 2명 이상 포함할 것
② 외부위원은 해당 학교법인 또는 사립학교경영자가 설치·경영하는 학교에 소속된 사람이 아닐 것
③ 학교법인에 두는 교원징계위원회의 경우에는 해당 학교법인의 이사인 위원 수가 전체 위원 수의 2분의 1을 초과하지 아니할 것
④ 「초·중등교육법」 제2조에 따른 학교의 경우에는 외부위원에 제3항제2호라목에 따라 위촉된 위원을 최소 1명 이상 포함할 것
⑤ 특정 성(性)이 위원장을 포함한 위원 수의 10분의 6을 초과하지 아니할 것

라. 불복 절차 및 운영

(1) 교원소청심사위원회

(가) 규정

• 각급학교 교원의 징계처분과 그 밖에 그 의사에 반하는 불리한 처분(「교육공무원

법」 제11조의4제4항 및 「사립학교법」 제53조의2제6항에 따른 교원에 대한 재임용 거부처분을 포함한다)에 대한 소청심사를 하기 위하여 교육부에 교원소청심사위원회를 두고 있다. 근거규정은 "교원의 지위 향상 및 교육활동 보호를 위한 특별법(약칭: 교원지위법)" 제7조 제1항이다. 교원에 대한 신분보장 차원에서 교원지위법에 교원소청심사제를 운영하고 있다. 같은 차원에서 '교원은 해당 학교의 운영과 관련하여 발생한 부패행위나 이에 준하는 행위 및 비리 사실 등을 관계 행정기관 또는 수사기관 등에 신고하거나 고발하는 행위로 인하여 정당한 사유 없이 징계조치 등 어떠한 신분상의 불이익이나 근무조건상의 차별을 받지 아니한다(동법 제6조 제2항). 국가공무원법에서의 소청심사위원회와 각급 학교 교원에 대한 교원소청심사위원회는 기능과 역할이 동일하다.

• 교원소청관련 법령은 교원의 지위 향상 및 교육활동 보호를 위한 특별법, 교육부와 그 소속기관 직제(대통령령), 교원소청에 관한 규정(대통령령) 등이 있다.

(나) 당사자(청구인 적격)

• 교원소청심사위원회에 소청심사 청구를 할 수 있는 '각급학교 교원'은 국립학교, 공립학교뿐 아니라 사립학교 교원도 포함된다.

• 유치원의 '원장·원감 및 교사'(유아교육법 제20조), 초등학교·중학교·고등학교·고등기술학교 및 특수학교의 '교장·교감 및 교사'(초·중등교육법 제19조), 대학·산업대학·교육대학 및 방송·통신대학의 '총장·학장·교수·부교수·조교수·전임강사'(고등교육법 제14조) 등이 소청심사를 청구할 수 있다.

• 그러나 조교, 교원이 아닌 교육공무원, 고등교육법 제14조가 정한 직명과 다른 교원(임용절차, 보수·연금 지급방법 등이 다른 경우, 고등교육법 제17조의 명예교수·겸임교원 및 초빙교원 등), 국·공·사립학교의 행정업무 등을 담당하는 직원, 초·중등학교의 기간제교원(교육공무원법 제32조, 사립학교법 제54조의4의 규정에 의해 임용된 교사)은 소청심사를 청구할 수 없다.

(다) 절차
1) 소청심사 청구

• 교원이 징계처분과 그 밖에 그 의사에 반하는 불리한 처분에 대하여 불복할 때에는 그 처분이 있었던 것을 안 날부터 30일 이내에 심사위원회에 소청심사를 청구

할 수 있다. 이 경우에 심사청구인은 변호사를 대리인으로 선임할 수 있다(교원의 지위 향상 및 교육활동 보호를 위한 특별법, 제9조 제1항). 본인의 의사에 반하여 파면·해임·면직처분을 하였을 때에는 그 처분에 대한 심사위원회의 최종 결정이 있을 때까지 후임자를 보충 발령하지 못한다. 다만, 그 처분이 있었던 것을 안 날부터 30일 이내에 소청심사청구를 하지 아니한 경우에는 그 기간이 지난 후에 후임자를 보충 발령할 수 있다(동법 제9조제2항).

• 심사위원회는 소청심사청구서에 흠이 있다고 인정할 때에는 청구서를 접수한 날부터 7일 이내에 상당한 기간을 정하여 청구인에게 보정을 요구하여야 한다. 다만, 그 흠이 경미한 때에는 심사위원회가 직권으로 이를 보정할 수 있다(교원소청에 관한 규정 제6조제1항).

2) 심사

• 심사위원회의 심사(교원소청에 관한 규정 제11조): 심사위원회는 소청심사청구서를 접수한 때에는 지체 없이 이를 심사하여야 한다. 심사를 하는 데 필요하다고 인정하는 경우에는 전문적인 지식과 경험을 갖춘 자에게 검정·감정을 의뢰하거나 소속 직원으로 하여금 당해 소청사건과 관련된 사실조사를 하게 할 수 있다. 심사위원회는 소청사건의 심사에 필요하다고 인정하는 경우에는 당해 소청사건과 관련된 증인을 불러 질문을 하거나 관계 기관 등에 필요한 서류의 제출을 요구할 수 있다. 심사위원회가 소청사건을 심사하기 위하여 청구인에 대한 징계요구기관 또는 관계 기관의 소속직원을 증인으로 소환할 경우에는 당해 기관의 장은 이에 응하여야 한다. 심사위원회가 관계 기관 등에 대하여 소청사건의 심사와 관련된 자료의 제출을 요구한 때에는 그 기관은 지정된 기간 내에 이를 제출하여야 한다.

• 심사의 범위(위 규정 제12조): 심사위원회는 소청심사청구의 원인이 된 사실 외의 사실에 대하여 심사하지 못한다.

• 청구인 등의 진술(위 규정 제12조제1항): 심사위원회가 소청사건을 심사할 때에는 청구인 또는 그 대리인에게 진술의 기회를 부여하여야 한다. 다만, 소청심사청구기간의 경과 등 소청심사의 청구가 부적법하여 각하결정을 하는 때와 소청심사청구의 대상이 되는 처분의 절차상 하자가 명백하여 그 처분의 취소결정을 하는 때는 당사자의 서면진술만으로 결정할 수 있다.

• 증거제출 등(위 규정 제14조): 당사자는 증거물 그 밖에 당해 소청사건의 심사에 필요한 자료를 심사위원회에 제출할 수 있다. 당사자는 증인의 소환 또는 증거물 그 밖에 심사위원회의 심사에 필요한 자료의 제출명령을 심사위원회에 신청할 수 있다. 이 경우 심사위원회는 당사자의 증인소환 또는 자료제출명령 신청에 대한 채택 여부를 결정하여야 한다. 심사위원회가 채택한 증인이 공무원 또는 사립학교 교직원인 경우 그 소속기관의 장은 공가를 허가하여야 한다.

3) 결정

가) 결정 방법: 소청사건의 결정은 심사위원회 재적위원 3분의 2 이상의 출석과 출석위원 과반수의 합의에 따르되, 의견이 나뉘어 위원 과반수의 합의에 이르지 못할 경우에는 출석위원 과반수에 이를 때까지 청구인에게 가장 불리한 의견에 차례로 유리한 의견을 더하여 그 중 가장 유리한 의견을 합의된 의견으로 본다(교원소청에 관한 규정 제16조제1항).

나) 결정의 형태

• 교원지위법 제10조 제2항 각호
① 심사 청구가 부적법한 경우에는 그 청구를 각하(却下)한다.
② 심사 청구가 이유 없다고 인정하는 경우에는 그 청구를 기각(棄却)한다.
③ 처분의 취소 또는 변경을 구하는 심사 청구가 이유 있다고 인정하는 경우에는 처분을 취소 또는 변경하거나 처분권자에게 그 처분을 취소 또는 변경할 것을 명한다.
④ 처분의 효력 유무 또는 존재 여부에 대한 확인을 구하는 심사 청구가 이유 있다고 인정하는 경우에는 처분의 효력 유무 또는 존재 여부를 확인한다.
⑤ 위법 또는 부당한 거부처분이나 부작위에 대하여 의무 이행을 구하는 심사 청구가 이유 있다고 인정하는 경우에는 지체 없이 청구에 따른 처분을 하거나 처분을 할 것을 명한다.

다) 유의점

• 심사위원회는 소청심사청구의 대상이 되는 처분보다 청구인에게 불이익한 결정을 하지 못한다(교원소청에 관한 규정 제16조제4항).
• 처분의 취소를 구하는 심사청구의 경우에도 그 징계의 종류를 변경하거나 불문

경고 처분으로 변경할 수 있다. 예컨대 "피청구인의 2023. 5. 1. 청구인에게 한 견책 처분을 불문경고 처분으로 변경한다"는 주문을 낼 수 있다.

 • 심사위원회의 결정이 소청심사의 대상이 된 처분에 있어서 법령의 적용, 증거 및 사실조사에 명백한 흠이 있거나 징계위원회의 구성 또는 징계의결 그 밖에 절차 상의 흠이 있음을 이유로 한 경우 처분권자는 청구인에 대한 징계 절차 또는 재임용 절차를 다시 밟아 심사위원회의 결정서를 받은 날부터 3개월(「교육공무원법」 제11조 의4제4항 및 「사립학교법」 제53조의2제6항에 따른 교원에 대한 재임용 거부처분의 경우에는 6개월) 이내에 징계 절차 또는 재임용 절차를 끝내야 한다. 이 경우 심사위원회가 소 청심사청구의 대상이 되는 처분에 대하여 한 취소명령 또는 변경명령 결정은 그에 따른 징계 그 밖의 처분이 있을 때까지 종전에 행한 처분의 효력에 영향을 미치지 않는다(교원소청에 관한 규정 제16조제3항).

(라) 효력

심사위원회의 결정은 처분권자를 기속한다. 처분권자는 심사위원회의 결정서를 송달받은 날부터 30일 이내에 제1항에 따른 결정의 취지에 따라 조치("구제조치")를 하여야 하고, 그 결과를 심사위원회에 제출하여야 한다(법 제10조 제3항). 그런데 처 분권자가 상당한 기일이 경과한 후에도 구제조치를 하지 아니하면, 교육부장관, 교 육감 또는 관계 중앙행정기관의 장은 그 이행기간을 정하여 서면으로 구제조치를 하 도록 명("구제명령")하여야 한다(동법 제10조의3). 교육부장관, 교육감 또는 관계 중앙 행정기관의 장은 처분권자가 위 구제명령을 이행하지 아니한 경우에는 처분권자에 게 2천만원 이하의 이행강제금을 부과한다(법 제10조의4 제1항). 한편 심사위원회의 결정에 대하여 교원, 「사립학교법」 제2조에 따른 학교법인 또는 사립학교 경영자 등 당사자(공공단체는 제외한다)는 그 결정서를 송달받은 날부터 30일 이내에 「행정소송 법」으로 정하는 바에 따라 소송을 제기할 수 있다. 이 경우 이에 따른 행정소송을 제기하였다고 하여 그 효력이 정지되지 아니한다(법 제10조의2).

(마) 불복

심사위원회의 결정에 불복할 경우 심사위의 결정서를 송달받은 날로부터 30일 이 내에 행정소송을 제기하여야 하며 그렇지 아니하면 그 결정은 확정된다(동법 제10조 제5항).

(2) 위원회 운영

(가) 설치
교원소청심사위원회는 교육부에 둔다.

(나) 위원의 구성
심사위원회는 위원장 1명을 포함하여 9명 이상 12명 이내의 위원으로 구성하되 위원장과 대통령령으로 정하는 수의 위원은 상임(常任)으로 한다. 위원장 및 상임위원은 고위공무원단에 속하는 임기제공무원으로 보한다. 심사위원회는 교원 또는 교원이었던 위원이 전체 위원 수의 2분의 1을 초과하여서는 아니 된다.

(다) 위원의 자격 및 임명(법 제8조)
① 심사위원회의 위원(위원장을 포함)은 다음 각 호의 어느 하나에 해당하는 자 중에서 교육부장관의 제청으로 대통령이 임명한다. 1. 판사, 검사 또는 변호사의 직에 5년 이상 재직 중이거나 재직한 자, 2. 교육 경력이 10년 이상인 교원 또는 교원이었던 자, 3. 교육행정기관의 3급 이상 공무원 또는 고위공무원단에 속하는 일반직공무원이거나, 3급 이상 공무원 또는 고위공무원단에 속하는 일반직공무원이었던 자, 4. 사립학교를 설치·경영하는 법인의 임원이나 사립학교 경영자, 5. 「교육기본법」 제15조제1항에 따라 중앙에 조직된 교원단체에서 추천하는 자, 6. 대학에서 법률학을 담당하는 부교수 이상으로 재직 중이거나 재직한 자

② 심사위원회 위원의 임기는 3년으로 하되, 1차에 한하여 연임할 수 있다.

③ 심사위원회의 위원장과 상임위원은 대통령령으로 정하는 다른 직무를 겸할 수 없다.

④ 위원은 임기가 만료된 경우 후임자가 임명될 때까지 계속 그 직무를 수행한다.

(라) 위원의 제척·기피·회피(법 제10조의5)
① 심사위원회의 위원은 다음 각 호의 어느 하나에 해당하는 경우에는 그 소청사건의 심사·결정에서 제척(除斥)된다. 1. 위원 또는 그 배우자나 배우자이었던 사람이 해당 소청사건의 당사자가 된 경우, 2. 위원이 해당 소청사건의 당사자 또는 당사자의 대리인과 친족관계에 있거나 있었던 경우, 3. 위원이 해당 소청사건에 관하

여 증언이나 검정 또는 감정을 한 경우, 4. 위원이 해당 소청사건에 관하여 당사자의 대리인으로서 관여하거나 관여하였던 경우, 5. 위원이 해당 소청심사 청구의 대상이 된 처분에 관여한 경우

② 당사자는 심사위원회의 위원에게 심사·결정의 공정을 기대하기 어려운 사정이 있는 경우에는 기피신청을 할 수 있다. 이 경우 심사위원회는 결정으로 기피신청을 받아들일 것인지 여부를 판단하여야 한다.

③ 제2항에 따라 기피신청을 받은 위원은 기피신청에 대한 심사위원회의 의결에 참여하지 못한다.

④ 심사위원회의 위원은 제1항 또는 제2항의 사유에 해당하는 경우에는 스스로 그 소청사건의 심사·결정에서 회피(回避)할 수 있다.

2. 근거법령

가. 징계관련

구분	국·공립학교 교원	사립학교 교원	비고
법률	교육공무원법, 국가공무원법, 지방공무원법	사립학교법, 국가공무원법, 교육공무원법 등	
대통령령 등	교육공무원징계령, 공무원징계령, 국가공무원 복무규정, 공무원임용령, 공무원보수규정, 공무원수당 등에 관한 규정, 교육공무원징계령, 공무원 행동강령	사립학교법 시행령, 공무원징계령, 국가공무원 복무규정, 공무원임용령, 공무원보수규정, 공무원수당 등에 관한 규정, 교육공무원징계령, 공무원 행동강령	
총리령 등	공무원징계령 시행규칙	공무원징계령 시행규칙	
교육부령	교육공무원 징계양정 등에 관한 규칙	사립학교 교원 징계규칙, 교육공무원 징계양정 등에 관한 규칙	
대통령 훈령	공무원 비위사건 처리규정		
국무총리 훈령	비위면직(파면해임)자 공직 재임용 제한에 관한 규정		
예규	국가공무원 복무·징계 관련 예규(인사혁신처예규)		

• 업무편람: 2023. 7. 전국시도교육감협의회, 사립학교 교원 징계업무 표준 매뉴얼

나. 소청관련

구분	내용	비고
법률	교원의 지위 향상 및 교육활동 보호를 위한 특별법	
대통령령	교원소청에 관한 규정, 교육부와 그 소속기관 직제	

3. 절차적 특징

국·공립학교 교원과 다르게 사립학교 교원의 경우 징계처분에 대해서는 민사소송으로 다투어야 하지만 교원의 지위향상 및 교육활동 보호를 위한 특별법에 따라 사립학교 교원도 국공립학교 교원과 마찬가지로 소청심사를 청구할 수 있고, 그 결정에 불복하는 경우 행정소송을 제기하면 된다. 자세한 내용은 앞서 설명하였다.

제4절 | 경찰/해양경찰공무원

1. 제도적 특징

가. 개관

1) 경찰 및 해양경찰공무원에 대한 징계는 경찰공무원법과 경찰공무원징계령이 국가공무원법과 공무원징계령에 우선하여 적용된다.

2) 징계위원회는 국가공무원법에서 중앙징계위원회(국무총리소속)와 보통징계징계위원회(중앙행정기관)로 이분함에 비하여, 경찰공무원의 징계위원회는 세 종류가 있다.

3) 해양경찰공무원의 경우, 경찰공무원과 같은 체제 및 절차로 징계가 진행된다.[7]

---

7) 해양경찰공무원은 해양수산부, 경찰청은 행정안전부 소속이며 임용권자 및 임용절차가 상

나. 징계대상자

1) 경찰청 소속 공무원

2) 해양경찰청 소속 공무원

3) 시·도경찰청, 지방해양경찰청, 경찰대학, 경찰인재개발원, 중앙경찰학교, 경찰수사연수원, 해양경찰교육원, 경찰병원, 경찰서, 경찰기동대, 의무경찰대, 해양경찰서, 해양경찰정비창, 경비함정 소속 각 공무원

다. 징계위원회

(1) 종류

종류	대상	설치 기관	근거 법령
국무총리 소속 징계위원회	경무관 이상(치안총감, 치안정감, 치안감, 경무관)	국무총리소속 (인사혁신처장이 위원장)	국가공무원법 제81조제1항, 공무원징계령 제3조제1항, 경찰공무원법 제32조제1항
경찰공무원 중앙징계위원회	총경, 경정	경찰청 및 해양경찰청	경찰공무원징계령 제3조, 제4조
경찰공무원 보통징계위원회	1. 경감 이하 경찰공무원 2. (경찰공무원징계령제4조제2항) 다음 각 호의 기관에 설치된 보통징계위원회는	경찰청, 해양경찰청, 시·도경찰청, 지방해양	경찰공무원징계령 제3조, 제4조, 제6조

이하다. 한편 해양경찰법 제13조제3항은, "해양경찰청 소속 공무원의 임용·교육훈련·복무·신분보장 등에 관하여는 이 법에서 특별히 정한 것을 제외하고는 「국가공무원법」과 「경찰공무원법」에서 정하는 바에 따른다."고 하여, 징계등 절차는 경찰공무원법과 경찰공무원징계령에서 산발적으로 규정하고 있다.

조직 및 소속 공무원의 임면절차가 다름에도 징계등 절차를 경찰공무원법의 규정을 포괄적으로 적용함은 잘못이라고 본다. 특히 신분상 불이익처분인 징계등을 부과함에 있어서는 명확하고 엄격한 법적 근거를 필요로 하므로, 해양경찰공무원법과 그에 따른 징계령이 별도로 제정되어야 할 것이다.

각 호의 구분에 따른 경찰공무원에 대한 징계등 사건을 심의·의결 ① 경정 이상의 경찰공무원을 장으로 하는 경찰서, 경찰기동대·해양경찰서 등 총경 이상의 경찰공무원을 장으로 하는 경찰기관 및 정비창: 소속 경위 이하의 경찰공무원 ② 의무경찰대 및 경비함정 등 경찰청장 또는 해양경찰청장이 지정하는 경감 이상의 경찰공무원을 장으로 하는 경찰기관: 소속 경사 이하의 경찰공무원 3. 경찰청 및 해양경찰청에 설치된 보통징계위원회는 영제4조제2항에도 불구하고 경찰청장 또는 해양경찰청장이 징계등 의결을 요구하는 경찰공무원에 대한 징계등 사건을 심의·의결 4. 경찰공무원징계령 제4조제2항 단서 또는 제6조제2항 단서에 따라 해당 보통징계위원회의 징계 관할에서 제외되는 경찰공무원의 징계등 사건은 바로 위 상급 경찰기관에 설치된 보통징계위원회에서 심의·의결 * 제6조제2항 단서: 보통징계위원회의 경우 징계등 심의 대상자보다 상위 계급인 경위 이상의 소속 경찰공무원 또는 상위 직급에 있는 6급 이상의 소속 공무원의 수가 제3항에 따른 민간위원을 제외한 위원 수에 미달되는 등의 사유로 보통징계위원회를 구성하는 것이 곤란한 경우에는 징계등 심의 대상자보다 상위 계급인 경사 이하의 소속 경찰공무원 또는 상위 직급에 있는 7급 이하의 소속 공무원 중에서 임명할 수 있으며, 이 경우에는 제4조제2항에도 불구하고 3개월 이하의 감봉 또는 견책에 해당하는 징계등 사건만을 심의·의결한다.	경찰청, 경찰대학, 경찰인재개발원, 중앙경찰학교, 경찰수사연수원, 해양경찰교육원, 경찰병원, 경찰서, 경찰기동대, 의무경찰대, 해양경찰서, 해양경찰정비창, 경비함정 및 경찰청장 또는 해양경찰청장이 지정하는 경감 이상의 경찰공무원을 장으로 하는 기관	

(2) 제도적 특이점

(가) 상급 기관으로의 관할권 조정

공무원징계령(제3조제4항)에서는, 보통징계위원회는 징계등 대상자보다 상위계급의 공무원(고위공무원단에 속하는 공무원을 포함한다)이 징계위원회의 위원이 될 수 있도록 관할권을 조정할 수 있다. 이 경우에 관할에서 제외된 징계등 대상자는 그 징계위원회가 설치된 바로 위의 감독기관의 징계위원회에서 관할한다. 경찰공무원의 경우 해당 보통징계위원회의 징계 관할에서 제외되는 경찰공무원의 징계등 사건(경찰공무원징계령 제2항 단서 또는 제6조제2항 단서)은 바로 위 상급 경찰기관에 설치된 보통징계위원회에서 심의·의결하도록 하고 있다.

(나) 관련 사건의 관할

공무원징계령 제2조제5항보다 상세하다. 경찰공무원징계령 제5조 ① 상위 계급과 하위 계급의 경찰공무원이 관련된 징계등 사건은 제4조에도 불구하고 상위 계급의 경찰공무원을 관할하는 징계위원회에서 심의·의결하고, 상급 경찰기관과 하급 경찰기관에 소속된 경찰공무원이 관련된 징계등 사건은 상급 경찰기관에 설치된 징계위원회에서 심의·의결한다. 다만, 상위 계급의 경찰공무원이 감독상 과실책임만으로 관련된 경우에는 제4조에 따른 관할 징계위원회에서 각각 심의·의결할 수 있다. ② 소속이 다른 2명 이상의 경찰공무원이 관련된 징계등 사건으로서 관할 징계위원회가 서로 다른 경우에는 모두를 관할하는 바로 위 상급 경찰기관에 설치된 징계위원회에서 심의·의결한다. ③ 「경찰공무원법」 제37조제1항 또는 제2항에 따른 위반행위와 관련된 징계등 사건은 제4조제2항에도 불구하고 경찰청·해양경찰청·시·도경찰청 또는 지방해양경찰청에 설치된 보통징계위원회에서 심의·의결할 수 있다. ④ 제1항과 제2항에 따른 관할 징계위원회는 제1항과 제2항에도 불구하고 관련자에 대한 징계등 사건을 분리하여 심의·의결하는 것이 타당하다고 인정되는 경우에는 해당 징계위원회의 의결로 관련자에 대한 징계등 사건을 제4조에 따른 관할 징계위원회(중앙징계위원회 또는 보통징계위원회)로 이송할 수 있다.

2. 근거법령

- 경찰공무원법, 국가공무원법, 해양경찰법
- 경찰공무원징계령, 공무원징계령(각 대통령령)
- 경찰공무원징계령 세부시행규칙(경찰청예규)
- 「공무원징계령 시행규칙」(총리령)

3. 절차적 특징

(1) 징계 절차

경찰공무원의 징계는 징계위원회의 의결을 거쳐 징계위원회가 설치된 소속 기관의 장이 하되, 「국가공무원법」에 따라 국무총리 소속으로 설치된 징계위원회에서 의결한 징계는 경찰청장 또는 해양경찰청장이 한다. 다만, 파면·해임·강등 및 정직은 징계위원회의 의결을 거쳐 해당 경찰공무원의 임용권자가 하되, 경무관 이상의 강등 및 정직과 경정 이상의 파면 및 해임은 경찰청장 또는 해양경찰청장의 제청으로 행정안전부장관 또는 해양수산부장관과 국무총리를 거쳐 대통령이 하고, 총경 및 경정의 강등 및 정직은 경찰청장 또는 해양경찰청장이 한다(경찰공무원법 제33조). 징계등 처분권자를 정리하면 아래 표와 같다.

구분	치안정감·치안감·경무관	총경·경정	경감·경위·경사·경장·순경
파면·해임	대통령	대통령(경찰청장 또는 해양경찰청장의 제청)	경찰청장·해양경찰청장
강등·정직	대통령(경찰청장 또는 해양경찰청장의 제청)	경찰청장·해양경찰청장	경찰청장·해양경찰청장
감봉·견책	경찰청장·해양경찰청장	경찰청장·해양경찰청장	각종 경찰기관의 장

(2) 행정소송의 피고

징계처분에 대한 행정소송은 경찰청장 또는 해양경찰청장을 피고로 한다. 다만, 경찰공무원법 제7조제3항 및 제4항8)에 따라 임용권을 위임한 경우에는 그 위임을 받은 자를 피고로 한다(법 제34조).

(3) 국가공무원법과의 관계

경찰공무원과 해양경찰공무원에 대한 징계등에 대해서는 경찰공무원법 및 경찰공무원징계령과 동시에 국가공무원법에 정한 것을 따른다. 그러나 국가공무원법 제76조제2항부터 제5항9)까지의 규정을 적용하지 않고, 치안총감과 치안정감에 대해서는 「국가공무원법」 제68조 본문10)을 적용하지 아니한다(경찰공무원법 제36조제1항).

---

8) ③ 경찰청장은 대통령령(경찰공무원 임용령)으로 정하는 바에 따라 경찰공무원의 임용에 관한 권한의 일부를 특별시장·광역시장·도지사·특별자치시장 또는 특별자치도지사(이하 "시·도지사"라 한다), 국가수사본부장, 소속 기관의 장, 시·도경찰청장에게 위임할 수 있다. 이 경우 시·도지사는 위임받은 권한의 일부를 대통령령으로 정하는 바에 따라 「국가경찰과 자치경찰의 조직 및 운영에 관한 법률」 제18조에 따른 시·도자치경찰위원회(이하 "시·도자치경찰위원회"라 한다), 시·도경찰청장에게 다시 위임할 수 있다. ④ 해양경찰청장은 대통령령(해양경찰청 소속 경찰공무원 임용에 관한 규정)으로 정하는 바에 따라 경찰공무원의 임용에 관한 권한의 일부를 소속 기관의 장, 지방해양경찰관서의 장에게 위임할 수 있다.

9) 제76조(심사청구와 후임자 보충 발령) ② 본인의 의사에 반하여 파면 또는 해임이나 제70조제1항제5호에 따른 면직처분을 하면 그 처분을 한 날부터 40일 이내에는 후임자의 보충 발령을 하지 못한다. 다만, 인력 관리상 후임자를 보충하여야 할 불가피한 사유가 있고, 제3항에 따른 소청심사위원회의 임시결정이 없는 경우에는 국회사무총장, 법원행정처장, 헌법재판소사무처장, 중앙선거관리위원회사무총장 또는 인사혁신처장과 협의를 거쳐 후임자의 보충발령을 할 수 있다.
③ 소청심사위원회는 제1항에 따른 소청심사청구가 파면 또는 해임이나 제70조제1항제5호에 따른 면직처분으로 인한 경우에는 그 청구를 접수한 날부터 5일 이내에 해당 사건의 최종 결정이 있을 때까지 후임자의 보충발령을 유예하게 하는 임시결정을 할 수 있다.
④ 제3항에 따라 소청심사위원회가 임시결정을 한 경우에는 임시결정을 한 날부터 20일 이내에 최종 결정을 하여야 하며 각 임용권자는 그 최종 결정이 있을 때까지 후임자를 보충발령하지 못한다.
⑤ 소청심사위원회는 제3항에 따른 임시결정을 한 경우 외에는 소청심사청구를 접수한 날부터 60일 이내에 이에 대한 결정을 하여야 한다. 다만, 불가피하다고 인정되면 소청심사위원회의 의결로 30일을 연장할 수 있다.

10) 제68조(의사에 반한 신분 조치) 공무원은 형의 선고, 징계처분 또는 이 법에서 정하는 사유에 따르지 아니하고는 본인의 의사에 반하여 휴직·강임 또는 면직을 당하지 아니한다.

4. 불복절차

공무원징계와 동일하게 소청심사위원회에 소청심사를 제기할 수 있다.

제5절 | 소방공무원

1. 제도적 특징

가. 개관

경찰공무원법은 1969. 1. 7. 제정당시부터 경찰공무원과 함께 소방공무원(국가직)을 규정하고 있었다. 1977. 12. 31. 소방공무원법을 제정하면서 종래 국가소방공무원을 경찰공무원법에서 분리하여 지방소방공무원법과 통합된 단일신분법으로 하고 종래 지방소방공무원법은 폐지하였다. 당시 소방공무원법은 국가소방공무원과 지방소방공무원으로 구분하여 임용·보수·교육·훈련·복무·신분보장·상훈과 징계 기타 인사에 관한 사항을 규정하고 있었다. 그러다가 2019. 12. 10. 개정하여 종래 대통령·소방청장이 임용하는 국가소방공무원과 시·도지사가 임용하는 지방소방공무원으로 이원화되어 있던 소방공무원의 임용권을 국가로 일원화하였다. 이에 따라 소방공무원의 계급체계를 일원화하고, 소방공무원의 계급을 종전의 국가소방공무원의 계급과 동일하게 소방총감, 소방정감, 소방감 등으로 구분하였다.

징계위원회, 징계절차 등의 규정도 종래 국가, 지방 소방공무원으로 이원화된 구조에서 현 체제로 변경되었다. 징계제도나 절차에 있어 소방공무원법과 소방공무원 징계령이 국가공무원법과 공무원징계령보다 우선 적용된다.

나. 대상자

1) 소방청 소속 공무원

2) 시·도지사가 임용권을 행사하는 소방공무원

3) 중앙소방학교 및 중앙119구조본부, 국립소방연구원, 지방소방학교 · 서울종합방재센터, 소방서, 119특수대응단 각 소속 소방공무원

다. 징계위원회

종류	대상	설치 기관	근거 법령
국무총리소속 징계위원회	소방준감 이상(소방총감, 소방정감, 소방감, 소방준감)	국무총리소속 (인사혁신처장이 위원장)	국가공무원법 제81조제1항, 공무원징계령 제3조제1항, 소방공무원법 제28조제1항
소방공무원 징계위원회	• 소방청 소속 소방정 이하의 소방공무원 • 소방청 소속기관의 소방정 또는 소방령인 소방공무원(국립소방연구원의 경우 소방정인 소방공무원) • 소방정인 지방소방학교장	소방청	소방공무원법 제28조제1항, 소방공무원징계령 제2조제1항
	시 · 도지사가 임용권을 행사하는 소방공무원	시 · 도	소방공무원법 제28조제3항, 소방공무원징계령 제2조제3항
	소속 소방경 이하의 소방공무원	중앙소방학교 및 중앙119구조본부	소방공무원징계령 제2조제2항제1호
	소속 소방령 이하의 소방공무원	국립소방연구원	소방공무원징계령 제2조제2항제2호
	소속 소방위 이하의 소방공무원	지방소방학교 · 서울종합방재센터, 소방서, 119특수대응단 및 소방체험관	소방공무원법 제28조제3항, 소방공무원징계령 제2조제4항

2. 근거법령

- 소방공무원법, 국가공무원법
- 소방공무원징계령, 공무원징계령
- 소방공무원 징계양정 등에 관한 규칙(소방청훈령), 공무원징계령 시행규칙(총리령)
- 소방공무원 복무규정

3. 절차적 특징

1) 제30조(행정소송의 피고) 징계처분, 휴직처분, 면직처분, 그 밖에 의사에 반하는 불리한 처분에 대한 행정소송의 경우에는 소방청장을 피고로 한다. 다만, 제6조제3항 및 제4항에 따라 시·도지사가 임용권을 행사하는 경우에는 관할 시·도지사를 피고로 한다(소방공무원법 제30조).

2) 국가공무원법과의 관계

소방공무원에 대한 징계등에 대해서는 소방공무원법 및 소방공무원징계령과 동시에 국가공무원법에 정한 것을 따른다. 그러나 소방공무원 중 소방총감과 소방정감에 대해서는 「국가공무원법」 제68조 본문을 적용하지 아니한다.

제6절 | 군인/군무원

1. 제도적 특징

가. 제도 개관

군인이나 군무원의 행위가 징계사유에 해당하는 경우 징계권자(징계의결요구권자)는 징계위원회에 징계의결을 요구하고 그 징계의결의 결과에 따라 징계처분을 하여야 한다(군인사법 제56조, 군무원인사법 제37조)는 근본 체계에서는 국가공무원법과 다름이 없다. 그러나 군인, 군무원의 신분상 특수성으로 인해 국가공무원법과는 차이점이 있고 그 적용이나 운용도 다양한 면이 있다.

공무원이 징계처분에 불복하는 경우 소청심사위원회에 소청심사청구를 할 수 있음에 비해, 군인/군무원은 장성급 장교가 지휘하는 징계권자의 차상급 부대 또는 기관의 장에게 항고할 수 있도록 함에 차이가 있다. 군인/군무원항고심사위원회의 심사·결정을 거치지 않고 행정소송을 바로 제기할 수 없음은 공무원의 경우와 동일하다.

나. 군 징계의 특수성

(1) 징계벌 종류의 특이성

1) 장교, 준사관 및 부사관에 대한 징계벌에는 중징계로 파면, 해임, 강등, 정직이 경징계로 감봉, 근신, 견책이 있다. 병에 대한 징계벌은 강등, 군기교육, 감봉, 휴가단축, 근신 및 견책이 있다. 공무원징계벌과 상이하다. 특히 장교, 준사관 및 부사관에게는 공무원징계벌에 없는 근신이 있다. 군무원에 대한 징계벌은 공무원과 마찬가지로 파면, 해임, 강등, 정직, 감봉 및 견책으로 구분한다.

2) 병에 대한 징계벌 중 종전 영창처분을 대체하여 2020. 8. 5.부로 새로이 신설된 군기교육제도에 대해 설명한다. 군기교육은 군인징계령시행규칙(국방부령)으로 정하는 기관에서 군인 정신과 복무 태도 등에 관하여 교육·훈련하는 것을 말하며, 그 기간은 15일 이내로 한다(군인사법 제57조제2항제2호). 위 법 제57조 제2항 제2호에 따른 군기교육을 운영하는 기관은 장성급 지휘관이 지휘하는 각 군 부대와 이에 준하는 기관 및 국방부 직할부대·기관으로 한다. 다만, 도서지역의 경우 적시적인 교육을 위해 대령급 지휘관이 지휘하는 각 군 부대와 이에 준하는 기관 및 국방부 직할부대·기관으로 할 수 있다(군인 징계령 시행규칙 제4조).

군기교육처분일수는 현역병의 복무기간에 산입하지 아니한다(병역법시행령 제27조제3항제2호). 다만 징계에 의하여 군기교육처분을 받고 실제 교육·훈련을 받은 일수만을 복무기간에 산입하지 않음을 유의하여야 한다.

군기교육처분에 대해서 항고를 제기한 경우 그 집행이 정지되지 않도록 되었다. 종전 영창제도가 있을 때는 영창처분에 대한 항고가 제기된 경우 그 집행을 정지하도록 하였는데(구 군인사법 제60조제5항), 2020. 8. 5. 군인사법의 개정으로 군기교육으로 대체된 이후 그 조항은 삭제되었다. 이런 경우 전혀 집행정지를 할 수 없는가. 그렇지는 않다. 실무에선 징계항고심사위원회에 항고하는 동시에 행정소송을 제기하는 경우가 있다. 이때 행정심판전치주의에 어긋나지 않은가 라며 본안전항변을 한다. 그러나 군인사법 제51조의2는 '징계에 관한 행정소송은 소청심사위원회나 제60조의 2에 따른 항고심사위원회의 심사·결정을 거치지 아니하면 제기할 수 없다'고 규정하고 있으나, 한편 행정소송법 제18조 제2항 제1호에 의하면 '행정심판청구가 있은 날로부터 60일이 지나도 재결이 없는 때'에는 행정심판의 재결을 거치지 아니하고 취소소송을 제기할 수 있고, 제소 당시에 비록 전치요건을 구비하지 못한 위법이 있다 하여도 사실심 변론종결 당시까지 그 전치요건을 갖추었다면 그 흠결의 하자는 치유되었다고 볼 것인바(대법원 1987. 9. 22. 선고 87누176 판결 참조), 징계처분에 불복하여 소를 제기함과 동시에 징계항고심사위원회에 항고하더라도 그로부터 60일 이상이 경과하였음은 역수상 명백하면(일반적으로 경과한다), 항고심사위원회의 심사·결정을 거치지 아니하고 행정소송을 제기할 수 있는 경우에 해당한다. 이처럼 실무에서는 항고를 하면서 행정소송을 동시에 제기하고 이때 집행정지를 행정법원에 구하는 것이다. 그런 경우 집행정지 요건에 해당하면 받아들여질 수도 있다.

(2) 징계사유의 특이성

1) 군조직 질서 유지 및 군기강 확립이 요구되므로 군인은 공무원에 비해 복종의무, 근무지이탈금지의무, 지휘·감독책임 등이 더 강하게 요구된다.

2) 복종의무는 공무원의 경우와 다름이 없으나, 복종의무위반의 유형이 항명, 상관 상해·폭행·협박, 상관 모욕·명예훼손, 음해·무고·허위로 인한 지휘체계 문란, 지시사항 불이행으로 업무추진에 중대한 차질을 준 경우, 기타 지시불이행 등이 특이한 점이다.

3) 군인/군무원은 소속 상관의 허가 없이 근무지를 이탈하여서는 아니 되며, 근무시간에 소속 직장 안에서 직무수행에 최선을 다해야 하고 근무시간이 지난 후에 직장을 떠날 수 있다. 국가공무원법상의 직장이탈금지의무(법 제58조)와 같은 내용이다. 근무지이탈금지의무위반의 유형으로는 군무이탈,[11] 무단이탈, 집단행동을 위한

---

11) 무단이탈죄를 규정하고 있는 군형법 제79조의 구성요건이 죄형법정주의에 위반되는지 여부

근무지이탈 등이 있다.

4) 비밀엄수의무위반은 국가공무원법 제60조에도 규정되어 동일한 내용이나, 군의 경우 더 엄한 보안규정을 운용하고 있으므로 그 위반에 대해 징계가 이루어진다. 비밀엄수의무위반의 유형으로는 군사비밀의 누설·유출, 국방보안업무훈령 등 보안관련 규정 위반 등이 있다.

5) 지휘·감독 책임

① **정의**: "지휘·감독 책임"이란 사건·사고와 관련되어 있는 지휘·감독 대상 인원의 비위사실 등 과오·위법행위를 예방하기 위해 적절한 조치를 하지 않는 등 구체적인 지휘·감독 의무위반에 대한 책임을 말한다(부대관리훈령 제9조제1항).

② **지휘·감독 책임의 범위**: 지휘·감독 책임은 사안의 중요성에 따라 1차, 2차, 3차 상급 지휘·감독자로 구분하여 적용하되, 장관 지휘보고 사고 등 극히 중한사고의 경우는 3차 이상 상급 지휘·감독자에게도 적용될 수 있으며 세부적인 적용 기준은 별도로 정한다(제12조제1항).

③ **지휘·감독 책임 감면(제12조의2)**:

- 면제사유: 1. 지휘·감독 의무 위반과 사건·사고 발생 사이에 상당 인과관계가 없는 경우, 2. 지휘·감독 책임자로서 미리 예견할 수 없거나 불가항력적인 사유로 사건·사고가 발생한 경우, 3. 기타 지휘·감독 의무를 이행할 수 없었던 특별한 사정이 인정되는 경우
- 감경사유: 1. 평소 지휘·감독 책임자로서의 임무를 성실히 수행한 경우, 2. 신속한 신고 또는 보고 후 적시적인 사후조치를 통해 사건·사고의 확대를 방지한 경우, 3. 기타 지휘·감독 의무 위반의 정도와 부대에 미치는 영향 등을 고려하

에 대해 헌법재판소는, '군의 통수작용은 상황에 따라 유동성, 긴급성, 기밀성을 요구하므로 군형법도 이러한 군조직의 특수성에 부응하여 탄력적인 규율의 필요성이 있는바, 군형법 제79조에 규정된 "허가없이 근무장소 또는 지정장소를 일시 이탈하거나 지정한 시간내에 지정한 장소에 도달하지 못한 자"라는 구성요건은, 약간의 불명확성을 지니고 있으나, 이는 법관의 통상적인 해석작용에 의하여 충분히 보완될 수 있고, 위 조항의 피적용자는 일반국민이 아니라 군인 또는 준군인으로서 구체적인 상황에서 과연 자신의 행위가 근무이탈행위에 해당하는지 여부를 잘 인식할 수 있는 위치에 있어 그 금지된 행위가 무엇인지 예측할 수 없는 것도 아니므로, 죄형법정주의에서 요구되는 명확성의 원칙에 위배되지 아니한다.'고 판시하였다(헌법재판소 1999. 2. 25. 97헌바3 결정).

여 정상 참작이 필요한 경우

6) 주요 비위사건 양정기준 엄격히 관리

국방부 군인·군무원 징계업무처리 훈령 제2장에서 청렴의무위반 사건(제7조), 음주운전 사건(제8조), 성폭력등 사건(제9조), 영내 폭행·가혹행위 사건(제10조), 군납비리사건(제11조), 신고자등 보호의무 위반 사건(제12조)에 대해서는 각 처리기준을 두고 엄히 관리하고 있다.

(3) 신분 또는 계급에 따른 차별성

군 조직의 특수성으로 인해 구성원의 신분이 ① 장교, 준사관 및 부사관, ② 병, ③ 군무원인지에 따라 징계벌의 종류, 징계권자, 승인권자, 징계위원회의 구성 등에 다른 제도로 운용된다.

(4) 인권담당군법무관제도

(가) 규정

군인사법 제59조의2 ① 군인의 인권을 보호하고 법적인 조력을 받게 하기 위하여 국방부와 그 직할부대 또는 기관 및 각군에 인권보호를 담당하는 군법무관(이하 "인권담당 군법무관"이라 한다)을 둔다. ③ 인권담당 군법무관은 징계 사유, 징계 절차 및 징계 정도의 적정성 등 군기교육처분의 적법성에 관한 심사를 하고 그 의견을 징계권자에게 통보하여야 한다. ④ 인권담당 군법무관은 국방부와 그 직할 부대 또는 기관의 경우에는 국방부장관이 그 소속 군법무관 중에서 임명하고, 각군의 경우에는 참모총장이 그 소속 군법무관 중에서 임명한다. ⑤ 제3항에 따른 심사의견을 통보받은 징계권자는 그 의견을 존중하여야 한다. 이 경우 징계위원회의 징계의결 사유가 제56조에 따른 징계사유에 해당되지 아니한다는 의견인 경우에는 해당 군기교육처분을 하여서는 아니 되고, 징계 대상자에게 진술할 기회를 주지 아니한 경우 등 절차에 중대한 흠이 있다고 인정한 의견인 경우에는 다시 징계위원회에 회부할 수 있다.

(나) 연혁

2020. 2. 4. 군인사법이 개정되어 영창처분이 2020. 8. 4.부로 폐지되고 2020. 8. 5.부터 군기교육제도가 도입되었다. 2020. 2. 4. 개정되기 전 군인사법 제59조의2에

서는, 영창은 휴가 제한이나 근신 등으로 직무 수행의 의무를 이행하게 하는 것이 불가능하고, 복무규율을 유지하기 위하여 신체 구금이 필요한 경우에만 처분하여야 하고, 징계위원회의 의결을 거쳐 병의 인권보호를 담당하는 군법무관(이하 "인권담당 군법무관"이라 한다)의 적법성 심사를 거친 후에 징계권자가 처분한다고 되어 있었다. 영창처분이 폐지되고 군기교육이 신설된 개정 군인사법은 종전의 영창처분에서와 같이 군기교육처분에 대해서도 인권담당군법무관의 적법성심사를 받도록 하고 있다 (군인사법 제59조의2 제3항).

"인권담당 군법무관"은 국방부와 그 직할부대 또는 기관 및 각군에 두고, 군인의 인권을 보호하고 법적인 조력을 받게 하는 임무를 수행한다. 인권담당군법무관은 국방부장관, 각군 참모총장 등이 그 소속 군법무관 중에서 임명하고, 군법무관이 없는 부대는 법무실이 설치되어 있는 상급부대 인권담당 군법무관이 담당한다.

(다) 군기교육 적법성 심사

인권담당 군법무관은 징계 사유, 징계 절차 및 징계 정도의 적정성 등 군기교육처분의 적법성에 관한 심사를 하고 그 의견을 징계권자에게 통보하여야 한다(군인사법 제59조의2 제3항). 인권담당 군법무관은 적법성 심사를 함에 있어 국방부 군인·군무원 징계업무처리 훈령 별표 11의 적법성 심사 기준에 따라 심사하여야 한다(동 훈령 제43조제1항). 적법성 심사는 ① 징계권자의 심사의뢰, ② 적법성 심사(징계대상자의 대면심사 원칙, 부득이한 경우 화상통화시스템을 활용한 조사 등), ③ 적법성 심사 결정(징계사유 부존재, 절차상 하자, 징계양정의 부적정 등), ④ 적법성 심사 통보의 절차를 취한다.

(라) 인권담당군법무관 의견의 반영

인권담당군법무관은 적법성심사를 마친 때에는 국방부 군인·군무원 징계업무처리 훈령 별지 제12호 서식에 의한 적법성심사의견서를 작성하여 징계권자에게 통보하여야 한다(훈령 제43조제5항).

통보를 받은 징계권자는 그 의견을 존중하여야 하며, 다음 각 호의 조치를 취하여야 한다(제6항).

1. 징계사유 불해당 의견: 징계사유에 해당되지 않는다는 의견인 때에는 군기교육처분을 할 수 없고 동일한 사유로 징계처분할 수 없다.
2. 절차상 하자 의견: 징계위원회를 개최하지 아니하거나 징계심의대상자에게 진

술의 기회를 부여하지 아니하는 등 중대한 절차상 하자가 있어 당해 결정이 부적법하다는 의견인 때에는 다시 징계위원회에 회부할 수 있다.

3. 양정의 부적정 의견: 징계혐의사실에 대한 양정이 적정하지 않다는 의견인 때에는 그 의견을 존중하여야 하며, 징계권자가 인권담당 군법무관의 징계양정에 관한 의견과 달리 징계처분을 하는 경우에는 그 사유를 징계의결서의 조치란에 자필로 명시하여야 한다.

(마) 항고조력의무

군인사법 제60조제1항은, '징계처분등을 받은 사람은 인권담당 군법무관의 도움을 받아 그 처분을 통지받은 날부터 30일 이내에 장성급 장교가 지휘하는 징계권자의 차상급 부대 또는 기관의 장에게 항고할 수 있다.'고 한다. 이처럼 인권담당군법무관은 적법하게 항고할 수 있도록 조력하여야 한다.

(5) 징계권자의 재량

1) 군 특수성상 지휘관에게 징계절차 개시권, 징계의결 여부 결정권, 징계위원회 결정에 대한 감경, 유예 등을 인정함으로써 공무원보다 넓은 재량권을 인정하고 있다. 특히 공무원의 경우 징계권자는 징계사유에 해당하면 징계의결을 요구하여야 함에 비해(국가공무원법 제78조제1항), 군지휘관에게는 징계의결요구를 하지 않을 수도 또는 요구한 징계의결을 철회할 수도 있도록 하고 있다. 이처럼 군인등의 경우 징계사건이 징계위원회의 심의·의결 없이도 종결될 수 있는 경우가 있다.

2) **징계권자의 징계조사**: 징계권자는 다음 각 호에 따라 통보받거나 발견한 비행사실이 징계사유에 해당하는지 여부를 조사하여야 한다. 이 경우 징계업무담당자에게 조사를 명할 수 있다.

1. 징계권자가 아닌 상관이 하급자의 비행사실을 알았을 때에는 그 하급자의 징계권자에게 비행사실을 통보하여 징계를 요청할 수 있는데 이에 따른 통보가 있는 경우, 2. 수사기관이나 감사 관련기관에서 비행사실 등을 통보한 경우, 3. 소속 부하 또는 감독을 받는 군인의 비행사실을 발견한 경우(국방부 군인·군무원 징계업무처리 훈령 제20조제1항제2항).

3) 징계의결 불요구: 징계업무담당자(징계조사관)는 징계혐의자 및 참고인 등을 소환하여 징계조사를 할 수 있고, 조사가 완료된 경우에는 징계권자에게 징계위원회 의결 요구 여부를 건의하여야 한다(훈령 제20조제4항). 징계권자는 징계의결 불요구 건의를 받은 경우 징계의 필요성이 없다고 인정될 때에는 징계위원회에 의결을 요구하지 아니할 수 있다(훈령 제21조제1항 전문). 다만 불요구한 사건은 새로운 중요한 증거가 발견되거나 「감사원법」 제32조를 위반한 경우(다만, 시효기간 도과 등 징계할 수 없는 명백한 사유가 있는 경우는 제외한다)에 한하여 다시 징계사유로 삼을 수 있으며 이 경우 이전의 불요구 결정은 취소하여야 한다(훈령 제21조제1항 후문). 또 징계권자는 「공공감사에 관한 법률」 제23조의 규정에 따라 국방부 장관(감사관실)으로부터 징계요구가 있는 경우 정당한 사유가 없으면 징계위원회에 징계의결을 요구하여야 한다(위 훈령 제20조제6항).

4) 징계의결요구를 철회: 징계권자는 징계의결요구 후 징계필요성이 없는 등 사정변경이 있는 경우 징계의결요구 철회사유서를 작성하여 징계위원회 개최 전까지 징계의결요구를 철회할 수 있다. 다만, 제7조(청렴의무 위반), 제8조(음주운전 위반), 제9조, 제11조(군납비리위반), 제12조(신고자 보호의무 등 위반)에 의하여 필요적 징계의결요구 대상인 경우에는 징계권자는 징계의결요구를 철회할 수 없다(위 훈령 제21조제2항).

5) 군기교육처분에 대한 조치: 군기교육처분에 대한 인권담당군법무관의 적법성심사 결과 징계사유에 해당하지 않는다는 의견, 중대한 절차상 하자가 있다는 의견, 양정이 적정하지 않다는 의견 등을 통보받은 경우 징계권자는 그 의견을 존중하여야 한다. 그러나 그 의견에 구속되지는 아니한다.

6) 징계권자의 처분: 징계권자가 징계위원회로부터 징계등 의결서를 송부받은 때에는 그 날부터 15일 이내에 징계처분, 징계부가금 부과처분 또는 징계부가금 감면처분을 하여야 한다(군인징계령 제19조제1항). 징계권자는 징계의결에 대하여 확인하거나 또는 감경, 유예를 할 수 있으나 의결을 부인하거나 그 자체에 대해 재심하도록 할 수는 없다. 다만 의결에 대한 유예는 병이나 군무원에 대해서는 적용되지 아니한다. 위원회의 의결이 경하다고 인정되는 경우에는 심사 또는 재심사 청구를 할 수 있다(군인징계령 제25조). 이 경우 징계권자는 심사 또는 재심사의 의결 결과에 따

라 징계처분등을 한다(군인사법 제59조제7항후문).

징계권자가 군기교육처분에 대하여 인권담당 군법무관으로부터 의견서를 통보받았을 때에는 그 날부터 15일 이내에 징계처분을 해야 한다(군인징계령 제19조제2항).

징계권자가 징계의 감경 또는 유예의 조치를 할 때에는 징계의결서에 그 사유를 명시하여야 하고, 징계위원회의 의결대로 징계처분 하고자 할 때에는 그 의결서에 확인의 서명을 하여야 한다(군인징계령 제19조제2항).

징계권자가 징계 중 파면·해임 또는 강등처분을 하는 경우에는 승인을 받아야 하는데(군인사법 제58조제3항), 그 경우 위 제3항에 따른 조치를 한 날부터 15일 이내에 승인을 요청해야 하고, 승인을 받은 날부터 15일 이내에 징계처분을 해야 한다. 다만, 출항한 함정에서 징계를 하고자 하는 경우 등 부득이한 사유로 15일 이내에 승인을 요청하기 어려운 경우에는 그 사유가 해소된 날부터 15일 이내에 승인을 요청해야 한다(군인징계령 제19조제4항).

7) 승인권자의 승인: 후술한다.

8) 징계처분 집행의 연기 및 중지: 징계권자는 전시·사변이나 징계처분을 받은 자의 질병, 구속, 그 밖의 사유로 인하여 징계처분을 집행할 수 없는 경우에는 그 집행을 연기하거나 중지할 수 있고, 연기 또는 중지사유가 해소된 때에는 즉시 그 징계처분을 집행하여야 한다(국방부 군인·군무원 징계업무처리 훈령 제51조).

다. 징계제도의 특징

(1) 국가공무원법상 징계제도와의 차이

군조직의 특성 및 군기강 확립이란 점에서 공무원제도와 상이하고 지휘관 등 징계권자에게 보다 넓은 권한을 부여하고 있다. 특히 징계유예도 및 징계의결 불요구 등이 인정되고 징계위원회의 의결에 대해 감경할 수 있는 권한을 인정하고 있다.

(2) 징계권자의 정리

● 군인의 경우(군인사법 제58조, 국방부 군인·군무원 징계업무처리 훈령 제15조)

징계권자	징계대상자	장관급장교		장교 (준사관포함)		부사관		병
	징계종류	중징계	경징계	중징계	경징계	중징계	경징계	징계*
국방부장관, 합동참모의장, 참모총장		O	O	O	O	O	O	O
사단장(장관급 여단장), 전단사령관, 비행단장 및 이와 동급 이상의 부대 또는 기관의 장				O	O	O	O	O
연대장, 함정장, 전대장 및 이에 준하는 부대 및 기관의 장						O	O	O
대대장 및 이에 준하는 부대 및 기관의 장							O	O
중대장 및 이에 준하는 부대 및 기관의 장								O

* 병의 경우 중징계, 경징계의 구분이 없음

● 군무원의 경우(군인사법 제58조제1항, 군무원인사법 제4조)

징계권자	징계대상자	1급		2급~6급		7급 이하	
	징계종류*	중징계	경징계	중징계	경징계	중징계	경징계
국방부장관, 합동참모의장, 참모총장		O	O	O	O	O	O
사단장(장관급 여단장), 전단사령관, 비행단장 및 이와 동급 이상의 부대 또는 기관의 장				O	O	O	O
연대장, 함정장, 전대장 및 이에 준하는 부대 및 기관의 장						O	O
대대장 및 이에 준하는 부대 및 기관의 장							O

* 징계항목중 파면, 해임, 강등, 정직은 중징계, 감봉, 견책은 경징계이다.

(3) 징계조사

징계권자는 다음 각 호(1. 징계권자가 아닌 상관이 하급자의 비행사실을 알게 되어 그 하급자의 징계권자에게 비행사실의 통보가 있는 경우, 2. 수사기관이나 감사 관련기관에서 비행사실 등을 통보한 경우, 3. 소속 부하 또는 감독을 받는 군인의 비행사실을 발견한 경우)에 따라 통보받거나 발견한 비행사실이 징계사유에 해당하는지 여부를 조사하여야 한다(국방부 군인·군무원 징계업무처리 훈령 제20조제2항). 이 경우 징계업무담당자에게 조사를 명할 수 있다. 징계업무담당자는 위 징계조사를 하기 위하여 징계혐의자 및 참고인을 소환할 수 있고, 조사가 완료된 경우에는 징계혐의사실조사결과보고를 작성하여 징계권자에게 징계위원회 의결 요구 여부를 건의하여야 한다(위 같은 조 제4항). 반대로 징계업무담당자는 사실조사결과 징계혐의사실이 인정되지 않으면 징계의결불요구 건의를 할 수도 있다. 위 훈령 제21조제3항은, 징계의결을 요구하지 아니하는 경우 징계권자는 징계혐의자에 대하여 경고장을 수여할 수 있다고 규정하고 있다. 징계의결요구/불요구는 징계권자의 권한이나 실무에서는 징계업무담당자(보통은 군법무관)가 징계의결요구/불요구 건의서를 작성해 보고하는 형식을 취하고 있다.

위 훈령 제20조의2는 ① 징계혐의자등 사건관계인을 조사할 때에는 대기시간, 휴식시간, 식사시간 등 모든 시간을 합산한 조사시간(이하 "총조사시간"이라 한다)이 12시간을 초과해서는 안 된다. ② 특별한 사정이 없는 한 총조사시간 중 식사시간, 휴식시간 및 조서 열람시간을 제외한 실제 조사시간이 8시간을 초과하지 않도록 해야 한다. ③ 징계업무담당자는 조사에 장시간이 소요되는 경우에는 특별한 사정이 없는 한 조사 도중에 최소한 2시간마다 10분 이상의 휴식시간을 주어야 한다. ④ 징계혐의자가 조사 도중에 휴식시간을 요청하는 때에는 그 때까지 조사에 소요된 실제 조사시간, 이미 부여된 휴식시간, 징계혐의자의 건강상태 등을 고려하여 적정하다고 판단되는 경우 이를 허락하여야 한다. ⑤ 징계업무담당자는 조사 중인 징계혐의자의 건강상태에 이상이 발견될 때에는 의사의 진료를 받게 하거나 휴식을 취하게 하는 등 필요한 조치를 해야 한다. ⑥ 제1항부터 제3항까지의 규정은 피해자, 참고인 등 다른 사건관계인을 조사하는 경우에 준용한다고 규정하여 어느 징계법령보다 인권우호적이다.

(4) 징계위원회

1) 설치
군인사법 제58조의2(징계위원회) ① 군인의 징계처분 또는 징계부가금 부과처분(이하 "징계처분등"이라 한다)을 심의하기 위하여 해당 징계권자의 부대 또는 기관에 징계위원회(이하 "징계위원회"라 한다)를 둔다.
② 징계위원회는 징계처분등의 심의 대상자보다 선임인 장교·준사관 또는 부사관 중

에서 3명 이상으로 구성하되, 장교가 1명 이상 포함되어야 한다. 다만, 징계처분등의 심의 대상자가 병인 경우에는 부사관만으로도 징계위원회를 구성할 수 있다.

2) 구성

군인징계령 제5조(징계위원회의 구성) ① 법 제58조의2에 따른 징계위원회(이하 "징계위원회"라 한다)는 위원장 1명을 포함하여 3명 이상 7명 이하의 위원으로 구성한다.

② 징계위원회의 위원(이하 "위원"이라 한다)은 장교[징계 또는 징계부가금 부과(이하 "징계등"이라 한다) 심의대상자가 부사관이나 병(兵)인 경우에는 장교 및 그보다 선임인 부사관] 중에서 법 제58조에 따른 징계권자가 임명하고, 징계위원회의 위원장(이하 "위원장"이라 한다)은 위원 중 최상위 서열자로 한다.

③ 「성폭력범죄의 처벌 등에 관한 특례법」 제2조에 따른 성폭력범죄 또는 「양성평등기본법」 제3조제2호에 따른 성희롱 사건을 심의하는 징계위원회를 구성하는 경우에는 피해자와 같은 성별의 위원이 3분의 1 이상 포함되어야 한다. 다만, 부득이한 사유가 있어 같은 성별의 위원이 3분의 1 이상 포함되도록 징계위원회를 구성할 수 없는 경우 징계위원회가 설치된 부대 또는 기관의 징계권자는 다음 각 호의 구분에 따라 사전 승인을 받아야 한다.

    1. 다음 각 목의 경우: 국방부장관

        가. 국방부, 방위사업청 및 합동참모본부

        나. 육군본부, 해군본부, 공군본부 및 해병대사령부

        다. 「국군조직법」 제2조제3항에 따라 설치된 부대 또는 기관

    2. 육군·해군·공군 소속의 부대 또는 기관의 경우: 육군·해군·공군 참모총장

    3. 해병대 소속의 부대 또는 기관의 경우: 해병대사령관

④ 징계위원회가 설치되는 부대 또는 기관에 위원의 자격이 있는 사람의 수가 제1항에 따른 위원 수에 모자라게 된 때에는 다른 부대 또는 기관에 소속한 장교 및 부사관 중에서 임명할 수 있다.

3) 간사

징계위원회의 사무를 처리하기 위하여 간사를 둔다. 간사는 징계위원회가 설치된 부대 또는 기관에 소속된 군인 중에서 위원장이 임명하되, 그 부대 또는 기관에 소속한 군법무관이 있는 경우에는 군법무관 중에서 임명하여야 한다(국방부 군인·군무원 징계업무처리 훈령 제15조).

4) 의결

군인징계령 제14조(징계위원회의 의결) ① 징계위원회는 위원장을 포함하여 위원 과반수의 출석과 출석위원 과반수의 찬성으로 의결하되 징계위원회가 4명 이하의 위원으로 구성된 경우에는 3명 이상이 출석하여야 한다.

② 징계등 심의대상자가 부사관이나 병인 경우에는 부사관인 위원 1명 이상이 출석하여 심의·의결에 참여하여야 한다.

③ 징계위원회의 의결에서 어떤 하나의 의견이 출석위원 과반수에 이르지 못하는 때에는 출석위원 과반수에 이를 때까지 징계등 심의대상자에게 가장 불리한 의견에 차례로 유리한 의견을 더하여 그 중 가장 유리한 의견을 합의된 의견으로 본다.

④ 징계위원회의 의결은 무기명 투표로 한다.

⑤ 징계위원회는 제1항에도 불구하고 법 제59조제4항 단서에 따른 징계의결등의 기한 연기에 관한 사항은 서면으로 결정할 수 있다.

⑥ 제5항에 따른 서면 결정의 절차·방법 등에 관한 사항은 국방부장관이 정한다.

(5) 징계벌의 종류 및 징계처분의 효과

(가) 징계의 종류

구분		종류	근거법령	비고
장교, 준사관, 부사관	중징계	파면, 해임, 강등, 정직	군인사법 제57조 제1항	국가공무원법에 없는 '근신'을 별도 규정
	경징계	감봉, 근신, 견책		
	징계 유예	장교, 준사관 및 부사관에 대한 징계위원회의 근신, 견책의결에 대하여 군인사법 제20조제1항 각 호의 어느 하나에 해당되는 사유(징계위원회가 법 제59조의4에 따라 정상을 참작하여 징계의 종류를 낮추어 의결한 경우에는 해당 사유와 동일한 사유는 제외한다)가 있고, 뉘우치는 등의 사정이 현저하여 징계처분을 즉시 집행하지 아니하고도 징계의 효과를 기대할 수 있다고 인정하는 경우 징계처분의 집행을 유예(猶豫)할 수 있다. 유예기간은 6개월로 한다.	군인 징계령 제21조	국가공무원 및 다른 공무원에게는 없는 제도

병	강등, 군기교육, 감봉, 휴가단축, 근신, 견책	군인사법 제57조 제2항	종전 영창제도 폐지
군무원	파면, 해임, 강등, 정직, 감봉, 견책 (국가공무원의 경우와 마찬가지로 법령상 징계 종류에는 없지만 실무상 견책처분을 할 때 불문경고 제도를 운용. 다만 장교, 준사관, 부사관에는 적용하지 않음)	군무원 인사법 제39조 제1항	병, 군무원은 중·경징계 구분 없음

(나) 징계처분에 따른 효과

1) 장교, 준사관, 부사관

구분	종류	내용	근거법령
중징계	파면	- 병역 제적(군인사법 제40조제1항제3호) - 명예전역 불가(군인사법 제53조의2 제1항) - 5년간 공무원임용자격 박탈(국가공무원법 제33조제7호) - 모든 급여액의50/100 상당 감액(군인연금법 제38조제1항제2호, 시행령 제41조제1항제2호) - 국립묘지 안장 제한(국립묘지의 설치 및 운영에 관한 법률 제5조제4항제4호)	군인사법 제57조 제1항
	해임	- 병역 제적(군인사법 제57조제1항제1호, 제40조제1항제4호) - 명예전역 불가(군인사법 제53조의2 제1항) - 3년간 공무원임용자격 박탈(국가공무원법 제33조제8호) - 금품 및 향응수수 또는 공금의 횡령·유용으로 징계 해임된 경우: 급여액의 25/100 상당 감액(군인연금법 제38조제1항제3호, 시행령 제41조제1항제3호) - 국립묘지 안장 제한(국립묘지의 설치 및 운영에 관한 법률 제5조제4항제4호)	군인사법 제57조 제1항
	강등	- 해당 계급에서 1계급 낮춤(군인사법 제57조제1항제2호 본문) - 현역복무기간, 진급최저복무기간 계산시 강등 전 계급에서 복무한 기간 불산입(군인사법시행령 제6조제2항단서, 제19조제1항) - 현역복무부적합심사 회부[12](군인사법시행규칙 제57조제2호) - 부사관의 경우, 진급선발대상자가 될 자격 1회 정지(군인사법시행규칙 제26조제3항제2호)	군인사법 제57조 제1항 제2호
	정직	- 정직기간 직책은 유지하나 직무종사 금지, 일정 장소에서	군인사법

		근신(군인사법 제57조제1항제3호 전단) - 현역복무기간, 진급최저복무기간 계산시 정직기간 불산입 (군인사법시행령 제6조제4항제2호, 제19조제1항) - 현역복무부적합심사 회부(군인사법시행규칙 제57조제2호) - 정직기간에는 보수의 3분의 2에 해당하는 금액을 감액(군인사법 제57조제1항제3호 후단) - 군인보수법상 복무기간 계산시 정직기간 불산입(군인보수법 제11조제2항제2호) - 정직기간 종료후 18개월간 호봉승급제한(공무원보수규정 제14조제1항제2호)	제57조 제1항 제3호
	감봉	- 감봉기간 보수의 3분의 1에 해당하는 금액 감액(군인사법 제57조제1항제4호) - 동일계급에서 2회 이상 경징계를 받은 경우 현역복무부적합심사(군인사법시행규칙 제57조제2호) - 감봉기간 종료후 12개월간 호봉승급제한(공무원보수규정 제14조제1항제2호)	군인사법 제57조 제1항 제4호
	근신	- 평상 근무 후 징계권자가 지정한 영내의 일정한 장소에서 비행을 반성하게 하는 것. 10일 이내(군인사법 제57조제1항제5호) - 근신기간 종료후 6개월간 호봉승급 제한(공무원보수규정 제14조제1항제2호)	군인사법 제57조 제1항 제5호
	견책	- 비행을 규명하여 앞으로 비행을 저지르지 아니하도록 훈계하는 것(군인사법 제57조제1항제6호) - 견책기간 종료후 6개월간 호봉승급 제한(공무원보수규정 제14조제1항제2호)	군인사법 제57조 제1항 제6호
징계유예		- 근신, 견책처분의 경우만 인정(유예기간은 6개월) - 징계유예취소결정 없이 유예기간 경과시 징계효력 상실 - 징계유예처분 불가사유: 징계권자가 징계위원회 의결에 대해 이미 감경한 경우 및 징계사유가 감경대상에 해당하지 아니하는 경우	군인징계 령 제21조

12) 군인사법시행령 제49조에 따라 현역복무에 적합하지 않을 경우 조사위원회의 조사를 거쳐 전역시킬 수 있다. 참모총장이 지정하는 장성급 장교인 지휘관은 현역 복무 부적합자 조사위원회로 하여금 중징계 처분을 받았거나 2회 이상의 경징계 처분을 받은 사람 등에 해당하는 사람이 제56조(제4항제5호는 제외한다)에 규정된 현역 복무 부적합자 기준에 해당하는지를 조사하게 하여야 한다(군인사법시행규칙 제57조제2호).
그런데 군인사법의 개정으로 감봉처분이 중징계에서 경징계로 변경되었는데 군인사법에 의한 전역심사를 함에 있어 확정된 감봉처분을 중징계로 볼 것인지 아니면 경징계로 볼 것인

2) 병

종류	내용	근거법령
강등	- 해당 계급에서 1계급 낮추는 것	군인사법 제57조제2항제1호
군기교육	- 국방부령으로 정하는 기관에서 군인 정신과 복무 태도 등에 관하여 교육·훈련하는 것. 15일 이내 - 그 기간만큼 복무기간 불산입(병역법 제18조제3항, 시행령 제27조제3항제2호)	군인사법 제57조제2항제2호
감봉	보수의 5분의 1에 해당하는 금액을 감액하는 것. 1개월 이상 3개월이하.	군인사법 제57조제2항제3호
휴가단축	복무기간 중 정해진 휴가일수를 줄이는 것. 1회에 5일 이내로 하고 복무기간 중 총 15일 이내.	군인사법 제57조제2항제4호
근신	훈련이나 교육의 경우를 제외하고는 평상 근무에 복무하는 것을 금하고 일정한 장소에서 비행을 반성하게 하는 것. 15일 이내.	군인사법 제57조제2항제5호
견책	비행 또는 과오를 규명하여 앞으로 그러한 행위를 하지 아니하도록 훈계.	군인사법 제57조제2항제6호

지 여부의 기준 법률이 문제되었다. 이는 전역심사 당시의 법률을 적용할 것인지가 쟁점이다. 대법원은, 군인사법이 1997. 1. 13. 법률 제5267호로 개정되어 같은 해 4월 14일부터 시행되기 전후의 징계의 종류에 관한 제57조의 규정을 대비하여 보니 중징계에 해당하던 감봉이 경징계에 해당하는 것으로 개정되었고, 징계권자에 관한 제58조의 규정에서는 징계권자가 일부 변경되었으며, 한편 위와 같이 개정된 후의 군인사법 부칙 제7조는 "이 법 시행 당시 징계절차가 진행중인 징계사건은 제57조 및 제58조의 개정규정에 불구하고 종전의 규정에 의한다."고 규정하고 있는바, 징계처분과 전역심사에 따른 전역처분은 그 규정 취지와 사유, 위원회의 구성 및 주체에 있어서 서로 다르므로 징계처분을 받은 사실이 현역복무 부적합 판정의 한 사유가 된다 하더라도 그 두 절차는 준별하여 취급하여야 할 것이고, 법이 개정되었을 경우 특별한 규정이 없는 한 신법이 적용되어야 할 것이므로, 전역심사를 함에 있어 이미 확정된 감봉처분을 중징계에 해당하는 것으로 볼 것인지 아니면 경징계에 해당하는 것으로 볼 것인지의 여부는 전역심사 당시의 법률을 기준으로 따져 보아야 한다(대법원 2001. 5. 29. 선고 99두9636 판결).

3) 군무원

종류	내용	근거법령
파면	- 당연퇴직(군무원인사법 제27조, 제10조, 국가공무원법 제33조제7호) - 5년간 공무원임용자격 박탈(국가공무원법 제33조제7호) - 공무원연금법상 퇴직급여 및 퇴직수당의 일정액 감액(공무원연금법 제65조제1항제2호, 시행령 제61조제1항제1호) * 퇴직급여: 재직기간 5년 미만은 4분의1 감액, 5년 이상은 2분의1 감액 퇴직수당: 2분의1 감액	군무원인사법 제39조제1항
해임	- 당연퇴직(군무원인사법 제27조, 제10조, 국가공무원법 제33조제8호) - 3년간 공무원임용자격 박탈(국가공무원법 제33조제8호) - 금품 및 향응 수수, 공금의 횡령·유용으로 징계에 의하여 해임된 경우 공무원연금법상 퇴직급여 및 퇴직수당의 일정액 감액(공무원연금법 제65조제1항제3호, 시행령 제61조제1항제2호) * 퇴직급여: 재직기간 5년 미만은 8분의1 감액, 5년 이상은 4분의1 감액 퇴직수당: 4분의1 감액	군무원인사법 제39조제1항
강등	- 해당 계급에서 1계급을 내리고, 강등처분을 받은 사람은 군무원의 신분은 보유하나 3개월 동안 직무에 종사할 수 없으며, 그 기간 중 보수는 전액을 삭감. - 호봉승급 18개월간 중단(공무원보수규정 제14조제1항)	군무원인사법 제39조제2항
정직	- 정직처분을 받은 사람은 그 기간 중 군무원의 신분은 보유하나 직무에 종사할 수 없으며, 그 기간 중 보수는 전액을 삭감. - 호봉승급 18개월간 중단(공무원보수규정 제14조제1항)	군무원인사법 제39조제3항
감봉	- 1개월 이상 3개월 이하의 기간 동안 보수의 3분의 1에 해당하는 금액 감액. - 감봉기간 종료후 18개월간 승진임용 및 호봉승급 제한(군무원인사법 제15조제3항, 공무원보수규정 제14조제1항제2호)	군무원인사법 제39조제4항
견책	- 과오(過誤)에 관하여 훈계하고 반성하게 함. - 견책후 6개월간 승진임용 및 호봉승급 제한(군무원인사법 제15조제3항, 공무원보수규정 제14조제1항제2호)	군무원인사법 제39조제5항

(6) 징계감경제도

1) 규정

국방부 군인·군무원 징계업무처리 훈령 제45조(징계감경) ① 징계권자는 징계심의대상자가 다음 각 호의 어느 하나에 해당하는 경우에는 징계위원회의 징계결정을 감경할 수 있다. 이 경우 징계의 종류를 한 단계 초과하여 감경할 수 없다.

    1. 징계심의대상자가 다음 각 목의 표창을 받은 경우

        가. 「상훈법」에 따른 훈장·포장

        나. 「정부표창규정」에 따른 국무총리 이상의 표창

        다. 참모총장 이상의 표창(징계심의대상자가 부사관이나 병인 경우에 한한다)

    2. 징계심의대상자의 비행사실이 성실하고 적극적인 업무처리과정에서 과실로 발생한 경우

    3. 제43조제6항에 의하여 인권담당 군법무관이 양정의 부적정 의견을 통보한 경우

② 제1항에 불구하고 다음 각 호의 어느 하나에 해당하는 경우에는 징계를 감경할 수 없다.

    1. 비행사실이 금품·향응의 수수나 공금의 횡령·유용과 관련되는 경우

    2. 비행사실이 「성폭력범죄의 처벌 등에 관한 특례법」에 따른 성폭력범죄, 「군형법」 제15장 강간과 추행의 죄, 「성매매알선 등 행위의 처벌에 관한 법률」에 따른 성매매, 「양성평등기본법」 제3조제2호에 따른 성희롱, 「도로교통법」 제44조제1항에 따른 음주운전, 「군사기밀보호법」 위반의 죄 및 「군형법」 제80조에 따른 군사기밀 누설에 해당하는 경우

    3. 제33조제1항에 따라 징계위원회가 의결시 참작한 사유와 동일한 사유를 적용하고자 하는 경우(제1항제1호의 표창은 표창횟수에 불구하고 1개의 표창으로 본다)

③ 제2항에 따라 징계감경 제외사유가 있음에도 불구하고 징계권자가 감경권을 행사한 경우에는 행사 후 즉시 다음 각 호의 구분에 따라 보고하여야 한다.

1. 방위사업청, 합참: 방위사업청장, 합동참모의장, 2. 육·해·공군: 육·해·공군 참모총장, 3. 해병대: 해병대 사령관, 4. 소속기관, 직할부대 및 기관: 국방부 장관

2) 유의점

공무원징계와 달리 군인/군무원의 경우 징계위원회의 징계결정을 감경할 수 있다. 징계위원회가 의결시 예컨대 「상훈법」에 따른 훈장·포장 등을 이미 유리한 정상으로 참작한 경우 등에는 동일한 사유로 감경할 수 없다.

(7) 징계유예제도

1) 규정

국방부 군인 · 군무원 징계업무처리 훈령 제46조(징계유예) ① 징계권자는 장교, 준사관 및 부사관에 대한 징계위원회의 근신, 견책의결에 대하여 제45조제1항 각 호의 어느 하나에 해당되는 사유(징계심의대상자가 징계처분이나 경고를 받은 사실이 있는 경우에는 그 징계처분이나 경고 전의 표창은 유예대상표창에서 제외한다) 있고, 뉘우치는 등의 사정이 현저하여 징계처분을 즉시 집행하지 아니하고도 징계의 효과를 기대할 수 있다고 인정하는 경우에는 징계처분의 집행을 유예할 수 있다. 이 경우 유예기간은 6개월로 하고 징계권자는 별지 제14호 서식에 의한 징계유예통지서를 교부하여야 한다.

② 징계권자(징계유예를 받은 후 징계유예 기간 중 소속이 변경된 경우에는 전 소속 또는 감독을 받는 부대 또는 기관의 장을 의미한다)는 제1항에 따라 징계유예를 받은 자가 그 유예기간 중에 다시 징계사유에 해당하는 행위를 한 경우에는 징계유예처분을 취소하여야 한다. 이 경우 별지 제15호 서식에 의한 징계유예취소결정서를 작성하여 징계유예를 받은 자에게 통보하여야 한다.

③ 징계유예를 취소하지 아니하고 징계유예기간이 경과한 때에는 징계위원회의 의결은 그 효력을 잃는다. 이 경우 징계권자는 서면경고 조치할 수 있다.

④ 비행사실이 다음 각 호의 어느 하나에 해당하는 경우에는 징계유예처분을 할 수 없다. 1. 비행사실이 금품 · 향응의 수수, 공금의 횡령 · 유용에 해당하는 경우, 2. 비행사실이 「성폭력범죄의 처벌 등에 관한 특례법」에 따른 성폭력범죄, 「군형법」 제15장 강간과 추행의 죄, 「성매매알선 등 행위의 처벌에 관한 법률」에 따른 성매매, 「양성평등기본법」 제3조제2호에 따른 성희롱, 「도로교통법」 제44조제1항에 따른 음주운전, 「군사기밀보호법」 위반의 죄 및 「군형법」 제80조에 따른 군사기밀 누설에 해당하는 경우, 3. 징계권자가 징계위원회의 의결에 대하여 제45조에 따라 이미 감경한 경우

⑤ 제4항에 따라 징계유예 제외사유가 있음에도 불구하고 징계권자가 유예권을 행사한 경우에는 행사 후 즉시 다음 각 호의 구분에 따라 보고하여야 한다.

1. 방위사업청, 합참: 방위사업청장, 합동참모의장, 2. 육 · 해 · 공군: 육 · 해 · 공군 참모총장, 3. 해병대: 해병대 사령관, 4. 소속기관, 직할부대 및 기관: 국방부 장관

2) 유의점

병 및 군무원에게는 징계유예제도가 적용되지 아니한다. 징계처분의 승인시 승인권자에게는 징계유예의 권한이 없다.

(8) 징계권자의 승인요청

1) 규정

• 군인사법 제58조제3항은, 징계권자가 징계 중 파면·해임 또는 강등처분을 하는 경우에는 다음 각 호의 구분에 따른 사람의 승인을 받아야 한다. 다만, 징계권자가 임용권자보다 상급자인 경우에는 그러하지 아니하다. 1. 장교의 파면·해임 및 장성급 장교의 강등: 임용권자, 2. 준사관의 파면·해임 및 장성급 장교 외의 장교의 강등: 국방부장관, 3. 부사관의 파면·해임: 참모총장, 4. 병의 강등: 연대장, 함정장 및 전대장

• 군무원인사법 제38조제2항은, 징계권자가 징계를 하려면 군무원징계위원회의 심의를 거쳐야 하고, 파면·해임·강등 또는 정직 처분을 하려면 임용권자의 승인을 받아야 한다.

2) 군인징계의 경우 승인권자

승인권자는 징계권자의 처분과 동일한 권한을 가지므로 원처분확인이나 감경을 할 수 있다(국방부 군인·군무원 징계업무처리 훈령 제48조제3항). 다만 징계유예는 할 수 없다. 승인권자는 다음 표와 같다(국방부 군인·군무원 징계업무처리 훈령 제47조).

신분 / 구분		징계벌목	승인권자
장교	장관급	파면, 해임, 강등	임용권자
	영관급 이하	파면, 해임, 강등	국방부장관
준사관		파면, 해임	국방부장관
부사관		파면, 해임	참모총장
병		강등	연대장·함정장 및 전대장

3) 군무원의 경우 승인권자

국방부 군인·군무원 징계업무처리 훈령 제73조: 군무원인사법 제38조 제2항의 승인을 요하는 징계처분에 대한 승인권자는 다음과 같다.

신분 / 구분	징계벌목	승인권자
5급 이하	파면, 해임, 강등, 정직	국방부장관
6급 이하	파면, 해임, 강등, 정직	임용권자인 장성급 이상 부대장

4) 유의할 점

• 징계권자는 징계위원회로부터 징계등 의결서를 송부받은 때에는 그 날부터 15일 이내에 징계처분등을 하여야 한다. 또 인권담당 군법무관으로부터 의견서를 통보받았을 때에는 그 날부터 15일 이내에 징계처분을 해야 한다. 승인권자의 승인을 받아야 하는 경우에는 승인을 받은 날부터 15일 이내에 징계처분을 해야 한다. 군인의 경우, 승인권자에 대한 승인요청은 징계권자가 징계의결서에 확인의 서명을 한 날로부터 15일 이내에 승인을 요청하여야 한다(군인징계령 제19조제4항). 군무원의 경우, 징계권자가 임용권자의 승인을 받아야 하는 경우에는 확인의 서명을 한 날부터 15일 이내에 승인을 요청하여야 하고, 승인을 받은 날부터 15일 이내에 징계처분을 하여야 한다. 다만, 부득이한 사유로 15일 이내에 승인을 요청하기 어려운 때에는 그 사유가 해소된 날부터 15일 이내에 승인을 요청하여야 한다(군무원인사법 시행령 제115조제3항).

• 징계 중 파면·해임 또는 강등처분을 하는 경우에는 승인을 받아야 하나 다만 징계권자가 임용권자보다 상급자인 경우에는 그러하지 아니하다(군인사법 제58조제3항)고 하여 예외를 두고 있다. 그러나 군무원인사법(제38조)에는 그런 조항이 없으므로 임용권자가 징계권자보다 하급자인 경우에도 반드시 임용권자의 승인을 받아야 그 효력이 생긴다.

• 징계권자가 임용권자보다 상급자인 경우에는 승인을 받지 않아도 된다고 되어 있는데 만약 동일한 계급인 경우 승인이 필요하다고 할 것인가. 군인사법 제58조 제3항에서 상급자인 경우 승인을 받지 않아도 된다고 명확히 하고 있으므로 동일한 경우 별도로 승인절차를 밟아야 한다고 본다.

2. 근거법령

1) 법률: 군인사법, 군무원인사법, 국가공무원법, 감사원법

2) 대통령령: 군인징계령, 군인사법 시행령, 군무원인사법시행령, 공무원징계령

3) 국방부령: 군인징계령 시행규칙, 군무원인사법 시행규칙

4) 국방부훈령: 국방부 군인·군무원 징계업무처리 훈령

5) 기타: 각군 징계규정

3. 절차적 특징

가. 군인징계의 절차도

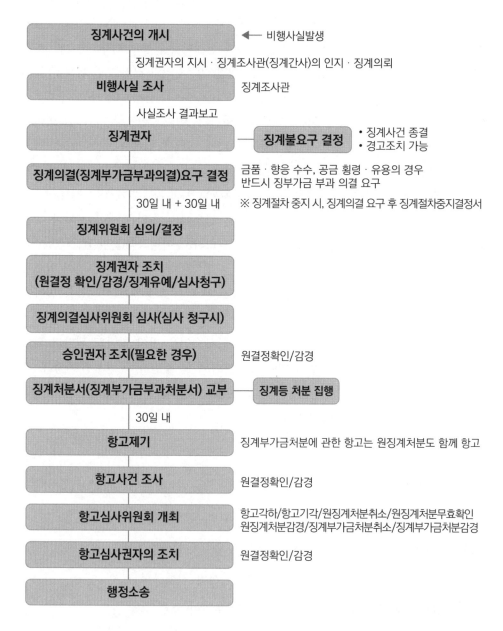

출처: 2020 징계업무 해설서, 공군본부 법무실, 60쪽

나. 징계처분

징계권자는 징계위원회로부터 징계등 의결서를 송부받은 때에는 15일 이내에 징계처분 등을 하여야 한다(군인징계령 제19조제1항). 징계권자가 징계처분의 결정을 한 때에는 본인에게 지체 없이 징계처분서를 교부하여야 한다(국방부 군인·군무원 징계업무처리 훈령 제49조제1항). 그 경우 항고절차, 항고기간 등을 고지, 안내하여야 한다.

항고인은 징계처분장을 받은 날 또는 처분이 있은 것을 안 날부터 30일 이내(우편으로 제기한 때에는 발송 우체국의 소인일자를 기준으로 한다)에 항고서에 징계처분서 사본을 첨부하여 제출하여야 한다(국방부 군인·군무원 징계업무처리 훈령 제55조제1항). 따라서 징계처분일이 중요하다.

군인, 군무원의 경우 징계처분일은 ① 징계권자가 징계위원회로부터 의결서를 받은 날로부터 15일 이내에 처분한 일자(감경 또는 유예의 조치 포함)(국방부 군인·군무원 징계업무처리 훈령 제44조제1항, 제2항), ② 승인권자의 승인을 요하는 경우[13]에는 승인을 받은 날부터 15일 이내에 처분한 일자[14](다만, 출항한 함정에서 징계를 하고자 하는 경우 등 부득이한 사유로 15일 이내에 승인을 요청하기 어려운 때에는 그 사유가 해소된 날부터 15일 이내에 승인을 요청하여야 하므로 그 일자)(군인징계령 제19조제4항), ③ 징계권자가 인권담당 군법무관으로부터 적법성심사의 의견서를 통보받았을 때에는 그 날부터 15일 이내 처분한 일자(군인징계령 제19조제2항)이다.

다. 군내 성관련 사건 징계 절차

군내 성관련 사건의 절차는 양성평등기본법, 국방양성평등지원에관한훈령(국방부령), 각군 규정 등이 적용된다. 성범죄일 경우 원칙적으로 군사법원에 재판권이 없어 민간 수사기관이나 법원으로 이첩하여야 한다(군사법원법 제2조). 군사법원법 제2조제2항제1호에 규정된, '「군형법」 제1조제1항부터 제3항까지에 규정된 사람이 범한 「성폭력범죄의 처벌 등에 관한 특례법」 제2조의 성폭력범죄 및 같은 법 제15조의2

---

13) 군인사법 제58조제3항, 군무원인사법 제38조제2항
14) 국방부 군인·군무원 징계업무처리 훈령 제44조 ③ 징계위원회의 결정은 제1항의 조치에 의하여 효력을 갖는다. 다만, 법 제58조제3항에 따라 승인권자의 승인을 요하는 경우에는 그 승인을 받기 전까지는 효력이 없다.

의 죄, 「아동·청소년의 성보호에 관한 법률」 제2조제2호의 죄'가 그에 해당한다.

성관련 사건이 발생하면 각 군의 성고충예방대응센터가 주관하여 가해자, 피해자 분리조치를 먼저 한다. 이어 성고충심의위원회가 개최되어 형사사건, 징계사건, 불성립 등으로 결정한다. 징계의 경우, 징계권자는 성폭력등(성을 매개로 하여 군 기강문란, 부대 단결저해, 군 위상 실추를 초래하는 사고로서 성범죄, 성희롱, 성매매, 카메라 등을 이용한 타인의 신체 촬영 등을 말한다. 이하 같다) 사건의 경우(비행사실의 전부 또는 일부가 성폭력등 사건인 경우를 포함한다) 정당한 이유가 없는 한 징계의결을 요구하여야 하며, 징계위원회의 양정기준은 국방부 군인·군무원 징계업무처리 훈령 별표 3과 같다. 징계권자는 징계위원회의 의결이 징계양정기준에 비하여 경하다고 판단하는 경우에는 제53조[15])에 따른 심사 또는 재심사청구를 하여야 한다(국방부 군인·군무원 징계업무처리 훈령 제9조제1항).

성고충심의위원회에서 성희롱으로 판명된 경우 위 형사사건의 범주에 포함되지 않으므로 징계위원회에 회부하도록 건의될 수 있으나, 예컨대 성매매 건이라 하면(군사법원법 제2조제2항제1호에 규정된 범죄 모두 해당) 민간 수사기관과 법원에서의 재판이 종결될 때를 기다려 징계를 하게 되면 시간이 오래 걸려 해당자가 전역하는 경우가 생긴다. 그럴 경우 유사한 사건에서 징계를 받는 경우도 있고, 받지 않고 전역하는 경우도 발생해 형평성이 문제되므로 형사사건 종결 전에도 징계가 가능하도록 운영하고 있다. 성고충심의위원회에서도 변호사가 선임되어 변호할 수 있으나 성관련 사건의 경우 2차 가해 우려로 사실관계를 알리지 않아 실질적 변호에 어려움이 있을 수 있다.

라. 군판사에 대한 특칙

군판사에 대한 징계는 군판사인사위원회의 심의를 거친 후 「군인사법」에 따라 국방부장관이 한다(군사법원법 제29조). 군판사인사위원회는 국방부에 둔다(동법 제22조

---

15) 징계권자가 징계위원회의 의결이 가볍다고 인정되면 징계처분 등을 하기 전에 징계의결서를 송부받은 날로부터 15일 이내에 법무장교가 배치된 징계권자의 차상급 부대 또는 기관에 설치된 징계위원회(국방부에 설치된 징계위원회의 의결에 대하여는 그 징계위원회)에 심사 또는 재심사를 청구할 수 있는 절차.

의2제1항).

마. 불복제도 - 항고절차

(1) 제도

공무원 징계에서 불복하는 경우 소청심사위원회에, 교원의 경우 교원소청심사위원회에 각 소청심사를 청구할 수 있는 것처럼 군인, 군무원의 경우 항고심사위원회에 항고를 제기할 수 있다(군인사법 제60조). 군무원의 경우 군무원항고심사위원회라 한다(군무원인사법 제43조). 이처럼 군인, 군무원이 징계절차에 불복할 경우에는 항고심사위원회에 항고할 수 있도록 되어 있고, 징계처분등을 제외한 인사상 불이익 즉, 보직해임, 위법·부당한 전역, 제적 및 휴직 등에 대해서는 군(또는 군무원)인사소청심사위원회에 심사청구한다(군인사법 제50조, 군무원인사법 제34조).

(2) 절차

1) 항고심사위원회 설치

징계처분등에 대한 항고를 심사하기 위하여 장성급 장교가 지휘하는 징계권자의 차상급 부대 또는 기관에 항고심사위원회를 둔다. 다만, 국방부장관이 징계권자인 경우와 제60조제2항에 따라 국방부장관에게 항고한 경우에 이를 심사하기 위한 항고심사위원회는 국방부에 둔다. 항고심사위원회는 장교 5명 이상 9명 이내의 위원으로 구성한다. 이 경우 위원 중 1명은 군법무관이나 법률에 소양(素養)이 있는 장교로 하여야 한다. 항고심사위원회의 항고심사에 관하여는 그 성질에 반하는 경우 외에는 제58조의3의 위원의 제척·기피·회피 및 제59조의 징계절차 등의 조항을 준용한다(군인사법 제60조의2).

2) 관할, 항고기간

징계처분등을 받은 사람은 인권담당 군법무관의 도움을 받아 그 처분을 통지받은 날부터 30일 이내에 장성급 장교가 지휘하는 징계권자의 차상급 부대 또는 기관의 장에게 항고할 수 있다. 다만, 국방부장관이 징계권자이거나 장성급 장교가 지휘하는 징계권자의 차상급 부대 또는 기관이 없는 경우에는 국방부장관에게 항고할 수 있다(군인사법 제60조제1항).

3) 관할의 예외

제1항 본문에도 불구하고 중징계를 받은 장교 및 준사관은 국방부장관에게 항고할 수 있고, 중징계를 받은 부사관은 소속 참모총장에게 항고할 수 있다(제2항).

4) 방위사업청 소속 군인

방위사업청장이 징계권을 가지는 방위사업청 소속 군인이 징계처분등을 받은 경우에는 국방부장관에게 항고할 수 있다(제3항).

5) 징계처분대상자의 소속 변경

제1항 본문에 따른 항고를 할 때에 징계처분등을 받은 사람의 소속이 변경된 경우에는 항고 당시의 소속 부대나 소속 기관의 차상급 부대 또는 기관의 장에게 항고하여야 한다. 이 경우 차상급 부대 또는 기관의 장은 장성급 장교로서 징계처분등을 한 사람보다 상급자이어야 한다(제4항).

6) 의결

항고를 받은 국방부장관과 부대 또는 기관의 장은 제60조의2에 따른 항고심사위원회의 심사를 거쳐 원징계처분취소, 무효확인, 감경처분, 각하 및 기각 결정을 할 수 있다. 다만, 원징계처분보다 무겁게 징계하거나 원징계부가금 부과처분보다 무거운 징계부가금을 부과하는 결정을 하지 못한다(제6항).

제7절 | 검사/검찰 공무원

1. 제도적 특징

검사에 대한 징계에 필요한 사항은 검사징계법에서 별도로 규정하고 있다. 검찰직 공무원은 검사징계법의 적용대상이 아니므로 국가공무원법상의 징계 제도가 적용된다. 이하에서는 검사징계에 대해서만 서술한다.

검사징계법상의 몇 가지 특징을 보면, 1) 징계의 종류로 해임, 면직, 정직, 감봉 및 견책으로 구분한다(검사징계법 제3조).[16] 2) 징계 사건을 심의하기 위하여 법무부에 검사 징계위원회를 두고, 위원장 1명을 포함한 9명의 위원으로 구성하고, 예비위원 3명을 둔다(제4조). 3) 징계(징계부가금 포함) 심의는 검찰총장의 청구에 의하여 시작하나, 검찰총장에 대한 징계 및 징계부가금 부과는 법무부장관이 청구하여야 한다(제7조). 4) 법무부장관은 필요하다고 인정할 때에는 징계혐의자에게 직무 집행의 정지를 명할 수 있다(제8조제2항). 5) 징계위원회는 징계의 이유가 없다고 의결하였을 때에는 무혐의 의결할 수 있다(제21조).[17] 6) 검사에 대한 징계처분을 한 때에는 그 사실을 관보에 게재하여야 한다(제23조제2항).[18] 7) 위원회의 결정에 대해서는 소청심의위원회에 심의를 청구하는 제도가 없다.

2. 징계제도의 특징

가. 징계의 종류

1) 징계는 해임(解任), 면직(免職), 정직(停職), 감봉(減俸) 및 견책(譴責)으로 구분한다(법 제3조제1항). 정직은 1개월 이상 6개월 이하의 기간 동안 검사의 직무 집행을 정지시키고 보수를 지급하지 아니하는 것을 말한다. 감봉은 1개월 이상 1년 이하의 기간 동안 보수의 3분의 1 이하를 감액하는 것을 말한다. 견책은 검사로 하여금 직무에 종사하면서 그가 저지른 잘못을 반성하게 하는 것을 말한다.

헌법재판소는 검사에 대한 징계로서 면직처분을 인정한 것이 과잉금지원칙에 반하여 공무담임권을 침해하는지, 법관의 경우와 달리 검사에 대해서만 면직처분을 인정한 것이 평등원칙에 위배되는지, '면직' 부분이 명확성원칙에 위배되는지 여부에

---

16) 검찰청법 제37조는, '검사는 탄핵이나 금고 이상의 형을 선고받은 경우를 제외하고는 파면되지 아니하며, 징계처분이나 적격심사에 의하지 아니하고는 해임·면직·정직·감봉·견책 또는 퇴직의 처분을 받지 아니한다.'고 규정하여 검사는 법률이 정한 탄핵소추대상자의 하나로 정하고 있다.

17) 제21조의 무혐의 의결과 별도로 제18조 제3항은, '위원회는 징계 사유가 있으나 징계처분을 하지 아니하는 것이 타당하다고 인정되는 경우에는 불문(不問)으로 하는 결정을 할 수 있다.'고 규정하고 있다. 다른 공무원의 경우에는 명문 규정이 없으나 운용상 불문의결제도를 활용하고 있다.

18) 법관에 대한 징계처분 역시 관보에 게재하여야 한다(법관징계법 제26조제2항).

대해 모두 위배되지 아니한다고 판시하였다(헌법재판소 2011. 12. 29. 선고 2009헌바 282).

2) 경고처분

검찰총장의 경고처분은 가능하나 그 근거는 검사징계법에 따른 징계처분이 아니라 검찰청법 제7조 제1항, 제12조 제2항에 근거하여 검사에 대한 직무감독권을 행사하는 작용에 해당한다. 검사의 직무상 의무 위반의 정도가 중하지 않아 검사징계법에 따른 '징계사유'에는 해당하지 않더라도 징계처분보다 낮은 수준의 감독조치로서 '경고처분'을 할 수 있고, 법원은 그것이 직무감독권자에게 주어진 재량권을 일탈·남용한 것이라는 특별한 사정이 없는 한 이를 존중하는 것이 바람직하다(대법원 2021. 2. 10. 선고 2020두47564 판결).[19]

그렇다면 경고처분이 항고소송의 대상이 되는 행정처분에 해당하는가. 위 판결에서, '항고소송의 대상이 되는 행정처분이란 원칙적으로 행정청의 공법상 행위로서 특정 사항에 대하여 법규에 의한 권리의 설정 또는 의무의 부담을 명하거나 기타 법률상 효과를 발생하게 하는 등으로 일반 국민의 권리 의무에 직접 영향을 미치는 행위를 가리키는 것이지만, 어떠한 처분의 근거나 법적인 효과가 행정규칙에 규정되어 있다고 하더라도, 그 처분이 행정규칙의 내부적 구속력에 의하여 상대방에게 권리의 설정 또는 의무의 부담을 명하거나 기타 법적인 효과를 발생하게 하는 등으로 그 상대

---

19) A 검사가 자신이 조사하던 약품 거래 관련 사기 사건을 수사하던 중 압수수색 영장 청구서를 법원에 접수했는데, 당시 차장검사가 영장을 회수했고, A 검사는 당시 지검장이 사건 관계인의 변호인과 사법연수원 동기라며 감찰을 요청했다. 해당 검사장과 차장검사는 경고와 감봉 1월의 각 징계 처분을 받았다. 이후 대검찰청 감찰본부는 통합사무감사를 실시하고 A 검사에 대해 21건의 지적사항을 통보했다. 이를 근거로 검찰총장은 A 검사가 수사사무를 부적정하게 처리했다며 경고 처분을 내렸다. 이에 A 검사는 지적사항에 대한 이의신청을 했는데, 2건은 받아들여졌지만 19건은 받아들여지지 않았다. A 검사는 "차장검사 등의 감찰을 요구했다는 이유로 대검 감찰본부로부터 정기감사 뿐만 아니라 추가 감사까지 받았다며 "형평성에 어긋나는 무리한 감사로 받은 경고 처분은 부당하다며 경고처분취소소송을 제기했다. 1, 2심은 "검사의 개별 사건처리에 중대하거나 명백한 과오가 있어 검사징계법이 정한 징계사유에 해당하는 경우에만 대검 내부규정에 근거한 검찰총장의 경고 처분이 허용될 수 있다며 "A 검사에 대한 지적사항들은 경미한 과오에 지나지 않아 검사징계법상 징계사유에 해당하지 않는다며 원고승소 판결했다. 그러나 대법원은 원심을 파기하였고 파기환송심에서도 그대로 인정하여 1심판결을 취소하였다(서울고등법원 2021. 9. 30. 선고 2021누33953 판결).

방의 권리 의무에 직접 영향을 미치는 행위라면, 이 경우에도 항고소송의 대상이 되는 행정처분에 해당한다고 보아야 한다. 검사에 대한 경고조치 관련 규정을 위 법리에 비추어 살펴보면, 검찰총장이 사무검사 및 사건평정을 기초로 대검찰청 자체감사 규정 제23조 제3항, 검찰공무원의 범죄 및 비위 처리지침 제4조 제2항 제2호 등에 근거하여 검사에 대하여 하는 '경고조치'는 일정한 서식에 따라 검사에게 개별 통지를 하고 이의신청을 할 수 있으며, 검사가 검찰총장의 경고를 받으면 1년 이상 감찰 관리 대상자로 선정되어 특별관리를 받을 수 있고, 경고를 받은 사실이 인사자료로 활용되어 복무평정, 직무성과금 지급, 승진·전보인사에서도 불이익을 받게 될 가능성이 높아지며, 향후 다른 징계사유로 징계처분을 받게 될 경우에 징계양정에서 불이익을 받게 될 가능성이 높아지므로, 검사의 권리 의무에 영향을 미치는 행위로서 항고소송의 대상이 되는 처분이라고 보아야 한다.'라며 적극적으로 판단하였다.

나. 징계사유

1) 검사징계법 제2조는, 검사가 다음 각 호의 어느 하나에 해당하면 그 검사를 징계한다. 1.「검찰청법」제43조를 위반하였을 때, 2. 직무상의 의무를 위반하거나 직무를 게을리하였을 때, 3. 직무 관련 여부에 상관없이 검사로서의 체면이나 위신을 손상하는 행위를 하였을 때.

검찰청법 제43조(정치운동 등의 금지): 검사는 재직 중 다음 각 호의 행위를 할 수 없다. 1. 국회 또는 지방의회의 의원이 되는 일, 2. 정치운동에 관여하는 일, 3. 금전상의 이익을 목적으로 하는 업무에 종사하는 일, 4. 법무부장관의 허가 없이 보수를 받는 직무에 종사하는 일

2) 검사에 대한 징계사유로서 "검사로서의 체면이나 위신을 손상하는 행위를 하였을 때"를 규정하고 있는 것이 명확성원칙에 위배되는지에 대하여 헌법재판소는 "검사로서의 체면이나 위신을 손상하는 행위"의 의미는, 공직자로서의 검사의 구체적 언행과 그에 대한 검찰 내부의 평가 및 사회 일반의 여론, 그리고 검사의 언행이 사회에 미친 파장 등을 종합적으로 고려하여 구체적인 상황에 따라 건전한 사회통념에 의하여 판단할 수 있으므로 명확성원칙에 위배되지 아니한다고 보았다(위 헌법재

판소 2011. 12. 29. 선고 2009헌바282).

검사징계법 제2조 제3호가 정하는 징계사유인 '직무상의 내외를 막론하고 검사로
서의 체면이나 위신을 손상하는 행위를 하였을 때'라 함은 검사의 신분상의 의무로
서의 품위유지 의무에 반하는 것으로 주권자인 국민의 수임자로서 또는 국민에의 봉
사자인 직책을 다하는 공직자로서의 체면, 위신을 손상하는 데 직접적인 영향이 있
는 행위를 한 때를 말한다(서울고등법원 2000. 8. 22. 선고 99누13699 판결).[20]

다. 징계의결 요구

검사에 대한 징계(징계부가금 포함)의결요구권은 검찰총장에게 있다. 다만 검찰총
장에 대해서는 법무부장관이 가진다.

라. 징계혐의자에 대한 직무정지

검사징계법 제8조 ② 법무부장관은 필요하다고 인정할 때에는 징계혐의자에게 직
무 집행의 정지를 명할 수 있다. ③ 검찰총장은 해임, 면직 또는 정직 사유에 해당한
다고 인정되는 사유로 조사 중인 검사에 대하여 징계청구가 예상되고, 그 검사가 직
무 집행을 계속하는 것이 현저하게 부적절하다고 인정되는 경우에는, 법무부장관에
게 그 검사의 직무 집행을 정지하도록 명하여 줄 것을 요청할 수 있다. 이 경우 법
무부장관은 그 요청이 타당하다고 인정할 때에는 2개월의 범위에서 직무 집행의 정
지를 명하여야 한다. ④ 법무부장관은 제2항 또는 제3항에 따라 직무 집행이 정지된
검사에 대하여, 공정한 조사를 위하여 필요하다고 인정하는 경우에는 2개월의 범위

---

20) 검사가 외부에 자신의 상사를 비판하는 의견을 발표하는 행위는 그것이 비록 검찰조직의
개선과 발전에 도움이 되고, 궁극적으로 검찰권 행사의 적정화에 기여하는 면이 있다고 할
지라도, 국민들에게는 그 내용의 진위나 당부와는 상관없이 그 자체로 검찰 내부의 갈등으
로 비춰져, 검찰에 대한 국민의 신뢰를 실추시키는 요인으로 작용할 수 있는 것이고, 특히
그 발표 내용 중에 진위에 의심이 가는 부분이 있거나 그 표현이 개인적인 감정에 휩쓸려
지나치게 단정적이고 과장된 부분이 있는 경우에는 그 자체로 국민들로 하여금 검사 본인
은 물론 검찰조직 전체의 공정성·정치적 중립성·신중성 등에 대하여 의문을 갖게 하여 검
찰에 대한 국민의 신뢰를 실추시킬 위험성이 더욱 크다고 할 것이므로, 그러한 발표행위는
검사로서의 체면이나 위신을 손상시키는 행위로서 징계사유에 해당한다.

에서 다른 검찰청이나 법무행정 조사·연구를 담당하는 법무부 소속 기관에서 대기하도록 명할 수 있다.

검사에 대한 직무정지는 공무원에 대한 직위해제(국가공무원법 제73조의3)와 유사한 면이 있다. 직위해제처분에 대해서는 징계 등에서 요구되는 것과 같은 동일한 절차적 보장을 요구할 수는 없으나(대법원 2003. 10. 10. 선고 2003두5945 판결, 대법원 2013. 5. 9. 선고 2012다64833 판결, 헌법재판소 2006. 5. 25. 선고 2004헌바12 전원재판부 결정 등 참조), 직위해제처분 요건을 법제화하고 있고 처분사유 설명서를 해당 공무원에게 교부하도록 하고 있으며 이에 대해 소청심사청구를 할 수 있는 등의 절차적 보장이 강화되어 있으므로 처분의 사전통지 및 의견청취 등에 관한 행정절차법 제21조제1항, 제22조제3항의 규정이 별도로 적용되지 아니한다(대법원 2014. 5. 16. 선고 2012두26180 판결)고 판시하고 있다. 그에 비해 검사에 대한 직무정지는 요건도 법제화되어 있지 않으며 이에 대해 불복할 수 있는 제도가 마련되어 있지 않는 등 절차적 보장이 미흡하다. 심지어 공무원이 형사 사건으로 기소되었다는 이유만으로 직위해제처분을 할 수 없다(대법원 2017. 6. 8. 선고 2016두38273 판결)는 판례에 비추어도 어떠한 소명기회도 없이 직무정지를 명함은 적법절차원칙에 어긋난다.[21]

---

21) 법무부장관이 검찰총장 A에 대하여 검사징계위원회에 징계청구를 한 뒤 검사징계법 제8조 제2항에 따라 검찰총장의 직무 집행 정지를 명하자, A총장이 위 직무집행정지처분에 대한 집행정지 신청을 한 사안에서, 위 처분의 집행으로 A총장에게 생길 회복하기 어려운 손해를 예방하기 위한 긴급한 필요가 있고 달리 집행정지로 공공복리에 중대한 영향을 미칠 우려가 있다고 인정하기 어렵다는 이유로 위 처분의 효력을 정지한 사례(서울행정법원 2020. 12. 1.자 2020아13354 결정)에서, 법원은 '검사징계법 제8조 제2항은 법무부장관이 '필요하다고 인정할 때' 징계혐의자인 검사에게 그 직무 집행의 정지를 명할 수 있다고 규정하고 있다. 피신청인은 위 규정을 들어 피신청인의 직무 집행 정지의 권한이 '재량행위'에 해당한다거나, 이 사건 처분의 집행정지로 피신청인의 인사권이 제약을 받는다고 주장한다. 그러나 행정청에게 재량이 부여되어 있다고 하더라도 이는 일정한 한계를 가지고, 그 재량권의 일탈·남용은 사법심사의 대상이 된다. 나아가 앞서 살핀 검찰총장의 지위, 법무부장관과 검찰총장과의 관계 및 그 지휘·감독권의 성격에 비추어 볼 때, 그 직무 집행 정지 권한 행사의 대상이 '검찰총장'인 경우 그 재량권 행사는 더욱 예외적으로, 또한 보다 엄격한 요건 하에서 이루어져야 한다. 더불어 검찰총장이 대통령에 의해 임명되고 그 임명 과정에서 국회의 인사청문회를 통하여 검증이 이루어지는 것을 고려하면, 위 규정이 피신청인의 검찰총장에 대한 인사권으로까지 전횡되지 않도록 그 필요성이 더욱 엄격하게 숙고되어야 한다.'고 판단하였다.

마. 징계위원회

1) 구성

징계 사건을 심의하기 위하여 법무부에 검사 징계위원회를 둔다. 위원회는 위원장 1명을 포함한 9명의 위원으로 구성하고, 예비위원 3명을 둔다. 위원장은 법무부장관이 되고, 위원은 다음에 해당하는 사람을 법무부장관이 임명하거나 위촉한다. 1. 법무부차관, 2. 법무부장관이 지명하는 검사 2명, 3. 대한변호사협회장이 추천하는 변호사 1명, 4. 사단법인 한국법학교수회 회장과 사단법인 법학전문대학원협의회 이사장이 각각 1명씩 추천하는 법학교수 2명, 5. 학식과 경험이 풍부한 사람으로서 변호사의 자격이 없는 사람 2명. 이 경우 1명 이상은 여성이어야 한다.

2) 제척 · 기피 · 회피

이에 대한 설명은 이 책 제1편 제5절 2. 징계위원회 마 위원의 제척 · 기피 · 회피란에 상세하다.

3) 위원의 사전공개

징계위원회 위원을 징계위원회 개최 전에 징계대상자에게 공개하여야 하는지에 대해, 검사징계법에는 관련 규정이 없다. 다만 공무원징계령 제20조에는 징계위원회의 심의 의결의 공정성을 보장하기 위하여 "징계위원회의 회의에 참여할 또는 참여한 위원의 명단"을 비공개 하도록 하고 있다. 서울행정법원 2020. 12. 24. 2020아13601 결정(집행정지)에서, 법원은 검사징계위원회가 징계대상자에게 징계위원 명단을 사전에 공개하지 않은 것에 대해 "이 사건 징계위원회에 징계위원의 명단을 미리 공개할 의무가 있다고 볼 근거가 없고, 신청인은 징계위원회에 출석하여 징계위원이 누구인지 파악할 수 있었고, 실제로 기피신청권을 충분히 행사한 것으로 보인다."면서 절차하자를 인정하지 않았다. 다만 기피 등을 위해 명단에 대한 정보공개청구가 가능하므로 비록 사전 공개는 어렵다고 하더라도 사전에 정보공개를 통해 알 수는 있다고 할 것이다.

3. 근거법령

* 검사징계법, 국가공무원법

4. 절차상/소송상 특징

1) 검사징계법에는 징계혐의자가 징계처분에 대하여 불복할 경우 소청심사위원회에 청구할 수 있다는 규정이 없다. 따라서 불복할 경우 바로 행정소송을 제기할 수밖에 없다.

2) 검사징계법 제23조에 의하면 검사에 대한 견책의 징계처분은 해당 검사가 소속하는 검찰청의 검찰총장, 고등검찰청검사장 또는 지방검찰청검사장이 하고, 해임, 면직, 정직, 감봉의 징계처분은 법무부장관의 제청으로 대통령이 하도록 되어 있으므로, 만약 정직처분이 있는 경우 그 처분권자는 대통령이다. 그런데 국가공무원법 제16조에 의하면 공무원이 징계처분에 대하여 행정소송을 제기할 경우 소속 장관을 피고로 하도록 되어 있으므로, 소송에서는 법무부장관을 피고로 하되 대통령의 징계처분취소를 구하여야 한다(예컨대, 대통령이 2024. 5. 15. 원고에게 한 정직 3월의 징계처분을 취소한다). 실무에서는 착오로 법무부장관의 징계처분취소를 구하는 것으로 된 경우, 법원에서 대통령의 징계처분취소를 구하는 것으로 본 경우도 있다(서울고등법원 2014. 11. 6. 선고 2014누45361 판결).

제8절 │ 법관/법원공무원

1. 제도적 특징

법관에 대한 징계에 필요한 사항은 법관징계법에서 별도로 규정하고 있다. 법원직 공무원은 법관징계법의 적용대상이 아니므로 국가공무원법상의 징계 제도가 적용된다. 이하에서는 법관징계에 대해서만 서술한다.

법관징계법상의 몇 가지 특징을 보면, 1) 법관에 대한 징계처분은 정직·감봉·견책의 세 종류로 한다(제3조제1항).[22] 2) 법관에 대한 징계사건을 심의·결정하기 위하여 대법원에 법관징계위원회를 둔다(제4조제1항). 3) 위원회나 위원장은 필요하다고 인정할 때에는 제13조에 따라 심의를 개시하기 전에 예비심의를 할 것을 결정할수 있다(제11조제1항). 4) 검사징계와 동일하게 징계 사유가 인정되지 아니하는 경우에는 무혐의 결정을 할 수 있다(제24조제2호). 5) 징계등 처분에 대하여 불복하려는 경우에는 전심(前審) 절차를 거치지 아니하고 대법원에 징계등 처분의 취소를 청구하여야 한다(제27조제1항).

2. 징계제도의 특징

가. 징계의 종류 및 내용

법관에 대한 징계처분은 정직·감봉·견책의 세 종류로 한다. 정직은 1개월 이상 1년 이하의 기간 동안 직무집행을 정지하고, 그 기간 동안 보수를 지급하지 아니한다. 감봉은 1개월 이상 1년 이하의 기간 동안 보수의 3분의 1 이하를 줄인다. 견책은 징계 사유에 관하여 서면으로 훈계한다(이상 법 제3조). 파면·해임·면직 등 신분관계 자체를 변경시키는 중한 징계처분이 존재하지 않으며, 정직·감봉의 기간을 1년까지 가능하도록 하고 있다.[23]

한편 헌법 제65조는, 법관이 그 직무집행에 있어서 헌법이나 법률을 위배한 때에는 국회는 탄핵의 소추를 의결할 수 있다(제1항). 탄핵결정은 공직으로부터 파면함에 그친다(제4항)라고 규정하여 법관에 대해서는 비록 탄핵소추에 의하지만 파면이 적용된다.

---

22) 징계수단으로 면직을 추가하는 법관징계법개정법률안이 제출되기도 하였으나 통과되지 못하였다.

23) 법관에 대한 각종 수당을 규정한 '법관 및 법원공무원수당 등에 관한 규칙'을 2024. 5. 30. 개정하여, '평가 대상 기간 중 징계처분을 받은 법관에 대해서는 징계사유를 고려하여 직무성과금을 지급하지 않거나 지급액을 조정할 수 있다(제11조의8 제1항단서).'고 하여 종전 징계처분을 받은 법관에게도 직무성과금을 지급하는 잘못을 개선하였다.

나. 징계사유

법관에 대한 징계 사유로, 1. 법관이 직무상 의무를 위반하거나 직무를 게을리한 경우, 2. 법관이 그 품위를 손상하거나 법원의 위신을 떨어뜨린 경우(법 제2조)를 들고 있다. 검사징계법에서 징계사유로 열거한 1. 「검찰청법」 제43조를 위반하였을 때, 2. 직무상의 의무를 위반하거나 직무를 게을리하였을 때, 3. 직무 관련 여부에 상관없이 검사로서의 체면이나 위신을 손상하는 행위를 하였을 때(검사징계법제2조)와 유사하다.

법관에 대한 징계사유로 '법관이 그 품위를 손상하거나 법원의 위신을 실추시킨 경우'를 규정한 법관징계법 제2조 제2호가 명확성원칙과 과잉금지원칙에 위배되는지 여부에 대하여, 헌법재판소는 소극적으로 판단하였다(헌법재판소 2012. 2. 23. 선고 2009헌바34). 즉, '법관이 그 품위를 손상하거나 법원의 위신을 실추시킨 경우'란 '법관이 주권자인 국민으로부터 수임받은 사법권을 행사함에 손색이 없는 인품에 어울리지 않는 행위를 하거나 법원의 위엄을 훼손하는 행위를 함으로써 법원 및 법관에 대한 국민의 신뢰를 떨어뜨릴 우려가 있는 경우'로 해석할 수 있고, 위 법률조항의 수범자인 평균적인 법관은 구체적으로 어떠한 행위가 여기에 해당하는지를 충분히 예측할 수 있으므로, 명확성원칙에 위배되지 아니한다. 또 법관징계법 제2조 제2호가 '품위 손상', '위신 실추'와 같은 추상적인 용어를 사용하고 있기는 하나, 수범자인 법관이 구체적으로 어떠한 행위가 이에 해당하는지를 충분히 예측할 수 없을 정도로 그 적용범위가 모호하다거나 불분명하다고 할 수 없고, 법관이 사법부 내부 혁신 등을 위한 표현행위를 하였다는 것 자체가 위 법률조항의 징계사유가 되는 것이 아니라, 표현행위가 이루어진 시기와 장소, 표현의 내용 및 방법, 행위의 상대방 등 제반 사정을 종합하여 볼 때 법관으로서의 품위를 손상하거나 법원의 위신을 실추시킨 행위에 해당하는 경우에 한하여 징계사유가 되는 것이므로, 법관징계법 제2조 제2호는 그 적용범위가 지나치게 광범위하거나 포괄적이어서 법관의 표현의 자유를 과도하게 제한한다고 볼 수 없어 과잉금지원칙에 위배되지 아니 한다.[24]

---

24) 검사에 대한 징계사유로서 "검사로서의 체면이나 위신을 손상하는 행위를 하였을 때"를 규정하고 있는 것이 명확성원칙에 위배되는지 여부도 문제되었는데, 헌법재판소는 '공직자로서의 검사의 구체적 언행과 그에 대한 검찰 내부의 평가 및 사회 일반의 여론, 그리고 검사

법관에 대한 징계사유로 금품수수 등의 청렴성 위반의 비중이 높으나 직업의 성격상 이해관계 있는 사건의 취급, 정실재판, 사건 당사자와의 접촉 등 공정한 재판운영과 관련된 항목도 많고 특히 법관의 막말(사건관계자 무시 발언) 등의 비위도 인정된 바 있다.[25]

다. 징계청구

법관징계법에서는 국가공무원법상의 징계의결요구권을 징계청구권이라 표현한다. 위원회의 징계심의는 징계청구에 의하여 개시된다. 징계청구권자는 ① 대법원장, ② 대법관, ③ 해당 법관에 대하여 법원조직법에 따라 사법행정사무에 관한 감독권을 가지는 법원행정처장, 사법연수원장, 각급 법원장, 법원도서관장이다(법 제7조 제1항). 징계청구권자는 해당 법관에게 징계사유가 있다고 인정될 때 그에 관하여 조사할 수 있고, 그 결과 법관징계법 제2조의 어느 하나에 해당된다고 인정할 때에는 징계를 청구하여야 한다(법 제7조 제2항, 제3항). 징계의 청구는 위원회에 징계청구서를 제출하는 방식으로 한다(법 제7조 제4항).

라. 징계위원회

1) 구성: 법관에 대한 징계사건을 심의·결정하기 위하여 대법원에 법관징계위원회(이하 '위원회'라 한다)를 둔다. 위원회는 위원장 1명과 위원 6명으로 구성하고, 예비위원 3명을 둔다(법관징계법 제4조).

2) 위원장과 위원의 자격·임명 및 권한: 위원장은 대법원장이 대법관 중에서 임명하고, 위원은 법관 3명과 변호사, 법학교수, 그 밖에 학식과 경험이 풍부한 사람 중 각 1명을 대법원장이 각각 임명하거나 위촉한다(법 제5조 제1항). 예비위원은 법관

의 언행이 사회에 미친 파장 등을 종합적으로 고려하여 구체적인 상황에 따라 건전한 사회통념에 의하여 판단할 수 있으므로 명확성원칙에 위배되지 아니한다.'고 결정하였다(헌법재판소 2011. 12. 29. 선고 2009헌바282).

25) 2014. 2. 말까지 20년간 법관 및 검사에 대한 징계사례를 분석한 논문으로, 박준, "법관·검사 징계사례에 관한 연구"『서울대학교 法學』제55권 제2호 2014년 6월.

중에서 대법원장이 임명한다(법 제5조 제2항). 위원장·위원 및 예비위원의 임기는 각각 3년으로 한다(법 제5조 제3항). 위원장은 위원회의 사무를 총괄하고 회의를 소집하며, 의결할 때 표결권을 가진다(법 제5조 제4항).

3) 예비심의: 위원회나 위원장은 필요하다고 인정할 때에는 징계심의를 개시하기 전에 예비심의를 할 것을 결정할 수 있고, 이 경우에는 위원장이 위원 중에서 예비심의위원을 지명한다. 예비심의 절차에 관하여는 그 성질에 반하지 아니하는 범위에서 본 징계심의에 관한 규정(법 제12조 내지 제17조, 제19조 및 제22조)을 준용한다(법 제11조).

마. 징계집행

대법원장은 위원회의 결정에 따라 징계처분을 하고, 이를 집행한다. 대법원장은 징계처분을 하였을 때에는 이를 관보에 게재한다(법 제26조).

3. 근거법령

1) 법관징계법

2) 법관징계규칙(대법원규칙)

3) 법원 감사위원회 규칙(대법원규칙)

4. 절차적 특징

가. 징계결정

징계 사유가 있고 이에 대하여 징계등 처분을 하는 것이 타당하다고 인정되는 경우, 징계 사유의 경중(輕重), 피청구인의 근무성적, 공적(功績), 뉘우치는 정도, 그 밖의 여러 사정을 종합하여 그에 합당한 징계등 처분을 하는 결정을 내린다. 다만, 징계등 처분을 하지 아니하는 것이 타당하다고 인정되는 경우에는 불문(不問)으로 하는 결정을 할 수 있다(법 제24조제1호). 징계 사유가 인정되지 아니하는 경우에는 무혐의 결정을 할 수 있다(제2호). 이는 검사징계제도와 같다.

나. 불복절차

법 제27조 ① 피청구인이 징계등 처분에 대하여 불복하려는 경우에는 징계등 처분이 있음을 안 날부터 14일 이내에 전심(前審) 절차를 거치지 아니하고 대법원에 징계등 처분의 취소를 청구하여야 한다. ② 대법원은 제1항의 취소청구사건을 단심(單審)으로 재판한다.

<u>법관에 대한 징계처분 취소청구소송을 대법원의 단심재판에 의하도록 한 법관징계법 제27조가 헌법상 재판청구권을 침해하여 위헌인지 여부</u>에 대하여, 헌법재판소는 '이는 독립적으로 사법권을 행사하는 법관이라는 지위의 특수성과 법관에 대한 징계절차의 특수성을 감안하여 재판의 신속을 도모하기 위한 것으로 그 합리성을 인정할 수 있고, 대법원이 법관에 대한 징계처분 취소청구소송을 단심으로 재판하는 경우에는 사실확정도 대법원의 권한에 속하여 법관에 의한 사실확정의 기회가 박탈되었다고 볼 수 없으므로, 헌법 제27조 제1항의 재판청구권을 침해하지 아니한다.' 동시에 법관징계법 제27조가 징계처분 취소청구소송에 있어서 법관을 다른 전문직 종사자와 차별취급하여 헌법상 평등권을 침해하는지 여부에 대하여, '법관징계법 제27조는 법관에 대한 징계처분 취소청구소송을 다른 전문직 종사자와 달리 대법원의 단심재판에 의하도록 하여 법관을 차별취급하고 있으나, 법관에 대한 징계의 심의·결정이 준사법절차(법관징계법 제14조, 제16조)를 거쳐서 이루어지는 점, 법관에 대한 징계의 경우 파면·해임·면직 등 신분관계 자체를 변경시키는 중한 징계처분이 존재하지 않는 점, 법관은 독립적으로 사법권을 행사하는 자로서 그 지위를 조속히 안정시킬 필요가 있는 점, 법관에 대한 징계처분 취소청구소송은 피징계자와 동일한 지위를 가진 법관에 의하여 이루어질 수밖에 없는 점 등을 고려하면, 이러한 차별취급에는 합리적인 근거가 있으므로 평등권을 침해하지 아니한다.'고 판시하였다(헌법재판소 2012. 2. 23. 선고 2009헌바34).

5. 도표 정리

구분	내용	비고
징계청구권자	① 대법원장 ② 대법관 ③ 해당 법관에 대하여 사법행정사무에 관한 감독권을 가지는 법원행정처장, 사법연수원장, 각급 법원장, 법원도서관장	
징계의결기관	법관징계위원회(대법원)	
징계사유	① 직무상 의무를 위반하거나 직무를 게을리한 경우 ② 법관이 그 품위를 손상하거나 법원의 위신을 떨어뜨린 경우	
처분의 종류 및 효과	① 정직(1개월~1년 직무집행 정지 및 보수 미지급) ② 감봉(1개월~1년 보수의 1/3 이하 감액) ③ 견책(징계사유에 관하여 서면으로 훈계)	- 탄핵에 의한 파면 - 불문/무혐의 가능
불복방법	취소소송 제기 가능 (대법원 단심제)	

제9절 │ 국회의원/국회 공무원

1. 국회의원의 윤리규범 및 윤리 심사제도

국회의원에게는 헌법 및 국회법 등에서 광범위한 권한과 특권을 부여하면서 동시에 헌법상 청렴 의무(제46조 제1항), 국익 우선의 의무(제46조 제2항), 지위 남용 금지(제46조 제3항), 그리고 법률에 따른 겸직 금지 의무 등을, 국회법상 겸직 및 영리업무 종사 금지(제29조 및 제29조2), 본회의 및 위원회 출석, 회의 질서 유지, 다른 의원의 명예를 훼손하거나 언론 활동을 방해하지 않을 의무 등을 부여하고 있다. 이외에도 국회의원 윤리강령 및 윤리 실천 규범에서 구체적 준수 사항을 제시하고 있다.

국회의원의 윤리 심사와 관련하서는, 징계 심사는 윤리특별위원회에서(제156조),

겸직 신고 및 영리 활동 심사제도(국회법 제29조 및 제29조의2), 사적 이해관계 등록 및 이해 충돌심사제도(국회법 제32조의2 및 제32조의3)는 윤리심사자문위원회에서, 해외 출장 심사제도는 국외 활동 심사위원회에서, 재산 심사는 국회 공직자윤리위원회에서, 주식백지신탁 직무 관련성 심사는 인사혁신처 주식백지신탁심사위원회에서 각 담당하는 등 제도가 산재하여 있다.

연혁적으로 보면, 1991년에 '국회의원 윤리 강령'과 '국회의원 윤리 실천 규범'이 제정되었고, 윤리 특별 위원회에서 의원의 징계안을 심사하도록 하는 '국회법' 개정이 이루어졌다. 국회의원 윤리 강화 방안 중 하나로, 국회의원 윤리특별위원회의 제 식구 감싸기 문제를 해소하는 방안으로 윤리특별위원회와 분리되는 별도의 윤리 심의 기구의 도입이 강력하게 주장되었고, 그 결과, 2005년 윤리심사자문위원회가 도입 되었으며, 제18대 국회 시기인 2010년에는 법적으로 규정되었다. 그러나 이 위원회는 국회의원의 윤리적 행위를 감시하는 주요 기관이지만, 결정적으로 제소권을 가지지 못하고 있으며, 조사권도 부족해 실질적으로 국회의원 윤리심사자문위의 윤리 심사가 징계 조치로 이어지지 못한다는 데에 근본적인 한계가 있다.[26]

2. 제도적 특징

국회의원에 대한 징계에 대해서는 국회법에서 규정한다. 국회공무원에 대한 징계는 국가공무원법 및 공무원징계령 등의 법령이 적용된다. 이하에서는 국회의원의 징계에 대해서 살펴보고 말미에 국회공무원에 대한 특칙을 별도 항목으로 정리하기로 한다.

국회법상의 징계제도에 대한 몇 가지 특징을 보면, 1) 징계요구의 채널을 다양화하고 있다(제156조). 2) 징계사유를 상세히 명문화하고 있다(제155조). 3) 징계의 종류로 공개회의에서의 경고, 공개회의에서의 사과, 30일 또는 90일이내의 출석정지, 제명(除名)이 있다(국회법 제163조).[27] 4) 국회의원이 징계사유에 해당하는 행위를 하였을 때에는 윤리특별위원회의 심사를 거쳐 국회의 의결로써 징계하고, 윤리특별위

---

26) 서휘원, "국회의원 윤리제도 개선: 윤리조사와 징계 절차의 통합을 중심으로" 국회입법조사처 "입법과 정책", 제16권 제1호 2024. 4. 30.
27) 징계벌은 아니나, 헌법재판소의 해산결정으로 정당이 해산되는 경우 그 정당 소속 국회의원의 의원직은 당선 방식을 불문하고 모두 상실된다(헌법재판소 2014. 12. 19. 선고 2013헌다1).

원회는 의원의 징계에 관한 사항을 심사하기 전에 윤리심사자문위원회의 의견을 청취하여야 한다(제46조). 5) 징계위원회의 기능을 윤리특별위원회가 행하되, 윤리특별위원회가 징계하지 않기로 의결하면 의장은 본회의에 보고하면 되나, 징계하기로 보고서를 받으면 본회의에 부의하여 의결하여야 한다(제162조).[28]

3. 징계제도의 특징

가. 징계절차의 개관

(1) 절차

헌법 제64조 2항은 "국회는 의원의 자격을 심사하며, 의원을 징계할 수 있다"고 규정하고 있다. 국회의원이 징계사유에 해당하는 행위를 하였을 때에는 윤리특별위원회(국회법 제46조)의 심사를 거쳐 그 의결로써 징계한다.[29] 다만 윤리특별위원회는 의원의 징계에 관한 사항을 심사하기 전에 윤리심사자문위원회(국회법 제46조의2)의 의견을 청취하여야 한다. 이 경우 윤리특별위원회는 윤리심사자문위원회의 의견을 존중하여야 한다. 윤리특별위원회는 징계에 관한 사항을 분담·심사하기 위하여 징계심사소위원회를 둘 수 있다(윤리특별위원회 운영 등에 관한 규칙, 제4조). 윤리특별위원회는 필요할 때에는 징계심사대상 의원을 출석하게 하여 심문할 수 있고(국회법 제141조 제1항), 징계심사대상 의원은 위원회의 허가를 받아 출석하여 발언할 수 있다. 이 경우 징계심사대상 의원은 다른 의원으로 하여금 출석하여 발언하게 할 수 있다(국회법 제141조 제2항). 이와 별도로 윤리특별위원회는 징계대상자와 관계 의원을 출석하게 하여 심문할 수 있도록 하고 있다(제159조). 위원장은 위원회가 국회법 제141조제1항 및 제159조의 규정에 의한 심문을 하고자 할 때에는 출석요구서를 늦어도

---

28) 국회의원의 품위를 상실한 모욕적 언사, 가상자산 투자 등 재산형성의 문제, 소관 상임위 관련 주식 보유, 당리당략에 얽매인 권한 남용 등 다양한 윤리적 문제로 국민의 신뢰를 상실하고 민주주의 가치를 훼손하고 있다는 비판이, 위 징계제도의 잘못에서 비롯되는 면도 있다. 그 개선이 필요하다.

29) 다만, 의원이 국회법 제155조 제10호에 해당하는 행위를 하였을 때에는 윤리특별위원회의 심사를 거치지 아니하고 국회의 의결로써 징계할 수 있다. 제10호는, '국회법 제148조의2를 위반하여 의장석 또는 위원장석을 점거하고 점거 해제를 위한 국회법 제145조에 따른 의장 또는 위원장의 조치에 따르지 아니하였을 때'이다.

개회일 3일전까지 송달하여야 한다. 윤리특별위원회는 심사보고서를 의장에게 제출하고, 의장은 윤리특별위원회로부터 징계에 대한 심사보고서를 접수하였을 때에는 지체 없이 본회의에 부의하여 의결하여야 한다. 다만, 의장은 윤리특별위원회로부터 징계를 하지 아니하기로 의결하였다는 심사보고서를 접수하였을 때에는 지체 없이 본회의에 보고하여야 한다(제162조).

(2) 도표

이상을 도식화하면 아래와 같다.

절차	기구	비고
징계요구	국회의장, 위원장, 위원, 모욕당한 의원, 윤리특별위원회 위원(장)	제156조
자문기구	윤리심사자문위원회	제46조의2제1항
징계심사 (징계여부 및 종류 결정)	윤리특별위원회	제155조
최종결정(징계의결)	본회의	제162조

(3) 문제점

1) 윤리심사자문위원회가 윤리특별위원회에 징계요청할 수 있으나 말 그대로 자문에 그쳐 그 실효성이 부족하다.

2) 윤리심사자문위원회의 조사권한, 조사절차 등에 대한 징계조사 기준이 불명확하다.

3) 윤리특별위원회의 징계처리 기간이 불명확하다.

나. 징계의 종류 및 선포

1) 국회법 제163조(징계의 종류와 선포) ① 제155조에 따른 징계의 종류는 다음과 같다. 1. 공개회의에서의 경고, 2. 공개회의에서의 사과, 3. 30일(제155조제2호 또는

제3호에 해당하는 행위를 한 의원에 대한 징계는 90일) 이내의 출석정지. 이 경우 출석정지기간에 해당하는 「국회의원의 보좌직원과 수당 등에 관한 법률」에 따른 수당·입법활동비 및 특별활동비(이하 "수당등"이라 한다)는 2분의 1을 감액한다. 4. 제명(除名)

② 제1항에도 불구하고 제155조제8호·제10호 또는 제11호에 해당하는 행위를 한 의원에 대한 징계의 종류는 다음과 같다. 1. 공개회의에서의 경고 또는 사과. 이 경우 수당등 월액의 2분의 1을 징계 의결을 받은 달과 다음 달의 수당등에서 감액하되, 이미 수당등을 지급한 경우에는 감액분을 환수한다. 2. 30일 이내의 출석정지. 이 경우 징계 의결을 받은 달을 포함한 3개월간의 수당등을 지급하지 아니하되, 이미 수당등을 지급한 경우에는 전액 환수한다.

조문	징계사유	절차	징계의 종류
제155조	1. 헌법 제46조제1항 또는 제3항을 위반 2. 제29조의 겸직 금지 규정을 위반 3. 제29조의2의 영리업무 종사 금지 규정을 위반 3의2. 제32조의2제1항 또는 제2항에 따른 사적 이해관계의 등록·변경등록을 하지 아니하거나 등록·변경등록 사항을 고의로 누락 또는 허위로 제출 3의3. 제32조의4제1항에 따른 이해충돌의 신고 규정을 위반 3의4. 제32조의5제1항에 따라 표결 및 발언을 회피할 의무가 있음을 알면서 회피를 신청하지 아니하였을 때 4. 제54조의2제2항을 위반 5. 제102조를 위반하여 의제와 관계없거나 허가받은 발언의 성질과 다른 발언을 하거나 이 법에서 정한 발언시간의 제한 규정을 위반하여 의사진	옆 하나에 해당하는 행위를 하였을 때, 윤리특별위원회의 심사 거쳐 그 의결로써 징계할 수 있다. 다만, 제10호에 해당하는 행위를 하였을 때에는 윤리특별위원회의 심사를 거치지 아니하고 그 의결로써 징계할 수 있다.	1. 공개회의에서의 경고 2. 공개회의에서의 사과 3. 30일(제155조제2호 또는 제3호에 해당하는 행위를 한 의원에 대한 징계는 90일) 이내의 출석정지(출석정지기간에 해당하는 「국회의원의 보좌직원과 수당 등에 관한 법률」에 따른 수당·입법활동비 및 특별활동비는 2분의 1을 감액). 4. 제명(除名)

행을 현저히 방해하였을 때 6. 제118조제3항을 위반하여 게 재되지 아니한 부분을 다른 사람에게 열람하게 하거나 전 재 또는 복사하게 하였을 때 7. 제118조제4항을 위반하여 공 표 금지 내용을 공표하였을 때 9. 제146조를 위반하여 본회의 또는 위원회에서 다른 사람 을 모욕하거나 다른 사람의 사생활에 대한 발언을 하였 을 때 12. 정당한 이유 없이 국회 집 회일부터 7일 이내에 본회 의 또는 위원회에 출석하 지 아니하거나 의장 또는 위원장의 출석요구서를 받 은 후 5일 이내에 출석하 지 아니하였을 때 13. 탄핵소추사건을 조사할 때 「국정감사 및 조사에 관한 법률」에 따른 주의의무를 위반하는 행위를 하였을 때 14. 「국정감사 및 조사에 관한 법률」 제17조에 따른 징계 사유에 해당할 때 15. 「공직자윤리법」 제22조에 따른 징계사유에 해당할 때 15의2.「공직자의 이해충돌 방 지법」을 위반하였을 때		
8. 제145조제1항에 해당되는 회의장의 질서를 어지럽히 는 행위를 하거나 이에 대 한 의장 또는 위원장의 조 치에 따르지 아니하였을 때 10. 제148조의2를 위반하여 의 장석 또는 위원장석을 점거		1. 공개회의에서의 경고 또는 사과(수당등 월액의 2분의 1을 징계 의결을 받은 달과 다음 달의 수당등에서 감액 하되, 이미 수당등을 지급한 경우에는 감액분을 환수). 2. 30일 이내의 출석정지(징계

하고 점거 해제를 위한 제145조에 따른 의장 또는 위원장의 조치에 따르지 아니하였을 때 11. 제148조의3을 위반하여 의원의 본회의장 또는 위원회 회의장 출입을 방해		의결을 받은 달을 포함한 3개월간의 수당등을 지급하지 아니하되, 이미 수당등을 지급한 경우에는 전액 환수). 3. 제명

2) 제명 관련: 제명이 의결되지 아니하였을 때에는 본회의는 다른 징계의 종류를 의결할 수 있다(제163조제4항).

제명된 사람의 입후보 제한: 징계로 제명된 사람은 그로 인하여 궐원된 의원의 보궐선거에서 후보자가 될 수 없다(제164조).

3) 선포: 징계를 의결하였을 때에는 의장은 공개회의에서 그 사실을 선포한다(제5항).

다. 불복절차

헌법 제64조 ① 국회는 법률에 저촉되지 아니하는 범위 안에서 의사와 내부규율에 관한 규칙을 제정할 수 있다. ② 국회는 의원의 자격을 심사하며, 의원을 징계할 수 있다. ③ 의원을 제명하려면 국회재적의원 3분의 2 이상의 찬성이 있어야 한다. ④ 제2항과 제3항의 처분에 대하여는 법원에 제소할 수 없다.

헌법 제64조 제4항에 대해, 국회의원의 징계처분이나 제명처분에 대한 「법원에 제소금지」라는 문언을 확장 해석하여 「헌법재판소까지 제소 금지」로 해석하는 견해와 「법원에 대해 제소할 수 없다」는 문언에 국한되고 헌법재판소에는 제소할 수 있다는 견해로 대립된다. 전자는, 국민의 대표기관인 국회가 제정한 법률을 위헌무효로 판시하는 것은 비민주적이다, 권력분립설의 입장에서 고도의 정치성을 지닌 입법부의 행위를 사법기관이 관여하여 심사하기에 부적합한 것이다, 원칙적으로 사법심사의 대상으로 삼지 않겠다는 것이 헌법제정권자의 취지로 보아야 한다는 등의 논거를 제시한다. 이에 반해 후자는, 부당한 다수에 의한 소수자 보호를 위해서 사법적 판단이 필요하다, 법원에 제소할 수 없다하여 헌법재판소에서 다툴 수 없다는 해석의 명확한 근거가 부족하다, 국회의 자율권은 헌법 및 법률에의 기속이라는 한계를 가지고 이 한계를 일탈한 경우 헌재 등에 의한 사법심사의 대상이 된다는 등의 논거를 들고 있다.

헌법재판소는 헌재 1997. 7. 16. 96헌라2 결정에서 종전 의견을 변경하여 국회의원이 권한쟁의심판의 청구인이 될 수 있다고 하였다. 즉, 헌법재판소법 제62조 제1항 제1호가 국가기관 상호간의 권한쟁의심판을 "국회, 정부, 법원 및 중앙선거관리위원회 상호간의 권한쟁의심판"이라고 규정하고 있더라도 이는 한정적, 열거적인 조항이 아니라 예시적인 조항이라고 해석하는 것이 헌법에 합치되므로 이들 기관외에는 권한쟁의심판의 당사자가 될 수 없다고 단정할 수 없다. 헌법 제111조 제1항 제4호 소정의 "국가기관"에 해당하는지 여부는 그 국가기관이 헌법에 의하여 설치되고 헌법과 법률에 의하여 독자적인 권한을 부여받고 있는지, 헌법에 의하여 설치된 국가기관 상호간의 권한쟁의를 해결할 수 있는 적당한 기관이나 방법이 있는지 등을 종합적으로 고려하여야 할 것인바, 이러한 의미에서 국회의원과 국회의장은 위 헌법조항 소정의 "국가기관"에 해당하므로 권한쟁의심판의 당사자가 될 수 있다.

한편 헌법재판소 2020. 5. 27. 선고 2019헌라1에서, '헌법 제64조는 국회가 법률에 저촉되지 아니하는 범위 안에서 의사와 내부규율에 관한 규칙을 제정할 수 있고, 국회의원의 자격심사·징계·제명에 관하여 자율적 결정을 할 수 있음을 규정하여 국회의 자율권을 보장하고 있다. 그렇다면 국회의장이 위원회의 위원을 선임·개선하는 행위는 국회가 그 자율권에 근거하여 내부적으로 회의체 기관을 구성·조직하는 행위로서, 국회가 그 기능을 민주적이고 효율적으로 수행하기 위해서 다른 국가기관의 간섭을 받지 아니하고 광범위한 재량에 의하여 자율적으로 정할 수 있는 고유한 영역에 속한다. 그러므로 이 사건 개선행위가 청구인의 권한을 침해하는지 여부를 판단할 때 헌법이나 법률을 명백히 위반한 흠이 있는지를 심사하는 것으로 충분하다.'고 판시하여, 국회의 자율권에 대해서 권한쟁의심판으로 다툴 수 있고 그 경우 헌법이나 법률을 명확히 위반한 점이 있는지가 판단기준이 됨을 밝혔다.

4. 근거법령

1) 국회법

2) 윤리특별위원회 운영 등에 관한 규칙

5. 국회공무원에 대한 징계

가. 관련근거

국가공무원법, 국회인사규칙(국회규칙), 징계 · 소청 및 고충처리에 관한 규정(국회규정).

나. 징계규정

국회공무원에 대한 징계에 대해서는 국회규칙인 '국회인사규칙'에서 규정하고 있다.

1) 징계위원회의 종류 및 관할(규칙 제54조): ① 징계위원회는 중앙징계위원회와 보통징계위원회로 구분한다. ② 중앙징계위원회는 5급 이상 공무원, 연구관, 전문경력관 가군, 5급 이상 공무원에 상당하는 전문임기제공무원(시간제전문임기제공무원을 포함한다) 및 5급 이상 공무원의 보수에 상응하는 별정직공무원의 징계 또는 징계부가금(이하 "징계등"이라 한다) 사건을 심의 · 의결한다. ③ 보통징계위원회는 6급 이하 공무원, 연구사, 전문경력관 나군 이하, 6급 이하 공무원에 상당하는 전문임기제공무원(시간제전문임기제공무원을 포함한다), 한시임기제공무원 및 6급 이하 공무원의 보수에 상응하는 별정직공무원의 징계등 사건을 심의 · 의결한다. ④ 상하직위가 관련된 징계등 사건은 제2항과 제3항의 규정에 불구하고 그중 최상위직에 있는 자의 관할 징계위원회에서 심의 · 의결한다.

2) 징계위원회의 설치(규칙 제55조): 중앙징계위원회는 국회사무처에, 보통징계위원회는 국회사무처 · 국회도서관 · 국회예산정책처 및 국회입법조사처에 각각 둔다.

3) 별정직공무원(국가공무원법 제2조제3항제2호)(규칙 제56조)에 대한 징계: 국가공무원법상의 징계조항이 적용되나, 국가공무원법 제80조제1항 및 제2항의 강등조항은 제외한다.

4) 직권면직에 대한 동의 등(규칙 제57조): 국가공무원법 제70조제2항에 따라 임용권자가 직권면직에 대한 징계위원회의 의견을 들어야 하는 경우 또는 동의를 받아

야 하는 경우에는 이 규칙에 따른 징계절차와 징계위원회의 관할에 관한 규정을 준용한다.

5) 위임규정(규칙 제58조): 징계위원회의 구성·절차·운영, 기타 필요한 사항은 따로 규정으로 정한다. '징계·소청 및 고충처리에 관한 규정'이 있다.

다. 불복절차

공무원의 소청에 관한 사항을 심사·결정하기 위하여 국회사무처에 소청심사위원회를 둔다. 소청심사위원회는 위원장 1인을 포함한 위원 5인 이상 7인 이내의 비상임위원으로 구성한다(규칙 제59조). 소청심사위원회의 심사청구절차·운영 기타 필요한 사항은 따로 규정으로 정한다(규칙 제61조). 이에 따라 '징계·소청 및 고충처리에 관한 규정'에서 상세히 정하고 있다.

제10절 | 기타 — 헌법재판소, 선거관리위원회 등

1. 헌법재판소

가. 징계제도

(1) 특징

헌법재판관에 대한 징계절차는 없다.[30] 다만 헌법 제112조제3항은, '헌법재판소 재판관은 탄핵 또는 금고 이상의 형의 선고에 의하지 아니하고는 파면되지 아니한다.'고 하여 신분보장을 하고 있다. 선거관리위원도 같은 수준이다.

헌법재판소 공무원 규칙에 의하면, 헌법연구관이나 헌법재판소 공무원에 대한 징계제도는 국가공무원법을 근간으로 마련하고 있다. 이하에서는 헌법재판소 공무원에

---

30) 2022. 12. 8. 국회에서 '헌법재판소 투명성 강화법안'이 발의되어 헌법재판관의 징계 절차를 신설하는 내용을 담고 있었다. 그러나 통과되지 못한 채 회기종료로 폐기되었다.

국한하여 설명한다.

(2) 근거규정

국가공무원법, 헌법재판소 공무원 규칙(헌법재판소규칙). 헌법재판소 공무원 규칙이 1999. 7. 1. 개정되면서 종전 헌법재판소징계 · 소청및고충처리규칙은 폐지되었다.

(3) 징계위원회 설치(헌법재판소 공무원 규칙 제104조)

헌법재판소에 헌법연구관징계위원회를, 사무처에 고등징계위원회와 보통징계위원회를 둔다. 헌법연구관징계위원회는 헌법연구관의 징계 또는 법 제78조의2에 따른 징계부가금(이하 "징계등"이라 한다)사건을 심의 · 의결한다. 고등징계위원회는 5급 이상 공무원, 연구관, 전문경력관 가군, 나급 이상인 전문임기제공무원 및 시간선택제 전문임기제공무원(이하 "5급 이상 공무원등"이라 한다)의 징계등 사건을 심의 · 의결한다. 보통징계위원회는 6급 이하 공무원등의 징계등 사건을 심의 · 의결한다.

(4) 징계의결등의 요구(규칙 제107조)

국가공무원법 제78조제1항 · 제4항 및 제78조의2제1항에 따라 헌법연구관 및 5급 이상 공무원등에 대해서는 헌법재판소장이, 6급 이하 공무원등에 대해서는 사무처장이 관할 징계위원회에 징계의결 또는 징계부가금 부과 의결(이하 "징계의결등"이라 한다)을 요구하여야 한다.

나. 불복절차

공무원이 징계처분을 받은 경우 소청심사위원회에 심사를 청구할 수 있다. 소청심사위원회는 헌법재판소사무처에 둔다(국가공무원법 제9조). 소청심사위원회에 간사 1명을 둔다. 소청심사위원회의 간사는 4급 이상 공무원 중에서 사무처장이 임명한다. 간사는 위원장의 명을 받아 소청에 관한 기록이나 그 밖의 서류의 작성과 보관에 관한 사무를 처리한다.

2. 선거관리위원회

가. 징계제도

(1) 특징

• 헌법 제114조제5항은, '위원은 탄핵 또는 금고 이상의 형의 선고에 의하지 아니하고는 파면되지 아니한다.'고 하고, 선거관리위원회법 제9조는 다음처럼 규정한다. 각급선거관리위원회의 위원은 다음 각호의 1에 해당할 때가 아니면 해임·해촉 또는 파면되지 아니한다. 1. 정당에 가입하거나 정치에 관여한 때, 2. 탄핵결정으로 파면된 때, 3. 금고이상의 형의 선고를 받은 때, 4. 정당추천위원으로서 그 추천정당의 요구가 있거나 추천정당이 국회에 교섭단체를 구성할 수 없게 된 때와 국회의원선거권이 없음이 발견된 때, 5. 시·도선거관리위원회의 상임위원인 위원으로서 국가공무원법 제33조 각호의 1에 해당하거나 상임위원으로서의 근무상한에 달하였을 때.

• 중앙선거관리위원회는 대통령이 임명하는 3인, 국회에서 선출하는 3인과 대법원장이 지명하는 3인의 위원으로 구성한다(선거관리위원회법 제4조제1항 전문). 시·도선거관리위원회 등 각급선거관리위원의 위촉은 위 법 제4조에서 규정하고 있다. 각급 선거관리위원회에 위원장 1인을 두고, 위원장은 당해 선거관리위원회위원 중에서 호선한다(제5조). 중앙선거관리위원회와 시·도선거관리위원회에 위원장을 보좌하고 그 명을 받아 소속 사무처의 사무를 감독하게 하기 위하여 각 1인의 상임위원을 두되, 중앙선거관리위원회의 상임위원은 위원 중에서 호선한다(제6조). 중앙선거관리위원회의 상임위원은 정무직으로 하고(제12조제2항), 사무총장(제15조제4항) 및 사무차장(제15조제6항)도 각 정무직으로 한다. 각급선거관리위원회위원 중 상임이 아닌 위원은 명예직으로 한다(제12조제1항). 시·도선거관리위원회의 상임위원은 1급인 일반직국가공무원으로서 「국가공무원법」 제26조의5에 따른 임기제공무원으로 한다(제12조제2항 후문). 이처럼 정무직 또는 명예직에 대하여는 국가공무원법상의 징계대상이 아니다.

선거관리위원회 소속 공무원에 대해서는 국가공무원법상의 징계대상이고 「선거관리위원회 공무원 규칙」 등이 적용된다. 각급선거관리위원회에 근무하는 공무원의 징계 또는 징계부가금 사건을 심의·의결하기 위하여 징계위원회를 두고, 징계위원회는 고등징계위원회와 보통징계위원회로 구분하며, 중앙위원회에 고등징계위원회와 보통징계위원회를, 시·도위원회에 보통징계위원회를 둔다(위 규칙 제143조). 위 규칙 제148조에 징계의결 등의 요구를 규정하여 제1항에서, 임용권자는 소속공무원이 법 제78조제1항 각 호의 어느 하나에 해당하거나 법 제78조의2제1항에 해당하는 사유가 있다고 인정할 때에는 지체없이 관할징계위원회에 징계의결 또는 징계부가금 부과의결을 요구하도록 하고, 제3항은, 중앙위원회위원장은 각급선거관리위원회소속 공무원의 징계 등 사건에 대하여 제1항의 규정에 불구하고 직접 관할징계위원회에 징계의결 등을 요구할 수 있다고 규정한다.

• 그런데 중앙선거관리위원회도 국가 예산이 투입된 국가기관이므로 감사원의 회계감사를 받아야 함은 당연하나(감사원법 제22조), 중앙선거관리위원회와 그 소속 공무원이 감사원의 직무감찰의 대상이 되는지 여부에 관해서는 견해의 대립이 존재한다. 중앙선거관리위원회가 담당하는 선거관리 등의 사무를 전형적인 행정 사무에 해당하는 집행작용으로 이해하여 중앙선거관리위원회는 헌법 제97조와 감사원법 제24조 제1항 제1호에서의 '행정기관'에 해당된다고 해석하여 감사원 직무감찰의 대상이 된다는 견해와 중앙선거관리위원회가 담당하는 선거사무가 행정작용으로서의 성질을 가지고 있지만 일반 행정기관의 집행작용과는 구별되는 고유한 특질이 존재하고 따라서 중앙선거관리위원회를 헌법과 감사원법에서 규정하고 있는 '행정기관'으로 볼 수 없다는 입장에서 중앙선거관리위원회와 그 소속 공무원은 감사원의 직무감찰 대상이 아니라는 견해가 대립한다. 중앙선거관리위원회는 감사원의 직무감찰 대상기관으로 볼 수 없다고 해석함이 타당하다고 보며 구체적 논거는 생략한다.[31]

(2) 근거규정

국가공무원법, 선거관리위원회 공무원 규칙(중앙선거관리위원회규칙). 종전 선거관리위원회직원징계규정(대통령령)은 실효법령 정비 차원에서 2019. 1. 29. 폐지되었다.

---

31) 아래 논문에 상세하다. 박진우, 중앙선거관리위원회에 대하여 최근 제기되는 문제점 분석과 개선방안에 관한 연구 – 정치적 편향성 논란과 감사원 직무감찰대상 문제를 중심으로 – 가천법학 제16권 제3호, 2023. 9. 30. 이 책 제본 도중에 헌재에서 중앙선거관리위원회와 감사원간의 권한쟁의심판에 대한 결정이 있었다(헌재 2023. 2. 27. 2023헌라5). 헌재는 감사원의 직무감찰은 중앙선거관리위원회의 독립적인 업무수행에 관한 권한을 침해하였다고 판단하였다.

(3) 징계위원회의 설치 및 관할(규칙 제143조, 제144조)

각급선거관리위원회에 근무하는 공무원의 징계 또는 징계부가금(이하 "징계 등"이라 한다) 사건을 심의·의결하기 위하여 징계위원회를 둔다. 징계위원회는 고등징계위원회와 보통징계위원회로 구분한다. 중앙위원회에 고등징계위원회와 보통징계위원회를, 시·도위원회에 보통징계위원회를 둔다(제143조).

고등징계위원회는 5급 이상 공무원(연구관, 전문경력관 가군, 전문임기제 및 시간선택제전문임기제 나급 이상 공무원, 5급 이상 공무원의 보수에 상응하는 별정직공무원을 포함한다. 이하 이 장에서 같다)의 징계 등 사건을 심의·의결한다. 보통징계위원회는 소속 6급 이하 공무원(연구사, 전문경력관 나군 이하 공무원, 전문임기제 및 시간선택제전문임기제 다급 이하 공무원, 한시임기제공무원, 6급 이하 공무원의 보수에 상응하는 별정직공무원을 포함한다. 이하 이 장에서 같다)의 징계 등 사건을 심의·의결한다(제144조).

(4) 징계의결 등의 요구(규칙 제148조)

임용권자는 소속공무원이 법 제78조제1항 각 호의 어느 하나에 해당하거나 법 제78조의2제1항에 해당하는 사유가 있다고 인정할 때에는 지체없이 관할징계위원회에 징계의결 또는 징계부가금 부과의결(이하 "징계의결 등"이라 한다)을 요구하여야 한다. 중앙위원회위원장은 각급선거관리위원회소속 공무원의 징계 등 사건에 대하여 제1항의 규정에 불구하고 직접 관할징계위원회에 징계의결 등을 요구할 수 있다.

나. 불복절차

공무원이 징계처분을 받은 경우 소청심사위원회에 심사를 청구할 수 있다(규칙 제174조). 소청심사위원회는 중앙선거관리위원회사무처에 둔다(국가공무원법 제9조).

3. 국가인권위원회

국가인권위원회법 제17조는, 위원회에 위원회 직원의 징계처분을 의결할 징계위원회를 둔다. 징계위원회의 구성, 권한, 심의 절차, 징계의 종류 및 효력, 그 밖에 징계에 필요한 사항은 위원회 규칙으로 정한다. 이에 따라 국가인권위원회규칙으로 '국가인권위원회 징계규칙'이 있다.

징계위원회에는 고등징계위원회와 보통징계위원회를 설치하고 있으며 신분에 따라 관할을 달리한다(규칙 제2조).

징계의 종류 및 효력에 대하여는 「국가공무원법」, 「공무원 임용령」 등 공무원 인사 및 징계 관련 법령을 준용한다. 인권위원회 소속 공무원의 징계처분등과 관련하여 이 규칙에서 정하지 않은 사항에 관하여는 「공무원징계령」을 준용한다(규칙 제27조).

징계처분등을 받은 사람이 그 처분에 불복할 때에는 징계처분등 사유 설명서를 받은 날로부터 30일 이내에 소청심사위원회에 소청심사를 청구할 수 있다. 이 때 소청심사의 당사자와 절차 등에 대하여는 「국가공무원법」에서 정한 바에 따른다(규칙 제25조).

4. 고위공직자범죄수사처

고위공직자범죄수사처 설치 및 운영에 관한 법률 제32조에서 제43조까지 징계에 대해 규정하고 있다. 이에 따라 고위공직자범죄수사처규칙인 '고위공직자범죄수사처 검사 인사규칙'이 있다.

처장, 차장, 수사처검사는 탄핵이나 금고 이상의 형을 선고받은 경우를 제외하고는 파면되지 아니하며, 징계처분에 의하지 아니하고는 해임 · 면직 · 정직 · 감봉 · 견책 또는 퇴직의 처분을 받지 아니한다(제14조).

수사처검사의 징계 사건을 심의하기 위하여 수사처에 수사처검사징계위원회(이하 "징계위원회"라 한다)를 둔다(제33조).

징계위원회의 징계심의는 처장(처장이 징계혐의자인 경우에는 차장을, 처장 및 차장이 모두 징계혐의자인 경우에는 수사처규칙으로 정하는 수사처검사를 말한다. 이하 이 조 및 제38조제1항, 제39조, 제40조제2항, 제42조제1항에서 같다)의 청구에 의하여 시작한다. 처장은 수사처검사가 제32조(징계사유) 각 호의 어느 하나에 해당하는 행위를 하였다고 인정할 때에는 제1항의 청구를 하여야 한다(제36조).

다른 법률의 준용으로, 이 법률에서 정하지 아니한 사항에 대하여는 「검사징계법」 제3조, 제9조부터 제17조까지, 제19조부터 제21조까지, 제22조(다만, 제2항의 "제23

조"는 "제42조"로 본다), 제24조부터 제26조까지의 규정을 준용한다. 이 경우 "검사"
는 "수사처검사"로 본다(제43조).

부록

― 2023년도 변호사시험 문제 일부를 옮기니 그동안 징계관련 지식을 동원해 풀이를 생각해 보기 바란다.

【 문 제 】

Ⅰ. 행정소장의 작성 (50점)

의뢰인 한강직을 위하여 법무법인 율도의 담당변호사 입장에서 취소소송의 소장을 첨부된 양식에 따라 아래 사항을 준수하여 작성하시오.

가. 첨부된 행정소장 양식의 ①부터 ⑥까지의 부분에 들어갈 내용만 기재할 것

나. "2. 이 사건 소의 적법성"부분(③)에서는 <u>원고적격과 피고적격은 기재하지 말 것</u>

다. "3. 이 사건 처분의 위법성"부분(④)에서는 기존 판례 및 학설의 입장에 비추어 설득력 있는 주장을 중심으로 작성하되, <u>근거법령의 위헌·위법성에 관하여는 기재하지 말 것</u>

라. 소장의 작성일(제출일과 동일함, ⑤에 해당)은 취소소송의 대상이 되는 처분 모두에 대하여 허용되는 <u>제소기간 내 최종일을 기재할 것</u>

마. 관할법원(⑥)은 「행정소송법」 제9조 제1항에 따른 법원을 기재할 것

【 행정소장 양식 】

소 장

원 고 한강직

　　　 소송대리인 법무법인 율도

　　　 담당변호사 전우치, 홍길동

　　　　　　　　 주소 · 연락처 (생략)

피 고 ①

　　　　　　 주소 · 연락처 (생략)

사건명 (생략)

청 구 취 지

②

청 구 원 인

1. 이 사건 처분의 경위 (생략)

2. 이 사건 소의 적법성

③

3. 이 사건 처분의 위법성

④

4. 결 론 (생략)

입 증 방 법 (생략)

첨 부 서 류 (생략)

⑤

원고 소송대리인 (생략)

⑥ [   ]   귀중

기록내용 시작

수임번호 제2022 – 365호	법 률 상 담 일 지 I (행정소송용)		2022. 6. 14.
의 뢰 인	한강직	의뢰인 전화	010 – **** – ****
의 뢰 인 주 소	서울 강남구 강남대로100길, 110 동 101호 (유성아파트)	의뢰인 e – mail	justice***@korea.kr
상 담 내 용			

1. 의뢰인 한강직은 보건복지부 질병정책과 소속 공무원인데, 상관의 부당한 지시 사항에 대하여 양심선언을 한 것과 관련하여 법령에 의한 직무상 비밀을 누설하였다는 등의 이유로 보건복지부장관으로부터 직위해제처분과 징계처분을 받고 이에 대하여 다투고자 내방하였다.

2. 정부는 코로나19 방역 정책에 비판적인 태도를 취하며 비협조적인 모습을 보여 온 약사 등의 동향을 관리하려는 목적으로 의뢰인 등에게 그 명단(일명 "블랙리스트")을 작성하는 업무를 지시하였다. 당시 의뢰인은 그 지시에 불응하면서 상관과 심하게 다투었다.

3. 이후 일부 약사들이 약사법 위반으로 형사 고발되는 가운데, 의뢰인은 국제 NGO 단체가 발표한 세계 각국 블랙리스트 중에 우리나라의 것도 존재한다는 기사를 읽고 난 후 양심선언을 하기로 결심하고 이를 실행하였다.

4. 정부는 양심선언 내용이 허위라는 이유로 의뢰인을 직무유기죄(형법 제122조)와 공무상 비밀누설죄(형법 제127조)로 기소하였고, 기소 즉시 의뢰인을 직위해제한 후 복종의무 위반(국가공무원법 제57조), 비밀엄수의무 위반(국가공무원법 제60조), 품위유지의무 위반(국가공무원법 제63조) 등을 이유로 정직 3월의 징계처분을 하였다.

5. 의뢰인은 2022. 5. 18. 직위해제 및 정직 3월의 처분에 대해서 소청심사를 청구하였는데, 소청심사위원회는 감봉 3월로 변경하도록 명령하고, 직위해제처분 취소청구는 기각하였다. 이후 의뢰인은 감봉 3월의 재처분을 받았고 원직위를 다시 부여받아 복직되었다.

6. 의뢰인의 희망사항

　의뢰인은 자신의 양심과 소신에 따라서 상관의 부당한 지시에 불응한 것이므로, 이를 이유로 한 직위해제처분과 징계처분을 받아들일 수 없다고 한다. 따라서 소청심사위원회에서 징계가 감경되었지만 여전히 취소소송을 통하여 권리구제를 받을 것을 희망하고 있다. 다만 이미 복직이 이루어졌으므로 직위해제에 대해서도 다툴 수 있는지는 잘 모르겠다고 한다. 의뢰인은 자신의 억울함을 최대한 풀어 주기를 희망하고 있다.

법무법인 율도 (담당변호사 홍길동)
전화 (02) 234－5678　팩스 (02) 345－6789　전자우편 lawisland@lawmail.com
서울특별시 서초구 서초대로 30번길 15, 법조빌딩 5층

조사결과보고서

제2022-27호

수신: 보건복지부장관

참조: 보건의료정책실장

제목: 혐의자 한강직의 국가공무원법 위반행위에 대한 조사결과보고

조사일시	2022. 5. 3. — 5. 4.
조사대상	한강직(보건복지부 질병정책과 사무관 5급)
조사내용	국가공무원법상 복종의무, 비밀엄수의무 및 품위유지의무 위반 등
중점조사사항	1. 업무 지시 거부 행위 2. 상관과의 다툼 3. 양심선언 행위
조사결과	**1. 업무 지시 거부 및 상관과의 다툼** 보건복지부장관은 2022. 2. 22. 부처 내에 "코로나19 대응 관련 약국과 약사의 감기약 등 의약품과 마스크에 대한 불법·부당한 조제·판매 실태 조사 및 보고"를 지시하였는데, 한강직은 당해 실태 조사가 정부의 코로나19 방역 정책에 비판적인 태도를 취하고 있는약사 등의 블랙리스트를 작성하는 것으로서 민간인 사찰에 해당된다는 이유로 상관의 업무지시에 불응함. 보건복지부장관의 지시는 당시 코로나19의 재확산으로 인하여 감기약 등 의약품과 마스크 부족이 초래되어 코로나19 초기의 의약품대란이 다시 발생할 조짐이 있었고, 일부 약국과 약사들이 부당하게 과다한 가격으로 의약품 등을 조제·판매한다는 제보가 있어 행하여진 조치임. 상관의 업무지시에 대한 불응은 국가공무원법 제57조 복종의무 위반에 해당되며, 한강직이 상관과 다투며 부처 내의 인화를 저해한 것은 국가공무원법 제63조 품위유지의무 위반에 해당함. **2. 양심 선언 행위** 한강직은 위와 같이 실태 조사한 사실을 불법 사찰로 왜곡해서 양

	심선언 형태로 공표하고, 뉴스일보 정직해 기자와 인터뷰하였는바, 이는 국가공무원법 제60조 비밀엄수의무 및 제63조 품위유지의무 위반에 해당함.

위와 같이 조사결과를 보고합니다.

2022년 5월 4일

보고자: 보건복지부 인사과 4급 고정호

보건복지부 인사과 5급 정순형

소청심사위원회

결 정

사　건: 2022 - *****
소 청 인: 한강직
피소청인: 보건복지부장관

주 문

1. 소청인의 직위해제처분 취소청구를 기각한다.
2. 피소청인은 소청인에 대한 정직 3월을 감봉 3월로 변경한다.

이 유

1. 처분의 경위

소청인은 2022. 2. 22.경 정부의 코로나19 방역 정책과 관련된 조사에 대한피소청인의 지시에 불응하고, 해당 업무를 지시하는 상관과 다투는 등으로 부처 내의 불화를 유발하였으며, 정부의 코로나 방역 정책의 시행과 관련하여 직무상 알게 된 비밀을 엄수하지 아니한 채 이를 임의로 외부에 누설하였는바, 이를 이유로 「형법」 제122조의 직무유기죄 및 제127조의 공무상 비밀누설죄로 형사 기소되었고, 「국가공무원법」상 복종의무, 비밀엄수의무 및 품위유지의무를 각 위반하였다는 이유로 정직 3월의 처분을 받았다.

2. 판단

(1) 직위해제처분에 대하여

관련 증거(……생략)에 의하면 소청인이 「형법」 제122조의 직무유기죄 및 제127조의 공무상 비밀누설죄로 형사 기소되었으므로, 「국가공무원법」 제73조의3 제1항 제4호의 직위해제 사유가 인정된다.

(2) 징계처분에 대하여

관련 증거(……생략)에 의하면 소청인이 「국가공무원법」 제57조의 복종의무 위반행위, 제60조의 비밀엄수의무 위반행위 및 제63조의 품위유지의무 위반행위를 한 사실은 인정된다. 그러나 위와 같은 위반사실에 비해서 정직 3월 처분은 지나치게 무거우므로 주문과 같이 감봉 3월로 변경함이 상당하다.

2022. 6. 8.

소청심사위원회　위원장　강윤석　(인)

위　원　윤지현　(인)

위　원　문지원　(인)

위　원　곽윤재　(인)

위　원　김지형　(인)

위　원　신호인　(인)

위　원　이연준　(인)

위　원　이재찬　(인)

(날인 생략)

결정 교부

2022. 6. 10.

　수령인 한강직 (인)

보건복지부

수 신: 한강직

제 목: 징계 재처분결과 통보

1. 귀하의 국가공무원법 위반행위에 대해서 붙임 징계처분 사유 설명서와 같은 이유로
아래와 같이 재처분합니다.

인 적 사 항	한강직 보건복지부 사무관, 5급
징 계	감봉 3월

징계 재처분결과 통보 교부

2022. 6. 14.

수령인 한강직 (인)

붙임: 징계처분 사유 설명서 1부. 끝.

■ 공무원징계령 [별지 제4호 서식]

[✔] 징계처분
[　] 징계부가금 부과처분　　**사유 설명서**
[　] 징계부가금 감면처분

소 속	직 위(직급)	성 명
보건복지부	사무관(5급)	한강직

주 문	감봉 3월

이 유	국가공무원법상 복종의무, 비밀엄수의무, 품위유지의무 위반 국가공무원법 제57조, 제60조, 제63조, 제78조 제1항 제1호, 제3호 소청심사위원회 결정

위와 같이 재처분하였음을 통지합니다.

2022년 6월 13일

보건복지부장관　| 보건복지부장관인 |

【 해설 】

상관의 부당한 지시를 거부하고 양심선언을 한 것과 관련하여 보건복지부장관으로부터 직위해제처분과 징계처분을 받은 의뢰인인 공무원을 위하여 두 처분을 다투는 문제이다.

적법요건과 관련하여 소청심사위원회에서 징계처분이 감경된 경우 재처분이 이루어지지 않고 원 징계위원회의 결정이 변경된 처분이다. 그러나 무효나 취소로 소청심사에서 원고 청구가 인용된 경우는 재징계가 이루어진다. 이건 문제의 과정에 재처분이란 용어를 사용하고 있어 어색하다.

소청심사위원회에서 결정이 있은 경우 청구의 대상 및 제소기간의 기준이 변경처분인지 혹은 변경된 내용의 당초 처분인지가 쟁점이다. 변경처분에 의하여 당초 처분은 소멸하는 것이 아니고 당초부터 유리하게 변경된 내용의 처분으로 존재하는 것이므로, '피고가 2022. 5. 13. 원고에 대하여 한 감봉 3월 처분을 취소한다'라고 청구취지를 작성하여야 하며, 제소기간 역시 변경된 내용의 당초 처분을 기준으로 재결서 정본 송달일로부터 90일로 계산해야 한다.

직위해제처분의 경우에는 복직되어 직위해제처분의 효력이 소멸된 경우에도 승진에 있어서의 불이익 등이 있다면 소의 이익이 인정된다.

절차상 하자와 관련하여, 징계처분 사유 설명서에서 당사자가 그 근거를 알 수 있을 정도로 구체적이고 명확한 사유를 제시하지 않았으므로 이유제시의 하자가 존재할 수 있다. 행정절차법 제23조에 의하면 행정청은 처분을 할 때에는 당사자에게 그 근거와 이유를 제시하여야 한다(예외 있음). 그런데 대법원은, 행정절차법 제23조 제1항은 행정청이 처분을 하는 때에는 당사자에게 그 근거와 이유를 제시하도록 규정하고 있고, 이는 행정청의 자의적 결정을 배제하고 당사자로 하여금 행정구제절차에서 적절히 대처할 수 있도록 하는 데 그 취지가 있다. 따라서 처분서에 기재된 내용과 관계 법령 및 당해 처분에 이르기까지 전체적인 과정 등을 종합적으로 고려하여,

처분 당시 당사자가 어떠한 근거와 이유로 처분이 이루어진 것인지를 충분히 알 수 있어서 그에 불복하여 행정구제절차로 나아가는 데에 별다른 지장이 없었던 것으로 인정되는 경우에는 처분서에 처분의 근거와 이유가 구체적으로 명시되어 있지 않았다고 하더라도 그로 말미암아 그 처분이 위법한 것으로 된다고 할 수는 없다(대법원 2013. 11. 14. 선고 2011두18571 판결 등 참조)고 한다. 따라서 근거법령만 제시되어 있는 점, 처분 당시 당사자가 어떠한 근거와 이유로 처분이 이루어진 것인지를 충분히 알 수 없는 경우 등의 사정을 들면서 절차적 위법성 여부를 언급하여야 한다.

실체상 하자와 관련하여, 처분사유의 부존재를 다투면서 명백하게 위법한 지시인 경우 복종을 거부할 수 있다는 점, 이 사건 양심선언이 이미 관련 내용이 보도되어 공개되었던 것으로 비밀성이 없고, 비밀로서 보호할 필요성도 없다는 점 등을 주장하고 징계양정에 비추어 재량권의 일탈·남용으로서 비례원칙 위반하였다는 점 등을 설시할 수 있다.

피고는 행정각부의 장(장관)이므로 보건복지부장관이 되며, 재판관할은 처분청 소재지 관할 행정법원이므로 대전지방법원에 소 제기하여야 한다. 소 제기 기간은 소청심사 결정을 받은 날로부터 90일 이내, 처분이 있음을 안 날로부터 1년 이내 제기하여야 한다.

찾아보기

공무원 징계법

초판발행	2025년 3월 28일
지은이	서영득
펴낸이	안종만
편 집	이수연
기획/마케팅	조성호
표지디자인	BEN STORY
제 작	고철민 · 김원표
펴낸곳	도서출판 박영사
	경기도 파주시 회동길 37-9(문발동)
	등록 1952. 11. 18. 제406-3000002510019520000002호(倫)
전 화	02)733-6771
f a x	02)736-4818
e-mail	pys@pybook.co.kr
homepage	www.pybook.co.kr
ISBN	978-89-10-98050-6 93360

정 가   38,000원